Ingrid Adams

Ernst Biberstein:
Vom evangelischen Pfarrer zum SS-Verbrecher

Teilband 2

Geschichte

History

Band/Volume 174

LIT

Ingrid Adams

Ernst Biberstein:
Vom evangelischen Pfarrer zum SS-Verbrecher

Eine Biographie
als Strukturanalyse der NS-Täterschaft

Teilband 2

Umschlag:
Bildunterschrift Foto: German soldiers of the Waffen-SS and the Reich Labor Service look on as a member of an Einsatzgruppe prepares to shoot a Ukrainian Jew kneeling on the edge of a mass grave filled with corpses.
(Quelle: United States Holocaust Memorial Museum. Photograph | Photograph Number: 64407, Date: 1941–1943, Locale: Vinnitsa, [Podolia; Vinnitsa] Ukraine, Photo Credit: United States Holocaust Memorial Museum, courtesy of Sharon Paquette).

Die vorliegende Forschungsarbeit wurde von der Philosophischen Fakultät der Universität zu Köln im Januar 2019 im Fach Neuere/Neueste Geschichte als Dissertation angenommen unter dem Titel: *Der Fall des NS-Verbrechers Ernst B. Evangelischer Pfarrer. Leiter eines Erschießungskommandos im Russlandfeldzug 1941–1945. Zum Tode verurteilter NS-Gewalttäter. Haftentlassener auf „Parole".*

Gedruckt auf alterungsbeständigem Werkdruckpapier entsprechend
ANSI Z3948   DIN ISO 9706

Bibliografische Information der Deutschen Nationalbibliothek
Die Deutsche Nationalbibliothek verzeichnet diese Publikation in der Deutschen Nationalbibliografie; detaillierte bibliografische Daten sind im Internet über http://dnb.dnb.de abrufbar.

ISBN 978-3-643-14531-4 (gb.)
ISBN 978-3-643-14531-4 (PDF)
Zugl.: Köln, Univ., Philosophische Fakultät, Diss., 2019

© LIT VERLAG Dr. W. Hopf Berlin 2020
Verlagskontakt:
Fresnostr. 2   D-48159 Münster
Tel. +49 (0) 2 51-62 03 20
E-Mail: lit@lit-verlag.de   http://www.lit-verlag.de

Auslieferung:
Deutschland: LIT Verlag, Fresnostr. 2, D-48159 Münster
Tel. +49 (0) 2 51-620 32 22, E-Mail: vertrieb@lit-verlag.de

BAND II

INHALT: BAND II

KAPITEL 4
ANGEKLAGTER VOR DEM US MILITARY TRIBUNAL II IN NÜRNBERG
1947/48 463

1 Juristische Voraussetzungen der Strafverfolgung. 464
   1.1 Phasen der Entschlussbildung zur Ahndung der NS-Gewalt-
       verbrechen 464
       Gründung der Allied Commission for Punishment of War Crimes . 464
       Installation der United Nations War Crimes Commission
       (UNWCC) 1942. 466
       Dekret des Präsidiums des Obersten Sowjets der UdSSR 1943 . . 466
       Statement on Atrocities 1943. 470
   1.2 Das Londoner Statut – ein neues Rechtsinstrument 470
   1.3 NS-Prozesse vor alliierten Militärgerichten 471
       Strafprozesse vor britischen Militärgerichtshöfen. 471
       Strafprozesse vor französischen Militärgerichtshöfen 472
       Strafprozesse vor sowjetischen Militärgerichtshöfen 472
       Strafprozesse vor US-amerikanischen Militärgerichtshöfen 472
2 Der Einsatzgruppenprozess – die Rückkehr des Rechts. 473
   2.1 Entscheidungsfindung und Planung des Einsatzgruppenprozesses . 477
       Installation des Office Chief of Counsel für War Crimes
       (OCCWC) 477
       Benjamin Ferencz – Chefankläger im Einsatzgruppenprozess . . . 477
   2.2 Rechtsgrundlagen und Verfahrensordnung des
       Einsatzgruppenprozesses. 481
       Das Kontrollratsgesetz Nr. 10 – die neue Rechtsgrundlage 481
       Ordinance No. 7 – die neue Verfahrensordnung 485
   2.3 Das Sozialprofil der Angeklagten 489
       SS-Rangstufen. 489
       Altersstruktur 491
       Bildungsstand und Beruf. 493
   2.4 Zur Gruppenanklageschrift vom 29. Juli 1947 496
   2.5 Das Beweisaufnahmeverfahren gegen Biberstein 500
       Aspekte zu Bibersteins Affidavits. 502

Zu Bibersteins Kenntnis des „Judenausrottungsbefehls" 512
„Geordnete polizeiliche Strafverfahren" oder Willkürakte? 519
2.6 Die Einzelanklageschrift gegen Biberstein 525
Rechtsgrundlagen der Anklage 526
In verantwortlicher Stellung begangene Verbrechen 530
Entlastendes Vorbringen 534
Aspekte zu Bibersteins Kenntnis der Judenausrottung 539
Der Prozess gegen Biberstein – ein Indizienverfahren. 541
2.7 Das Plädoyer der Verteidigung für Biberstein 544
Negation der Rechtszuständigkeit des US Military Tribunal II in Nürnberg 544
Negation völkerrechtlicher Bindungen – ein Entlastungsmoment? . 546
2.8 Die Aufhebung rechtsstaatlicher Normen als Erklärung für Bibersteins Verbrechen...................... 552
2.9 Verteidigungslinien der übrigen Angeklagten 558
Frage der Teilnahme an Exekutionen 558
Hinrichtungen als völkerrechtsmäßige Repressalie 561
Befehlsnotstand 564
Exkurs: Zur Entstehung des Judenausrottungsbefehls 569

3 Das Gerichtsurteil des US Military Tribunal II gegen Biberstein 572
3.1 Urteilsspruch und Urteilsbegründung 572
3.2 Verteidigung im Anschluss an den ergangenen Urteilsspruch – die Revisionsgesuche Bibersteins 585
Petition for Writ of Habeas Corpus and Writ of Prohibiton, 20.4.1948........................... 586
Appeal for revision of the verdict of Military Tribunal II, 23.4.1948........................... 592
Supplemental Petition Biberstein, 25.2.1949 600
3.3 Bestätigung des Todesurteils 602

4 Aspekte zur Tötungsbereitschaft der im Fall 9 verurteilten SS-Offiziere . 603
4.1 François Bayle – medizinischer Sachverständiger im Fall 9 605
4.2 Handlungsgrundlagen und Antriebskräfte 613
Handlungsgrundlagen:
(a) Verfassungsrechtliche Prinzipien des „nationalistischen völkischen Führerstaates" 619
Handlungsgrundlagen:
(b) Selbstverständnis der SS als Ordenselite und Exekutivorgan der „Führergewalt"....................... 638

Antriebskräfte:
(a) Systemimmanenter massiver Effizienzdruck seitens der
Dienstvorgesetzten 652
Antriebskräfte:
(b) Privilegien und Karrierechance (Himmlers
Belohnungssystem) 660
Antriebskräfte:
(c) Gezielte immerwährende politische Indoktrinierung 662

KAPITEL 5
AUFHEBUNG DES TODESURTEILS 1951 675

1 Schuld- und Unschuldsdebatten nach 1945 – Kollektivschuld und
Entnazifizierung 676
  1.1 Zur Kollektivschuldthese – „Erschreckens"- und „Sühnerituale". . 676
  1.2 Karl Jaspers Einlassungen zur Kollektivschuldthese 681
  1.3 Aspekte US-amerikanischer Entnazifizierungspolitik 684
  1.4 Offensive der Kirchen gegen die US-Entnazifizierungspolitik . . . 689
      Kirchliche Entnazifizierungskritik aus Bayern 690
      Kirchliche Entnazifizierungskritik aus Württemberg 692
      Selbstreinigungsbestebungen der protestantischen Kirche 695

2 „Kriegsverbrecherfrage" und kirchliche Lobbyarbeit 700
  2.1 Vorstoß der protestantischen Kirche in der
      „Kriegsverbrecherfrage" 701
      Einforderung einer Appellationsinstanz 701
      Einschalten der Presse 709
  2.2 Vorstoß der katholischen Kirche in der „Kriegsverbrecherfrage" . 711
      Einforderung einer Appellationsinstanz 711
      Einschalten der Presse 715
  2.3 Die Simpson-Überprüfungskommission 717
  2.4 Individuelle kirchliche Fürsprache 721
      Engagement für Todeskandidaten des Falles 9 721
      Kirchliches Engagement für NS-Verbrecher –
      Erklärungsversuche 725

3 „Kriegsverbrecherfrage" und Lobbyarbeit der Juristen 735
  3.1 Individuelle juristische Fürsprache 735
  3.2 Unterstützung seitens des Heidelberger Juristenkreises 740

4 Aufhebung des Todesurteils 747
  4.1 Politische Voraussetzungen 747

4.2 „Kriegsverbrecherfrage" und westdeutscher Erwartungshorizont 1949 749
4.3 Gnadenentscheid als US-amerikanischer Strafrechtsgrundsatz .. 753
   Forderungen der Kriegsverbrecherlobby 753
   McCloys Vorentscheidungen 757
   Zur Arbeit des *Advisory Board on Clemency for War Criminals* . . 759
   McCloys Gnadenentscheid vom 31.1.1951 765
   Reaktionen auf McCloys Gnadenentscheid 775

KAPITEL 6
HAFTAUSSETZUNG NACH DEM „PAROLE-VERFAHREN" UND RE-INTEGRATION 1958 777

1 Das „Parole-Verfahren" als Bestandteil des Überleitungsvertrages von 1952 778
   1.1 Artikel 6 des Überleitungsvertrages 779
   1.2 Von den bilateralen Interim Boards zu dem Mixed Parole Board. . 784
2 Mixed (Parole) Board und Schleswig-Holsteinische Landeskirche ... 788
   2.1 Strafrechtliche Bestimmung der Haftaussetzung 789
   2.2 Bibersteins Arbeitsgesuch an die Schleswig-Holsteinische Landeskirche 791
      Auswärtiges Amt und Deutsches Rotes Kreuz 795
      Bericht des künftigen Paroliertenbetreuers 797
      Arbeitsplatzsuche seitens der Schleswig-Holsteinischen Landeskirche 805
3 Re-Integration in das berufliche Leben 812
   3.1 Diverse Beschäftigungsverhältnisse 812
   3.2 Versorgungsleistungen im Alter 819

SCHLUSS 827
1 Rechtsfreie Sonderräume und genozidales Täterverhalten 829
2 NS-Gewalttäter und mögliche Typisierungen 833
3 Nulla poena sine lege? 837
4 Die Nürnberger Prinzipien – Wegweiser für ein neues Völkerrecht ... 839
5 Strafrechtliche Normsetzung durch den Internationalen Strafgerichtshof in Den Haag 840
6 Strafrechtliche Normsetzung durch bundesdeutsche Gerichte 842

QUELLEN UND LITERATUR 847
1   Quellen 847
    1.1   Archivalien 847
    1.2   Gedruckte Quellen 853
2   Darstellungen 868

Personenregister 889
Ortsregister 900

INHALT: BAND I

VORWORT i

EINLEITUNG 1
1   Quellenlage 4
2   Forschungsstand 7
    Erste Phase (1945 bis etwa 1972) 8
    Zweite Phase (1969 bis 1989/90) 13
    Dritte Phase (ab 1989/90) 15
3   Forschungsziel und Forschungsmethoden 26
4   Gliederung der Arbeit 35

KAPITEL 1
WERDEGANG BIS ZUR NIEDERLEGUNG DES KIRCHENAMTES 1935 . . . 47
1   Bibersteins Sozialisation bis zum Eintritt in die NSDAP im Jahre 1926 . 47
    1.1 Soziale Provenienz und frühe Erziehung² 47
    1.2 Schulausbildung, Universitätsstudium, Einstieg in das
         Berufsleben 49
2   Völkische Bewegung als früher Prägefaktor 51
    2.1 Integraler Nationalismus und rassistischer Antisemitismus . . 52
    2.2 Vertreter und Formierungen der völkischen Bewegung 53
    2.3 Bibersteins Einritt in die NSDAP 57
3   Verhaftetsein in nationalprotestantischer Mentalität 59
4   Gesellschaftspolitische Aspekte zu Bibersteins Sozialisation . . . 63
    4.1 Versailler Vertrag und NSDAP-Beitritt 63
    4.2 NSDAP-Hochburg Schleswig-Holstein 66
5   Ideologiegeschichtliche Aspekte zu Bibersteins Sozialisation . . . 71
    5.1 Die Glaubensbewegung *Deutsche Christen* (DC) 72
         Lagarde – Antisemit und Vordenker des Madagaskar-Plans . . . 74
    5.2 Bibersteins Affinität zur neopaganen Strömung 77
         Die neopagane *Deutsche Glaubensbewegung* (DG) 78
6   Zur Dimension und politischen Funktion der *Deutschen Christen* (DC) . 84
    6.1 Steigbügelhalter der NSDAP bei den Reichstagswahlen 85

INHALT: BAND I

- 6.2 DC-Richtlinien – Vorwegnahme der Nürnberger Rassegesetze . . 90
- 6.3 Niedergang der Deutschen Christen 98
  - Pfarrernotbund – Protest der DEK 101
  - Hitlers Reaktion 102
- 7 Biberstein – designierter Mitinitiator der *Deutschen Christen* in Schleswig-Holstein 104
  - 7.1 Installation der DC – Auslöser Altonaer Blutsonntag? 104
  - 7.2 Biberstein – Kreisfachberater bei den Kirchenwahlen 1933 105
  - 7.3 Umstrukturierung der Landeskirche nach dem NS-Führerprinzip . 108
    - Einführung des Arierparagraphen 109
    - Einsetzung des NSDAP-Mitglieds Paulsen als Landesbischof . . . 111
- 8 Aufstieg in der kirchlichen Hierarchie 112
  - 8.1 Propst von Bad Segeberg 1933 112
    - Einsetzende Auseinandersetzungen mit Amtsbrüdern und Vorgesetzten 114
    - Parteipolitische Aktivitäten ab 1929 114
    - Konfrontation mit weltlichen Behörden 116
    - Einsetzung zum Kreisschulungsleiter der NSDAP 1933 118
- 9 Niederlegung des Kirchenamtes 1935 122
  - 9.1 Äußerer Anlass 123
  - 9.2 Bibersteins Begründungen 126

KAPITEL 2
KARRIERE IM NS-STAATSDIENST 1935-1945 129

- 1 Kirchliche Angelegenheiten *vor* Entstehung des Reichskirchenministeriums 130
- 2 Machtzentrierung nach Hitlers Machtübernahme 131
  - 2.1 Kirchliche Angelegenheiten im Reichsministerium für Wissenschaft, Erziehung und Volksbildung 132
  - 2.2 Politische Dimension der Kirchlichen Angelegenheiten 133
  - 2.3 Dritte Abteilung für Kirchenangelegenheiten im SD-Hauptamt . . 134
- 3 Bildung eines Ministeriums für die kirchlichen Angelegenheiten . . . 134
- 4 Struktur des Reichsministeriums für die kirchlichen Angelegenheiten . . 142
  - 4.1 Referatsaufteilung bei Bibersteins Dienstantritt am 14.8.1935 . . . 142
  - 4.2 Bibersteins Zuständigkeitsbereich 143
  - 4.3 Erweiterung von Bibersteins Aufgabenbereich 145

5	Zur Entstehung, Struktur und Funktion des SD	147
	5.1 Nachrichtendienstliche Frühphase	147
	5.2 Profil und Aufgabenbereich nach 1933	149
	5.3 Organisation	150
	5.4 Ideologisch geprägte Feindbilder	154
6	Zur kirchenpolitischen Funktion des SD	156
	6.1 Amt II 113 – Konfessionell-politische Strömungen	156
	Staatsfeind „Politischer Protestantismus"	156
	6.2 Biberstein – Referatsleiter „Gestapoangelegenheiten" im Kirchenministerium	160
	6.3 „Maßnahmen politischer Natur in kirchlichen Angelegenheiten"	162
7	Bibersteins Einbindung in die „SS-Sippengemeinschaft" 1936	165
	7.1 Personenkreis des SD-Netzwerkes als „Sparte der SS"	166
	7.2 Bibersteins Aufnahme in die SS	168
	Das SS-Selektionsverfahren	170
	Personalberichtsbögen – NS-Bewertungsbögen	172
	Großer Arier-Nachweis und Mindestkinderzahl	175
	SS-Auszeichnungen für besondere Verdienste	176
8	Referent im Reichskirchenministerium und SS-Offizier im SDHA 1936-1941	179
	8.1 Biberstein, Dudzus, Roth – Spitzeltätigkeit für den SD	179
	8.2 Rückschau – religionpolitischer Kurs 1933/35	181
	8.3 Massive Differenzen zwischen Kirchenmininister und Parteispitze	187
	Biberstein – Informant des SD	189
	Attacken des Kirchenministers gegen seine Referenten	190
	Rücktritt des Reichskirchenausschusses	191
	Bibersteins Aufgaben bei der Durchführung der Kirchenwahlen	192
	Untergrabung des Hitler-Wahlerlasses durch den Kirchenminister	194
	8.4 SDHA – Gesetzentwürfe zur Trennung von Kirche und Staat	198
	8.5 Schaukelpolitik des Kirchenministers	199
	Biberstein-Bericht: Parteinahme des Kirchenministers für die Deutschen Christen	201
	8.6 Biberstein-Bericht: Boykottierung des Kirchenministers durch Mitarbeiter	203
	Geplantes Disziplinarverfahren gegen Biberstein und Dudzus	204
	8.7 Verlust wichtiger Referate	206
	8.8 Druckmittel des Kirchenministers – Hausverfügungen	209

INHALT: BAND I

8.9 Engmaschige SD-Überwachung des Kirchenministers 212

KAPITEL 3
BIBERSTEINS TÄTIGKEIT IM REICHSSICHERHEITSHAUPTAMT 1941-45 . 215

1 Die Aufhebung der rechtsstaatlichen Normen 219
   1.1 Die Herauslösung des Exekutivapparates aus dem staatlichen Normengefüge. 221
   1.2 Die Unterstellung der Polizeibehörden unter einen Partei-Apparat 225
   1.3 Das Reichssicherheitshauptamt – Zentralisierungsorgan der Exekutivgewalt 227
2 Bibersteins Versetzung in das Reichssicherheitshauptamt 1941 232
   2.1 Ausbildung im Reichssicherheitshauptamt 235
   2.2 Hospitation im „Judenreferat" 237
3 Chef der Staatspolizeistelle Oppeln/Oberschlesien 1941/42. 240
   3.1 Bibersteins „Abkommen" mit Heydrich 241
   3.2 Zur Funktion der Staatspolizeistellen 247
   3.3 Aufgabenbereiche und Zuständigkeiten als Gestapo-Chef 251
      Beantragung von „Schutzhaft" für Geistliche 255
      Verschärfte Vernehmungsmethoden gegenüber „Staatsfeinden" . . 260
      Deportationen der über 65-jährigen Juden in das Ghetto Theresienstadt. 264
      Deportationen von Juden in das Vernichtungslager Auschwitz. . . 273
      Ausführung der Einsatzbefehle Heydrichs Nr. 8, 9 und 14 277
      Selektion sowjetischer Kriegsgefangener im Lager Lamsdorf . . . 284
4 Der politische Auftrag der Einsatzgruppen im Russlandfeldzug. 294
   4.1 Operations- und Aufgabenbereich der Einsatzgruppen 309
   4.2 Heydrichs „Judentötungsbefehl" vom 2. Juli 1941 319
   4.3 Selbstermächtigung der Einsatzgruppen zum Massenmord . . . 320
   4.4 Massenmord in der Ukraine 1941 als Folge der Selbstermächtigung 330
   4.5 Die großen Massaker durch die Einsatzgruppe C im Herbst 1941 . 336
   4.6 Zum Massaker von Babyń Jar und der NS-Legitimationsrhetorik . 341
5 Führer des Einsatzkommandos 6 im Russlandfeldzug 1942/43 357
   5.1 Bibersteins Wehrmachtsbeorderung zum „Osteinsatz" 357
   5.2 Übernahme des Einsatzkommandos im September 1942 363

INHALT: BAND I

- 5.3 Zur Andersartigkeit des „sicherungspolitischen Auftrages" im Herbst 1942 369
- Marschrouten des EK 6 und des SK 10a/ EK 12 – ein geografischer Vergleich 376
- 5.4 Bibersteins Verbrechen an der Zivilbevölkerung im Rahmen der „Bandenbekämpfung" 386
- Zur Umwandlung des EK 6 in eine künftige stationäre Besatzungsstation 386
- Bibersteins Aufgabenbereich als künftiger Kommandeur der Sicherheitspolizei und des SD (KdS) Rostow 387
- Grundsätzliches zur Konstituierung der Zivilverwaltungen 396
- Zum Einbau des EK 6 in die Befehlsstrukturen der Wehrmacht .. 397
- Zielsetzungen der Partisanenkämpfe. 402
- Zur Bekämpfung des zivilen Widerstandes in Bibersteins Einsatzgebiet 404
- Hitlers Weisungen für die „verstärkte Bekämpfung des Bandenunwesens im Osten" 408
- Vom Grundsatzbefehl zur Selbstermächtigung 409
- Bekämpfung der OUN in der Ost-Ukraine 1942 412
- Grundsätzliches zum politischen Umschwenken der OUN 414
- Tätigkeiten der OUN im Reichskommissariat Ukraine 415
- Widerstandkampf der OUN in Bibersteins Einsatzgebiet 417
- 5.5 Zur Durchführung der „sicherungspolizeilichen Aufgaben" 422
- Exekutionen aufgrund völkerrechtswidriger Befehle 428
- Hinrichtungen gemäß „geordneter polizeilicher Verfahren" 430
- Aufhebung der Rechtszuständigkeit durch den Kriegsgerichtsbarkeits-Erlass 431
- Zur Arbeitsteilogkeit im Einsatzkommando 6. 433
- Splitting der Zuständigkeitsbereiche auf Befehl des SS-Gruppenführers Dr. Thomas 436
- Bibersteins Rekurs auf die „Verwaltungsaufgaben". 438
- Zum Ablauf der „Gerichtsverfahren" und der Exekutionen 439
- Bibersteins Berufung auf die verfassungsrechtlichen Prinzipien des „nationalsozialistischen völkischen Führerstaates" 443
- 5.6 Rückzug des Einsatzkommandos im Februar 1943 446
- Intensivierung der Exekutivtätigkeit aufgrund der militärischen Lage 446
- Abordnung des Einsatzkommandos 6 zum „Bandeneinsatz" in der West-Ukraine 447

6 Bibersteins Ausscheiden aus den Diensten des SD 448
6.1 Untersuchungsverfahren wegen des Verdachts des „passiven militärischen Ungehorsams" 449
6.2 Militärrechtliche Begründung des Untersuchungsverfahrens . . . 450
Bibersteins Argumente. 451
Auskünfte der Kommandantur des BdS an Biberstein. 453
6.3 Rechtliche Würdigung der Befehlsverweigerung Bibersteins im Schlussbericht des Untersuchungsbeamten. 454
6.4 Die vom Befehlshaber der Sicherheitspolizei und des SD (BdS) verhängte Disziplinarstrafe 456

7 Beamter in der inneren Verwaltung des Reichsministeriums des Innern . 457
7.1 Beorderung zum Einsatz in das Adriatische Küstenland 1944 . . . 458
7.2 Tätigkeit im Wirtschaftsreferat des Obersten Kommissars 459
7.3 Flucht ins Reich, Gefangennahme und Internierung 461

KAPITEL 4
ANGEKLAGTER VOR DEM US MILITARY TRIBUNAL II IN NÜRNBERG 1947/48

Biberstein durchlief zunächst verschiedene britische Internierungslager. Zuletzt war er Häftling in dem Civil Internment Camp No.7 in Eselheide in der Senne nahe Paderborn, das auf dem Gelände und in den Gebäuden des ehemaligen deutschen Kriegsgefangenen-Stammlagers (Stalag) VI K (326) untergebracht war.

Bild 53: Mugshot of defendant Ernst Emil Heinrich Biberstein at the Einsatzgruppen Trial. Photograph Number: 09938.
(Quelle: U.S. Holocaust Memorial Museum).

Nachdem er dort von dem US-amerikanischen Zivilermittler Frederic S. Burin[1] wegen seiner begangenen Verbrechen verhört worden war, die er als Leiter der Gestapostelle Oppeln/Oberschlesien 1941/42 an Juden und sowjetischen Kriegsgefangenen und danach als Führer des Einsatzkommandos 6 (EK 6) der Einsatzgruppe C an russischen Zivilisten in den Jahren 1942/43 begangen hatte, wurde er am 28. Juni 1947 zum Zweck weiterer staatsanwaltschaftlicher Ermittlungen sowie

---

[1] Der US-Zivilermittler Frederic S. Burin war Mitarbeiter im *Office, Chief of Counsel for War Crimes*.

der Anklageerhebung durch das US Military Tribunal II von dem Internierungslager Eselheide nach Nürnberg in das zum Nürnberger Justizpalast gehörende Gefängnis überführt.[2] In dem so bezeichneten Einsatzgruppenprozess, dem Fall 9 der Nürnberger Nachfolgeprozesse, wurde er als einer von insgesamt 24 angeklagten NS-Gewalttätern am 10. Februar 1948 zum Tod durch den Strang verurteilt.

Um die Spezifika der alliierten Militärgerichtsverfahren – und im Fall Biberstein jene der US-amerikanischen Militärprozesse – folgerichtig einordnen zu können, ist es sinnvoll, zunächst einmal die juristischen Voraussetzungen der Strafverfolgung zu beleuchten, die erst geschaffen werden mussten, da sowohl das Völkerrecht als auch die damals gültigen Strafgesetzbücher die von den NS-Funktionseliten begangenen völkerrechtswidrigen Taten weder in deren Qualität noch in deren Ausmaß abzubilden imstande waren, sodass die Alliierten erst neue Rechtsgrundsätze erörtern und installieren mussten. Insofern erscheint es unerlässlich, den Weg von der Entschlussbildung der Alliierten zur Ahndung der NS-Verbrechen bis hin zur Statuierung des auf dem Londoner Statut (Nürnberg Charta) fußenden Kontrollratsgesetzes Nr. 10 zu beleuchten, das für alle vier Alliierten den verbindlichen rechtlichen Kodex bildete, der jedoch von den im Nürnberger Einsatzgruppenprozess Angeklagten und deren Anwälten vehement als gültige Rechtsnorm abgelehnt wurde.

1 Juristische Voraussetzungen der Strafverfolgung

1.1 Phasen der Entschlussbildung zur Ahndung der NS-Gewaltverbrechen

Gründung der Allied Commission for Punishment of War Crimes

Bereits während des Zweiten Weltkrieges hatten sich die drei führenden Großmächte Großbritannien, USA und die Sowjetunion in mehreren Konferenzen über wesentliche Aspekte einer europäischen Nachkriegsordnung verständigt, unter anderem über die Entnazifizierung und Demokratisierung Deutschlands sowie – im Zusammenhang damit – über die Bestrafung der Machthaber des nationalsozialistischen Regimes als den Initiatoren des Zweiten Weltkrieges ebenso wie über die Bestrafung ihrer an den NS-Gewaltverbrechen beteiligten Funktionseliten. Als Zentrum des „Widerstand[es] der westlichen Demokratien gegen die ‚Neuordnung

---

[2] Personal Data Sheet, Ernst Biberstein, Office of the U. S. Chief of Counsel/ Subsequent Proceedings Division, p. 1-3, Anlagen zu Interrogation Nr. 1499-A, Zeugeneinvernahme des Ernst Emil Heinrich Biberstein durch Mr. Wartenberg am 29. Juni 1947, 10.00-11.15 Uhr auf Veranlassung von Mr. Walton und Glancy, StAN, Rep. 502, KV-Anklage, Interrogations, B-75, S. 1-16, hier S. 7.

1 Juristische Voraussetzungen der Strafverfolgung 465

Bild 54: Vordere Reihe von links nach rechts: Ohlendorf, Jost, Naumann, Schulz. Hintere Reihe von links nach rechts: Biberstein, Dr. Braune, Dr. Haensch, Nosske. Photograph Number 16813.
(Quelle: U.S Holocaust Memorial Museum, courtesy of John W. Mosenthal).

Europas' unterm Hakenkreuz"[3] hatte sich zunächst Großbritannien[4] herausgebildet, nicht zuletzt auch, weil London zum Sitz der Exilregierungen in den von Deutschland besetzten neun europäischen Ländern geworden war.

Noch vor den entscheidenden alliierten Konferenzen von Moskau (19. bis 30. Oktober 1943), Teheran (28. November bis 1. Dezember 1943) und Jalta (4. bis 11. Februar 1945) war in London durch die Vertreter der dort ansässigen Exilregierungen die *Inter-Allied Commission for Punishment of War Crimes* gegründet worden, die angesichts des unter Missachtung der Genfer Konventionen sowie der Haager Landkriegsordnung geführten deutschen Angriffskrieges sowie der verübten NS-Verbrechen und des präzedenzlosen Ausmaßes von Massenexekutio-

---

[3] LOTHAR KETTENACKER: Die Behandlung der Kriegsverbrecher als anglo-amerikanisches Rechtsproblem, in: GERD R. UEBERSCHÄR (Hrsg.): Der Nationalsozialismus vor Gericht. Die alliierten Prozesse gegen Kriegsverbrecher und Soldaten 1943-1952, Frankfurt/M. ³2008, S. 17-31, hier S. 18.

[4] Mit der Kriegserklärung Deutschlands gegen die USA und mit deren Eintritt in den Zweiten Weltkrieg am 8. Dezember 1941 organisierte Großbritannien zusammen mit den USA den Widerstand gegen das NS-Regime.

nen – insbesondere in den osteuropäischen Ländern – von den alliierten Großmächten ein ordentliches Gerichtsverfahren für alle Verantwortlichen einforderte, deren Grundsätze sie am 13. Januar 1942 in einer Resolution im St. James Palace festschrieb:

> „The chief war aims of the Allies include the punishment of those responsibles for these crimes, regardless of whether the particular parties ordered the deeds, committed them themselves, or somehow contributed to them. We are determined to make sure
>
> (a) that the guilty and responsible parties, of whatever nationality they may be, having been discovered, be handed over for judgement and condemned.
>
> (b) that the pronounced sentences be carried out."[5]

Installation der United Nations War Crimes Commission (UNWCC) 1942

Jene in der Resolution im St. James Palace eingeforderten Maßnahmen zur Ahndung der NS-Verbrechen sollten durch gemeinsamen Beschluss der Briten und Amerikaner noch vor der Gründung der Vereinten Nationen einer besonderen Fachkommission übertragen werden, in der Weise, dass sich am 7. Oktober 1942 die *United Nations War Crimes Commission* (UNWCC) konstituierte, deren Gründungsurkunde ein Jahr später, am 20. Oktober 1943, von 17 Nationen unterzeichnet wurde. Die *United Nations War Crimes Commission* (UNWCC) hatte sich zur Aufgabe gemacht, bereits während des Krieges relevante Dokumente über Kriegs- und NS-Verbrechen zur Beweissicherung für eine spätere juristische Ahndung zu sammeln und zudem diejenigen Personen listenmäßig zu erfassen, die sich jener Verbrechen schuldig gemacht hatten.[6] Die interalliierten Fahndungslisten enthielten nicht nur die Namen von 30.000 NS-Verbrechern,[7] sondern ebenso Namen und Anschriften der entsprechenden Zeugen. Zudem war die bei Kriegsende von den Alliierten inhaftierte NS-Tätergruppe insofern rasch zu identifizieren, als alle SS-Angehörigen bei ihrer Aufnahme in den SS-Orden auf die Innenseite des linken Oberarmes die Blutgruppenzugehörigkeit eingebrannt bekommen hatten.

Dekret des Präsidiums des Obersten Sowjets der UdSSR 1943

Zwar war die Sowjetunion nicht der *United Nations War Crimes Commission* (UNWCC) beigetreten, sondern hatte zunächst ein eigenes Untersuchungsgremium zur

---

[5] *Resolution of St. James* Palace, in: WAR AND PEACE AIMS OF THE UNITED NATIONS, hrsg. von Louise Holborn, Bd. I, Washington 1943, S. 7f.

[6] PETER STEINBACH: Der Nürnberger Prozeß gegen die Hauptkriegsverbrecher, in: GERD R. UEBERSCHÄR (Hrsg.): Der Nationalsozialismus vor Gericht. Die alliierten Prozesse gegen Kriegsverbrecher und Soldaten 1943-1952, Frankfurt/M. ³2008, S. 32-44, hier S. 34.

[7] KURT SCHRIMM/ JOACHIM RIEDEL: 50 Jahre Zentrale Stelle in Ludwigsburg. Ein Erfahrungsbericht über die letzten zweieinhalb Jahrzehnte, in: Vierteljahreshefte für Zeitgeschichte (VfZ), 4 (2008), S. 525-555, hier S. 529.

1 Juristische Voraussetzungen der Strafverfolgung

Ahndung der NS-Verbrechen eingerichtet, das dann am 19. April 1943 durch ein *Dekret des Präsidiums des Obersten Sowjet der UdSSR* installiert wurde und das ausdrücklich „Maßnahmen [vorsah] zur Bestrafung der deutschen faschistischen Übeltäter, schuldig der Tötung und Misshandlung der sowjetischen Zivilbevölkerung und der gefangenen Rotarmisten, [ferner] der Spione, der Verräter der Heimat unter den sowjetischen Bürgern und deren Mithelfern."[8] Jenes Dekret mit der handschriftlich geschriebenen Registrierungs-Nr. 160/23 war laut ausdrücklichem Vermerk nicht für die Presse bestimmt.

Im Gegensatz zu dem Bestreben der *United Nations War Crimes Commission* (UNWCC) war die Zielsetzung des *Dekrets des Präsidiums des Obersten Sowjet der UdSSR* jedoch von weit umfassenderer Art, insofern, als sich die Ahndung von Verbrechen nicht nur auf deutsche Kriegsverbrecher sowie auf Täter aus den Staaten der Hitler-Allianz beschränkte, sondern ebenso auf die eigenen Kollaborateure ausgedehnt war, etwa auf die so bezeichneten *Trawniki*, d. h. auf sowjetische Kriegsgefangene – überwiegend Balten und Ukrainer – die sich der SS zur Verfügung gestellt hatten und die nach ihrer Ausbildung im Zwangsarbeitslager Trawniki sowie der Ableistung des SS-Eides sodann in den Zwangsarbeitslagern ebenso wie in den Konzentrations- und Vernichtungslagern das Wachpersonal stellten.[9] Desgleichen umfasste die Liste der Kollaborateure auch die von der SS eingestellten und nach deutschen Angestellten-Tarifen bezahlten Hilfspolizisten, die etwa an den von Biberstein erwähnten „Gerichtsverfahren" maßgeblich beteiligt gewesen waren und die im Einsatzkommando 6 (EK 6) in der Regel auch die Erschießungs-Pelotons gestellt hatten, wie Biberstein ebenfalls vor dem US Military Tribunal II in Nürnberg ausgesagt hatte.

Der sowjetischen Staatsmacht waren die von den Einsatzgruppen und den Polizeibataillonen Himmlers begangenen Massenmorde und Gräueltaten an der sowjetischen Zivilbevölkerung ebenso bekannt geworden wie die Kriegsverbrechen

---

[8] Jedoch erst 1986 war es der deutschen Botschaft in Washington gelungen, „einen kompletten Microfilm der UNWCC-Fahndungslisten zu beschaffen und der zentralen Stelle Ludwigsburg zuzuleiten", ebd. *Dekret des Präsidiums des Obersten Sowjet der UdSSR über Maßnahmen zur Bestrafung der deutschen faschistischen Übeltäter, schuldig der Tötung und Misshandlung der sowjetischen Zivilbevölkerung und der gefangenen Rotarmisten, der Spione, der Verräter der Heimat unter den sowjetischen Bürgern und deren Mithelfern*. Abdruck des russischen Textes und deutsche Übersetzung in: GERD R. UEBERSCHÄR: Ausgewählte Dokumente und Übersichten zu den alliierten Nachkriegsprozessen, in: DERS. (Hrsg.): Der Nationalsozialismus vor Gericht. Die alliierten Prozesse gegen Kriegsverbrecher und Soldaten 1943-1952, Frankfurt/M. ³2008, S. 277-301, hier S. 279-281.

[9] In diesem Zusammenhang sei auf den Fall des Trawniki John Demjanjuk verwiesen, der vom Landgericht II München wegen *Beihilfe zum Mord in mehr als 28.000 Fällen im Rahmen der „Aktion Reinhardt"* zu fünf Jahren Haft verurteilt worden war. Vertreter der etwa 30 Nebenkläger war Cornelius Nestler, Ordinarius für Strafrecht an der Universität zu Köln. Demjanjuk verstarb am 17. März 2012, noch bevor das Urteil rechtskräftig geworden war.

seitens der deutschen Wehrmacht. Zum einen war der Roten Armee bereits bei deren Gegenoffensive auf Moskau am 5. Dezember 1941 der berüchtigte Reichenau-Befehl in die Hände gefallen. Jener Befehl war laut Verteilerliste bis zu den unteren Kommandeuren ergangen und hatte von der Wehrmacht die „Ausrottung des asiatischen Einflusses im europäischen Kulturkreis" ebenso eingefordert wie „die völlige Vernichtung der bolschewistischen Irrlehre, des Sowjet-Staates und seiner Wehrmacht [sowie] die erbarmungslose Ausrottung artfremder Heimtücke [...] und damit die Sicherung des Lebens der deutschen Wehrmacht."[10] Dessen Schlusssatz umfasste das NS-Ausrottungsprogramm in der lapidaren Formulierung: „Nur so werden wir unserer geschichtlichen Aufgabe gerecht, das deutsche Volk von der asiatisch-jüdischen Gefahr ein für allemal zu befreien."[11]

Zum anderen hatte die sowjetische Regierung durchaus Kenntnis über die zahllosen Massenmorde an der jüdischen Zivilbevölkerung. Selbst das Massaker an den Juden der Stadt Kiew war insofern nicht verborgen geblieben, als es Augenzeugen gab, etwa die überlebende junge jüdische Schauspielerin Dina M. Proničeva, die sich kopfüber in das Massengrab in der Schlucht von Babyń Jar gestürzt hatte, noch bevor sie von den Maschinenpistolen tödlich getroffen werden konnte und der in der Dunkelheit der Nacht die Flucht gelang.[12]

Ebenso waren der sowjetischen Staatsmacht die verbrecherischen Praktiken der Wehrmacht im Rahmen der Partisanenbekämpfung bekannt, beispielsweise deren unvorstellbar brutales Vorgehen gegen die Bewohner ganzer Dörfer einschließlich der Kinder, die nachweislich an den Partisanenkämpfen gar nicht beteiligt gewesen waren, die aber dennoch von den deutschen Befehlshabern gezwungen wurden, täglich frühmorgens als „Minensuchgerät" die Zufahrtsstraßen der Wehrmacht abzulaufen, wie in Kapitel III dargelegt.

Das *Dekret des Präsidiums des Obersten Sowjet der UdSSR* vom 19. April 1943 ist im Zusammenhang mit der deutschen Kapitulation von Stalingrad zu sehen, insofern, als das Scheitern der Heeresgruppe Mitte in der Schlacht um Moskau durch die am 5. Dezember 1941 beginnende Gegenoffensive der Roten Armee zwar als *politischer* Wendepunkt in der Kriegsführung zu verstehen ist, hingegen die verlorene Schlacht von Stalingrad den *moralischen* Wendepunkt darstellte. Insofern war eine Bestrafung der NS-Täter in absehbarer Zeit ins Auge zu fassen wie aus dem Text des Dekretes deutlich hervorgeht. Danach sollte über Mörder die Todesstrafe verhängt werden, hingegen war für die an den Ermordungen Tat-

---

[10] Armee-Oberkommando 17, I a Nr. 0973/41 geh. A. H. Qu., 10. Oktober 1941. Btr.: Verhalten der Truppe im Ostraum, BArch-MA, RH-20-6/ 493.
[11] Ebd.
[12] Vernehmung der Überlebenden des Massakers von Babyń Jar, Dina M. Proničeva, vom 9.2.1967, IfZ, Gd 01.54/59, s. p.

1 Juristische Voraussetzungen der Strafverfolgung   469

beteiligten eine 15 bis 20 Jahre dauernde Verbannung vorgesehen. Die Bestrafung der weiteren Personenkreise waren den Feldgerichten zu übertragen.

„In den von der Roten Armee befreiten Städten und Dörfern wurde eine Vielzahl von Fakten über unerhörte Greueltaten und abscheuliche Gewalttaten entdeckt, die von den deutschen, italienischen, rumänischen, ungarischen und faschistischen Ungeheuern, von Hitler-Agenten sowie Spionen und Verrätern der Heimat unter den sowjetischen Bürgern an der friedlichen sowjetischen Bevölkerung und den gefangenen Rotarmisten begangen wurden.

Viele Zehntausende völlig unschuldiger Frauen, Kinder, Alte und gefangene Rotarmisten wurden auf Befehl der Kommandeure der Truppen und der Truppen des Gendarmeriecorps der Hitler-Armee, der Leiter der Gestapo [d. h. der Einsatzgruppen], der Bürgermeister und der Militärkommandanten von Städten und Dörfern, der Lagerleiter für Kriegsgefangene und von anderen Vertretern der faschistischen Machthaber grausam gequält, aufgehängt, erschossen, lebendig verbrannt [...].

Unter Berücksichtigung dessen, dass die Ausschreitungen und Gewalttaten gegenüber wehrlosen sowjetischen Bürgern und gefangenen Rotarmisten und der Verrat an der Heimat die schändlichsten und schwerwiegendsten Verbrechen und die niederträchtigsten Übeltaten sind, beschließt der Oberste Sowjet der UdSSR:

1. Zu erkennen, daß die deutschen, italienischen, rumänischen, ungarischen und faschistischen Übeltäter, die der Tötung und Mißhandlung der Zivilbevölkerung und gefangenen Rotarmisten überführt sind, und die Spione und Verräter der Heimat unter den sowjetischen Bürgern mit dem Tod durch Erhängen bestraft werden.

2. Die Mithelfer aus der örtlichen Bevölkerung, die der Unterstützung der Übeltäter bei Ausschreitungen und Gewalttaten gegenüber wehrlosen sowjetischen Bürgern und gefangenen Rotarmisten überführt sind, werden mit Verbannung zur Zuchthausarbeit für eine Frist von 15 bis 20 Jahren bestraft.

3. Die Untersuchung der Fälle der faschistischen Übeltäter, die sich Ausschreitungen gegenüber der friedlichen sowjetischen Bevölkerung und den gefangenen Rotarmisten haben zuschulden kommen lassen, sowie der Spione, der Verräter der sowjetischen Heimat unter den sowjetischen Bürgern und deren Mithelfern aus der örtlichen Bevölkerung ist den Feldgerichten zu übertragen, die bei den Divisionen der Fronttruppen zu bilden sind und denen angehören:
der Vertreter des Militärtribunals der Division (Vorsitzender des Gerichts),
der Leiter der Sonderabteilung der Division,
der Vertreter des Kommandeurs der Division der politischen Abteilung (Mitglieder des Gerichts) unter Beteiligung des Staatsanwalts der Division.

4. Die Urteile der Feldgerichte bei den Divisionen sind vom Kommandeur der Division zu bestätigen und unverzüglich zu vollstrecken." [Kursivdruck im Original].[13]

---

[13] *Dekret des Präsidiums des Obersten Sowjet der UdSSR über Maßnahmen zur Bestrafung der deutschen faschistischen Übeltäter, schuldig der Tötung und Misshandlung der sowjetischen Zivilbevölkerung und der gefangenen Rotarmisten, der Spione, der Verräter der Heimat unter den sowjetischen Bürgern und deren Mithelfern.* Abdruck des russischen Textes und deutsche Übersetzung in: GERD R. UEBERSCHÄR: Ausgewählte Dokumente und Übersichten zu den alliierten Nachkriegsprozessen, in: DERS. (Hrsg.): Der Nationalsozialismus vor Gericht. Die alliierten Prozesse gegen Kriegsverbrecher und Soldaten 1943-1952, Frankfurt/M. ³2008, S. 277-301, hier S. 279-280.

Statement on Atrocities 1943

Ein halbes Jahr später jedoch schloss sich die UdSSR den Plänen der Briten und Amerikaner insofern an, als während der Moskauer Konferenz vom 19. bis 30. Oktober 1943 von den Außenministern der drei alliierten Großmächte, Cordell Hull, Robert Anthony Eden und Wjatscheslaw Michailowitch Molotow eine Erklärung verfasst wurde über die von den deutschen Streitkräften verübten Grausamkeiten in ganz Europa – insbesondere jedoch während des Rückzuges der deutschen Armeen aus Sowjetrussland. Die Erklärung, die im Wesentlichen „Crimes against humanity" ansprach, wurde sodann einen Tag später veröffentlicht und legte aufgrund des von den betroffenen Staaten zusammengestellten Beweismaterials erste juristische Richtlinien hinsichtlich der justiziellen Ahndung der NS-Verbrechen fest. Vorgesehen war, dass die NS-Täter in *den* Ländern vor Gericht gestellt werden sollten, in denen sie ihre Verbrechen begangen hatten.

„The United Kingdom, the United States and the Soviet Union have received from many quarters evidence of atrocities, massacres and cold-bloodes mass executions which are being perpetrated by the Hitlerite forces in many countries they have overrun [...]. Accordingly, the aforesaid three allied Powers, speaking in the interest of the thirty-two United Nations, hereby solemnly declare and give full warning of their declaration as follows:

At the time of the granting of any armistice to any government which may be set in Germany, those German officers and men and members of the Nazi Party who have been responsible for, or have taken a consenting part in the above atrocities, massacres and executions, will be sent back to the countries in which their abominable deeds were done in order that they may be judged and punished according to the laws of these liberated countries and free governments which will be erected therein.

Lists will be compiled in all possible detail from all these countries having regard especially to the invaded parts of the Soviet Union, to Poland [...]."[14]

1.2 Das Londoner Statut – ein neues Rechtsinstrument

Jedoch weder in jener Moskauer Konferenz 1943 noch in der Verhandlung in Jalta im Februar 1945 hatten die so bezeichneten „Großen Drei" die Planung staatsübergreifender gültiger Rechtsgrundsätze festgelegt, da weder die bisher geltenden Völkerrechtsnormen noch die Gerichtsbarkeit der von Deutschland angegriffenen Länder auf das kaum vorstellbare Ausmaß „nationalsozialistischer Genozidpolitik"[15] ausgelegt war. Aus dieser Tatsache erwuchs die Notwendigkeit zur Schaffung eines neuen, d. h. *internationalen* Rechtsinstruments, dass dann am 8. August

---

[14] The Tripartite Conference in Moscow, October 18 – November 1, 1943, Annex 10: *Statement on Atrocities, 30.10.1943*, Foreign Relations of the United States (Frus), Diplomatic Papers, 1943, Vol. I, General, Washington 1963, S. 513-781, hier S. 768f.

[15] LOTHAR KETTENACKER, Behandlung, S. 26.

1945 mit dem *Londoner Abkommen zur Errichtung des Internationalen Gerichtshofs*[16] installiert und dem als Annex das *Statut für das Internationale Militärtribunal* (IMT-Statut/ Londoner Statut/ Nürnberger Charta)[17] beigefügt wurde, das in 30 Artikeln sämtliche gerichtsverfassungs- und verfahrensrechtlichen Aspekte regelte. Sowohl die Moskauer Erklärung vom 30. Oktober 1943 als auch das Londoner Statut vom 8. August 1945 wurden später als integraler Bestandteil in das *Kontrollratsgesetz Nr. 10* vom 20. Dezember 1945 aufgenommen, das in allen vier Besatzungszonen die Rechtsgrundlage für die Militärgerichtshöfe der Alliierten bilden sollte, so auch für die Nürnberger Nachfolgeprozesse und somit für den *Fall 9*, den sogenannten Einsatzgruppenprozess, dessen amtliche Bezeichnung lautete: *Military Tribunals. Case 9. The United States of America against Ohlendorf et al.*[18]

1.3 NS-Prozesse vor alliierten Militärgerichten

Strafprozesse vor britischen Militärgerichtshöfen

Die juristische Ahndung von NS-Gewaltverbrechen durch die Alliierten begann in den Besatzungszonen bereits wenige Monate nach dem Ende des Zweiten Weltkrieges in Europa. So wurden von den britischen Militärgerichtshöfen mehr als 1.085 Personen angeklagt und 240 von ihnen zum Tode verurteilt.[19] Die bekanntesten Verfahren vor britischen Militärgerichtshöfen waren jene gegen das Personal der Konzentrationslager Bergen-Belsen, Neuengamme und Ravensbrück. Der Erste Bergen-Belsen-Prozess begann bereits am 17. September 1945, also noch *vor* der Statuierung des Kontrollratsgesetzes Nr. 10 am 20. Dezember 1945, der die Rechtsgrundlage schuf für die „Bestrafung von Personen, die sich Kriegsverbrechen, Verbrechen gegen den Frieden oder Verbrechen gegen die Menschlichkeit schuldig gemacht [hatten]".[20]

---

[16] *Londoner Viermächteabkommen* vom 8. August 1945, in: Der Prozeß gegen die Hauptkriegsverbrecher vor dem Internationalen Militärgerichtshof Nürnberg, Nürnberg 1947, Bd. I, S. 6-10.

[17] *Statut für das Internationale Militärtribunal* (*Charter of the International Military Tribunal*), in: Ebd., S. 8-10.

[18] (Deutsche Reihe) Militärgerichtshöfe. Fall 9. Die Vereinigten Staaten von Amerika gegen Otto Ohlendorf, Heinz Jost, Erich Naumann, Otto Rasch, Erwin Schulz, Franz Six, Paul Blobel, Walter Blume, Martin Sandberger, Willy Seifert, Eugen Steimle, Ernst Biberstein, Werner Braune, Walter Haensch, Gustav Nosske, Adolf Ott, Eduard Strauch, Emil Haussmann, Woldemar Klingelhöfer, Lothar Fendler, Waldemar von Radetzky, Felix Rühl, Heinz Schubert und Mathias Graf, Angeklagte. Militärregierung Deutschlands (US), Nürnberg. Berichtigte Anklageschrift vom 29. Juli 1947, StAN, Rep. 501, KV-Prozesse, Fall 9, B 22. (Unterstreichung vom Verf.).

[19] Der Bundesminister der Justiz: Bericht über die Verfolgung nationalsozialistischer Straftaten, in: DEUTSCHER BUNDESTAG, 4. WAHLPERIODE, DRUCKSACHE IV/3124 vom 26.2.1965.

[20] *Gesetz Nr. 10 des Alliierten Kontrollrates über die Bestrafung von Personen, die sich Kriegsverbre-*

Kapitel 4 Angeklagter vor dem US Military Tribunal II in Nürnberg 1947/48

Strafprozesse vor französischen Militärgerichtshöfen

Die in der französischen Besatzungszone Deutschlands durch das am 2. März 1946 errichtete *Tribunal Général* erhobenen Anklagen richteten sich gleichermaßen gegen das Personal in den Konzentrations- und deren Außenlagern ebenso wie gegen die in den Gefängnissen der Gestapo begangenen NS-Gewaltverbrechen und wurden in 20 Militärgerichtsverfahren im baden-württembergischen Rastatt verhandelt. Angeklagt waren 2.107 Personen, von denen 104 zum Tode verurteilt wurden.[21]

Strafprozesse vor sowjetischen Militärgerichtshöfen

Über die vor dem sowjetischen Militärgerichtstribunal (SMT) durchgeführten Gerichtsprozesse liegt insofern kaum verlässliches Datenmaterial vor, als jene Verfahren in der Regel für die Öffentlichkeit nicht zugänglich waren und demzufolge weder die Anzahl der durchgeführten Strafprozesse vorliegt noch jene der verurteilten Täter.[22]

Strafprozesse vor US-amerikanischen Militärgerichtshöfen

Die von US-amerikanischen Militärgerichten gegen NS-Täter durchgeführten Strafprozesse erfuhren zweifelsohne die weitaus größte mediale Beachtung in der Öffentlichkeit, insbesondere die zwölf Nürnberger Nachfolgeprozesse, die im Anschluss an den Prozess gegen die Hauptkriegsverbrecher vor dem International Military Tribunal in Nürnberg (IMT) anberaumt wurden und in denen die nachgeordnete NS-Funktionselite angeklagt und verurteilt wurde, so 185 hochrangige Führungskräfte der Ärzteschaft und Justiz, der Wehrmacht und hohen Regierungsbeamtenschaft, der Industrie und Konzernführung ebenso wie der Funktionseliten von SS, SD und Gestapo. Jene zwölf Nürnberger Nachfolgeprozesse wurden in 1.200 Tagen verhandelt, und allein die maschinenschriftliche Niederschrift der Gerichtsprotokolle überstieg 330.000 Din-A4-Seiten, nicht mitgerechnet die Dokumentenbücher, Schriftsätze der Anklagebehörde oder der Verteidigung.[23] Gleiches Medieninteresse riefen die 489 Dachauer Prozesse hervor, in denen 1.672 Perso-

---

chen, *Verbrechen gegen den Frieden oder gegen die Menschlichkeit schuldig gemacht haben*. Vom 20. Dezember 1945, in: Amtsblatt des Kontrollrats in Deutschland, Nr. 3 vom 31.1.1946, S. 50-55. Der Text wurde in englischer, französischer und deutscher Sprache abgefasst.

[21] Französische Prozesse in Deutschland. BArch, ALLPROZ 10, 1946-1955, bearb. von Josef Henke, Ulf Rathje, 20.12.2004, Einleitung.

[22] TOBIAS HABERKORN: Kriegsverbrecherverfolgung in der SBZ und frühen DDR 1945-1950. Legenden, Konflikte und Mängel, in: Deutschland Archiv. Zeitschrift für das vereinigte Deutschland, 4/2012.

[23] Trials of War Criminals before the Nuernberg Military Tribunals under Control Council Law NO.10, Volume IV, Nuernberg October 1946-April 1049, Vorwort, S. III.

nen unter Anklage standen. Von den dort verhängten 426 Todesurteilen wurden 262 vollstreckt.[24] Aber auch die vor deutschen Gerichten verhandelten Euthanasieprozesse schockierten die Weltöffentlichkeit, etwa der erste Euthanasie-Prozess in Deutschland vor dem Landgericht in Wiesbaden.[25]

2 Der Einsatzgruppenprozess – die Rückkehr des Rechts

Der Einsatzgruppenprozess war der neunte von insgesamt zwölf Nachfolgeprozessen vor US-amerikanischen Militärgerichtshöfen, die – ebenso wie die Dachauer Prozesse – nicht mehr der alliierten, sondern nunmehr ausschließlich der US-Militärgerichtsbarkeit unterlagen in deren Funktion als Jurisdiktion der US-Besatzungsmacht. Jener Einsatzgruppenprozess, den der Chefankläger Benjamin B. Ferencz als den „größten Mordprozess der Geschichte" bezeichnet hatte, wurde vom 29. September 1947 bis zum 10. April 1948 in 138 Sitzungen vor dem US Military Tribunal II in Nürnberg im Großen Saal des Justizpalastes verhandelt.

Nürnberg als Gerichtsort für die Bestrafung der begangenen Verbrechen durch die NS-Funktionsträger – und hier insbesondere für die im Einsatzgruppenprozess angeklagte Funktionselite von SS, SD und Gestapo – hatte zweifelsohne eine hohe symbolische Bedeutung, war diese Stadt doch der Ort der 1935 verkündeten *Nürnberger Rassengesetze*[26] ebenso wie der *NSDAP-Parteitage* gewesen, die von 1933 bis 1938 als *Reichsparteitage des deutschen Volkes* mit großem Pomp und propagandistischen Aufmärschen der Wehrmacht, SA, SS und der Hitlerjugend ein Millionenpublikum angelockt hatten. (Kapitel II, Bild 19).

Der Strafprozess gegen Biberstein wurde nicht als Einzelverfahren durchgeführt, sondern im Rahmen eines Gesamtverfahrens gegen 24 NS-Gewalttäter, d. h. Einsatzgruppenleiter und Führer der Einsatz- und Sonderkommandos sowie einige Tatbeteiligte ohne Führungsposition in den jeweiligen Gruppenstäben, die unter der Anklage standen, während des wirtschaftspolitisch und rasseideologisch ausgerichteten Vernichtungsfeldzuges gegen die Sowjetunion im Rahmen des NS-

---

[24] UTE STIEPANI: Die Dachauer Prozesse und ihre Bedeutung im Rahmen der alliierten Strafverfolgung von NS-Verbrechen, in: GERD R. UEBERSCHÄR (Hrsg.): Der Nationalsozialismus vor Gericht. Die alliierten Prozesse gegen Kriegsverbrecher und Soldaten 1943-1952, Frankfurt/M. ^{3}2008, S. 227-249, hier S. 229.
[25] Erster Hadamar-Prozess in Wiesbaden, 8.-15. Oktober 1945, in: ANIKA BURKHARDT: Das NS-Euthanasie-Unrecht vor den Schranken der Justiz. Eine strafrechtliche Analyse (Beiträge zur Rechtsgeschichte des 20. Jahrhunderts; 85), zugleich: Tübingen, Univ., Diss., 2013, Tübingen 2015, S. 180f.
[26] Gesetz zum Schutze des deutschen Blutes und der deutschen Ehre vom 15. 9. 1935, (RGBl. I (1935), S. 1146-1147). Reichsbürgergesetz vom 15. 9. 1935, RGBl. I (1935), S. 1146).

Kapitel 4 Angeklagter vor dem US Military Tribunal II in Nürnberg 1947/48

Bild 55: Blick von der Besuchergalerie in den Schwurgerichtssaal (Großen Saal), in dem 1945/46 der Nürnberger Prozess gegen die Hauptkriegsverbrecher und 1946/49 die zwölf Nürnberger Nachfolgeprozesse verhandelt wurden. Die Aufnahme entstand im Jahr 1945. Sitzanordnung: Richtertisch (rechts), Anklagebehörde (Mitte rechts), Strafverteidiger (Mitte links), Anklagebank (links). (Quelle: Stadtarchiv Nürnberg).

Ausrottungsprogramms ungefähr ein bis zwei Millionen Exekutionen an sowjetischen Kriegsgefangenen und jüdischen wie nichtjüdischen Zivilisten der UdSSR durch Erschießen oder Vergasen in den so bezeichneten *Gaswagen* durchgeführt zu haben.

Für den Einsatzgruppenprozess wurden als Mitglieder des US Military Tribunal II die folgenden drei Richter bestellt: *Michael A. Musmanno*, Richter am erstinstanzlichen Berufungsgericht der Zivilrechtsprechung im Verwaltungsbezirk Allegheny, Pennsylvania, *John J. Speight*, prominentes Mitglied des Alabama-Anwaltsverbandes, *Richard D. Dixon*, Richter des Supreme Court des Staates North Carolina, wobei Musmanno zum Vorsitzenden Richter nominiert wurde. (Bild 56). Der Vorsitzende Richter Musmanno sowie Speight als einer der beiden Beisitzer waren zudem Mitglieder im Richterkollegium des Falles II und des Falles IV der Nürnberger Nachfolgeprozesse.

Das *Counsel for War Crimes* als US- amerikanische Anklagebehörde bestand aus dem Brigadier General and Chief of Counsel for War Crimes *Telford Taylor*, dem Director SS-Division *James McHaney* (Bild 54/55), dem Chefankläger *Benjamin B. Ferencz* (Bild 56) und den drei US-Staatsanwälten Peter W. Walton, John E. Glancy und Arnost Horlik-Hochwald.[27] (Bild 60).

---

[27] (Deutsche Reihe) Gerichtshof II, Fall Nr. 9. Die Vereinigten Staaten von Amerika gegen Ohlen-

2 Der Einsatzgruppenprozess – die Rückkehr des Rechts

Bild 56: The judges of Military Tribunal II-A, listen to the Einsatzgruppen Trial. From left to right are John J. Speight, Michael A. Musmanno, and Richard D. Dixon. Date: 1947 September 15 – 1948 April 10. Photograph Number: 16815.
(Quelle: U. S. Holocaust Memorial Museum, courtesy of John W. Mosenthal).

Bild 57: Nürnberg. Brigadier General Telford Taylor (Chief of counsel for war crimes).
(Quelle: U. S. Holocaust Memorial Museum).

Bild 58: Nürnberg. Chief Prosecutor James McHaney (Director SS division).
(Quelle: U. S. Holocaust Memorial Museum).

dorf und Genossen, Angeklagte. Eröffnungsrede für die Vereinigten Staaten von Amerika, Nuern-

476 Kapitel 4 Angeklagter vor dem US Military Tribunal II in Nürnberg 1947/48

Bild 59: Nürnberg. Prosecutor Benjamin B. Ferenz at Einsatzgruppen Trial.
(Quelle: U.S. Holocaust Memorial Museum, courtesy of Benjamin Ferencz).

Bild 60: Members of the prosecution team at the Einsatzgruppen Trial. Pictured from left to right are: Benjamin B. Ferencz, Arnost Horlick-Hockwald, and John E. Glancy. Photograph Number: 16814.
(Quelle: U. S. Holocaust Memorial Museum, courtesy of John W. Mosenthal).

berg, 29. September 1947. Benjamin B. Ferencz, Hauptankläger, Peter W. Walton, John E. Glancy, Arnost Horlik-Hochwald für: Telford Taylor, Brigadier General, USA, Chief of Counsel for War Crimes und James M. McHaney, Direktor SS-Division. Rolf Wartenberg/Alfred Schwartz, Vernehmungsbeamte, StAN, Rep. 501, KV-Prozesse, Fall 9, B 24, Titelblatt. Abgedruckt auch in: Trials of War Criminals before the Nuernberg Military Tribunals under Control Council Law No. 10, Vol.

2 Der Einsatzgruppenprozess – die Rückkehr des Rechts

2.1 ENTSCHEIDUNGSFINDUNG UND PLANUNG DES EINSATZGRUPPENPROZESSES

Der Nürnberger Einsatzgruppenprozess war zunächst nicht geplant, sondern ist durch einen „Zufallsfund" zustande gekommen. In diesem Zusammenhang ist auf die Errichtung der zivilen US-amerikanischen Ermittlungs- und Anklagebehörde für NS-Verbrechen, dem *Office, Chief of Counsel für War Crimes* (OCCWC), ebenso hinzuweisen wie auf die Berufung des Benjamin B. Ferencz, der zunächst als *Civilian War Crimes Investigator* fungiert hatte und sodann im Nürnberger Einsatzgruppenprozess als Chefankläger eingesetzt wurde.

Installation des Office Chief of Counsel für War Crimes (OCCWC)

Nach Beendigung des Prozesses gegen die Hauptkriegsverbrecher vor dem International Military Tribunal in Nürnberg (IMT) hatte der Chefankläger Robert H. Jackson seinen damaligen Assistenten Telford Taylor im Oktober 1946 zum Nachfolger bestimmt, indem er ihn zunächst zum *Brigadier General* beförderte und ihn danach offiziell zum *Chief of Counsel für War Crimes* ernannte. Damit war Taylor mit der Durchführung der zwölf Nürnberger Nachfolgeprozesse betraut. Dessen Behörde, das *Office Chief of Counsel für War Crimes* (OCCWC) existierte während der Zeit der zwölf Nachfolgeprozesse vom 24. Oktober 1946 bis zum 20. Juni 1949. Es wurde im *Office of Military Government für Germany U.S.* (OMGUS) angesiedelt und durch die Weisung „General Order 301, Headquarters U. S. Forces in Europe" etabliert. Jene Behörde war die Nachfolgerin der *Subsequent Proceedings Division of the Office of the U. S. Chief of Counsel for the Prosecution of Axis Criminality*.[28]

Benjamin Ferencz – Chefankläger im Einsatzgruppenprozess

Als Mitarbeiter seiner neu installierten zivilen Ermittlungs- und Anklagebehörde für Kriegsverbrechen, des *Office, Chief of Counsel für War Crimes* (OCCWC), konnte Taylor im März 1946 den damals 26-jährigen Juristen und Harvard-Absolventen Benjamin B. Ferencz gewinnen, den er umgehend nach Berlin entsandte, um dort eine OCCWC-Zweigstelle zu installieren.

Ferencz rekrutierte dort als Leiter jener Zweigstelle ein Ermittlungsteam von etwa 50 Personen, das in den Büros und Archiven der NS-Behörden die von der

---

IV, Washington U. S. [Government Printing Office] 1949, S. 6, 11.

[28] Final Report to the Secretary of the Army on the Nueremberg War Crimes Trials Under Control Council Law No. 10, in: https://www.loc.gov/rr/frd/Military_Law/NT_final-report.html; 2.11.2015. In den Gerichtsakten des Nürnberger Einsatzgruppenprozesses wird sowohl die Bezeichnung *Office, Chief of Counsel für War Crimes* als auch *Subsequent Proceedings Division of the Office of the U. S. Chief of Counsel for the Prosecution of Axis Criminality* verwendet.

478   Kapitel 4 Angeklagter vor dem US Military Tribunal II in Nürnberg 1947/48

US-Wehrmacht beschlagnahmten amtlichen Dokumente im Hinblick auf deren Verwertbarkeit für die Nürnberger Nachfolgeprozesse prüfen sollte.[29] Ferencz beschreibt seinen Auftrag in einem Interview mit Mark Hull wie folgt:

> „After leaving the Army in early 1946, I was asked if I would be willing to return to Germany to work on the staff of the Chief of Counsel for War Crimes. I was assigned to collect and evaluate captured Nazi documents in the Berlin Document Center and forward any useful material to Nuremberg where the trials had already started."[30]

Während Ferencz und sein Team um die Jahreswende 1946/47 das von Bomben zerstörte und ausgebrannte Gestapo-Hauptquartier in der damaligen Prinz-Albrecht-Straße 8 (Bild 61) durchsuchten, stieß einer seiner Mitarbeiter im 4. Stockwerk auf eine große Dokumentensammlung von etwa zwei Tonnen, die bereits ein halbes Jahr zuvor, am 3. September 1946, von den Mitarbeitern des US *6889th Berlin Document Center*[31] beschlagnahmt worden war.

Unter den zwei Tonnen beschlagnahmter Dokumente der Reichs- und NS-Behörden fand das Ferencz-Team überbordendes Beweismaterial für alle zwölf Nachfolgeprozesse, darunter auch zwölf Leitz-Aktenordner (loose leaf folders) mit der laufenden Nummerierung E 316 sowie E 325-335, die einen nahezu kompletten Satz der 195 *Ereignismeldungen UdSSR des Chefs der Sicherheitspolizei und des SD* (23. Juni 1941 – 24. April 1942) enthielten. Es fehlte lediglich die Nr. 194 der *Ereignismeldungen UdSSR*.

---

[29]   *A former prosecutor at the nuremberg war crimes trial*, in: http://www.benferencz.org/index.html#bio; 2.11.2015. *Vengeance is Not Our Goal*. A Conversation with Nuremberg Prosecutor Benjamin Ferencz by Mark Hull, former prosecutor and professor at the Army Command and General Staff College who teaches courses on war crimes, in: http://warontherocks.com/2014/08/vengeance-is-not-our-goal-a-conversation-with-nuremberg-prosecutor-benjamin-ferencz; 2.11.2015.

[30]   Ebd.

[31]   Das US-amerikanische 6889th BDC war eine der zahlreichen Sammelstellen, die von den Alliierten bereits gegen Ende des Krieges eingerichtet worden waren und die in den besetzten Gebieten Deutschlands die beschlagnahmten Akten der Reichsbehörden einschließlich der Personalakten, insbesondere jene der SS, sammelten. Die 6889th wurde später in Berlin Document Center (BDC) umbenannt. Das in Berlin-Zehlendorf gelegene BDC umfasste bis zu seiner Übernahme durch das Bundesarchiv 20 Millionen NS-Akten. ASTRID M. ECKERT: Kampf um die Akten. Die Westalliierten und die Rückgabe von deutschem Archivgut nach dem Zweiten Weltkrieg (Transatlantische historische Studien; 20), Stuttgart 2004; zugleich: Berlin, Freie Univ., Diss., 2003, S. 69. RONALD HEADLAND: Messages of Murder. A Study of the Report of the Einsatzgruppen of the Security Police and the Security Service 1941-1943, Rutherford u. a., Fairley Dickinson Univ. Press 1992, S. 12-15. RÜDIGER OVERMANS: Deutsche militärische Verluste im Zweiten Weltkrieg (Beiträge zur Militärgeschichte, 46), München ³2004; zugleich: Freiburg/Br., Univ., Diss., 1996, S. 99. HORST ULRICH u. a.: Berlin Document Center, in: Berlin Handbuch. Das Lexikon der Bundeshauptstadt, Berlin 1992, S. 92.

2 Der Einsatzgruppenprozess – die Rückkehr des Rechts

„In their [Ferencz' Mitarbeiterstab] hands lay overhelming evidence of Nazi genocide by German doctors, lawyers, judges, generals, industrialists, and other who played leading roles in organazing or perpetrating Nazi brutalities."[32]

Bild 61: Berlin: Das im Zweiten Weltkrieg zerstörte Gebäude der berüchtigten Geheimen Staatspolizei in der Prinz-Albrecht-Straße 8. Aufnahme Juni 1949. Fotograf: Heinz Funck.
(Quelle: Bundesarchiv, Bild 183-S85918).

Der 26-jährige Ferencz zeigte sich derart erfreut über die Fülle des gefundenen und gesichteten Beweismaterials, sodass er sich unverzüglich ins Flugzeug setzte und nach Nürnberg flog, um seinem Vorgesetzten Telford Taylor den Fund zu präsentieren und ihn von der Einberufung eines weiteren Prozesses zu überzeugen.[33]

„I had the name of the officer, the unit, the time, the place. Perfect for a prosecutor […]. I jumped into a plane. I flew down to Nuremberg. I told General Taylor: ‚We've got another

---

[32] *A former prosecutor at the nuremberg war crimes trial*, in: http://www.benferencz.org/index.html#bio; 2.11.2015.

[33] *Vengeance is Not Our Goal.* A Conversation with Nuremberg Prosecutor Benjamin Ferencz by Mark Hull, former prosecutor and professor at the Army Command and General Staff College who teaches courses on war crimes, in: http://warontherocks.com/2014/08/vengeance-is-not-our-goal-a-conversation-with-nuremberg-prosecutor-benjamin-ferencz; 2.11.2015.

trial. I've got evidence here' […]. I've got here cooled-blooded murder of a million men, women and children.

I have the names of the people in charge of the operation. I have the time. I have the place. It's a top-secret report. It [Einsatzgruppen reports] was distributed in 100 copies. I had the distribution list. We ought to put them on trial. I'll send out arrest orders to have these guys picked up, according the rank, the highest-ranking first, put them on trial."[34]

Von gleich hoher Relevanz für die Beweisführung im Nürnberger Einsatzgruppenprozess waren die 55 *Meldungen aus den besetzten Ostgebieten des Chefs der Sicherheitspolizei und des SD/Kommandostab* (1. Mai 1942 – 23. Mai 1943) sowie die elf *Tätigkeits- und Lageberichte*. Zu dem Beweismaterial gehörten ebenso 20 Einsatzbefehle aus dem Reichssicherheitshauptamt (RSHA) an die Einsatzgruppen, die zunächst von Reinhard Heydrich und nach dessen Tod[35] von Heinrich Müller erlassen worden waren.

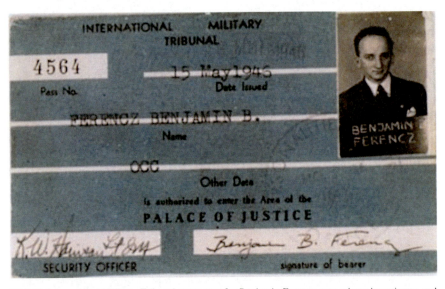

Bild 62: International Military Tribunal entry pass for Benjamin Ferencz, war crimes investigator and later chief prosecutor in the Einsatzgruppen Trial. Photograph Number 09920.
(Quelle: U. S. Holocaust Memorial Museum).

Obgleich das von der US-Regierung zur Durchführung der NS-Prozesse zur Verfügung gestellte Budget bereits erschöpft war, genehmigte Taylor dennoch die

---

[34] Ebd.
[35] Wie erwähnt, war Heydrich am 4. Juni 1942 nach einem Attentat durch tschechoslowakische Widerstandskämpfer verstorben.

2 Der Einsatzgruppenprozess – die Rückkehr des Rechts

Einberufung des Einsatzgruppenprozesses. In dem mit Mark Hull am 14. August 2014 geführten Interview erinnerte sich Ferencz:

„So it became about that I became the chief prosecutor for the United States in what was undoutable the biggest murder trial in history."[36]

Wer waren nun die von Ferencz ermittelten und inhaftierten NS-Täter jenes „größten Mordprozesses in der Geschichte"? Bevor diese Frage thematisiert wird, ist zunächst ein Blick auf die Rechtsgrundlagen und Verfahrensordnung zu werfen, die deutlich werden lassen, dass der insbesondere von der Kriegsverbrecherlobby erhobene Vorwurf der „Siegerjustiz" völlig fehl am Platz war.

2.2 Rechtsgrundlagen und Verfahrensordnung des Einsatzgruppenprozesses

Da die Alliierten für die von ihnen angestrengten Strafverfahren eine neue Rechtsordnung geschaffen hatten, die jedoch von allen im Nürnberger Einsatzgruppenprozess angeklagten NS-Tätern ebenso wie von deren Strafverteidigern als gültiges Rechtsinstrument vehement bestritten wurde, werden nachfolgend die Rechtsgrundlagen und die Verfahrensordnung des Einsatzgruppenprozesses näher beleuchtet, und zwar das Kontrollratsgesetz Nr. 10[37] und die Ordinance No 7.[38]

Das Kontrollratsgesetz Nr. 10 – die neue Rechtsgrundlage

Mit der Unterzeichnung der Kapitulationsurkunde seitens des Oberkommandos der deutschen Wehrmacht (OKW) am 8. Mai 1945 war die NS-Gerichtsbarkeit erloschen. Nur wenig später, am 5. Juni, übernahmen dann die vier Alliierten die Hoheitsrechte über Deutschland. Damit ging auch die Jurisdiktion auf die alliierte Besatzungsmacht über. Sodann erließ der Alliierte Kontrollrat in seiner Funktion als höchstes Gremium der alliierten Besatzungsmacht am 20. Dezember 1945 das *Kontrollratsgesetz Nr. 10*, das in allen vier Besatzungszonen eine einheitliche Rechtsgrundlage für alle NS-Nachfolgeprozesse bilden sollte, so auch für den

---

[36] *Vengeance is Not Our Goal*. A Conversation with Nuremberg Prosecutor Benjamin Ferencz by Mark Hull, former prosecutor and professor at the Army Command and General Staff College who teaches courses on war crimes, in: http://warontherocks.com/2014/08/vengeance-is-not-our-goal-a-conversation-with-nuremberg-prosecutor-benjamin-ferencz; 2.11.2015.

[37] *Gesetz Nr. 10 des Alliierten Kontrollrats über die Bestrafung von Personen, die sich Kriegsverbrechen, Verbrechen gegen den Frieden oder gegen die Menschlichkeit schuldig gemacht haben*. Vom 20. Dezember 1945, Amtsblatt des Kontrollrats in Deutschland, Nr. 3 vom 31.1.1946, S. 50-55. Der Gesetzestext wurde in englischer, französischer und deutscher Sprache verfasst.

[38] Military Government – Germany, United States Zone. Ordinance N0. 7, Article II, abgedruckt in: Trials of War Criminals before the Nuernberg Military Tribunals under Control Council Law NO.10, Volume IV, Nuernberg October 1946-April 1049, S. XXIII-XXVIII, hier S. XXIII.

Fall 9, den sogenannten Einsatzgruppenprozess. In jenes Gesetz waren sowohl die Moskauer Erklärung vom 30. Oktober 1943 als auch das Londoner Statut vom 8. August 1945 als integraler Bestandteil aufgenommen worden, wie es zu Beginn des Artikels I verlautet:

„Die Moskauer Deklaration vom 30. Oktober 1943, ‚betreffend die Verantwortlichkeit der Hitleranhänger für begangene Greueltaten', und das Londoner Abkommen vom 8. August 1945, ‚betreffend Verfolgung und Bestrafung von Hauptkriegsverbrechern der europäischen Achsenländer', werden als untrennbare Bestandteile in das gegenwärtige Gesetz aufgenommen."[39]

In Artikel II.1 wurden sodann die vier Straftatbestände benannt, von denen jedoch lediglich die drei letztgenannten inhaltlich für den Einsatzgruppenprozess zur Anwendung kamen.

1. *Verbrechen gegen die Frieden,*
2. *Kriegsverbrechen,*
3. *Verbrechen gegen die Menschlichkeit,*
4. *Zugehörigkeit zu gewissen Kategorien von Verbrechensvereinigungen oder Organisationen, deren verbrecherischer Charakter vom Internationalen Militärgerichtshof festgestellt worden ist.*[40]

Der Kategorie *Kriegsverbrechen* ordnete der Kontrollrat gemäß Artikel II.1. b des Kontrollratsgesetzes Nr. 10 die nachfolgenden Tatbestände zu, von denen – bis auf den Tatbestand des Mordes oder der Misshandlung von Personen auf hoher See – alle übrigen auf die Mehrzahl der im Einsatzgruppenprozess angeklagten NS-Täter zutrafen, zumindest auf nahezu alle Einsatzgruppen*leiter*, Einsatz- und Sonderkommando*führer* sowie deren Vertreter.

„Gewalttaten oder Vergehen gegen Leib, Leben oder Eigentum, begangen unter Verletzung der Kriegsgesetze oder -gebräuche, einschließlich der folgenden, den obigen Tatbestand jedoch nicht erschöpfenden Beispiele:

Mord, Mißhandlung der Zivilbevölkerung der besetzten Gebiete, ihre Verschleppung zu Zwangsarbeit oder anderen Zwecken oder die Anwendung der Sklavenarbeit in den besetzten Gebieten selbst,

Mord oder Mißhandlung von Kriegsgefangenen, Personen auf hoher See; vorsätzliche Zerstörung von Stadt und Land oder Verwüstungen, die nicht durch militärische Notwendigkeit gerechtfertigt sind."[41]

In die zweite Kategorie *Verbrechen gegen die Menschlichkeit* fielen gemäß Artikel II.1.c die nachfolgend genannten Tatbestände, wobei den im Nürnberger Einsatzgruppenprozess angeklagten NS-Gewalttätern die „Verfolgung aus politischen,

---

[39] *Gesetz Nr. 10 des Alliierten Kontrollrats über die Bestrafung von Personen, die sich Kriegsverbrechen, Verbrechen gegen den Frieden oder gegen die Menschlichkeit schuldig gemacht haben.* Vom 20. Dezember 1945, Amtsblatt des Kontrollrats in Deutschland, S. 50-55.
[40] Ebd., S. 50-51.
[41] Ebd.

2 Der Einsatzgruppenprozess – die Rückkehr des Rechts

rassischen oder religiösen Gründen" insbesondere aufgrund der *Ereignismeldungen UdSSR* eindeutig und detailliert nachgewiesen konnte – jedoch mit Ausnahme von Biberstein, dessen Verfahren demzufolge als Indizienprozess geführt werden musste, wie Ferencz in der Einzelanklageschrift vom 15. Januar 1948 erläuterte.[42] In diesem Zusammenhang ist hervorzuheben, dass das Kontrollratsgesetz Nr. 10 die Ahndung der „aus politischen, rassischen oder religiösen Gründen" begangenen NS-Verbrechen nicht ausschließlich auf die Vernichtung der *jüdischen* Zivilisten beschränkt wissen wollte.

„Gewalttaten oder Vergehen, einschließlich der folgenden, den obigen Tatbestand jedoch nicht erschöpfenden Beispiele:

Mord, Ausrottung, Versklavung, Zwangsverschleppung, Freiheitsberaubung, Folterung, Vergewaltigung oder andere an der Zivilbevölkerung begangene unmenschliche Handlungen;

Verfolgung aus politischen, rassischen oder religiösen Gründen, ohne Rücksicht darauf, ob sie das nationale Recht des Landes, in dem welchem die Handlung begangen worden ist, verletzen."[43]

Der letztgenannten Kategorie „Zugehörigkeit zu gewissen Kategorien von Verbrechensvereinigungen oder Organisationen, deren verbrecherischer Charakter vom Internationalen Militärgerichtshof festgestellt worden ist" wurden die SS sowie Gestapo und SD zugerechnet. Mit Bezug zur SS lautete die Begründung des Internationalen Militärgerichtshofes:

„Die SS wurde zu Zwecken verwandt, die nach dem [Londoner] Statut verbrecherisch waren.

Sie bestanden in der Verfolgung und Ausrottung der Juden, Brutalitäten und Tötungen in den Konzentrationslagern, Übergriffen bei der Verwaltung besetzter Gebiete, der Durchführung des Zwangsarbeiterprogramms und der Ermordung und Mißhandlung von Kriegsgefangenen [...].

Bei der Behandlung der SS schließt der Gerichtshof alle Personen ein, die offiziell als Mitglieder in die SS aufgenommen worden waren, *einschließlich der Mitglieder der Allgemeinen SS*.

Der Gerichtshof erklärt für verbrecherisch im Sinne des Statuts die Gruppe, die sich aus jenen Personen zusammensetzt, die offiziell als Mitglieder, wie im vorhergehenden Absatz aufgezählt, in die SS aufgenommen waren,

---

[42] (Deutsche Reihe) Militärgerichtshof II. Fall 9. *Schriftsatz der Anklagebehörde gegen Ernst Biberstein.* Benjamin B. Ferencz, Chief Prosecutor. Peter W. Walton, Arnost Horlik-Hochwald, John E. Glancy of counsel, für: Telford Taylor Brigadier, USA, Chief of Counsel for War Crimes und: James M. McHaney, Deputy Chief of Counsel for War Crimes, Direktor, Military & SS Division. Alfred Schwartz, Nancy Fenstermacher, Research Assistants. Nürnberg, Deutschland, 15. Januar 1948, StAN, Rep. 501, KV-Prozesse, Fall 9, D 4, S. 1-28, hier S. 22-24.

[43] *Gesetz Nr. 10 des Alliierten Kontrollrats über die Bestrafung von Personen, die sich Kriegsverbrechen, Verbrechen gegen den Frieden oder gegen die Menschlichkeit schuldig gemacht haben.* Vom 20. Dezember 1945, Amtsblatt des Kontrollrats in Deutschland, S. 50-55, hier S. 50-51.

Mitglieder der Organisation wurden oder blieben in Kenntnis des Umstandes, daß sie für die Begehung von Handlungen verwendet wurden, die von Artikel 6 des Statuts für verbrecherisch erklärt sind." [Kursivdruck vom Verf.].[44]

Vor dem US Military Tribunal II in Nürnberg versuchte Biberstein die Verantwortung seiner in Oppeln/Oberschlesien und in der Oblast Rostow begangenen verbrecherischen Handlungen dadurch zu minimieren, dass er darauf verwies, dass er der Allgemeinen SS lediglich ehrenhalber angehört und demzufolge nie Waffen getragen habe. In Anwendung des Londoner Statuts jedoch ist anzumerken, dass Biberstein auch dann Mitglied der SS blieb trotz seiner Kenntnis, dass jene Organisation für die Begehung von verbrecherischen Handlungen verwendet wurde. Dieser Aspekt wird später näher zu beleuchten sein.

Des Weiteren waren für den Nürnberger Einsatzgruppenprozess im Hinblick auf die Zugehörigkeit der dort Angeklagten zur Gestapo und dem SD die folgenden Straftatbestände von besonderer Relevanz: Verfolgung und Ausrottung der Juden, Ausschreitungen in den besetzten Gebieten, Ermordung von Kriegsgefangenen, d. h. die Selektion in den Kriegsgefangenenlagern aufgrund der Einsatzbefehle Heydrichs Nr. 8, 9 und 14. Dazu hatte das International Military Tribunal wie im Falle der Zugehörigkeit zur SS ausgeführt:

„Die Gestapo und der SD wurden für Zwecke verwandt, die gemäß Statut verbrecherisch waren;

dazu gehören die Verfolgung und Ausrottung der Juden, Grausamkeiten und Morde in Konzentrationslagern, Ausschreitungen in den besetzten Gebieten, die Durchführung des Zwangsarbeiterprogramms und Mißhandlung und Ermordung von Kriegsgefangenen [...].

Der Gerichtshof erklärt für verbrecherisch im Sinne des Statuts die Gruppe, die sich zusammensetzt aus Mitgliedern der Gestapo und des SD, welche [...] Mitglieder der Organisationen wurden oder blieben, *in Kenntnis des Umstandes, daß diese* [*Organisatio*]nen *für die Ausführung von Taten benützt wurde*, die gemäß Artikel 6 des Statuts für verbrecherisch erklärt worden sind." [Kursivdruck vom Verf.].[45]

Der oben zitierte Abschnitt entsprach der anglo-amerikanischen Rechtsauffassung in der Weise, dass allein die auf vollkommener *Freiwilligkeit* beruhende Zugehörigkeit bzw. das Verbleiben in einer von dem Londoner Statut als verbrecherisch erklärten Organisation – Gestapo und SD sowie SS – bereits einen Straftatbestand erfüllte, und zwar dann, wenn der Angeklagte zum Zeitpunkt der Begehung seiner Tat die *Erkenntnis* darüber besaß, dass diese Organisation für die Ausführung von kriminellen Taten benutzt wurde. Dabei brauchte das US Military Tribunal II dem Angeklagten nicht die einzelnen begangenen Straftaten als jeweils gesonderten Tatbestand nachzuweisen. Gerade jener Passus ist für die von Biberstein

---

[44] INTERNATIONALER MILITÄRGERICHTSHOF NÜRNBERG: Der Prozeß gegen die Hauptkriegsverbrecher vor dem Internationalen Militärgerichtshof Nürnberg, Nürnberg 1947, S. 307.
[45] Ebd., S. 300.

ausgeführten NS-Verbrechen in dessen Funktion als Chef der Stapostelle Oppeln/ Oberschlesien sowie als Führer des Einsatzkommandos 6 (EK 6) von erheblicher Bedeutung, wenngleich dessen Relevanz von allen Angeklagten des Nürnberger Einsatzgruppenprozesses vehement in Frage gestellt wurde.

Ordinance No. 7 – die neue Verfahrensordnung

Nicht nur die mit dem Kontrollratsgesetz Nr. 10 neu geschaffene Rechtsgrundlage entsprach anglo-amerikanischer Rechtstradition, sondern ebenso die von dem US Military Government eigens für die US-amerikanischen Militärgerichtshöfe installierte Gerichtsprozessordnung, wie sie in der *Ordinance No. 7* vorlag. Beide, Rechtsgrundlage wie Gerichtsprozessordnung, wurden in ihrer Rechtsverbindlichkeit von allen im Nürnberger Einsatzgruppenprozess Angeklagten und deren Strafverteidigern angezweifelt und mit dem Begriff „Siegerjustiz" belegt.

Die *Ordinance No. 7* war ein Teil der Besatzungsverwaltung und legte in 23 Artikeln die Verfahrensordnung für alle in der US-amerikanischen Besatzungszone geschaffenen Militärgerichtshöfe fest. So befasste sich Artikel II b und II d mit der Zusammensetzung des Richterkollegiums, das den nachfolgend zitierten Kriterien zu entsprechen hatte:

> „Each such tribunal shall consist of three or more members to be designated by the Military Governor [...]. Except as provided in subsection (c) of this Article, all members [...] shall be lawyers who habe been admitted to practice, for at least five years, in the higher courts of one of the United States or its territories or of the District of Columbia, or who have been admitted to practice in the United States Supreme Court.
>
> The Military Governor shall designate one of the members of the tribunal to serve as the presiding judge."[46]

Von ganz besonderer Relevanz für die im Nürnberger Einsatzgruppenprozess angeklagten NS-Gewalttäter war Artikel II der *Ordinance No. 7* insofern, als die installierten Militärgerichtshöfe als solche sowie deren Mitglieder weder von der Staatsanwaltschaft noch von den Angeklagten und deren Strafverteidigern in Frage gestellt werden konnten. Dazu führt der Artikel II e aus:

> „Neither the tribunals nor the members of the tribunals [...] may be challenged by the prosecution or by the defendants or their counsel."[47]

Obgleich die *Ordinance N0. 7* genau festlegte, dass die US-Militärgerichte gemäß Artikel IV verpflichtet seien, allen Angeklagten einen fairen Prozess zu gewähr-

---

[46] MILITARY GOVERNMENT – GERMANY, UNITED STATES ZONE. Ordinance No. 7, Article II, abgedruckt in: Trials of War Criminals before the Nuernberg Military Tribunals under Control Council Law NO.10, Volume IV, Nuernberg October 1946-April 1949, S. XXIII-XXVIII, hier S. XXIII und XXIV.

[47] Ebd., S. XXIV.

leisten, wurde dennoch dem US Military Tribunal II von der Mehrheit der im Fall 9 Angeklagten und deren Anwälten grundsätzlich jegliche rechtliche Kompetenz abgesprochen. Demzufolge bestand eine der US-amerikanischen Verpflichtungen darin, jedem Angeklagten gemäß Artikel IVa bereits vor Prozessbeginn eine Kopie der Anklageschrift und der dazugehörigen Beweisdokumente in dessen Muttersprache zu überreichen, und zwar unter Angabe sämtlicher Anklagepunkte. Aus den Gerichtsakten des Nürnberger Einsatzprozesses geht des Weiteren hervor, dass der US-amerikanischen Besatzungsmacht zudem von großer Wichtigkeit war, jedem NS-Gewalttäter wegen dessen Ideologisierung den genauen Grund der Anklage verständlich zu machen. Dieser Punkt war gerade im Einsatzgruppenprozess von besonderer Relevanz, da nicht nur Biberstein, sondern ebenso seine Mitangeklagten auch nach Kriegsende aufgrund ihrer unerschütterlichen weltanschaulichen Verfasstheit von der Rechtmäßigkeit ihrer im „Osteinsatz" begangenen Gewaltverbrechen vollkommen überzeugt waren und ihnen demzufolge jegliche Einsichtsfähigkeit in ihre Schuld fehlte. Des Weiteren hatten sämtliche Verhöre der NS-Gewalttäter vor und während des Gerichtsverfahrens in deren Muttersprache übersetzt zu werden (Artikel IV b). Das geschah mittels Simultandolmetscher.

Zum anderen war jeder Angeklagte gemäß Artikel IX c der *Ordinance N0. 7* berechtigt, sich von zwei Strafverteidigern seiner Wahl vor dem US Military Tribunal II vertreten lassen, die zudem die Befugnis besaßen, dem Gericht Beweismittel zur Verteidigung ihres Mandanten vorzulegen sowie im Kreuzverhör auch die von der Staatsanwaltschaft benannten Zeugen zu befragen. (Artikel IV e). Die entsprechenden Textpassagen wurden in der *Ordinance No. 7* wie folgt formuliert:

> „A defendant shall be furnished, at a reasonable time before his trial, a copy of the indictment and of all documents lodged with the indictment, translated into a language which he understands. The indictment shall state the charges plainly, concisely and with sufficient particalars to inform [the] defendant of the offenses charged. [Article IV a].
>
> The trial shall be conducted in, or translated into, a language which the defendant understands. [Article IV b]. A defendant shall have the right to be represented by counsel of his own selection [...]. [Article IV c]. A defendant shall have the right through his counsel to present evidence at the trial in support of his defense, and to cross-examine any witness called by the prosecution. [Article IV e]."[48]

Der Nürnberger Einsatzgruppenprozess war schon deshalb kein Verfahren einer „Siegerjustiz" – wie von den Strafverteidigern fälschlich behauptet wurde –, weil jeder der NS-Gewalttäter in Ausführung der Prozessordnung nicht als Angeklagter behandelt, sondern gemäß Artikel V b der *Ordinance No. 7* nach anglo-amerikanischer Rechtstradition als Zeuge in eigener Sache befragt wurde. Zudem hatte jeder Strafverteidiger gemäß Artikel IV e das Recht, im Kreuzverhör auch die von der Staatsanwaltschaft präsentierten Zeugen zu befragen. Daneben war nicht nur die

---

[48] *Ordinance No. 7*, Article IV a-f, hier a, b. c. e, ebd., S. XXIV-XXV.

2 Der Einsatzgruppenprozess – die Rückkehr des Rechts

Aufrufung eigener Zeugen zulässig, die grundsätzlich zu Gunsten der Angeklagten aussagten, wie noch darzulegen sein wird.

Die *Ordinance No. 7* sah gemäß Artikel XI einen genau geregelten Verfahrensablauf vor: So hatte sich der Gerichtsvorsitzende Michael A. Musmanno zu Beginn der Hauptverhandlung zu vergewissern, ob der Angeklagte die Anklageschrift tatsächlich erhalten und auch die Möglichkeit gehabt hatte, diese zu lesen. Neu für die im Nürnberger Einsatzgruppenprozess angeklagten NS-Gewalttäter war, sich selbst nach anglo-amerikanischer Rechtstradition zu Prozessbeginn als „schuldig" oder „nicht schuldig im Sinne der Anklage" erklären zu dürfen. Im weiteren Verlauf der Verhandlung trug sodann der Staatsanwalt seine Eröffnungsrede vor, das war im Nürnberger Einsatzgruppenprozess der bereits erwähnte 27-jährige Jurist Benjamin B. Ferencz, dem drei weitere hochrangige und prozesserfahrene US-amerikanische Staatsanwälte als Beisitzer zugeordnet waren: Peter W. Walton, John E. Glancy und Arnost Horlik-Hochwald.[49] Im Anschluss daran hielt jeder Strafverteidiger sein Plädoyer, und selbst jedem Angeklagten wurde das Recht eingeräumt, eine Erklärung in eigener Sache abzugeben.[50] Daran schloss sich die Beweisaufnahme an, d. h. die Zeugeneinvernahme der einzelnen Angeklagten, die sich jeweils in zwei Teile gliederte.

In dem ersten Teil, dem so bezeichneten direkten Verhör (*direct examination*), befragte der Strafverteidiger seinen Mandanten zu dessen beruflichem Werdegang und dessen politischer Sozialisation. Im Fall Biberstein betraf das die Tätigkeit als Gestapochef in Oppeln/Oberschlesien und ganz besonders die als Führer des Einsatzkommandos 6 (EK 6) der Einsatzgruppe C. Im Zusammenhang damit wurde der Angeklagte insbesondere zu seiner weltanschaulichen und politischen Einstellung befragt, und zwar im Hinblick auf die ihm zur Last gelegten Verbrechen. Somit diente das *direct examination* ausschließlich der Verteidigung des Angeklagten. Im Gegensatz dazu wurde der zweite Teil der Beweisaufnahme, das Kreuzverhör (*cross examination*) von der US-amerikanischen Staatsanwaltschaft bestritten, hier von Chefankläger Benjamin B. Ferencz und den drei Mitarbeitern mit der Zielsetzung, die Darlegungen des Angeklagten im Hinblick auf deren Glaubwürdigkeit zu hinterfragen.

---

[49] (Deutsche Reihe) Gerichtshof II, Fall Nr. 9. Die Vereinigten Staaten von Amerika gegen Ohlendorf und Genossen, Angeklagte. Eröffnungsrede für die Vereinigten Staaten von Amerika, Nuernberg, 29. September 1947. Benjamin B. Ferencz, Hauptankläger, Peter W. Walton, John E. Glancy, Arnost Horlik-Hochwald für: Telford Taylor, Brigadier General, USA, Chief of Counsel for War Crimes und James M. McHaney, Direktor SS-Division. Rolf Wartenberg, Alfred Schwartz, Vernehmungsbeamte, StAN, Rep. 501, KV-Prozesse, Fall 9, B 24, Titelblatt.

[50] *Ordinance No. 7*, Article XI a-f, hier a-d, abgedruckt in: Trials of War Criminals before the Nuernberg Military Tribunals under Control Council Law NO.10, Volume IV, Nuernberg October 1946-April 1949, S. XXVI-XXVII.

488   Kapitel 4 Angeklagter vor dem US Military Tribunal II in Nürnberg 1947/48

Bild 63: <u>Rechte Seite</u>: Richterkollegium vor der Flagge der USA.
<u>Linke Seite</u>: Strafverteidiger, dahinter die Angeklagten. Im Hintergrund das Organigramm des Reichssicherheitshautamtes und der Einsatzgruppen 1941. Photograph Number: 09951.
Originaltitel: Chief prosecutor Benjamin Ferencz (standing center) presents evidence at the Einsatzgruppen Trial.
(Quelle: U. S. Holocaust Memorial Museum, courtesy of Benjamin Ferencz).

Für jede dieser Zeugeneinvernahmen der im Nürnberger Einsatzgruppenprozess Angeklagten hatte das Gericht jeweils mehrere Tage angesetzt, im Fall Biberstein waren das insgesamt vier Tage, und zwar für das *direct examination* Donnerstag/Freitag, den 20./21.November 1947, und für das *cross examination* Montag/Dienstag, den 24./25. November 1947. Jedes Verhör fand im Beisein aller Angeklagten und deren Strafverteidigern statt. Allein jene oben zitierten kurzen Auszüge aus der *Ordinance N0. 7* lassen deutlich werden, wie weit entfernt von jeglicher Rechtsstaatlichkeit sich jene von Biberstein behaupteten „geordneten polizeilichen Strafverfahren" befanden, die von der Exekutivabteilung (Gestapo-Abteilung IV) des von ihm geleiteten Einsatzkommandos 6 (EK 6) durchgeführt worden waren und die etwa 2.000 bis 3.000 Hinrichtungen zur Folge hatten.

2.3 Das Sozialprofil der Angeklagten

Da es sich bei den von den Angeklagten verübten Massenmorden um ein staatlich angeordnetes und in Täterkollektiven ausgeführtes Organisationsverbrechen gehandelt hatte, wurde der Strafprozess gegen Biberstein nicht als Einzelverfahren durchgeführt, sondern im Rahmen eines Gesamtverfahrens gegen 24 Einsatzgruppenleiter und Einsatz- und Sonderkommandoführer sowie einige Stabsmitglieder – zum Teil mit erheblichem Verantwortungsvolumen –, die von den Besatzungsbehörden in den alliierten Kriegsgefangenen- und Internierungslagern ermittelt worden waren. Da die Anklagebank im Saal 600, dem Schwurgerichtssaal des Nürnberger Justizpalastes, lediglich für 24 Personen ausgelegt ist, habe er sich lediglich auf die Anklage der ranghöchsten Einsatzgruppenleiter und Kommandoführer beschränken müssen, obgleich allein die *Ereignismeldungen UdSSR des Chefs der Sicherheitspolizei und des SD* 1941/42 (EM) das Beweismaterial für weit mehr als lediglich 24 NS-Gewalttäter beinhaltet hätten, erklärte Ferencz in einer kürzlich ausgestrahlten Fernseh-Dokumentation.

Seit der Einreichung der Anklageschrift hatte sich jedoch die Zahl der Angeklagten auf 22 Personen reduziert. SS-Sturmbannführer Emil Haussmann, einer der Offiziere im Gruppenstab des Sonderkommandos 12 der Einsatzgruppe D, beging zwei Tage nach Erhalt der gemeinsamen Anklageschrift am 31. Juli 1947 Suizid, d. h. zwei Monate vor Prozessbeginn.[51] Der Fall des Leiters der Einsatzgruppe C, des SS-Brigadeführers und Generalmajors der Polizei Dr. iur. Dr. rer. pol. Otto Emil Rasch, wurde am 5. Februar 1947 insofern eingestellt bzw. abgetrennt, als Rasch wegen progredient fortschreitender Parkinson-Erkrankung seitens der behandelnden US-Militärärzte für verhandlungsunfähig erklärt worden war. Rasch verstarb noch während seiner Inhaftierung am 1. November 1948.[52]

SS-Rangstufen

Wer waren nun die von Ferencz ermittelten und inhaftierten NS-Täter jenes „größten Mordprozesses in der Geschichte"? Ferencz hatte in der Anklageschrift die Angeklagten gemäß deren Funktionsbereich in der NS-Vernichtungsmaschinerie aufgelistet. Bibersteins Name erscheint dort an zwölfter Stelle.[53] Gleichwohl sollte

---

[51] KAZIMIERZ LESZCZYŃSKI (Hrsg.), Fall 9, S. 28, 242.
[52] Ebd.
[53] (Deutsche Reihe) Militärgerichtshöfe, Fall Nr. 9. Die Vereinigten Staaten von Amerika gegen Otto Ohlendorf, Heinz Jost, Erich Naumann, Otto Rasch, Erwin Schulze, Franz Six, Paul Blobel, Walter Blume, Martin Sandberger, Willy Seifert, Eugen Steimle, Ernst Biberstein, Werner Braune, Walter Haensch, Gustav Nosske, Adolf Ott, Eduard Strauch, Emil Haussmann, Woldemar Klingelhöfer, Lothar Fendler, Waldemar von Radetzky, Felix Rühl, Heinz Schubert und Mathias Graf, Angeklagte. [Unterstreichung vom Verf.]. Militärregierung Deutschlands (US), Nürnberg, Berichtigte Anklageschrift vom 29. Juli 1947, StAN, Rep. 501, KV-Prozesse, Fall 9, B 22, S. 1, nachfolgend

sich im Verlauf des Gerichtsprozesses erweisen, dass Ferencz einige der Angeklagten hinsichtlich deren Verantwortlichkeit als zu wenig belastet eingestuft hatte.

In die erste Rangstufe ordnete Ferencz die vier Einsatzgruppen*leiter* ein. An oberster Stelle stand *Otto Ohlendorf* in seiner Funktion als SS-Gruppenführer und Generalleutnant der Polizei sowie als Leiter der Einsatzgruppe D (1941/42), die 90.000 Morde an überwiegend jüdischen Zivilisten zu verantworten hatte. Es folgte der Leiter der Einsatzgruppe A (1942) *Heinz Jost*, SS-Brigadeführer und Generalleutnant der Polizei, gefolgt von dem Leiter der Einsatzgruppe B (1941-43) *Erich Naumann*, SS-Brigadeführer und Generalmajor der Polizei und *Dr. Dr. Otto Emil Rasch*, ebenfalls SS-Brigadeführer und Generalmajor der Polizei, der 1941 jedoch nur wenige Monate die Einsatzgruppe C geleitet hatte.

Mit Ausnahme von Naumann – der einen Realschulabschluss aufwies und eine kaufmännische Lehre absolviert hatte – waren die übrigen drei Angeklagten Universitätsabsolventen und hatten als Juristen bereits vor bzw. mit Beginn des Zweiten Weltkrieges wichtige staatspolitische Funktionen ausgeübt. So waren Ohlendorf und Jost jeweils Dezernatsleiter im Reichssicherheitshauptamt (RSHA) gewesen, und Rasch hatte als Chef der Gestapo in Frankfurt/M. und danach in Österreich fungiert. Aber auch Naumann hatte bald Karriere gemacht und eine wichtige Stellung im SD eingenommen.[54]

Der zweiten Rangstufe ordnete Ferencz die dreizehn Einsatzkommando- und Sonderkommandoführer zu, die er nach SS-Brigadeführern, SS-Obersturmbannführern und SS-Sturmbannführern unterteilt hatte: Zu den SS-Brigadeführern zählten *Erwin Schulz* und *Prof. Dr. Franz Six*. Des Weiteren hatten sich fünf Einsatz- bzw. Sonderkommandoführer im Range eines SS-Obersturmbannführers zu verantworten: *Dr. Werner Braune, Dr. Walter Haensch, Gustav Nosske, Adolf Ott, Dr. Eduard Strauch* sowie fünf Einsatz- bzw. Sonderkommandoführer im Range eines SS-Sturmbannführers: Neben *SS-Sturmbannführer Biberstein* waren das *Paul Blobel, Dr. Walter Blume, Dr. Martin Sandberger, Eugen Steimle* und *Woldemar Klingelhöfer*.

Zur dritten Gruppe gehörten zwei NS-Gewalttäter in recht hoher verantwortlicher Position. Zwar hatten SS-Obersturmbannführer *Heinz Schubert* und SS-Sturmbannführer *Willy Seibert* kein Einsatz- bzw. Sonderkommando geleitet, jedoch war Schubert in seiner Funktion als Ohlendorfs Adjutant ebenso für die von der Einsatzgruppe D verübten Massenmorde verantwortlich wie Seibert als stellvertretender Kommandeur der Einsatzgruppe D. Hingegen hatten *Lothar Fendler, Waldemar von Radetzky, Felix Rühl* und *Mathias Graf* in ihrer Funktion als Offiziere im Stab lediglich eine untergeordnete Rolle inne, dergestalt, dass sie Exeku-

---

[54] abgekürzt: US Military Tribunal II, Anklageschrift, StAN, Rep. 501, KV-Prozesse, Fall 9, B 22. KAZIMIERZ LESZCZYŃSKI (Hrsg.), Fall 9, S. 145-155, 246.

tionen nicht zu verantworten hatten.⁵⁵ Sie bildeten die vierte und damit rangniedrigste Gruppe.

Altersstruktur

Wie im obigen Abschnitt aufgezeigt, hatten die im Nürnberger Einsatzgruppenprozess Angeklagten im Hinblick auf ihren SS-Rang und damit auf ihre Verantwortlichkeit als hohe Funktionsträger in der NS-Vernichtungsmaschinerie durchaus keine homogene Gruppe gebildet. Und anders als die von Christopher Browning beschriebene Mannschaft des Polizei-Reservebataillons 101⁵⁶ wiesen sie auch bezüglich ihrer Altersstruktur einen beträchtlichen Altersunterschied von immerhin 22 Jahren auf. So war der älteste Angeklagte, der 1891 geborene Leiter der Einsatzgruppe C, SS-Brigadeführer und Generalmajor der Polizei Dr. iur. Dr. rer. pol. Otto Emil Rasch, bei der Kommandoübernahme bereits 49 Jahre alt, hingegen der SS-Sturmbannführer Dr. Martin Sandberger (Jahrgang 1911) bei der Übernahme des Sonderkommandos 1 a (SK 1 a) der Einsatzgruppe A unter Dr. Walter Stahlecker erst 30 Jahre. Die jüngsten im Nürnberger Einsatzgruppenprozess Angeklagten, der SS-Sturmbannführer Lothar Fendler (Jahrgang 1913) und der ein Jahr jüngere SS-Obersturmbannführer Heinz Schubert und Adjutant Ohlendorfs hingegen wiesen ein Alter von 27 Jahre auf. Hinsichtlich der generationellen Zuordnung ergibt sich damit für die im Einsatzgruppenprozess angeklagten NS-Gewalttäter unter Bezug auf die Verarbeitung ihrer im Ersten Weltkrieg gemachten Erfahrungen folgende Verteilung:⁵⁷

Drei der dort Angeklagten, also 12,5%, waren der so bezeichneten *Jungen Frontgeneration* zuzurechnen, d. h. der Jahrgänge zwischen 1890 und 1899, die als kaum 20-Jährige bereits im Ersten Weltkrieg gekämpft hatten, und die – gemäß der Definition des 1903 geborenen Historikers und Kulturphilosophen Ernst Günther Gründel – infolge der Fronterlebnisse härter und radikaler geworden seien. Diese These kann im Hinblick auf Biberstein nicht bestätigt werden. Hingegen gehörten 18 der angeklagten NS-Gewalttäter bzw. 75 % – das war der überwiegende Teil der im Fall 9 Angeklagten – der *Kriegsjugendgeneration* an, d. h. der 1900 bis 1910 Geborenen, die als Kinder und Jugendliche den Ersten Weltkrieg miter-

---

55 Ebd. S. 155-236, 246-247.
56 CHRISTOPHER R. BROWNING: Ganz normale Männer. Das Reserve-Polizeibataillon 101 und die „Endlösung" in Polen. Deutsch von Jürgen Peter Krause. Mit einem Nachwort von Thomas Bertram, Reinbek ⁷2013.
57 Gemäß der „politischen Generationenlehre" der 1930-iger Jahre unterscheidet der 1903 geborene und völkisch orientierte Ernst Günther Gründel im Hinblick auf die im Ersten Weltkrieg gemachten Erfahrungen drei Gruppen: Junge Frontgeneration, Kriegsgeneration und Nachkriegsgeneration. ERNST GÜNTHER GRÜNDEL: Die Sendung der jungen Generation. Versuch einer umfassenden revolutionären Sinndeutung der Krise, München 1932.

lebt hatten. Der Gruppe der *Nachkriegsgeneration*, d. h. der nach 1910 Geborenen, sind 12,5 % der im Einsatzgruppenprozess angeklagten NS-Täter zuzuordnen.

Tabelle 5: Altersstruktur der im Fall 9 Angeklagten bei Kommando-Übernahme

Name	Geburtsdatum	Funktion	Einsatzbeginn
Rasch, Otto, Dr. Dr.	07.12.1891	EG 6	49 Jahre
Blobel, Paul	13.08.1894	SK 4 a	46 Jahre
Biberstein, Ernst	*15.02.1899*	*EK 6 (1942)*	*43 Jahre*
Klingelhöfer, Waldemar	04.04.1900	SK 7 c	41 Jahre
Schulz, Erwin	27.11.1900	EK 5	40 Jahre
Nosske Gustav	29.02.1902	EK 13	41 Jahre
Graf, Matthias	05.05.1903	Assistent	38 Jahre
Haensch, Walter, Dr.	03.03.1904	SK 4b (1942)	38 Jahre
Jost, Heinz	09.07.1904	EG A (1942)	37 Jahre
Ott, Adolf	29.12.1904	SK 7b (1942)	37 Jahre
Naumann, Erich	29.04.1905	EG B	36 Jahre
Blume, Walter, Dr.	23.07.1906	SK 7a	35 Jahre
Strauch, Eduard, Dr.	17.08.1906	SK 1b	35 Jahre
Ohlendorf, Otto	04.02.1907	EG D	34 Jahre
Seibert, Willy	17.06.1908	Gr.-Stab	33 Jahre
Six, Franz, Prof. Dr.	12.08.1909	Vorkommando Moskau	31 Jahre
Braune, Werner, Dr.	11.04.1909	SK 11b	32 Jahre
Steimle, Eugen	08.12.1909	SK 7a	31 Jahre
Hausmann, Emil	11.10.1910	SK 11a	30 Jahre
Radetzky, v. Waldemar	08.05.1910	Teilkommando. des SK4a	30 Jahre
Rühl, Felix	12.08.1910	keine Funktion	30 Jahre
Sandberger, Martin	17.08.1911	SK 1 a	30 Jahre
Fendler, Lothar, Dr.	13.08.1913	Stellvertreter SK 4b	28 Jahre
Schubert, Heinz	27.08.1914	Adjutant	27 Jahre

(Quelle: Geburtsdaten und Funktion sind der Urteilsbegründung des US Military Tribunal II entnommen, in: KAZIMIERZ LESZCZYŃSKI (Hrsg.), Fall 9, insbesondere S. 246f.)

Wenn Gründel nun jenen drei Gruppen generationsspezifische Merkmale zuschreibt, so sind jene Zuweisungen für die im Nürnberger Einsatzgruppenprozess angeklagten Massenmörder insofern nicht anwendbar, als die Angeklagten unabhängig von ihrer Generationszugehörigkeit unterschiedliche Abstufungen der weltanschaulichen Verfasstheit aufwiesen. So zeigten etwa Ohlendorf, Dr. Sandberger und Blobel, die jeweils drei unterschiedlichen Generationen zuzurechnen waren, eine erschreckende Radikalität in ihrer Bereitschaft, die Judenvernichtung ohne jegliche Gewissensbisse konsequent durchzuführen. Jener Typus wurde in der SS-Diktion in lobender und anerkennender Weise als „hart" bezeichnet.

Hingegen galten Personen wie Jost, Schulz oder Dr. Blume gemäß SS-Kodex als „zu weich" und demzufolge für den „Osteinsatz" als „wenig tauglich" bzw. als „untauglich". Der letztgenannten Gruppe war möglicherweise auch Biberstein zuzuordnen, wie der Zeuge Albert Hartl am 24. November 1947 im Einsatzgruppenprozess mehrfach aussagte.[58] Zusammenfassend lässt sich feststellen, dass die von Gründel dargelegte Generationszugehörigkeit als Erklärungsmodell für die Handlungsbereitschaft der im Nürnberger Einsatzgruppenprozess angeklagten NS-Gewalttäter, uneingeschränkten Massenmord an zuvor als „rassisch oder erbbiologisch minderwertig" exkludierten Personengruppen zu begehen, und hier insbesondere an den Juden, nicht anwendbar ist. Insofern werden weitere Erklärungsmodelle auf ihre Plausibilität hinsichtlich der Tötungsbereitschaft der im Einsatzgruppenprozess angeklagten NS-Täter in Kapitel IV.3.4 zu untersuchen sein.

Bildungsstand und Beruf

Auch hinsichtlich ihrer schulischen und beruflichen Ausbildung wiesen die im Nürnberger Einsatzgruppenprozess angeklagten Massenmörder ein recht heterogenes Bild auf.[59] So hatten 20 der 24 Angeklagten, d. h. knapp 90%, einen gymnasialen Abschluss. Die restlichen drei waren Fachoberschulabsolventen. Lediglich einer wies einen Realschulabschluss auf. Des Weiteren gab es unter den 24 Angeklagten 15 Universitätsabsolventen, das waren 62,5%. Allein zehn jener Universitätsabsolventen konnten ein *juristisches* Abschlussexamen vorweisen, davon hatten sieben promoviert. Dr. Dr. Otto Emil Rasch war zugleich promovierter Jurist und promovierter Wirtschaftswissenschaftler. Prof. Dr. Franz Six besaß die höchste wissenschaftliche Qualifikation. Er war zunächst Universitätsprofessor für Zeitungswissenschaft der Universität zu Königsberg gewesen, danach Dekan der Auslandswissenschaftlichen Fakultät in Berlin. Zu den Universitätsabsolventen gehörten des Weiteren ein Diplom-Volkswirt, ein Gymnasiallehrer für Geschichte, Germanistik und Französisch, ein Zahnarzt sowie Biberstein als ehemaliger evangelischer Geistlicher.

---

[58] Zeugeneinvernahme Albert Hartl, StAN, Rep. 501, KV-Prozesse, Fall 9, A 34-35, S. 2914-2985, hier S. 2935f.
[59] Die nachfolgenden Angaben beruhen auf den in der Urteilsbegründung erhobenen Daten. KAZIMIERZ LESZCZYŃSKI (Hrsg.), Fall 9, S. 145-236, 242, 246-247.

Weitere neun der im Nürnberger Einsatzgruppenprozess angeklagten NS-Gewalttäter, d. h. 37,5%, konnten eine abgeschlossene Fachausbildung aufweisen. So war *Paul Blobel* zunächst als Zimmermann tätig gewesen und hatte danach in einer Baugewerbeschule seine Ausbildung zum Architekten abgeschlossen. *Woldemar Klingelhöfer* hatte mit einer beachtlichen Berufskarriere als Konzert- und Opernsänger geglänzt. *Heinz Hermann Schubert*, ein Nachfahre des berühmten Komponisten Franz Schubert, war als Rechtsanwalts-Angestellter tätig gewesen, bevor er 1934 in die SS aufgenommen und von Oktober 1941 bis Juni 1942 zum Adjutanten Ohlendorfs aufstieg. *Emil Haussmann*, der noch vor Prozessbeginn Suizid beging, war zum Volksschullehrer ausgebildet worden. Vier weitere im Nürnberger Einsatzgruppenprozess angeklagten Massenmörder hatten eine Ausbildung zum Kaufmann erhalten.[60]

Mit Ausnahme von Biberstein – der zunächst zehn Jahre als Geistlicher tätig gewesen war, die letzten zwei Jahre in hohem Rang, danach sechs Jahre als Staatsbeamter im Reichskirchenministerium – hatten die übrigen dort Angeklagten bereits zu einem sehr frühen Zeitpunkt ihre berufliche Karriere aufgegeben, um sich *hauptberuflich* in die Dienste des SD zu begeben. So waren 41,7% der im Nürnberger Einsatzgruppenprozess angeklagten NS-Gewalttäter zuvor wichtige Funktionsträger zunächst im SD-Hauptamt, danach im Reichssicherheitshauptamt (RSHA) oder aber in den SD-Oberabschnitten gewesen, bevor sie zum „Osteinsatz" abkommandiert wurden.[61] Weitere 29,24%[62] der im Nürnberger Einsatzgruppenprozess angeklagten Massenmörder hatten vor ihrer Abkommandierung nach Russland zunächst leitende Positionen bei der Gestapo innegehabt, davon waren 51,7%[63] später ebenfalls beim RSHA im Beamtenstatus tätig gewesen.

Zudem waren alle 24 Angeklagten – einschließlich Biberstein – als NSDASP-Mitglieder zu einem recht frühen Zeitpunkt ihrer Karriere auf eigenen Wunsch in die SS aufgenommen worden. Allerdings spielte Matthias Graf hinsichtlich seiner Zugehörigkeit zum SD eine besondere Rolle, insofern, als „seine Mitgliedschaft im SD nicht ohne Zwang und ohne Nötigung erfolgt" [war], wie das US Military Tribunal II feststellte."[64]

---

[60] Ebd., S. 28, 242.
[61] Ohlendorf, Jost, Naumann, Sandberger, Haensch, Six, Blobel, Seibert, Steimle, Schubert.
[62] *Biberstein*, Gestapo Oppeln, *Rasch*, Gestapo Frankfurt/M., Gestapo Linz, SD-Chef in Prag, Inspekteur der Sipo und des SD in Königsberg, *Blume*, Gestapo Dortmund, Berlin, Halle, *Schulz*, Gestapo Bremen, *Nosske*, Gestapo Aachen, Frankfurt/Oder, Gestapo Düsseldorf (1944), *Braune*, Gestapo Koblenz, Wesermünde, Halle, *Rühl*, Gestapo Köln.
[63] Blume, Nosske, Rühl.
[64] KAZIMIERZ LESZCZYŃSKI (Hrsg.), Fall 9, S. 236.

Tabelle 6: Schul- und Berufsausbildung der im Fall 9 Angeklagten

Name	Schulausbildung	Studium/Berufsausbildung
Biberstein, Ernst	Gymnasium	Theologie
Blume, Walter, Dr.	Gymnasium	Jura
Braune, Werner, Dr.	Gymnasium	Jura
Fendler, Lothar	Gymnasium	Zahnmedizin
Haensch, Walter, Dr.	Gymnasium	Jura
Jost, Heinz	Gymnasium	Jura
Klingelhöfer, Waldemar	Gymnasium	Musikhochschule/Gesang
Nosske, Adolf	Gymnasium	Jura
Ohlendorf, Otto	Gymnasium	Jura u. Staatswissenschaften
Rasch, Otto Dr. Dr.	Gymnasium	Jura u. Staatswissenschaften
Sandberger, Martin, Dr.	Gymnasium	Jura
Schulz, Erwin	Gymnasium	Jura und Politikwissenschaft
Seibert, Willy	Gymnasium	Wirtschaftswissenschaften
Six, Franz, Prof. Dr.	Gymnasium	Politikwissenschaft u. Geschichte
Steimle. Eugen	Gymnasium	Lehramt u. Sprachen
Strauch, Eduard, Dr.	Gymnasium	Jura
Graf, Matthias	Gymnasium	Handelsgehilfe
Naumann, Erich	Gymnasium	Handelsgehilfe
Rühl, Felix	Gymnasium	Handelsgehilfe
Ott, Adolf	Gymnasium	Handelsgehilfe
Blobel, Paul	Realschule	Architekturstudium
Radetzky, v. Waldemar	Höhere Handelsschule	Handelsgehilfe
Schubert, Heinz	Höhere Handelsschule	Anwaltsgehilfe

Emil Hausmann ist hier nicht aufgeführt. Er beging am 31.7.1947 nach Erhalt der Anklageschrift Suizid.
(Quelle: Die Daten sind der Urteilbegründung des US Military Tribunal II entnommen, in: KAZIMIERZ LESZCZYŃSKI (Hrsg.), Fall 9, insbesondere S. 246f.)

Im Verlauf dieser Studie wird daher zu prüfen sein, ob die von Christopher Browning[65] für das Reserve-Polizeibataillon 101 genannten gruppenspezifischen Verhaltensmuster auch auf Biberstein und die mit ihm im Nürnberger Einsatzgruppenprozess angeklagte *Führungselite* des nationalsozialistischen Vernichtungsapparates als Erklärungsmodell hinsichtlich deren Tötungs*bereitschaft* zutreffen oder ob möglicherweise andersgeartete Kriterien zielführender sein könnten. Immerhin

---
[65] CHRISTOPHER R. BROWNING, Reserve-Polizeibataillon 101, 208-246.

unterschied sich jenes von Christopher Browning untersuchte Reserve-Polizeibataillon 101 erheblich von den im Nürnberger Einsatzgruppenprozess angeklagten NS-Gewalttätern insofern, als es sich bei der von Browning untersuchten Gruppe des Reserve-Polizeibataillons 101 *nicht* um eine junge akademisch ausgebildete Führungselite der gehobenen politisch rechts orientierten Bürgerschicht gehandelt hatte, sondern um ein aus älteren Männern rekrutiertes *Reserve*-Mannschaftspersonal, das dem gewerkschaftlich organisierten und linksorientierten Milieu entstammte, von denen lediglich 25% NSDAP-Mitglieder waren.

2.4 Zur Gruppenanklageschrift vom 29. Juli 1947

Der Nürnberger Einsatzgruppenprozess begann am 15. September 1947 zunächst mit dem Verlesen der Gruppenanklageschrift durch den Chefankläger Benjamin B. Ferencz, der am 29. September die Hauptverhandlung eröffnete mit der Darlegung der Anklage, in der er als Beweismaterial 253 reichsamtliche Aktenstücke vorlegen konnte, darunter die so bezeichneten *Ereignismeldungen UdSSR 1941/42*, d. h. die Meldungen der Einsatzgruppen an das Reichssicherheitshauptamt (RSHA). Wiederum eine Woche später, am 6. Oktober 1947, konnten die 22 Strafverteidiger jeweils ihr Eröffnungsplädoyer halten.

Da der Nürnberger Einsatzgruppenprozess im Rahmen eines Gruppenverfahrens erfolgte, wurden gemäß anglo-amerikanischer Rechtstradition allen im Einsatzgruppenprozess angeklagten NS-Gewalttäter jeweils zwei Anklageschriften überreicht. Die eine Schrift war noch vor Prozessbeginn an alle 24 Angeklagten ergangen. (Bild 64). Die zweite Anklageschrift – d. h. die Einzelanklageschrift – hingegen wurde jedem Angeklagten etwa ein halbes Jahr später nach Abschluss der Beweisaufnahme – also nach Abschluss aller *direct* und *cross examinations* – überreicht, mit der dann die gesamte Hauptverhandlung abgeschlossen war. In diesem Zusammenhang ist zu vermerken, dass aufgrund der Beweislage das Verfahren gegen Biberstein als Indizienprozess durchgeführt wurde, ganz im Gegensatz zu den Verfahren gegen die übrigen im Einsatzgruppenprozess Angeklagten, für die aufgrund NS-amtlicher Schriftstücke, wie etwa der operativen *Ereignismeldungen UdSSR 1941/42*, reichlich Beweismaterial vorlag. Dieser Aspekt wird später im Kapitel IV.2.6 zu beleuchten sein.

Nachdem Staatsanwalt Benjamin Ferencz dem US Military Tribunal II in Nürnberg zunächst am 3. Juli 1947 eine Gruppenanklageschrift gegen 19 der von ihm ermittelten Funktionsträger der in der Sowjetunion eingesetzten Einsatzgruppen und der ihnen nachgeordneten Kommandos eingereicht hatte, waren einige Korrekturen hinsichtlich der Anzahl der ermittelten NS-Gewalttäter notwendig geworden, sodass er dem Gericht am 29. Juli eine 18 Seiten umfassende korrigierte

2 Der Einsatzgruppenprozess – die Rückkehr des Rechts

Bild 64: (Bildausschnitt). Defendant Otto Ohlendorf (second from left) receives his indictment from Colonel C.W. Mays, marshal of the Military Tribunal, before the Einsatzgruppen Trial. The other pictured defendants (left to right) are Heinz Jost, Erich Naumann, and Erwin Schulz. July 7, 1947. Photograph Number 81980.
(Quelle: U. S. Holocaust Memorial Museum).

Anklageschrift überreichte, die auf den 25. Juli datiert war und die nunmehr 24 Funktionsträger der Einsatzgruppen und der ihnen nachgeordneten Kommandos unter Anklage stellte.[66] Deren Titel lautete: M*ilitary Tribunals, Case 9. The United States of America against Ohlendorf et al.*[67] In jener Gruppenanklageschrift erhob die Staatsanwaltschaft die Beschuldigung,

---

[66] Trials of War Criminals before the Nuernberg Military Tribunals under Control Councel Law NO.10, Volume IV, Nuernberg October 1946 – April 1949, Einführung, S. 3. In der ersten Anklageschrift, die Ferencz am 3. Juli 1947 dem Gericht eingereicht hatte, fehlten die Angeklagten Dr. Braune, Dr. Haensch, Klingelhöfer, von Radetzky und Steimle. Trials of War Criminals before the Nuernberg Military Tribunals under Control Councel Law NO.10, Volume IV, Nuernberg October 1946-April 1949, Anmerkung auf S. 13.

[67] (Deutsche Reihe) Militärgerichtshöfe, Fall Nr. 9. Die Vereinigten Staaten von Amerika gegen Otto Ohlendorf, Heinz Jost, Erich Naumann, Otto Rasch, Erwin Schulz, Franz Six, Paul Blobel, Walter Blume, Martin Sandberger, Willy Seifert, Eugen Steimle, Ernst Biberstein, Werner Braune, Walter

„dass die hier Angeklagten Kriegsverbrechen und Verbrechen gegen die Menschlichkeit begangen haben, wie sie in dem am 20. Dezember 1945 vom Alliierten Kontrollrat rechtmäßig erlassenen Kontrollratsgesetz [Nr. 10] definiert sind.

Diese Verbrechen umfassen den Mord von mehr als 1 Million Personen, Folterungen, Grausamkeiten und andere menschliche Handlungen [...].

Allen diesen Angeklagten wird weiterhin die Mitgliedschaft in verbrecherischen Organisationen zur Last gelegt."[68]

Nach der namentlichen Auflistung der Angeklagten, geordnet nach deren militärischem Rang, deren Mitgliedschaft in der SS, dem SD und der Gestapo sowie deren Funktion in den Einsatzgruppen bzw. den ihnen nachgeordneten Kommandos folgten ab Seite 6 die einzelnen Anklagepunkte. Unter Punkt I *Verbrechen gegen die Menschlichkeit* wurden die von den Einsatz- und Sonderkommandos begangenen Verbrechen aufgelistet, wobei jedoch lediglich der Zeitraum vom 22. Juni 1941 bis zum 30. März 1942 erfasst werden konnte. Das war exakt jener Zeitrahmen, der in den *Ereignismeldungen UdSSR* abgebildet wurde. Bezüglich der von dem Einsatzkommando 6 (EK 6) verübten Verbrechen wurden dort drei Meldungen aufgeführt:

„In der Zeit vom 24. November 1941 bis 30. November 1941 ermordete Einsatzkommando 6 in der Umgebung von Dnepropetrowsk 226 Juden und 19 politische Funktionäre.

Ungefähr vom 10. Januar 1942 bis 6. Februar 1942 ermordete Einsatzkommando 6 in der Umgebung von Stalino etwa 149 Juden und 173 politische Funktionäre. Etwa im Februar 1942 ermordete Einsatzkommando 6 in der Umgebung von Stalino 493 Personen, einschließlich 80 ‚Politische Aktivisten' und 369 Juden."[69]

Da die oben aufgelisteten Exekutionen durch das Einsatzkommando 6 (EK 6) sieben Monate *vor* Bibersteins Eintreffen in der Oblast Rostow ausgeführt worden waren – d. h. von dessen Vorgänger Robert Mohr, der dem Einsatzkommando 6 (EK 6) von Oktober 1941 bis September 1942 vorgestanden hatte – fühlte sich Biberstein von jener an alle 24 NS-Gewalttäter gerichteten Gruppenanklageschrift nicht angesprochen. In einem Lebenslauf vom 22. August 1958, den er offenbar der damaligen schleswig-holsteinischen Landeskirche zukommen ließ, stellte er seine vermeintliche Fehlwahrnehmung wie folgt dar:

„Als uns die Anklageschrift zugestellt wurde, stellte ich fest, daß in dieser Schrift nur von Ereignissen [Massenmorden] die Rede war, die weit vor meiner Übernahme der Leitung des Kommandos lagen. Sie umfasste die Zeit von Juni 1941 – Ende April 1942, während ich in der Zeit von Ende September 1942 bis Juni 1943 in Rußland war.

Haensch, Gustav Nosske, Adolf Ott, Eduard Strauch, Emil Haussmann, Woldemar Klingelhöfer, Lothar Fendler, Waldemar von Radetzky, Felix Rühl, Heinz Schubert und Mathias Graf, Angeklagte. Militärregierung Deutschlands (US), Nürnberg, Berichtigte Anklageschrift vom 29. Juli 1947, StAN, Rep. 501, KV-Prozesse, Fall 9, B 22, S. 1-18. Nachfolgend abgekürzt: US Military Tribunal II, Anklageschrift, StAN, Rep. 501, KV-Prozesse, Fall 9, B 22, S. 1-18.

[68] Ebd., S. 2.
[69] Ebd., S. 14.

2 Der Einsatzgruppenprozess – die Rückkehr des Rechts

Ich ersah sofort, daß mich persönlich die ganze Angelegenheit gar nicht berührte, sondern nur das *Kommando*, für das ich in dieser Zeit ja nicht verantwortlich gemacht werden konnte.

Derselben Ansicht war auch mein Verteidiger Dr. Friedrich Bergold aus Nürnberg (vordere Sterngasse 11, III), der sich nach einer kurzen Besprechung mit mir bereit erklärte, mich zu verteidigen. Er war niemals Parteigenosse und auf die Partei keineswegs gut zu sprechen." [Kursivdruck vom Verf.].[70]

Erst nachdem Biberstein am 4. Februar 1948 unmittelbar vor Beendigung sämtlicher Zeugeneinvernahmen die zweite, an ihn persönlich adressierte Anklageschrift überreicht worden war, wurde ihm bewusst, dass er der Todesstrafe nicht würde entgehen können. Aus taktischen wie apologetischen Gründen erwähnte er hingegen die zweite Anklageschrift vom 4. Februar 1948 in jenem „Bericht über meinen Lebensweg seit seinem Ausscheiden aus dem Kirchendienst im Jahre 1935" mit keinem Wort.

An dieser Stelle sei vorweggegriffen, dass das Verfahren gegen Biberstein aufgrund mangelnder reichsamtlicher Beweisstücke als Indizienprozess geführt werden musste.[71] Zu Beginn des Kapitels III.4 ist bereits dargelegt worden, dass die Anklagebehörde des US Military Tribunal II für alle Angeklagten des Einsatzgruppenprozesses die *Ereignismeldungen UdSSR 1941/42* als ausschließliches Beweismittel verwendet hatte. Eine diesbezügliche Ausnahme bildete Biberstein, insofern, als für den Zeitraum seines „Osteinsatzes" lediglich die vom 1. Mai 1942 bis zum 21. Mai 1943 aufgezeichneten 55 *Meldungen aus den besetzten Ostgebieten* (MbO) herangezogen werden konnten. Im Gegensatz zu den *Ereignismeldungen UdSSR 1941/41* wurden jedoch in den *Meldungen aus den besetzten Ostgebieten* (MbO) für sämtliche Bereiche, insbesondere jedoch mit Blick auf die Exekutivtätigkeit, weder die Einsatzgruppen und deren nachgeordneten Kommandos noch gar die jeweiligen Kommandoführer namentlich genannt, sondern lediglich die geografischen Großräume Baltikum, Weißrussland und Ukraine.

Somit standen der Anklagebehörde im Fall Biberstein als (*reichs-*)*amtliche* Beweisstücke nur die taktischen Lageberichte zur Verfügung, in denen dem Reichssicherheitshauptamt (RSHA) lediglich Standort des Kommandos, Funkverbindung und Feldpostnummer bekannt gegeben worden waren. Anfangs hatten jene Daten zu Beginn jeder Meldung zu erfolgen, später nur noch bei Veränderung des Operationsgebietes aufgrund der militärischen Lage, d. h. bei der Verlegung des Standortes des Kommandostabes.

---

[70] Ernst Biberstein, B e r i c h t über meinen Lebensweg seit meinem Ausscheiden aus dem Kirchendienst im Jahre 1935, Neumünster, den 22.8.58, Landesarchiv Schleswig-Holstein, Abt. 352 Kiel, Nr. 949, S. 1-14, hier S. 11. [Unterstreichung im Original].

[71] Der Aspekt zum Indizienprozess gegen Biberstein wird in Kapitel IV, 2.6 in dem Unterkapitel *Betrachtungsweisen der Zulässigkeit freiwillig abgegebener Geständnisse* thematisiert werden.

500   Kapitel 4 Angeklagter vor dem US Military Tribunal II in Nürnberg 1947/48

Bild 65: Defendant Ernst Biberstein (standing) pleads not guilty during his arraignment at the Einsatzgruppen Trial. 15.9.1947. Photograph Number: 09956.
(Quelle: U.S. Holocaust Memorial Museum, Provenance: Benjamin Ferencz, Source Record ID: Collections: 1994.A.037. Second Record ID: Collections: RG-12.019).

Nach US-amerikanischer Rechtstradition wird bei Prozesseröffnung jeder Angeklagte von dem Vorsitzenden Richter aufgefordert, sich entweder *schuldig* oder *nicht schuldig im Sinne der Anklage* zu bekennen. Da Biberstein aufgrund einer Fehlinterpretation der Gruppenanklageschrift der festen Gewissheit war, dass ihn „persönlich die ganze Angelegenheit gar nicht berühre", plädierte er am 15. September 1947 auf *nicht schuldig*. (Bild 65). Es kann als ein höchst befremdliches Phänomen des Nürnberger Einsatzgruppenprozesses angesehen werden, dass alle dort angeklagten NS-Gewalttäter aufgrund der in Kapitel III dargelegten spezifisch nationalsozialistischen Rechtsvorstellung die von ihnen begangenen Massenmorde als eine völlig rechtmäßige Handhabung ihres „sicherheitspolizeilichen Auftrages" im Vernichtungsfeldzug gegen die Sowjetunion betrachtet hatten und demzufolge nicht nur aus verteidigungsstrategischer Absicht, sondern im Gegenteil aus voller weltanschaulicher Überzeugung auf *nicht schuldig* plädierten.

2.5 DAS BEWEISAUFNAHMEVERFAHREN GEGEN BIBERSTEIN

Aufgrund methodischer Erwägungen sind die in Kapitel III.3 und III.5 dargelegten NS-Gewaltverbrechen Bibersteins einschließlich dessen dort aufgeführ-

2 Der Einsatzgruppenprozess – die Rückkehr des Rechts 501

ten Einwände ausschließlich aus der spezifischen Sichtweise eines SS-Offiziers erörtert worden, wie sie aufgrund der Ergebnisse des *direct examination* am 20./21. November 1947 erfolgt sind. Hingegen sind die in den Befragungen des *cross examination* am 24./25. November 1947 thematisierten Verbrechen Bibersteins aus einem ganz anderen Blickwinkel zu erörtern – nämlich jenem der US-amerikanischen Staatsanwaltschaft – so wie es durch die Prozessordnung des anglo-amerikanischen Strafrechts vorgegeben war, deren Rechtsgrundsätze in die *Ordinance NO 7* Eingang gefunden hatten.[72]

In der Einzelanklageschrift wurden die Ergebnisse der *direct* sowie der *cross examinatotion* auch im Hinblick auf deren Zuordnung zu den drei Anklagepunkten *Kriegsverbrechen, Verbrechen gegen die Menschlichkeit* und *Zugehörigkeit zu verbrecherischen Organisationen* ausgewertet. Insofern erscheint es aus methodischer Sicht notwendig, die Verbrechen Bibersteins innerhalb der oben beschriebenen unterschiedlichen Kontexte zu erörtern; dabei lassen sich zwangsläufig Wiederholungen einzelner Tatbestände bzw. Aussagen Bibersteins nicht vermeiden. Da die US-amerikanische Staatsanwaltschaft ebenso wie das Richterkollegium des US Military Tribunal II in Nürnberg erhebliche Zweifel hinsichtlich der Glaubwürdigkeit Bibersteins hegten, wurde in den Vernehmungen am 20./21. und insbesondere am 24./25. November 1947 der Fokus auf die nachfolgend genannten drei Aspekte gelegt:

(1) Gegenstand in dem viertägigen Beweisaufnahmeverfahren gegen Biberstein war zum einen die Frage der Zulässigkeit der beiden Affidavits vom 25. Juni und 2. Juli 1947 als *Beweismittel* insofern, als jene eidesstattlichen Erklärungen Bibersteins von dessen Anwälten Dr. Friedrich Bergold und Oskar Ficht aufgrund ihres fragwürdigen Zustandekommens als Beweismittel vehement angefochten wurden.

(2) Ein erheblicher Zeitaufwand wurde zudem auf die Prüfung der Glaubwürdigkeit Bibersteins hinsichtlich der Aussage verwandt, er habe erst im Nürnberger Gerichtssaal von dem *Führerbefehl* zur Ausrottung der Juden Kenntnis erlangt. Zu Recht betrachtete der Vorsitzende Richter Michael A. Musmanno jene Behauptung als reine prozessuale Verteidigungsstrategie. Da das Gericht jedoch keinen Zugang zu russischen Quellen hatte und vermutlich nicht einmal Kenntnis über derartiges Material besaß, kam es lediglich aufgrund der Standortmeldungen und Berichterstattung der Einsatz- und Sonderkommandos wie sie in den *Ereignismeldungen UdSSR 1941/42* (EM) und den *Meldungen aus den besetzten Ostgebieten* (MbO) vorliegen, irrtümlich zu der Überzeugung, dass Biberstein *keine* Juden ermordet haben konnte.[73]

---

[72] In den Unterabschnitten *Plädoyer der Verteidigung* und *Urteilsbegründung des US Military Tribunal II* werden die Verbrechen Bibersteins in weiteren Kontexten beleuchtet werden.
[73] Zeugeneinvernahme Biberstein, StAN, Rep. 501, KV-Prozesse, Fall 9, A 34-35, S. 2877.

(3) Des Weiteren wurde die Rechtmäßigkeit der von Biberstein so bezeichneten „geordneten polizeilichen Strafverfahren" erörtert. Insofern sind diese drei Aspekte näher zu beleuchten, da ohne sie weder die an Biberstein ergangene Einzelanklageschrift vom 15. Januar 1948 noch die beiden von Bibersteins Strafverteidiger Dr. Friedrich Bergold gehaltenen Plädoyers zu verstehen sind.

Aspekte zu Bibersteins Affidavits

In dem Beweisaufnahmeverfahren gab Biberstein am 21. November 1947 zu Protokoll, dass er die beiden Affidavits unter dem Zwang des Eides getätigt und somit insofern nicht freiwillig gemacht habe, als er sofort vereidigt worden sei, ohne zuvor weder am 25. Juni 1947 von dem US-amerikanischen Zivilermittler Frederic S. Burin in dem britischen *Civil Internment Camp Nr. 7* in Eselheide, noch am 29. Juni und 2. Juli 1947 von dem US-amerikanischen Vernehmungsbeamten Rolf Wartenberg in der Nürnberger Haftanstalt in Kenntnis gesetzt worden sei, „um was es sich überhaupt handele."[74] Vor den jeweiligen Verhören, die als Grundlage für die Erstellung der beiden Affidavits dienten,[75] sei er von den Vernehmungsbeamten weder auf das ihm gesetzlich zustehende Aussageverweigerungsrecht hingewiesen noch darüber aufgeklärt worden, dass in den nächsten Tagen eine Anklage gegen ihn erhoben werden würde. Ihm sei lediglich gesagt worden, dass er als „Zeuge" vernommen werde.[76]

Zu dem letztgenannten Einwand Bibersteins, ihm sei von den US-amerikanischen Zivilermittlern Burin und Wartenberg bedeutet worden, er werde lediglich als Zeuge vernommen, ist zu vermerken, dass hier offensichtlich ein begriffliches Missverständnis vorliegt, insofern, als Biberstein, der mit der US-amerikanischen Prozessordnung nicht vertraut war, nicht wissen konnte, dass gemäß anglo-amerikanischer Rechtstradition der Beschuldigte weder während der staatsanwaltschaftlichen Ermittlungen noch nach Erhalt der Anklageschrift und selbst während des gesamten Beweisaufnahmeverfahrens nicht als „Angeklagter" angesprochen wird, sondern als „Herr Zeuge". Dass er sich hingegen über den Zweck seiner Vernehmung bereits im britischen *Civil Internment Camp NO. 7* in Eselheide im Klaren war, geht eindeutig aus seinem Lebenslauf vom 22. August 1958 hervor, der offensichtlich an die damalige Schleswig-Holsteinische Landeskirche gerichtet war.

„In der Gefangenschaft durchlief ich eine ganze Reihe von Lagern. Als ich im Juni 1947 im Sennelager Eselsheide [sic] bei Paderborn zur Mittagszeit über den Lautsprecher die Nachrichten hörte, hörte ich als letzte Meldung, daß der ehemalige Staatspolizeistellen-

---

[74] Ebd., S. 2900.
[75] Das Protokoll über das von Burin am 29. Juni 1947 durchgeführte *Verhör* konnte bedauerlicherweise in den im Nürnberger Staatsarchiv aufbewahrten Prozessakten nicht aufgefunden werden.
[76] Zeugeneinvernahme Biberstein, StAN, Rep. 501, KV-Prozesse, Fall 9, A 34-35, S. 2900.

leiter Mohr aus dem Lager Darmstadt ausgebrochen und wahrscheinlich in die Ostzone geflüchtet sei. Mohr war mein Vorgänger im Kommando in Rußland.
Gleich darauf wurde ich durch denselben Lautsprecher zur Vernehmung gerufen [...]. Ich wurde wegen der Vorgänge in Rußland vernommen und mir bedeutet, daß ich in Nürnberg wegen der Judenmorde vor ein Kriegsgericht gestellt werden würde."[77]

Drei Tage nach seiner Vernehmung in Eselheide und der Abfassung seiner ersten eidesstattlichen Erklärung wurde Biberstein dann am 28. Juni 1947 in die dem Nürnberger Justizpalast angegliederte Haftanstalt überführt. Dort sei er mit den anderen während des Russlandfeldzuges tätigen Einsatzgruppenleitern und Kommandoführern zusammengekommen, gab er in dem Beweisaufnahmeverfahren zu Protokoll.[78]

Bild 66: Rolf Wartenberg works at his desk (probably while working at the Einsatzgruppen trial). Photograph Number: 80188.
(Quelle: U. S. Holocaust Memorial Museum, courtesy of Thomas Wartenberg).

Bereits einen Tag nach seiner Ankunft in Nürnberg wurde er sodann am 29. Juni 1947 erneut wegen seiner in Oppeln/Oberschlesien und in der Oblast Rostow

---

[77] Ernst Biberstein, B e r i c h t über meinen Lebensweg seit meinem Ausscheiden aus dem Kirchendienst im Jahre 1935, Neumünster, den 22.8.58, Landesarchiv Schleswig-Holstein, Abt. 352 Kiel, Nr. 949, S. 1-14, hier S. 11. [Unterstreichung im Original].
[78] Zeugeneinvernahme Biberstein, StAN, Rep. 501, KV-Prozesse, Fall 9, A 34-35, S. 2900.

begangenen Verbrechen verhört, dieses Mal von dem US-amerikanischen Zivilermittler Rolf Wartenberg (Bild 66), und zwar auf Veranlassung der dem Ferencz-Anklageteam angehörenden Staatsanwälte Peter W. Walton und John E. Glancy. Auch in jener Vernehmung wurde Biberstein nicht auf sein Aussageverweigerungsrecht hingewiesen, wie in dem Vernehmungsprotokoll zweifelsfrei dokumentiert ist.[79] Tatsächlich ist Biberstein erst vor Beginn seiner dritten Vernehmung am 18. August von dem US-amerikanischen Zivilermittler Mr. de Vries auf sein Aussageverweigerungsrecht hingewiesen worden, wie aus dem entsprechenden Protokoll eindeutig hervorgeht.[80] Das geschah vergleichsweise spät, d. h. drei Wochen *nach* Erhalt der berichtigten Gruppenanklageschrift vom 29. Juli 1947.

Um die unterschiedliche Verhörtechnik seitens Wartenberg und de Vries zu verdeutlichen, wird nachfolgend jeweils der Beginn der beiden Vernehmungen wörtlich zitiert, zunächst jene des Zivilermittlers Wartenberg vom 29. Juni, in der es um Bibersteins Verbrechen als Führer des Einsatzkommandos 6 (EK 6) ging.

„F: [WARTENBERG] Wie heißen Sie?

A: BIEBERSTEIN [sic].

F: Erheben Sie die rechte Hand und sprechen Sie mir den folgenden Eid nach: ‚Ich schwöre bei Gott dem Allmächtigen und Allwissenden, dass ich die reine Wahrheit sagen werde, nichts verschweigen und nichts hinzusetzen werden, so wahr mir Gott helfe. Amen.' (BIEBERSTEIN [sic] spricht den Eid nach).

F: Sie wissen, dass Unterlassungen in Ihren Aussagen als ebenso schwere Eidesverletzung betrachtet werden, wie falsche Aussagen unter Eid?

A: Ja.

F. Wann und wo sind Sie geboren?" [Es folgen die Aufnahme der Lebensdaten und gleich danach das eigentliche Verhör].[81]

Ganz anders stellt sich die Vernehmung durch den US-amerikanischen Zivilermittler de Vries in der Befragung vom 18. August 1947 dar, in der die Verbrechen Bibersteins als Chef der Stapostelle Oppeln/Oberschlesien thematisiert wurden. Im Gegensatz zu Wartenberg hatte de Vries zunächst ordnungsgemäß das zweisprachige staatsanwaltschaftliche Auftragsformular zur „Bekanntmachung der Verneh-

---

[79] Interrogation Nr. 1499-A. Vernehmung Ernst Emil Heinrich BIEBERSTEIN (sic!) durch MR. WARTENBERG am 29. Juni 1947, 10.00-11.15 Uhr auf Veranlassung von Mr. WALTON und GLANCY. Stenogr.: Marg. FRITSCHE, StAN, Rep. 502, KV-Anklage, Interrogations B-75, S. 1-16, hier S. 1.
[80] Interrogation #/1552. Vernehmung des Ernst Emil Heinrich BIEBERSTEIN am 18.8.47 durch Mr. de Vries v. 14.000.15.00 Uhr. Anwesend war: Hr. Egger, Stenographin: Hilde Dittmann, StAN, Rep. 502, KV-Anklage, Interrogations B-75, S. 1-3, hier S. 1.
[81] Interrogation Nr. 1499-A. Vernehmung Ernst Emil Heinrich BIEBERSTEIN (sic!) durch MR. WARTENBERG am 29. Juni 1947, 10.00-11.15 Uhr auf Veranlassung von Mr. WALTON und GLANCY. Stenogr.: Marg. Fritsche, StAN, Rep. 502, KV-Anklage, Interrogations B-75, S. 1-16, hier S. 1.

mung eines Zeugen oder voraussichtlichen Zeugen" ausgefüllt und sodann pflichtgemäß Biberstein gleich zu Beginn der Befragung auf das ihm gesetzlich zustehende Aussageverweigerungsrecht hingewiesen.

„1. F. [DE VRIES] Wie Sie wissen, haben Sie *nicht* die Verpflichtung meine Fragen zu beantworten. Sie wissen aber auch, dass die Anklageschrift gegen Sie vorliegt.
A. Jawohl.
2. F. Ich möchte noch hinzufügen, dass es Ihre *moralische* Pflicht ist, die Wahrheit zu sagen.
A. Jawohl.
3. F. Wenn Sie die Wahrheit sagen [,] wird es vermutlich keinen Grund geben [,] die Antwort zurückzuhalten, das wird ihr eigener Vorteil sein. –
Ich möchte nun eine Auskunft haben über eine Angelegenheit. [Es folgt die Befragung über die von Biberstein begangenen Verbrechen an sowjetischen Kriegsgefangenen aufgrund der Heydrich-Befehle während dessen Dienstzeit in Oppeln/Oberschlesien]." [Kursivdruck vom Verf.].[82]

In diesem Zusammenhang ist zu vermerken, dass im Falle Biberstein in sämtlichen Verhörprotokollen die gesetzlich vorgeschriebenen unterschriftlichen Bestätigungen fehlten, sowohl die Unterschrift Bibersteins als auch die des jeweiligen Vernehmungsbeamten. Daher hatte Dr. Friedrich Bergold in seiner Funktion als Bibersteins Strafverteidiger bereits in seiner Eröffnungsrede und sodann während des Beweisaufnahmeverfahrens massive Kritik hinsichtlich der Verhörpraxis insbesondere des Vernehmungsbeamten Rolf Wartenberg erhoben, da diese in einigen ganz wesentlichen Punkten ganz und gar nicht der anglo-amerikanischen Prozessordnung entspräche.[83]

Zum einen verwies Bergold auf die Tatsache, dass das Affidavit vom 2. Juli 1947 das einzige wirkliche Belastungsdokument darstelle. Aber gerade jene eidesstattliche Erklärung sei jedoch seitens der Staatsanwaltschaft so abgefasst,

„dass zunächst daraus eine Belastung des Angeklagten Biberstein gelesen werden könnte. Das Affidavit stellt aber nur einen völlig einseitigen Auszug aus der gesamten Aussage des Angeklagten dar [...].
Versuche des Angeklagten, sein Entlastungsvorbringen in das Affidavit aufgenommen zu sehen, sind meines Erachtens mit der irreführenden und nur scheinbar beruhigenden Erklärung [Wartenbergs] abgelehnt worden, der Angeklagte könne zu einer anderen Zeit und bei einer anderen Gelegenheit seine Einschränkungen und Erläuterungen noch vorbringen. Ich bezeichne eine solche [eidesstattliche] Erklärung deswegen für irreführend, weil jedes Gericht späteren Berichtigungsversuchen eines Angeklagten skeptisch gegenübersteht und geneigt ist, allein die erste Angabe für wahr zu halten.

---

[82] Interrogation #/1552. Vernehmung des Ernst Emil Heinrich BIBERSTEIN am 18.8.47 durch Mr. de Vries v. 14.000.15.00 Uhr. Anwesend war: Hr. Egger, Stenographin: Hilde Dittmann, StAN, Rep. 502, KV-Anklage, Interrogations B-75, S. 1-3, hier S. 1.
[83] Zeugeneinvernahme Biberstein, StAN, Rep. 501, KV-Prozesse, Fall 9, A 34-35, S. 2900-2901.

Endlich aber ist dem Angeklagten bei der Aufnahme der Affidavite [vom 25. und 29. Juni 1947] nicht einmal mitgeteilt worden, dass das Affidavit in einem Verfahren gegen ihn selbst als *Beweismaterial* vorgelegt würde.

Man [die Staatsanwaltschaft] hat es also unterlassen, ihn auf sein *Grundrecht* aufmerksam zu machen, dass jeder Angeklagte in allen Verfahren der Welt hat, insbesondere aber in den amerikanischen Verfahren, nämlich das Recht, die Aussage gegen sich selbst zu verweigern [...].

Wenn aber [seitens der Staatsanwaltschaft] erstens einmal aus einer gesamten Aussage nur die belastenden Teile und dazu noch aus dem Zusammenhang herausgerissen einem Gericht vorgelegt werden,

wenn zweitens, Versuche des Angeklagten, die Formulierung eines solchen Affidavits zu berichtigen, mit der irreführenden Angabe abgelehnt werden, eine Berichtigung könne später erfolgen [was verfahrensrechtlich unzulässig und damit nicht möglich ist],

und wenn drittens endlich ein Angeklagter nicht darüber aufgeklärt wird, dass er nach dem Verfahren das Recht habe, in eigener Sache die Aussage *überhaupt* zu verweigern, so kann ich nicht umhin, meiner Überzeugung Ausdruck zu geben, dass ein solches Verfahren nicht mehr als fair bezeichnet werden kann.

Schon bisher habe ich in allen von mir verteidigten Fällen [der Nürnberger Prozesse] und von anderen Angeklagten den Eindruck gewonnen, als ob die Art und Weise der Gewinnung von Affidaviten von Angeklagten sehr bedenklich ist [...].

In dem Prozess vor dem Internationalen Militärgerichtshof [...] hatte ich damals [...] auf Paragraph 160 der deutschen Strafprozessordnung und auf den entsprechenden Paragraphen der österreichischen Strafprozessordnung verwiesen, wo es der Staatsanwaltschaft ausdrücklich zur *gesetzlichen Pflicht* gemacht ist, auch das Entlastungsmaterial zu sammeln und dem Gericht vorzutragen." [Kursivdruck vom Verf.].[84]

Da im Nürnberger Einsatzgruppenprozess auch andere Strafverteidiger im Namen ihrer Mandantschaft durchaus berechtigte Kritik an dem Verfahren zur Gewinnung der eidesstattlichen Erklärungen erhoben hatten, bestellte das Gericht noch vor der eigentlichen Beweisaufnahme Rolf Wartenberg für den 6. und 7. Oktober 1947 jeweils zu einem mehrstündigen Kreuzverhör ein, das durch den Vorsitzenden Richter Michael A. Musmanno, die Vertreter der US-amerikanischen Staatsanwaltschaft sowie die von ihrer Mandantschaft beauftragten Strafverteidiger durchgeführt wurde, in dem Wartenberg in seiner Stellung als Mitglied der *Evidence Division* in dem *Office of Chief of Counsel for War Crimes* (OCCWC) unter Eid zu den Vorwürfen der Angeklagten bzw. deren Strafverteidigern Stellung zu nehmen hatte.[85] Seitens der US-amerikanischen Staatsanwaltschaft wurde die Funktion Wartenbergs ausdrücklich bestätigt.[86]

Hinsichtlich des Zustandekommens des Affidavits vom 2. Juli 1947 wurde Wartenberg durch Bibersteins zweiten Strafverteidiger Oskar Ficht aus der An-

---

[84] Amerikanischer Militärgerichtshof II a. ERÖFFNUNGSREDE für Ernst BIBERSTEIN. Rechtsanwalt Dr. Friedrich Bergold, StAN, Rep. 501, KV-Prozesse, Fall 9, D 1, S. 1-10, hier S. 4-7.
[85] Zeugeneinvernahme Rolf Wartenberg, StAN, Rep. 501, KV-Prozesse, Fall 9, A 4-5, S. 350-412.
[86] Ebd., S. 350.

2 Der Einsatzgruppenprozess – die Rückkehr des Rechts

waltskanzlei Dr. Friedrich Bergold befragt, und zwar zu folgenden Punkten, die Bergold bereits in seinem Eröffnungsplädoyer für Biberstein angesprochen hatte: Zum einen seien wesentliche Teile aus dem Verhörprotokoll, die für die Entlastung Bibersteins sprächen, nicht in die eidesstattliche Erklärung vom 2. Juli 1947 aufgenommen worden. Zum anderen habe Wartenberg sofort mit dem Verhör begonnen, ohne Biberstein über das ihm gesetzlich zustehende Aussageverweigerungsrecht informiert zu haben. Das Protokoll der Zeugeneinvernahme Wartenbergs vom 6. Oktober 1947 dokumentiert dessen Antworten wie folgt:

> „F: [Strafverteidiger Ficht in Vertretung des Dr. Bergold] Haben Sie noch eine persönliche Erinnerung, wie dieses Affidavit zustande gekommen ist, oder können Sie da nur auf Grund der Unterlagen Angaben machen?
>
> A: [Wartenberg] Diese Eidesstattliche Erklärung war auf einem Verhör begründet, welches am 29. Juni 1947 stattfand, und zwar von 10.00 bis 11.15 Uhr vormittags. Ich habe das stenographierte Protokoll, welches die Unterlage für die Eidesstattliche Erklärung diente, vor mir liegen. [...].
>
> F: Ist das Affidavit vom 2. Juli 1947 auf Grund der von Ihnen erwähnten Befragung vom 29. Juni 1947 *von Ihnen festgelegt worden*, oder verhält es sich anders?
>
> A: Die Eidesstattliche Erklärung wurde aufgrund des Verhörs vom 29. Juni gemacht, aber ich hatte ausserdem damals Kenntnis von der Eidesstattlichen Erklärung vom 25. Juni 1947 [welche in Eselheide von dem Ermittler Frederic S. Burin aufgenommen worden war], und es ist möglich, dass ich auch gewisse Aussagen aus dieser Eidesstattlichen Erklärung benutzt habe, die der Angeklagte Biberstein beschworen hatte.
>
> F: Ist es richtig [...], dass dieses erste Affidavit von Eselheide vom 25. 6. [...] wesentlich eingehender ist und auch gewisse Gründe anführt, die entlastend für den Angeklagten wirken könnten? [...]. Ich darf vielleicht noch eine präzisere Frage stellen: Hat der Angeklagte bei der Unterschrift zu diesem Affidavit vom 2. Juli 1947 nicht an Sie den Wunsch herangetragen, dass auch weitere Umstände, die in dem Eselheider Affidavit [...] enthalten sind, hier mit aufgenommen werden? [...].
>
> A: Es ist möglich, aber ich erinnere mich nicht an diese Tatsache. Ich *kann sie nicht ableugnen, aber ich kann mich nicht daran erinnern* [...].
>
> F: Können Sie sich vielleicht daran erinnern, dass Sie [gegenüber Biberstein] eine Entgegnung gemacht haben, wenn weitere derartige [entlastende] Umstände in dem Eselheider Affidavit enthalten wären, dass dann zu andere Zeit später noch Gelegenheit bestünde, diese vorzutragen? [...]. Sie haben hier keine spezielle Erinnerung, wie Sie in diesem Fall verfahren sind?
>
> A: Das stimmt." [Kursivdruck vom Verf.].[87]

Wartenberg täuschte hier offensichtlich Erinnerungslücken vor, weil ihm als erfahrenem Verhörspezialisten, der bereits für das International Military Tribunal (IMT) in Nürnberg als Vernehmer tätig gewesen war, sehr wohl bewusst gewesen sein musste, dass spätere Abänderungen einer eidesstattlichen Erklärung rechtlich nicht zulässig sind. Die Unterlassung der Informationspflicht hinsichtlich des

---

[87] Ebd., S. 357-358.

Aussageverweigerungsrechts des Angeklagten begründete Wartenberg im Kreuzverhör wie folgt:

> „F: [Strafverteidiger Ficht] Haben Sie den Angeklagten, bevor er dieses Affidavit vom 2. Juli 1947 unterzeichnet hat, darüber belehrt, dass er ein Aussageverweigerungsrecht bezüglich von Umständen hat, die ihn selbst belasten würden?
>
> A: [Wartenberg] Damals war dem Angeklagten Biberstein noch nicht die Anklageschrift *zugestellt* worden, und daher hielt ich ihn nicht für einen Angeklagten [...]. Ich habe ihn nicht darüber belehrt, dass er eine Antwort verweigern könne." [Kursivdruck vom Verf.].[88]

Jene Antwort ist in sich nicht schlüssig. Wartenberg war durchaus darüber informiert, dass Biberstein zu jenem Zeitpunkt noch keine Anklageschrift „zugestellt" worden war, insofern, als die korrigierte Gruppenanklageschrift zwar das Datum vom 25. Juli 1947 trug, dass Staatsanwalt Benjamin B. Ferencz jedoch bereits am 3. Juli 1947 dem US Military Tribunal II eine Gruppenanklageschrift eingereicht hatte, in der die Namen der Angeklagten Braune, Haensch, Klingelhöfer, von Radetzky und Steimle zwar fehlten, nicht jedoch der Name Biberstein. Da jene erste Gruppenanklageschrift dem Gericht bereits am 3. Juli vorgelegen hatte – d. h. einen Tag nach der Erstellung des Affidavits vom 2. Juli – musste sie zum Zeitpunkt von Bibersteins Verhör am 29. Juni 1947 zumindest als schriftliche Konzipierung erstellt und damit Wartenberg bekannt gewesen sein. Immerhin heißt es in der Kopfzeile des Verhörs, dass die Vernehmung Bibersteins auf Veranlassung der Staatsanwaltschaft erfolgt sei. In anderen Fällen begründete Wartenberg die Unterlassung der Informationspflicht hinsichtlich des Aussageverweigerungsrechts der Angeklagten damit, dass sie ihm gegenüber nicht zu verstehen gegeben hätten, dass sie „über gewisse Vorgänge nicht zu sprechen wünschte[n]."[89]

Des Weiteren hatte Wartenberg das Eselheider Affidavit zur Verfügung gestanden, in dem Biberstein bereits umfassend über seine in Oppeln/Oberschlesien und in der Oblast Rostow begangenen Verbrechen ausgesagt hatte. Insofern war Bibersteins Überführung aus dem britischen *Civil Internment Camp Nr. 7* in Eselheide in die dem Nürnberger Justizpalast angegliederten Haftanstalt ausschließlich zu dem Zweck der Anklage im Einsatzgruppenprozess durchgeführt worden. Letztendlich musste Wartenberg in der weiteren Befragung durch den Strafverteidiger Ficht einräumen, Biberstein nicht dahingehend informiert zu haben, dass er nicht als Zeuge, sondern als Angeklagter verhört würde:

> „F: [Strafverteidiger Ficht] Aus Ihrer vorherigen Aussage, dass Sie den Angeklagten Biberstein nicht über sein Aussageverweigerungsrecht belehrt haben, entnehme ich auch, dass Sie ihn auch nicht darüber belehrt haben, dass er *den Eid verweigern könne*. Ist das richtig?

---
[88] Ebd., S. 359.
[89] Ebd., S. 406.

2 Der Einsatzgruppenprozess – die Rückkehr des Rechts 509

A: [Wartenberg] Ich habe ihn hierüber nicht informiert.
F: Sie haben ihm auch nicht mitgeteilt, in welcher Eigenschaft er diese Aussage macht, als Angeklagter oder als Zeuge. – [...] Haben Sie dem Angeklagten erklärt, dass er seine Aussage als Zeuge zu machen hat oder haben Sie darauf hingewiesen, dass er eine Anklageschrift zu erwarten hat?
A: Ich habe den Angeklagten nicht informiert, dass er ein Angeklagter ist."[90]

Neben Biberstein wurde von sieben weiteren Angeklagten durch deren Strafverteidiger Einspruch gegen die Verhörpraxis des Rolf Wartenberg erhoben. So hatte Wartenberg ebenso wie im Fall Biberstein auch das Affidavit des Angeklagten Dr. Walter Blume in unzulässiger Weise in dessen Abwesenheit erstellt, noch dazu ohne Benutzung des stenographierten Verhörprotokolls, sondern als reines Gedächtnisprotokoll in beträchtlichem zeitlichen Abstand zum Verhör.[91] Die weiteren Anschuldigungen seitens der Anwälte bezogen sich auf Punkte, die Bibersteins Strafverteidiger Dr. Bergold bereits in seinem Eröffnungsplädoyer erhoben hatte. Zum einen betraf das die Informationsverweigerung Wartenbergs gegenüber den Angeklagten im Hinblick auf deren Aussageverweigerungsrecht. Zum anderen rügten die Strafverteidiger, dass Wartenberg offensichtlich nur alles Belastende in das Affidavit ihrer Mandantschaft aufzunehmen pflegte, hingegen nicht das Entlastende, sodass einige Angeklagte sich geweigert hatten, das von Wartenberg vorbereitete Affidavit zu unterschreiben, so etwa im Fall des Angeklagten Paul Blobel, des ehemaligen Führers des Sonderkommandos 4a der Einsatzgruppe C[92] sowie Heinz Schubert, Adjutanten Otto Ohlendorfs[93] oder Felix Rühl, Führer des Sonderkommandos 10b der Einsatzgruppe D.[94]

Es sei mehrere Male vorgekommen, dass ein Affidavit wegen der zahlreichen Änderungen und Ergänzungen neu geschrieben werden musste, im Fall Ohlendorf sogar vier oder fünf Mal, gab Wartenberg in der Vormittagssitzung des 7. Oktober 1947 dem US Military Tribunal II zu Protokoll.[95] Des Weiteren gab er zu, dass es auch vorgekommen sei, dass die Angeklagten das von ihm formulierte „Affidavit nicht zufriedenstellend fanden und ihre eigene [eidesstattliche] Erklärung entwarfen", so geschehen im Fall des Dr. Walter Haensch, des Kommandeurs des Sonderkommandos 4b der Einsatzgruppe C.[96] Der Angeklagte Dr. Werner Braune, Führer des Sonderkommandos 11b der Einsatzgruppe D, hatte sich sogar grundsätzlich geweigert, unter Eid auszusagen. Demzufolge hatte er auch kein Affidavit abgegeben, so wie die übrigen im Einsatzgruppenprozess Angeklagten es getan hatten,

---
[90] Ebd.
[91] Ebd., S. 352-353.
[92] Ebd., S. 372, 381, 387.
[93] Ebd., S. 392, 402.
[94] Ebd., S. 404.
[95] Ebd., S. 410.
[96] Ebd., S. 410.

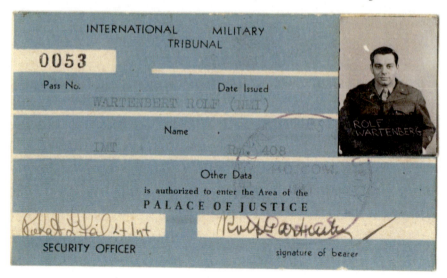

Bild 67: International Military Tribunal identification card for Rolf Wartenberg. Date: 1947 – 1948. Photograph Number: 80174).
(Quelle: United States Holocaust Memorial Museum, courtesy of Thomas Wartenberg).

sondern er hatte Wartenberg während des Verhörs lediglich expressis verbis sein Ehrenwort im Hinblick auf den Wahrheitsgehalt seiner Aussagen zugesichert.[97]

Gegen Schluss der Zeugeneinvernahme am 7. Oktober 1947 griff die US-amerikanische Staatsanwaltschaft ein, vertreten durch Rechtsanwalt Peter W. Walton, um zur Ehrenrettung Wartenbergs dessen fachliche Qualifikation hinsichtlich der angewandten Verhörtechniken wie folgt hervorzuheben:

> „F: [Mr. Walton] Mr. Wartenberg, es ist sehr viel über Ihre Vernehmungsmethoden gesagt worden, und ich möchte gern etwas weiter auf Ihre Fähigkeiten eingehen. Haben Sie vor der Zeit, ehe Sie Mitglied des Büros des Chief of Counsel wurden, irgendwelche Erfahrungen in Verhören gehabt? [. . .].
>
> A: [Wartenberg] Im Jahre 1943 wurde ich einem militärischen Intelligence Training Center überwiesen, und ich absolvierte die Schule für Verhöre in deutscher Sprache. Später hatte ich zusätzliche Schulung bei den britischen und amerikanischen Streitkräften in England.
>
> Danach wurde ich dem 7. Armee-Interrogation Center und dem Kriegsschauplatz-Interrogation Center in Oberursel [im Taunus] zugeteilt, und während meiner ganzen Laufbahn in der Armee war das grundsätzliche Element meiner Arbeit Vernehmungen, mit Ausnahme von einigen kurzen Zeiträumen, in denen ich für andere Arbeit verwendet wurde [. . .]. Mein letzter Rang war Captain [. . .].
>
> F: Wie lange sind Sie im Stabe hier?

---

[97] Ebd., S. 406-407.

2 Der Einsatzgruppenprozess – die Rückkehr des Rechts

A: Genau 1 Jahr und einige Tage [...]. Während der Vernehmungen, die ich hier im Gebäude [des Nürnberger Justizpalastes] geführt habe, hatte ich immer eine deutsche Stenotypistin und auch noch eine Wache bei mir."[98]

Aus den oben zitierten Einlassungen des Rolf Wartenberg ließe sich schlussfolgern, dass er als qualifizierter US-amerikanischer Verhörspezialist allein schon aufgrund seiner fachlichen Erfahrungen im Rahmen der staatsanwaltschaftlichen Ermittlungen zunächst gegen die Führungselite im Prozess gegen die Hauptkriegsverbrecher, sodann gegen die Angeklagten in den Nürnberger Nachfolgeprozessen nicht nur mit der anglo-amerikanischen Rechtstradition bestens vertraut gewesen sein dürfte, sondern als Emigrant ebenso mit der deutschen Prozessordnung. Insofern lässt sich die Ignorierung der Informationspflicht, die von den Strafverteidigern ihrer im Einsatzgruppenprozess zu vertretenden Mandantschaft mehrfach gerügt wurde, nicht als einfaches „Versehen" erklären, möglicherweise jedoch durch das Statement des Staatsanwaltes Peter W. Walton, der im Hinblick auf die verfassungsmäßig garantierten Rechte der im Nürnberger Einsatzgruppenprozess angeklagten Massenmörder argumentierte:

> „*Verfassungsmäßige Rechte treffen auf diese Angeklagten nicht zu* [...]. Es besteht keine Veranlassung für den Vernehmer, ihn [den Angeklagten] über irgendwelche Rechte, die er haben mag, zu informieren." [Kursivdruck vom Verf.].[99]

Ob Walton mit jenem Kommentar tatsächlich die Rechtsauffassung seiner Amtskollegen der US-amerikanischen Staatsanwaltschaft, John E. Glancy und Arnost Horlik-Hochwald, wiedergab, insbesondere jedoch jene des Chefermittlers Benjamin B. Ferencz, der sein Plädoyer im Einsatzgruppenprozess mit den Worten begonnen hatte „Vengeance is not our goal" und der auch später wiederholt betont hatte, dass Rache nicht das Ziel der NS-Prozesse gewesen sei, erscheint sehr unwahrscheinlich. Eher ist zu vermuten, dass Walton hier seinen eigenen Standpunkt darlegte, durch den er die Verhörmethoden Wartenbergs zu verteidigen suchte, wiewohl sich das quellendokumentarisch nicht ergründen lässt. Dessen ungeachtet widersprach das US Military Tribunal II in Nürnberg unmittelbar der Rechtsauffassung des Staatsanwalts Walton, indem der Vorsitzende Richter Michael A. Musmanno entgegnete:

> „Der Gerichtshof ist nicht Ihrer Meinung, Mr. Walton, dass die Angeklagten keinen Anspruch auf verfassungsmäßige Rechte haben. Diese Angeklagten haben auf jedes Recht Anspruch, das durch die Verfassung der Vereinigten Staaten garantiert wird, wie dies auch in allen späteren Vereinbarungen mit anderen Nationen festgelegt wurde, die diese Prozesse veranlassten."[100]

---

[98] Ebd., S. 407-408.
[99] Ebd., S. 405.
[100] Ebd.

Wenn das Gericht aufgrund der Verfahrensordnung auch nicht mehr Wartenbergs Missachtung der Informationspflicht rückgängig machen konnte, so räumte es den Angeklagten jedoch das Recht ein, alle Richtigstellungen, Zusätze und Erklärungen, die *nicht* in die jeweiligen Affidavits aufgenommen worden waren, während des Beweisaufnahmeverfahrens vorzutragen und in das Protokoll aufnehmen zu lassen.

Zu Bibersteins Kenntnis des „Judenausrottungsbefehls"

Biberstein war der einzige im Einsatzgruppenprozess angeklagte NS-Verbrecher, der wiederholt insistierte, von einem so bezeichneten *Führerbefehl* zur Ausrottung der Juden erst im Nürnberger Gerichtssaal gehört zu haben.[101] So sagte er am 21. November 1947, dem zweiten Tag des *direct examination*, auf die wiederholten diesbezüglichen Fragen des Vorsitzenden Richters Michael A. Musmanno aus: „Dass die Juden erschossen werden sollten, auch wenn sie unschuldig waren, nur aufgrund ihrer rassischen Zugehörigkeit" habe er zum ersten Mal „hier im Gerichtssaal" gehört anlässlich der Zeugeneinvernahme seines Mitangeklagten Ohlendorf.[102]

Um den Wahrheitsgehalt der Einlassung Bibersteins nachzuprüfen, erscheint es sinnvoll, zunächst zu erwähnen, dass Ohlendorf bereits in dem Prozess gegen die Hauptkriegsverbrecher vor dem Internationalen Gerichtshof in Nürnberg in der Vormittagssitzung des 26. Verhandlungstages am 3. Januar 1946 auf Fragen des US-amerikanischen Staatsanwaltes John Harlan Amen,[103] unmissverständliche Äußerungen hinsichtlich des „Judenausrottungsbefehls" getätigt hatte.[104]

Ohlendorf: Über die Frage von Juden und Kommunisten war den Einsatzgruppen und den Einsatzkommandoführern vor dem Abmarsch mündliche Weisung erteilt [...]. Es war die mündliche Weisung erteilt, dass in dem Arbeitsraum der Einsatzgruppen im russischen Territorium die Juden zu liquidieren seien, ebenso die politischen Kommissare der Sowjets.

Oberst Amen: Wenn Sie das Wort „liquidieren" verwenden, meinen sie ‚töten'?

Ohlendorf: Damit meine ich ‚töten'.

Oberst Amen: Nahmen sie vor dem russischen Feldzug an einer Konferenz in Pretzsch teil?

---

[101] Zeugeneinvernahme Biberstein, StAN, Rep. 501, KV-Prozesse, Fall 9, A 34-35, S. 2819, 2820, 2822, 2823.
[102] Ebd., S. 2825.
[103] Oberst Amen war bereits während des Zweiten Weltkrieges zum *Head of the Interrogation Division* der *United Nations War Crimes Commission* (UNWCC) ernannt worden.
[104] Unter den im Nürnberger Einsatzgruppenprozess angeklagten NS-Gewalttätern hatte sich das Gerücht verbreitet, dass Ohlendorf bereits vor Beginn des Prozesses gegen die Hauptkriegsverbrecher vor dem Internationalen Militärtribunal (IMT) von den Briten die feste Zusicherung einer Straffreiheit erhalten habe, sofern er dort zu einer umfassenden Aussage bereit sei.

2 Der Einsatzgruppenprozess – die Rückkehr des Rechts

Ohlendorf: Jawohl. Es war die Arbeitsbesprechung, in der den Einsatzgruppen und Einsatzkommandos die Arbeitsziele angegeben und die entsprechenden Befehle erteilt wurden.

Oberst Amen: Wer war bei dieser Besprechung anwesend?

Ohlendorf: Es waren die Einsatzgruppen-Chefs und die Einsatzkommandoführer anwesend, und vom Reichssicherheitshauptamt Streckenbach, der die *Befehle Himmlers und Heydrichs* überbrachte [...]. Es waren die allgemeinen Befehle, die die Sicherheitspolizei und der SD ihrer Natur nach hatten und zusätzlich der Liquidierungsbefehl, den ich eben schon erwähnte.

Oberst Amen: Und wann ungefähr fand diese Besprechung statt?

Ohlendorf: Etwa drei oder vier Tage vor dem Abmarsch.

Oberst Amen: Sie hatten also vor dem Abmarsch in das russische Gebiet bei dieser Besprechung den Befehl erhalten, neben den regulären Aufgaben der Sicherheitspolizei und des SD die *Juden und kommunistischen Funktionäre auszurotten*. Ist das richtig?

Ohlendorf: Jawohl." [Kursivdruck und Unterstreichung vom Verf.].[105]

Aufschlussreich ist in diesem Zusammenhang, dass Ohlendorf nicht von einem „Judenausrottungsbefehl des *Führers*" sprach, ganz im Gegensatz zu seiner im Nürnberger Einsatzgruppenprozess entworfenen Verteidigungslinie. Er erwähnte lediglich, ihm seien vor Beginn des Russlandfeldzuges Liquidationsbefehle von Seiten Himmlers und Heydrichs in *mündlicher* Form erteilt worden, wie seine weitere Zeugeneinvernahme vor dem International Military Tribunal (IMT) in Nürnberg belegt:

„*Amen*: Hatten Sie jemals eine persönliche Unterhaltung mit Himmler, die sich auf eine Mitteilung Hitlers an die Chefs der Armeegruppen und Armeen bezog, und die diese Sonderaufgabe betraf?

Ohlendorf: Himmler hat mir mitgeteilt, dass vor Beginn des Rußlandfeldzugs Hitler in einer Besprechung mit den Heeresgruppen [...] den Oberbefehlshabern diese Aufgabe mitgeteilt hat und die Oberbefehlshaber angewiesen hat, dabei entsprechende Unterstützung zu gewähren.

Sie [OKW/OKH] hatten keinen Liquidationsbefehl, sondern die Liquidation war *Himmler* [von Hitler] für die Durchführung übertragen.

Da aber die Liquidierungen im Raume des Oberbefehls der Heeresgruppe bzw. der Armee stattfanden, wurde den Armeen die Unterstützung [der Einsatzgruppen] befohlen. Abgesehen davon, dass ohne diese Anweisung an die Armee, ein Tätigwerden der Einsatzgruppen in diesem Sinne nicht möglich gewesen wäre."[106]

Ohlendorf bezog sich hier auf die mehrfach erwähnte Vereinbarung zwischen dem Oberkommando des Heeres durch den General Quartiermeister Wagner und dem

---

[105] Zeugeneinvernahme Otto Ohlendorf in der Vormittagssitzung des 26. Verhandlungstages am Donnerstag, den 3. Januar 1946, in: International Military Tribunal: Der Prozess gegen die Hauptkriegsverbrecher vor dem Internationalen Gerichtshof Nürnberg, Nürnberg 1947, Bd. IV, S. 349-351.
[106] Ebd.

Reichsführer-SS vom 26. März 1941. Danach hatte Himmler im Operationsgebiet des Heeres „zur Vorbereitung der politischen Verwaltung Sonderaufgaben vom Führer" erhalten. Jene „Sonderaufgaben" beinhalteten jedoch keinesfalls einen grundsätzlichen „Judenausrottungsbefehl des *Führers*",[107] wie aus der weiteren Aussage Ohlendorfs hervorgeht.

> „*Ohlendorf*: Im Spätsommer 1941 war Himmler in Nikolajew [ukr. Mykolajiw]. Er ließ die Führer und Männer der Einsatzkommandos antreten und wiederholte ihnen den gegebenen Liquidationsbefehl mit dem Hinweis, dass Führer und Männer, die an der Liquidation beteiligt seien, *keinerlei persönliche und eigene Verantwortung für die Durchführung dieser Befehle* trügen [Ohlendorf bezog sich auf Hitlers Kriegsgerichtsbarkeitserlass vom 13. Mai 1941]. Diese Verantwortung trüge er allein zusammen mit dem Führer." [Kursivdruck vom Verf.].[108]

Ohlendorfs Aussagen im Nürnberger Einsatzgruppenprozess bezüglich eines „Judenausrottungsbefehl des *Führers*" wichen erheblich von jenen ab, die er vor dem International Military Tribunal in Nürnberg getätigt hatte und waren dort wie hier allein seiner Verteidigungsstrategie geschuldet, auf die er seine Mitangeklagten – mit Ausnahme von Biberstein – erfolgreich eingeschworen hatte. Auf diesen Aspekt wird im Zusammenhang mit den unterschiedlichen Verteidigungslinien der im Nürnberger Einsatzgruppenprozess Angeklagten zurückzukommen sein.

Wenn Biberstein in dem Beweisaufnahmeverfahren gegenüber dem US Military Tribunal II in Nürnberg die Kenntnis eines „Führerbefehls" zur Ausrottung der Juden vehement leugnete, so gab er zwar insofern wahrheitsgemäß Auskunft, als es in der Tat keinen *schriftlich* formulierten *Führerbefehl* gegeben hatte, der den Einsatzgruppenleitern und Kommandoführern vor Beginn des Russlandfeldzuges in dem Bereitstellungsraum Pretzsch erteilt worden war. Hingegen belegen Bibersteins oftmals widersprüchlichen Aussagen, dass er zumindest über die *Tatsache* der Vernichtung der Juden sehr wohl unterrichtet war. So räumte er etwa am zweiten Tag des Beweisaufnahmeverfahrens am 21. November 1947 ein:

> „Ich habe natürlich im Dienst gelesen, dass Juden erschossen worden sind, und ich habe nicht gewusst ... das sah ich aus der Anklageschrift ... ich habe nicht gewusst, dass ein so formulierter Führerbefehl da zu Grunde lag."[109]

---

[107] Oberkommando des Heeres, Gen. St. D. H/Gen. Qu., Az. Abt. Kriegsverwaltung, Nr. II/2101/41 geh., Schreiben vom 28.4.1941, Btr. *Regelung des Einsatzes der Sicherheitspolizei und des SD im Verbande des Heeres*, StAN, Rep. 502, KV-Anklage, Dokumente, Fotokopien, NOKW-2080. Abschrift OKW/WFST, Abt. Landesverteidigung, Chefs. Nur durch Offz., Besprechung bei Reichsleiter Rosenberg am 1.5.1941. II. btr. Auszug aus Vereinbarung zwischen OKH/Gen. Qu. und Reichsführer SS, StAN, Rep. 502, KV-Anklage, Dokumente, Fotokopien, 866-PS.

[108] Zeugeneinvernahme Otto Ohlendorf in der Vormittagssitzung des 26. Verhandlungstages am Donnerstag, den 3. Januar 1946, in: Der Prozess gegen die Hauptkriegsverbrecher vor dem Internationalen Gerichtshof Nürnberg, Nürnberg 1947, Bd. IV, S. 349-351.

[109] Zeugeneinvernahme Biberstein, StAN, Rep. 501, KV-Prozesse, Fall 9, A 34-35, S. 2825-2826.

2 Der Einsatzgruppenprozess – die Rückkehr des Rechts

Mit jener Aussage versuchte er nicht nur von der Tatsache abzulenken, dass er die Judenmordpraxis seitens Vorgängers Mohr bereits unmittelbar nach seinem Dienstantritt weitergeführt hatte, sondern er versuchte mit Vehemenz, dem US Military Tribunal II zu suggerieren, er habe seine Informationen über Massenexekutionen sowjetischer Juden den *Einsatzgruppenmeldungen UdSSR 1941/42* entnommen, deren Exemplare als streng „geheime Reichsache" laut Verteilerschlüssel in einer Stückzahl von 100 lediglich einem ausgesuchten Personenkreis seitens des Reichssicherheitshauptamtes (RSHA) zugänglich gemacht wurden, unter anderem auch dem Führungspersonal der Wehrmacht und den Einsatzgruppenchefs. Erstaunlich gut informiert war Biberstein etwa über das Massaker von Babyń Jar, wenngleich er behauptete, davon erst in der zweiten Hälfte des Juni 1943 in Kiew anlässlich seiner Rückreise ins Reich „gehört zu haben".[110] Im Gegensatz dazu gab er in dem Beweisaufnahmeverfahren wenig glaubwürdig zu Protokoll, über einen Befehl zur Liquidierung von „Juden, Zigeunern und anderen asozialen Elemente" nichts zu wissen, da weder sein Dienstvorgesetzter Dr. Thomas noch der Gruppenstab und die Teilkommandoführer ihn diesbezüglich informiert hätten. Sein vermeintliches Nichtwissen begründete er wie folgt:

> „Ich habe mit diesen Männern niemals gesprochen, über die Aufgaben und über die Tätigkeit [Morde], da ich auf diesem Gebiet ja unerfahren war, und es mir keine Freude machte, meine Unerfahrenheit beständig bloßzustellen [...]. Wir haben über andere Themen gesprochen."[111]

Auf die zynische Frage des Vorsitzenden Richters Michael A. Musmanno, ob Biberstein eine „Erklärung darüber abgeben [könne], was ausgerechnet [ihn] vor allen, die daran beteiligt waren, von der Kenntnis [des Befehls zur Ausrottung der Juden] bewahrte",[112] antwortete Biberstein:

> „Ich sagte, Herr Präsident, heute Vormittag, dass wahrscheinlich – ich kann ja feste Dinge nicht darüber aussagen, sondern nur Möglichkeiten, die das erklären können – dass also die Tatsache, dass in diesem Gebiet keine oder fast keine Juden vorhanden waren, eine Befehlsgebung für diesen Zweck überhaupt nicht notwendig war. *Es waren keine Juden da, folglich brauchte man ja auch diesen Befehl nicht zu bekommen.*
> Ausserdem habe ich von Anfang an dem Gruppenführer Thomas gesagt, dass ich ausscheiden wollte, dass ich Pastor gewesen sei, ich habe ihm gesagt, man könne mir Exekutionen und schon Urteilsfällungen nicht zumuten; das sind alles Dinge, die auf derselben Linie liegen, und die durchaus den Thomas bestimmt haben könnten, da dieser Befehl für diese Gegend keine Bedeutung hatte." [Kursivdruck vom Verf.].[113]

Jene Erklärungen sind in sich nicht schlüssig, insofern, als der ehemalige Berufsstand als evangelischer Geistlicher keineswegs Bibersteins vorgebliches Unwissen

---

[110] Ebd., S. 2820.
[111] Ebd., S. 2820-2821.
[112] Ebd., S. 2877.
[113] Ebd., S. 2877.

um den Judenausrottungsbefehl erklären könnte. Des Weiteren führte Biberstein wenig glaubwürdig aus, von einem *Führer*befehl sowie von dessen Bedeutung und Ausmaß ebenso wie über den Begriff *Endlösung* erst im Nürnberger Gerichtssaal gehört zu haben, und zwar anlässlich der diesbezüglichen Ausführungen Ohlendorfs.[114]

Gegenüber dem Richterkollegium des US Military Tribunal II zeigte er sich zutiefst schockiert und erschüttert über dessen freimütige und detaillierte Berichterstattung bezüglich der Judenvernichtung während des Russlandfeldzuges. Die Wortwahl seiner Aussage lässt jedoch erkennen, dass seine Bestürzung möglicherweise nicht die Ermordung der 90.000 Juden betraf, die Ohlendorf als Leiter der Einsatzgruppe D zu verantworten hatte, sondern lediglich der Offenheit seines Mitangeklagten galt.

„Auf mich hat besonders gewirkt, was Ohlendorf hier ausgesagt hat. Das hat auf mich eine stärkere Wirkung ausgeübt, als die ganze Anklageschrift und das ‚Opening Statement' der Anklage [...]. Aber, was mir in Erinnerung ist, was auf mich gewirkt hat, dass einer meiner Kameraden, ein Offizier, in aller Form diese Dinge so klar dargestellt hat. Das hat mich erschüttert."[115]

An dieser Stelle kam Strafverteidiger Dr. Bergold Bibersteins zu Hilfe mit der Frage, ob sich während Bibersteins Dienstzeit in dessen Operationsgebiet überhaupt Juden aufgehalten hätten und erhielt die Antwort:

„Mir sind keine Juden *aufgefallen*. Es war in Rostow vor allen Dingen eine sehr große Anzahl von Armeniern, die ich anfangs für Juden hielt.

Als ich dann einmal zufällig auf der Geschäftsstelle meines Kommandos *eine Person als Jude ansprach*, erklärte mir diese in Deutsch, was mich sehr überraschte, dass er nicht Armenier, sondern Karaime [Karäer] sei. Er war auf der Dienststelle, um über die Karaimen irgendwelche Ausführungen zu überbringen. Er zeigte mir eine Schrift, in der etwas über die Eigenart seines Stammes niedergelegt war. Ich ließ mir dieses Heftchen geben und erstellte daraufhin einen Bericht an Berlin, über die Karaimen in Russland.

Dem Mann selbst ist natürlich *nichts geschehen*." [Kursivdruck vom Verf.].[116]

Jene Ausführungen Bibersteins werfen gleich mehrere Fragen auf. Warum überbrachte der Karäer Biberstein eine Schrift, welche die Rassenzugehörigkeit seiner Volksgruppe darlegte? Warum fertigte Biberstein daraufhin einen Bericht für das Reichssicherheitshauptamt (RSHA) an, und warum erwähnte er überhaupt jene Episode vor dem US Military Tribunal II?

In diesem Zusammenhang ist zunächst zu erwähnen, dass die ethnische Zugehörigkeit der Karäer bis heute ungeklärt ist. Sie selbst verstehen sich als eine sehr alte, in vorchristlicher Zeit in Mesopotamien gegründete jüdische Religions-

---

[114] Ebd., S. 3025-3026.
[115] Ebd., S. 2827.
[116] Ebd., S. 2846.

gemeinschaft, die sich allerdings im 8. Jahrhundert n. Chr. vom rabbinischen Judentum abgespalten hatte. Als die deutsche Wehrmacht 1941 in Russland einfiel und in den baltischen Sowjetstaaten die Glaubensgemeinschaft der Karäer vorfand, bestritten jene vehement ihre ethnische Zugehörigkeit zum Judentum. Sie seien eine eigenständige Volksgruppe, die lediglich seit alters her die jüdische Religion praktiziere. Wegen ihrer Sprache, die türkischen Ursprungs ist, wurden sie daher von den nationalsozialistischen Rasseforschern als Turktataren eingestuft.[117]

Die erste Frage, warum der Karäer Biberstein eine Schrift zur Rassenzugehörigkeit seiner Volksgruppe überbrachte, lässt sich dahingehend beantworten, dass jene Schrift offensichtlich dem Einsatzkommando 6 (EK 6) gegenüber nachweisen sollte, dass die Karäer – vermutlich in Kenntnis der an ihren jüdischen Glaubensgenossen durchgeführten Massenmorde – sich hinsichtlich ihrer *ethnischen* Zugehörigkeit keinesfalls zu den Juden gezählt wissen wollten.

Die zweite Frage, warum Biberstein einen Bericht für das Reichssicherheitshauptamt (RSHA) anfertigte, obgleich die Karäer dort bereits seit Beginn des Russlandfeldzuges aus rassenideologischer Sicht den Turkvölkern zugerechnet worden waren, legt die Vermutung nahe, dass er auf diese Weise dem Reichssicherheitshauptamt (RSHA) gegenüber seine Pflichttreue, Sorgfalt und Genauigkeit im Hinblick auf die Durchführungsvorschriften des „sicherheitspolizeilichen Auftrages" dokumentieren wollte, wenngleich auch das quellendokumentarisch nicht nachgewiesen werden kann. Im Hinblick auf die dritte Frage kann davon ausgegangen werden, dass Biberstein im Beweisaufnahmeverfahren offensichtlich sehr viel an seiner Aussage gelegen war, dass dem Karäer selbst natürlich „nichts geschehen" sei.

Jene verteidigungsstrategische Bekundung lässt jedoch den Umkehrschluss zu, dass dem Karäer durchaus „etwas geschehen" wäre, hätte Biberstein ihn rassenbiologisch dem Judentum zugeordnet. Insofern erscheint es mehr als gesichert, dass Biberstein mit sämtlichen *Durchführungsbestimmungen* des „sicherheitspolizeilichen Auftrages" der Einsatzgruppen bestens vertraut gewesen sein dürfte, dergestalt, dass „Juden, Zigeuner und andere asoziale Elemente" zu eliminieren seien. Dass in Bibersteins Operationsgebiet ein beträchtlicher Teil der Juden bereits zu einem weit früheren Zeitpunkt auf Befehl des Führers des Sonderkommandos 10a der Einsatzgruppe D unter Ohlendorf, des berüchtigten SS-Standartenführers und Obersten der Polizei Heinz Seetzen, erschossen worden waren, ist eine andere Sache.

Unmittelbar nachdem Biberstein dem Gericht als „gute Tat" die Episode über die Verschonung des Karäers dargeboten hatte, beantwortete er die Frage seines

---

[117] CLAUDIA BECKER: Das karäische Wunder, in: Die Zeit Online, Ausgabe 22 (1995), S. 1-2, hier S. 1.

Strafverteidigers Dr. Bergold, ob sich während seiner Dienstzeit in seinem Operationsgebiet in der Ost-Ukraine und in der 1942 eroberten russischen Oblast Rostow überhaupt Juden aufgehalten hätten, wie folgt:

„Dann erinnere ich mich, dass ich Ende Mai oder Anfang Juni 1943 [d.h. unmittelbar vor der Rückreise ins Reich] auf der dortigen Dienststelle in Taganrog *zufällig* etwas davon *hörte*, dass in Taganrog Juden vorhanden seien, die lediglich registriert waren.

Es können danach, wenn ich mir die Sache heute überlege, durchaus Juden in dem Gebiet gewesen sein. Dass der Umstand mir damals nicht auffiel, liegt eben daran, dass ich damals keinen Grund dafür hatte."[118]

Biberstein will erst gegen Ende seiner Dienstzeit davon „gehört" haben, dass es in seinem Operationsgebiet „registrierte Juden" gegeben hat. Jene 15- bis 50jährigen in NS-Diktion so bezeichneten *Arbeitsjuden*, die Biberstein erwähnte, wurden – wie im Reich und in den besetzten Ostgebieten so auch in den Industrieregionen in Bibersteins Operationsbereich – zunächst als Zwangsarbeiter eingesetzt, vornehmlich im Straßenbau oder in der Kriegswirtschaft. Letztendlich aber fielen auch sie der NS-Vernichtungsmaschinerie zum Opfer gemäß Himmlers Zielvorgabe „Vernichtung durch Arbeit", d. h. Tod durch Entkräftung, Verhungern oder Krankheit infolge der völligen Ausbeutung ihrer Arbeitskraft. Die systematische Ermordung der noch verbliebenen so bezeichneten „Arbeitsjuden" begann unmittelbar nach der verlorenen Schlacht von Stalingrad mit der Rückwärtsbewegung der deutschen Wehrmacht, die zudem auf Weisung Hitlers „verbrannte Erde" zurückzulassen hatte.

Ein weiterer Widerspruch in Bibersteins Aussagen ergibt sich aus dem nachfolgenden Tatbestand: In den *Meldungen aus den besetzten Ostgebieten* (MbO), d. h. in den dort aufgeführten Standortmeldungen des Einsatzkommandos 6 (EK 6), die dem Reichssicherheitshauptamt (RSHA) von Biberstein nach dessen eigenen Aussagen per Funk übermittelt worden waren, ist dokumentiert, dass der Gruppenstab des Einsatzkommandos 6 (EK 6) am 7. Februar 1943 von Rostow in das westlich gelegene Taganrog verlegt worden war. Des Weiteren gab Biberstein in dem Beweisaufnahmeverfahren zu Protokoll, dass er am 19. Juni des gleichen Jahres die Rückreise ins Reich angetreten habe. Keinem der drei Richter des Richterkollegiums und schon gar nicht dem außerordentlich begabten und hochmotivierten Chefankläger Benjamin Ferencz konnte Biberstein glaubhaft vermitteln, dass er während seiner fünfmonatigen Dienstzeit in Taganrog nicht bemerkt haben wollte, dass sich dort so bezeichnete „Arbeitsjuden" aufgehalten hatten. Völlig unglaubwürdig erscheint daher seine Einlassung, von jenen registrierten Juden erst anlässlich seiner Rückreise ins Reich „gehört" zu haben. Durch seine Verteidigungslinie, die offensichtlich auf „Nichtwissen" abzielte, erhoffte sich Biberstein eine juris-

---

[118] Zeugeneinvernahme Biberstein, StAN, Rep. 501, KV-Prozesse, Fall 9, A 34-35, S. 2846.

tische Einstufung allenfalls als Mitwisser oder gar als Unschuldiger, keinesfalls jedoch als Täter.

Ebenso gab Bibersteins Mitangeklagter, der 1913 geborene SS-Sturmbannführer Lothar Fendler, in dem Beweisaufnahmeverfahren vor dem US Military Tribunal II in Nürnberg wenig glaubwürdig zu Protokoll, über die Hauptaufgabe seiner Einheit nichts gewusst zu haben, sondern erst in Kiew anlässlich seiner Rückreise ins Reich Kenntnis von der Ausrottung der Juden erhalten zu haben.[119] Stabsoffizier Fendler hatte vom Beginn des Russlandfeldzuges bis zum 2. Oktober 1941 als offizieller Vertreter des Regierungsrates und SS-Standartenführers Günther Herrmann fungiert, der innerhalb jenes Zeitraumes das Sonderkommando 4b (SK 4b) der Einsatzgruppe C leitete. Das impliziert, dass auch er die obligatorische dreimonatige Ausbildungs- und Vorbereitungszeit im Bereitstellungsraum Pretzsch/Elbe absolviert hatte und demzufolge eine genaue Kenntnis von der künftigen Aufgabe des Sonderkommandos 4b (SK 4b) besessen haben muss. Jene Tatsache erklärt die nachstehende zynische Frage des Vorsitzenden Richters Musmanno, die Fendler mit einem klaren „ja" beantwortete.

„So daß Sie 500 km und zwei Tage reisen mußten, aus dem Herzen des Gebietes, in dem die Hinrichtungen stattfanden, bevor Sie erfuhren, daß Hinrichtungen von Juden ausgeführt wurden, weil sie Juden waren; stimmt das?"[120]

Da die Zeugeneinvernahme des Angeklagten Fendler am 13. und 15. Dezember 1947 sowie am 14. Januar 1948 stattfand, d. h. in zeitlichem Abstand zu Bibersteins Vernehmung, könnte Fendler sich in diesem Punkt möglicherweise dessen Verteidigungsstrategie angeeignet haben, was quellendokumentarisch jedoch nicht zu belegen ist. Dessen ungeachtet vermochte das US Military Tribunal II Fendler aufgrund der *Ereignismeldungen UdSSR 1941/42* keine Tatbeteiligung an den von dem Sonderkommando 4b (SK 4b) begangenen Massenmorde nachweisen, insofern, als die Namen der Vertreter eines Kommandoführers dort nicht genannt wurden. Im Gegensatz zu Biberstein wurde Fendler daher lediglich wegen seiner Zugehörigkeit zu einer kriminellen Vereinigung (SS und SD) gemäß Kontrollratsgesetz Nr. 10 mit 10 Jahren Haft bestraft.

„Geordnete polizeiliche Strafverfahren" oder Willkürakte?

In der Vormittagssitzung des 21. November 1947 hatte Biberstein als Handlungsgrundlage für die von ihm so bezeichneten „geordneten polizeilichen Strafverfahren" zu Protokoll gegeben:

„Für das Tätigwerden des Einsatzkommandos lag eine Abmachung zwischen Oberkommando der Wehrmacht und dem Chef der Sicherheitspolizei und des SD vor, die ich zwar

---

[119] KAZIMIERZ LESZCZYŃSKI (Hrsg.), Fall 9, S. 212.
[120] Ebd.

nicht schriftlich gesehen habe, die mir aber in den Grundzügen von den Männern des Kommandos gesagt wurde und die ich dann aus Gesprächen mit der Wehrmacht bestätigt fand.

Danach hatte das Einsatzkommando alle Vorgänge, die die Sicherheit des Heeresgebietes betrafen und die von nichtmilitärischen Kreisen bedroht war, in eigener Zuständigkeit zu bearbeiten."[121]

Einerseits behauptete Biberstein, sich grundsätzlich nicht mit seinem Personal über die „sicherheitspolizeilichen" Aufgabenbereiche, d. h. den Mordauftrag, ausgetauscht zu haben. Andererseits bezog er sich in der oben zitierten Einlassung hinsichtlich der von ihm erwähnten Befehlsgebung auf das bereits mehrfach erwähnte Abkommen völkerrechtswidrigen Inhaltes, das bereits im Vorfeld des Vernichtungsfeldzuges am 26. März 1941 von Heydrich als dem Chef der Sicherheitspolizei und des SD und dem Oberkommando des Heeres (OKH) nach den Grundsätzen Hitlers festgelegt worden war und das die „sicherheitspolizeilichen Aufgaben außerhalb der Truppe", betraf.[122]

Hinsichtlich der dort angekündigten „Bekämpfung staats- und reichsfeindlicher Bestrebungen" waren jedoch von keiner staatlichen Behörde konkrete Durchführungsverordnungen erlassen worden. Ebenso wenig hatte Heydrich in seinen maßgeblichen Befehlen, d. h. in den Einsatzbefehlen Nr. 8, 9 und 14 „geordnete polizeiliche Strafverfahren" vorgesehen. Im Hinblick auf die Dokumentationspflicht der erfolgten Exekutionen waren von den Einsatzkommandos lediglich die von Heydrich nachfolgend genannten Vorgaben zu beachten:

„Über die durchgeführten Sonderbehandlungen [Exekutionen] haben die Kommandos Listen zu führen; sie müssen enthalten:
Lfd. Nummer, Familien- und Vorname, Geburtszeit und –ort, militärischer Dienstgrad, Beruf, letzter Wohnort, Grund der Sonderbehandlung, Tag und Ort der Sonderbehandlung (Zettelsammlung)."[123]

---

[121] Zeugeneinvernahme Biberstein, StAN, Rep. 501, KV-Prozesse, Fall 9, A 34-35, S. 2817.
[122] Oberkommando des Heeres Gen. St. d. H. /Gen Qu., Az. Abt. Kriegsverwaltung, Nr. H/2101/41 geh., Erlass vom 28.4.1941 btr. Regelung des Einsatzes der Sicherheitspolizei und des SD im Verbande des Heeres, BArch-MA, RH 22/155.
[123] Der Chef der Sipo u. d. SD, B. Nr. 21 B/41 g Rs – IV A 1 c – Geheime Reichssache, E i n s a t z - b e f e h l Nr. 8 mit zwei Anlagen vom 17. Juli 1941. Betrifft: *Richtlinien für die in die Stalags und Dulags abzustellenden Kommandos des Chefs der Sicherheitspolizei und des SD*, BArch, R 70 Sowjetunion/32. Ebenso: StAN, Rep. 502, KV-Anklage, Dokumente, Fotokopien, NO-3421. Der Chef der Sipo u. d. SD, B. Nr. 21 B/41 g Rs – IV A 1 c – Geheime Reichssache, E i n s a t z - b e f e h l Nr. 14 vom 29. Oktober 1941. Betrifft: *Richtlinien für die in die Stalags und Dulags abzustellenden Kommandos der Sipo und des SD*. Vorgang: Erlasse vom 17.7., 12.9. 1941 – B Nr. 21 B/41 g Rs. Erlass vom 26.9.1941 – B. Nr 539 B741 g. Erlass vom 10.10.1941, B. Nr. 815 B/41 g – IV A 1c. Anlagen: Anlage 1 und 2, BArch, R 70 Sowjetunion/32. Ebenso: StAN, Rep. Rep. 502, KV-Anklage, Dokumente, Fotokopien, NO-3421.

2 Der Einsatzgruppenprozess – die Rückkehr des Rechts 521

Desgleichen sah auch das vor Beginn des Russlandfeldzuges von Heydrich verfasste und bereits erwähnte *Merkblatt für die Führer der Einsatzgruppen und Einsatzkommandos der Sicherheitspolizei und des SD für den Einsatz „Barbarossa"* keineswegs „geordnete polizeiliche Strafverfahren" vor. Gemäß der dort aufgeführten Dienstanweisung war „bei jeder Festnahme [...] ein Formular der ausgegebenen Formularbücher ‚Festnahmen' mit zwei Durchschriften auszufüllen."[124]

Bei den von Biberstein so bezeichneten „geordneten polizeilichen Strafverfahren" handelte es sich lediglich um Verhöre zwecks Gewinnung weiterer Informationen. Zum anderen wurden jene in den Formularbüchern erhobenen statistischen Angaben als Grundlage für die Berichterstattung der Einsatzgruppen an das Reichssicherheitshauptamt (RSHA) verwandt, wie sie in den *Ereignismeldungen UdSSR 1941/42* oder in den *Meldungen aus den besetzten Ostgebieten* vorliegen, die den Zweck hatten, Himmler und der obersten Staatsführung den jeweiligen Stand der „politischen Befriedung", d. h. der ethnischen Säuberungen, zu vermitteln. Wie bereits in Kapitel III.5.5 erwähnt, wurde die Bestrafung der verhafteten Zivilisten, d. h. der vermeintlichen Täter oder Verdächtigen durch den Führer des jeweiligen Teilkommandos aufgrund eines von der Wehrmacht vorgegebenen Maßregel-Katalogs festgelegt; in Bibersteins Operationsgebiet war das der bereits erwähnte Befehl des Befehlshabers des Heeresgebietes Don.[125]

Mit Bezug zu der Rechtswidrigkeit der von Biberstein so bezeichneten „geordneten polizeilichen Strafverfahren" und unter Verweis auf die Haager Landkriegsordnung erhob der Vorsitzende Richter Michael A. Musmanno den nachfolgenden Einwand:

„Sagen Sie mal, haben Sie sich keine Gedanken darüber gemacht, dass kein eigentliches Gerichtsverfahren mit Richtern und einem Gerichtssaal, Zeugen, die aufmarschierten, stattgefunden hat?"[126]

Aufschlussreich ist Bibersteins Antwort, die erkennen lässt, dass er sich der Rechtswidrigkeit und damit der Unzulässigkeit jener so bezeichneten „polizeilichen Strafverfahren" durchaus bewusst gewesen war. „Es war im Krieg und im besetzten Gebiet. Ich habe mir keinerlei Gedanken darüber gemacht",[127] argumentierte er. Das Richterkollegium hingegen betrachtete zu Recht jene Darstellungsweise als exkulpatorische Verteidigungsstrategie. Die Staatsanwaltschaft ging sogar so weit, dass sie die von Biberstein in aller Ausführlichkeit beschriebenen „geordne-

---

[124] *Merkblatt für die Führer der Einsatzgruppen und Einsatzkommandos der Sicherheitspolizei und des SD für den Einsatz „Barbarossa"* (o. D., jedoch vor dem 22.6.1941), RGVA, 500-1-25 und USHMMA, RG11.001M, abgedruckt in: ANDREJ ANGRICK/ KLAUS-MICHAEL MALLMANN/ JÜRGEN MATTHÄUS/ MARTIN CÜPPERS (Hrsg.), Besatzungsherrschaft), S. 30-33, hier S. 31.
[125] Zeugeneinvernahme Biberstein, StAN, Rep. 501, KV-Prozesse, Fall 9, A 34-35, S. 2818.
[126] Ebd., S. 2831.
[127] Ebd.

ten polizeilichen Strafverfahren" als frei erfunden bezeichnete, d. h. Staatsanwalt Ferencz erhob den Einwand, dass schon rein rechnerisch eine derart hohe Anzahl so bezeichneter „Gerichtsverfahren", welche die massenhafte Exekutionen der einheimischen Zivilbevölkerung zur Folge hatte, unmöglich in einem derart kurzen Zeitraum von etwas mehr als vier Monaten hätte durchgeführt werden können. Ferencz ging dabei von *mindestens* 2.000 bis 3.000 Exekutionen aus,[128] die Biberstein in seinem Affidavit vom 25. Juni 1947 gegenüber dem US-amerikanischen Zivilermittler Frederic S. Burin in dem britischen Civil Internment Camp Nr. 7 angegeben hatte.[129]

Da sich Biberstein im Verlauf des Beweisaufnahmeverfahrens offensichtlich bewusst geworden war, wie unglaubwürdig sein Versuch erschien, Staatsanwaltschaft und Richterkollegium von der von ihm behaupteten Rechtmäßigkeit der „geordneten polizeilichen Strafverfahren" zu überzeugen, insistierte er mehrfach und hartnäckig, die genaue Anzahl der Exekutionen nicht zu kennen.[130] Die Reaktion des Vorsitzenden Richters Michael A. Musmanno lässt die Unglaubwürdigkeit jener Argumentation deutlich werden:

> „Musmanno: Kein Angeklagter wird gezwungen, in den Zeugenstand zu treten, wenn er es vorzieht, dies nicht zu tun. Aber wenn ein Angeklagter sich freiwillig im Zeugenstand befindet und gewisse Aussagen macht, ist es nicht zu vermeiden, dass diese Aussagen geprüft werden.
>
> Und wenn eine Aussage gegeben wird, die allgemeine Aufmerksamkeit erregt oder der Logik und den Regeln von Ursache und Wirkung entgegensteht, dann wird die Sache untersucht. Diese Fragen also, die Ihnen gestellt werden, haben den Zweck, die Wahrheit festzustellen [...]. Sie wollen also, dass das Protokoll sagt,
>
> obgleich Sie der Kommandeur waren, der Führer waren, der kommandierende Offizier, einer gewissen Anzahl von Leuten im Felde, betraut mit der Aufgabe, für die Sicherheit der Truppe zu sorgen – obgleich Sie an einer *Aktion teilhatten, die den Tod zur Folge hatte* und
>
> *obgleich Sie als kommandierender Offizier wissen mussten, dass über einige dieser Tötungen auf alle Fälle Berichte gemacht wurden, trotz alledem wissen Sie nicht, wie viele Hinrichtungen stattgefunden haben?"* Wollen Sie also, dass das Protokoll so bleibt?" [Kursivdruck vom Verf.].[131]

---

[128] Militärgerichtshof II, Fall 9, *Schriftsatz der Anklagebehörde gegen Ernst Biberstein*. Benjamin B. Ferencz, Chief Prosecutor, Peter P. Walton, Arnost Horlik-Hochwald, John E. Glancy of Counsel für: TELFORD TAYLOR, Brigadier General, USA, Chief of War Crimes und: James M. McHaney, Deputy Chief of Counsel for War Crimes, Director, Military & SS Division. Alfred Schwarz, Nancy Fenstermacher, Assistants, Nürnberg, Deutschland, 15. Februar 1948, StAN, Rep. 501, KV-Prozesse, Fall 9, D 4, S. 1-28, hier S. 9, 15.

[129] SS-Obersturmbannführer Ernst Biberstein, Dokument Nr. 3, Abschrift, Eidesstattliche Erklärung, StAN, Rep. 501, KV-Prozesse, Fall 9, D2, S. 8a.

[130] Zeugeneinvernahme Biberstein, StAN, Rep. 501, KV-Prozesse, Fall 9, A 34-35, S. 2869-2872.

[131] Ebd., S. 2871-2872.

Bibersteins Antwort blieb nach wie vor gleichlautend: Er könne die Gesamtzahl nicht benennen, weder jene der „polizeilichen Verfahren" noch jene der Hinrichtungen,[132] da die Berichterstattung grundsätzlich durch SS-Sturmbannführer Heidelberger erfolgt sei, den Leiter der Abteilung IV/Exekutivabteilung.[133] Zwar habe er den einen oder anderen Bericht Heidelbergers gelesen, dadurch habe sich ihm jedoch keineswegs „eine Zahl oder ein Ergebnis besonders eingeprägt", entgegnete er im Kreuzverhör in der Vormittagssitzung des 25. Novembers 1947 auf die Fragen des Staatsanwaltes Arnost Horlik-Hochwald.[134] Auch habe er die von den Teilkommandos an Nehring übermittelten Zahlenangaben nie persönlich gesehen.[135] Wie unglaubwürdig Biberstein Einlassung war, zeigt der spöttische Kommentar des Vorsitzenden Richters Michael A. Musmanno: „Sodass Sie nach vier Monaten Tätigkeit in Rostow abfuhren, ohne zu wissen, wie viele Leute durch ihr Kommando getötet wurden?"[136]

Bereits am 21. November 1947, dem zweiten Tag des direkten Verhörs (*direct examination*), das ausschließlich der Verteidigung des Angeklagten dient, war die Rechtmäßigkeit der von Biberstein so bezeichneten „geordneten polizeilichen Verfahren" eine der Kernfragen, die Bibersteins Verteidiger Dr. Bergold im Sinne Bibersteins wie folgt zu klären suchte:

> „Dr. Bergold: Woher wissen Sie, dass dieser Befehl [d. h. der von seinem Vorgänger, dem Juristen Mohr, eingeführte Befehl zur Untersuchung aller Fälle] auch durchgeführt worden ist?
>
> Biberstein: Das weiß ich aus gelegentlichen Stichproben, bei denen ich feststellen wollte, ob ein ordentliches oder Untersuchungsverfahren in dieser Art stattgefunden hat.
>
> Dr. Bergold: Hätte es nicht sein können, dass Ihre Untergebenen Ihre Befehle nicht ausführten oder Sie täuschten?
>
> Biberstein: Nein [...], aufgrund meines persönlichen Eindruckes von ihnen konnte ich nicht den Eindruck bekommen, dass sie mich irgendwie hintergangen haben."[137]

Wie fadenscheinig Bibersteins Einlassungen bezüglich der von ihm behaupteten Stichproben waren, belegt die nachfolgende Befragung durch den Vorsitzenden Richter Michael A. Musmanno im Hinblick auf die beiden im Einsatzkommando 6 (EK 6) üblichen Hinrichtungsarten, die Biberstein sich bei Dienstantritt „vorführen" ließ, um seinem Dienstvorgesetzten, dem Chef der Einsatzgruppe C, SS-Gruppenführer Dr. Thomas, seinen „persönlichen Eindruck" schildern zu können:

---

[132] Ebd.
[133] Zeugeneinvernahme Biberstein, StAN, Rep. 501, KV-Prozesse, Fall 9, A 36-38, S. 3031.
[134] Ebd. und Zeugeneinvernahme Biberstein, StAN, Rep. 501, KV-Prozesse, Fall 9, A 34-35, S. 2910.
[135] Ebd., A 34-35, S. 2863.
[136] Ebd., S. 2868.
[137] Ebd., S. 2873.

„Musmanno: Welche Art von Leuten war das, die erschossen wurden?

Biberstein: Es wurden Leute erschossen, die sich gegen die Befehle des Befehlshabers des Gebietes Don vergangen hatten.

Musmanno: Sie sahen 65 Leute, die erschossen wurden. [Bibersteins Angaben zufolge waren 15 Personen erschossen und 50 bis 60 Personen im ‚Gaswagen' vergast worden]. Welche Art von Leuten waren diese Hingerichteten, waren es Deutsche und waren unter den 65 überhaupt Deutsche? […].

Biberstein: Das waren russische Staatsangehörige.

Musmanno: Russische Staatsangehörige. Nun, wurde da eine Untersuchung angestellt in jedem dieser 65 Fälle?

Biberstein: Ich habe die Akten in diesen 65 Fällen nicht eingesehen […].

Musmanno: Sie wissen nicht aus eigener Kenntnis, dass diese Fälle untersucht wurden — diese 65 Toten?

Biberstein: Ich habe es nicht gesehen.

Musmanno: Also, sie haben erlaubt, dass 65 Leute hingerichtet wurden, ohne dass Sie selbst wussten, ob sie schuldig waren oder nicht?

Biberstein: Ich sagte ja, dass ich nur Stichproben gemacht habe.

Musmanno: Haben Sie irgendwelche Stichproben von diesen 65 gemacht?

Biberstein: Bei diesen 65 nicht.

Musmanno: Dann kommen wir zurück zu der Schlussfolgerung, dass Sie erlaubt haben, dass 65 hingerichtet wurden, ohne dass Sie eine Stichprobe gemacht haben:

Biberstein: Nein – das habe ich, ohne Stichproben gemacht zu haben, jawohl."[138]

Jene Aussagen lassen den Schluss zu, dass Biberstein *möglicherweise* gelegentlich Stichproben durchgeführt hatte, jedoch nicht, um die Rechtmäßigkeit der ergangenen „Urteile" nachzuprüfen, sondern lediglich, um die Gewissenhaftigkeit seiner Untergebenen hinsichtlich der von Heydrich angeordneten Formalien zu kontrollieren,[139] wie sie im *Merkblatt für die Führer der Einsatzgruppen und –kommandos der Sicherheitspolizei und des SD für den Einsatz „Barbarossa"* noch vor Beginn des Russlandfeldzuges festgelegt worden waren.[140] Offensichtlich sah Biberstein keine Veranlassung, sich über die verbrecherische Befehlsgebung und damit über die Illegalität der so bezeichneten „geordneten polizeilichen Strafverfahren" sowie über die Unzulässigkeit der auf diese Weise ergangenen „Urteile" Gedanken zu machen, die massiv gegen Art. 103 und 105 der Weimarer Reichsverfassung

---

[138] Ebd., S. 2879-2880 und Zeugeneinvernahme Biberstein, StAN, Rep. 501, KV-Prozesse, Fall 9, A 36-38, S. 3033-3034.
[139] Ebd., S. 2883-2985.
[140] Merkblatt für die Führer der Einsatzgruppen und –kommandos der Sicherheitspolizei und des SD für den Einsatz „Barbarossa", USHM MA, RG11.001M, abgedruckt in: ANDREJ ANGRICK/ KLAUS-MICHAEL MALLMANN/ JÜRGEN MATTHÄUS/ MARTIN CÜPPERS (Hrsg.), Besatzungsherrschaft, S. 31.

(WRV) verstießen. Damit dokumentierte Biberstein indirekt sein Einverständnis zu jenen polizeilichen Willkürakten, in denen den Beschuldigten grundsätzlich jegliche Rechte entzogen wurden, so der Rechtsanspruch auf ein Verfahren vor einem ordentlichen Gericht, inklusive einem Rechtsbeistand und der Hinzuziehung von Entlastungszeugen, desgleichen das Recht, in Berufung zu gehen oder ein Gnadengesuch zu stellen.

Aus Bibersteins Einlassungen vor dem US Military Tribunal II lässt sich deduzieren, dass ihn das Schicksal der Opfer offensichtlich nicht interessierte. Er sei nie Teilnehmer der Versammlungen gewesen, in denen die Urteile gefällt wurden. Insofern habe er von seinen Rechten, die er hatte, keinen Gebrauch gemacht, erklärte er selbstrechtfertigend am 25. November 1947 im Kreuzverhör (*cross examination*) auf die Fragen des Staatsanwaltes Arnost Hochwald-Horlik. Allein die obigen Einlassungen Bibersteins lassen dessen absolute Loyalität zu dem auf Außernormativität und Rechtsbruch beruhenden NS-Wertesystem des von Fraenkel beschriebenen Maßnahmenstaates erkennen.

2.6 DIE EINZELANKLAGESCHRIFT GEGEN BIBERSTEIN

Der auf den 15. Januar 1948 datierte und 28 Seiten umfassende Schriftsatz der Anklagebehörde gegen Biberstein, dessen Übersetzung ins Deutsche am 4. Februar abgeschlossen war, wurde Biberstein am 15. Februar im Schwurgerichtssaal des Nürnberger Justizpalastes im Beisein seiner Mitangeklagten überreicht. Die genaue Formulierung der Anklagepunkte im Schriftsatz gegen Biberstein lautete:

„Der Kern der Anschuldigungen unter Anklagepunkt I und II (Verbrechen gegen die Menschlichkeit bzw. Kriegsverbrechen) ist,

dass Ernst BIBERSTEIN Haupttäter, Teilnehmer, Anstifter, Begünstigter war bei, seine Zustimmung gab zu, und in Verbindung stand mit Plänen und Unternehmen, die die Begehung von Greueltaten und strafbaren Handlungen zum Gegenstand hatten, einschließlich *aber nicht beschränkt* auf Verfolgung aus rassischen und religiösen Gründen, Mord, Ausrottung, Freiheitsberaubung und der Begehung unmenschlicher Handlungen gegen die Zivilbevölkerung einschließlich deutscher und ausländischer Staatsangehöriger und ein Mitglied von Organisationen oder Gruppen war, die im Zusammenhang damit standen.

Ferner wird die Anschuldigung erhoben, dass diese Handlungen, Tätigkeiten, Pläne und Unternehmen als Teil eines *systematischen Programms des Völkermords* durchgeführt wurden, das auf die Vernichtung ausländischer Nationen und ethnischer Gruppen durch mörderische Ausrottung abzielte. [...].

Unter Anklagepunkt III der Anklageschrift wird die Anschuldigung erhoben, dass Ernst BIBERSTEIN nach dem 1. September 1939 ein Mitglied der SS, des SD und der Gestapo war, also von Organisationen, die vom IMG [Internationalen Militärgerichtshof] für verbrecherisch erklärt wurden." [Kursivdruck vom Verf.].[141]

Da das Verfahren gegen Biberstein – wie von Chefankläger Benjamin B. Ferencz ausdrücklich vermerkt – im Gegensatz zu den Mitangeklagten als Indizienprozess geführt werden musste, standen der Anklagebehörde demzufolge lediglich Bibersteins im Rahmen der staatsanwaltlichen Ermittlungen aufgezeichneten Vernehmungen und Affidavits zur Verfügung sowie dessen während des Beweisaufnahmeverfahrens unter Eid getätigten Aussagen. Im Gegensatz zu der dokumentarischen Beweislage der Mitangeklagten, die auf den *Ereignismeldungen UdSSR 1941/42* (EM) beruhten, konnte Ferencz als operativen Beleg lediglich den bereits erwähnten von Biberstein aus Rostow abgesetzten *Funkspruch vom 23. Mai 1943*[142] vorlegen sowie ein Schriftstück aus den *Meldungen aus den besetzten Ostgebieten* (MbO), d. h. den taktischen Lagebericht Nr. 26 vom 23. Oktober 1942, der jedoch lediglich die Standorte und Nachrichtenverbindungen wie folgt wiedergab: „Einsatzkommando 6: (SS-O'Stubaf. Biberstein), Standort: Rostow, N-Verbindung: FT Kiew, Feldpost-Nr. 35979."[143]

Rechtsgrundlagen der Anklage

Im Rahmen der staatsanwaltschaftlichen Ermittlungen zum Nürnberger Einsatzgruppenprozess hatte Ferencz für eigene Zwecke eine Skizze angefertigt, in der er die NS-Täter und deren Zuordnung zu den im Kontrollratsgesetz Nr. 10 vorgegebenen drei Anklagepunkten aufgelistet hatte. Darin hatte er Biberstein in allen dort aufgeführten Anklagepunkten für schuldig befunden. In Analogie legte er auch in seiner Anklageschrift gegen Biberstein die in seinem Paper notierten drei Tatbestandsmerkmale zugrunde, wie sie als Strafrechtskodizes von den Alliierten im Kontrollratsgesetz Nr. 10 in den Artikeln II.1b, 1c und 1d festgelegt worden waren,

---

[141] Militärgerichtshof II, Fall 9, *Schriftsatz der Anklagebehörde gegen Ernst Biberstein.* Benjamin B. Ferencz, Chief Prosecutor, Peter P. Walton, Arnost Horlik-Hochwald, John E. Glancy of Counsel für: TELFORD TAYLOR, Brigadier General, USA, Chief of War Crimes und: James M. McHaney, Deputy Chief of Counsel for War Crimes, Director, Military & SS Division. Alfred Schwarz, Nancy Fenstermacher, Assistants, Nürnberg, Deutschland, 15. Februar 1948, StAN, Rep. 501, KV-Prozesse, Fall 9, D 4, S. 1-28, hier S. 1.

[142] Biberstein an SS-Sturmbannführer Gottwald: *Funkspruch Einsatzkommando 6, Nr. 1760, aufgenommen am 23. Mai 1943 um 15.58 Uhr, Betr.: Dortiges FT 7049.* Document NO-2901. Office of the Chief of Counsel for War Crimes, StAN, Rep. 502, KV-Anklage, Dokumente, Fotokopien, NO-2901. Das Original dieses Dokuments in befindet sich ebenfalls in Bibersteins SS-Offiziersakte, BArch (ehem. BDC), SSO, Biberstein, Ernst, 15.02.1899.

[143] Der Chef der Sicherheitspolizei und des SD – Kommandostab: *Meldungen aus den besetzten Ostgebieten Nr. 26* vom 23. Oktober 1942, Document NO-5174. Office of the Chief of Counsel for War Crimes, StAN, Rep. 501, KV-Prozesse, Fall 9, B 14, S. 8. Auf S. 8 der Abschrift (= S. 6 des Originals) des taktischen Lageberichts Nr. 26 vom 23. Oktober 1942 findet sich der oben zitierte Eintrag.

und zwar (1) *Kriegsverbrechen*, (2) *Verbrechen gegen die Menschlichkeit*, (3) *Zugehörigkeit zu gewissen Kategorien von Verbrechervereinigungen oder Organisationen, deren verbrecherischer Charakter vom Internationalen Militärgerichtshof festgestellt worden ist.*

„*Kriegsverbrechen*: Gewalttaten oder Vergehen gegen Leib, Leben oder Eigentum, begangen unter Verletzung der Kriegsgesetze oder -gebräuche, einschließlich der folgenden, den obigen Tatbestand jedoch nicht erschöpfenden Beispiele:
Mord, Mißhandlung der Zivilbevölkerung der besetzten Gebiete, ihre Verschleppung zu Zwangsarbeit oder anderen Zwecken oder die Anwendung der Sklavenarbeit in den besetzten Gebieten selbst, Mord oder Mißhandlung von Kriegsgefangenen [...];
vorsätzliche Zerstörung von Stadt und Land oder Verwüstungen, die nicht durch militärische Notwendigkeit gerechtfertigt sind." [Unterstreichung vom Verf.][144]

„*Verbrechen gegen die Menschlichkeit*: Gewalttaten oder Vergehen, einschließlich der folgenden, den obigen Tatbestand jedoch nicht erschöpfenden Beispiele:
Mord, Ausrottung, Versklavung, Zwangsverschleppung, Freiheitsberaubung, Folterung, Vergewaltigung oder andere an der Zivilbevölkerung begangene unmenschliche Handlungen;
Verfolgung aus politischen, rassischen oder religiösen Gründen, ohne Rücksicht darauf, ob sie das nationale Recht des Landes, in dem welchem die Handlung begangen worden ist, verletzen." [Unterstreichung vom Verf.].[145]

Hinsichtlich der Definition der Täterschaft legte Chefankläger Benjamin B. Ferencz in der Anklageschrift ebenfalls die in Artikel II, 2 des Kontrollratsgesetzes Nr. 10 festgelegten Kriterien zugrunde:

„Ohne Rücksicht auf seine Staatsangehörigkeit oder die Eigenschaft, in der er handelte, wird eines Verbrechens nach Maßgabe von Ziffer 1 dieses Artikels für schuldig erachtet, wer

(a) als Täter oder
(b) als Beihelfer bei der Begehung eines solchen Verbrechens mitgewirkt oder es befohlen oder begangen
(c) oder durch seine Zustimmung daran teilgenommen hat
(d) mit seiner Planung oder Ausführung in Zusammenhang gestanden hat oder
(e) einer Organisation oder Vereinigung angehört hat,
die mit seiner Ausführung im Zusammenhang stand [...]."[146]

---

[144] *Gesetz Nr. 10 des Alliierten Kontrollrats über die Bestrafung von Personen, die sich Kriegsverbrechen, Verbrechen gegen den Frieden oder gegen die Menschlichkeit schuldig gemacht haben.* Vom 20. Dezember 1945, Amtsblatt des Kontrollrats in Deutschland, S. 50-55, hier S. 50-51.
[145] Ebd.
[146] Militärgerichtshof II, Fall 9, *Schriftsatz der Anklagebehörde gegen Ernst Biberstein.* Benjamin B. Ferencz, Chief Prosecutor, Peter P. Walton, Arnost Horlik-Hochwald, John E. Glancy of Counsel für: TELFORD TAYLOR, Brigadier General, USA, Chief of War Crimes und: James M. McHaney, Deputy Chief of Counsel for War Crimes, Director, Military & SS Division. Alfred Schwarz, Nancy Fenstermacher, Assistants, Nürnberg, Deutschland, 15. Februar 1948, StAN, Rep. 501, KV-Prozesse, Fall 9, D 4, S. 1-28, hier S. 1-2.

528   Kapitel 4 Angeklagter vor dem US Military Tribunal II in Nürnberg 1947/48

DEFENDANT		POSITION & CRIMES	DEFENSE	Count 1	Count 2	Count 3	Sentence
OHLENDORF	Death	C. O. EG D 90 000 killed	Superior orders Necessity	G	G	G	
JOST	25 years life	C. O. of EG A for 5 months, executed over 1000, orderes more gas vans	Repudiated Hitler. Did only administrative work	G	G	G	
NAUMANN	Death	C.O. of EG B Thousands killed	Never ordered executions. Superior orders.	G	G	G	
~~RASCH~~		C.O. of EG B & C. for 4 1/2 months. 80 000 killed	No testimony	Severed			
SCHULZ	20 years	C.O. of EK 5, 12 000 people killed	Never heard of Fuehrer order. Persons killed were all guilty.	G	G	G	
SIX	20 years 10	C.O. of VK M 38 killed	Happened later. He collected documents.	G	G	G	
BLOBEL	Death D	C.O. of SK 4A. Killed 60 000	His subordinates acted independently, reprisals, was ill.	G	G	G	
BLUME	Death L	C.O. of SK 7A 200 killed.	Orders	G	G	G	
SANDBERGER	Death D	C.O. of SK 1a for 26 months. 14 500 killed.	Investigated. Denies reports.	G	G	G	
SEIBERT	Death L	Deputy to Ohlendorf. Present at executions.	Wrote SD reports only.	G	G	G	
STEIMLE	Death D	C. O. of SK 7A 500 killed	Partisans or suspects.	G	G	G	
BIBERSTEIN	Death D	C.O. of EK 6 for 9 months but at late date. Admits 2-3000 killed. Witnessed gassing and shooting.	All convicted of crime	G	G	G	
BRAUNE	Death D	C. O. of EK 11b. Thousands of killings. Admitted.	Superior orders. Hitler and Wahrmacht.	G	G	G	
HAENSCH	Death 10	C.O. of SK 4B at disputed late date. Admits ordering 4 executions of 60 people. Hundreds killed even during his admitted dates.	Dindn't take command until after the executions.	G	G	G	

Bild 68: One page of a document belonging to Chief Proseutor Benjamin Ferencz listing the defendants in the Einsatzgruppen Case along with their position and crimes, line of defense, counts against them and sentence. The counts and sentences are penciled in by hand [G= guilty]. Date: 1947 September 29 – 1948 April 10.
Biberstein ist in der dritten Zeile von unten aufgeführt. Photograph Number: 41619.
(Quelle: U. S. Holocaust Memorial Museum, courtesy of Benjamin Ferencz).

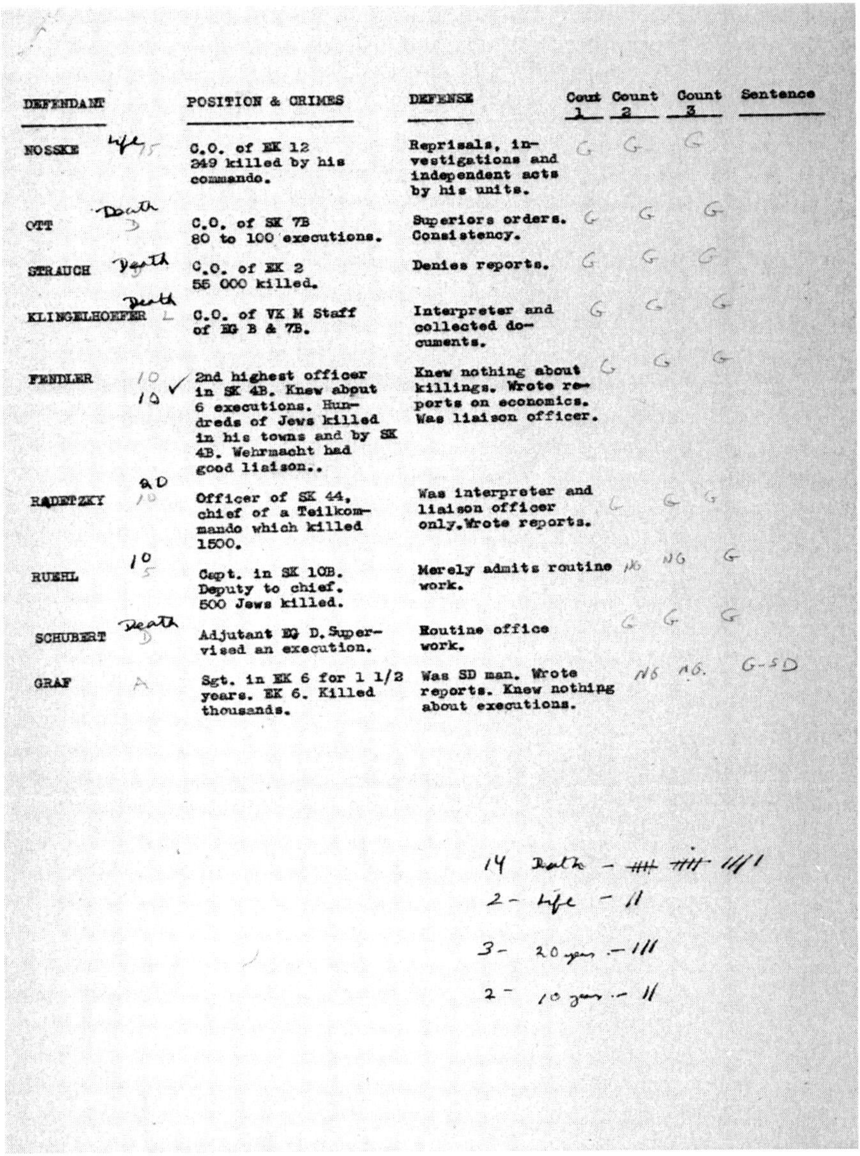

2 Der Einsatzgruppenprozess – die Rückkehr des Rechts

DEFENDANT	POSITION & CRIMES	DEFENSE	Count 1	Count 2	Count 3	Sentence
NOSSKE *Life* 75	C.O. of EK 12 349 killed by his commando.	Reprisals, investigations and independent acts by his units.	G	G	G	
OTT *Death* D	C.O. of SK 7B 80 to 100 executions.	Superiors orders. Consistency.	G	G	G	
STRAUCH *Death*	C.O. of EK 2 55 000 killed.	Denies reports.	G	G	G	
KLINGELHOEFER *Death* L	C.O. of VK M Staff of EG B & 7B.	Interpreter and collected documents.	G	G	G	
FENDLER 10 / 10 ✓	2nd highest officer in SK 4B. Knew about 6 executions. Hundreds of Jews killed in his towns and by SK 4B. Wehrmacht had good liaison..	Knew nothing about killings. Wrote reports on economics. Was liaison officer.	G	G	G	
RADETZKY 10 / 10	Officer of SK 4A, chief of a Teilkommando which killed 1500.	Was interpreter and liaison officer only. Wrote reports.	L	G	G	
RUEHL 10 / 5	Capt. in SK 10B. Deputy to chief. 500 Jews killed.	Merely admits routine work.	NG	NG	G	
SCHUBERT *Death* D	Adjutant EG D. Supervised an execution.	Routine office work.	G	G	G	
GRAF A	Sgt. in EK 6 for 1 1/2 years. EK 6. Killed thousands.	Was SD man. Wrote reports. Knew nothing about executions.	NG	NG	G-SD	

14 Death - ++++ ++++ ////
2 - Life - //
3 - 20 years - ///
2 - 10 years - //

Bild 69: One page of a document belonging to Chief Prosecutor Benjamin Ferencz listing the defendants in the Einsatzgruppen Case along with their position and crimes, line of defense, counts against them and sentence. The counts and sentences are penciled in by hand. Date: 1947 September 29 – 1948 April 10. Photograph Number: 41620.
(Quelle: U. S. Holocaust Memorial Museum, courtesy of Benjamin Ferencz).

Kapitel 4 Angeklagter vor dem US Military Tribunal II in Nürnberg 1947/48

In verantwortlicher Stellung begangene Verbrechen

Ferencz hatte die 28 Seiten umfassende Einzelanklageschrift gegen Biberstein in fünf Teile gegliedert, deren Hauptteil die drei Aspekte umfasste:

verantwortliche Stellungen (S. 2-6),
persönliche Beteiligung an verbrecherischen Tätigkeiten (S. 6-11),
entlastendes Vorbringen im Allgemeinen (S. 11-26).[147]

Im Abschnitt (2) der Anklageschrift benannte Ferencz zunächst jene Verbrechen, die Biberstein in verantwortlicher Stellung als Leiter der Gestapostelle Oppeln/Oberschlesien begangen und die er in den staatsanwaltlichen Ermittlungen sowie während des Beweisaufnahmeverfahrens eingestanden hatte – wenn auch unter gewissen Einschränkungen. Gemäß Kontrollratsgesetz II.1 c erfüllte die Deportation der über 65-jährigen Juden in das Ghetto Theresienstadt den Tatbestand des *Verbrechens gegen die Menschlichkeit*. Hingegen wies die Selektion sowjetischer Kriegsgefangener, die Biberstein in Ausführung der Einsatzbefehle Heydrichs Nr. 8, 9 und 14 durch ein von ihm zusammengestelltes Einsatzkommando im Kriegsgefangenlager Lamsdorf vornehmen ließ, gemäß Kontrollratsgesetz II.1 b das Straftatbestandsmerkmal *Kriegsverbrechen* auf.[148]

In diesem Zusammenhang verwies Ferencz auf die Widersprüche in Bibersteins Aussagen, die jener im Rahmen des Beweisaufnahmeverfahrens getätigt hatte. Zwar habe Biberstein einerseits die Zugehörigkeit zur Gestapo vehement geleugnet, andererseits jedoch eingehende Ausführungen über den mit Heydrich vereinbarten Deal hinsichtlich der Übernahme der Dienstgeschäfte der Stapostelle in Oppeln/Oberschlesien getätigt. Ferencz fasste die diesbezüglichen Aussagen Bibersteins wie folgt zusammen:

„Aus seiner eigenen Aussage im direkten Verhör geht ganz klar hervor, dass er die Stellung als Leiter der Gestapostelle Oppeln wählte, um sich einem Einsatz in der Nähe der Front zu entziehen und um nicht seine Chance, ein höherer Staatsbeamter zu werden, zu verderben."[149]

---

[147] Ebd. Die Seite 28 der Anklageschrift enthält mit Datum vom 4. Februar 1948 die schriftliche Bestätigung der vorschriftsmäßigen Übersetzung des Dokuments in englischer und deutscher Sprache.
[148] Ebd., S. 3.
[149] Militärgerichtshof II, Fall 9, *Schriftsatz der Anklagebehörde gegen Ernst Biberstein.* Benjamin B. Ferencz, Chief Prosecutor, Peter P. Walton, Arnost Horlik-Hochwald, John E. Glancy of Counsel für: TELFORD TAYLOR, Brigadier General, USA, Chief of War Crimes und: James M. McHaney, Deputy Chief of Counsel for War Crimes, Director, Military & SS Division. Alfred Schwarz, Nancy Fenstermacher, Assistants, Nürnberg, Deutschland, 15. Februar 1948, StAN, Rep. 501, KV-Prozesse, Fall 9, D 4, S. 1-28, hier S. 4. Vgl. die entsprechenden Ausführungen in Kapitel III.3.3 *Aufgabenbereiche und Zuständigkeiten als Gestapo-Chef,* und dort die Abschnitte *Deportation der über 65-jährigen Juden in das Ghetto Theresienstadt* sowie *Selektion sowjetischer Kriegsgefangener im Lager Lamsdorf* und *Ausführung der Einsatzbefehle Heydrichs Nr. 8, 9 und 14.*

2 Der Einsatzgruppenprozess – die Rückkehr des Rechts 531

Die von Biberstein begangenen Verbrechen an der Zivilbevölkerung erfüllten gemäß Kontrollratsgesetz Nr. 10 sowohl das Straftatbestandsmerkmal *Kriegsverbrechen* als auch jenes des *Verbrechens gegen die Menschlichkeit*. Den Nachweis jener Verbrechen stützte Ferencz auf zwei amtliche Schriftstücke aus dem Reichssicherheitshauptamt (RSHA) sowie auf Bibersteins unter Eid getätigten Aussagen. Zum einen belegte der bereits erwähnte *taktische Lagebericht Nr. 26 vom 23. Oktober 1942*, dass Biberstein Befehlshaber des Einsatzkommandos 6 (EK 6) der Einsatzgruppe C war, das seinen Standort zum fraglichen Zeitpunkt in Rostow am Don hatte.[150] Bei dem anderen dokumentarischen Beweisstück handelte es sich um den ebenfalls genannten von Biberstein aus Rostow abgesetzten *Funkspruch vom 23. Mai 1943*.[151] Als weitere Beweisstücke zog Ferencz die mehrfach zitierten beiden eidesstattlichen Aussagen heran, die Biberstein im britischen *Civil Internment Camp Nr. 7* in Eselheide sowie in der Nürnberger Haftanstalt während der staatsanwaltschaftlichen Ermittlungen getätigt und in der er die an russischen Zivilisten im Rahmen der sogenannten *Bandenbekämpfung* durchgeführten Hinrichtungen mit 2.000 bis 3.000 angegeben hatte, wenngleich Biberstein während des Prozesses die dort angegebenen Exekutionsziffern mehrfach widerrufen hatte. Dazu führte Ferencz es in der Anklageschrift aus:

„Die Nürnberger eidesstattliche Aussage beweist, dass im Gebiet des Einsatzkommandos 6 ungefähr 2 bis 3000 Hinrichtungen stattfanden.

BIBERSTEIN beaufsichtigte persönlich eine Hinrichtung in Rostow, die mittels fahrbarer Gaskammer vorgenommen wurde [...]. Die Opfer, 50 bis 60 zur selben Zeit, wurden in die Gaskammer geladen und an einen Platz ausserhalb der Stadt verbracht, wo ein Massengrab schon von Mitgliedern des Einsatzkommandos 6 vorbereitet worden war [...].

Aus der eidesstattlichen Aussage geht ferner hervor, dass vom Einsatzkommando 6 auch Hinrichtungen durch Erschießen vorgenommen wurden. BIBERSTEIN war bei einer Hinrichtung dieser Art anwesend. Die Opfer mussten am Rande eines schon vorbereiteten Grabes niederknien und erhielten von Mitgliedern von BIBERSTEINs Kommando mit automatischen Pistolen einen Genickschuss, sodass sie direkt ins Grab fielen."[152]

---

[150] Der Chef der Sicherheitspolizei und des SD – Kommandostab: *Meldungen aus den besetzten Ostgebieten Nr. 26* vom 23. Oktober 1942, Document NO-5174. Office of the Chief of Counsel for War Crimes, StAN, Rep. 501, KV-Prozesse, Fall 9, B 14, S. 8. Auf S. 8 der Abschrift (= S. 6 des Originals) des taktischen Lageberichts Nr. 26 vom 23. Oktober 1942 findet sich der Eintrag: „Einsatzkommando 6 (SS-O'Stubaf. ORR. Biberstein), Standort: Rostow, Feldpost-Nr. 35979."

[151] Biberstein an SS-Sturmbannführer Gottwald: *Funkspruch Einsatzkommando 6, Nr. 1760, aufgenommen am 23. Mai 1943 um 15.58 Uhr, Betr.: Dortiges FT 7049*. Document NO-2901. Office of the Chief of Counsel for War Crimes, StAN, Rep. 502, KV-Anklage, Dokumente, Fotokopien, NO-2901. Das Original dieses Dokuments in befindet sich auch in Bibersteins SS-Offizierssakte, BArch (ehem. BDC), SSO, Biberstein, Ernst, 15.02.1899.

[152] Militärgerichtshof II, Fall 9, *Schriftsatz der Anklagebehörde gegen Ernst Biberstein*. Benjamin B. Ferencz, Chief Prosecutor, Peter P. Walton, Arnost Horlik-Hochwald, John E. Glancy of Counsel für: TELFORD TAYLOR, Brigadier General, USA, Chief of War Crimes und: James M. McHa-

Die hingerichteten Personen seien „Saboteure, Berufsverbrecher, Terroristen" gewesen, „die meist aus *politischen* Gründen gehandelt hatten, d. h. sie waren Bolschewisten", zitierte Ferencz Bibersteins in dem Eselheider Affidativ getätigte Aussage.[153] Damit erfüllten jene Hinrichtungen den Tatbestand des *Verbrechens gegen die Menschlichkeit* gemäß Kontrollratsgesetz Nr. 10, Artikel II. 1c (Verfolgung aus politischen, rassischen oder religiösen Gründen). Nicht nur die Art des Ermordens durch Gas ist als äußerst grausam und perfide zu bezeichnen, sondern ebenso der Verzicht auf die Feststellung des Todes durch einen Arzt. Dazu vermerkte die Anklageschrift:

> „Ärzte, die den Tod der Opfer mit Sicherheit hätten feststellen können, waren weder bei Hinrichtungen durch Vergasen, noch bei denen durch Erschiessen anwesend. Man kann daraus schliessen, dass in manchen Fällen, besonders bei Massenhinrichtungen, Opfer lebend begraben wurden."[154]

In diesem Zusammenhang verwies Ferencz zum einen auf den schriftlichen Bericht des für das Gebiet des im Nordosten der Ukraine gelegenen Rayons Schazk zuständigen Kommissars Carl an den Generalkommissar für Weißruthenien in Minsk, Wilhelm Kube, zum anderen auf den Brief jenes Generalkommissars Kube an den Reichskommissar für die besetzten Ostgebiete, Hinrich Lohse, die als Beweismittel im Dokumentenbuch V, S. 9 und S. 13 geführt wurden. Selbst Kube hatte „derartige Vorfälle", d. h. das lebendige Begraben Schwerverletzter, „die sich dann aus ihren Gräbern wieder herausarbeiteten" als „bodenlose Schweinerei" bezeichnet.[155] Dass solch grauenvollen Vorfälle nicht nur gelegentlich vorkamen, ist in der Historiografie hinreichend bekannt. Exemplarisch sei hier der bereits genannte Bericht der Schauspielerin Dina M. Proničeva vom 9. Februar 1967 erwähnt, die das Massaker von Babyń Jar überlebte, indem sie sich nachts aus den mit Erde zugeschaufelten Leichenbergen befreien konnte.[156] (Bild 40: Proničeva als Zeugin).

Hinsichtlich der Frage, ob Biberstein *persönlich* Exekutionsbefehle erteilt habe, führte Ferencz als Beweismittel die Aussagen des Entlastungszeugen Albert Hartl an, der Biberstein jedoch durch seine Falschaussage in hohem Maße belastet statt entlastet hatte, um selbst einer Anklage und einem Gerichtsverfahren zu entgehen. So hatte Hartl in der Vormittagssitzung des 24. November 1947 ausgesagt:

---

ney, Deputy Chief of Counsel for War Crimes, Director, Military & SS Division. Alfred Schwarz, Nancy Fenstermacher, Assistants, Nürnberg, Deutschland, 15. Februar 1948, StAN, Rep. 501, KV-Prozesse, Fall 9, D 4, S. 1-28, hier S. 7-8.

[153] Ebd., S. 9.
[154] Ebd., S. 8.
[155] Ebd.
[156] Zeugeneinvernahme der Dina M. Proničeva am 9.2.1967, Archiv IfZ, Gd 01.54/59, s. p. Dina M. Proničeva hatte 1967 vor dem Schwurgericht in Kiew ausgesagt und 1968 vor dem Landgericht Darmstadt.

2 Der Einsatzgruppenprozess – die Rückkehr des Rechts

„Biberstein war Führer eines Einsatzkommandos in Rostow [...]. Seine Aufgabe war eben die doppelte Aufgabe Nachrichtendienst und Exekutive. Die beiden Aufgaben, die im Inland aufgeteilt waren einerseits auf Gestapo und Kripo als Sicherheitspolizei und andererseits auf SD als Nachrichtendienst."[157]

Des Weiteren zitierte Ferencz die Aussage Hartls, der auf die Frage des Vorsitzenden Richters Michael A. Musmanno, ob Biberstein selbst Exekutionen durchgeführt habe, am 24. November 1947 geantwortet hatte:

„Persönlich, das weiß ich nicht, aber den Befehl dazu *wird er*, soviel mir in Erinnerung ist, nach gründlichen Untersuchungsverfahren *wohl* gegeben haben [...].

Musmanno: Hat er persönlich Befehle zu Exekutionen gegeben?

Hartl: Das war *wohl* Aufgabe eines Kommandeurs, darüber zu entscheiden, soweit ich im Bilde bin [...]. Dass also der Befehl zum tatsächlichen Vollzug der Hinrichtungen von den Kommandeuren gegeben worden ist, *soweit ich im Bilde bin*, ja." [Kursivdruck vom Verf.].[158]

Die kursiv gesetzten Passagen bringen deutlich zum Ausdruck, dass Hartl sich ausgesprochen vage ausdrückte, d. h. dass er über Bibersteins *konkrete* Tätigkeit nichts Substantielles auszusagen vermochte, insofern, als er selbst nie Führer eines Exekutionskommandos gewesen war und zudem weder Biberstein, noch dessen Gruppenstab oder die vier Teilkommandos jemals besucht hatte. Er hatte Biberstein lediglich im Sommer 1943 anlässlich der Rückreise ins Reich getroffen. Demzufolge beschrieb er die Aufgaben eines Einsatzkommandoführers ganz allgemein und lediglich vom Hörensagen. Auf den Aspekt, dass Hartls Aussagen der eigenen Rechtfertigung geschuldet waren, wird weiter unten zurückzukommen sein. Mit Bezug zu Bibersteins Verbrechen, die er in verantwortlicher Stellung begangen hatte, führte Staatsanwalt Ferencz des Weiteren in der Anklageschrift aus:

„BIBERSTEIN gab ferner zu, dass während der Zeit, in der er die Gestapo in Oppeln leitete, diese Organisation eine Sonderabteilung für jüdische Angelegenheiten hatte, über die er die Aufsicht führte.[159] Da keine Dienststelle außer der Gestapostelle für jüdische Angelegenheiten die Deportation der Juden hätte anordnen und vornehmen können, ist es klar, dass BIBERSTEIN die Verantwortung für diese Massnahmen trug.

---

[157] Militärgerichtshof II, Fall 9, *Schriftsatz der Anklagebehörde gegen Ernst Biberstein*. Benjamin B. Ferencz, Chief Prosecutor, Peter P. Walton, Arnost Horlik-Hochwald, John E. Glancy of Counsel für: TELFORD TAYLOR, Brigadier General, USA, Chief of War Crimes und: James M. McHaney, Deputy Chief of Counsel for War Crimes, Director, Military & SS Division. Alfred Schwarz, Nancy Fenstermacher, Assistants, Nürnberg, Deutschland, 15. Februar 1948, StAN, Rep. 501, KV-Prozesse, Fall 9, D 4, S. 1-28, hier S. 9 und Zeugeneinvernahme des Albert Hartl am 24.11.1947, StAN, Rep. 501, KV-Prozesse, Fall 9, A 34-35, S. 2923.

[158] *Schriftsatz der Anklagebehörde gegen Ernst Biberstein*, StAN, Rep. 501, KV-Prozesse, Fall 9, D 4, S. 10 und Zeugeneinvernahme des Albert Hartl am 24.11.1947, StAN, Rep. 501, KV-Prozesse, Fall 9, A 34-35, S. 2974.

[159] Zeugeneinvernahme Biberstein, StAN, Rep. 501, KV-Prozesse, Fall 9, A 36-38, S. 3016-3017.

Ferner muss auch angenommen werden, dass die Überführung von Kriegsgefangenen in Konzentrationslager unter Mitwirkung der örtlichen Gestapo durchgeführt wurde."[160]

Entlastendes Vorbringen

Der dritte Teil der Anklageschrift mit der Überschrift „Entlastendes Vorbringen im Allgemeinen" umfasste 15 Seiten und war der *Widerlegung* der von Biberstein vorgebrachten Einwände geschuldet. So hatte Biberstein in dem direkten Verhör wie im Kreuzverhör mehrfach versichert, grundsätzlich keine Exekutionsbefehle erteilt zu haben, da sein Dienstvorgesetzter, SS-Gruppenführer Dr. Thomas, im Hinblick auf Bibersteins vormals ausgeübtes geistliches Amt ein Splitting der Aufgabenbereiche angeordnet und ihn somit von der Teilnahme an Hinrichtungen freigestellt hätte. Jenes entlastende Vorbringen versuchte Ferencz zu widerlegen, indem er auf diesbezügliche Aussagen des Entlastungszeugen Hartl verwies, der am 24. November 1947 auf die Frage, ob Dr. Thomas „mit Biberstein zufrieden gewesen" sei, geantwortet hatte: „Thomas hatte eine persönliche Abneigung gegen Biberstein, weil er auch die ehemaligen Theologen nicht sehr gerne sah und weil ihm Biberstein viel zu weich war."[161] An anderer Stelle hatte Hartl zu Protokoll gegeben, Biberstein habe mit seinem Dienstvorgesetzten „heftige Differenzen" gehabt.[162]

Aus jenen beiden Aussagen Hartls zog Ferencz die wenig überzeugende Schlussfolgerung, dass Dr. „Thomas Biberstein, den er nicht gerne mochte, und mit dem er heftige Auseinandersetzungen hatte, wohl kaum eine Ausnahmestellung eingeräumt haben würde, um die Gefühle eines früheren Geistlichen zu schonen."[163] Unter Zugrundelegung der Falschaussage Hartls, „dass Thomas keinen Befehlshaber der Einheiten unter seinem Kommando zwang, Hinrichtungen vor-

---

[160] Militärgerichtshof II, Fall 9, *Schriftsatz der Anklagebehörde gegen Ernst Biberstein*. Benjamin B. Ferencz, Chief Prosecutor, Peter P. Walton, Arnost Horlik-Hochwald, John E. Glancy of Counsel für: TELFORD TAYLOR, Brigadier General, USA, Chief of War Crimes und: James M. McHaney, Deputy Chief of Counsel for War Crimes, Director, Military & SS Division. Alfred Schwarz, Nancy Fenstermacher, Assistants, Nürnberg, Deutschland, 15. Februar 1948, StAN, Rep. 501, KV-Prozesse, Fall 9, D 4, S. 1-28, hier S. 11.

[161] Zeugeneinvernahme Albert Hartl am 24.11.1947, StAN, Rep. 501, KV-Prozesse, Fall 9, A 34-35, S. 2927.

[162] Ebd., S. 2924.

[163] Militärgerichtshof II, Fall 9, *Schriftsatz der Anklagebehörde gegen Ernst Biberstein*. Benjamin B. Ferencz, Chief Prosecutor, Peter P. Walton, Arnost Horlik-Hochwald, John E. Glancy of Counsel für: TELFORD TAYLOR, Brigadier General, USA, Chief of War Crimes und: James M. McHaney, Deputy Chief of Counsel for War Crimes, Director, Military & SS Division. Alfred Schwarz, Nancy Fenstermacher, Assistants, Nürnberg, Deutschland, 15. Februar 1948, StAN, Rep. 501, KV-Prozesse, Fall 9, D 4, S. 1-28, hier S. 13.

2 Der Einsatzgruppenprozess – die Rückkehr des Rechts 535

zunehmen, sondern diese Personen zurück nach Hause schickte oder ihnen anderen Aufgaben zuwies",[164] folgerte Ferencz:

> „Der Schluss ist unabweisbar. BIBERSTEIN blieb nur aus dem Grund mindestens neun Monate lang Befehlshaber des Einsatzkommandos 6, weil er sich nie weigerte, Hinrichtungen vorzunehmen oder Befehle zu Hinrichtungen zu erlassen. Thomas hätte ihn sonst bestimmt seiner Stellung enthoben."[165]

Jene in dem letzten Satz geäußerte Prämisse beruhte auf zwei irrtümlichen Ausgangslagen. Zum einen war in Bibersteins SS-Offiziersakte, die dem Gericht und der Anklagebehörde vorlag, *mehrfach* dokumentiert, dass Biberstein dem Reichssicherheitshauptamt (RSHA) bereits am 9. November 1942, d. h. wenige Wochen nach Dienstantritt ein Gesuch um Rückbeorderung unter gleichzeitigem Austritt aus dem SD eingereicht hatte. Die auf den 4. Februar 1943 datierte Antwort des Chefs der Sicherheitspolizei und des SD[166] war bei Biberstein jedoch erst Monate später am 21. Mai 1943 eingelaufen und hatte den nachfolgenden Wortlaut:

> „Ich [*Heinrich Himmler*] bin bereit, Sie für eine Verwendung im Dienst der allgemeinen und inneren Verwaltung *freizugeben* und stelle anheim, wegen Ihrer Übernahme, die bereits von hier aus in die Wege geleitet ist, mit dem Reichsministerium des Innern in Verbindung zu treten." [Kursivdruck vom Verf.].[167]

Das Schreiben war von dem damaligen SS-Sturmbannführer Erwin Schulz und späteren Mitangeklagten Bibersteins gezeichnet in Vertretung des ehemaligen Leiters I B (Personal) des Reichsicherheitshauptamtes (RSHA) Bruno Streckenbach. Aus dem Inhalt des Schreibens ging klar hervor, dass aus beamtenrechtlichen Gründen *ausschließlich* der Chef des Reichssicherheitshauptamtes (RSHA) – hier in Vertretung durch den Leiter des Personalamtes – die Berechtigung hatte, eine Rückbeorderung zu veranlassen. Demzufolge besaß Dr. Thomas keinerlei Befugnis, Biberstein einfach „nach Hause zu schicken" oder ihn „seines Postens zu entheben", wie der vermeintliche Entlastungszeuge Hartl dem US Military Tribunal II in Nürnberg glauben machen wollte. Dem einstigem Reichsbeamten Albert Hartl in dessen ehemaliger Funktion als langjähriger Chef der Abteilung *Politische Kirchen* des Amtes IV (*Weltanschauliche Gegner-Bekämpfung – Gestapo*) im Reichssicherheitshauptamt (RSHA) war diese Tatsache sehr wohl bewusst.

Es ist mehrfach darauf hingewiesen worden, dass die Uk-Stellung seitens der Wehrmacht darauf beruhte, dass Biberstein sich für die Dauer des Krieges zur *aus-*

---
[164] Ebd.
[165] Schriftsatz der Anklagebehörde gegen Biberstein, StAN, Rep. 501, KV-Prozesse, Fall 9, D 4, S. 1-28, hier S. 13.
[166] Nach Heydrichs Tod am 4.Juni 1942 hatte Himmler kommissarisch dessen Amtsgeschäfte übernommen bis zur Einsetzung des Heydrich-Nachfolgers Ernst Kaltenbrunner am 30. Januar 1943.
[167] B.D.S., I D – 325043, Vernehmungsniederschrift des Ernst Biberstein vom 19.06.1943, BArch (ehem. BDC) SSO, Biberstein, Ernst, 15.02.1899.

schließlichen Verfügung Heydrichs zu halten hatte. Demzufolge war eine Abänderung jener Wehrmachtsbeorderung keinesfalls aus persönlichen Gründen möglich, sondern ausschließlich im Einklang mit „dienstlichen Erfordernissen", wie der Runderlass Heydrichs vom 31. Juli 1941 eindeutig belegt.[168] Auf jene Tatsache hatte sogar der Vorsitzende Richter des US Military Tribunal II in Nürnberg verwiesen. Schon aus diesem Grunde hatte Bibersteins Vorgesetzter Dr. Thomas keinerlei Amtsbefugnis besessen, Biberstein „nach Hause zu schicken", d. h. eigenmächtig eine Wehrmachtsbeorderung abzuändern oder gar aufzuheben, zumal er als Chef einer Einsatzgruppe ebenfalls der Verfügungsgewalt und Dienstaufsicht Heydrichs bzw. nach dessen Tod jener Himmlers unterstand. Wie sind Hartls im Nürnberger Einsatzgruppenprozess getätigten Aussagen quellendokumentarisch zu bewerten?

Zunächst ist festzuhalten, dass Biberstein den SS-Sturmbannführer Hartl, einen ehemaligen katholischen Priester und damaligen Leiter der Abteilung IV *Politische Kirchen* im SD-Hauptamt und späteren Chef des Amtes IV B im Dezernat IV (*Gegner-Bekämpfung – Geheimes Staatspolizeiamt*) des Reichssicherheitshauptamtes (RSHA) deshalb als Entlastungszeugen angegeben hatte, weil er zu jenem während der Jahre 1936 bis 1941, als er seinen Dienstvorgesetzten, den Reichsminister für die kirchlichen Angelegenheiten Hanns Kerrl, im Auftrag des SD bespitzelte, ein freundschaftliches Verhältnis gepflegt hatte. Hartl war auch einer der Verfasser der überaus positiven dienstlichen Beurteilungen in Bibersteins SS-Offizierssakte, die dann jeweils zu Beförderungen geführt hatten.

Welche Gründe bewegten Hartl, nicht nur Biberstein, sondern auch weitere Angeklagte des Nürnberger Einsatzgruppenprozesses ganz erheblich zu belasten, insbesondere Blobel, den ehemaligen Führer des Sonderkommandos 4a? Ein Vergleich der Lebensdaten Hartls mit dessen Aussagen in verschiedenen bundesdeutschen Prozessen gegen NS-Täter lässt den Schluss zu, dass hinter allen Zeugenaussagen ausschließlich selbstrechtfertigende Motive standen. So hatte Hartl wie im Nürnberger Einsatzgruppenprozess beispielsweise auch im Jahr 1963 im Ersten Frankfurter Auschwitz-Prozess, in dem er als Zeuge in der *Strafsache gegen Mulka u. a.* auftrat, durch gezielte Falschaussagen einige Angeklagte belastet, um der eigenen Strafverfolgung zu entgehen. Vorliegend gab er gleich zu Beginn der Zeugenbefragung falsche Gründe für seine Strafversetzung zur Einsatzgruppe C an.[169] Auf die Frage des Vorsitzenden Richters im Ersten Auschwitz-Prozess, Hans

---

[168] Der Chef der Sicherheitspolizei und des SD, I A 1 – B. Nr. 31/41 g., Runderlass vom 31.7.1941 an alle Dienststellen der Sicherheitspolizei, alle Dienststellen der Kriminalpolizei, alle Dienststellen des SD, nachrichtlich den Amtschefs II-VII, allen Referenten und Hilfsreferenten des Reichssicherheitshauptamtes, allen Sachbearbeitern des Amtes I des Reichssicherheitshauptamtes, btr. *Einsatz bisher noch nicht eingesetzt gewesener Angehöriger der Sicherheitspolizei und des SD*, BArch, R 58/259.

[169] Im Ersten Auschwitz-Prozess gab Hartl als Grund für seine Strafversetzung „ständige Konflikte" mit seinem Dienstvorgesetzten Heinrich Müller („Gestapo-Müller") an. Tatsächlich jedoch war

2 Der Einsatzgruppenprozess – die Rückkehr des Rechts 537

Hofmeyer: „[Ist] einmal an Sie das Ansinnen gestellt worden, Sie sollten einem Erschießungskommando angehören oder ein solches Kommando übernehmen?", antwortete Hartl in Selbstverteidigung unter Verweis auf seine vermeintliche Weigerung gegenüber Heydrich Menschen zu töten:

> „Ich sollte von Berlin aus strafversetzt werden bzw. wurde strafversetzt nach Kiew [zur Einsatzgruppe C]. Vorher war mir schon vom Gruppenführer Müller [dem Chef des Amtes IV im RSH] mitgeteilt worden, ich sollte zur Bewährung zu einem Erschießungskommando und sollte endlich die nötige Härte bekommen. Und ich sagte damals sofort dem Gruppenführer [Heydrich], daß ich mich an Erschießungen nicht beteiligen könne. Und Heydrich sagte dann: ‚Das kann ich verstehen, Hartl. Sie sind zu weich'."[170]

Seinen im Nürnberger Einsatzgruppenprozess am 24. November 1947 getätigten exkulpatorischen Aussagen zufolge wurde Hartl aufgrund jener angeblichen Weigerung, ein Erschießungskommando zu führen, nicht mit der Führung eines Einsatz- oder Sonderkommandos betraut, sondern erhielt „um die Jahreswende 1941/42 [von dem Chef der Einsatzgruppe C/ BdS Ukraine Dr. Thomas,] zunächst den Sonderauftrag, die geistige Situation in der Sowjetunion zu studieren."[171] In der zweiten Hälfte des Jahres 1942 beauftragte ihn sein Dienstvorgesetzter SS-Gruppenführer Dr. Thomas sodann mit der Führung der Abteilung I/II (Personal/Verwaltung) beim Gruppenstab der Einsatzgruppe C bzw. des BdS Ukraine in Kiew.[172] „Damit oblagen ihm u. a. die Organisation der weltanschaulichen Schulung des Personals, das Transportwesen, der Funkverkehr und die *Waffenausstattung* der Sicherheitspolizei und des SD in seinem Bereich" [Kursivdruck vom Verf.], legt der Historiker Wolfgang Dierker in einer beachtenswerten Forschungsarbeit quellengestützt dar.[173] Auf diese Weise war Hartl direkt in die nationalsozialistische Vernichtungsmaschinerie eingebunden, schon dadurch, dass bereits ab Mai 1942 ein Teil der so bezeichneten *Arbeitsjuden* und sodann von Juli bis Dezember 1942 die Vernichtung aller bisher noch verschonten ukrainischen Juden durchgeführt wurde.[174] Gleichwohl verschwieg Hartl mit Hilfe einer ausgeklügelten Entlastungsstra-

---

die Strafversetzung im Anschluss an ein Disziplinarverfahren wegen sexueller Belästigung erfolgte, weil Hartl „im Juni 1941 [. . .] in einer dienstlichen Angelegenheit mit einer jungen Frau zu tun und mehrfach Annäherungsversuche [unternommen hatte]". WOLFGANG DIERKER: Himmlers Glaubenskrieger. Der Sicherheitsdienst der SS und seine Religionspolitik 1933-1941 (Veröffentlichungen der Kommission für Zeitgeschichte, Reihe B: Forschungen; 92), Paderborn u. a. 2001; zugleich: Bonn, Univ. Diss., 2000 u. d. T.: Dierker, Wolfgang: Die Religionspolitik des SD.

[170] Zeugenaussage Albert Hartl im Ersten Frankfurter Auschwitz-Prozess in der Strafsache gegen Mulka u. a. vor dem Landgericht Frankfurt/M., AZ: 4Ks 2/63, Fritz-Bauer-Institut. Geschichte und Wirkung des Holocaust. Tonbandmitschnitt des 1. Frankfurter Auschwitz-Prozesses am 26.3.1965, 146. Verhandlungstag.

[171] Zeugeneinvernahme Albert Hartl am 24.11.1947, StAN, Rep. 501, KV-Prozesse, Fall 9, A 34-35, S. 2915.

[172] Ebd.

[173] WOLFGANG DIERKER, Glaubenskrieger, S. 107.

[174] DIETER POHL: Schauplatz Ukraine, in:

tegie sowohl im Nürnberger Einsatzgruppenprozess als auch im Ersten Auschwitz-Prozess ganz offensichtlich aus Furcht vor Strafverfolgung jene Funktion. Des Weiteren gab Hartl im Ersten Auschwitz-Prozess fälschlicherweise an, bei Heydrich sofort Protest eingelegt zu haben, als ihm die Leitung des Amtes IV B (*Politische Kirchen*) im Dezernat IV (*Gegner-Bekämpfung – Geheimes Staatspolizeiamt*) des Reichssicherheitshauptamtes (RSHA) übertragen wurde. Daraufhin sei das *Judenreferat* allein aufgrund seines Widerstandes dem SS-Gruppenführer Müller unterstellt worden. Hingegen ist durch den Geschäftsverteilungsplan des Reichssicherheitshauptamtes (RSHA) vom März 1941 zweifelsfrei belegt, dass das Amt IV B 4, das sogenannte Eichmannreferat, ein Teil des Amt IV B (*Politische Kirchen*) gewesen war, und Hartl somit als unmittelbarer Dienstvorgesetzter Eichmanns fungiert hatte. Um nicht mit Eichmanns Verbrechen in Verbindung gebracht zu werden, beharrte Hartl auf jener Falschaussage, selbst als ihm der Vorsitzende Richter im Ersten Auschwitz-Prozess als Gegenbeweis ein Dokument des *Nürnberger Prozesses gegen die Hauptkriegsverbrecher* vorlegte, das die genaue Aufstellung des von ihm geleiteten Amtes IV B (*Politische Kirchen*) wiedergab.[175]

Über die Tatsache, dass Hartl trotz des reichsamtlichen Nachweises der Tatbeteiligung an NS-Verbrechen weder von den Alliierten noch von bundesdeutschen Gerichten bislang nicht angeklagt worden war, zeigte sich der Vorsitzende Richter im Ersten Auschwitz-Prozess, Hans Hofmeyer, in höchstem Maße erstaunt. Da sämtliche Prozessbeteiligten des Ersten Frankfurter Auschwitz-Prozesses – die Richter ebenso wie die Ankläger der Nebenklage und die Strafverteidiger – den selbstrechtfertigenden Ausführungen Hartls keinerlei Glauben schenkten, regte der Vertreter der Nebenklage, Rechtsanwalt Christian Raabe, die Anwendung des § 60, Abs. 3 der Strafprozessordnung (StPO) an. Demzufolge enthielt das Protokoll der Hauptverhandlung vom 26. März 1965 den folgenden Aktenvermerk: „Der Zeuge Hartl blieb gemäß § 60, Abs. 3 unbeeidigt, da der Verdacht besteht, daß er an den Taten, die hier den Gegenstand der Verhandlung bilden, beteiligt ist."[176]

Wie im Nürnberger Einsatzgruppenprozess, so hielt Hartl auch im Ersten Auschwitz-Prozess selbstrechtfertigend seine Falschaussage aufrecht, SS-Gruppenführer Dr. Thomas habe eigenmächtig diejenigen Personen, die „zu weich" waren, „nach Hause geschickt". Zu Recht konstatierte der Historiker Wolfgang Dierker, der sich mit der Person des Albert Hartl eingehend beschäftigt hat, im Hinblick

---

[175] in: CHRISTIAN HARTMANN/ JOHANNES HÜRTER/ PETER LIEB/ DIETER POHL: Der deutsche Krieg im Osten 1941-1944. Facetten einer Grenzüberschreitung (Quellen und Darstellungen zur Zeitgeschichte; 76), München 2009, S. 155-196, hier S. 195. Zeugenaussage des Albert Hartl im Ersten Frankfurter Auschwitz-Prozess in der Strafsache gegen Mulka u. a. vor dem Landgericht Frankfurt/M., AZ: 4Ks 2/63, Fritz-Bauer-Institut. Geschichte und Wirkung des Holocaust. Tonbandmitschnitt des 1. Frankfurter Auschwitz-Prozesses am 26.3.1965, 146. Verhandlungstag.
[176] Protokoll der Hauptverhandlung vom 26.3.1965, 4 Ks 2/63, Hauptakten, Bd. 105, Bl. 1.281.

2 Der Einsatzgruppenprozess – die Rückkehr des Rechts 539

auf dessen Falschaussagen in mehreren Nürnberger Nachfolgeprozesse, insbesondere im Nürnberger Einsatzgruppenprozess:

> „Bei diesen Aussagen gilt es zu bedenken, daß Hartl nach Kriegsende bemüht war, den Alliierten gegenüber seine persönliche Bedeutung herauszustreichen [...].
>
> Hier [im Nürnberger Einsatzgruppenprozess] gab Hartl erneut seine Version vom erfolgreichen Protest bei Heydrich gegen die Versetzung zu einem Exekutionskommando zu Protokoll und fügte nun eine grundsätzliche Aussage hinzu, die ihm zu seiner Entlastung erforderlich schien: Wie er selbst hätte jeder Angehörige der Einsatzgruppe C die Teilnahme am Massenmord ablehnen können. Mit dieser Aussage torpedierte Hartl die Entlastungsstrategie der Angeklagten [...].
>
> Wieder und wieder beschrieb Hartl sich als Prototyp des ‚Weichlings', der ohne schwerwiegende Folgen Mordbefehle verweigert hatte, wie es nach seiner Überzeugung jeder SS- und Polizeiangehörige habe tun können."[177]

In diesem Zusammenhang verweist Dierker darauf, dass die diesbezüglichen Falschaussagen Hartls sogar in die wissenschaftliche Literatur eingegangen seien und zitiert dazu Raul Hilberg in dessen Standardwerk *Die Vernichtung der europäischen Juden*:

> „Ein Mitglied des Reichssicherheitshauptamtes, SS-Sturmbannführer Hartl, weigerte sich rundweg, ein Einsatzkommando in Rußland zu übernehmen. Auch diesem Mann geschah nichts."[178]

Aspekte zu Bibersteins Kenntnis der Judenausrottung

Chefankläger Benjamin B. Ferencz führte in der Anklageschrift des Weiteren an, er halte es für „äußerst unglaubwürdig, dass Biberstein nichts von dem Führerbefehl gewusst haben soll oder von der Hauptaufgabe der Einheit, deren Befehlshaber er war, nämlich Juden und Kommunisten auszurotten."[179] Zwar habe jener während der Beweisaufnahme das Vorhandensein von Juden in der Stadt Rostow am Don bestritten, jedoch zugegeben, „dass die jüdischen Einwohner von Taganrog registriert wurden, was mit anderen Worten bedeutet, dass es in der letzteren Stadt immer noch Juden gab, die noch nicht umgebracht worden waren."[180] Demzufolge sei es höchst unwahrscheinlich, dass Biberstein keine Kenntnis von der Tatsache

---

[177] WOLFGANG DIERKER, Glaubenskrieger, S. 112-113.
[178] Ebd., S. 113. Die Anm. 95 auf S. 113 ist ein Zitat aus: Raul Hilberg: Die Vernichtung der europäischen Juden [1961], Frankfurt/M. 1977, S. 1094.
[179] Militärgerichtshof II, Fall 9, *Schriftsatz der Anklagebehörde gegen Ernst Biberstein*. Benjamin B. Ferencz, Chief Prosecutor, Peter P. Walton, Arnost Horlik-Hochwald, John E. Glancy of Counsel für: TELFORD TAYLOR, Brigadier General, USA, Chief of War Crimes und: James M. McHaney, Deputy Chief of Counsel for War Crimes, Director, Military & SS Division. Alfred Schwarz, Nancy Fenstermacher, Assistants, Nürnberg, Deutschland, 15. Februar 1948, StAN, Rep. 501, KV-Prozesse, Fall 9, D 4, S. 1-28, hier S. 13.
[180] Ebd.

gehabt haben sollte, „dass die Registrierung den ersten Schritt zur Ausrottung darstellte." Biberstein hatte im Rahmen der staatsanwaltschaftlichen Ermittlungen in der Vernehmung durch den Zivilermittler Rolf Wartenberg am 29. Juni 1947 ausgesagt, dass er in Rostow keine Juden mehr angetroffen habe, und dass er hinsichtlich der Juden in Taganrog lediglich wisse, dass diese registriert worden seien. Aus jener Aussage folgerte Ferencz gemäß dem Kausalitätsprinzip:

> „Auf diese Weise verband Biberstein automatisch den Begriff ‚Registrierung' mit dem Begriff ‚Hinrichtung', was den Beweis in sich einschließt, dass er über die Wechselwirkung der beiden Handlungen Kenntnis hatte."[181]

Desgleichen hielt Chefankläger Ferencz die von Biberstein so bezeichneten „geordneten polizeilichen Verfahren" für frei erfunden, insofern, als für die von dem Einsatzkommando 6 (EK 6) innerhalb von neun bzw. vier Monaten getöteten 2.000 bis 3.000 Personen jeweils sieben bis zwölf derartige „Verfahren" pro Tag – einschließlich der Sonn- und Feiertage – hätten durchgeführt werden müssen, was die Kapazität der dafür berechtigungsfähigen fünf Offiziere – Biberstein eingeschlossen – bei weitem überstiegen hätte. Er argumentierte:

> „Aber selbst, wenn BIBERSTEINs Behauptung, dass jeder einzelne Fall gründlich untersucht wurde, richtig wäre, so ist es kaum verständlich, warum diese Tatsachen eine vollgültige Verteidigung darstellen sollten.
>
> Eine Untersuchung durch Gestapo- und Kriminalpolizei-Beamte ohne Prozess, ohne dass das Opfer den Beistand eines Verteidigers hatte, ohne die Möglichkeit des Beschuldigten, einem anständigen Verhör unterzogen zu werden, können nicht die Grundlage eines gerechten Urteils bilden, besonders wenn dieses über Tod oder Leben des Angeklagten entscheidet."[182]

Durch den Einwand, jene „geordneten polizeilichen Verfahren" seien nicht von ihm, sondern von seinem Vorgänger Robert Mohr, einem versierten Juristen, eingeführt worden, habe Biberstein den Befehl seines Vorgängers automatisch bestätigt und jene unrechtmäßige Verfahrensart ausdrücklich gebilligt, konstatierte Ferencz zu Recht. Aus Bibersteins Einrede, gelegentlich Stichproben der Karteien durchgeführt zu haben, zog Ferencz den Beweis, dass jener „sich persönlich für die Hinrichtungen und für diese Verfahren verantwortlich fühlte."[183] Nichtsdestoweni-

---

[181] Ferencz zitierte als Beweis die entsprechende Zeugenaussage Bibersteins. Zeugeneinvernahme Biberstein, StAN, Rep. 501, KV-Prozesse, Fall 9, A 36-38, S. 3008. Militärgerichtshof II, Fall 9, *Schriftsatz der Anklagebehörde gegen Ernst Biberstein*. Benjamin B. Ferencz, Chief Prosecutor, Peter P. Walton, Arnost Horlik-Hochwald, John E. Glancy of Counsel für: TELFORD TAYLOR, Brigadier General, USA, Chief of War Crimes und: James M. McHaney, Deputy Chief of Counsel for War Crimes, Director, Military & SS Division. Alfred Schwarz, Nancy Fenstermacher, Assistants, Nürnberg, Deutschland, 15. Februar 1948, StAN, Rep. 501, KV-Prozesse, Fall 9, D 4, S. 1-28, hier S. 14.
[182] Ebd., S. 15.
[183] Ebd., S. 14.

2 Der Einsatzgruppenprozess – die Rückkehr des Rechts

ger hielt Ferencz zu Recht in der Anklageschrift fest, dass jene „Stichproben" und das „ordentliche Verfahren" eine von Biberstein frei erfundene Geschichte seien.[184]

Der Prozess gegen Biberstein – ein Indizienverfahren

Wie mehrfach hervorgehoben und im Gegensatz zu den Verfahren gegen seine Mitangeklagten, musste der Prozess gegen Biberstein aufgrund der zum damaligen Zeitpunkt schwierigen Beweislage insofern als Indizienprozess geführt werden, als ausschließlich die von Biberstein *vor* Prozessbeginn getätigten eidesstattlichen Aussagen Grundlage der Anklageschrift waren. Anders lag die Beweislage im Fall der Mitangeklagten, denen die Massenmorde zweifelsfrei durch verschiedene reichsamtliche Dokumente nachgewiesen werden konnten, insbesondere durch die *Ereignismeldungen UdSSR 1941/42*.

Im Hinblick darauf überprüfte Chefankläger Ferencz auf den Seiten 15 bis 27 der Anklageschrift gegen Biberstein die Zulässigkeit und damit Gerichtsverwertbarkeit eidesstattlicher Versicherungen unter Einbeziehung der US-amerikanischen Rechtsprechung. Dabei griff er zunächst den Einspruch des Verteidigers Dr. Friedrich Bergold auf, dass die eidesstattlichen Erklärungen Bibersteins nicht auf eine faire Weise erlangt worden und demzufolge als Beweismittel nicht zulässig seien. Jener Einlassung hielt Ferencz entgegen, dass Biberstein während des Kreuzverhörs am 24. November 1947 durch den zum Ferencz-Team gehörenden US-amerikanischen Staatsanwalt Arnost Horlik-Hochwald jedoch eingeräumt habe, „dass ihm weder eine Belohnung noch Straffreiheit für die Ablegung der beiden eidesstattlichen Erklärungen versprochen [worden seien]."[185] Nach Bibersteins eigenen Angaben sei er zur Abgabe der Affidavits auch nicht durch Folter gezwungen worden. Zudem hätten die Vernehmungen nie eine Zeitdauer von drei Stunden überschritten und seien nie während der Essens- oder Schlafenszeiten erfolgt.[186] Des Weiteren habe Biberstein zugegeben, dass er während der Verhöre „erfreulicherweise in Nürnberg sitzen [durfte]."[187] Die Frage des Staatsanwaltes Arnost Horlik-Hochwald, ob er zum Zeitpunkt der Abgabe seiner beiden Affidavits im Besitz seiner „vollen geistigen Kräfte" gewesen sei, habe Biberstein bejaht.[188] Auf die weitere Frage des Staatsanwaltes Arnost Horlik-Hochwald, ob er „gewisse Tatsachen zurückgehalten" hätte, wenn er auf sein Aussageverweigerungsrecht hingewiesen worden wäre, hatte Biberstein während des Kreuzverhörs am 24. November 1947 geantwortet:

---

[184] Ebd., S. 15.
[185] Ebd., S. 18.
[186] Zeugeneinvernahme Biberstein, StAN, Rep. 501, KV-Prozesse, Fall 9, A 36-38, S. 2987-2988.
[187] Ebd., S. 2988.
[188] Ebd.

„Ich hätte wahrscheinlich manche Dinge nicht genannt [...], und das ist sogar möglich [...], weil man mir durchaus eine Belastung konstruieren könnte, weil die Ansichten verschieden sind über verschiedene Probleme."[189]

Aus den oben zitierten Aussagen Bibersteins, die er am 24. November 1947 im Rahmen des Kreuzverhörs durch den Staatsanwalt Arnost Horlik-Hochwald getätigt hatte, zog Ferencz den nachfolgenden Schluss, dass „nur der abgelegte Eid ihn dazu gezwungen hätte, die Wahrheit zu sagen. Diese Erklärungen beweisen, dass BIBERSTEINs Geständnisse vollkommen freiwillig waren."[190] In diesem Zusammenhang gab Ferencz zu bedenken, dass es „von Nutzen sein [könne], die Umstände zu prüfen, unter denen ein Geständnis als freiwillig angesehen werde,[191] und verwies dabei auf zehn in den USA ergangene Gerichtsurteile, von denen eines unter Angabe der benutzten Quelle hier zitiert wird:

„Obwohl die Gerichte eine Täuschung nicht als Mittel, ein Geständnis zu erpressen, anerkennen, ‚so steht doch auf Grund des Gesetzes fest, dass die Tatsache, dass ein Geständnis auf Grund von Täuschung erlangt wurde, nicht ausreiche, eine Zurückhaltung von der Würdigung durch die Jury vorzuenthalten, zu rechtfertigen,

noch will es sie davon abhalten, einen Schuldspruch darauf zu stützen, wenn nicht noch andere Einwendungen dagegen gemacht werden können, und es, wie vom Gesetz verlangt wird, erhärtet werden kann' (People gegen Buffem, 214 NY 53, 108 NE 184 und ferner Lewis gegen United States, 74 (2d) 173."[192]

Da der Prozess gegen den Angeklagten Biberstein hauptsächlich auf seinen drei unter Eid getätigten Geständnissen beruhe, habe das US Military Tribunal II in Nürnberg zu entscheiden, ob diese Geständnisse ausreichend erhärtet wurden, um eine Verurteilung zuzulassen, resümierte Ferencz und verwies in diesem Zusammenhang auf sieben weitere Gerichtsurteile, von denen eines nachfolgend auszugsweise wiedergegeben wird.

„Ein unabhängiger Beweis des Tatbestandes, um ein Geständnis zu erhärten, muss nicht klar, positiv und direkt sein; *Indizienbeweis ist alles, was erforderlich ist* (State gegen Knapp 70 Ohio St. 380, 71 NE 705 [...])."[193]

„Ein Beweis aliunde muss jedoch, was den Tatbestand betrifft, nicht so beschaffen sein, dass er den Tatbestand über jeden vernünftigen Zweifel begründet.

---

[189] Ebd., S. 2988-2989.
[190] Militärgerichtshof II, Fall 9, *Schriftsatz der Anklagebehörde gegen Ernst Biberstein*. Benjamin B. Ferencz, Chief Prosecutor, Peter P. Walton, Arnost Horlik-Hochwald, John E. Glancy of Counsel für: TELFORD TAYLOR, Brigadier General, USA, Chief of War Crimes und: James M. McHaney, Deputy Chief of Counsel for War Crimes, Director, Military & SS Division. Alfred Schwarz, Nancy Fenstermacher, Assistants, Nürnberg, Deutschland, 15. Februar 1948, StAN, Rep. 501, KV-Prozesse, Fall 9, D 4, S. 1-28, hier S. 18.
[191] Ebd.
[192] Ebd., S. 19-20.
[193] Ebd., S. 22.

Es ist ausreichend, wenn er in Verbindung mit dem Geständnis betrachtet, die Jury über jeden vernünftigen Zweifel hinaus dahin befriedigt, dass das Verbrechen tatsächlich begangen wurde [...]. (Flower v. the United States 116 Fed. 2412 [...]." [Kursivdruck vom Verf.].[194]

Es ist bereits darauf verwiesen worden, dass die Anklagebehörde gemäß Kontrollratsgesetz Nr. 10 den NS-Verbrechern nicht jede Mordtat einzeln nachzuweisen hatte. Es genügte der Beleg, dass der Angeklagte einer Organisation angehört hatte, die während des Vernichtungskrieges gegen die Sowjetunion dezidiert beauftragt worden war, die „sicherheitspolizeiliche Befriedung" der eroberten Gebiete auszuführen, d. h. aus ideologisch-politischen, rasseideologischen oder erbbiologischen Gründen bestimmte zuvor definierte Personengruppen zu ermorden. Auf den juristischen Begriff der *funktionellen Beihilfe* wird im Schlusskapitel zurückzukommen sein. Im Hinblick darauf begründete Ferencz die Anklage mit der abschließenden Argumentation, in der er zwar potentielle Schuldausschließungsgründe berücksichtigte, aber auch die völlig erfundenen und unwahren Aussagen des Entlastungszeugen Hartl als Beweis heranzog, denen er vollen Glauben geschenkt hatte – ganz im Gegensatz zu den im Ersten Auschwitz-Prozess tätigen Richtern, Staatsanwälten und Nebenklägern, die jene Aussagen auf den ersten Blick als selbstrechtfertigende Falschaussagen entlarvt hatten. Wegen ihres besonderen Gewichtes wird daher der Schluss der Anklageschrift in aller Ausführlichkeit zitiert:

„Die Anklagebehörde steht auf dem Standpunkt, dass das Einsatzkommando 6 vor und auch nach der Zeit von BIBERSTEINs Kommando Morde beging und dass alle Einsatzgruppen mit ihren Untereinheiten, den Kommandos, *besonders zum Zwecke der Begehung von Morden organisiert wurden.*

Dies allein genügt, BIBERSTEINs Geständnis zu erhärten, dass Morde begangen wurden, als dieses Kommando unter seiner Leitung und seinem Befehl stand.

Überdies hat BIBERSTEINs eigener Zeuge Hartl das Geständnis des Angeklagten dadurch erhärtet, daß er die Aufgaben des Befehlshabers der Einheiten der Einsatzgruppen im allgemeinen und BIBERSTEINs im Besonderen definierte.

Schließlich sollte auch die Frage vom Gerichtshof erwogen werden, ob BIBERSTEIN zur Milderung seiner Schuld höheren Befehl vorbringen kann. Die Anklagebehörde behauptet, dass im Falle BIBERSTEIN solch eine Milderung nicht gerechtfertigt sei.

Die Aussage des Zeugen Hartls beweist, dass BIBERSTEINs unmittelbarer Vorgesetzter keinen der ihnen untergebenen Offiziere zwang, an Hinrichtungen teilzunehmen oder solche Maßnahmen zu befehlen.

Die Befehlshaber, die sich der Ausführung solcher Aufgaben widersetzten, wurden nach Deutschland zurückgeschickt oder erhielten einen anderen Posten. Von Hartl's Aussagen geht hervor, dass sie keine Rückwirkungen fürchten mussten.

---

[194] Ebd., S. 23.

Wenn keine Angst vor Repressalien wegen Ungehorsams bestehen, so begründet der Gehorsam eine vollkommen freiwillige Teilnahme an den Verbrechen." [Kursivdruck vom Verf.].[195]

Das US Military Tribunal II folgte der Argumentation der Staatsanwaltschaft vollumfänglich.

2.7 DAS PLÄDOYER DER VERTEIDIGUNG FÜR BIBERSTEIN

Negation der Rechtszuständigkeit des US Military Tribunal II in Nürnberg

Nach Abschluss des Beweisaufnahmeverfahrens hielten die Strafverteidiger jeweils ihr Plädoyer. Im Fall Biberstein war das der mehrfach erwähnte Dr. Friedrich Bergold, der seine Verteidigungsrede mit der Frage begann: „Kann Unrecht werden, was als Recht begann?". Mit jenem Zitat eröffnete er seinen Angriff auf die Zuständigkeit der US-amerikanischen Militärgerichtshöfe, wie sie durch das Kontrollratsgesetz Nr. 10 vom 20. Dezember 1945 festgelegt worden war. Zunächst warf Dr. Bergold die Frage auf, ob der Kontrollrat als oberste vollziehende Behörde in Deutschland auch die Befugnis besitze, Gesetze zu erlassen und führte dazu aus:

> „Der Kontrollrat kann [...] nur dann mit Recht Macht in Deutschland ausüben und Gesetze erlassen, wenn er auf ein Übereinkommen mit dem besiegten deutschen Volke sich berufen kann. Die alliierten Mächte tun dies auch. Sie berufen sich für die Ausübung der Macht auf die bedingungslose Kapitulation Deutschlands [...]. Das deutsche Volk, die deutsche Regierung haben diese Erklärung angenommen und sich diesem Willen der Alliierten gebeugt."[196]

Zwischenzeitlich jedoch seien die Siegermächte in zwei Lager mit unterschiedlichen Interessen und Zielen aufgeteilt, argumentierte Bergold weiter. Durch jene Aufspaltung hätten die „alliierten Mächte dem Übereinkommen der bedingungslosen Kapitulation die Grundlage entzogen, und aus dem Recht [sei] nun Unrecht [geworden]."[197] Weder die Alliierten noch der Kontrollrat besäßen nunmehr „wegen der Verletzung der Grundlagen des Übereinkommens der bedingungslosen Ka-

---

[195] Militärgerichtshof II, Fall 9, *Schriftsatz der Anklagebehörde gegen Ernst Biberstein*. Benjamin B. Ferencz, Chief Prosecutor, Peter P. Walton, Arnost Horlik-Hochwald, John E. Glancy of Counsel für: TELFORD TAYLOR, Brigadier General, USA, Chief of War Crimes und: James M. McHaney, Deputy Chief of Counsel for War Crimes, Director, Military & SS Division. Alfred Schwarz, Nancy Fenstermacher, Assistants, Nürnberg, Deutschland, 15. Februar 1948, StAN, Rep. 501, KV-Prozesse, Fall 9, D 4, S. 1-28, hier S. 24.
[196] PLAIDOYER für ERNST BIBERSTEIN vor dem Militärgerichtshof Nr. II Nürnberg, Fall 9, überreicht durch Rechtsanwalt Dr. Friedrich BERGOLD Nürnberg, StAN, Rep. 501, KV-Prozesse, Fall 9, D 3, S. 1-24, hier S. 2.
[197] Ebd., S. 3.

2 Der Einsatzgruppenprozess – die Rückkehr des Rechts 545

pitulation die Befugnis, Macht in Deutschland auszuüben." Ebenso wie „das Kontrollratsgesetz Nr. 10 seine Verbindlichkeit vor der Gerechtigkeit" verloren habe, so hätten auch „die auf das Kontrollratsgesetz sich berufenden Gerichte die Zuständigkeit zu richten" eingebüßt.[198]

Dabei ließ Dr. Bergold jedoch außer Acht, dass das Kontrollratsgesetz Nr. 10 als eine *Kodifizierung allgemeinen Besatzungsrechtes* am 20. Dezember 1945 von allen *vier* Siegermächten unterzeichnet worden war Demzufolge waren die Militärgerichte in den vier Besatzungszonen – somit auch das US Military Tribunal II in Nürnberg – Gerichte der jeweiligen Besatzungsmacht. Da neben Dr. Bergold auch die übrigen Strafverteidiger im Einsatzgruppenprozess dem US Military Tribunal II in Nürnberg jegliche Rechtszuständigkeit absprachen, nahm das Gericht in seiner Urteilsbegründung zu jener Einlassung Stellung und führte aus, dass das US Military Tribunal II zwar seine *Existenz* von dem Alliierten Kontrollrat herleite, jedoch seine „sachliche Zuständigkeit auf das schon lange vor dem zweiten Weltkrieg gültige Völkerrecht [gründe]."[199] Die Berufung auf geltendes Völkerrecht war insofern von hoher Relevanz, als sie geeignet war, den Vertretern der Siegerjustiz-These eine diesbezügliche Argumentation zu entziehen. Jene Rechtsauffassung des Dr. Bergold war schon deshalb sachlich unhaltbar, als trotz der von ihm aufgezeigten Konfliktlinien zwischen den Westalliierten und der Sowjetunion das Kontrollratsgesetz Nr. 10 während der gesamten Zeit des Nürnberger Einsatzgruppenprozesses und der Urteilsverkündung am 10. April 1948 seine volle Rechtsgültigkeit besaß.

Zwar hatte die Sowjetunion am 20. März 1948 ihren Austritt aus dem Alliierten Kontrollrat erklärt, jedoch wurde das Kontrollratsgesetz Nr. 10 in der Sowjetischen Besatzungszone erst am 20. September 1948 durch den *Beschluß des Ministerrates der UdSSR über die Auflösung der Hohen Kommission der UdSSR in Deutschland* außer Kraft gesetzt.[200] Für die Bundesrepublik Deutschland hingegen wurde es sogar sieben Jahre später am 5. Mai 1955 im Rahmen deren Entlassung in die beschränkte Souveränität zunächst lediglich abgeändert und ein Jahr später am 30. Mai 1956 durch das *Erstes Gesetz zur Aufhebung des Besatzungsrechts* ganz aufgehoben.[201] Somit hatte es zum Zeitpunkt der Urteilsverkündung am 10. April 1948 seine volle Rechtsgültigkeit als *Kodifizierung allgemeinen Besatzungsrechtes* besessen.

---

[198] Ebd., S. 3-4.
[199] KAZIMIERZ LESZCZYŃSKI (Hrsg.), Fall 9, S. 78.
[200] *Beschluß des Ministerrates der UdSSR über die Auflösung der Hohen Kommission der UdSSR in Deutschland*. Vom 20. September 1955, in: www.verfassungen.de/de/de45-49/kommissionsaufloesung55.htm; 26.2.2016.
[201] *Erstes Gesetz zur Aufhebung des Besatzungsrechts*. Vom 30. Mai 1956, BGBl. I, Nr. 24 vom 31.5.1956, S. 437, hier insbesondere die Paragraphen 2 und 3.

Bild 70: Chief prosecutor Benjamin Ferencz presents documents as evidence at the Einsatzgruppen Trial. Ferencz is flanked by German defense lawyers, <u>Dr. Friedrich Bergold (right, counsel for Ernst Biberstein)</u> and Dr. Rudolf Aschenauer (left, counsel for Otto Ohlendorf), who are protesting the introduction of the documents as evidence. Photograph Number: 09918.
(Quelle: U.S. Holocaust Memorial Museum).

Negation völkerrechtlicher Bindungen – ein Entlastungsmoment?

Um die für Biberstein entworfene Verteidigungsstrategie von den Verteidigungslinien der anderen im Nürnberger Einsatzgruppenprozess angeklagten NS-Gewalttäter abzugrenzen, die als Begründung für die von ihnen begangenen Verbrechen einen Befehlsnotstand aufgrund des „Führerbefehls" anführten, erklärte Dr. Bergold, dass

> „dieser Prozess eigentlich zwei Prozesse [enthalte], erstens den Prozeß um den sogenannten *Führerbefehl*, der die Ausrottung einer bestimmten Klasse von Menschen ohne Urteil nur wegen der Zugehörigkeit zu einer Rasse oder politischen Anschauung angeordnet haben soll, und

> zweitens den Prozeß um die Durchführung von *Hinrichtungen auf Grund rein polizeilicher Verfahren* gegen Personen, die bestimmte, erlaubterweise verbotene Handlungen

2 Der Einsatzgruppenprozess – die Rückkehr des Rechts

begangen hatten, wie Sabotage, Spionage, Waffenbesitz und Angriffe aus dem Hinterhalt gegen Militärpersonen,

Verbrechen also, die bei der Besetzung von Ländern von allen Kriegsführenden bestraft werden, wie dies auch die Anordnung der amerikanischen Streitkräfte bei der Besetzung Deutschlands erwiesen haben." [Kursivdruck vom Verf.].[202]

Der Vergleich des Dr. Bergold mit den militärgerichtlichen Prozessen der Alliierten gegen NS-Straftäter mit den von Biberstein durchgeführten „polizeilichen Strafverfahren" gegen Personen der Zivilbevölkerung wegen vermeintlicher oder tatsächlicher Angriffe auf die deutsche Wehrmacht war als Verteidigungsargument insofern völlig ungeeignet, als die Anwendung solcherlei rechtsstaatlich nicht zulässiger Strafverfolgung in den Jahren 1941 bis 1945 zumindest einer Kapitulationserklärung der sowjetischen Regierung bedurft hätte. Das Gegenteil war der Fall, denn während des Zeitraumes, in dem die Einsatzgruppen in der UdSSR mordeten, befanden sich Deutschland und die Sowjetunion in einem kriegerischen Kampf. Demzufolge unterlagen bewaffnete Zivilisten, d. h. agierende Partisanen, dem Kombattantenstatus, wie er 1907 in der *Haager Landkriegsordnung* von den Signatarmächten für völkerrechtsverbindlich erklärt worden war, insbesondere in den Artikeln 1, 3 und 42.[203] Dort wird in den Artikeln 1 und 3 der Begriff „Partisan" wie folgt definiert:

„Artikel 1
Die Gesetze, die Rechte und die Pflichten des Krieges gelten nicht nur für das Heer, sondern auch für die Milizen und Freiwilligen-Korps, wenn sie folgende Bedingungen in sich vereinigen:
1. daß jemand an ihrer Spitze steht, der für seine Untergebenen verantwortlich ist,
2. daß sie ein bestimmtes aus der Ferne erkennbares Abzeichen tragen,
3. daß sie die Waffen offen führen und
4. daß sie bei ihren Unternehmungen die Gesetze und Gebräuche des Krieges beachten
[…].

Artikel 3
Die bewaffnete Macht der Kriegsparteien kann sich zusammensetzen aus Kombattanten und Nichtkombattanten. Im Falle der Gefangennahme durch den Feind haben die einen wie die anderen einen Anspruch auf Behandlung als Kriegsgefangene."[204]

Aufgrund des Artikels 3 der Haager Landkriegsordnung hätten die sowjetischen Kombattanten und ebenso die Nichtkombattanten nach ihrer Festnahme in deutschen Kriegsgefangenenlagern untergebracht werden müssen, keinesfalls jedoch

---

[202] PLAIDOYER für ERNST BIBERSTEIN vor dem Militärgerichtshof Nr. II Nürnberg, Fall 9, überreicht durch Rechtsanwalt Dr. Friedrich BERGOLD Nürnberg, StAN, Rep. 501, KV-Prozesse, Fall 9, D 3, S. 1-24, hier S. 5.
[203] *Ordnung der Gesetze und Gebräuche des Landkrieges*. Vom 18. Oktober 1907, in: Reichsgesetzblatt I, 1910, Nr. 2, S. 132-134.
[204] Ebd.

waren sie zu liquidieren. Die Berichte der Einsatzgruppen an das Reichssicherheitshauptamt (RSHA) belegen in vielfältiger Weise eindeutig und ausführlich, dass die Kommandeure der Einsatz- und Sonderkommandos nicht nur Widerstandskämpfer, sondern gleichermaßen auch Verdächtige im Rahmen der von Hitler angeordneten Partisanenbekämpfung – die in verschleiernder NS-Diktion als *Bandenbekämpfung* ausgegeben worden war – durchaus nicht während einer Kampfhandlung erschossen, sondern dass sie die Exekutionen tatsächlicher oder vermeintlicher Partisanen anlässlich deren Gefangennahme in völkerrechtswidriger Weise entweder als reine Strafmaßnahme oder als Vergeltungsschlag, ja sogar als vorbeugendes Mittel durchführten – also unter Missachtung des Kombattantenstatus der Verhafteten. Das traf auch auf Biberstein zu, der vor dem US Military Tribunal II seine Verbrechen mit dem Befehl des Befehlshabers des Heeresgebietes Don zu legitimieren suchte.

Das US Militärgericht sah sich demzufolge veranlasst, jene völkerrechtswidrige Behandlung der Partisanen durch das Personal der Einsatzgruppen auch am 8. April 1948, dem ersten Tag der Verlesung der Urteilbegründung, unter Verweis auf die entsprechenden Artikel der *Haager Landkriegsordnung* eigens zu thematisieren.[205]

Dr. Bergold hingegen versuchte die Legitimierung der von Biberstein in der Oblast Rostow begangenen Morde an der Zivilbevölkerung wegen deren vermeintlichen „Verbrechen gegen bestimmte militärische Gesetze" – gemeint war der Befehl des Befehlshabers des Heeresgebietes Don – mit einer auf Biberstein anzuwendenden „Besonderheit der Rechtssituation" zu begründen. Zu diesem Punkt führte er in seinem Plädoyer aus:

> „Was aber den Prozess um Hinrichtungen wegen Verbrechen gegen bestimmte militärische Gesetze aufgrund rein polizeilicher Verfahren anlangt, so ermangelt meines Erachtens Ihrem Gericht [deshalb] die innere Zuständigkeit, weil es sich hier um Vorgänge handelt, die ausschließlich in dem Kriege zwischen Deutschland und Rußland sich abgespielt haben. Hier liegt eine besondere Rechtssituation vor."[206]

Für jene „besondere Rechtssituation" entwarf Dr. Bergold eine abenteuerlich anmutende Verteidigungslinie. So führte er unter anderem aus, dass das US Military Tribunal II im Fall Biberstein nur dann ein gerechtes Urteil fällen könne, „wenn genau der Rechtsstand beachtet wird, der allein zwischen Deutschland und Rußland besteht und wenn ferner die Rechtsgewohnheiten und Rechtsanschauungen angewandt werden, die in beiden Ländern üblich sind und die ganz erheblich von den Rechtsgewohnheiten Ihres Landes [der USA] abweichen können und tatsäch-

---

[205] KAZIMIERZ LESZCZYŃSKI (Hrsg.), Fall 9, S. 123f.
[206] Plaidoyer für Ernst Biberstein vor dem Militärgerichtshof Nr. II Nürnberg, Fall 9, überreicht durch Rechtsanwalt Dr. Friedrich Bergold, Nürnberg, StAN, Rep. 501, KV-Prozesse, Fall 9, D 3, S. 1-24, hier S. 5.

2 Der Einsatzgruppenprozess – die Rückkehr des Rechts 549

lich abweichen."[207] Zunächst verwies Dr. Bergold auf die Tatsache, dass zu Beginn des Angriffs auf die Sowjetunion „zwischen Rußland und Deutschland keinerlei völkerrechtliche Bindung in Bezug auf die Behandlung der Zivilbevölkerung bestand", da die damalige Regierung „im Jahre 1918 bzw. 1919 ausdrücklich alle von der früheren zaristischen Regierung eingegangenen Verträge gekündigt" habe, somit auch die Haager Landkriegsordnung. Die Kündigung einer Kodifikation des Völkerrechts habe somit „die Bedeutung, daß zwischen solchen Staaten überhaupt kein Völkerrecht mehr gelte."[208]

In jener Beweisführung ließ Bergold jedoch außer Acht, dass die sowjetische Regierung am 19. Juli 1941, d. h. vier Wochen nach Beginn des deutschen Vernichtungsfeldzuges, dem deutschen Auswärtigen Amt über deren Schutzmacht Schweden eine Note zukommen ließ, in der sie ausdrücklich erklärte, die Haager Landkriegsordnung bei Gegenseitigkeit anzuwenden. Bezeichnenderweise hatte die Reichsregierung jenes Angebot jedoch am 25. August 1941 abgelehnt.[209] Dessen ungeachtet zog Dr. Bergold aus seinem Statement, die sowjetische Regierung habe im Jahre 1918 bzw. 1919 gegenüber Deutschland eine Kündigung der Kodifikation des Völkerrechts vollzogen, den rechtlich fragwürdigen Schluss:

„Damit war Deutschland an sich frei für die Durchführung von Strafverfahren wegen Verletzung erlassener militärischer Gesetze *jede Art von Verfahren zu wählen*, die es der Sachlage nach *gutdünkte*.
Es konnte daher die Verfolgung solcher Verbrechen ohne weiteres einem *polizeilichen* Verfahren überantworten, sofern die primitiven Rechte eines Angeklagten, nämlich seine Anhörung und die Erhebung von Beweisen gewahrt geblieben sind.[210]
So man nun argumentieren wollte, Deutschland wäre auch ohne geltendes Völkerrecht verpflichtet gewesen in analoger Anwendung der Bestimmungen der Haager Landkriegsordnung Art. 43 der Zivilbevölkerung gegenüber die Landesbräuche zu achten, d. h. also Strafverfahren nur in der Form durchzuführen, wie sie in Rußland üblich gewesen sind, so wäre auch dann das von Deutschland angewandte und angeordnete polizeiliche Verfahren rechtens gewesen.

---

[207] Ebd.
[208] Ebd., S. 6.
[209] Vortrag des Legationsrates im Auswärtigen Amt Adolf Erich Albrecht vom 1.8.1941, Akten der deutschen auswärtigen Politik (ADAP), Serie D, XIII, 1, Nr. 173, S. 228-229. Albrecht trat in mehreren Nürnberger Nachfolgeprozessen als Zeuge auf. Der Historiker Christian Streit hat in einer hervorragenden, quellengestützten Studie auch jenen Aspekt beleuchtet. CHRISTIAN STREIT: Keine Kameraden. Die Wehrmacht und die sowjetischen Kriegsgefangenen 1941-1945 (Studien zur Zeitgeschichte;13), Stuttgart 1978, zugleich: Heidelberg, Univ. Diss., 1977 u. d. T: Streit, Christian: Die sowjetischen Kriegsgefangenen als Opfer des nationalsozialistischen Vernichtungskrieges 1941-1945, hier S. 224-227. DERS.: Die Behandlung der sowjetischen Kriegsgefangenen und völkerrechtliche Probleme, in: GERD UEBERSCHÄR/ WOLFRAM WETTE (Hrsg.): Der deutsche Überfall auf die Sowjetunion. „Unternehmen Barbarossa" 1941, Frankfurt/M. ²2011, S. 159-183, hier, S. 161.
[210] Dass jene elementaren Rechte des Angeklagten tatsächlich gewahrt worden seien, konnte Biberstein jedoch keineswegs glaubhaft nachweisen.

> *Hier kommt es nun auf die Rechtsgewohnheiten und Anschauungen an, die in beiden Staaten Rußland und Deutschland üblich gewesen sind* und die sich so erheblich von denen Ihres Landes abweichen, daß allein aus *Ihrem Gesetz ein echtes Verständnis für die Rechtssituation nicht möglich sein dürfte.*" [Kursivdruck vom Verf.].[211]

Zum einen setzte Dr. Bergold die in der Haager Landkriegsordnung bezeichneten „Landesbräuche der Zivilbevölkerung" – etwa die landestypischen Bräuche bei Festen und Feiern oder entsprechende Rituale bei Geburt und Totenfeiern – in unzulässiger Weise gleich mit den widerrechtlichen und völlig willkürlichen Strafmaßnahmen zweier Diktaturen. Zum anderen versuchte er die Aufhebung rechtsstaatlicher Normen zur Sicherung der Herrschaftsgewalt im NS-Führerstaat – wie in Kapitel III.1 ausführlich dargelegt – und damit die Umgehung der Justiz, d. h. der ordentlichen Gerichte, bei illegalen Maßnahmen der Staatsführung und der politischen Organe, etwa der Strafvollzug seitens der Gestapo im Reich oder die von den Einsatzgruppen in Russland begangenen Massaker – dadurch zu legitimieren, indem er sie den seitens des sowjetischen Geheimdienstes NKWD begangenen Morden gegenüberstellte. „Die oberste Leitung der Gestapo [habe] mit der Einführung des polizeilichen Verfahrens [lediglich] russische Methoden nachgeahmt", erklärte der dem US Military Tribunal II und zog den gewagten Schluss:

> „Es ist also erwiesen, daß in beiden Ländern [Deutschland wie Russland] für die Verfolgung von Verbrechen polizeiliche Verfahren entwickelt worden sind, die damit landesüblich sind und deren Anwendung, weil sie Rechtsformen beider Länder sind, kein Verstoß gegen völkerrechtliche Verpflichtung ist."[212]

Dass Deutschland durchaus nicht „frei [war], für die Durchführung von Strafverfahren wegen Verletzung erlassener militärischer Gesetze jede Art von Verfahren zu wählen, die es der Sachlage nach gutdünkte", wie Bergold wähnte, ergibt sich schon aus der Tatsache, dass Hitler durch den „*Erlass über die Ausübung der Kriegsgerichtsbarkeit im Gebiet Barbarossa*" bereits *vor* Beginn des wirtschaftspolitisch und rassenideologisch begründeten Vernichtungsfeldzuges gegen die Sowjetunion die Militärgerichtsbarkeit aufgehoben hatte.[213] Jener sogenannte *Kriegsgerichtsbarkeits-* oder *Barbarossa-Erlass* war bewusst darauf ausgerichtet, die späteren NS-Verbrecher nicht nur ungestraft zu lassen, sondern das Militär ebenso wie die von Himmler befehligten Polizeibataillone sowie Einsatzgruppen

---

[211] PLÄDOYER für ERNST BIBERSTEIN vor dem Militärgerichtshof Nr. II Nürnberg, Fall 9, überreicht durch Rechtsanwalt Dr. Friedrich BERGOLD Nürnberg, StAN, Rep. 501, KV-Prozesse, Fall 9, D 3, S. 1-24, hier S. 6-7.
[212] Ebd., S. 8-9
[213] Der Führer und Oberste Befehlshaber der Wehrmacht, Führerhauptquartier, d. 13. Mai 1941, *Erlass über die Ausübung der Kriegsgerichtsbarkeit im Gebiet „Barbarossa" und über besondere Maßnahmen der Truppe*, BArch-MA, RW 22/155. und BArch-MA, RW 4/v.577.

2 Der Einsatzgruppenprozess – die Rückkehr des Rechts

und deren Kommandos geradezu zu völkerrechtswidrigen Maßnahmen gegen die sowjetische Zivilbevölkerung aufzufordern.[214]

Bezeichnenderweise erwähnten weder Dr. Bergold noch die übrigen im Nürnberger Einsatzgruppenprozess zugelassenen Strafverteidiger jene Aufhebung der Militärgerichtsbarkeit als *die* entscheidende Handlungsgrundlage ihrer Mandantschaft, zumal jener Erlass gezielt in der Weise konzipiert war, die späteren NS-Gewalttäter in eine pseudolegale Rechtssicherheit zu versetzen und zudem auch potentiellen Bedenkenträgern jegliche Gewissensbisse zu nehmen durch ein Appellieren an deren Loyalitäts-, d. h. an deren Führerbindung. Des Weiteren verneinte Dr. Bergold objektive rechtsstaatliche Normen, indem er argumentierte,

„daß es ein objektives, über allen Volksanschauungen stehendes Recht nicht gibt, sondern das Recht ausschließlich das ist, was die Mehrheit eines Volkes bildet [...]. So dies erwogen wird, ist das in Deutschland und Rußland übliche Verfahren weitgehend als ein echtes Recht anzusprechen, dessen Anwendung niemanden strafbar machen kann [...].

Jedenfalls sind mit der Tatsache, da sich die Mehrheit des deutschen Volkes für das autoritäre Regime entschieden hatte, dessen Gesetze und polizeilichen Verfahrensformen Recht geworden."[215]

Jene Argumentation, dass der Wille der Volksmehrheit das NS-System und damit auch dessen Rechtsfolgen getragen habe, ging völlig an der Tatsache vorbei, dass die Aufhebung des rechtsstaatlichen Normengefüges – wie in Kapitel III.1.1 bis 1.3 ausführlich dargelegt – schrittweise auf dem *Erlasswege* erfolgt war, d. h. gerade ohne Beteiligung des Volkes. Dr. Bergold beendete seine allgemeinen Erwägungen mit dem Statement, dass unter Zugrundelegung der obigen Darlegungen

„die Durchführung von Strafverfahren gegen russische Staatsangehörige wegen Sabotage, Spionage, Waffenbesitz, Angriffen gegen Militärpersonen usw. im Wege des reinen Polizeiverfahrens und die Verhängung von Todesstrafen in diesem Verfahren kein Kriegsverbrechen oder Verbrechen gegen die Menschlichkeit gewesen ist."[216]

Offensichtlich schien selbst Dr. Bergold seine oben ausgeführten Darlegungen für wenig überzeugend zu halten, insofern, als er letztendlich unter Zugrundelegung des Kontrollratsgesetzes Nr. 10, Artikels II, 4 b auf „Befehlsnotstand" als Schuldminderungsgrund plädierte.[217] Unter Verweis auf den *Fall 5* der Nürnberger Nach-

---

[214] Vgl. dazu in Kapitel III.5.5 den Abschnitt zur *Aufhebung der Rechtszuständigkeit durch den Kriegsgerichtsbarkeits-Erlass*.
[215] PLÄDOYER für ERNST BIBERSTEIN vor dem Militärgerichtshof Nr. II Nürnberg, Fall 9, überreicht durch Rechtsanwalt Dr. Friedrich BERGOLD Nürnberg, StAN, Rep. 501, KV-Prozesse, Fall 9, D 3, S. 1-24, hier S. 10.
[216] Ebd., S. 12.
[217] *Gesetz Nr. 10 des Alliierten Kontrollrats über die Bestrafung von Personen, die sich Kriegsverbrechen, Verbrechen gegen den Frieden oder gegen die Menschlichkeit schuldig gemacht haben*. Vom 20. Dezember 1945, Amtsblatt des Kontrollrats in Deutschland, S. 50-55. Dessen Artikel II, 4 b führt aus: „Die Tatsache, daß jemand unter dem Befehl seiner Regierung oder seines Vorgesetzten

folgeprozesse, den so genannten Flick-Prozess, argumentierte er, das zuständige US Military Tribunal IV in Nürnberg habe ausgeführt,

> „daß in Deutschland im Kriege jede Handlung, die als ein Versuch zur Verhinderung oder Verzögerung der vorgeschriebenen Anordnung ausgelegt werden konnte, als Sabotage gegolten hat und mit den schwersten und strengsten Strafen, manchmal sogar mit der Todesstrafe belegt worden ist [...].

Das Gericht hat seine Darlegung mit dem Satz gegipfelt, daß dort, wo unwiderstehlicher *physischer* Zwang vorliegt, der Wille des Handelnden fehlt und damit auch seine Schuld." [Kursivdruck vom Verf.].[218]

Mit jener Deduktion widerlegte Bergold seine zuvor entworfene Verteidigungslinie auf zweifache Weise, insofern, als Biberstein in dem Beweisaufnahmeverfahren wiederholt den Befehl des Befehlshabers des Heeresgebietes Don hinsichtlich der Partisanenbekämpfung als völlig legitim erachtet hatte. Demzufolge hatte Biberstein die Morde an der sowjetischen Zivilbevölkerung keineswegs aufgrund eines *physischen* Zwanges verübt, den die Vorgesetzten, etwa der Befehlshaber des Heeresgebietes Don oder aber der Chef der Einsatzgruppe C, ausgeübt haben könnten. Im Gegenteil, Dr. Thomas hatte dem Wunsch Bibersteins nach Freistellung von der Teilnahme an Exekutionen ausdrücklich entsprochen.

2.8 Die Aufhebung rechtsstaatlicher Normen als Erklärung für Bibersteins Verbrechen

Die Erklärung für Bibersteins bedenkenlose *Ausführung* der normenauflösenden Erlasse und Befehle von Seiten Hitlers, Himmlers oder Heydrichs, die allesamt massive Menschenrechtsverletzungen darstellten, liegt zu einem ganz wesentlichen Teil in den drei Verfassungsprinzipien des NS-Staates begründet ist, d. h. in dem *Führerprinzip*, dem Prinzip der *Volksgemeinschaft* sowie in dem Prinzip der *Einheit von Partei und Staat*, wie es durch das *Gesetz zur Sicherung der Einheit von Partei und Staat* vom 1. Dezember 1933 formuliert wurde.

Zwar hatte bereits der Politikwissenschaftler Hans Buchheim in dem Sachverständigen-Gutachten für den Ersten Auschwitz-Prozess dem Gericht am 7. Februar 1964 das Prinzip der *außernormativen* Führergewalt eingehend erläutert, das letztendlich in den Massenmord geführt habe,[219] jedoch ist jene Umgestaltung der in

---

gehandelt hat, befreit ihn nicht von der Verantwortlichkeit für ein Verbrechen, sie kann aber als strafmildernd berücksichtigt werden."
[218] PLÄDOYER für ERNST BIBERSTEIN vor dem Militärgerichtshof Nr. II Nürnberg, Fall 9, überreicht durch Rechtsanwalt Dr. Friedrich BERGOLD Nürnberg, StAN, Rep. 501, KV-Prozesse, Fall 9, D 3, S. 1-24, hier S. 12.
[219] HANS BUCHHEIM: Die SS – das das Herrschaftsinstrument. Schriftliches Sachverständigen-Gutachten für den Auschwitz-Prozeß, vor Gericht am 7. Februar 1964 auszugsweise mündlich vorge-

2 Der Einsatzgruppenprozess – die Rückkehr des Rechts

Kapitel III genannten und zweifelsfrei außernormativen rechtsstaatlichen Verfassungsprinzipien als *strukturelle* Bedingung für die „Entgrenzung der Täter" bisher in der Historiografie und insbesondere in der NS-Täterforschung kaum berücksichtigt worden. Daher sei in diesem Zusammenhang auf die umfassenden und exzellenten Erläuterungen Buchheims verwiesen:

> „Man kann [...] die nationalsozialistische Herrschaft im Ganzen wie in ihren einzelnen Manifestationen nicht verstehen, wenn man in ihr nichts anderes sieht als eine äußerste Steigerung und Konzentration staatlicher Macht. Vielmehr muß man begreifen, daß hier im Machtanspruch wie in der Regierungspraxis über das Prinzip der Staatlichkeit ein völlig andersartiges Prinzip gesetzt worden ist:
>
> *Die Führergewalt betrachtete sich weder an die Normen positiven Rechts noch auch unbedingt an das Sittengesetz gebunden, sondern erhob den Anspruch, beide gegebenenfalls zu suspendieren, wenn ihr angeblicher geschichtlicher Auftrag oder das sogenannte Lebensgesetz des Volkes dies forderten.* Andererseits erhob sie einen uneingeschränkten Verfügungsanspruch, der den Menschen im Prinzip keine normativen Garantien zugestand.
>
> Das *Nebeneinander* einer noch beibehaltenen Staatlichkeit und einer außernormativen Führergewalt, deren Willen im Zweifelsfalle immer den Ausschlag gab, war das Charakteristikum der nationalsozialistischen Herrschaft." [Kursivdruck vom Verf.].[220]

Mit dem Verweis auf die doppelgleisig angeordneten Rechtsräume des NS-Staates, d. h. auf deren beibehaltene Rechtsstaatlichkeit einerseits und auf die außernormativ agierende Führergewalt andererseits, rekurrierte Buchheim auf die These des deutsch-amerikanischen Juristen und Politikwissenschaftlers Ernst Fraenkel, der in seiner Studie *The dual state* die Doppelgleisigkeit der Rechtsordnung im NS-Staat beschrieben hatte, nämlich einerseits die an tradierten gültigen Rechtsvorschriften orientierte Rechtsordnung des Normenstaates und andererseits die „Rechtsordnung" des an rein weltanschaulich-politischen Zweckdienlichkeiten orientierten Maßnahmenstaates.

Wie bereits in Kapitel III erwähnt, hatte der Verwaltungsjurist und SS-Brigadeführer Dr. iur. Werner Best als damaliger Chef des Amtes I im Reichssicherheitshauptamt (RSHA), am 29. Januar 1940 in einem Vortrag anlässlich der Arbeitstagung der Höheren SS- und Polizeiführer (HSSPF) sowie der Inspekteure der Sicherheitspolizei in Berlin die von ihm propagierte „neue Rechtsordnung" des Maßnahmenstaates dahingehend erläutert,[221] dass er den „bürgerlichen Ver-

---

tragen, in: HANS BUCHHEIM/ MARTIN BROSZAT/ HANS-ADOLF JACOBSEN/ HELMUT KRAUSNICK: Anatomie des SS-Staates. Fünf Gutachten des Instituts für Zeitgeschichte 1965, München [8]2005, S. 13-212.

[220] Ebd., S. 21.

[221] Der Chef der Sicherheitspolizei und des SD, I B 1 – Nr.: 203/40 – 151 – an (a) die Inspekteure der Sicherheitspolizei und des SD, (b) die Leiter der Staatspolizei(leit)stellen, (d) die Leiter der SD-(Leit)-Abschnitte, (d) die Leiter der Kriminalpolizei(leit)stellen, (e) die Amtschefs, Gruppenleiter und Referenten des Reichssicherheitshauptamtes, Schreiben vom 14.3.1940 btr. *den Aufbau der*

fassungsstaat" dem „völkischen Führerstaat" gegenüberstellte, in welchem alle staatliche Tätigkeit gerade *nicht* als Vollzug verfassungsmäßiger Gesetze aufgefasst wird, sondern als „die Ausübung notwendiger Funktionen des Volksorganismus."²²²

In jener „neuen Rechtsauffassung" verdeutlicht sich die Negierung aller bisher gültigen universalistischen aus der Aufklärung tradierten moralischen Wertesysteme als Konsequenz der Suspendierung der rechtsstaatlichen Normen in dem sich selbst so bezeichnenden „nationalsozialistischen völkischen Führerstaat", der sukzessiv – parallel zu dem nach wie vor gültigen Strafgesetzbuch von 1871 – ein Terror-System in einem rechtsfreien Raum aufbaute. Mit Bezug zu dem Gestapo-Gesetz vom 10. Februar 1936²²³ konstatierte Best hinsichtlich der *außernormativen* Führergewalt:

> „Nach § 1 des Preußischen Gesetzes über die Geheime Staatspolizei vom 10. Februar 1936, das, ohne zum Reichsgesetz erhoben zu sein, aufgrund der neuen Rechtsauffassung – *nach der jede Äußerung des Führerwillens Recht schafft, gleich in welcher Form er zum Ausdruck gelangt* – im ganzen Reichsgebiet Anwendung findet, hat die Geheime Staatspolizei die Aufgabe, ,alle staatsgefährdenden Bestrebungen im gesamten Staatsgebiet zu erforschen und zu bekämpfen'." [Kursivdruck vom Verf.].²²⁴

Was bislang als Rechtsverletzung galt und demzufolge in der Weimarer Republik mit rechtsstaatlichen Mitteln geahndet wurde, erfuhr mit der Machtübergabe an Hitler²²⁵ aufgrund der äußerst gravierenden verfassungsrechtlichen Veränderungen nicht nur eine *scheinbare* Legalisierung, sondern wurde – wie von den im Nürnberger Einsatzgruppenprozess angeklagten NS-Gewalttätern behauptet – als „moralische Pflicht eines jeden SS-Mannes" eingefordert, wie sie nicht nur in den Ein-

---

Sicherheitspolizei und des SD einschließlich des Reichssicherheitshauptamtes unter besonderer Berücksichtigung der Stellung und der Aufgaben der Inspekteure der Sicherheitspolizei und des SD, [Unterstreichung vom Verf.], BArch, R 58/ 243, fol. 242.

²²² *Der Aufbau der Sicherheitspolizei und des SD einschließlich des Reichssicherheitshauptamtes unter besonderer Berücksichtigung der Stellung und der Aufgaben der Inspekteure der Sicherheitspolizei und des SD.* BArch., R 58/ 243, fol. 244-248 (V+R), hier fol. 244 (R).

²²³ Vgl. den Gesetztes-Text in Kapitel III.1.

²²⁴ *Der Aufbau der Sicherheitspolizei und des SD einschließlich des Reichssicherheitshauptamtes unter besonderer Berücksichtigung der Stellung und der Aufgaben der Inspekteure der Sicherheitspolizei und des SD.* Vortrag des Verwaltungsjuristen und SS-Brigadeführer Dr. iur. Werner Best, Chef des Amtes I im Reichssicherheitshauptamt (RSHA), gehalten am 29. Januar 1940 in Berlin anlässlich der Arbeitstagung der Höheren SS- und Polizeiführer (HSSPF) sowie der Inspekteure der Sicherheitspolizei, BArch, R 58/ 243, fol. 244-248 (V+R), hier fol. 246 (V).

²²⁵ Durch das am 24. März erlassene Ermächtigungsgesetz wurden die Weichen gestellt für eine verfassungsrechtliche Umstrukturierung des Staates, die zutiefst gravierende Folgen hatte, so unter anderem durch die Artikel 1 bis 3, insbesondere aber durch den Artikel 2. Dort heißt es: „*Die von der Regierung beschlossenen Reichsgesetze können von der Verfassung abweichen*", d. h. sie müssen nicht mehr verfassungskonform sein. *Gesetz zur Behebung der Not von Volk und Reich vom 24.3.1933,* in: RGBl., Teil I (1933), Nr. 25 vom 24.3.1933, S. 141.

2 Der Einsatzgruppenprozess – die Rückkehr des Rechts

satzbefehlen Heydrichs deutlich zum Ausdruck kam, sondern insbesondere in dem Kriegsgerichtsbarkeitserlass, der von Hitler am 13. März 1941 im Vorfeld des wirtschaftspolitisch und rassenideologisch ausgerichteten Vernichtungsfeldzug gegen die Sowjetunion ergangen war und der die pseudolegale Rechtsgrundlage für die unzähligen Massenmorde an den Kriegsgefangenen der Roten Armee ebenso wie an der Zivilbevölkerung der sowjetischen Republiken in dem so bezeichnete „Unternehmen Barbarossa" schaffen sollte.

Gerade jene außernormative Führergewalt bildete eine der entscheidendsten Handlungsgrundlagen zum einen für die *Durchführung* der vom Reichssicherheitshauptamt (RSHA) ausgegebenen rechtsverletzenden Verordnungen, die Biberstein während seiner Tätigkeit als Chef der Staatspolizeistelle Oppeln/Oberschlesien ohne jede Bedenken erledigte und zum anderen für die skrupellose *Ausführung* der Hitler-Weisungen bzw. für die bedenkenlose *Vollstreckung* der von der Wehrmacht im Auftrag Hitlers erteilten völkerrechtswidrigen Befehle, die Biberstein als Führer des Exekutionskommandos 6 (EK 6) der Einsatzgruppe C im weltanschaulich und wirtschaftspolitisch begründeten Vernichtungsfeldzug gegen die Sowjetunion ausführte. Auf jene „neue Rechtsauffassung" – durch die ganz gezielt rechtsfreie Sonderräume geschaffen wurden und durch die alle begangenen Verbrechen den Anschein der Legalität erhalten sollten – bezogen sich nicht nur Biberstein, sondern insbesondere die fanatischen systemüberzeugten Mitangeklagten im Nürnberger Einsatzgruppenprozess mehrfach und beharrlich, und das bei Weitem nicht nur aus verteidigungsstrategischen Gründen, wie in diesem Kapitel, Abschnitt 3.4 zu erörtern sein wird.

Denn aus der vermeintlich moralischen Verpflichtung zum „Selbstschutz gegen Gefahren" ergab sich demzufolge für die im Fall 9 angeklagten NS-Gewalttäter die genaue Definition der einzelnen nicht nur irrationalen, sondern in höchstem Maße imaginierten Feindbilder, die ab 1933 zunehmend unter dem Begriff „Judentum" bzw. „bolschewistisches Weltjudentum" subsummiert worden waren, deren Zielsetzung vorgeblich in „der Vernichtung unseres Volkes mit seinen blutigen, geistigen und bodengebundenen Kräften"[226] angenommen wurde. Dazu erläuterte Heydrich hinsichtlich des Judentums in seiner Schrift *Wandlungen unseres Kampfes* in Abwandlung der Theorie Darwins:

> „Wie überall im Leben der Natur, so besteht auch das Leben der Völker aus ewigem Kampf zwischen dem Stärkeren, Edlen, rassisch Hochwertigen und dem Niederen, dem Untermenschentum [...]. Der Kampf unseres Führers und unserer Bewegung begann in einem Zeitpunkt der *getarnten Herrschaft des Untermenschentums* [Weltjudentums], welches auf dem Wege war, *durch den Bolschewismus* zur offenen, *brutal alles zerstörenden Herrschaft* zu gelangen [...]."

---

[226] REINHARD HEYDRICH: Wandlungen unseres Kampfes, in: Das Schwarze Korps. Verbandszeitschrift der SS, Folge 9-13, Berlin 1935.

Die treibenden Kräfte des Gegners bleiben ewig gleich: Weltjudentum, Weltfreimaurertum und ein zum großen Teil politisches Priesterbeamtentum, welches die Religionsbekenntnisse *mißbraucht* [...]. Wie in jedem wahren Kampfe gibt es ganz klar nur zwei Möglichkeiten: ‚*Entweder wir überwinden den Gegner endgültig, oder wir gehen zugrunde*'." [Kursivdruck vom Verf.].[227]

In der hier aufgezeigten Zuordnung zu den beiden Kategorien *Herrenmenschentum* und *Untermenschentum*, in der im Russlandfeldzug neben den Juden auch die slawischen, asiatischen und kaukasischen Volksgruppen sowie die Sinti und Roma als „Untermenschen" dehumanisiert wurden, zeigt sich auf eklatante Weise die Suspendierung bisher gültiger universalistischer Wertesysteme in der Weise, dass durch die Schaffung einer ausschließlich rassisch definierten und noch zu schaffenden „Volksgemeinschaft" die physische Vernichtung der vermeintlichen „Staatsfeinde", die zugleich „Volksfeinde" seien, begründet wurde.

Es kann als eines der erschreckenden Phänomene des Nürnberger Einsatzgruppenprozesses angesehen werden, dass alle angeklagten SS-Offiziere weniger aus verteidigungsstrategischen Gründen, als vielmehr aufgrund ihrer frühzeitig erfolgten ideologischen Indoktrination, insbesondere infolge der Einbindung in die SS-Sippengemeinschaft mit deren pervertierten Kodizes und der daraus erwachsenden absoluten Bindung an den „Führer", sowie aufgrund der verfassungsrechtlichen Veränderungen und der über viele Jahre erfolgten politischen Manipulation und nicht zuletzt durch die von Goebbels betriebene Kriegspropaganda[228] von der Rechtmäßigkeit ihrer Vernichtungsmaßnahmen – die sie unter anderem mit dem berüchtigten *Kriegsgerichtsbarkeitserlass*[229] begründeten – zutiefst überzeugt waren und demzufolge kein Bedauern ihrer Taten, noch gar ein Mitleid mit den von ihnen ermordeten Millionen von Opfern aufzubringen imstande waren. Auf das Schlusswort, in dem Biberstein sich wiederum als „nicht schuldig im Sinne der Anklage" sah, wird in diesem Kapitel, Abschnitt 3 zurückzukommen sein.

Der renommierte Frankfurter Rechtswissenschaftler und Kriminologe Herbert Jäger verwies bereits im Jahre 1966 auf das fehlende Unrechtsbewusstsein von Tätern in totalitären Systemen und analysierte unter der Prämisse, dass „die ideo-

---

[227] Ebd.
[228] Die gezielte von Goebbels initiierte NS-Kriegspropaganda, die unter anderem darauf ausgerichtet war, Rechtsverletzungen zu legitimieren und damit Wehrmachts- wie Einsatzgruppenangehörigen die Ausführung völkerrechtswidriger Befehle als kriegs*notwendig* und damit sinngebend als *Putativnotwehr* darzustellen, wird weiter unten in dem Abschnitt 2.9 dieses Kapitels im Zusammenhang mit den Verteidigungsstrategien der im Nürnberger Einsatzprozess Angeklagten genauer zu beleuchten sein.
[229] Jener Kriegsgerichtsbarkeitserlass, der von den Angeklagten unter dem Rubrum „Barbarossa-Erlass" verwendet wurde, schien dem US Military Tribunal II in Nürnberg im Hinblick auf den *Inhalt* offensichtlich unbekannt gewesen zu sein, insofern, als es während des gesamten Gerichtsverfahrens niemals darauf Bezug genommen hatte.

2 Der Einsatzgruppenprozess – die Rückkehr des Rechts

logische Vorstellungswelt der Täter [...] nur in engen Grenzen der Erkenntnis zugänglich"[230] sei, sehr präzise:

> „Kennzeichnend für die totalitäre Geisteshaltung war zunächst, daß sie den Terror nicht juristisch, sondern mit Hilfe von ‚Theorien' zu rechtfertigen suchte, indem sie seine *Notwendigkeit, nicht seine Rechtmäßigkeit* suggerierte.
>
> Die Instanz, auf das sich das Regime dabei berief, war *nicht* die Rechtsordnung, der ‚kleinliche Buchstabe des Gesetzes', sondern eine ‚höhere' Ordnung: die Geschichte, die Natur, die Vorsehung, die kosmische Weltordnung, deren ‚unerbittliche[n]' und ‚ewige[n]' Gesetze der Terror vollstrecken sollte.
>
> Die Rechtfertigungen, die die nationalsozialistischen Machthaber für ihre verbrecherischen Maßnahmen zu haben glaubten, waren auf einen *metaphysisch-religiösen* Grundton gestimmt, und es trifft daher den wahren Sachverhalt, wenn der Nationalsozialismus gelegentlich als politische Ersatzreligion oder Glaubensbewegung[231] verstanden worden ist.
>
> Auch der Völkermord ist von seinen Urhebern niemals ausdrücklich als legal im Sinne menschlicher Gesetze interpretiert worden, sondern als Maßnahme, deren ‚historische Notwendigkeit' sich aus der vermeintlichen Kenntnis der Naturgesetze und determinierten Geschichtsabläufe herleiten ließ.
>
> Eine Harmonisierung dieser ‚Maßnahme' mit der Rechtsordnung erschien entbehrlich: wer dem ‚Gesetz der Geschichte' gehorchte und die ‚ewigen Prinzipien der Natur' auf seiner Seite glaubte, brauchte dem Strafgesetzbuch von 1871 und den anderen im Staat geltenden Normen keine wesentliche Bedeutung mehr beizumessen.
>
> Diese Geisteshaltung [...] ist in den Reden und Äußerungen führender Nationalsozialisten und als Grundzug der weltanschaulichen Propaganda vielfältig nachweisbar." [Kursivdruck vom Verf.].[232]

---

[230] HERBERT JÄGER: Verbrechen unter totalitärer Herrschaft. Studien zur nationalsozialistischen Gewaltkriminalität (Texte und Dokumente zur Zeitgeschichte). Mit einem Nachwort zur Neuauflage von Adalbert Rückerl, 1. Auflage/Neuauflage, Frankfurt/M. 1982; zugleich: Hamburg, Univ., Habil.-Schr., 1966, S. 186.

[231] Der Politikwissenschaftler und Religionspolitologe Claus-Ekkehard Bärsch ebenso wie der Historiker und Politikwissenschaftler Julius Schoeps sprechen in diesem Zusammenhang von der Politischen Religion des Nationalsozialismus. CLAUS-EKKEHARD BÄRSCH: Die politische Religion des Nationalsozialismus. Die religiösen Dimensionen der NS-Ideologie in den Schriften von Dietrich Eckart, Joseph Goebbels, Alfred Rosenberg und Adolf Hitler, 2., vollst. überarb. Auflage, München 2002. JULIUS SCHOEPS: Erlösungswahn und Vernichtungswille. Der Nationalsozialismus als Politische Religion, in: GERHARD BESIER (Hrsg.): Zwischen „nationaler Revolution" und militärischer Aggression. Transformation in Kirche und Gesellschaft 1934-1939 (Schriften des Historischen Kollegs; Kolloquien 48), München 2001, S. 55-63. Einen gegensätzlichen Ansatz vertritt der renommierte Historiker Hans Mommsen: „Das Syndrom der Befreiung vom Joch der jüdischen Vorherrschaft und der Herstellung rassischer Homogenität diente als Droge zur Verleugnung widerständiger Realität. Es fällt schwer, diese selbst gewählten psychotischen Vorstellungen mit dem Begriff der ‚politischen Religion' zu vereinbaren." HANS MOMMSEN: Der Nationalsozialismus als säkulare Religion, in: GERHARD BESIER (Hrsg.): Zwischen „nationaler Revolution" und militärischer Aggression. Transformation in Kirche und Gesellschaft 1934-1939 (Schriften des Historischen Kollegs; Kolloquien 48), München 2001, S. 43-53, hier S, 53.

[232] HERBERT JÄGER, Verbrechen, S. 187f.

Wie begründeten die übrigen im Nürnberger Einsatzgruppenprozess Angeklagten die von ihnen begangenen Massenmorde? Auf welche Handlungsgrundlagen beriefen sie sich, und lassen sich aus deren Aussagen möglicherweise persönliche Tatmotivationen eruieren? Diesen Fragen wird im nachfolgenden Unterkapitel nachzugehen sein.

2.9 Verteidigungslinien der übrigen Angeklagten

Die 24 bzw. 22 im Einsatzgruppenprozess angeklagten NS-Gewalttäter hatten eine Vielzahl von Verteidigungslinien entworfen, von denen lediglich vier seitens der US-amerikanischen Staatsanwaltschaft für erörterungswürdig gehalten und Eingang in jeweils zwei Schriftsätze der Anklagebehörde gefunden hatten.[233] Nicht nur Biberstein, sondern ebenso seine Mitangeklagten beschränkten sich jedoch nicht nur auf ein einziges Rechtfertigungsmuster, sondern benutzten in der Regel bis zu vier Argumentationslinien gleichzeitig.

Frage der Teilnahme an Exekutionen

Eine der Verteidigungslinien bestand in der Schutzbehauptung einiger Angeklagter, „keinen aktiven oder direkten Anteil an den tatsächlichen Hinrichtungen [gehabt zu haben], sondern in der Hauptsache mit administrativen Angelegenheiten oder anderen Operationsphasen der Einsatzgruppen befasst [gewesen zu sein]."[234] Zu jener Gruppe gehörten zum einen die rangniederen Stabsmitglieder, etwa der SS-Hauptsturmführer *Felix Rühl*, der SS-Obersturmführer *Heinz Schubert* und der SS-Oberscharführer *Matthias Graf*, die keine Kommandos geführt hatten und deren Rechtfertigungsargumente demzufolge dem US Military Tribunal II durchaus glaubhaft erschienen.[235] Zum anderen wurde jene Verteidigungslinie der *mangelnden Teilnahme* auch von einigen Leitern der Einsatzgruppen und deren Stellvertre-

---

[233] MILITÄRTRIBUNAL II, Fall Nr. 9, DIE VEREINIGTEN STAATEN VON AMERIKA gegen Ohlendorf und Genossen. Schriftsatz der Anklagebehörde. Analyse der für die Angeklagten vorgebrachten Einwände. Benjamin B. Ferencz, Chief Prosecutor. Peter W. Walton, John E. Glancy, Arnost Horlik-Hochwald, Benjamin B. Ferencz, Chief Prosecutor. Peter E. Walton, Arnost Horlik-Hochwald, John E. Glancy für: Telford Taylor, Brigadier General, U.S.A., Chief of Counsel for War Crimes und James M. McHaney, Deputy Chief of Counsel für War Crimes, Nürnberg, 1. März 1948, StAN, Rep 501, KV-Prozesse, Fall 9, B 27. MILITÄRTRIBUNAL II, Fall Nr. 9, DIE VEREINIGTEN STAATEN VON AMERIKA gegen Ohlendorf und Genossen, Angeklagte. Schlussrede für DIE VEREINIGTEN STAATEN VON AMERIKA. Telford Taylor, Brigadier General, USA, Chief of Counsel for War Crimes. Benjamin B. Ferencz, Chief Prosecutor. Peter E. Walton, John E. Glancy, Arnost Horlik-Hochwald, Nürnberg, 13. Februar 1948, StAN, Rep 501, KV-Prozesse, Fall 9, B 29.

[234] Ebd., S. 1-29, hier S. 5.

[235] Ebd., S. 6.

2 Der Einsatzgruppenprozess – die Rückkehr des Rechts

tern sowie den Führern der ihnen unterstellten Kommandos verfolgt, etwa von dem SS-Brigadeführer und Generalmajor der Polizei *Heinz Jost*, dem SS-Brigadeführer und Generalmajor der Polizei *Erich Naumann* oder dem SS-Standartenführer *Paul Blobel*, aber auch von *Ernst Biberstein*.

Die US-amerikanische Staatsanwaltschaft hielt die Verteidigungslinie der Angeklagten Jost, Naumann und insbesondere Blobel hinsichtlich der von ihnen behaupteten mangelnden Teilnahme an Exekutionen insofern für wenig glaubwürdig, als die von ihnen beteuerten administrativen Aufgaben gerade darin bestanden hatten, die Massenexekutionen zu organisieren und zu beaufsichtigen. Demzufolge bewerteten sowohl die Staatsanwaltschaft als auch das Richterkollegium des US Military Tribunal II deren persönliche Verantwortlichkeit erheblich höher als jene der untergeordneten Mannschaftsmitglieder, die lediglich die Ausführenden der ihnen erteilten Exekutionsbefehle gewesen waren.

Die in euphemistischer Weise bezeichnete *administrative Arbeit* schloss auch wie im Fall des mehrfach erwähnten SS-Brigadeführers und Generalmajors der Polizei Heinz Jost – der im März 1942 die Nachfolge des berüchtigten im Partisanenkampf getöteten Dr. Walter Stahlecker als Chef der Einsatzgruppe A angetreten hatte – die Bestellung eines weiteren so bezeichneten *Gaswagens* sowie neuer Schläuche für die bereits vorhandenen *Gaswagen* ein,[236] mit denen alle Einsatzgruppen eigens für die Ermordung insbesondere der Frauen und Kinder ausgestattet worden waren. So hatte das Reichssicherheitshauptamt (RSHA) etwa der Einsatzgruppe C den ersten *Gaswagen* bereits im Oktober/November 1941 für das von Paul Blobel geführte Sonderkommando 4a (SK 4a) zum Zweck der Massenexekutionen zur Verfügung gestellt. Wie der Soziologe, Politikwissenschaftler und Publizist Dr. Eugen Kogon darlegt, waren der Einsatzgruppe C vom Reichssicherheitshauptamt (RSHA) bis 1942 vermutlich fünf oder sechs solcher „Gaswagen" geliefert worden.[237] Jedoch erschien aus Geheimhaltungsgründen im amtlichen Schriftverkehr nicht die Bezeichnung *Gaswagen*, sondern es wurden Tarnbegriffe herangezogen, etwa *Sonder-Wagen*, *Spezial-Wagen* oder abgekürzt *S-Wagen*.

Das amtliche Dokument, das Staatsanwalt Benjamin B. Ferencz im Einsatzgruppenprozess im Fall Jost als Beweismittel vorlegte, trug den Briefkopf „Befehlshaber der Sicherheitspolizei und des SD Ostland"[238] und war am 15. Juni 1942 um 18.55 Uhr zwar nicht von Jost selbst, sondern von dessen Mitarbeiter, dem SS-

---

[236] Ebd., S. 8.
[237] EUGEN KOGON u. a. (Hrsg.): Nationalsozialistische Massentötungen durch Giftgas. Eine Dokumentation, Frankfurt/M. 1983, S. 92-96.
[238] Das Reichskommissariat Ostland wurde am 25. Juli 1941 um 12.00 Uhr gebildet, d. h. bereits einen Monat nach Beginn des Russlandfeldzuges. Es umfasste das Baltikum und Teilgebiete Weißrutheniens (Weißrusslands). Demzufolge hatte Jost zwei Funktionen inne: Jene des *Chefs der Einsatzgruppe A* und jene des *Befehlshabers der Sicherheitspolizei und des SD Ostland* (BdS Ostland) mit Sitz in Riga.

Hauptsturmführer Trübe, dem Amt II D 3a des Reichssicherheitshauptamtes (RSHA)[239] unter der Nachrichten-Nr. 152452 übermittelt worden und hatte folgenden Inhalt:

> „Beim Kommandeur der Sipo u. d. SD. Weißruthenien trifft wöchentlich ein Judentransport ein, der einer Sonderbehandlung [Exekution] zu unterziehen ist. – Die 3 dort vorhandenen S-Wagen reichen für diesen Zweck nicht aus. Ich bitte um Zuweisung eines weiteren S-Wagen (5 Tonner). Gleichzeitig wird gebeten, für die vorhandenen 3 S-Wagen (2 Diamond, 1 Saurer) noch 20 Abgasschläuche mitzusenden, da die vorhandenen bereits undicht sind.
>
> Der Bef. der Sipo u. d. SD. Ostland [Jost] – OFM. 1 T – 126/42 GRS. – i. A. gez.: Trühe, SS-HStuf."[240]

Das Dokument war auch nicht von Jost unterzeichnet worden, sondern von dem für den Fuhrpark verantwortlichen Mitarbeiter SS-Hauptsturmführer Trübe, der eine Woche später mit Datum vom 22. Juni 1942 den positiven Bescheid des Reichssicherheitshauptamtes (RSHA) erhielt:

> „Mit der Überstellung eines 5 t Saurer [Bild 47] ist Mitte nächsten Monat zu rechnen. Das Fahrzeug befindet sich zur Instandsetzung und Vornahme kleinerer Änderungen z. Zt. beim Reichsicherheitshauptamt. 100 m Schlauch werden mitgegeben."[241]

Wie Biberstein während seiner Zeugeneinvernahme erläuterte, konnte der 3,5 Tonnen Gaswagen 30 bis 40 Personen gleichzeitig vergasen, der 5 Tonner sogar 50 bis 70 Personen. Da Jost vor dem US Military Tribunal II die Kenntnis jenes Fernschreibens vehement bestritt und bekundete, die Garagen des Fuhrparks lediglich ein einziges Mal ganz kurz inspiziert und dort keine Gaswagen entdeckt zu haben, griff das Gericht in seinem Urteil jenen Einwand auf und argumentierte:

> „Jost leugnete jede Kenntnis dieses Briefes, gab aber zu, daß der fragliche Untergebene die Vollmacht hatte, [vom RSHA] Geräte anzufordern.
>
> Es ist nicht logisch anzunehmen, daß die Anforderung solch außerordentlicher Geräte nicht zur Kenntnis des Leiters der Organisation gekommen wäre, und die Tatsache, daß

---

[239] In jenem Amt II D 3a (Kraftfahrtwesen der Sipo) war der promovierte Chemiker und SS-Obersturmführer August Becker unter anderem als Inspekteur für die im Osten eingesetzten *Gaswagen* tätig. Becker bereiste regelmäßig die Einsatzgruppen, um ihnen die von ihm entwickelte „richtige Handhabung" der *Gaswagen* zu demonstrieren.

[240] Riga 7082 – 15.6.452 – 1855 – BE. Fernschreiben des Befehlshabers der Sicherheitspolizei und des SD Ostland, SS-Brigadeführer und Generalmajor der Polizei Heinz Jost vom 15.6.1942 an das RSHA, Amt II D 3 a Berlin. Geheime Reichssache – Betrifft S.-Wagen, StAN, Rep 502, KV-Anklage, Dokumente, Fotokopien, 501-PS.

[241] Reichssicherheitshauptamt II D 3 a, B. Nr. 240/42, Schreiben vom 22.6.1942, unterzeichnet von dem Leiter des Amtes II D (Technische Angelegenheiten), SS-Obersturmbannführer Walter Rauff, der maßgeblich an der Entwicklung und Konstruktion der „Gaswagen" beteiligt war, StAN, Rep 502, KV-Anklage, Dokumente, Fotokopien, 501-PS.

der angeforderte Gaswagen nach Weißruthenien gehen sollte (wo er [Jost] ebenfalls das Kommando hatte), entbindet den Angeklagten nicht von der Verantwortlichkeit."[242]

Hinrichtungen als völkerrechtsmäßige Repressalie

In einer weiteren Verteidigungslinie – auf die insbesondere die systemüberzeugten NS-Gewalttäter Blobel, Dr. Sandberger, Dr. Haensch, Steimle und Nosske gesetzt hatten – wurden die an sowjetischen Zivilisten begangenen Morde in apologetischer Manier als legitime Repressalie deklariert. Jene Angeklagten beharrten auf ihrer Erklärung, den *Judenausrottungsbefehl* nicht ausgeführt zu haben, im Gegenteil, alle durchführten Hinrichtungen seien insofern völkerrechtlich sanktioniert, als die Opfer in allen Fällen „Partisanen" oder „Geiseln" gewesen seien, deren Exekution entweder als Sühnemaßnahme für Partisanen-Überfälle erfolgt sei, oder aber weil sie als überführte Verbrecher galten.[243] Ähnlich hatte Biberstein argumentiert. Vermeintliche Rechtsgrundlage jener so bezeichneten *Sühnemorde* an der völlig schuldlosen Zivilbevölkerung war der auf Weisung Hitlers am 16. September 1941 erlassene Befehl des Chefs des Oberkommandos der Wehrmacht Generalfeldmarschall Wilhelm Keitel zur Zerschlagung kommunistische Aufstände, der sogenannte *Geiselmordbefehl*, der zunächst nur für den Geltungsbereich Serbiens mit nachfolgender Begründung zur Anwendung kommen sollte:

„Seit Beginn des Feldzuges gegen Sowjetrussland sind in den von Deutschland besetzten Gebieten allenthalben kommunistische Aufstandsbewegungen ausgebrochen. Die Formen des Vorgehens steigern sich von propagandistischen Maßnahmen und einzelnen Anschlägen gegen einzelne Wehrmachtsangehörige bis zu offenem Aufruhr und Bandenkrieg [...].

Um die Umtriebe im Keim zu ersticken, sind beim ersten Anlaß unverzüglich die schärfsten Mittel anzuwenden, um die Autorität der Besetzungsmacht durchzusetzen und einem weiteren Umsichgreifen vorzubeugen. Dabei ist zu bedenken, daß *ein Menschenleben in den betroffenen Ländern vielfach nichts gilt* und eine abschreckende Wirkung nur durch ungewöhnliche Härte erreicht werden kann.

Als Sühne für *ein* deutsches Soldatenleben muß in diesen Fällen im allgemeinen die Todesstrafe für 50-100 Kommunisten als angemessen gelten. Die Art der Vollstreckung muß die abschreckende Wirkung noch erhöhen." [Kursivdruck vom Verf.].[244]

---

[242] KAZIMIERZ LESZCZYŃSKI (Hrsg.), Fall 9, S. 150.
[243] MILITÄRTRIBUNAL II, Fall Nr. 9, DIE VEREINIGTEN STAATEN VON AMERIKA gegen Ohlendorf und Genossen, Angeklagte. Schlussrede für DIE VEREINIGTEN STAATEN VON AMERIKA. Telford Taylor, Brigadier General, USA, Chief of Counsel for War Crimes. Benjamin B. Ferencz, Chief Prosecutor. Peter E. Walton, John E. Glancy, Arnost Horlik-Hochwald, Nürnberg, 13. Februar 1948, StAN, Rep 501, KV-Prozesse, Fall 9, B 29.
[244] Befehl des Chefs des Oberkommandos der Wehrmacht, WFST/Abt. L (IV Qu), Nr. 002 060/41 g. Kdos., geheime Kommandosache. Weisungen FH Qu., 16 September 1941. Betr.: Kommunistische Aufstandsbewegungen in den besetzten Gebieten, in: Der Prozeß gegen die Hauptkriegsverbrecher vor dem Internationalen Gerichtshof Nürnberg, Nürnberg 1947, Bd. II (Hauptverhandlung, 20.11.1945), S. 487f. Auf jenen Befehl wird bereits in Bd. I (Materialien und Dokumente, Urteil:

Nachweislich erstreckten sich derartige „Sühnemaßnahmen" jedoch nicht nur auf Kommunisten, sondern in gleichem Maße auf Juden und so bezeichnete „Zigeuner". In diesem Zusammenhang erwähnte das US Military Tribunal II in seiner zweitägigen Urteilbegründung am 8./9. April 1948 unter anderem die Ermordung von 2.100 männlichen Juden, „die als angebliche Sühnemaßnahme für die in der Nähe von Topola erfolgte Tötung von 21 deutschen Soldaten erschossen wurden."[245] Hierbei ist jedoch einschränkend anzumerken, dass die Erschießung jener 2.100 Juden nicht von den Einsatzgruppen durchgeführt, sondern von General Franz Böhme angeordnet worden war, der von Hitler vom 16. September bis zum 2. Dezember 1941 als *Bevollmächtigter Kommandierender General* in Serbien eingesetzt war. Dessen Geiselmordbefehl vom 10. Oktober 1941 war einer der Anklagepunkte im sogenannten *Geiselmordprozess*, dem Fall 7 der Nürnberger Nachkriegsprozesse gegen die Südost-Generäle.[246]

Mit Bezug zu den von den Einsatzgruppen durchgeführten *Sühnemorden* an nicht tatbeteiligten Zivilisten verwies Chefankläger Benjamin B. Ferencz in seinem Schlussplädoyer auf den österreichisch-britischen Rechtswissenschaftler Herschel Lauterpacht, der im Prozess gegen die Hauptkriegsverbrecher vor dem Internationalen Militärgerichtshof in Nürnberg als renommierter Völkerrechtsexperte für den britischen Chefankläger Hartley Shawcross die Eröffnungs- und Schlussrede ausgearbeitet und der bereits im Jahre 1944 in einem Artikel zu den „NS-Sühnemaßnahmen" gegen die Zivilbevölkerung wie folgt Stellung bezogen hatte: „Ein Kriegsverbrechen hört nicht auf, ein solches zu sein, weil es unter dem Mantel der Sühnemaßnahme begangen wurde."[247] Jener Argumentation pflichtete das US Military Tribunal II in seiner Urteilsbegründung bei, indem es als Schuldnachweis den Artikel 50 der Haager Konvention zitierte:

„Keine Strafe in Geld oder anderer Art darf über eine ganze Bevölkerung wegen der Handlungen Einzelner verhängt werden, für welche die Bevölkerung nicht als *mitverantwortlich* angesehen werden kann." [Kursivdruck im Original].[248]

Ermordung und Behandlung der Zivilbevölkerung), S. 261 verwiesen.
[245] KAZIMIERZ LESZCZYŃSKI (Hrsg.), Fall 9, S. 125.
[246] Geiselmordbefehl des Walter Böhme vom 10.10.1941, StAN, Rep. 502, KV-Anklage, Dokumente, Fotokopien, NOKW-1665.
[247] Zu den Massenmorden in Serbien detailliert: WALTER MANOSCHEK: „Serbien ist judenfrei". Militärische Besatzungspolitik und Judenvernichtung in Serbien 1941/42 (Beiträge zur Militärgeschichte; 38), München ²1995; zugleich: Wien, Univ., Diss., o. D. BEATE IHME-TUCHEL: Fall 7. Der Prozeß gegen die „Süd-Generale" (gegen Wilhelm List und andere), in: GERD R. UEBERSCHÄR (Hrsg.): Der Nationalsozialismus vor Gericht. Die alliierten Prozesse gegen Kriegsverbrecher und Soldaten 1943-1952, Frankfurt/M. ³2008, S. 144-154. HERSCHEL LAUTERPACHT: Das Gesetz der Nationen und die Bestrafung der Kriegsverbrechen, in: Britisches Jahrbuch des Völkerrechts (1944), S. 76.
[248] KAZIMIERZ LESZCZYŃSKI (Hrsg.), Fall 9, S. 125.

2 Der Einsatzgruppenprozess – die Rückkehr des Rechts

Im Hinblick darauf, dass etwa das Sonderkommando 1 a (SK 1 a) der Einsatzgruppe A unter Dr. Martin Sandberger an einem einzigen Tag 14.500 Personen tötete, einschließlich 1.158 Juden und Kommunisten oder aber das Sonderkommando 4a (SK 4a) der Einsatzgruppe C unter Blobel in der Schlucht von Babyń Jar innerhalb von zwei Tagen die gesamten noch nicht geflüchteten Juden der Stadt Kiew – das waren 33.771 Mütter mit Kindern sowie alte und gebrechliche Menschen – sowie im Laufe von sechs Monaten insgesamt 60.000 Menschen erschoss, lässt sich schlussfolgern, dass derart viele Exekutionen unmöglich als völkerrechtlich sanktionierte Sühnemaßnahme gegen Partisanen durchgeführt sein konnten. Wie in Kapitel III.4 exemplarisch demonstriert, belegen die *Ereignismeldungen UdSSR 1941/42* zweifelsfrei, dass jene überwiegend an Juden begangenen Massenmorde vornehmlich aus ideologischen und rassenbiologischen Gründen begangen wurden und demzufolge keineswegs völkerrechtlich sanktionierte Repressalien darstellten. Mit Bezug zu jenem apologetischen Vorwand führte Chefankläger Benjamin B. Ferencz in seinem Schlussplädoyer unter Verweis auf die bereits *vor* Beginn des Vernichtungsfeldzuges gegen die Sowjetunion erfolgte völkerrechtswidrige Befehlsgebung Hitlers aus – insbesondere auf dessen berüchtigten Kriegsgerichtsbarkeitserlass:

„Aus dem Protokoll [des Beweisaufnahmeverfahrens] geht ganz klar hervor, dass die von den Einsatzgruppen durchgeführten Exekutionen niemals mit den durch das Kriegsrecht [Haager Landkriegsordnung, Artikel 50] niedergelegten Erfordernissen in Einklang standen.

Sie waren weit davon entfernt, Vergeltungsmaßnahmen für ungesetzliche Kriegshandlungen seitens der Russen zu sein, und *sie waren sorgfältig in Deutschland geplant worden, lange bevor Deutschland den Angriff in die Wege leitete*, durch den der Krieg begonnen wurde.

Nichts ist ausserdem klarer durch das Kriegsrecht festgelegt, als dass kein Kämpfender, der sich ergeben hat – sei er Partisan, Spion oder Guerillakämpfer – und keine Zivilperson hingerichtet werden darf, ohne dass ein Kriegsgericht oder Militärgerichtsverfahren ihre Schuld feststellt. *Dies war jedem Angeklagten bekannt* und steht im Soldbuch jedes deutschen Soldaten. Die Angeklagten haben nicht einmal vorgegeben, dass diese Erfordernisse erfüllt wurden.

Wenn wir auf diese Angeklagten *die Art Gesetz* angewendet hätten, welches sie vor den von ihnen durchgeführten Hinrichtungen anwandten, dann wäre dieses Verfahren schon zu Ende gewesen, bevor es überhaupt begonnen hatte. Bei dem Argumentieren darüber, dass die Opfer der Einsatz-Hinrichtungen ‚Partisanen' waren, verstrickten sich die Angeklagten in ein hoffnungsloses Gewirr von Widersprüchen und Verwechslungen.

Wenn ihre eigenen Unterlagen [Berichte an das RSHA] zeigen, dass die Opfer Juden waren, dann antworten sie, dass alle Juden Partisanen waren. Wenn die Unterlagen die Hinrichtung von Partisanen zeigen, und die Angeklagten gefragt werden, woher sie wussten, dass die Opfer Partisanen waren, dann antworten sie, es müssen Partisanen gewesen sein, weil festgestellt worden war, dass sie Juden waren.

Dies steht natürlich in glattem Widerspruch zu dem von Jodl, dem Angeklagten vor dem Internationalen Militärgerichtshof, vorgebrachten Argument, der versicherte, dass ‚sich unter den Partisanen so gut wie keine Juden befanden. Diese Partisanen waren in der Hauptsache fanatische, stahlharte russische Kämpfer, meist Weissrussen'." [Kursivdruck vom Verf.].[249]

Befehlsnotstand

In einer dritten Argumentationslinie gaben die Angeklagten zwar die von ihnen durchgeführten Massenhinrichtungen sowjetischer politischer Beamter sowie Juden, so bezeichneter „Zigeuner" und anderer Minderheiten und ebenso Insassen psychiatrischer Anstalten zu, rechtfertigten sich jedoch mit der Schutzbehauptung, ausschließlich auf „höheren Befehl" gehandelt, d. h. jene Exekutionen ausschließlich unter *militärischem* Zwang ausgeführt zu haben. Demzufolge hätten die Hinrichtungen keineswegs den Tatbestand des *Verbrechens gegen die Menschlichkeit* erfüllt. Jene Argumentation wurde unter anderem von den systemüberzeugten, fanatischen Gesinnungstätern Naumann, Dr. Sandberger, Dr. Braune und Ott vertreten, insbesondere jedoch von Ohlendorf, der seine Mitangeklagten zum Teil unter erheblichem Druck auf die von ihm entworfene Verteidigungslinie eingeschworen hatte.

Dem US Military Tribunal II war indessen durchaus bewusst, dass die auf der Anklagebank sitzenden SS-Offiziere keineswegs aus *militärischem* Zwang gehandelt hatten, sondern aufgrund von „Befehlen in Weltanschauungssachen" (Hans Buchheim).[250] Insofern war die Berufung auf eine *militärische* Gehorsamspflicht schon deshalb unzulässig, als die SS keineswegs eine staatliche, sondern eine reine *Partei*organisation gewesen war. Auch wenn jene angeklagten SS-Offiziere die Massenmorde an zuvor devaluierten und dehumanisierten Personengruppen während des Krieges ausgeführt hatten, waren sie dennoch nicht im Rahmen eines *militärischen* Einsatzes reichsamtlich beauftragt worden und tätig gewesen, sondern aus rein *weltanschaulichen* Gründen. Auch dieser Gesichtspunkt wird am Schluss des Kapitels IV genauer zu erörtern sein.

Um jedoch das Argument des vermeintlichen Befehlsnotstandes entkräften und damit den Anklagepunkt der von den SS-Offizieren verübten *Verbrechen gegen die Menschlichkeit* – die ausschließlich aufgrund von *Befehlen in Weltanschauungssachen* (Buchheim) erfolgt waren – aufrechterhalten zu können, sah sich das US Military Tribunal II gehalten, in seiner Urteilsbegründung grundsätzlich zu

---

[249] MILITÄRTRIBUNAL II, Fall Nr. 9, DIE VEREINIGTEN STAATEN VON AMERIKA gegen Ohlendorf und Genossen, Angeklagte. Schlussrede für DIE VEREINIGTEN STAATEN VON AMERIKA. Telford Taylor, Brigadier General, USA, Chief of Counsel for War Crimes. Benjamin B. Ferencz, Chief Prosecutor. Peter E. Walton, John E. Glancy, Arnost Horlik-Hochwald, Nürnberg, 13. Februar 1948, StAN, Rep 501, KV-Prozesse, Fall 9, B 29, S. 1-29, hier S. 13.

[250] Der Unterschied zwischen militärischen Befehlen und solchen in Weltanschauungssachen wird am Schluss des Kapitels IV im Zusammenhang mit der vermeintlichen Gehorsamspflicht näher beleuchtet werden.

2 Der Einsatzgruppenprozess – die Rückkehr des Rechts

Befehlen verbrecherischen Inhaltes Stellung zu nehmen. Demzufolge räumte es in seiner Urteilsbegründung ein, dass die im Einsatzgruppenprozess angeklagten NS-Gewalttäter als *Teil* einer militärischen Organisation zwar grundsätzlich der *soldatischen* Gehorsamspflicht unterworfen gewesen seien, jedoch dann nicht, wenn der ihnen erteilte Befehl auf die Begehung eines Verbrechens abgezielt habe.[251] Jener Tatbestand war bereits im Deutschen Kaierreich in § 47 des *Militärstrafgesetzbuches für das Deutsche Reich vom 20. Juni 1872* geregelt worden, dessen Wortlaut Hitler dann in unveränderter Form in das *Militärstrafgesetzbuch vom 10. Oktober 1940* aufgenommen hatte. Dort heiß es:

„Wird durch die Ausführung eines Befehls in Dienstsachen ein Strafgesetz verletzt, so ist dafür der befehlende Vorgesetzte allein verantwortlich.

Es trifft jedoch den gehorchenden Untergebenen die Strafe des Teilnehmers,

1. wenn er den ihm erteilten Befehl überschritten hat oder
2. wenn ihm bekannt gewesen ist, daß der Befehl des Vorgesetzten eine Handlung betraf, welche ein allgemeines oder militärisches Verbrechen oder Vergehen bezweckte."[252]

Der § 47 des *Militärstrafgesetzbuches vom 10. Oktober 1940*[253] war den Einsatzgruppenchefs sowie den Führern der Einsatz- und Sonderkommandos durchaus bekannt. Nur sieben Monate später wurde jener § 47 durch Hitlers mehrfach zitierten *Erlass über die Ausübung der Kriegsgerichtsbarkeit im Gebiet „Barbarossa" und über besondere Maßnahmen der Truppe vom 13. Mai 1941* (Kriegsgerichtsbarkeitserlass) ausgehebelt, der die Verbrechen an der sowjetischen Zivilbevölkerung nicht nur ausdrücklich sanktionierte, sondern unter Zugrundelegung des durch die fortwährende NS-Propaganda intensivierten Feindbildes von der „jüdisch-bolschewistischen Weltverschwörung" als einer „existentielle Bedrohung der germanischen Rasse und der abendländischen Kultur" sowohl die Wehrmachtsangehörigen als auch die Einsatzgruppen zu militärischen Verbrechen geradezu moralisch verpflichtete:

---

[251] KAZIMIERZ LESZCZYŃSKI (Hrsg.), Fall 9, S. 97-99.
[252] *Militärstrafgesetzbuch. Vom 10. Oktober 1940*, in: RGBl Teil I (1940), S. 1348-1362, hier S. 1351.
[253] Auch das Wehrstrafgesetz der Bundesrepublik Deutschland kennt keinen „blinden Gehorsam", wie in dessen § 22 festgelegt ist. Dort ist unter dem Rubrum „Verbindlichkeit des Befehls; Irrtum" ausgeführt: (1) In Fällen des § 19-21 [Ungehorsam/Gehorsamsverweigerung/leichtfertiges Nichtbefolgen eines Befehls] handelt der Untergebene nicht rechtswidrig, wenn der Befehl nicht verbindlich ist, insbesondere wenn er nicht zu dienstlichen Zwecken erteilt ist oder *die Menschenwürde verletzt* oder *wenn durch das Befolgen ein Verbrechen oder Vergehen begangen würde.* Dies gilt auch, wenn der Untergebene irrig annimmt, der Befehl sei verbindlich. (2) Befolgt ein Untergebener den Befehl nicht, weil irrig annimmt, daß durch die Ausführung ein Verbrechen oder Vergehen begangen würde, so ist er nach §§ 19-21 nicht strafbar, wenn ihm der Irrtum nicht vorzuwerfen ist. [Kursivdruck vom Verf.]. *Wehrstrafgesetz vom 30.März 1957*, in: BGBl., Jahrgang 1957, Teil I, S. 21.

„1. Für Handlungen, die Angehörige der Wehrmacht und des Gefolges gegen feindliche Zivilpersonen begehen, besteht kein Verfolgungszwang, auch dann nicht, wenn die Tat zugleich ein *militärisches Verbrechen oder Vergehen* ist.
2. Bei der Behandlung solcher Taten ist in jeder Verfahrenslage zu berücksichtigen, daß der Zusammenbruch im Jahre 1918, die späte Leidenszeit des deutschen Volkes und der Kampf gegen den Nationalsozialismus mit den zahllosen Blutopfern der Bewegung entscheidend *auf bolschewistischen Einfluß zurückzuführen war und daß kein Deutscher dies vergessen hat.*" [Sperrdruck im Original, Kursivdruck vom Verf.].[254]

Da Hitler zu Ohren gekommen war, dass entgegen seiner ausdrücklichen Weisung verschiedentlich Wehrmachtsangehörige in Ausübung des Kriegsgerichtsbarkeitserlasses von ihren Dienstvorgesetzten dennoch zur Rechenschaft gezogen worden waren, ließ er am 16. Dezember 1942 durch den Chef des Oberkommandos der Wehrmacht, Generalfeldmarschall Wilhelm Keitel, den nachfolgenden selbstrechtfertigenden Befehl ergehen, wobei er die tatsächlichen kolonialimperialistischen und rassenideologischen Kriegsziele Deutschlands im Kampf gegen die Sowjetunion in der Weise zu verschleiern suchte, dass er in Anlehnung an die von der NS-Propaganda verbreitete Präventivkriegsthese und unter Zuhilfenahme des Leitwortes von dem „abendländischen Kreuzzug gegen den gottlosen Bolschewismus" den vermeintlichen oder tatsächlichen russischen Widerstandskämpfern grundsätzlich *Gewalttaten* jeglicher Art unterstellte. In diesem Zusammenhang ist anzumerken, dass das Ziel der NS-Propaganda war, den Tatbeteiligten die Massenmorde an der sowjetischen Zivilbevölkerung als historisch notwendige Tat zu suggerieren.

„[...] Der Feind setzt im Bandenkampf fanatische, kommunistisch geschulte Kämpfer ein, die vor keiner Gewalttat zurückschrecken. Es geht hier mehr denn je um *Sein oder Nichtsein*. Mit soldatischer Ritterlichkeit oder mit den Vereinbarungen der Genfer Konvention hat dieser Kampf nichts mehr zu tun [...].

Die Truppe ist daher berechtigt und *verpflichtet*, in diesem Kampf ohne Einschränkung auch gegen Frauen und Kinder jedes Mittel anzuwenden, wenn es nur zum Erfolg führt. *Rücksichten, gleich welcher Art, sind ein Verbrechen gegen das deutsche Volk.*" [Kursivdruck vom Verf.].[255]

Auch jene beiden Erlasse waren den im Nürnberger Einsatzgruppenprozess Angeklagten hinreichend bekannt, sodass der beisitzende Richter John J. Speight in der Verlesung der Urteilsbegründung ausführte: „Der Einwand vom ‚höheren Befehl'

---

[254] Der Führer und Oberste Befehlshaber der Wehrmacht, Führerhauptquartier, d. 13. Mai 1941, *Erlass über die Ausübung der Kriegsgerichtsbarkeit im Gebiet „Barbarossa" und über besondere Maßnahmen der Truppe*, BArch-MA, RW 22/155.
[255] Oberkommando der Wehrmacht/WFST/Op. (H.) Nr. 004870/42, g. Kdos. Geheime Kommandosache. Befehl vom 16. Dezember 1942. Btr.: Verschärfung der Partisanenbekämpfung, abgedruckt in: WOLFGANG RUGE/ WOLFGANG SCHUMANN u. a. (Hrsg.): Dokumente zur deutschen Geschichte 1942-1945, Bd. 12, Berlin 1977, S. 19f.

2 Der Einsatzgruppenprozess – die Rückkehr des Rechts

bedarf zu einer Gültigkeit des Nachweises entschuldbarer Unwissenheit über seine Rechtswidrigkeit."[256] Jedoch ging bereits aus den Berichten der Einsatzgruppen – wie sie etwa in den *Ereignismeldungen UdSSR 1941/42* vorliegen – zweifelsfrei hervor, dass die im Nürnberger Einsatzgruppenprozess angeklagten NS-Gewalttäter keineswegs die unwissenden Befehlsempfänger ihrer Vorgesetzten gewesen waren, als die sie sich gegenüber der US-amerikanischen Staatsanwaltschaft und dem US Military Tribunal II zu inszenieren bemühten. Im Gegenteil, jene SS-Offiziere waren von Himmler und Heydrich sorgfältig ausgesuchte nationalsozialistische Fanatiker von außergewöhnlich hoher Intelligenz und beeindruckenden SS-Rängen, unter ihnen sechs SS-Brigadeführer, vier SS-Standartenführer, sechs SS-Obersturmbannführer, vier SS-Sturmbannführer – unter ihnen Biberstein – und lediglich drei NS-Gewalttäter mit niederen Rängen. Da sich ein Teil der Angeklagten als Opfer der nationalsozialistischen Herrschaft darzustellen suchte – Biberstein etwa als Opfer des Chefs des Personalamtes im Reichssicherheitshauptamt (RSHA), des SS-Gruppenführers Bruno Streckenbach, und Ohlendorf gar als Opfer Himmlers – stellte Chefankläger Benjamin B. Ferencz in seinem Schlussplädoyer unmissverständlich klar:

„Sie [die Angeklagten] sind nicht die unglücklichen Opfer, die gegen ihren Willen durch die Tyrannei des Dritten Reiches zu Verbrechen angetrieben wurden. Mehr als alle anderen verbreiteten diese Männer die Nazi-Lehre mit Feuer und Schwert [. . .].

Diese Verbrechen wurden in Ausführung von sorgfältig Monate lang vorher ausgearbeiteten Plänen begangen. Und das Verbrechen ist von erschreckender Größe – die Ausrottung von ganzen russischen oder nationalen Gruppen, wie von Juden und Zigeunern und von allen führenden Regierungs- und Parteibeamten [. . .].

Die *vorgesehenen* [sic!] Opfer beliefen sich auf Millionen. Daher passt auf diesen Fall [Fall 9] die Schlussfolgerung, die vom ITM bei der Urteilsverkündung über Keitel und Jodl gezogen wurde. Auch sie haben dasselbe Argument [Handeln auf höheren Befehl] vorgebracht; und der Internationale Militärgerichtshof, als er sich damit befasste, erklärte zu Keitel:

Mildernde Umstände liegen nicht vor. Befehle von oben, auch wenn einer Militärperson erteilt, können nicht als mildernder Umstand betrachtet werden, wenn derart empörende und weit verbreitete Verbrechen bewusst, rücksichtslos und ohne militärische Notwendigkeit oder Rechtfertigung begangen worden sind.[257]

Und im Falle Jodl:
Seine Verteidigung, in kurzem genommen, besteht in der Lehre von dem 'Befehl des Vorgesetzten', die durch Artikel 8 des [Londoner] Statuts ausgeschlossen ist [. . .]. Die Teilnahme an Verbrechen dieser Art ist noch nie von einem Soldaten verlangt worden, und er kann sich jetzt nicht hinter einer mythischen Forderung nach militärischem Gehorsam

---

[256] KAZIMIERZ LESZCZYŃSKI (Hrsg.), Fall 9, S. 101.
[257] Der Prozeß gegen die Hauptkriegsverbrecher vor dem Internationalen Gerichtshof Nürnberg, Nürnberg, 1947, Bd. I, S. 328.

um jeden Preis als Entschuldigung für dieses Verbrechen verbergen."[258] [Kursivdruck des Urteils im Fall Keitel und Jodl vom Verf.].[259]

Es erstaunt nicht, dass bei der vorliegenden eindeutigen juristischen Beweislage die Plädoyers der Strafverteidiger kaum Rückschlüsse auf die unterschiedlichen Tatmotivationen der NS-Gewalttäter und oder gar auf deren ideologischen Hintergründe zuließen; das wäre den verteidigungsstrategischen Zielsetzungen verständlicherweise zuwidergelaufen. Die insgesamt 44 Anwälte der Angeklagten verwiesen lediglich auf die den Taten zugrunde liegenden Handlungsgrundlagen, so auf die Struktur des so bezeichneten „nationalsozialistischen völkischen Führerstaates" wie sie etwa in dem immer wiederkehrenden Rekurs der Angeklagten auf die (außernormative) *Führergewalt* und die SS als deren (ebenfalls außernormatives) *Exekutivorgan* zum Ausdruck kam oder aber in deren Führerbindung, d. h. der spezifischen Verpflichtung durch die drei von ihnen geleisteten Eide auf die *Person* des Führers: den Soldaten-Eid, den Beamten-Eid und den SS-Eid.[260] Es bietet sich jedoch eine andere Quelle an, insofern, als während des Beweisaufnahmeverfahrens im Kreuzverhör gezielte Fragen der US-amerikanischen Staatsanwaltschaft oftmals zu unbedachten Äußerungen der Angeklagten geführt hatten.

Bevor in Kapitel IV.3.4 angesichts der äußerst problematischen Quellenlage der schwierige Versuch unternommen wird, die Handlungsgrundlagen und Antriebskräfte der im Nürnberger Einsatzgruppenprozess angeklagten und verurteilten NS-Gewalttäter zu dechiffrieren, ist in einem Exkurs der Entstehung der Ohlendorf-Legende von dem so bezeichneten „Judenausrottungsbefehl des Führers" nachzugehen, da die im Nürnberger Einsatzgruppenprozess Angeklagten – um auf Befehlsnotstand plädieren zu können – auf jenen angeblichen Befehl des Staatsoberhauptes rekurrierten, der den Einsatzgruppen und deren Kommandos im Bereitstellungsraum Pretzsch/Elbe bereits *vor* Abmarsch in die Sowjetunion mündlich von Streckenbach im Beisein Heydrichs erteilt worden sein soll. Da Ohlendorf bereits vor dem International Military Tribunal in Nürnberg im Prozess gegen die Hauptkriegsverbrecher über die von den Einsatzgruppen begangenen Massenmorde umfassend unter Eid Zeugnis abgelegt hatte, waren demzufolge seine Aussagen weder von dem Richterkollegium der Alliierten, noch von den im Nürnberger Einsatzgruppenprozess tätigen Richtern und der Staatsanwaltschaft in Zweifel gezogen worden, zumal Ohlendorf seine Mitangeklagten – mit Ausnahme von Schulz

---

[258] Ebd., S. 367.
[259] MILITÄRTRIBUNAL II, Fall Nr. 9, DIE VEREINIGTEN STAATEN VON AMERIKA gegen Ohlendorf und Genossen, Angeklagte. Schlussrede für DIE VEREINIGTEN STAATEN VON AMERIKA. Telford Taylor, Brigadier General, USA, Chief of Counsel for War Crimes. Benjamin B. Ferencz, Chief Prosecutor. Peter E. Walton, John E. Glancy, Arnost Horlik-Hochwald, Nürnberg, 13. Februar 1948, StAN, Rep 501, KV-Prozesse, Fall 9, B 29, S. 1-29, hier S. 18-19.
[260] Vgl. dazu die Ausführungen in Kapitel III.1.1-1.3.

und Biberstein – zum Teil unter ganz erheblichem Druck auf sein Verteidigungskonzept eingeschworen hatte. Somit wurde der „Judenausrottungsbefehl des Führers" während des Nürnberger Einsatzgruppenprozesses zum Hauptgegenstand des gesamten Verfahrens. Für Biberstein hatte das insofern ernstliche Nachteile, als das Gericht dessen Aussagen von vorneherein als völlig unglaubwürdig erachtete. Darauf wird in Kapitel IV.3.1 näher einzugehen sein.

Exkurs: Zur Entstehung des Judenausrottungsbefehls

Wie oben erwähnt, war eines der wesentlichen Argumente der im Nürnberger Einsatzgruppenprozess Angeklagten der so bezeichnete „Judenausrottungsbefehl des Führers", der den Einsatzgruppenchefs und deren Kommandeuren bereits *vor* Beginn des Russlandfeldzuges im Bereitstellungsraum Pretzsch durch den SS-Gruppenführer und Generalleutnant der Waffen-SS und damaligen Leiter der Personalabteilung im Reichssicherheitshauptamt (RSHA) Bruno Streckenbach im Beisein Heydrichs mündlich übermittelt worden sei. Wie kam es zu jener Ohlendorf-Legende?

Nach dem Suizid Hitlers am 30. April 1945 hatte sich ein Großteil des inneren Kerns des NS-Staatsapparates in die so bezeichnete „Festung Nord" nach Flensburg abgesetzt. Prof. Dr. Gerhard Paul, der als Historiker bis 2016 an der Europa-Universität Flensburg gelehrt hatte, beschreibt in einer Chronik im Hinblick auf die Dönitz-Regierung jenen Vorgang wie folgt: „Als erstes Mitglied der NS-Führungsriege erreicht der Reichsführer-SS Heinrich Himmler mit einem Stab von 150 Personen die Stadt an der Förde. Im Laufe des Tages gesellen sich [...] Mitglieder des Wirtschafts- und Verwaltungsamtes, einige SS- und Polizeiführer sowie die Führung der Konzentrationslager unter Richard Glücks und KZ-Kommandanten wie Rudolf Höß zu ihm"[261] sowie „das Amt III des RSHA unter SS-Gruppenführer Ohlendorf."[262]

Am 5. Mai 1945 erklärte Himmler vor Spitzen der Gestapo und der SS, „er plane die Bildung einer ‚reformierten' NS-Verwaltung in Schleswig-Holstein, die mit den Westmächten Friedensverhandlungen aufnehmen soll."[263] Dazu kam es nicht, da Himmler nur einen Tag später von Dönitz aller seiner Ämter enthoben wurde.[264]

---

[261] GERHARD PAUL: Inferno und Befreiung. Der letzte Spuk, in: www.Zeit, Nr. 19 vom 4. März 2005; 15.08.2016.

[262] STEPHAN LINCK: ‚Festung Nord' und ‚Alpenfestung'. Das Ende des NS-Sicherheitsapparates, in: GERHARD PAUL/ KLAUS-MICHAEL MALLMANN (Hrsg.): Die Gestapo im Zweiten Weltkrieg. ‚Heimatfront' und besetztes Europa, Darmstadt 2000, S. 569-595, hier S. 581.

[263] GERHARD PAUL, Inferno.

[264] Bereits Hitler hatte unmittelbar vor seinem Suizid in seinem Testament vom 29. April 1945 Himmler und Göring ihrer Ämter enthoben.

Am 8. Mai, dem Tag der Kapitulation, tauchte der entmachtete der Reichsführer-SS unter, wurde jedoch wenig später von den Briten gefasst und beging am 23. Mai 1945 Suizid.[265]

Wie der Historiker und Studienleiter für Erinnerungskultur und Gedenkstättenarbeit der Evangelischen Akademie der Nordkirche Dr. Stephan Linck detailliert darlegt, versuchte nicht nur Himmler, sondern auch Ohlendorf, sich den Westalliierten anzubiedern, zum einen als Wirtschaftsexperte, zum anderen als ausgewiesener SD-Fachmann im Hinblick auf die von ihm als notwendig erachtete Errichtung eines „lebensgebietsmäßigen Nachrichtendienstes", wobei er sich offensichtlich den neu zu bildenden Staat im Nachkriegsdeutschland bezeichnenderweise als eine Neuauflage des *Führerstaates* vorstellte, wie aus einem Memorandum hervorgeht, dass er der Alliierten Kontrollkommission am 18. Mai 1945 vorlegte. Dort heißt es:

„Eine solche Einrichtung [eines lebensgebietsmäßigen Nachrichtendienstes des SD] ist vor allem in einem Staate erforderlich, der in seiner Grundanlage auf dem *Führerprinzip* beruht und ein Korrektiv durch parlamentarische oder publizistische Einrichtungen nicht vorsieht [...].

Der Gesamtüberblick über die verschiedenen Lebensgebiete gibt meinem Amt mit seiner lebensgebietsmässigen Auswertung des Inlandsnachrichtendienstes die *Berechtigung*, auch und gerade in der gegenwärtigen Situation an eine Weiterarbeit zu denken und zu versuchen, der amtierenden Regierung einen umfassenden Überblick über alle Lebensverhältnisse und die *Auffassung der Bevölkerung* zu vermitteln.

Ich fühlte mich deshalb verpflichtet, mich mit meinen engeren Mitarbeitern auch weiterhin zur Verfügung zu stellen und erforderlichenfalls auch der Besatzungsmacht über die bisherige Arbeit und die gegenwärtigen und zukünftigen Probleme Rede und Antwort zu stehen, weil ich der Überzeugung bin, damit nicht nur meinem Volke zu dienen, sondern auch der Besatzungsmacht die objektive Beurteilung der Verhältnisse in Deutschland zu erleichtern und damit zu einer Überwindung der Kriegsfolgen beizutragen." [Kursivdruck vom Verf.].[266]

Dass Ohlendorf ernsthaft glauben konnte, in dem unter den Besatzungsmächten stehenden Nachkriegsdeutschland eine Neuauflage des NS-Spitzelsystems aufbauen zu können, lässt zumindest erkennen, wie intensiv er die nationalsozialistische Ideologie internalisiert hatte. Jene Sichtweise lässt sich auch in seinen Äußerungen während des Nürnberger Einsatzgruppenprozesses feststellen, wie noch darzulegen sein wird. Nachdem die Mitglieder der Regierung Dönitz am 23. Mai 1945 von den Briten verhaftet worden waren, tauchte auch Ohlendorf unter, wurde je-

---

[265] GERHARD PAUL, Inferno.
[266] BArch, R 62/ 11. Abgedruckt in: STEPHAN LINCK, ‚Festung Nord', S. 589f. DERS.: Der Ordnung verpflichtet. Deutsche Polizei 1933-1945: Der Fall Flensburg, Paderborn 2000; zugleich: Kiel, Univ., Diss, 1998, S. 156.

2 Der Einsatzgruppenprozess – die Rückkehr des Rechts 571

doch von den Briten im Juli 1945 aufgespürt und inhaftiert.[267] Spätestens seit jenem Zeitpunkt dürfte ihm endgültig klar geworden sein, dass es nur eine Frage der Zeit sein würde, bis die Alliierten belastendes Beweismaterial finden würden – etwa die Berichte der Einsatzgruppen, die vom Reichssicherheitshauptamt (RSHA) als *Ereignismeldungen UdSSR 1941/42* jeweils in einer Stückzahl von 100 an verschiedene Behörden im Reich herausgegangen waren –, die ihn zweifelsfrei als Befehlshaber der Einsatzgruppe D identifizieren könnten, der 90.000 Morde an jüdischen Menschen und ethnischen Minderheiten, wie den Sinti und Roma oder den Krimtschaken, zu verantworten hatte.

Da Ohlendorf angesichts jener Tatsache eine Anklage vor einem Kriegsgericht zu erwarten hatte, bot er sich den Alliierten als Zeuge an, der in dem *Prozess gegen die Hauptkriegsverbrecher vor dem Internationalen Militärgerichtshof in Nürnberg* zu einzelnen Straftätern der dort angeklagten NS-Führungsriege auszusagen bereit war. In diesem Zusammenhang berichtete er dem Gerichtshof umfassend auch über die von den Einsatzgruppen und deren Kommandos begangenen Massenmorde, von denen die Alliierten bis zu jenem Zeitpunkt offensichtlich keine Kenntnis besaßen.[268] Dass Ohlendorf in jenem Zusammenhang die Legende von dem „Judenausrottungsbefehl des Führers" erfand, der den Einsatzgruppenchefs und deren Kommandoführern im Bereitstellungsraum Pretzsch an der Elbe bereits wenige Tage *vor* Beginn des Russlandfeldzuges mündlich von *Streckenbach* im Beisein Heydrichs übermittelt worden sei, war eine verteidigungsstrategische „Vorsorge" für den Fall einer gegen ihn selbst gerichteten Anklage. Denn nur mit der These eines „Judenausrottungsbefehls" seitens der allerhöchsten Staatsmacht, der noch *vor* Beginn des wirtschaftspolitisch und rassenideologisch ausgerichteten Vernichtungsfeldzuges gegen die Sowjetunion ausgegeben worden sei, hoffte er, im Fall einer Anklage auf Befehlsnotstand plädieren zu können, um auf diese

---

[267] Periodical Counter Intelligence Report No. 23 (21 AG), 31.7.45, PRO, WO 171/3842. Zitiert in: STEPHAN LINCK, ‚Festung Nord', S. 592.

[268] Ohlendorf hatte als Zeuge im Prozess gegen die Hauptkriegsverbrecher vor dem Internationalen Militärgerichtshof in Nürnberg erstmalig am 3. Januar 1946 in der Vormittags- und Nachmittagssitzung umfassend über die Tätigkeit der Einsatzgruppen im Russlandfeldzug ausgesagt. Der Prozeß gegen die Hauptkriegsverbrecher vor dem Internationalen Gerichtshof Nürnberg, Nürnberg 1947, Bd. IV, S. 341-393. Noch bevor der Einsatzgruppenprozess überhaupt in Erwägung gezogen worden war, wurde Ohlendorf bereits im Herbst 1946 mehrfach als Zeuge vernommen. (1) Interrogation Nr. 157, Vernehmung von Otto Ohlendorf durch Mr. Ortmann auf Veranlassung von Mr. P. W. Walton, SS-Section Nr. I. M. McHaney am 4. Oktober 1946, 13.30 bis 14.00 Uhr, S. 1-18, StAN, Rep. 502, KV-Anklage, Interrogations, O 9. (2) Interrogation Nr. 157, Vernehmung von Otto Ohlendorf durch Mr. Wartenberg, Mr. Warton, lawyer, auf Antrag (293) von SS-Section am 15. November 1946, 10.00 bis 11.40, S. 1-15, StAN, Rep. 502, KV-Anklage, Interrogations, O 9. (3) Interrogation Nr. 157, Vernehmung von Otto Ohlendorf durch Mr. Wartenberg auf Antrag (293) von Mr. Walton, SS-Section am 2. Dezember 1946 von 10.00 bis 11.15 Uhr, StAN, Rep. 502, KV-Anklage, Interrogations, O 9.

Weise – wenn auch nicht einer zeitlich begrenzten Strafe, so doch wenigstens dem Tod durch den Strang entgehen zu können.

Aus eben jenem Grund hatte Ohlendorf im Nürnberger Einsatzgruppenprozess seine Mitangeklagten unter zum Teil ganz erheblichem Druck auf das von ihm entworfene Verteidigungskonzept einzuschwören versucht, wie Jahre später nicht nur Bibersteins Strafverteidiger Dr. Bergold, sondern ebenfalls Ohlendorfs Strafverteidiger Dr. Aschenauer im Zuge des Strafverfahrens gegen Bruno Streckenbach vor dem Landgericht Hamburg ausgesagt hatten.[269] In jenem Strafprozess war der „Judenausrottungsbefehl des Führers" wiederum Hauptgegenstand des Verfahrens. Auf jene Ohlendorf-Legende wird nachfolgend in diesem Kapitel unter Punkt 3.2 (Bibersteins Revisionsgesuche) genauer einzugehen sein.

3 Das Gerichtsurteil des US Military Tribunal II gegen Biberstein

3.1 Urteilsspruch und Urteilsbegründung

In keinem der zwölf Nürnberger Nachfolgeprozesse wurden so viele Todesurteile verhängt wie im Fall 9.[270] Jenes Faktum war dem Ausmaß und der Ungeheuerlichkeit der begangenen Verbrechen geschuldet. Fünfzehn der 24 bzw. 22 hochrangigen SS-Offiziere wurden von dem US Military Tribunal II zum Tod durch den Strang verurteilt, und zwar *Ohlendorf, Naumann, Blobel, Dr. Blume, Dr. Sandberger, Seibert, Steimle, Dr. Braune, Dr. Haensch, Nosske, Ott, Klingelhöfer, Schubert, Dr. Strauch* und *Biberstein*. Der zum Tode verurteilte SS-Obersturmbannführer *Dr. Eduard Strauch* (Führer des EK 2) war nach der Urteilsverkündung durch das US

---

[269] Vernehmung des Rechtsanwalts Dr. Friedrich Bergold (geb. 1899 in Nürnberg) durch einen Untersuchungsrichter des Landgerichts Hamburg im Zuge der gerichtlichen Voruntersuchung gegen Bruno Streckenbach (54 Jahre), AZ 3/70, durchgeführt am 11.10.1972 in Nürnberg, Zentrale Stelle der Landesjustizverwaltungen Ludwigsburg 201 AR-Z 76/59, Bd. 16 (XLVI). Bl. 8387ff. In Auszügen abgedruckt in: Hans-Heinrich Wilhelm: Rassenpolitik und Kriegsführung. Sicherheitspolizei und Wehrmacht in Polen und in der Sowjetunion 1939 – 1942, Passau 1991, S. 227-228, hier S. 228. Vernehmung des Rechtsanwalts Dr. Rudolf Aschenauer (geb. 1913 in München) durch einen Untersuchungsrichter des Landgerichts Hamburg im Zuge der gerichtlichen Voruntersuchung gegen Bruno Streckenbach (54 Jahre), AZ 3/70, anberaumt in München am 12.10.1972 unter Hinzuziehung eines Vertreters der Hamburger Staatsanwaltschaft, Zentrale Stelle der Landesjustizverwaltungen Ludwigsburg 201 AR-Z 76/59, Bd. 16 (XLVI). Bl. 8394ff. In Auszügen abgedruckt in: Hans-Heinrich Wilhelm: Rassenpolitik und Kriegsführung. Sicherheitspolizei und Wehrmacht in Polen und in der Sowjetunion 1939 – 1942, Passau 1991, S. 229-230, hier S. 229.

[270] Im Fall 1 der Nürnberger Nachfolgeprozess (Ärzteprozess) wurden sieben Todesurteile verhängt und bereits 1948 ausgeführt. Im Fall 4 (Prozess gegen das Wirtschafts- und Verwaltungshauptamt der SS) verhängte das Gericht drei Todesstrafen, von denen jedoch lediglich jene an dem Hauptangeklagten Oswald Pohl 1951 ausgeführt wurde.

3 Das Gerichtsurteil des US Military Tribunal II gegen Biberstein

Military Tribunal II wegen seiner in Wallonien begangenen Straftaten nach Belgien ausgeliefert worden. Dort wurde er erneut zum Tode verurteilt. Strauch starb 49-jährig am 16. September 1955 in einem Brüsseler Krankenhaus.[271] Zwei der angeklagten NS-Gewalttäter waren aus dem Gerichtsverfahren ausgeschieden: Der damals 35-jährige SS-Sturmbannführer *Emil Haussmann*, Führer des Einsatzkommandos 12 der Einsatzgruppe D unter Ohlendorf, hatte zwei Tage nach Erhalt der Gruppenanklageschrift am 31. Juli 1947 Suizid begangen. Das Verfahren gegen Dr. Dr. *Otto Emil Rasch*, Leiter der Einsatzgruppe C, wurde wegen dessen progredient fortschreitender Parkinson-Erkrankung am 5. Februar 1948 von dem Hauptverfahren abgetrennt, wie der Vorsitzende Richter Michael A. Musmanno in den einleitenden Bemerkungen zur Urteilsverkündung voranschickte.[272]

Am Donnerstag/Freitag, dem 8./9. April 1948, verlasen die drei Richter des US Military Tribunal II jeweils von 9.30 bis 16.00 Uhr die Urteilsbegründung für alle Angeklagten, beginnend mit dem Vortrag des Vorsitzenden Richters Michael A. Musmanno. Hingegen wurde das Strafmaß jedem einzelnen NS-Gewalttäter unter Ausschluss der übrigen Verurteilten einen Tag später zwischen 10.00 bis 11.00 Uhr verkündet.[273] Neben den fünfzehn verhängten Todesurteilen sprach das US Military Tribunal II zwei lebenslängliche Strafen aus, und zwar gegen den SS-Obersturmbannführer *Gustav Nosske* (Führer des EK 12 unter Ohlendorf) und den SS-Brigadeführer und Generalmajor der Polizei *Heinz Jost* (Chef der Einsatzgruppe A). Nosske hatte zum einen angeführt, von den in der Ereignismeldung Nr. 61 aufgeführten Exekutionen erst *nach* deren Durchführung erfahren zu haben, zum anderen hatte er auf seine zeitweilige Abwesenheit von dem Kommando verwiesen.[274] Gegen den SS-Brigadeführer und Generalmajor der Polizei Heinz Jost konnte das Gericht eine zeitlich befristete Haftstrafe insofern nicht aussprechen, als alle von Jost benannten Entlastungszeugen zwischenzeitlich verstorben waren.[275]

Vier weitere SS-Offiziere wurden zu zeitlichen Strafen verurteilt, so der SS-Brigadeführer und Generalmajor der Polizei *Erwin Schulz* (Führer des Einsatzkommandos 5), der SS-Brigadeführer Prof. Dr. *Franz Six* (Führer des Vorkommandos Moskau) und der SS-Sturmbannführer *Waldemar von Radetzky* (Dolmetscher im Einsatzkommando 4 a und dort Verbindungsoffizier zur Wehrmacht) zu je 20 Jahren Haft sowie der SS-Sturmbannführer *Lothar Fendler* (Offizier der Nachrichtenabteilung im Stab des SK 4 b) zu 10 Jahren. Lediglich der Oberscharführer *Matthias Graf* konnte die Haftanstalt in Nürnberg als freier Mann verlassen, da er den Tatbestand in Punkt III (Mitgliedschaft in den verbrecherischen Organisatio-

---

[271] KAZIMIERZ LESZCZYŃSKI (Hrsg.), Fall 9, S. 251.
[272] Ebd., S. 28.
[273] Ebd., S. 237-240.
[274] Ebd., S. 199f.
[275] Ebd., S. 151.

nen SS und SD) nur teilweise erfüllt hatte, sodass das US Military Tribunal II Graf lediglich wegen dessen „Mitgliedschaft in dem SD" für schuldig befunden hatte und die verhängte Strafe durch die verbüßte Untersuchungshaft bereits abgegolten war.[276]

Zur tatsächlichen Vollstreckung kamen am 7. Juni 1951 im Kriegsverbrechergefängnis von Landsberg jedoch nur die Todesurteile für Ohlendorf, Naumann, Blobel und Dr. Braune, nachdem deren Revisionsanträge mehrfach abgelehnt worden waren.[277] Bereits im Jahre 1925 hatte sich der Vorsitzende Richter Michael A. Musmanno der *American League to Abolish Capital Punisment* angeschlossen.[278] Insofern war es ihm als ausgewiesenem Gegner der Todesstrafe und strenggläubigem Katholiken besonders schwergefallen, entgegen seiner Grundüberzeugung handeln und im Rahmen des US-amerikanischen Militärstrafrechts Todesurteile verhängen zu müssen. Musmanno befand sich diesbezüglich in einem Gewissenskonflikt, die der kanadische Historiker Hilary Earl wie folgt beschreibt:

> „Despite all he had heard and seen in court, he still held to the view that the defendants were human beings and the thought of ending their lives filled him with dread.
>
> In an early draft of his memoir of the trial [...], he admitted that he had gotten to know the defendants so well during the trial that he could not view them as ‚beats', rather he found many of them ‚personable individuals' and this made the task of sentencing ‚particulary painful' [...].
>
> Musmanno spent many sleepless nights thinking over his dilemma, ultimatly turning to an old friend, U.S. army chaplain Francis Konieczny for guidance."[279]

Daher zog sich Musmanno nach Abschluss der Beweisaufnahme Mitte Februar 1948 und der anschließenden Urteilsfindung gegen Ende März zum „Verweilen in Meditation und Gebet"[280] in ein knapp 50 km von Nürnberg gelegenes Kloster zurück, um die im Abschlussgespräch mit den beiden beisitzenden Richtern John J. Speight und Richard D. Dixon getroffenen Todesurteile nochmals gründlich zu überdenken und mit seinem Gewissen vereinbaren zu können. Erst während jenes Klosteraufenthaltes habe er den nötigen Seelenfrieden gefunden, um die Todesurteile akzeptieren zu können, erinnerte sich Musmanno später.[281] Zwar ist der genaue Ablauf über die Entscheidungsfindung hinsichtlich der verhängten Todesstrafen zwischen Musmanno und den beiden beisitzenden Richtern nicht überliefert, aus der Urteilsbegründung geht jedoch hervor, dass nur über diejenigen angeklag-

---

[276] Ebd., S. 233-236.
[277] Ebd., S. 251.
[278] HILARY EARL: The Nuremberg SS-Einsatzgruppen Trial 1945 – 1958: atrocity, law, and history, Cambridge 2009; teilw. zugleich: Toronto, Univ., Diss.,1994, S. 233.
[279] Ebd., S. 262.
[280] Ebd.
[281] Ebd.

3 Das Gerichtsurteil des US Military Tribunal II gegen Biberstein

ten NS-Gewalttäter das Todesurteil ausgesprochen wurde, die die Massenmorde während des Hauptverfahrens expressis verbis zugegeben hatten. So hatte SS-Gruppenführer und Generalleutnant der Polizei *Otto Ohlendorf*, Chef der Einsatztruppe D, die Verantwortung für die von seinem Einsatzkommando 12 sowie die von seinen vier Sonderkommandos überwiegend an Juden durchführten 90.000 Morde bereits im Prozess gegen die Hauptkriegsverbrecher vor dem International Military Tribunal in Nürnberg (IMT) zugegeben und dann erwartungsgemäß während der Hauptverhandlung im Nürnberger Einsatzgruppenprozess bestätigt.

SS-Brigadeführer und Generalmajor der Polizei *Erich Naumann*, Chef der Einsatzgruppe B und Nachfolger des berüchtigten SS-Gruppenführers Arthur Nebe, hatte den Massenmord an Juden zugegeben, jedoch habe er in dem „Judenausrottungsbefehl des Führers" – der auch die Exekution wehrloser Frauen und Kinder einschloss – keinesfalls etwas Unmoralisches gesehen, da jener Befehl zur Erreichung des Kriegszieles [sic!] unbedingt notwendig gewesen sei, hatte er vor dem US Military Tribunal II selbstrechtfertigend erklärt.[282]

SS-Sturmbannführer *Woldemar Klingelhöfer*,[283] der von August bis Dezember 1941 als Nachfolger des Prof. Dr. Franz Six das Vorkommando Moskau (VKM) geleitet hatte und dem die Anklagebehörde mehrere Tausend Judenmorde nachweisen konnte,[284] hatte während des Kreuzverhörs voller Trotz geäußert, er wäre froh gewesen, wenn Deutschland den Krieg gewonnen hätte, selbst unter den gegenwärtigen Zuständen und auch unter Einbeziehung der zwei Millionen gefallener deutscher Soldaten.[285] Als ausgewiesener Gesinnungstäter gab Klingelhöfer des Weiteren an, er sei in Nürnberg zutiefst deprimiert gewesen, „aber nicht über meine Tätigkeit im Osten und über die ganze Atmosphäre, sondern im Allgemeinen war ich deprimiert über den Zusammenbruch, den das Deutsche Reich erlebte."[286]

Der ebenfalls hochgradig indoktrinierte und systemüberzeugte SS-Standartenführer *Paul Blobel* hatte die von ihm angeordneten Morde zwar zugegeben, sie aber auf 10.00 bis 15.000 zu reduzieren versucht, obwohl das Gericht ihm schon allein durch drei der *Ereignismeldungen UdSSR 1941/42* zweifelsfrei die Erschießung von 33.771 jüdischen Menschen der Stadt Kiew in der Schlucht von Babyń Jar attestiert hatte, des Weiteren aufgrund weiterer Ereignismeldungen bis Ende November 1941 mehr als 51.000 Morde. In insgesamt sechzehn *Ereignismeldun-*

---

[282] Zeugeneinvernahme Naumann, StAN, Rep. 501, KV-Prozesse, Fall 9, A 9-11, S. 866, 909, 910, 914.
[283] Klingelhöfer war im Jahre 1935 zum Opernsänger diplomiert worden. KAZIMIERZ LESZCZYŃSKI (Hrsg.), Fall 9, S. 208.
[284] Ebd., S. 209.
[285] Zeugeneinvernahme Klingelhöfer, StAN, Rep. 501, KV-Prozesse, Fall 9, A 44-46, S. 4045.
[286] Ebd., S. 4020, 4045, 4054.

gen UdSSR 1941/42 konnten Blobel Tötungen von 60.000 Menschen nachgewiesen werden, einschließlich der in der Schlucht von Babyń Jar ermordeten 33.771 Juden der Stadt Kiew.[287]

SS-Standartenführer Dr. *Walter Blume* hatte angegeben, er selbst habe lediglich Verwaltungsaufgaben getätigt, hingegen seien alle von seinem nur 35 Mann starken Sonderkommando 7 b nicht von ihm selbst, sondern auf ausdrückliche Anweisung des Höheren SS und Polizeiführers Friedrich Jeckeln von dem ihm unterstehenden SS-Obersturmführer Richard Foltis ausgeführt worden. Das schloss jedoch die *Gesamt*verantwortung des Dr. Blume nicht aus.[288]

Desgleichen hatte SS-Standartenführer Dr. *Martin Sandberger* die von ihm begangenen Massenmorde zugegeben, sie jedoch mit Befehlsnotstand zu begründen versucht, obwohl seine dem US Military Tribunal II vorliegende SS-Offiziersakte Gegenteiliges aussagte. Zudem hatte er sich auf seinen Dienstvorgesetzten berufen, den berüchtigten SS-Brigadeführer und Generalmajor der Polizei Dr. Walter Stahlecker, der ihm als Chef der Einsatzgruppe A den „unmissverständlichen Befehl" erteilt habe, „unverzüglich" alle esthnischen Juden zu vernichten.[289]

SS-Obersturmbannführer Dr. *Werner Braune* (Führer des Sonderkommandos 11b) hatte vor dem US Military Tribunal II gezwungenermaßen die Beteiligung an dem Juden-Massaker in Simferopol zugeben müssen, insofern, als zum einen SS-Hauptsturmführer Karl Jonas am 30. September 1947 vor dem US Military Tribunal II als Zeuge unter Eid ausgesagt hatte:

„Mitte April 1941 wurde ich dem Polizeibataillon 9 zugeteilt. Ich kam nach DUEBEN, wo ich der Einsatzgruppe D zugeteilt wurde. Mit der Einsatzgruppe D bzw. Sonderkommando 11 B blieb ich bis Mitte Dezember 1941 [...].

Während meiner Tätigkeit bei der Einsatzgruppe D hatte ich Gelegenheit, einer Exekution beizuwohnen. Im Dezember 1941 erhielt ich den Befehl zur Absperrung der Exekutionsstätte vom Chef des Sonderkommandos 11 B, Dr. Werner BRAUNE. Die Exekutionsstätte lag 10 bis 15 km ausserhalb von SIMFEROPOL. Die zur Hinrichtung bestimmten Leute wurden in Lastwagen zur Exekutionsstätte gefahren [...].

Es ist meiner Ansicht ohne Zweifel, dass die Leute, die zum Panzergraben gefahren worden sind, diejenigen waren, deren Leichen ich im Panzergraben liegen sah. Ich sah dann auch die Lastwagen leer zurückfahren."[290]

Zudem belegte die *Ereignismeldung UdSSR* Nr. 170 vom 18.2.1942 zweifelsfrei die Beteiligung Dr. Braunes an einem weiteren Massaker an den noch verbliebenen Juden der Stadt Simferopol:

---

[287] INFORMATION SERVICES DIVISION OFFICE OF THE U.S. HIGH COMMISSIONER FOR GERMANY (Hrsg.): Landsberg. Ein dokumentarischer Bericht, München 1951, S. 19.
[288] Zeugeneinvernahme Blume, StAN, Rep. 501, KV-Prozesse, Fall 9, A 21-23, S. 1840.
[289] Zeugeneinvernahme Sandberger, StAN, Rep. 501, KV-Prozesse, Fall 9, A 27-29, S. 2224.
[290] Eidesstattliche Erklärung Karl Jonas, 3.9.1947, StAN, Rep 502, KV-Anklage, Dokumente, Fotokopien NO 5272, S. 1f.

3 Das Gerichtsurteil des US Military Tribunal II gegen Biberstein 577

„In Simferopol wurden vom 9.1.-15.2. [1942] über 300 Juden erfasst und exekutiert. Die Zahl der Exekutierten ist damit in Simferopol auf nahezu 10.000 Juden gestiegen."[291]

Auch weitere im Nürnberger Einsatzgruppenprozess verurteilten SS-Offiziere hatten während der Hauptverhandlung die Anzahl der während ihres „Osteinsatzes" ausgeführten Massenmorde zu reduzieren versucht. So gaben SS-Obersturmbannführer Dr. *Walter Haensch* und SS-Sturmbannführer *Ernst Biberstein* vor, die Anzahl der von ihren jeweiligen Teilkommandos durchgeführten Morde nicht genau beziffern zu können. Da das Verfahren gegen Biberstein zudem aufgrund der äußerst schwierigen Beweislage als Indizienprozess geführt werden musste, beruhte das Todesurteil *ausschließlich* auf den von ihm getätigten eidesstattlichen Aussagen hinsichtlich der beiden Exekutionsarten, die zwar von dem Vorgänger Robert Mohr angeordnet worden waren, denen Biberstein aber kurz nach Übernahme des Kommandos – demzufolge als die *Gesamtverantwortung* tragender Kommandoführer – beigewohnt hatte, um sich die im Einsatzkommando 6 (EK 6) üblichen beiden Exekutionsformen „vorführen" zu lassen: Im ersten Fall war das die Exekution von 15 ukrainischen Zivilisten durch Genickschuss, im zweiten Fall die Vergasung von etwa 50 Personen mittels eines 5t-Gaswagens. In beiden Fällen hatte er keine Überprüfung der Urteile auf deren Rechtmäßigkeit vorgenommen.

In diesem Zusammenhang ist zu erwähnen, dass Biberstein sich wegen verschiedener Äußerungen den Unwillen des US Military Tribunal II zugezogen hatte: Zum einen hatte er als einziger Angeklagter nicht nur die Kenntnis eines Judenausrottungsbefehls des Führers vehement bestritten, sondern die *Existenz* eines solchen Befehls grundsätzlich in Frage gestellt. Damit galt er als völlig unglaubwürdig. Zum anderen war das US Military Tribunal II fassungslos über die Einlassungen Bibersteins zur Euthanasiefrage sowie wegen der Äußerung „Man soll Perlen nicht vor die Säue werfen", ganz besonders jedoch wegen der Bewertungen der Ermordung durch Giftgas.

So wurde Biberstein am 24. November 1947 während des Kreuzverhörs von dem zum Ferencz-Team gehörenden US-amerikanischen Staatsanwalt Arnost Horlik-Hochwald gefragt, ob er, Biberstein, während seiner Zeit als Beamter in den verschiedenen Reichsministerien von dem so bezeichneten Euthanasie-Programm (Aktion T4) gehört habe und ob ihm bekannt sei, „dass dieses Programm von der katholischen und protestantischen Kirche heftig angegriffen wurde."[292] Beide Fragen bejahte Biberstein. Jedoch im Gegensatz zu seinem Mitangeklagten, dem SS-Brigadeführer und Generalmajor der Polizei Heinz Jost, der sich gegenüber dem US Military Tribunal II erschüttert zeigte über das Verhalten des Höheren SS und

---

[291] Der Chef der Sicherheitspolizei und des SD, IV A 1 – B. Nr. 1 B/41 g. Rs. Ereignismeldung 170 vom 18.2.1942, BArch, R 58/ 220.
[292] Zeugeneinvernahme Biberstein, StAN, Rep. 501, KV-Prozesse, Fall 9, A 34-35, S. 3002-3003.

Polizeiführers Friedrich Jeckeln, der sein eigenes Kind der Euthanasie preisgegeben hatte,[293] äußerte sich der ehemalige hohe geistliche Würdenträger auf Regionalebene Ernst Biberstein gemäß den rassenhygienischen Vorstellungen der Eugenik in euphemistischer NS-Diktion wie folgt:

„Ich selbst habe mir diese Frage [der Euthanasie] oftmals selbst vorgelegt, und ich persönlich bin damals zu der Überzeugung gekommen, wenn ich selbst ein Kind hätte, das unheilbar krank wäre, würde ich meine Zustimmung als Vater gegeben haben, eben das Kind auf diese Weise von seinem Leiden zu befreien.

Ich kenne selbstverständlich die Ansicht der Kirche, dass sie in jedem Geisteskranken eine von Gott gewollte Möglichkeit sieht: an diesem Kind in einer besonderen Weise die Nächstenliebe zu pflegen. Ich selbst aber habe mich zu der Überzeugung durchgerungen, dass es eine größere Nächstenliebe ist, die Geburt irgendsolcher Menschen zu verhindern.

Und wenn diejenigen, die ein Recht an diesem Menschen haben, damit einverstanden sind, dass auf dem Wege der Euthanasie die Leiden *dieser Wesen, die ja eigentlich überhaupt gar keine Menschen sind*, beseitigt werden, dagegen habe ich von meinem religiösen Standpunkt nichts gehabt." [Kursivdruck vom Verf.].[294]

Als der Vorsitzende Richter darauf verwies, dass in vielen Fällen auch (Kriegs-) Invaliden getötet worden seien, obwohl diese keineswegs unheilbar krank, sondern lediglich nicht mehr arbeitsfähig gewesen seien, hielt Biberstein jenen Tatbestand für völlig ausgeschlossen.[295] Jedoch allein durch den Dachau-Hauptprozess (1945) und den Fall 1 der Nürnberger Nachfolgeprozesse (1946/1947) – von denen Biberstein aufgrund der Pressemeldungen vermutlich hinreichend Kenntnis besessen haben dürfte – konnte nachgewiesen werden, dass die so bezeichnete „Vernichtung lebensunwerten Lebens" sich nicht nur auf so bezeichnete „Geisteskranke" bezog, wie Biberstein vorgab, sondern gleichermaßen auf „Erbkranke, körperlich Behinderte und sozial oder rassisch Unerwünschte".[296]

Des Weiteren zeigte sich das US Military Tribunal II – insbesondere der strenggläubige Vorsitzende Richter Michael A. Musmanno – zutiefst befremdlich über Bibersteins Äußerung „Man soll die Perlen nicht vor die Säue werfen", sodass er jenes Zitat in die Urteilsbegründung aufnahm.[297] Zu jener Äußerung war es im Zusammenhang mit den Hinrichtungen durch den 5t-Gaswagen gekommen. Als

---

[293] Zeugeneinvernahme Jost, StAN, Rep. 501, KV-Prozesse, Fall 9, A 15, S. 1225-1227, 1229.
[294] Zeugeneinvernahme Biberstein, StAN, Rep. 501, KV-Prozesse, Fall 9, A 34-35, S. 3003.
[295] Ebd., S. 3004.
[296] Es ist bereits erwähnt worden, dass das Landgericht Wuppertal Bibersteins Vorgänger, den SS-Sturmbannführer Robert Mohr, im Verfahren Lfd. Nr. 606 nicht nur wegen Erschiessung und Vergasung mittels ‚Gaswagen' von tausenden jüdischen Männern, Frauen und Kindern, wegen Erschiessung kommunistischer Funktionäre und anderer Zivilisten zu acht Jahren Haft verurteilt, sondern auch wegen der Ermordung von 800 Insassen der Irrenanstalt Igrin bei Dnjepropetrowsk. Das Urteil ist veröffentlicht in: CHRISTIAAN F. RÜTER: *Justiz und NS-Verbrechen: Sammlung Deutscher Strafurteile wegen Nationalsozialistischer Tötungsverbrechen 1945 – 1966*, Bd. 22.
[297] KAZIMIERZ LESZCZYŃSKI (Hrsg.), Fall 9, S. 185f.

3 Das Gerichtsurteil des US Military Tribunal II gegen Biberstein

strenggläubiger Katholik hatte Musmanno während der Hauptverhandlung an Biberstein die Frage gerichtet, ob jener als ehemaliger Geistlicher je versucht habe, den zu exekutierenden Opfern geistlichen Beistand zu leisten.

„Musmanno: Fühlten Sie sich nun aus der Güte Ihres Herzens heraus oder durch Ihre religiöse Ausbildung und Neigung nicht dazu berufen, diese Menschen, die jetzt den langen, weiten Weg in die Ewigkeit antreten mussten, zu trösten?

Biberstein: Herr Präsident, es würde wohl etwas komisch wirken, wenn ich als Vertreter eines Kommandos, das das Urteil ausspricht und das Urteil auch vollstreckt, nun gleichzeitig mit religiösen Tröstungen kommen würde. Das, glaube ich, würden die *Leutchen* nie verstanden haben, denn das kann man schließlich beides kaum miteinander verbinden, *das harte Muss des Krieges* und dann hinterher kommt man mit tröstenden Worten, das wirkt meiner Meinung nach geschmacklos [...].

Ich hatte es mit Menschen zu tun, die aus der bolschewistischen Weltanschauung heraus ihren illegalen Bandenkampf gegen die deutschen Truppen geführt haben.²⁹⁸ Es ist bekannt, dass die bolschewistische Weltanschauung die *Gottlosenbewegung* hervorgebracht hat. Es gibt ein Wort, das sehr hart klingt, vor allen Dingen, wenn ich es in diesem Zusammenhang sage. Dieses Wort lautet: ‚*Man soll die Perlen nicht vor die Säue werfen.*' [...].²⁹⁹

Musmanno: Nur wegen ihrer [bolschewistischen] Einstellung, wie Sie es bezeichnet haben, hielten Sie es nicht für erforderlich, diese Seelen zu retten?

Biberstein: Ich musste ja annehmen, dass es sich um Gottlose handelt [...]. Die Dinge sind mir zu heilig, als dass ich sie einer solchen Situation aussetze, Herr Präsident.

Musmanno: Haben Sie jeden einzelnen dieser Menschen, die getötet werden sollten, gefragt, ob er an Gott glaubt?

Biberstein: Nein.

Musmanno: Also, woher wussten Sie dann, dass sie nicht an Gott glaubten?

Biberstein: Ich sagte schon, dass es Menschen der bolschewistischen Weltanschauung sind, die hartnäckig den Befehlen ihrer kommunistischen Leitung folgten [...]. Außerdem weiß ich ja nicht, ob die Menschen der orthodoxen Religion in Russland, meine Auffassung, die ja letzten Endes aus einem *deutschen* Herzen kommt, in dieser Form überhaupt begreifen und verstehen würden [...].

Musmanno: Gestern sagten Sie mir, dass Sie eine neue Religion gegründet hätten, und dass eine der Leitsätze dieser neuen Religion die ‚Liebe zu den Mitmenschen' war. Glauben Sie, dass Sie diese Liebe den Mitmenschen gegenüber gezeigt haben, indem Sie diese Menschen in den Tod schickten, ohne dass Sie ihnen ein Trostwort spendeten, obgleich Sie Geistlicher waren? Beantworten Sie diese Frage mit Ja oder Nein.

Biberstein: Ich habe gegen das Gebot der Liebe *nicht* verstoßen, Herr Präsident." [Kursivdruck vom Verf.].³⁰⁰

Jene selbstherrlich wirkenden Einlassungen – die zudem in ihrer Argumentation jeglicher Logik entbehren – lassen einen tiefen Einblick zu in Bibersteins politisch-

---

[298] Dass Partisanen Kombattantenstatus haben, war Biberstein als Teilnehmer des Ersten und Zweiten Weltkrieges durchaus bekannt.
[299] Das von Biberstein verwendete Bibelzitat entstammt der Bergpredigt (Matth. 7;6).
[300] Zeugeneinvernahme Biberstein, StAN, Rep. 501, KV-Prozesse, Fall 9, A 34-35, S. 2836-2839.

ideologische Verfasstheit zum Tatzeitpunkt. Des Weiteren war das US Military Tribunal II mehr als bestürzt über Bibersteins Ausführungen hinsichtlich der Tötung durch Giftgas, die „für beide Teile menschlich angenehmer"[301] gewesen sei. Die Fassungslosigkeit des Gerichts drückte sich unter anderem in dem wiederholten Nachfragen des Vorsitzenden Richters aus. Wegen der Ungeheuerlichkeit seien die diesbezüglichen Einlassungen Bibersteins in vollem Wortlaut und in voller Länge wiedergegeben.

„Biberstein: Es schien mir das [Töten durch den Gaswagen] ein *Verfahren* zu sein, das den Versuch machte, die Hinrichtungen in einer Art durchzuführen, die sowohl den Betroffenen, als auch den Auszuführenden die *Angelegenheit* menschlich leichter machte. Wie der elektrische Stuhl, ist auch dieses Verfahren aus einem *humanitären* Bestreben heraus entstanden. Ich weiß, dass in einigen Staaten der Vereinigten Staaten von Amerika schon vor langen Jahren Hinrichtungen mit Gas durchgeführt wurden.

Musmanno: Zeuge, haben Sie gesagt, dass die Methode der Hinrichtung durch Gaswagen für das Opfer und auch für den Auszuführenden leichter sei. Haben Sie das gesagt?

Biberstein: Es ist für beide Teile *menschlich angenehmer*. Das war auch der Eindruck, den ich – –

Musmanno: Menschlich angenehmer für beide Teile?

Biberstein: Jawohl.

Musmanno: Für das Opfer und für den Ausführenden?

Biberstein: Ja, angenehmer für beide Teile.

Musmanno: Was ist das?

Biberstein: Es ist angenehmer für beide Teile.

Musmanno: Haben Sie die Schilderungen des Herrn Ohlendorf gehört, dass die Männer seines Kommandos gegen die Benutzung des Gaswagens wegen des Eindrucks, den er [die Getöteten] auf sie machte, protestierten?

Biberstein: Ich habe es gehört und konnte es nicht begreifen, da ich gegenteilige Erfahrungen gemacht habe.

Musmanno: Gut. Ihre Ansicht ist also, dass die Methode des *Erstickens* weniger schwierig ist?

Biberstein: Durch das Gas ist das nicht so schwierig, nein. Ich kann sagen, dass die Leichen, die ich gesehen habe, die alle einen durchaus ruhigen und friedlichen Eindruck machten. Es ist mir ja auch bekannt, dass durch Kohlendioxid Menschen zum Beispiel, die in einer geschlossenen Garage an einem Wagen mit laufendem Motor arbeiten, ohne dass sie es merken, vom Tod überrascht werden. Ich hatte den Eindruck, dass der Tod auf diese Weise in einer *ganz gelinden Form* an die Menschen herantritt.

Musmanno: Gut, in dieser Hinsicht stimmen Sie mit Ohlendorfs Beobachtungen nicht überein. Sie stimmen damit nicht überein?

Biberstein: Jawohl, Herr Präsident." [Kursivdruck vom Verf.].[302]

---

[301] Ebd., S. 2832.
[302] Ebd., S. 2832-2833.

3 Das Gerichtsurteil des US Military Tribunal II gegen Biberstein 581

Ohlendorf hatte vor dem US Military II mehrfach zu Protokoll gegeben, dass das Mannschaftspersonal der ihm unterstehenden Kommandos sich geweigert habe, den vom Reichssicherheitshauptamt (RSHA) gelieferten Gaswagen zu benutzen. Bereits im Prozess gegen die Hauptkriegsverbrecher vor dem International Military Tribunal in Nürnberg (IMT) hatte er am 3. Januar 1946 während der Vormittagssitzung auf Befragen des US-amerikanischen Staatsanwaltes John Harlan Amen und des sowjetischen Staatsanwaltes Oberst J. W. Pokrowsky in deren Funktion als stellvertretende Chefankläger dazu Folgendes ausgeführt: Bis zum Frühjahr 1942 seien alle Opfer – Frauen, Männer und Kinder – auf die gleiche Art getötet worden, nämlich „auf militärische Weise" durch Erschießen.

<u>„Ohlendorf</u>: Dann folgte ein Befehl von Himmler, daß in der Zukunft Frauen und Kinder nur noch durch Gaswagen zur Tötung kommen sollten [...]. Es war ein ausdrücklicher Befehl Himmlers, und zwar sollten die Kinder und Frauen auf diese Weise der seelischen Belastung der Exekutionshandlung nicht ausgesetzt werden, ebenso [sollten] die Männer, die zu einem großen Teil verheiratet waren, nicht gezwungen werden, auf Frauen und Kinder zu schießen [...].

Dem Gaswagen sah man außen den Verwendungszweck nicht an. Es waren praktisch geschlossene Lastwagen. Sie waren so eingerichtet, daß nach Anlaufen der Motore Gas in den Wagen geleitet wurde und den Tod in etwa zehn bis fünfzehn Minuten herbeiführte [...]. Die Wagen wurden mit den dafür bestimmten Opfern beladen und dann zur Beerdigungsstätte gefahren, die gewöhnlich dieselbe war, wie die für die Massenhinrichtungen verwandte. Der Transport genügte zur Tötung der Insassen [...].

<u>Oberst Amen</u>: Haben Sie manchmal Meldungen von den Leuten erhalten, die diese Wagen bedienten?

<u>Ohlendorf</u>: Ich habe die Meldung erhalten, daß die Einsatzkommandos die Wagen nur ungern benutzten [...]. *Weil die Beerdigung der Insassen für die Angehörigen der Einsatzkommandos eine starke Belastung war* [...].

<u>Oberst Pokrowsky</u>: Sie sagten, daß in diesen Wagen hauptsächlich Kinder und Frauen hingerichtet wurden. Aus welchem Grunde?

<u>Ohlendorf</u>: Auf der einen Seite sollte damit erreicht werden, daß die einzelnen Führer und Männer auf militärische Weise durch Befehl die Hinrichtung vollziehen konnten, und daher keinen eigenen Entschluß zu fassen brauchten [...]. Zum anderen war mir bekannt, daß bei den einzelnen Hinrichtungen durch seelische Erregungen sich Mißhandlungen nicht vermeiden ließen, *da die Opfer zu früh von ihrer Hinrichtung erfuhren und daher nervenmäßig einer längeren Belastung nicht Stand hielten*. Ebenso erschien es mir unerträglich, daß einzelne Führer und Männer auf diese Weise gezwungen wurden, im eigenen Entschluß eine große Zahl von Tötungen vorzunehmen [...].

<u>Oberst Pokrowsky</u>: Sie sprachen von Mißhandlungen [der Opfer]. Was verstanden Sie unter Mißhandlungen bei den Hinrichtungen?

<u>Ohlendorf</u>: Wenn zum Beispiel die Art der Hinrichtung nicht vermeiden konnte, daß Erregungen und Ungehorsam bei den Opfern aufkamen, und so die bei der Liquidation befindlichen Kommandos mit Gewalt die Ordnung durchsetzen mußten.

<u>Oberst Pokrowsky</u>: Was verstehen Sie unter »mit Gewalt die Ordnung durchsetzen mußten«. Was verstehen Sie unter gewaltsamer Unterdrückung der unter den Opfern entstehenden Erregung?

Ohlendorf: Also, wenn, wie ich eben schon sagte, zur Herbeiführung der ordnungsgemäßen Liquidation zum Beispiel Schlagen angewandt werden mußte [...].

Oberst Pokrowsky: Und warum zogen sie [d. h. das Mannschaftspersonal] die Hinrichtung durch Erschießen derjenigen durch die Gaswagen vor?

Ohlendorf: Ich sagte vorhin schon, deswegen, weil *das Ausladen der Leichen* nach Ansicht der Einsatzkommandoführer eine unnötige seelische Belastung darstellte.

Oberst Pokrowsky: Was meinen Sie, »eine unnötige seelische Belastung«?

Ohlendorf: Soweit ich mich an die damaligen Zustände erinnere, an die Lagebilder der Leichen und dadurch, daß wahrscheinlich bestimmte Funktionen des Körpers ausgeübt wurden, die eben *die Leichen im Schmutz liegen ließen.*" [Kursivdruck vom Verf.].[303]

Im Nürnberger Einsatzgruppenprozess hatte Ohlendorf detailliertere Angaben getätigt, warum das Mannschaftspersonal das Ausladen der vergasten Opfer verweigert habe, und zwar deshalb, weil die Leichen über und über mit Exkrementen beschmutzt gewesen seien. Der Einsatz der Gaswagen diente also keineswegs dem Zweck, den Opfern den Tod „menschlicher" zu machen, wie Biberstein in euphemistischer Diktion behauptete.[304] Diesbezüglich hatte später der Leiter der Instandsetzungswerkstatt im Referat II D 3 a des Reichssicherheitshauptamtes Harry Wentritt im Jahre 1960 vor der Staatsanwaltschaft Hannover ausgesagt:

„Noch im Jahre 1941 wurde ich zum Dienststellenleiter Major Pradel bestellt. Dieser erklärte mir, daß die Erschießungskommandos im Einsatz häufig *Nervenzusammenbrüche* erlitten (bzw. dicht davor stünden), so daß eine humane Tötungsart verwendet werden sollte. Dazu benötigten wir – wie Pradel ausführte – geschlossene Kraftfahrzeuge." [Kursivdruck vom Verf.].[305]

Eine ähnliche Aussage hatte der ehemalige SS-Obersturmbannführer Walter Rauff am 28. Juni 1972 während seiner Vernehmung in der Botschaft der Bundesrepublik Deutschland in Santiago de Chile getätigt. Rauff, Leiter des Amtes II D (Technische Angelegenheiten) des Reichssicherheitshauptamtes (RSHA), hatte bei verschiedenen Firmen zunächst mehrere 3,5t-Kastenwagen, später 5t-Lastwagen in Auftrag gegeben, die dann in der Werkstatt der Abteilung II D 3 a (Kraftfahrwesen der Sipo) von SS-Hauptsturmführer und Hauptmann der Schutzpolizei Friedrich Pradel zu den berüchtigten Gaswagen umgerüstet worden waren. Rauff gab in Santiago de Chile zu Protokoll:

---

[303] Der Prozeß gegen die Hauptkriegsverbrecher vor dem Internationalen Gerichtshof Nürnberg. Nürnberg 1947, Bd. IV, S. 355-369.

[304] In diesem Zusammenhang sei darauf verwiesen, dass das Reichssicherheitshauptamt (RSHA) bereits im Oktober/November 1941 mit der Lieferung so bezeichneter Gaswagen begonnen hatte. Bis 1942 waren an die Einsatzgruppe C fünf oder sechs Stück jener fahrbaren Gaskammern geliefert worden. Eugen Kogon/ Hermann Langbein/ Adalbert Rückerl u. a. (Hrsg.): Nationalsozialistische Massentötungen durch Giftgas. Eine Dokumentation, Frankfurt/M, ⁴1966, S. 92f.

[305] Zitiert nach: MATHIAS BEER: Die Entwicklung der Gaswagen beim Mord an den Juden, in: VfZ, Jg. 35 (1987), Heft 3, S. 403-417, hier S 410, 417.

3 Das Gerichtsurteil des US Military Tribunal II gegen Biberstein

„Ob ich damals Bedenken gegen den Einsatz der Gaswagen hatte, kann ich nicht sagen. Für mich stand damals im Vordergrund, dass die Erschiessungen für die *Männer*, die damit befasst wurden, eine *erhebliche Belastung* darstellten und dass diese Belastung durch den Einsatz der Gaswagen entfiel." [Kursivdruck vom Verf.].[306]

In diesem Zusammenhang sei auf den Schriftverkehr verwiesen zwischen dem SS-Obersturmbannführer Walter Rauff und dem SS-Untersturmführer und Chemiker Dr. August Becker, der als Inspekteur für die im Osten eingesetzten Gaswagen fungierte und der die Einsatzgruppen und deren Kommandos in der Handhabung der Gaswagen instruierte. In einem Bericht vom 16. Mai 1942 an Rauff wies Dr. Becker zum einen auf die „ungeheuren seelischen und gesundheitlichen Schädigungen" hin, denen das Mannschaftspersonal beim Ausladen der vergasten Leichen ausgesetzt sei, zum anderen auf den qualvollen Erstickungstod der Opfer bei unsachgemäßer Handhabung des Gaswagens.

„Die Überholung der Wagen bei der [Einsatz-]Gruppe D und C ist beendet [...]. Die Wagen der Gruppe D habe ich als Wohnwagen tarnen lassen, indem ich an den kleinen Wagen auf jeder Seite einen, an den großen auf jeder Seite zwei Fensterläden anbringen ließ, wie man sie oft an den Bauernhäusern auf dem Lande sieht.

Die Wagen waren so bekannt geworden, daß nicht nur die Behörden, sondern auch die Zivilbevölkerung den Wagen als „Todeswagen" bezeichneten, sobald eines dieser Fahrzeuge auftauchte. Nach meiner Meinung kann er auch getarnt nicht auf die Dauer verheimlicht werden [...]. Außerdem ordnete ich an, bei den Vergasungen alle Männer [des jeweiligen Kommandos] vom Wagen möglichst fernzuhalten, damit sie durch evtl. ausströmende Gase gesundheitlich nicht geschädigt werden.

Bei dieser Gelegenheit möchte ich auf folgendes aufmerksam machen: Verschiedene Kommandos lassen nach der Vergasung durch die eigenen Männer ausladen. Die Kommandeure der betreffenden S. K. habe ich darauf aufmerksam gemacht, *welch ungeheure seelische und gesundheitliche Schädigungen diese Arbeit auf die Männer, wenn auch nicht sofort, so doch später haben kann.*

Die Männer beklagten sich bei mir über Kopfschmerzen, die nach jeder Ausladung auftreten. Trotzdem will man von dieser Anordnung nicht abgehen, weil man befürchtet, daß die für die Arbeit herangezogenen Häftlinge einen günstigen Augenblick zur Flucht benutzen könnten. Um die Männer [der Kommandos] vor diesen Schäden zu bewahren, bitte ich, dementsprechende Anordnungen herauszugeben.

Die Vergasung wird durchweg nicht richtig vorgenommen. Um die Aktion möglichst schnell zu beenden, geben die Fahrer durchweg Vollgas. Durch diese Maßnahme erleiden die zu *Exekutierenden den Erstickungstod* und nicht wie vorgesehen, den Einschläferungstod. Meine Anleitungen haben nun ergeben, daß bei richtiger Einstellung der Hebel der Tod schneller eintritt und die Häftlinge friedlich einschlafen. Verzerrte Gesichter und

---

[306] Zeugeneinvernahme des Walter Rauff im Strafverfahren gegen den von der Staatsanwaltschaft Hamburg (Az. 147 Js 31/67) angeklagten ehemaligen SS-Gruppenführer und Generalleutnant der Waffen-SS Bruno Streckenbach, Die Zentrale Stelle der Landesjustizverwaltungen zur Aufklärung nationalsozialistischer Verbrechen (ZSt), II 415 AR-Z 1310/63-E32, Bl. 534-549.

Ausscheidungen wie sie seither gesehen wurden, konnten nicht mehr bemerkt werden." [Kursivdruck vom Verf.].³⁰⁷

Dem US Military Tribunal II lag jenes Schriftstück vor. Insofern zeigte es sich fassungslos über die oben zitierten Einlassungen Bibersteins. Desgleichen reagierte die deutsche Presse konsterniert. So gab *Der Spiegel* gut zwei Wochen nach Beendigung des *direct* und des *cross examination* in seiner Ausgabe 50/1947 auf zweieinhalb Spalten der Seiten 6/7 unter dem Titel „Der unaufdringliche Pfarrer. Vergasung angenehmer" seine Eindrücke über Biberstein wieder. Der Artikel, der unter anderem auch das Fahndungsfoto enthielt, schloss mit dem Statement, dass der Hauptangeklagte Ohlendorf für seinen Mitangeklagten Biberstein, der sich auf Anraten seines Verteidigers von den übrigen „Einsatzgrüpplern absondert", nur ein gelangweiltes und maßlos verächtliches Lächeln übriggehabt habe.³⁰⁸ Verständlicherweise musste sich Ohlendorf veranlasst sehen, Bibersteins Einlassungen mit bewusst zur Schau getragenem Spott und Verachtung zu quittieren, insofern, als dessen hartnäckiges Leugnen eines „Judenausrottungsbefehls des Führers" – der den Einsatzgruppen angeblich noch vor deren Ausrücken aus dem Bereitstellungsraum Pretzsch/Elbe gegeben worden sei – Ohlendorfs Verteidigungsstrategie eines Befehlsnotstandes völlig zunichtemachte.

In diesem Zusammenhang ist zu vermerken, dass das US Military II die Urteilsbegründung in zweigeteilter Form zur Verlesung brachte, zum einen als eine 120 Seiten umfassende allgemeine und alle 22 verurteilten SS-Offiziere betreffende Besprechung, insofern, als das staatlich angeordnete Mordprogramm arbeitsteilig ausgelegt war und die in Netzwerken operierenden NS-Gewalttäter demzufolge einem einheitlichen *modus operandi* zu folgen hatten, zum anderen als eine individuelle Urteilsbegründung, die jedoch nur jeweils wenige Seiten umfasste. Zur Begründung jener Verfahrensweise führte das US Military Tribunal II aus:

„Es soll betont werden, daß die allgemeine Besprechung und die *kollektive Schilderung von Handlungen und Verteidigungsvorbringen der Angeklagten* nicht auf jeden einzelnen Angeklagten auf der Anklagebank zutreffen. Jede allgemeine Bezugnahme wird notwendigerweise für die Mehrzahl von ihnen gelten, aber diese Mehrzahl muß nicht immer aus den gleichen Personen bestehen.

Die Einzelbesprechungen werden, wie schon gesagt, zum Ende erscheinen." [Kursivdruck vom Verf.].³⁰⁹

---

³⁰⁷ Schreiben Dr. Becker an Rauff vom 16.5.1942, Kiew, Feldpostnummer 32 704, B. Nr. 40/42 – Geheime Reichssache, StAN, Rep. 502, KV-Anklage, Dokumente, Fotokopien, PS-3428.
³⁰⁸ Der unaufdringliche Pfarrer. Vergasung angenehmer, in: DER SPIEGEL, 50/1947, S. 6/7.
³⁰⁹ KAZIMIERZ LESZCZYŃSKI (Hrsg.), Fall 9, S. 79.

3 Das Gerichtsurteil des US Military Tribunal II gegen Biberstein

3.2 Verteidigung im Anschluss an den ergangenen Urteilsspruch – die Revisionsgesuche Bibersteins

Die Strafgefangenen der Nürnberger Nachfolgeprozesse, so auch jene des Falles 9, wurden nicht unmittelbar nach der Urteilsverkündung in die Justizvollzugsanstalt Landsberg am Lech, dem „War Criminal Prison No 1" (WCP) der US-amerikanischen Zone, überführt, sondern sie blieben zunächst in der Haftanstalt des Nürnberger Justizgebäudes, und zwar – gemäß der US-amerikanischen Rechtsverfügung Nr. 7 (*Military Ordinance No 7*) – bis zu dem endgültigen Entscheid über die Bestätigung des Strafmaßes durch den Militärgouverneur der US-amerikanischen Besatzungszone Lucius D. Clay.

Weder die Verfahrensordnung des International Military Tribunal – d. h. das *Londoner Statut* (Nürnberger Charta) vom 6. Oktober 1945 – noch jene der Nürnberger Nachfolgeprozesse – also die *Military Ordinance No 7* vom 18. Oktober 1946 – hatten die Installation eines Appellationsgerichtes vorgesehen. Das bedeutete, dass die von dem US Military Tribunal II im Fall 9 verhängten Urteile rechtskräftig waren, demzufolge nicht aufgehoben werden konnten. Jedoch bestand die Möglichkeit der Straf*minderung* durch den Militärgouverneur der US-amerikanischen Besatzungszone. Dazu führten die Artikeln XV und XVII der *Military Ordinance No 7* aus:

> „Article XV: *The judgments of the tribunals* as to the guilt or the innocence of any defendant shall give the reasons on which they are based and *shall be final and not subject to review*. The sentences imposed may be subject to review as provided in Article XVII [...].
>
> Article XVII: *a)* Except as provided in (*b*) *infra*, the record of each case shall be forwarded to the Military Governor who shall have the power *to mitigate, reduce or otherwise alter the sentence* imposed by the tribunal, but may not increase the severity thereof.
>
> (*b*) In cases tried before tribunals authorized by Article II (*c*), the sentence shall be reviewed jointly *by the zone commanders* of the nations involved, who may *mitigate, reduce or otherwise alter the sentence by majority vote*, but may not increase the severity thereof. If only two nations are represented, the sentence may be altered only by the consent of both zone commanders." [Kursivdruck vom Verf.].[310]

Von jener Möglichkeit machten alle in den Nürnberger Nachfolgeprozessen verurteilten NS-Gewalttäter Gebrauch, so auch Biberstein und seine Mitangeklagten. Unmittelbar nach der Urteilsverkündung stellten sie über ihren jeweiligen Strafverteidiger mehrere Revisionsgesuche, einige Strafgefangene sogar bis zu neun solcher Schreiben. Biberstein hatte über seinen Strafverteidiger, den Rechtsanwalt

---

[310] Trial of War Criminals Before the Nürnberg Military Tribunals Under Control Council Law No. 10, Vol. 4: *United States of America vs. Otto Ohlendorf, et al. (Case 9: „Einsatzgruppen Case")*. US Government Printing Office, District of Columbia 1950. (Band 4 der 15-bändigen „Green Series" über die Nürnberger Nachfolgeprozesse. Der Band enthält u. a. Anklage, Urteil und Auszüge aus den Prozessunterlagen), p. XXIII-XXVII, hier p. XXVII.

Dr. Friedrich Bergold, zwischen April 1948 und Februar 1949 insgesamt drei solcher Anträge an die nachfolgenden Institutionen gerichtet:

1. *Petition for Writ of Habeas Corpus and Writ of Prohibiton*, gerichtet an den Supreme Court of the United States, 20. April 1948.[311]
2. *Appeal for revision of the verdict of Military Tribunal II*, gerichtet an den Militärgouverneur der amerikanischen Besatzungszone, 23. April 1948.[312]
3. *Supplemental Petition Biberstein*, gerichtet an den Militärgouverneur der amerikanischen Besatzungszone, 25. Februar 1949.[313]

Petition for Writ of Habeas Corpus and Writ of Prohibiton, 20.4.1948

Nur zehn Tage nach der Urteilsverkündung richtete Biberstein über seinen Strafverteidiger Dr. Bergold am 20. April 1948 ein Gesuch an das oberste Appellationsgericht der USA, den Supreme Court of the United States, welches durch das US-amerikanische „Secretary General for the Military Tribunals – Defense Center" weitergeleitet wurde. In jenem Schreiben erbat Biberstein die Anwendung des *Writ of Habeas Corpus* und des *Writ of Prohibiton* unter Befreiung der entstehenden Gerichtskosten, da sein gesamtes Vermögen durch den Kontrollrat konfisziert worden sei. Des Weiteren beantragte er, dass das von dem US Military Tribunal II verhängte Urteil ausgesetzt und die Vollstreckung des Todesurteils bis zur Erteilung des *Writ of Habeas Corpus* aufgeschoben würde:

„I [Biberstein] move that:

1. The verdict pronounced against me on April 1948 by Military Tribunal II, Case 9, United States of America vs. Otto Ohlendorf et al., at Nuernberg, Germany, be set aside and that

2. The execution of the sentence be postponed until decision on the Writ of Habeas Corpus is obtained."[314]

Zur Begründung führte Biberstein an, das US Military Tribunal II habe ihn in den drei Punkten *Verbrechen gegen die Menschlichkeit, Kriegsverbrechen* und *Zugehörigkeit zu einer kriminellen Organisation* angeklagt und am 8. April 1948 für schuldig befunden. Er argumentierte wie folgt:

---

[311] *Petition for Writ of Habeas Corpus and Writ of Prohibiton*, gerichtet an den Supreme Court of the United States, 20. April 1948, StAN, Rep. 501, KV-Prozesse, Fall 9, D 6, S. 1-4.

[312] *Appeal for revision of the verdict of Military Tribunal II*, gerichtet an den Militärgouverneur der amerikanischen Besatzungszone, 23. April 1948, StAN, Rep. 501, KV-Prozesse, Fall 9, D 5, S. 1-11.

[313] *Supplemental Petition Biberstein,* gerichtet an den Militärgouverneur der amerikanischen Besatzungszone, 25. Februar 1949, StAN, Rep. 501, KV-Prozesse, Fall 9, D 7, S. 1-2.

[314] *Petition for Writ of Habeas Corpus and Writ of Prohibiton*, gerichtet an den Supreme Court of the United States, 20. April 1948, StAN, Rep. 501, KV-Prozesse, Fall 9, D 6, S. 1-4, hier S. 1.

3 Das Gerichtsurteil des US Military Tribunal II gegen Biberstein

„Count I charges that between May 1941 and July 1943 I have committed crimes against humanity and crimes against the civilian population including german nationals and nationals of other countries.

Count II charges that between 22 June 1941 and July 1943 I have committed war crimes against Prisoners of war and the civilian population of countries and territories occupied by German during the war or otherwise under the control of Germany.

Count III charges that I have been a menber of an organisation which was declared criminal by the International Military Tribunal and by Para. 1 d of Article II of the Control Council Law No. 10."[315]

Zur Begründung des Gesuches benannte er fünf Rechtsverletzungen seitens des US Military Tribunal II, die seiner Verurteilung zugrunde gelegen hätten: Die Anwendung des Kontrollratsgesetzes Nr. 10 stehe dem Grundatz „nulla poena sine lege" entgegen, insofern, als jenes Gesetz vom 20. Dezember 1945 einen völlig neuen, zur Tatzeit unbekannten Straftatbestand geschaffen habe, und zwar den des „Verbrechens gegen die Menschlichkeit". Außerdem seien die hoheitsrechtlichen Prinzipien verletzt worden, wonach Staatsorgane für ihre politischen Handlungen nicht haftbar gemacht werden dürften. Des Weiteren habe das US Military Tribunal II entlastendes Vorbringen nicht berücksichtigt, und zwar das Handeln auf Befehl. Der Anklagepunkt der Teilnahme und des Begehens von Verbrechen sei in einem Maße ausgeweitet worden, wie er bisher in keinem europäischen Recht angewendet worden sei.

„1. The judgment, as pronounced, violates recognized legal maxims by applying Control Council Law No. 10 of 20 december 1945 and ex post facto provisions contained herein; thus the principle nulla poena sine lege has been violated. The judgement pronounces sentences on the basis of a newly created crime against humanity.

Thus it simultaneously violates the principle of sovereignty whereby organs of the state may not be hold personally responsible for their political acts. The principle of exonerating a person from guilt when acting under orders was abandoned subsequently; likewise the concept of participating and perpetrating a crime has been extended to a degree not applicable hitherto in any Continental law."[316]

Die von Biberstein über seinen Strafverteidiger Dr. Bergold unter Punkt I vorgebrachten Einwände waren jedoch in der Vormittagssitzung des 8. April 1948 im allgemeinen Teil der Urteilsbesprechung in dem Abschnitt „Das geltende Recht – Rechtszuständigkeit" hinreichend begründet worden. Hinsichtlich der vermeintlichen Nicht-Anwendbarkeit des Kontrollratsgesetzes Nr. 10 hatte das US Military Tribunal II dort richtiggestellt:

„Am 20. Dezember 1945 erließ der Alliierte Kontrollrat, der sich aus Vertretern der vier oben erwähnten Nationen zusammensetzt und die höchste gesetzgebende Behörde für Deutschland darstellt, das Gesetz Nr. 10 bezüglich ‚Bestrafung von Personen, die sich

---
[315] Ebd., S. 2.
[316] Ebd., S. 2f.

Kriegsverbrechen, Verbrechen gegen Frieden oder gegen die Menschlichkeit schuldig gemacht haben'.

Dieser Gerichtshof wurde den Vorschriften dieses Gesetzes gemäß geschaffen. Während aber dieser Gerichtshof seine Existenz von der genannten Behörde herleitet, gründet sich seine sachliche Zuständigkeit auf das schon lange vor dem zweiten Weltkrieg gültige Völkerrecht."[317]

Im Hinblick auf die vermeintliche Missachtung des Rechtsgrundsatzes „nulla poena sine lege" hatte das US Military Tribunal II in der Nachmittagssitzung des 8. April 1948 in seiner Urteilsbegründung ausgeführt:

> „Die Verteidiger haben das Kontrollratsgesetz Nr. 10 ganz besonders mit dem lateinischen Grundsatz *nullum crimen sine lege, nulla poena sine lege* angegriffen.
>
> Es ist tatsächlich ein fundamentaler Grundsatz eines jeden zivilisierten Rechtssystems, daß niemand für seine Handlungen bestraft werden kann, die zur Zeit ihrer Begehung nicht verboten waren. Es ist jedoch klar, daß „lex" nicht auf das statuarisch festgelegte Recht beschränkt ist [...].
>
> Selbstverständlich sind einige Gebiete des Völkerrechts in einem wesentlichen Umfange kodifiziert worden, und ein solches Gebiet ist die *Landkriegsordnung*, die die Bestimmungen über militärische Besetzung feindlichen Gebietes einschließt [...]. Die *Haager Konvention* z. B. stellt eine solche Kodifizierung da [...]. *Diese Regeln verurteilen ohne Ausnahme und ganz allgemein die willkürliche Tötung von Nichtkombattanten.*
>
> Die Angeklagten in diesem Falle sind in erster Linie des Mordes beschuldigt. Sicherlich kann niemand auch nur mit einem Schein des Rechts behaupten, daß den für Mord geltenden Bestimmungen der Makel des ex post facto [sic] anhafte [...]. Es kann jedoch nicht gesagt werden, daß es *vor* dem Kontrollratsgesetz Nr. 10 kein Gesetz gegen Mord gab.[318] [...].
>
> Es existiert keine Behörde, die irgendeiner kriegsführenden Nation die Rechtszuständigkeiten über die in ihrem Gewahrsam befindlichen und der Verletzung des Völkerrechts beschuldigten Einzelpersonen verweigert [...].
>
> Trotz allem, was in diesen und anderen Prozessen gesagt worden ist, dürfte niemand die Kühnheit haben zu behaupten, daß das, was vom Juni 1941 bis Mai 1945 zwischen Deutschland und Rußland ereignete, irgendetwas anderes als Krieg war und daß, nachdem es Krieg war, Rußland nicht das Recht hatte, die Übertreter der Kriegsgesetze auf seinem Gebiet und gegen seine Staatsbürger abzuurteilen.
>
> Und wenn Rußland dies allein tun kann, kann es sich sicherlich mit anderen Nationen, die dieses Recht beanspruchen, gemeinsam tun. Rußlands Teilnahme an der Formulierung des Kontrollratsgesetzes Nr. 10 steht also im Einklang mit allen anerkannten Grundsätzen des Völkerrechts, und jeder Angriff auf diese Teilnahme entbehrt der rechtlichen Begründung.
>
> Der Gerichtshof beschließt und entscheidet gleichfalls, daß das Kontrollratsgesetz Nr. 10 nicht nur im Einklang mit dem Völkerrecht steht, sondern auch an sich einen höchst bedeutsamen Beitrag zum geschriebenen Völkerrecht darstellt." [Kursivdruck vom Verf.].[319]

---

[317] KAZIMIERZ LESZCZYŃSKI (Hrsg.), Fall 9, S. 78.

[318] So § 211 StGB, der bis zur Gründung der Bundesrepublik Deutschland für Mord die Todesstrafe vorsah.

[319] KAZIMIERZ LESZCZYŃSKI (Hrsg.), Fall 9, S. 83-85.

3 Das Gerichtsurteil des US Military Tribunal II gegen Biberstein

Desgleichen hatte das US Military Tribunal II zu dem von den Strafverteidigern erhobenen Einwand des *Handelns auf höheren Befehl* in seiner allgemeinen Urteilsbegründung eingehend Stellung genommen in den drei Abschnitten (1) Höherer Befehl, (2) Der Einwand vom höheren Befehl muß den Nachweis der Nötigung enthalten, (3) Ein deutscher Präzedenzfall zur Doktrin vom höheren Befehl.[320] Dazu führte das Gericht aus:

„Der Gehorsam des Soldaten ist kein automatischer Gehorsam. Der Soldat ist ein denkendes Wesen [...]. In erster Linie muß ein Befehl, um auf Gehorsam Anspruch zu haben, sich auf *militärische* Pflichten beziehen [...]. Der Untergebene ist nur verpflichtet, den *rechtmäßigen* Befehlen seines Vorgesetzten zu gehorchen,

und wenn er einen verbrecherischen Befehl entgegennimmt und ihn noch mit eigener böser Absicht durchführt, kann er nicht auf höheren Befehl als Milderungsgrund für sein Vorgehen plädieren." [Kursivdruck vom Verf.].[321]

Zur weiteren Begründung verwies das US Military Tribunal II auf das Preußische Militärstrafgesetzbuch von 1845, das Bayrische Militärstrafgesetzbuch von 1869, das Militärgesetzbuch der Österreichisch-Ungarischen Monarchie von 1855 und insbesondere auf § 47 des Militärstrafgesetzbuches für das Deutsche Reich vom 20. Juni 1872. In all jenen Militärstrafgesetzbüchern ist expressis verbis angeordnet, dass ein Befehl dann nicht auszuführen sei, wenn er auf die Begehung eines Verbrechens abzielt. So führt beispielsweise § 47 des Militärstrafgesetzbuches für das Deutsche Reich vom 20. Juni 1872, den auch Hitler am 10. Oktober 1940 in unveränderter Form übernommen hatte, aus:

„Wird durch die Ausführung eines Befehls in Dienstsachen ein Strafgesetz verletzt, so ist dafür der befehlende Vorgesetzte allein verantwortlich. Es trifft jedoch den gehorchenden Untergebenen die Strafe des Teilnehmers:

1. wenn er den ihm erteilten Befehl überschritten hat, oder
2. wenn ihm bekannt gewesen ist, daß der Befehl des Vorgesetzten eine Handlung betraf, welche ein bürgerliches oder militärisches Verbrechen bezweckte."[322]

In Punkt II ergänzte Biberstein bzw. Dr. Bergold die Einlassungen aus Punkt I: Mit der Anwendung des Art. II, 2 c-e des Kontrollratsgesetzes Nr. 10, der die Bestrafung erlaube für einen Täter oder Beihelfer, der „durch seine Zustimmung daran [an den Morden] teilgenommen hat oder mit seiner Planung oder Ausführung in Zusammenhang gestanden hat oder einer Organisation oder Vereinigung angehört

---

[320] Ebd., S. 97-119.
[321] Ebd., S. 98.
[322] Militärstrafgesetzbuch für das Deutsche Reich. Vom 20. Juni 1872. Nach den Motiven und Kommissions-Verhandlungen erläutert von C. Keller, Königl. Preuß. Geheimen Justiz-Rath, Mitglied des General-Auditoriats, Berlin 1872. Kriegssonderstrafrechtsverordnung, in: Militärstrafgesetzbuch (MStGB) vom 10. Oktober 1940. (Reichsgesetzblatt Nr. 181 vom 16. Oktober 1940, S. 1347, 1362).

hat, die mit seiner Ausführung in Zusammenhang stand, verletze das gegen Biberstein ergangene Urteil die Prinzipien des *nulla poena sine lege*. „These formal rulings create a new material law ex post facto by abusing the form of law of Control Council Law No. 10."[323]

Der dritte Einwand beinhaltete, dass das vom US Military Tribunal II verhängte Urteil hinsichtlich der Anklagepunkte „war crimes and crimes against humanity" auf Begehung von Taten basiere, die Biberstein aus Fahrlässigkeit begangen habe. Kriegsverbrechen und Verbrechen gegen die Menschlichkeit jedoch seien immer intentional.[324] In diesem Zusammenhang ist zu vermerken, dass weder in den Schriftsätzen der Anklagebehörde noch während der Hauptverhandlung noch gar im Gerichtsurteil jemals auch nur andeutungsweise von NS-Verbrechen gesprochen wurde, die Biberstein aufgrund von „Fahrlässigkeit" begangen haben soll. Im Gegenteil, Biberstein war stets bei seiner Einlassung geblieben, die von den Teilkommandos verhängten (Todes)-Urteile seien aufgrund besonderer vom Reichssicherheitshauptamt (RSHA) ergangener Verfahrensvorschriften rechtens gewesen.

Punkt IV beinhaltete den Einwand, das US Military Tribunal II habe die bestehende Rechtssituation zwischen Deutschland und Russland insofern nicht beachtet, als es während des Tatzeitraums zwischen beiden Staaten keine völkerrechtlichen Vereinbarungen gegeben habe. Damit griff Dr. Bergold auf die Argumentation in seinem Verteidigungsplädoyer zurück, wonach zu Beginn des Angriffs auf die Sowjetunion „zwischen Rußland und Deutschland keinerlei völkerrechtliche Bindung in Bezug auf die Behandlung der Zivilbevölkerung bestand", da die damalige Regierung „im Jahre 1918 bzw. 19919 ausdrücklich alle von der früheren zaristischen Regierung eingegangenen Verträge gekündigt" habe, somit auch die Haager Landkriegsordnung. Die Kündigung einer Kodifikation des Völkerrechts habe somit „die Bedeutung, daß zwischen solchen Staaten überhaupt kein Völkerrecht mehr gelte."[325] Wie bereits erwähnt, ließ Dr. Bergold in jener Beweisführung jedoch außer Acht, dass die sowjetische Regierung am 19. Juli 1941, d. h. vier Wochen nach Beginn des deutschen Vernichtungsfeldzuges, dem deutschen Auswärtigen Amt über deren Schutzmacht Schweden eine Note zukommen ließ, in der sie ausdrücklich erklärte, die Haager Landkriegsordnung bei Gegenseitigkeit anzuwenden.[326] Bezeichnenderweise hatte die Reichsregierung jenes Angebot jedoch am 25. August 1941 abgelehnt. Dessen ungeachtet hatte Dr. Bergold in sei-

---

[323] *Petition for Writ of Habeas Corpus and Writ of Prohibiton*, gerichtet an den Supreme Court of the United States, 20. April 1948, StAN, Rep. 501, KV-Prozesse, Fall 9, D 6, S. 1-4, hier S. 3.
[324] Ebd., S. 3.
[325] Ebd., S. 6.
[326] Vortrag des Legationsrates im Auswärtigen Amt Adolf Erich Albrecht vom 1.8.1941, Akten zur deutschen auswärtigen Politik 1918-1945 (ADAP), Serie D, XIII, 1, Nr. 173, S. 228-229. Albrecht trat in mehreren Nürnberger Nachfolgeprozessen als Zeuge auf.

3 Das Gerichtsurteil des US Military Tribunal II gegen Biberstein

nem Verteidigungsplädoyer, die sowjetische Regierung habe im Jahre 1918 bzw. 1919 gegenüber Deutschland eine Kündigung der Kodifikation des Völkerrechts vollzogen, den rechtlich mehr als fragwürdigen Schluss gezogen:

> „Damit war Deutschland an sich frei, für die Durchführung von Strafverfahren wegen Verletzung erlassener militärischer Gesetze jede Art von Verfahren zu wählen, die es der Sachlage nach gutdünkte."[327]

In Punkt V warf Dr. Bergold dem US Military Tribunal II verschiedene Verfahrensfehler vor: So sei entgegen den in der *Military Ordinance No 7* verfassten Vorschriften das gegen Biberstein verhängte Urteil nicht ausreichend begründet worden. Ergänzend dazu führte er aus:

> „It cannot be deduced from it why the court has come to its decision in determining the actual issues involved and in determining the legal issues; not can it be decuced from it whether the court has taken in consideration extenuating circumstances; further, to what extent the court considered a death sentence as appropriate for acts committed through negligence and to what extent *mere membership in the SS was regarded as crime punished by death* in accordance with Control Council Law No. 10 contrary to recommendations made by the International Military Tribunal in Case No 9: With regard reproving jurisdiction of the court, it is pointed out that a former reproof was inadmissible since it was expressly forbidden by Ordinance No 7. In submission of evidence and further amplifications is reserved." [Kursivdruck vom Verf.].[328]

Biberstein hatte über Dr. Bergold dem *Supreme Court of the United States of America* die weitere Frage gestellt, warum allein schon die bloße Zugehörigkeit zur SS ein Todesurteil rechtfertigen könne. Hier ist anzumerken, dass das US Military Tribunal II in seiner allgemeinen Urteilsbesprechung jenen Themenkomplex ebenfalls auf zweieinhalb Seiten eingehend begründet und dabei die Definition des Internationalen Militärgerichtshofs (IMT) hinsichtlich der Einstufung der SS, der Gestapo und des SD als verbrecherische Organisationen als Text in die eigene Urteilsbegründung aufgenommen hatte,[329] und zwar unter dem ausdrücklichen Verweis auf die Rechtsverbindlichkeit der §§ 9 und 10 des *Londoner Status* auch für das Verfahren im Fall 9.[330] Der Vollständigkeit halber seien jene Paragrafen daher in ihrem Wortlaut zitiert:

> „Artikel 9 (Londoner Statut):
> In dem Prozess gegen ein Einzelmitglied einer Gruppe oder Organisation kann der Gerichtshof (in Verbindung mit irgendeiner Handlung, deretwegen der Angeklagte verurteilt

---

[327] PLÄDOYER für ERNST BIBERSTEIN vor dem Militärgerichtshof Nr. II Nürnberg, Fall 9, überreicht durch Rechtsanwalt Dr. Friedrich BERGOLD Nürnberg, StAN, Rep. 501, KV-Prozesse, Fall 9, D 3, S. 1-24, hier S. 6-7.
[328] *Petition for Writ of Habeas Corpus and Writ of Prohibiton*, gerichtet an den Supreme Court of the United States, 20. April 1948, StAN, Rep. 501, KV-Prozesse, Fall 9, D 6, S. 1-4, hier S. 3-4.
[329] KAZIMIERZ LESZCZYŃSKI (Hrsg.), Fall 9, S. 126-129, hier S. 127-129.
[330] Ebd., S. 127.

wird) erklären, dass die Gruppe oder Organisation, deren Mitglied der Angeklagte war, eine verbrecherische Organisation war [...].

Artikel 10 (Londoner Statut):
Ist eine Gruppe oder Organisation vom Gerichtshof als verbrecherisch erklärt worden, so hat die zuständige nationale Behörde jedes Signatars das Recht, Personen wegen ihrer Zugehörigkeit zu einer solchen verbrecherischen Organisation vor nationalen, Militär- oder Okkupations-Gerichten den Prozess zu machen. In diesem Falle gilt der verbrecherische Charakter der Gruppe oder Organisation *als bewiesen* und wird nicht in Frage gestellt." [Kursivdruck vom Verf.].³³¹

Appeal for revision of the verdict of Military Tribunal II, 23.4.1948

Da die am 20. April 1948 an den *Supreme Court of the United States of America* gerichtete *Petition for Writ of Habeas Corpus and Writ of Prohibiton* substantiell nichts enthielt, was Dr. Bergold nicht bereits in seinen beiden Plädoyers vorgebracht und das US Military Tribunal II in der Urteilsbesprechung eingehend erläutert und begründet hatte, richtete Bibersteins Strafverteidiger Dr. Bergold zudem ein Gesuch an General Lucius D. Clay in dessen Funktion als Militärgouverneur der amerikanischen Besatzungszone im Office of Military Government for Germany (U.S.).³³² Jenes Gesuch schien schon deshalb geboten, weil kein Todesurteil ohne die ausdrückliche schriftliche Bestätigung des Militärgouverneurs ausgeführt werden durfte. Dazu führte Artikel 18 der *Ordinance No 7* aus:

> „No sentence of death shall be carried into execution unless and until confirmed in writing by the Military Governor. In accordance with Article III, Section 6 of Law No. 10, execution of the death sentence may be deferred by not to exceed one mounth after such confirmation if there is reasons to believe that the testimony of the convicted person may be of value in the investigation and trial of other crimes."³³³

Auch jener Antrag wurde drei Tage später ebenfalls über das „Secretary Central for Military Tribunals – Defence Center" weitergeleitet. Für den Historiker ist er insofern von besonderem Interesse, als hier *erstmals* die Ohlendorf-Legende von dem „Judenausrottungsbefehl des Führers", der den Einsatzgruppen und deren Kommandos in dem Bereitstellungsraum Pretzsch/Elbe bekannt gegeben worden sei, massiv infrage gestellt wurde. Nicht nur in den Prozessen der US-amerikanischen

---

³³¹ Statut für den Internationalen Militärgerichtshof vom 8. August 1945, in: Der Prozeß gegen die Hauptkriegsverbrecher vor dem Internationalen Gerichtshof Nürnberg. Nürnberg 1947, Bd. 1, S. 10-14, hier S. 11-12.

³³² Appeal for revision of the verdict of Military Tribunal II, dated 8/10 April 1948, gerichtet an den Military Governor im Auftrag von Ernst Biberstein, 23.4. 1948, StAN, Rep. 501, KV-Prozesse, Fall 9, D 5, S. 1-10.

³³³ *Military Ordinance No 7* vom 18.10.1946, abgedruckt in: Trial of War Criminals Before the Nürnberg Military Tribunals under Control Council Law No. 10, Vol. 4: *United States of America vs. Otto Ohlendorf, et al. (Case 9: „Einsatzgruppen Case")*. Nuernberg October 1946-April 1949, US Government Printing Office, District of Columbia 1950, S. XXIII-XXVIII, hier S. XXVII-XXVIII.

3 Das Gerichtsurteil des US Military Tribunal II gegen Biberstein

Militärgerichtshöfe, sondern ebenso in späteren Strafverfahren vor bundesdeutschen Gerichten gegen NS-Täter, etwa in dem Ulmer Einsatzgruppenprozess oder in den Auschwitz-Prozessen, hatten weder Staatsanwälte noch Richter die Aussagen Ohlendorfs je in Zweifel gezogen. Ebenso war nie der Verdacht aufgekommen, dass Ohlendorf den Personalchef des Reichssicherheitshauptamtes (RSHA) Bruno Streckenbach nur deshalb als den Überbringer des „Judenausrottungsbefehl des Führers" benannt hatte, weil er davon ausgegangen war, dass jener in Russland gefallen sei.

Am 10. Oktober 1955 jedoch war der totgeglaubte Streckenbach, der am 15. Februar 1952 von dem Militärgericht in Moskau zu 25 Jahren Zwangsarbeit verurteilt worden war, als Amnestierter in die Bundesrepublik zurückgekehrt. Letztmalig wurde dann am 30. Juni 1973 von der Staatsanwaltschaft beim Landgericht Hamburg unter dem Aktenzeichen *147 Js 31/67* ein Strafverfahren wegen des Mordes von mindestens 1.000 Menschen gegen ihn eingeleitet. Damit zusammenhängend war auch von ihm als dem vermeintlichen Überbringer des „Judenausrottungsbefehls" die Rede. Erst in jenem Gerichtsverfahren konnte anhand der zahlreichen Zeugenaussagen ehemaliger Einsatzkommandoführer die Ohlendorf-Legende entlarvt werden.[334] Von jenem Augenblick an musste diesbezüglich auch die Historiografie umgeschrieben werden.

Umso mehr beeindruckt das Gesuch vom 23. April 1948, das Dr. Bergold aufgrund der Angaben Bibersteins verfasst hatte, insofern, als Bergold bzw. Biberstein hier mit bemerkenswert historischem Weitblick und im Gegensatz zu der Sockelverteidigung der übrigen Strafverteidiger des Falles 9 die Brüchigkeit der Ohlendorf-Legende entlarvte. Daher erscheint es von historischer Relevanz, dessen beweisführende Argumentation in Gänze darzulegen. Zunächst erläuterte Dr. Bergold, sein Mandant Biberstein sei vom US Military Tribunal II am 8./10. April 1948 in den drei Anklagepunkten *Crimes against Humanity, War Crimes and of membership in criminal organizations* für schuldig befunden und zum Tod durch den Strang verurteilt worden. Daher beantrage er im Auftrag seines Mandanten:

„that the verdict of the Military Tribunal II, dated 8/10 April 1948, not be confirmed but revised to the effect that the defendant Ernst Biberstein is not found guilty on Counts 1-2 and is found guilty only on Count 3, in which case it is requested only to pass a sentence of imprisonment and take into consideration the term of imprisonment already served under the provision

---

[334] ERNST KLEE, Personenlexikon, S. 607f. Auszüge aus der Anklageschrift gegen den Rentner Bruno Streckenbach (geb. 1902 in Hamburg) vorgelegt von der Staatsanwaltschaft beim Landgericht Hamburg am 30.6.1973 (147 Js 31/67), unterzeichnet von Staatsanwalt Zöllner, abgedruckt unter Weglassung der Belegangaben, in: HANS-HEINRICH WILHELM, Rassenpolitik, S. 210-220. „Das Verfahren gegen Streckenbach wurde am 20.9.1974 wegen dessen Verhandlungsunfähigkeit eingestellt. Streckenbach starb am 28.10.1977", ebd. S. 220.

that the verdict of the Military Tribunal II, dated 8/10 April 1948, not be confirmed but revised to the effect that the defendant Ernst Biberstein is sentenced to serve a time of imprisonment, the extent of which is left to the discretion of the Military Governor."[335]

Aufgrund der in der *Military Ordninace No 7* festgelegten Bestimmungen waren die in den Nürnberger Nachfolgeprozessen verhängten Urteile grundsätzlich nicht revidierbar. Demzufolge wäre der Militärgouverneur der US-amerikanischen Besatzungszone in Deutschland General Lucius D. Clay auch nicht befugt gewesen, die Anklagepunkte *Crimes against Humanity* und *War Crimes* fallen zu lassen. In seine Amtsbefugnis fiel lediglich die Herabsetzung des vom US Military Tribunal II verhängten Strafmaßes nach Überprüfung des gesamten Sachverhaltes.

Anders als in dem Gesuch an den *Supreme Court of the United State of America* rückte Dr. Bergold in seinem *Appeal for Revision* weniger rechtstheoretische Fragestellungen und Bewertungen in den Vordergrund, vielmehr prangerte er die Beweisführung des Gerichts an im Hinblick auf einen vermeintlichen „Judenausrottungsbefehl des Führers" als solchen und auf die Unterstellung des US Military Tribunal II, nach der Biberstein Kenntnis über einen derartigen Befehl gehabt haben müsse, indem er gleich zu Beginn seines Gesuches konstatierte:

> „The verdict is based on the *assumption*, that Ohlendorf's statements concerning the so-called Fuehrer Order are correct, and that therefore Biberstein's denial of having knowledge on this Fuehrer Order impeaches his credibility. First of all it does not seem admissible to assume without any proof, that Biberstein had been informed of the Fuehrer Order. It is not permissible that the Tribunal simply makes assumptions.
>
> The defendant Graf, whose statements have been considered credible and who has been acquitted on Count 1 and 2, was also member of the EK 6, which for a short time was under control of Biberstein. *Graf also testified that he knew nothing of the Fuehrer Order. Under these circumstances it should have been proved, that the Fuehrer Order was known to the EK 6.* Graf testified the contrary.
>
> Therefore when the Tribunal merely *assumes*, that Biberstein knew the Fuehrer Order, *it violates the legal maxims of criminal law, with the burden of proof lying to the prosecution. In fact a Fuehrer Order never existed.*" [Kursivdruck vom Verf.].[336]

Sodann erhärtete Dr. Bergold seine These hinsichtlich der Nichtexistenz eines „Judenausrottungsbefehls des Führers" durch die nachfolgende Beweisführung: Während des Verfahrens vor dem IMT und danach im Fall 9 habe Ohlendorf an folgenden Behauptungen festgehalten.

1. Gruppenführer Streckenbach habe die Chefs der Einsatzgruppen und Kommandoführer in Pretzsch über einen Führerbefehl informiert, der beinhaltete, dass alle Juden, Zigeuner, Kommunisten und andere [Elemente] im Osten zu töten seien.

---

[335] Appeal for revision of the verdict of Military Tribunal II, dated 8/10 April 1948, gerichtet an den Military Governor im Auftrag von Ernst Biberstein, 23.4. 1948, StAN, Rep. 501, KV-Prozesse, Fall 9, D 5, S. 1-10, hier S. 1-2.
[336] Ebd., S. 2.

2. Jener Befehl in Pretzsch sei nur einmal in mündlicher Form gegeben und danach nie wiederholt worden; später sei er bei jedem Kommandowechsel ebenfalls in mündlicher Form von Kommandoführer zu Kommandoführer übermittelt worden, üblicherweise jedoch nicht durch den *Chef* der Einsatzgruppen.
3. Auch die Kommandeure der Wehrmacht hätten den gleichen Befehl erhalten.[337]

Jene widersprüchlichen Behauptungen Ohlendorfs widerlegte Dr. Bergold sehr gekonnt mittels Indizien und Fakten wie folgt: Zwar sei es zutreffend, dass alle im Fall 9 Angeklagten den Gruppenführer Streckenbach – von dem sie vermuteten, dass er in Russland getötet worden sei – als Überbringer eines derart einschneidenden und in höchstem Maße bindenden Exekutionsbefehls benannt hätten, jedoch stellten sich hier die folgenden Fragen:

a). Als Chef des Amtes I [Personalangelegenheiten] im Reichssicherheitshauptamt hätten lediglich *Personalfragen* in Streckenbachs Zuständigkeitsbereich gelegen; er sei jedoch nicht mit der technischen Durchführung von Exekutivsaufgaben der Ämter III [Deutsche Lebensgebiete – SD-Inland, dessen Chef Ohlendorf gewesen war] und IV [Gegner-Erforschung und Gegnerbekämpfung, dessen Chef Müller gewesen war] befasst gewesen. Zudem sei es ungewöhnlich, dass Heydrich als oberster Chef des Reichssicherheitshauptamtes einen derart einschneidenden Befehl weder in Pretzsch noch im Prinz-Albrecht-Palais wiederholt noch bestätigt habe.[338]

b). Des Weiteren führte Dr. Bergold an, der Angeklagte *Erwin Schulz*, dessen Glaubwürdigkeit vom US Military Tribunal II nicht angezweifelt worden war, sei zwar bei der angeblichen Bekanntgabe des „Führerbefehls" durch Streckenbach in Pretzsch nicht anwesend gewesen, jedoch sei jener vom Anbeginn des Russlandfeldzuges Führer eines Einsatzkommandos gewesen. So habe Schulz in der Zeugeneinvernahme am 17. Oktober – Prozessprotokoll S. 946/947 – bezeugt, während seines gesamten „Osteinsatzes" niemals von dem von Ohlendorf behaupteten „Führerbefehl" gehört zu haben. Zudem sei es mehr als unwahrscheinlich, dass Streckenbach gegenüber Schulz, mit dem er einen persönlichen Kontakt gepflegt und mit dem er auch vor dessen Abreise nach Russland noch in Kontakt gewesen war, niemals jenen „Führerbefehl" erwähnt habe – so das Zeugnis des Angeklagten Schulz auf S. 979 des Prozessprotokolls.[339] Auch habe Schulz bezeugt, dass er nach seiner Rückkehr aus Russland [im August 1941] Streckenbach über die Massenmorde an Juden informiert und jener spontan und voller Abscheu ausgerufen habe: „Das ist glatter Mord!" Schulz habe jene Aussage in seinem Affidavit getätigt – Volume 3 C, Exh. 44 – und zwar noch *bevor* er in der Nürnberger Haftanstalt

---

[337] Ebd., S. 2-3.
[338] Ebd., S. 3.
[339] Ebd.

auf Ohlendorf gestoßen sei. Zudem wäre ein solcher Ausruf des Abscheus völlig unglaubwürdig, wenn Streckenbach selbst – wie von Ohlendorf behauptet – einen derartigen Ausrottungsbefehl im Bereitstellungsraum Pretzsch übermittelt hätte. Zwar habe Schulz vor dem US Military Tribunal II ausgesagt, Streckenbach habe ihm später die Existenz eines „Führerbefehls" bestätigt. Biberstein gegenüber habe er jedoch zugegeben, jene Falschaussage ausschließlich getätigt zu haben, um die Verteidigungslinie Ohlendorfs und die seiner Freunde nicht zu torpedieren. Jene Angaben des Angeklagten Schulz seien ein schlüssiger Beweis für die Nicht-Existenz des von Ohlendorf behaupteten „Judenausrottungsbefehls des Führers".[340]

c). Zudem merkte Dr. Bergold an, der oben erwähnte *Matthias Graf* habe vor dem US Military Tribunal II unter Eid bezeugt, der frühere Führer des Einsatzkommandos 6 [Dr. Erhard Kroeger] habe anlässlich einer von dem Höheren SS und Polizeiführer [Jeckeln] angeordneten und von dessen Personal durchgeführten Massenexekution von Juden seinem eigenen Mannschaftspersonal gegenüber zu verstehen gegeben, dass jene Massenexekution das Einsatzkommando 6 nicht betreffe und dass er, Kroeger, nicht an der Massenexekution teilnehmen würde – S. 4861 in der deutschen Übersetzung vom 7. Januar 1948. Zum einen hätte SS-Standartenführer Kroeger wohl kaum ein derartiges Statement abgeben können, wenn er selbst den sogenannten „Führerbefehl" in Pretzsch erhalten hätte. Zum anderen wäre auch gegenüber seinem Mannschaftspersonal eine solche Bekundung nicht vonnöten gewesen, wenn das Einsatzkommando 6 bereits in Pretzsch Informationen über den „Führerbefehl" erhalten hätte. Allein diese Tatsachen belegen, dass das EK 6 erst dann über einen Judenausrottungsbefehl in Kenntnis gesetzt wurde, als es selbst Massenexekutionen auszuführen hatte.[341] [Über einen derartigen jedoch nicht vom Führer, sondern von *Himmler* erteilten Ausrottungsbefehl sind die Kommandos der Einsatzgruppe C aber erst Mitte August 1941 mündlich in Kenntnis gesetzt worden, und zwar durch den Höheren SS- und Polizeiführer Friedrich Jeckeln, wie der Führer des Einsatzkommandos 5, der SS-Brigadeführer und Generalmajor der Polizei Erwin Schulz, gegenüber dem US Military Tribunal II mehrfach glaubwürdig und unter Eid bezeugt hatte].

d). Desgleichen hätten auch die Mitangeklagten *Fendler* und *Ruehl*, die ebenfalls im Bereitstellungsraum Pretzsch bzw. Düben zugegen gewesen seien, weder dort noch während der gesamten Zeit ihres „Osteinsatzes" etwas über einen „Führerbefehl" gehört. Das US Military Tribunal II habe deren Bezeugungen nicht in Zweifel gezogen, desgleichen nicht die diesbezüglichen eidesstattlichen Aussagen der Zeugen Häffner, Johannes Feder, Fritz König und Otto Meyer (Exh. 6,7,8,9 hätte dasselbe Zeugnis enthalten).[342]

---

[340] Ebd., S. 3-4.
[341] Ebd., S. 4.
[342] Ebd.

3 Das Gerichtsurteil des US Military Tribunal II gegen Biberstein

e). In Übereinstimmung mit den obigen Aussagen habe auch Dr. Dr. *Rasch*, der erste Chef der Einsatzgruppe C, offensichtlich keinerlei Wissen über den sogenannnten „Judenausrottungsbefehl des Führers" besessen. Zum einen sei Rasch, als er Mitte August 1941 von *Jeckeln* über einen angeblichen „Führerbefehl" in Kenntnis gesetzt worden sei, zu Ohlendorf gefahren, um sich hinsichtlich des Wahrheitsgehaltes jenes ungeheuerlichen Befehls zu versichern. Die Reise wäre überflüssig gewesen, sofern Rasch den Ausrottungsbefehl gekannt hätte. Erst *nach* der Rückkehr jener Reise habe Rasch dann erstmals mit der Exekution von Juden begonnen. Zum anderen habe Ohlendorfs bester Freund, der Mitangeklagte Dr. *Braune*, sich gegenüber seinem Strafverteidiger äußerst besorgt gezeigt, nachdem das US Military Tribunal II angeordnet hatte, den Angeklagten Rasch nun doch in den Zeugenstand zu rufen:

> „Rasch could make stupid or dangerous statements with regard to the Fuehrer Order. His [Braunes] anxiety was based on the fact, that due to his illness, Rasch had not been together with the defendants and therefore could not have been informed accordingly by Ohlendorf and his associates."[343]

Die Sorge des Dr. Braune war insofern durchaus berechtigt, als sich Dr. Dr. Rasch während des gesamten Verfahrens vor dem US Military Tribunal II wegen seiner progredient fortschreitenden Parkinson-Erkrankung im Gefängniskrankenhaus des Nürnberger Justizgebäudes befunden hatte. Dr. Bergold führte weitere Zeugenaussagen an, die geeignet waren, die Ohlendorf-Legende zu erschüttern.

f). So habe auch der Mitangeklagte *Willi Seibert*, stellvertretender Kommandeur der Ohlendorf-Einsatzgruppe D, zu Prozessbeginn ausgesagt, keinerlei Kenntnis über einen „Führerbefehl" besessen zu haben. Erst im weiteren Prozessverlauf habe er sich Ohlendorfs Sockelverteidigung angeschlossen mit der völlig unglaubwürdigen Behauptung, „that in the meantime Ohlendorf ‚had refreshed his memory'; now he knew of course of a Fuehrer Order."[344]

g). Die Angeklagten *Seibert* und Dr. *Braune* hätten Biberstein mehrfach bekundet, dass er, Biberstein, und der Mitangeklagte Dr. Haensch ihre Glaubwürdigkeit gegenüber dem Militärgericht einbüßen würden, sofern sie weiterhin die Kenntnis des Führerbefehls leugnen würden. Während jener Diskussion sei dem Angeklagten Braune jedoch mehr als klar geworden, dass Biberstein tatsächlich nichts über einen „Führerbefehl" gewusst haben konnte. Dennoch seien beide der Ansicht gewesen, dass Biberstein keine Wahl bliebe, als die gemeinsame Verteidigungslinie zu übernehmen, um einen günstigen Urteilsspruch zu erlangen. Diese Fakten seien ein weiterer Beweis dafür, dass der „Führerbefehl" nie existiert habe und dass er von Ohlendorf und dessen Anhängern lediglich zum Zweck der Verteidigung er-

---
[343] Ebd., S. 5.
[344] Ebd.

funden wurde. Sodann brachte Dr. Bergold ein historisch höchst beachtenswertes Argument ein:

> „The assertion itself, that the order in Pretsch [sic] has been issued only once, is mysterious and remarkable and *does not coresppond with the way in which an order is generally transmitted*. The fact that the order allegedly has been passed *on secretly and verbatim form* from a Kommando leader to his successor, is particulary incredible. How could a superior office have ascertained whether the alleged order has been passed on? No such agency existed in Russia which could have ascertained such facts.
>
> The Einsatzgruppen Chief had nothing to do with it. It is incomprehensible, how the Tribunal can assume, that Kommando leaders should unquestionably be prepared to execute such a monstrous order, based only on a verbatim information of their predecessor.
>
> But what is *more* important, who, for instance, should have passed on such an order to the successor of Kommando leader Schulz, who had knowledge of this order in *Russia*? How was it possible for Kroeger, Kommando leader of EK 6, who, according to Graf's statement also knew nothing of a Fuehrer Order, to pass on the same to his successor [Mohr] and the latter in turn to Biberstein?
>
> However the Tribunal assumes without conclusive evidence that the order has actually been passed on to Biberstein. What can be more inadmissible for such a verdict?" [Kursivdruck vom Verf.].[345]

Des Weiteren bemängelte Dr. Bergold unter Verweis auf Seite 201 [S. 185 in der deutschen Übersetzung] des Gerichtsurteils, das US Military Tribunal II habe Biberstein Glaubwürdigkeit unter anderem aus rein hypothetischen Fragestellungen zu ermitteln gesucht. Da eine solche Fragetechnik in Deutschland unbekannt sei, könne diese Art der Befragung zu Missverständnissen führen.

> „For credibility may be judged only on the basis of statements concerning actual facts and happenings [...]. Therefore, no one may judge credibility on the basis of asking such hypothetical questions."[346]

Am Schluss des Gesuches gab Dr. Bergold auf den Seiten 8 bis 10 nochmals Erklärungen ab zu Fragestellungen, die bereits in der *Petition for Writ of Habeas Corpus and for Writ of Prohibition* vom 20. April 1948 thematisiert worden waren.

Die Widerlegung der Ohlendorf-Legende in dem *Appeal for revision of the verdict of Military Tribunal II* vom 23. April 1948 mittels verschiedener Zeugenaussagen erscheint für die Historiografie überaus bedeutsam, jedoch mehr noch der durchaus gelungene Versuch, die Nichtexistenz eines „Judenausrottungsbefehls des Führers" – der den Einsatzgruppen angeblich vor deren Abmarsch zum „Osteinsatz" erteilt worden sei – mittels deduktiver Schlussfolgerungen nachzuweisen. Mit jener Beweisführung hatte Dr. Bergold bzw. Biberstein vorausgegriffen, was etwa 35 Jahre später zum Streitthema eskalieren sollte, nämlich die Deutungskontroverse zwischen Intentionalisten und Strukturalisten hinsichtlich

---
[345] Ebd., S. 5-6.
[346] Ebd., S. 7.

des Zeitpunktes der Erteilung eines Judenausrottungsbefehls, die durch zahlreiche neuere Forschungsarbeiten zugunsten der Strukturalisten ausgegangen ist wie sie etwa in den Arbeiten des Staatsanwaltes und Leiters der *Zentralen Stelle der Landesjustizverwaltungen zur Aufklärung nationalsozialistischer Verbrechen in Ludwigsburg* Alfred Streim,[347] oder in jenen der beiden renommierten Holocaustforscher Eberhard Jäckel[348] und Peter Longerich[349] dargelegt sind. In diesem Zusammenhang konstatiert der Leiter des *Zentrums für Holocaust-Studien* am Institut für Zeitgeschichte (IfZ) in München und Professor am Historischen Seminar der Ludwig-Maximilians-Universität München, Frank Bajohr:

> „Die lange Debatte um einen zentralen ‚Endlösungs'- Befehl und den Zeitpunkt, an dem dieser erteilt worden sein könnte, gilt im Lichte neuerer Erkenntnisse als überholt. Das Detailgeschehen und das Handeln der Täter zeigt nämlich, dass es einen einzigen übergeordneten Mordbefehl gar nicht gegeben haben kann."[350]

Unter diesem Blickwinkel sind die oben zitierten Schlussfolgerungen des Dr. Bergold bzw. Bibersteins von historischer Relevanz. Bemerkenswert ist in diesem Zusammenhang, dass die Nichtexistenz eines „übergeordneten Mordbefehls" anfangs auch von dem späteren Mitangeklagten Dr. Martin Sandberger bezeugt wurde, der in insgesamt neun Vernehmungen und vier eidesstattlichen Erklärungen – die zum Teil noch *vor* der Planung des Nürnberger Einsatzgruppenprozesses erfolgt waren – zum Tatgeschehen der Einsatzgruppen befragt worden war. So hatte Dr. Sandberger in seiner dritten Vernehmung am 23. Mai 1947 unter Eid ausgesagt, die Einsatzgruppen und die Kommandos hätten vor dem Abmarsch in den „Osteinsatz" keinen „Führerbefehl" erhalten. Auch sei zu jenem Zeitpunkt keinesfalls von einer „Judenausrottung" gesprochen, ebenso wenig seien konkreten Befehle ausgegeben worden, sondern aufgrund der situativen und nicht voraussehbaren Gegebenheiten sei jeder Kommandoführer lediglich darauf hingewiesen worden, dass er eigeninitiativ handeln müsse.

Desgleichen sei in Pretzsch/Elbe keine offizielle Definition hinsichtlich der „Sicherungsaufgaben" ausgegeben worden. Ebenso habe auch kein „polizeitechnischer oder polizeitaktischer Unterricht" stattgefunden, d. h. von einem Judenaus-

---

[347] ALFRED STREIM: Zur Eröffnung des allgemeinen Judenvernichtungsbefehls gegenüber den Einsatzgruppen, in: EBERHARD JÄCKEL/ JÜRGEN ROHWER (Hrsg.): Der Mord an den Juden im Zweiten Weltkrieg. Entschlußbildung und Verwirklichung, Stuttgart 1985, S. 107-119.
[348] EBERHARD JÄCKEL: Die Entschlußbildung als historisches Problem, in: EBERHARD JÄCKEL/ JÜRGEN ROHWER (Hrsg.): Der Mord an den Juden im Zweiten Weltkrieg. Entschlußbildung und Verwirklichung, Stuttgart 1985, S. 9-17.
[349] PETER LONGERICH: Der ungeschriebene Befehl: Hitler und der Weg zur „Endlösung", München 2001.
[350] FRANK BAJOHR: Neuere Täterforschung, Version: 1.0, in: Docupedia-Zeitgeschichte, 18.06.2013, http://docupedia.de/zgNeuere_TaeterforschungDOI:http://dx.doi.org/10.14765/zzf.dok.2.243.v1; 18.08.2017.

rottungsbefehl sei dort nie die Rede gewesen. In Pretzsch seien von dem Gruppenleiter des Amtes VI C – Referat Ausland/Osten – im Reichssicherheitshauptamt (RSHA), dem SS-Obersturmbannführer und Oberregierungsrat Dr. Gräfe, lediglich zwei reine Informationsvorträge gehalten worden mit den beiden Titeln „Allgemeine Fragen der Landeskunde der Sowjetunion" und „Allgemeine Fragen der russisch-kommunistischen Städteverwaltung".[351]

Desgleichen hat auch Bibersteins Mitangeklagter Dr. Dr. Otto Emil Rasch in seinem Affidavit vom 24. Juni 1947 die Nichtexistenz eines „Judenausrottungsbefehl des Führers" *unabhängig* von Sandberger bezeugt, insofern, als er sich wegen seiner progredient fortschreitenden Parkinson-Erkrankung zur stationären Behandlung im Gefängniskrankenhaus befand und bis zum Prozessende dort verblieb. Somit konnte ein Kontakt zu den übrigen im Nürnberger Einsatzgruppenprozess Angeklagten ausgeschlossen werden.[352]

Supplemental Petition Biberstein, 25.2.1949

Knapp ein Jahr später stellte Dr. Bergold in Bibersteins Auftrag und unter Verweis auf das Gesuch vom 23. April 1948 einen ergänzenden Antrag an den Militärgouverneur der amerikanischen Besatzungszone, der wiederum durch das „Secretary General for Military Tribunals – Defense Center" weitergeleitet wurde und in dem er darauf verwies, dass sich das Todesurteil gegen seinen Mandanten Biberstein ausschließlich auf dessen Geständnis stütze. Dazu führte er aus:

„However, the confession was only to the effect that sentences were passed and executions carried out for punishable acts against orders of the German Army regarding illegal possession of arms, sabotage, espionage etc., but that no executions were carried out for only membership in a certain race, population group or party. Such orders were also issued by the American Army in Ordinance I, first part.

According to the rules of evidence, as contained in chapter 25 of the Manual of Court Martial Procedure in the United States Army confessions of the defendant are not sufficient for conviction; they must be corroborated by other circumstances. Such other circumstances have not been established in the trial of Biberstein.

The rules of evidence in chapter 25 of the Manual of Court Martial Procedure in the United States Army constitute rules which are valid and should be valid in any just procedure in all civilized states. The rules of evidence of Ordinance 7 must also be governed by these rules of evidence."[353]

---

[351] Interrogation No 1333 A, Vernehmung des Dr. Martin Sandberger, Standartenführer, durch Mr. Katscher auf Veranlassung von Mr. Walton und Mr. Glancy am 23.5.1947 von 14.00 bis 16.00, StAN, Rep. 502, KV-Anklage, Interrogations, S 9, S. 1-16, hier S. 1-23, hier S. 5-10, 12-13, 23.

[352] Deposition of Otto Emil Rasch, 24.6.1947, StAN, Rep. 502, KV-Anklage, Interrogations, StAN, Rep. 502, KV-Anklage, Interrogations, R 25, S. 1 von 1.

[353] *Supplemental Petition Biberstein,* gerichtet an den Militärgouverneur der amerikanischen Besatzungszone, 25. Februar 1949, StAN, Rep. 501, KV-Prozesse, Fall 9, D 7, S. 1-2, hier S. 1-2.

3 Das Gerichtsurteil des US Military Tribunal II gegen Biberstein

Das US Military Tribunal II sei insofern einem prozessualen Irrtum unterlegen, als es das Todesurteil gegen Biberstein auf Fakten stützte, die nicht in dessen Geständnis aufgeführt waren. So sei das Gericht ohne weitere Beweisführung davon ausgegangen, dass alle Hinrichtungen lediglich aufgrund des sogenannten „Führerbefehls" erfolgt seien.

Dem ist entgegenzuhalten, dass das US Military Tribunal II in der Urteilbesprechung auf knapp vier Seiten auch jenen Einwand beleuchtet hatte. Zwar wurde dabei nicht explizit auf die Außerkraftsetzung der Militärgerichtsbarkeit durch den *Erlass über die Ausübung der Kriegsgerichtsbarkeit im Gebiet „Barbarossa" und über besondere Maßnahmen der Truppe* vom 13. Mai 1941, den sogenannten Kriegsgerichtsbarkeitserlass, verwiesen, aufgrund dessen ein rechtsfreier Raum geschaffen worden war, jedoch hatte das Gericht unter anderem erklärt, es sei offensichtlich, dass die Einsatzgruppenleiter und Kommandoführer „nicht als Feldsoldaten nach Rußland geschickt wurden, sondern als ideologische Exponenten. Im Felde waren sie ein wanderndes RSHA, eine Gestapo auf Rädern."[354]

Der erhobene Vorwurf mangelnder Beweisführung seitens des US Military Tribunal II, den Dr. Bergold als einen schwerwiegenden Verstoß gegen die Gerechtigkeit bezeichnete, lässt sich aus dem allgemeinen Teil der Begründung des Gerichtsurteils kaum erklären. Eine in einigen Teilbereichen etwas andere Sicht hingegen vertritt der Rechtsanwalt Dr. Benedikt Salleck in seiner 2016 veröffentlichten Dissertation.[355] Aus historischem Blickwinkel seien „neben der rechtlichen Bewertung [...] die allzu knappe Beweiswürdigung im Urteil und vielmehr die pauschalen Vorwürfe der Anklagebehörde [...] zu bedauern."[356]

„Jedenfalls wurde die Chance vertan, die genaue Rolle Bibersteins zu klären. Unrealistisch erscheint freilich, dass Biberstein – quasi eingeschlossen in einem Elfenbeinturm – vom Ausmaß der Verbrechen und dem Auftrag seines Kommandos keine Kenntnis erlangt hat. Ob er ein fleißiger Helfer des Massenmordes war, wegschauend die Ausführung der Verbrechen delegierte oder gar tatsächlich unbeteiligt war, kann nicht abschließend aus den Prozessunterlagen geklärt werden.

Fest steht, dass Biberstein an zwei Hinrichtungen von insgesamt 65 Menschen zumindest anwesend war. Darüber, ob er sich hier strafrechtlich vorwerfbar verhalten hat, besteht ebenso Unklarheit wie über dessen exakte Rolle bei den weiteren Exekutionen des Einsatzkommandos in der Zeit seiner Befehlsgewalt. Kenntnis Bibersteins der Abläufe lässt sich mit Blick auf das Beweismaterial kaum bestreiten.

---

[354] KAZIMIERZ LESZCZYŃSKI (Hrsg.), Fall 9, S. 121.
[355] BENEDIKT SALLECK: Strafverteidigung in den Nürnberger Prozesse, Prozessabläufe und Verteidigungsstrategien dargestellt am Wirken des Verteidigers Dr. Friedrich Bergold (Beiträge zum Internationalen und Europäischen Strafrecht/Studies in International and Criminal Law and Procedure; 25), Berlin 2016; zugleich: Marburg, Univ., Diss., 2015, S. 316f.
[356] Ebd., S. 316.

Ob Biberstein selbst moralisch oder strafrechtlich vorwerfbar gehandelt hat, ist schwer zu beurteilen. Leider konnte der Prozess Bibersteins Verhalten weder genau eingrenzen noch zweifelsfrei beweisen und einer konkreten strafrechtlichen Bewertung zuführen."[357]

3.3 BESTÄTIGUNG DES TODESURTEILS

Der damalige Militärgouverneur der US-amerikanischen Besatzungszone in Deutschland, General Lucius D. Clay, hatte in seinem Schreiben vom 4. März 1949 alle an ihn gerichteten Revisionsanträge abschlägig beurteilt, somit auch die oben aufgeführten Gesuche Bibersteins. Dazu führt der Band IV der 15-bändigen englischsprachigen „Green Series" über die Nürnberger Nachfolgeprozesse – der neben den Verfahrensvorschriften auch Auszüge aus Anklage, Urteil und den Prozessunterlagen des Falles 9 enthält – mit Bezug zu der Bestätigung der vom US Military Tribunal II im Fall 9 verhängten Todesstrafen ebenso wie zu den dort ausgesprochenen zeitlichen Strafen in einer Einleitung auf Seite 590 aus:

„III. Affirmation of sentences
by the Military Governor of the United States Zone of Occupation
A. Introduction

Under Article XV of Ordinance No. 7, the sentences imposed by the Tribunal are subject to review.

Article XVII provides that 'the record of each case shall be forwarded to the Military Governor who shall have the power to mitigate, reduce or otherwise alter the sentence imposed by the tribunal, but may not increase the severity thereof.'

Article XVIII provides that 'No sentence of death shall be carried into execution unless and until confirmed in writing by the Military Governor.' The sentences of death by hanging in Case No. 9 were confirmed by the Military Governor on 4 March 1949 with respect to the defendants Biberstein, Blobel, Blume, Braune, Haensch, Klingelhoefer, Naumann, Ohlendorf, Ott, Sandberger, Seibert, Steimle and Strauch, and on 25 March 1949 with respect to the defendant Schubert.

On 4 March 1949, the Military Governor also confirmed the sentences of the defendants Fendler, Jost, von Radetzky, Ruehl, Schulz, and Six, who were sentenced either to imprisonment for life or for a term of years.

No petition for a review of sentence was made on behalf of the defendant Nosske, who was sentenced to life imprisonment. The sentence as to the defendant Graf states that his 'imprisonment from the date of his arrest, following the termination of the war to the present date, shall constitute the sentence of the Tribunal.' In the absence of a petition for review of sentence in the cases of the defendants Nosske and Graf, the Military Governor did not review their sentences.

In subsection 2, below, appear the orders of the Military Governor with respect to the sentence of the defendant Ohlendorf, sentenced to death by hanging, and the sentence of

---

[357] Ebd., S. 316f.

the defendant Jost, sentenced to life imprisonment. All petitions to the Supreme Court of the United States were denied, 2 May 1949."[358]

Auf der nachfolgenden Seite findet sich dann als Abdruck der Wortlaut des Schreibens des Generals Lucius D. Clay:

„In the case of the United States of America against Otto Ohlendorf, et al., tried by United States Military Tribunal II, Case No. 9, Nuernberg, Germany, the defendant Otto Ohlendorf, on 10 April 1948, was sentenced by the Tribunal to death by hanging.

A petition to modify the sentence, filed on behalf of the defendant by his defense counsel, has been referred to me pursuant to the provisions of Military Government Ordinance No. 7.

I have duly considered the petition and the record of the trial and in accordance with Article XVII of said Ordinance it is hereby ordered:

a. that the sentence imposed by Military Tribunal II upon Otto Ohlendorf be, and hereby is, in all respects, confirmed;

b. that pending action on petitions filed by the defendant with authorities other than the Office of Military Government for Germany (U. S.), the execution of the death sentence be stayed until further order by me.

c. that the defendant be confined until further order in War Criminal Prison No. 1, Landsberg, Bavaria, Germany.

LUCIUS D. CLAY
General U. S. Army Military Governor
and Commander-in-chief, European Command."[359]

Ein Schreiben gleichen Datums und mit den gleichen dort aufgeführten Bestimmungen hinsichtlich der Bestätigung der im Fall 9 ergangenen Todesurteile war auch an die übrigen dreizehn zum Tod durch den Strang verurteilten SS-Offiziere ergangen, so auch an Biberstein.

4 ASPEKTE ZUR TÖTUNGSBEREITSCHAFT DER IM FALL 9 VERURTEILTEN SS-OFFIZIERE

Spätestens mit Abschluss des Gerichtsverfahrens stellte sich die generalisierende Frage, wie es erklärt werden könne, dass die im Nürnberger Einsatzgruppenpro-

---

[358] Trials of War Criminals before the Nuernberg Military Tribunals under Control Council Law No. 10, Vol. 4: *United States of America vs. Otto Ohlendorf, et al. (Case 9: „Einsatzgruppen Case")*. US Government Printing Office, District of Columbia 1950, S. 590.

[359] HEADQUARTERS, EUROPEAN COMMAND, Office of the Commander-in-Chief, APO 742, Berlin, German, 4 March 1949. In the Case of The United States of America *vs.* Otto Ohlendorf, et al., Military Tribunal II, Case No 9, *Order with Respect to Sentence of Otto Ohlendorf*, *United States of America vs. Otto Ohlendorf, et al. (Case 9: „Einsatzgruppen Case")*. US Government Printing Office, District of Columbia 1950, S. 591.

604   Kapitel 4 Angeklagter vor dem US Military Tribunal II in Nürnberg 1947/48

zess verurteilten hochgebildeten und aus christlich geprägten Elternhäusern stammenden ranghohen SS-Offiziere zu Massenmördern werden konnten? Durch welche irrationalen Momente wurden sie *konditioniert*, um die natürliche Tötungshemmung zu überwinden?

Bild 71: The defendants and their lawyers follow the proceedings of the Einsatzgruppen Trial. Biberstein in der letzten Reihe, links. Photograph Number: 16812.
(Quelle: U. S. Holocaust Memorial Museum, courtesy of John W. Mosenthal).

In der Urteilsbegründung des Falles 9 vom 8./9. Februar 1948 hatte der Vorsitzende Richter Michael A. Musmanno angesichts des unvorstellbaren Ausmaßes und der Ungeheuerlichkeit der begangenen Morde das Täterprofil der dort angeklagten und zu verurteilenden NS-Gewalttäter mit folgenden Worten zu umreißen versucht:

„Wer unerfahren ist in den Phänomenen, denen die menschliche Seele fähig ist, könnte beim Lesen der Einsatzgruppenmeldungen wohl an der menschlichen Rasse verzweifeln.

Hier sind Verbrechen, die infolge der Tiefe und Weite ihrer Vertiertheit der Beschreibung trotzen. Hier erreicht die Erbarmungslosigkeit ihren Tiefpunkt [...]. In diesem Prozeß lernte man Menschenhandlungen kennen, die jedem Begriff von Moral und Gewissen ins Gesicht schlugen. Man blickte auf Mordhandlungen von nie dagewesenem Umfang.

Hier liegt das Paradoxon [...].

Einige der Angeklagten luden Zeugen für ihre guten Taten, und fast alle von ihnen legten zahlreiche eidesstattliche Erklärungen vor, die ihre guten Taten priesen. Die Seiten dieser Zeugnisse glitzern geradezu von solchen Phrasen wie ‚ehrlich und wahrheitsliebend‘, ‚rechtsdenkende und freundliche Art‘, ‚fleißig, emsig und gutherzig‘, ‚von sensibler Natur‘, ‚absolut ehrlich‘."[360]

4.1 FRANÇOIS BAYLE – MEDIZINISCHER SACHVERSTÄNDIGER IM FALL 9

Jenes vermeintliche „Paradoxon" konnte sich das Richterkollegium des US Military Tribunal II nicht erklären und hatte bereits am 11. Februar 1948, dem vorletzten Tag der Zeugeneinvernahme, den damaligen Kommandanten des medizinischen Korps der französischen Marine, François Bayle, um eine entsprechende Stellungnahme gebeten. Der junge Bayle hatte schon im Prozess gegen die Hauptkriegsverbrecher vor dem International Military Tribunal (IMT) und dann auch in sämtlichen Nürnberger Nachfolgeprozessen eine Zulassung als Prozessbeobachter erhalten. Seine dortigen umfangreichen Beobachtungen hatte er später in zwei wissenschaftlichen Arbeiten niedergelegt: im Jahre 1950 in einer 1.521 Seiten umfassende Studie über die während des Zweiten Weltkriegs durchgeführten nationalsozialistischen medizinischen Experimente an Menschen unter dem Titel „*Croix gammée* contre caducée. Les expériences humaines en Allemagne pendant la deuxième guerre mondiale" und im Jahre 1952 als Dissertation unter dem Titel „Psychologie et ethique du National-Socialisme. Étude anthropologique des dirigeants S.S."[361]

In Kapitel II jener insgesamt 550 Seiten umfassenden Dissertation hatte Bayle die Analyseergebnisse aller im Fall 9 angeklagten SS-Offiziere auf 156 Seiten dargelegt. Die Ermittlung der Charakterstruktur – nicht jedoch der Tatmotivation – umfasste die Untersuchung der Probanden hinsichtlich der Kopfgröße und Hände sowie insbesondere der Schrift und des Temperaments. Lebenslauf und Gerichtsurteil, ergänzt durch Fahndungsfoto und Schriftbild der Angeklagten beinhalteten den Hauptteil der Untersuchungsergebnisse, hingegen war die jeweilige graphologische Analyse lediglich in wenigen Sätzen zusammengefasst.

---

[360] KAZIMIERZ LESZCZYŃSKI (Hrsg.), Fall 9, S. 139f.
[361] FRANÇOIS BAYLE: *Croix gammée* contre caducée. Les expériences humaines en Allemagne pendant la deuxième guerre mondiale, Neustadt 1950. (Hakenkreuz gegen Äskulapstab. Die Menschenversuche in Deutschland während des Zweiten Weltkrieges). DERS.: Psychologie et ethique du National-Socialisme. Étude anthropologique des dirigeants S.S., Paris 1953; zugleich: Paris, Univ., Diss., 1952. (Psychologie und Ethik des Nationalsozialismus. Anthropologische Studie von SS-Führern). Ab jenem Zeitpunkt führte Bayle den Titel „Médecin en chef de 2ème classe da la Marine. Specialiste de neuro-psychiatrie des hôpitaux. Docteur ès-lettre". (Leitender Oberstabsarzt der Marine. Facharzt für Neurologie und Psychiatrie an Krankenhäusern. Dr. phil.). Bedauerlicherweise sind die beiden sehr interessanten und noch immer aktuellen Studien bisher nicht ins Deutsche übersetzt worden.

Noch während des Gerichtsprozesses vor dem US Military Tribunal II hatte Bayle sukzessive alle im Fall 9 angeklagten NS-Gewalttäter analysiert mit Ausnahme des ehemaligen Führers der Einsatzgruppe 12 Emil Haussmann, der unmittelbar nach Erhalt der Anklageschrift am 31. Juli 1947 Suizid begangen hatte. Desgleichen konnten Dr. Dr. Otto Emil Rasch und Dr. Eduard Strauch wegen Erkrankung nicht untersucht werden: Rasch wegen seines Morbus Parkinson, Strauch wegen gehäuft auftretender Epilepsie-Anfälle. Dr. Haensch und Biberstein hatten die graphologische Untersuchung verweigert, Haensch ohne, Biberstein mit Begründung.

So hatte Biberstein während zweier Treffen in einem der Vernehmungszimmer des Justizgebäudes eine graphologische Analyse mit der Begründung abgelehnt, Bayle habe eine abschätzige Bemerkung über ihn gemacht. Offensichtlich war das Vertrauensverhältnis danach derart erschüttert, sodass Biberstein jedesmal, wenn Bayle den Audienzraum betrat, ihm provokativ den Rücken zugewandt habe. Jedoch hatte Bibersteins Verteidiger Dr. Bergold freundlicherweise Bayle, den er bereits in seiner Funktion als Strafverteidiger des im Fall 2 der Nürnberger Nachfolgeprozesse angeklagten Erhard Milch kennengelernt hatte, einen Geburtstagsgruß Bibersteins überlassen, sodass Bayle aufgrund jener Schriftprobe und des gewonnenen persönlichen Eindrucks während der beiden oben genannten Treffen eine graphologische, wenn auch – wie er hervorhob – „sehr unvollständige Analyse" durchführen konnte.[362]

Nachfolgend werden Auszüge aus den Ergebnissen der jeweiligen charakterlichen Analyse wörtlich – jedoch von der Verfasserin dieser Studie ins Deutsche übersetzt – wiedergegeben, unter anderem mit der späteren generalisierenden Fragestellung, ob und wie weit Psychogramme bzw. hier die graphologische Untersuchung von 20 NS-Gewalttätern sich im Hinblick auf die Dechiffrierung ihrer Tötungs*bereitschaft* als zielführend erweisen können.

Heinz Jost, SS-Brigadeführer und Generalmajor der Polizei sowie Chef der Einsatzgruppe A:
„Ein im Grunde kämpferischer Charakter, manchmal heftig und von einer im Allgemeinen schlechten Art; brüsk, spröde, autoritär und mit einem irreduziblen Starrsinn [...]. Die Person besitzt eine starke Persönlichkeit, jedoch im Kontrast und in Ergänzung dazu eine latente Unruhe und einen organischen Abbau."[363]

Erich Naumann, SS-Brigadeführer und Generalmajor der Polizei sowie Chef der Einsatzgruppe B:
„Sehr aktiv, im Sinne von erregt und planlos, mit starker Wut und verdächtig, dabei heftig zu werden [...]. Extrem robust mit einer instinktiven und wenig klaren Intelligenz, ein leicht aufbrausender und kämpferischer Charakter."[364]

---

[362] FRANÇOIS BAYLE, Psychologie, S. 130f, 176f.
[363] Ebd., S. 94.
[364] Ebd., S. 96, 98.

4 Aspekte zur Tötungsbereitschaft der im Fall 9 verurteilten SS-Offiziere

Erwin Schulz, SS-Brigadeführer und Generalmajor der Polizei sowie Führer des EK 5:
„Es handelt sich um einen energischen und kämpferischen Charakter, jedoch frühzeitig verbraucht und ermüdet [...]. Der charakterliche Hintergrund ist ziemlich düster/depressiv und gequält."[365]

Prof. Dr. Franz Six, SS-Brigadeführer und Führer des Vorkommandos Moskau (VKM):
„Die Versuchsperson besitzt einen negativen Charakter, ist rückständig und schwer zu überzeugen; unfähig, klare und neue Gedanken zu fassen [...]. Es handelt sich um eine Person, ausgestattet mit einem gewöhnlichen und dümmlichen Geist, mit einem negativen und wenig sensiblen Charakter."[366]

Paul Blobel, SS-Standartenführer und Führer des Sonderkommandos 4a:
„Exzessiv, passioniert, aufbrausend, sensuell und materiell; sein unerbittlich kämpferischer Geist entsteht während der Episoden widersprüchlicher und destruktiver Überreaktionen. Er besitzt eine außergewöhnliche Hartnäckigkeit, einen rachsüchtigen und unaufrichtigen Geist; er ist ein unergründlicher und falscher Betrüger mit brüsken und spröden Reaktionen [...]. Insgesamt ist sein Charakter wirklich schlecht [...]. Es handelt sich um eine intellektuell wenig entwickelte Person von schlechtem Charakter, dessen extreme organische Vitalität ihr eine gefährliche Kraft verleiht."[367]

Dr. Walter Blume, SS-Standartenführer und Führer des Sonderkommandos 7a:
„Der Verstand ist kräftig, aber deformiert [...]. Die Person ist im Wesentlichen energisch, kämpferisch und autoritär; ihr Kampfgeist geht einher mit viel Übereifer und Aktivität, mit Geschwindigkeit der Ideen [...]. Gewalttätig, hitzköpfig, jähzornig und autoritär, zeigt sie sich streitsüchtig und streitlustig und erreicht dabei einen feindlichen und respektlosen Grad [...]. Die Persönlichkeit ist stark und gefährlich."[368]

Dr. Martin Sandberger, SS-Standartenführer und Führer des Sonderkommandos 1a:
„Es handelt sich um eine im Wesentlichen plumpe Person, dominiert von Instinkten der Gewalt, Disorder, Brutalität und Disziplinlosigkeit [...]. Es handelt sich um eine große materielle Kraft ohne Ordnung und Gebremstheit, bereit zu äußerst gefährlichen Angriffen."[369]

Willi Seibert, SS-Standartenführer und stellvertretender Leiter der Einsatzgruppe D:
„Der Charakter ist nicht frei von Sensibilität, zeigt aber hintergründig eine Feindseligkeit und latente Opposition.
Die Person opponiert gegen alles, will immer recht haben, zeigt sich überheblich und verächtlich, manchmal unverschämt, immer aufsässig und starrköpfig [...]. Letztendlich zeigt die Versuchsperson gewisse sensible Qualitäten, jedoch ist die Persönlichkeit zutiefst verändert durch die intellektuellen uns charakterlichen Schwächen."[370]

Eugen Steimle, SS-Standartenführer und Führer des Sonderkommandos 7a als Nachfolger des Dr. Walter Blume:
„Die Versuchsperson ist sehr sensibel und sehr reagibel mit einer kämpferischen Überreaktion; unabhängig und kritisch, fähig zum Kampf und zur Arbeit ist sie von außerge-

---

[365] Ebd., S. 102.
[366] Ebd., S. 106.
[367] Ebd., S. 110.
[368] Ebd., S. 114f.
[369] Ebd., S. 117, 119.
[370] Ebd., S. 122f.

wöhnlicher Überheblichkeit und Autorität [...]. Insgesamt ist der Charakter kompliziert und wenig sozial [...], jedoch begabt und hoch entwickelt."[371]

Ernst Biberstein, SS-Sturmbannführer und Führer des EK 6:
„Seine Persönlichkeit ist zutiefst disharmonisch, gegensätzlich, unsozial und gefährlich [...]. Sein Charakter ist extrem schlecht und zutiefst unsozial. Letztendlich ist die Persönlichkeit trotz einer brillanten intellektuellen Erscheinung sowie einer sanften und wohlwollenden Art dennoch boshaft, giftig-gehässig und destruktiv.

Conclusion: Der protestantische Ex-Pastor Biberstein, SS-Standartenführer und Chef des Sonderkommandos G [sic], der denen, die durch ihn und vor ihm starben, den einfachsten religiösen Beistand verweigerte, dessen gravierendste Veränderung seiner Persönlichkeit kann – wie die Gesamtuntersuchung gezeigt hat – nur *als ein Fall von Satanismus unter antidämonischem und kultivierten Aussehen* verstanden werden.

Dieser Mensch hat eine Antwort auf alles; im Verlauf seiner Massaker habe er – wie er erkennt – keine Sünde gegen die Gebote Gottes begangen; in der Tat, hatte er nicht Atheisten exekutiert, die Feinde Gottes?

Einige möchten im Falle dieses Menschen eine gewisse geistige Entfremdung sehen, eine Folie, die allein den Schlüssel zu seiner Person geben könnte. Jedoch der hochmütige Charakterzug mit der anonymen Gebärde falscher Intelligenz und seine verächtliche Rolle eines Exekutors hat lediglich einen Ort gefunden, um dort [in der UdSSR] seine tiefsitzende giftige und destruktive Feindseligkeit auszuüben.

Man kann sagen, dass er *sein Schicksal den in ihm verborgenen Kräften des Bösen gewidmet hat* von der Zeit an, als er die Kirche verlassen hat und in die Gestapo eingetreten [sic] ist bis zu seiner Kommandierung in ein Erschießungskommando.

Jedoch handelt es sich hier nicht um eine Form geistiger Entfremdung, sondern um eine elementare Verschlechterung einer begabten Persönlichkeit zugunsten ihres negativen, richtiger gesagt, *diabolischen Gegenteils*; das ist die Veränderung der gesunden Persönlichkeitsanteile durch die geschickte Perversion der höherwertigen Persönlichkeitsanteile, deren Auftreten die neue Persönlichkeit jedoch nicht wahrnimmt.

Daher muss man *diesen Menschen des Bösen* sehen als einen derer, denen *Gott den Verstand geraubt hat*, als sie ihn verließen. (Quos vult perdere Jupiter dementat)." [Kursivdruck vom Verf.].[372]

Dr. Werner Braune, SS-Obersturmbannführer und Führer des Sonderkommandos 11b:
„Conclusion: Der promovierte Jurist [...] zeigte sich in seinem Benehmen und in seiner Person essentiell dominiert von einem schwerfälligen Gehabe, hinter dem ein brutaler und heftiger Aktionswille auftauchte, in welchem er seine Genugtuung fand. Er kam – man kann sagen – ganz folgerichtig von der Gestapo zu den Einsatzgruppen, wo er nicht den geringsten Skrupel noch die kleinste Unruhe gehabt zu haben schien, die Dinge zu tun, die man [Ohlendorf] von ihm erwartete. Seine Wesensart entsprach seinen Handlungen, und die Analyseergebnisse zeigen, dass er sich in nichts geändert hat."[373]

Adolf Nosske, SS-Obersturmbannführer und Führer des EK 12:
„Insgesamt ist sein Charakter rundweg schlecht und wenig harmonisch [...]. Conclusion: Sein Verhalten [während der graphologischen Tests] passt gut zu den psychi-

---
[371] Ebd., S. 126.
[372] Ebd., S. 130f, 176f.
[373] Ebd., S. 177.

4 Aspekte zur Tötungsbereitschaft der im Fall 9 verurteilten SS-Offiziere

schen Charakteristika von Antrieb, Weichheit und Sensibilität auf der Folie intellektueller Schlichtheit."[374]

Adolf Ott, SS-Obersturmbannführer und Führer des Sonderkommandos 7b:
„Die Persönlichkeit ist sehr uneinheitlich begabt, ohne Antrieb und Geschlossenheit."[375]

Waldemar Klingelhöfer, SS-Sturmbannführer und stellvertretender Führer des Sonderkommandos 7b:
„Der Charakter ist insgesamt rundweg schlecht."[376]

Lothar Fendler, SS-Sturmbannführer und Offizier im Stab des Sonderkommandos 4b:
„Die Versuchsperson ist impulsiv, zäh, kämpferisch und rachsüchtig, ohne Mittelmaß, stark opponierend und bösartig mit starken Reaktionen; [...] überhaupt tritt ein autoritärer und sogar despotischer Stolz hinzu; willensstark, hart in der Arbeit und im Schmerz liebt er radikales Vorgehen; sein Charakter ist insgesamt schlecht."[377]

Waldemar von Radetzky, SS-Sturmbannführer und Teilkommandoführer innerhalb des Sonderkommandos 4a:
„Insgesamt ist die Intelligenz mittelmäßig sowie zutiefst und abnorm gestört [...]. Der Charakter besitzt weder eine stabile Mitte noch Harmonie."[378]

Felix Ruehl, SS-Hauptsturmführer und Stabs-Mitarbeiter in der Verwaltung des Sonderkommandos 10b:
„Die Versuchsperson ist leicht zu beeindrucken und übersensibel, Opfer irresistibler Obsessionen, eitel und empfindlich mit absurden Ambitionen; sie ist impulsiv und ohne Mittelmaß [...]. Es handelt sich um ein großes paranoides Ungleichgewicht, das ohnehin zahlreiche Stigmata von Degeneration aufweist."[379]

Heinz Schubert, SS-Obersturmführer und Adjutant des Otto Ohlendorf:
„Die Persönlichkeit ist wenig harmonisch mit einer wenig sensiblen Intelligenz, die von obsessiven Gedanken dominiert wird; ein widersprüchlicher und widerspenstiger Charakter sowie eine große organische Schwäche infolge nervöser Überarbeitung, die an ein mangelndes Gleichgewicht grenzt."[380]

Mathias Graf, SS-Oberscharführer im Stab des EK 6:
„Die Versuchsperson verspürt einen großen Wunsch nach Ordnung und Klarheit, aber ihr mangelt es an Kraft und Aufgewecktheit [...]. Sie ist eine hypersensitive Person mit einer Übertreibung der Gefühle, die ihn zum Spielball oder Opfer machen können [...]. Insgesamt ist sie wenig ausgewogen und passiv."[381]

Der Nachteil jener Untersuchungen besteht zum einen darin, dass die Schriftproben nicht anonymisiert durchgeführt wurden und zum anderen darin, dass Bayle als Prozessbeobachter in seine Analyse moralische Bewertungen einfließen ließ. Dessen ungeachtet kam er in anderer Hinsicht in der Zusammenfassung seiner

---

[374] Ebd., S. 145, 177.
[375] Ebd., S. 145.
[376] Ebd., S. 151.
[377] Ebd., S. 155.
[378] Ebd., S. 159.
[379] Ebd., S. 163.
[380] Ebd., S. 167.
[381] Ebd., S. 169.

Untersuchungsergebnisse zu einer erstaunlichen Schlussfolgerung, die einen völligen Kontrast zu der damals vorherrschenden landläufigen Beurteilung von NS-Gewalttätern darstellte:

„Es ist leicht zu konstatieren, dass diese 24 Menschen, vielleicht mit Ausnahme des Angeklagten Graf, einen gewissen intellektuellen und charakterlichen Querschnitt darstellen, der von einer gemeinsamen Schwerfälligkeit bis zu einer starken Feindseligkeit reicht.

Fast ausnahmslos weisen alle eine *feindselige Grundeinstellung* auf, die sie zu den Einsatzgruppen führte und sie dort auch bleiben ließ. Drei unter ihnen, obgleich von schlechtem Charakter, entflohen dem Schlimmsten dank der außerordentlichen Einfachheit/Schlichtheit ihrer Natur: das sind Jost, Schulz und Nosske sowie in minderem Grad Fendler.

Alle anderen stellen eine veritable Ausprägung intellektueller Schwäche oder starker charakterlicher Fehler dar. Es wäre ein Leichtes, daraus zu schließen, dass diese Menschen anormal seien – und das ist eine Erklärung wert. Das Besondere ihrer Mentalität war in der Tat, dass sie manchmal den Anschein geistiger Anomalien weckten. Das ist jedoch keineswegs meine Einschätzung.

Mit Ausnahme von Radetzky, Ruehl, Schubert und selbst Graf, die kleine paranoide Ungleichgewichte aufwiesen und die ohnedies beschränkt waren auf ihre sehr subalterne Rolle [im Vernichtungsprozess], zeigten alle anderen, die einen *zutiefst bösen, feindseligen, böswilligen, impulsiven und harten Charakter besaßen, keinerlei Symptome einer manifesten oder latenten geistigen Erkrankung* [...].

Jeder hatte einen freien Willen, den er zum Guten oder Schlechten nutzen konnte [...]. Die Marge [an freiem Willen], die ihnen blieb – reduziert durch ein *schlechtes Naturell* und durch *jahrelange politische Indoktrination* von minderwertiger Qualität und ebenso durch die *Praxis täglicher Alltagspflichten repressiver und polizeilicher Art* – bestand jedoch weiterhin, wurde jedoch selten genutzt.

Es gibt reichliche Beweise, um daran zu erinnern, dass ein wenig Courage genügte, um den Vertrag zu lösen [den Ausstieg aus dem SD zu betreiben], und dass die Sanktionen nicht schwerwiegend waren. Ein Einsatzgruppenchef wie Jost mit Generalsrang verlor deswegen seinen Rang, jedoch – was höchst erstaunlich ist – jeder wurde gemäß seinem Rang sanktioniert." [Kursivdruck vom Verf.].[382]

Wenn Bayle den im Nürnberger Einsatzgruppenprozess angeklagten NS-Gewalttätern eine „feindselige Grundeinstellung" attestierte, so ist davon auszugehen, dass er sich auf die weltanschauliche Überzeugung, d. h. auf den nationalsozialistisch begründeten Fanatismus der Angeklagten und deren imaginierten Feindbildvorstellungen bezog. Das ließ ihn offensichtlich zu der Schlussfolgerung kommen, einige der Angeklagten seien starrköpfig. Hingegen ist ein anderer Aspekt in Bayles Untersuchung insofern durchaus bemerkenswert, als Bayle die Tötungs*bereitschaft* der von ihm untersuchten SS-Offiziere des Falles 9 in dem Zusammenwirken dreier Faktoren begründet sah – wenn auch unter Verweis auf den freien Willen der Angeklagten:

---
[382] Ebd., S. 180f.

4 Aspekte zur Tötungsbereitschaft der im Fall 9 verurteilten SS-Offiziere

(1) in einer spezifischen Charakterstruktur,
(2) in einer jahrelang erfolgten politischen Indoktrinierung minderwertiger Art und
(3) in der Praxis täglicher Alltagspflichten repressiver und polizeilicher Art. Dessen ungeachtet hätten sich bei den im Nürnberger Einsatzgruppenprozess angeklagten und verurteilten NS-Gewalttätern – mit Ausnahme der vier in subalternen Positionen tätigen Personen – keinerlei psychotische Anzeichen gefunden.

Jene Analyseergebnisse, die Bayle am 11. Februar 1948 zum Abschluss der Hauptverhandlung des Falles 9 auszugsweise mündlich vorgetragen hatte, dürften das US Military Tribunal II mehr als überrascht haben, hatte es in seiner Urteilsbegründung doch zumindest in Ohlendorf eine gespaltene Persönlichkeit gesehen, indem es ihn mit der Romanfigur des Dr. Jekyll and Mr. Hyde verglichen.[383] In seiner 1953 veröffentlichten anthropologischen Studie nahm Bayle auf jenen eine Buchseite umfassenden Passus in der Urteilsbegründung des US Militärgerichts II Bezug und distanzierte sich damit von dessen diesbezüglicher Meinung, in Ohlendorf eine gespaltene Persönlichkeit zu vermuten.[384]

„Im Verlauf meiner Bemühungen, die Persönlichkeit Ohlendorfs [...] zu rekonstruieren, habe ich gelernt, dass die unterschiedlichen Charakteraspekte dieses Menschen, und zwar die des Humanisten und jene des Einsatzgruppenchefs nur zwei der wichtigsten [Aspekte] sind.

Diese unterschiedlichen Aspekte können nur im Licht jener intimen/geheimen Verfassung dieses Menschen studiert werden, in denen das Temperament die Antriebe, Kräfte und die Schwächen enthüllt [...].

Die spekulativen, bissigen und kritischen geistigen Fähigkeiten und der ungleichgewichtige und instabile Charakter sind gewiss nicht nur durch ein besonders geartetes *Temperament* zu erklären, sondern gleichermaßen zu einem guten Teil durch *Erziehung, Schulbildung und andere Einflüsse*, die auf ein solch geartetes Temperament ausgeübt wurden.

Das Charakterbild, das wir heute vor Augen haben, ist geprägt von *Interaktionen einer großen Anzahl externer Elemente auf einer fixen Charakterbasis*. [Zudem] erzeugte die Nazi-Doktrin [...] einen Fanatismus, der entscheidend im Bereich der Ideen wirksam wurde. [...].

Das ist der Grund, weshalb man nicht von zwei Ohlendorf sprechen kann, d. h. von einer zwiegespaltenen Persönlichkeit, sondern von einem Ohlendorf, der ein wirklicher Humanist, aber auch ein Mörder war. Diese beiden Aspekte widersprechen sich nicht, wie die öffentliche Meinung zu glauben meint, sondern sie komplettieren und erklären sich gegenseitig.

Nur die rekonstruktive Gesamtschau kann die Ko-Existenz von vermeintlich sich widersprechenden Aspekten innerhalb eines wiedergefundenen Zusammenhangs verstehbar machen." [Kursivdruck vom Verf.].[385]

---

[383] KAZIMIERZ LESZCZYŃSKI (Hrsg.), Fall 9, S. 145–148, hier insbesondere S. 146.
[384] FRANÇOIS BAYLE, Psychologie, S. 78–90.
[385] Ebd.

Die Untersuchungsergebnisse des François Bayle sind umso bemerkenswerter, als sie in keiner Weise der mehrheitlichen Ansicht der damaligen bundesrepublikanischen Bevölkerung entsprachen, die sich von der Ungeheuerlichkeit und dem Ausmaß der begangenen NS-Verbrechen derart schockiert zeigte, sodass sie den NS-Gewalttätern psychotische oder zumindest psychische Anomalien zu attestieren suchte.

Da graphologische Tests jedoch keine psychologischen Verfahren darstellen, hatte Bayle zuvor, d. h. am 13. März 1948, die renommierte amerikanische Psychoanalytikerin Dr. Edrita Fried gebeten, Ohlendorf einem Rorschach-Test zu unterziehen. Interessant ist, dass jener Test unabhängig von Bayles gleichlautenden Untersuchungsergebnissen dem Angeklagten Ohlendorf eine sehr hohe Intelligenz auf analytischem wie auf kreativem Gebiet bescheinigte. Des Weiteren attestierte Dr. Fried dem Probanden eine auf die unmittelbare Umgebung sensibel reagierende Extrovertiertheit und Ambitioniertheit, jedoch sei Ohlendorf eher ein Organisator denn ein Denker. Aufgrund der hohen Intelligenz würden die organisatorischen Fähigkeiten Ohlendorfs ein sehr hohes Niveau erreichen, wobei er bei deren Realisation jeweils Perfektion anstrebe. Ohlendorf reagiere sehr sensibel auf seine Umgebung, jedoch seien seine Reaktionen immer sehr kontrolliert, nie impulsiv wie bei anderen Menschen üblich und zudem sehr auf Etikette bedacht. Wesentlich ist, dass ebenso wie Bayle auch Dr. Fried hinsichtlich der Schuldfähigkeit dem Angeklagten Ohlendorf völlige geistige Gesundheit attestieren konnte.[386]

Wie oben zitiert, hatte Bayle die Tötungsbereitschaft der von ihm untersuchten NS-Gewalttäter des Falles 9 auf drei Triggerfaktoren bzw. sich gegenseitig bedingende Elemente zurückgeführt: auf schlechte Charaktereigenschaften der Angeklagten sowie auf jahrelange politische Indoktrination minderwertiger Qualität und auf die Praxis alltäglicher Alltagspflichten repressiver und polizeilicher Art. Ein solches Resümee war zu jenem Zeitpunkt insofern mehr als beachtenswert, als die NS-Gewalttäter in der vorherrschenden öffentlichen Meinung der Deutschen während der Nachkriegszeit und der Adenauer-Ära – insbesondere auch unter dem Aspekt eigener Schuldabwehr und Schuldverdrängung – dämonisiert wurden. Gerade in diesem Zusammenhang ist zu vermerken, dass die Beurteilung Bayles im Hinblick auf die Person Biberstein nicht im wörtlichen, sondern in rein metaphorischem Sinne zu verstehen ist. Eine andere Sichtweise wäre bei einem derart scharfsinnig analysierenden Mediziner wie Bayle auch nicht denkbar.

Wie bereits in der Einleitung vermerkt, sind die beiden Studien des Facharztes für Neurologie und Psychiatrie Dr. François Bayle „*Croix gammée* contre caducée. Les expériences humaines en Allemagne pendant la deuxième guerre mondiale" und „Psychologie et ethique du National-Socialisme. Étude anthropologique des

---

[386] Ebd., S. 70f.

dirigeants S.S." bedauerlicherweise von der Historiographie als wesentliche Beiträge zur NS-Täterforschung bisher zu Unrecht völlig unbeachtet geblieben, obgleich sie bereits ungefähr 40 Jahre vor der Goldhagen-Kontroverse entstanden sind, d. h. noch bevor Browning 1993 den (vermeintlich ersten) Beitrag zur NS-Täterforschung vorgestellt und Goldhagen 1996 den gleichen Gegenstand untersucht hatte, nämlich das Reserve-Polizeibataillon 109.

Vor dem Hintergrund der Analysen des Dr. Bayle werden nunmehr im nachfolgenden Abschnitt verschiedene Aspekte zur Tötungs*bereitschaft* der im Fall 9 verurteilten NS-Gewalttäter untersucht, hier deren Handlungsgrundlagen und Antriebskräfte, die jedoch keineswegs als Tatmotivationen zu verstehen sind und einen solchen Anspruch aus verschiedenen Gründen auch gar nicht erfüllen könnten, sondern als reine Konditionierungsmomente im Hinblick auf eine von Himmler persönlich ausgewählte SS-Führungsschicht für eine im weltanschaulich ausgerichteten Vernichtungsfeldzug gegen die Sowjetunion tätig werdende und in Täterkollektiven operierende Vernichtungsmaschinerie.

4.2 HANDLUNGSGRUNDLAGEN UND ANTRIEBSKRÄFTE

Bereits Michael Wildt hatte in seiner Studie zum Führungskorps des Reichssicherheitshauptamtes dargelegt, dass sich in der NS-Täterforschung seit Mitte der 1990er-Jahre „die Erkenntnis [herausgebildet habe], es mit mehreren Typen von NS-Tätern zu tun zu haben, die je nach Stellung im Vernichtungsprozeß, je nach Rolle und Engagement, Herkunft und Ausbildung differenziert werden müssen."[387] Wie die Aussagen vor dem US Military Tribunal II in Nürnberg nur allzu deutlich werden lassen, trifft die Feststellung Wildts ebenfalls auf die im Nürnberger Einsatzgruppenprozess angeklagten NS-Gewalttäter zu, die sich – mit Ausnahme von Biberstein – aus der Führungselite des SD-Hauptamtes bzw. des späteren Reichssicherheitsamtes (RSHA) rekrutierten. Die Feststellung, es mit mehreren Typen von NS-Tätern zu tun zu haben, mag zunächst insofern erstaunlich klingen, als der vom Reichssicherheitshauptamt (RSHA) befehligte „polizeiliche Sicherungsauftrag" im wirtschaftspolitisch und rassenideologisch ausgerichteten Vernichtungskrieg gegen die Sowjetunion für alle Einsatzgruppenchefs und deren Kommandoführer gleichlautend war.

Im Nachfolgenden soll der schwierige Versuch unternommen werden, die personelle Vielschichtigkeit der im Nürnberger Einsatzgruppenprozess angeklagten SS-Offiziere sowie deren Handlungsgrundlagen und Antriebskräfte – da anderes Quellenmaterial fehlt – lediglich anhand der Aussagen während der staatsanwaltschaftlichen Ermittlungen sowie während des Gerichtsverfahrens zu dechiffrieren.

---

[387] MICHAEL WILDT, Generation, S. 22.

„Dabei zeigt sich, dass die Frage der Motivation der Täter nicht in dem Sinne entpolitisiert werden kann, dass sog. ‚ganz normale Menschen'[388] in abstrakter Allgemeinheit ohne historische Spezifikation zu Massenmördern im NS-System werden,"[389] fordert der Politikwissenschaftler und Jurist Joachim Perels, der sich insbesondere mit der Aufarbeitung der NS-Vergangenheit befasst, und verweist in diesem Zusammenhang unter anderem auf Dr. Fritz Bauer, der als damaliger hessischer Generalstaatsanwalt die Frankfurter Auschwitz-Prozesse in Gang gesetzt und der in mehreren Schriften und Vorträgen die NS-Täter im Hinblick auf deren Antriebskräfte drei Gruppen zugeordnet hatte: den Gläubigen, den Gehorsamen und den Nutznießern.[390]

Bauer geht in seiner NS-Täteranalyse nicht nur von einem multifaktoriellen Motivationsgeschehen aus, er stellt die einzelnen Faktoren auch in den historisch-politischen Kontext. Exemplarisch werden daher Ausschnitte aus einem Vortrag zitiert, den Bauer am 5. Februar 1964 in der Goethe-Universität Frankfurt am Main gehalten hat. Seine Analyse der NS-Gewalttäter trifft in hohem Maße auf die im Nürnberger Einsatzgruppenprozess angeklagte Führungsschicht zu, wenngleich es Überschneidungen hinsichtlich der Zuordnung zu der jeweiligen Tätergruppe gibt. Bauer führte aus:

„Der erste Typus besteht aus den Fanatikern, den Gläubigen. Es sind diejenigen, die sich der angeblich allein selig machenden Lehre des Nazismus verschrieben haben, sei es, dass sie diese Lehre erfunden, von anderen übernommen oder durch Außenlenkung oder Propaganda und dergleichen sich zu eigen gemacht haben. Das war nicht nur der innere Kreis der Hitlers, Görings und Goebbels', es waren Millionen [,] die von dieser Lehre überzeugt waren.

Sie ließen sich gerne genug überzeugen [,] weil die sogenannte Weltanschauung des Nazismus ihnen schmeichelte und ihnen eine ehrenvolle Rolle im Welttheater zuspielte, weil sie eigenes Versagen auf die Machenschaften diabolischer Mächte, vor allem der Juden, abwälzte und alle Schicksalsschläge auf das Wirken finsterer Mächte, der angeblichen Weisen von Zion, zurückführte."[391]

„Es gibt einen zweiten Typus von Tätern, es sind die Blindgehorsamen, die immer und ewig Gehorchenden.

Sie berufen sich auf den Satz ‚Gesetz ist Gesetz, Befehl ist Befehl' [...].

Eine Einheitsethik, die nur Freund und Feind im Stile Carl Schmitts kennt, muss ausgeschlossen sein. Was uns gemeinsam verbindet, kann nur Toleranz sein, die Anerkennung von allen, die Menschenantlitz tragen. An diesem Ethos des Pluralismus sind Gesetz und

---

[388] HARALD WELZER, Täter.
[389] JOACHIM PERELS: Der Teufel weint nicht. Zur Entwicklung von NS-Täter, in: Normalität der NS-Täter? Eine kritische Auseinandersetzung (Schriftenreihe des Fritz-Bauer-Institutes, Frankfurt am Main; 27), Hannover 2011, S. 47-62.
[390] Ebd., S. 60. FRITZ BAUER: Genocidum, in: DERS: Die Humanität der Rechtsordnung. Ausgewählte Schriften, hrsg. von Joachim Perels und Irmtrud Wojak, Frankfurt/M. 1998, S. 61-76.
[391] Nach den Wurzeln des Bösen fragen. Aus dem Wortlaut eines Vortrages von Generalstaatsanwalt Dr. Fritz Bauer, in: Forschungsjournal Soziale Bewegungen. Pressetexte zu Heft 4/2015, S. 1-5.

Befehl zu messen, zu wägen, und wenn es sein muss, zu leicht zu befinden. Gesetz und Befehl können dann null und nichtig sein, Gehorsam ist dann Unmoral, und Ungehorsam ist die einzige Moral, die es gibt [...]."[392]

„Ich komme zum dritten Typus. Es gibt nicht nur Nazis, die die Verbrechen begingen, sie begünstigten oder duldeten, weil sie überzeugte Anhänger des Nazismus waren und in dem biologischen Darwinismus der Weisheit letzten und einzigen Schluss sahen oder weil sie glaubten, blinder Gehorsam sei der Inhalt moralischen Handelns; die überwiegende Mehrzahl, die vielen Millionen, folgten Hitler, billigten ihn oder schwiegen, weil sie Opportunisten und Nutznießer waren.

Die Kriminellen auf der Anklagebank und andere waren mitunter mit der Zurückstellung von dem gefährlichen Dienst an der Front [...] zufrieden, die ihnen in Aussicht gestellt wurden. Sie sagten ja und – wenn auch nicht amen – so doch ‚Heil Hitler', um Stirnrunzeln der Vorgesetzten und andere bescheidene Unannehmlichkeiten, etwa kritische Vermerke in ihren Personalakten [,] z.b. ‚Humanitätsduselei', ‚ungeeignet für die SS' zu vermeiden. Ihr Ethos heißt Mimikry, äußere Anpassung, Konformismus, Egoismus und Feigheit."[393]

Im Hinblick auf die im Nürnberger Einsatzgruppenprozess angeklagten NS-Gewalttäter gehörten zu den von Bauer bezeichneten „gläubig-fanatischen Gesinnungstätern" sämtliche Einsatzgruppen*chefs*, so der SS-Brigadeführer und Generalmajor der Polizei *Erich Naumann* (Einsatzgruppe B als Nachfolger des berüchtigten Reichskriminaldirektors und Chefs des Reichskriminalpolizeiamtes Arthur Nebe), der SS-Brigadeführer *Dr. Dr. Otto Rasch* (Einsatzgruppe C) und der SS-Gruppenführer und Generalleutnant der Polizei *Otto Ohlendorf* (Einsatzgruppe D). Eine Ausnahme bildete in diesem Zusammenhang der SS-Brigadeführer und Generalmajor der Polizei Heinz Jost (Einsatzgruppe A als Nachfolger des ebenfalls berüchtigten SS-Brigadeführers und Generalmajors der Polizei Walter Stahlecker). Zu jener Tätergruppe gehörten insbesondere auch drei Sonderkommandoführer, und zwar der SS-Obersturmbannführer *Dr. Werner Braune* (SK 11 b unter Ohlendorf) sowie die beiden SS-Standartenführer *Dr. Martin Sandberger* (SK 1 a unter Stahlecker) und *Paul Blobel* (SK 4 a unter SS-Brigadeführer Dr. Dr. Otto Emil Rasch).

Aus den im Nürnberger Einsatzgruppenprozess getätigten Aussagen lässt sich eine zweite Tätergruppe herauskristallisieren, auf die – allerdings mit gewissen Einschränkungen – der Begriff der „ewig Gehorchenden" anzuwenden ist. Eher wäre die Bezeichnung „Bedenkenträger" zutreffend. Jener Gruppe sind der erwähnte *Heinz Jost*, der SS-Brigadeführer und Generalmajor der Polizei *Erwin*

---
[392] Ebd., S. 3.
[393] Ebd., S. 4. In diesem Zusammenhang sei auf die nachfolgenden Bücher/Artikel verwiesen: FRITZ BAUER: Die Humanität der Rechtsordnung. Ausgewählte Schriften, hrsg. von Joachim Perels und Irmtrud Wojak (Wissenschaftliche Reihe des Fritz-Bauer-Instituts; 5), Frankfurt/M./New York 1998, hier insbesondere S. 163f. IRMTRUD WOJAK: Fritz Bauer: Im Kampf um des Menschen Rechte, in: Forschungsjournal Soziale Bewegungen. Analysen zu Demokratie und Zivilgesellschaft, Bd. 28, Nr. 4 (2015), S. 125-135.

Schulz (EK 5) sowie mit erheblichen Einschränkungen auch *Biberstein* und SS-Standartenführer *Dr. Walter Blume* (SK 7a) zuzurechnen. Dass alle im Nürnberger Einsatzgruppenprozess angeklagten SS-Offiziere – wenn auch in unterschiedlichem Maße – Opportunisten waren, die sich durch ihren „Osteinsatz" Vorteile erhofft hatten, und sei es auch nur die Freistellung vom Frontdienst, wie im Fall Biberstein vermutet werden kann, ist anzunehmen.

Ausgehend von der These, dass es sich bei den NS-Gewalttätern um „ganz normale Menschen" gehandelt habe,[394] wird von namhaften Wissenschaftlern – etwa dem Soziologen und Sozialpsychologen Rolf Pohl und dem Politik- und Rechtswissenschaftler Joachim Perels, beide Universität Hannover – oder dem Sozialwissenschaftler Wolfgang Gippert zunehmend in Frage gestellt, „ob mit den gegenwärtigen Methoden der Sozialwissenschaft eine Dechiffrierung der Täter und ihrer Motive überhaupt möglich ist,"[395] insofern, als mit der „Normalitätsthese" die Gewaltverbrechen der NS-Täter entpolitisiert würden, und zwar durch die Ausblendung des ganz spezifischen nationalsozialistischen Herrschaftssystems und dessen rassenbiologischem Antisemitismus.[396] Somit könnten mittels der „Entpolitisierungsthese" die von der obersten Staatsführung rechtswidrig angeordneten und als *Geheime Reichssache* von den Einsatzgruppen und weiteren Bataillonen Himmlers in Täterkollektiven durchgeführten Massenmorde im Hinblick auf deren Ungeheuerlichkeit und Singularität verharmlost werden.

Eine vergleichbare These im Hinblick auf die Unmöglichkeit einer Dechiffrierung der Tätermotivationen vertritt der auch der Holocaustforscher Gerhard Paul, indem er konstatiert:

„Weiterer Klärungsbedarf besteht hinsichtlich der Entschlüsselung der *individuellen* Tatmotive jenseits der wie auch immer gearteten antisemitischen Motivationen [...].

Es erscheint zweifelhaft, ob mit den gegenwärtigen Methoden der Geschichtswissenschaft eine Dechiffrierung der Täter und ihrer Motive überhaupt möglich ist oder ob man sich realistischerweise mit Annäherungen wird begnügen müssen. Weder aus den Taten noch aus den Vernehmungen der Täter sind in aller Regel eindeutige und kontrollierte Rückschlüsse auf die zugrundeliegenden Motive möglich [...].

Weiterhin bleibt ungeklärt, wie die Tatantriebe *in der persönlichen Geschichte der Täter* verwurzelt waren." [Kursivdruck vom Verf.].[397]

---

[394] Die Begriffe „normal/ordinary" sind hier im Sinne von „gewöhnlich/dem Durchschnitt entsprechend" gemeint, nicht jedoch im psychiatrischen Kontext. HANNAH ARENDT: Eichmann in Jerusalem. A report on the banality of evil, New York 1963. CHRISTOPHER BROWNING: Ordinary men. Reserve police Battalion 101 and the final solution in Poland, New York 1992. HARALD WELZER: Täter. Wie aus ganz normalen Menschen Massenmörder werden, Frankfurt 2005.

[395] WOLFGANG GIPPERT: Neue Tendenzen in der NS-Täterforschung. Artikel vom 27.09.2006, in: www.zukunft-braucht-erinnerung.de; 22.08.2016.

[396] JOACHIM PERELS, Teufel, S. 47-62.

[397] GERHARD PAUL: Von Psychopathen, Technokraten des Terrors und „ganz gewöhnlichen" Deutschen. Die Täter der Shoah im Spiegel der Forschung, in: DERS. (Hrsg.): Die Täter der Shoah.

4 Aspekte zur Tötungsbereitschaft der im Fall 9 verurteilten SS-Offiziere 617

Unter Berücksichtigung dieses Gesichtspunktes hat die Auswertung von mehr als 10.000 Prozessakten zum Fall 9 der Nürnberger Nachfolgeprozesse nahegelegt, dass für die Tötungs*bereitschaft* der dort angeklagten SS-Führungselite der Einsatzgruppen und deren nachgeordneten Kommandos weder individual- noch sozialpsychologische Faktoren maßgeblich gewesen waren, sondern – nicht nur, aber *vorrangig* – die ganz spezifischen verfassungsrechtlichen Strukturen des von den angeklagten Offizieren so bezeichneten „nationalistischen, völkischen Führerstaates", der auf einer *außernormativen* „Führergewalt" beruhte, deren ebenfalls *nicht*normativ agierendes Exekutivorgan die Allgemeine SS war, die keineswegs eine zu Exekutivmaßnahmen berechtigte und noch weniger eine mit judikativen Befugnissen ausgestattete *staatliche* Institution gewesen war, sondern eine reine *Partei*organisation. Im Hinblick darauf werden im Nachfolgenden statt der aus der Lernspychologie entnommenen Bezeichnung Motivation die umfassenderen Begriffe *Handlungsgrundlagen* und *Antriebskräfte* verwendet, da sie besser geeignet erscheinen, die Bereitschaft der im Nürnberger Einsatzgruppenprozess angeklagten SS-Offiziere in Bezug auf deren Beteiligung im staatlich organisierten NS-Vernichtungsapparat zu entschlüsseln.

Unter dem Begriff *Handlungsgrundlagen* werden nachfolgend jene „Tatmotivationen" beleuchtet, die in der ganz spezifischen Struktur des „nationalsozialistischen völkischen Führerstaates"[398] begründet waren, wie sie etwa in dem Rekurs der im Nürnberger Einsatzgruppenprozess Beschuldigten auf die seit Hitlers Machtübernahme veränderten verfassungsrechtlichen Strukturen, d. h. auf die (außernormative) „Führergewalt" und die SS als deren (ebenfalls außernormatives) Exekutivorgan zum Ausdruck kam oder aber in der spezifischen Führerbindung der Angeklagten durch die von ihnen geleisteten drei Führer-Eide, d. h. den Beamteneid, den Soldateneid, insbesondere jedoch in der Gehorsamsverpflichtung durch den spezifischen SS-Eid, auf den das US Military Tribunal II mehrfach zu sprechen kam. Den Handlungsgrundlagen ist ebenfalls zuzurechnen das Selbstverständnis der SS als Ordenselite und Exekutivorgan der „Führergewalt", insofern, als die Befehlsgebung an die Einsatzgruppen durch Himmler über die entsprechenden Organe des Reichssicherheitshauptamtes (RSHA) erfolgte.

Hingegen lässt sich unter dem Begriff *Antriebskräfte* jener Teil der Tötungsbereitschaft der im Nürnberger Einsatzgruppenprozess angeklagten NS-Gewalttäter subsummieren, der infolge des systemimmanenten massiven Effizienzdrucks seitens der verschiedenen Dienstvorgesetzten erfolgte, so durch Himmler und Heydrich, aber auch durch die drei Höheren SS- und Polizeiführer (HSSPF), die während des Vernichtungsfeldzuges gegen die Sowjetunion dort als Stellvertre-

---

Fanatische Nationalsozialisten oder ganz normale Deutsche? (Dachauer Symposien zur Zeitgeschichte; 2), Göttingen 2002, S. 13-90, hier S. 66f.
[398] Vgl. dazu die Ausführungen in Kapitel III.1.1-1.3.

ter Himmlers strenge Aufsichts- und Kontrollfunktionen durchführten und demzufolge von den ihnen Untergebenen entsprechend furchtsam wie despektierlich „die kleinen Himmler" genannt wurden. Im Zusammenhang damit hatte Himmler sowohl als Anreiz als auch als Druckmittel ein besonderes Belohnungssystem installiert, dass den berechtigten Erwartungen der meisten NS-Gewalttäter auf angemessene Privilegien unterschiedlicher Art oder erhöhte Karrierechancen entgegenkam.

Desgleichen wurden die Antriebskräfte hinsichtlich der Tötungs*bereitschaft* der im Nürnberger Einsatzgruppenprozess angeklagten SS-Führungselite maßgeblich durch eine gezielte und immerwährende politische Indoktrinierung erzeugt, die bereits zu einem sehr frühen Zeitpunkt durch die Prägung und Intensivierung ganz bestimmter imaginierter Feindbilder auf die rassenideologischen und imperial-kolonialistischen Zielsetzungen Hitlers ausgerichtet war, wie sie unter anderem in dessen Reichstagsreden zum Ausdruck kamen, oder aber durch die Schriften Himmlers, Heydrichs oder Goebbels ebenso vermittelt wurden wie schon sehr früh durch die unzähligen SS-Leithefte sowie die obligatorischen Vortragsreihen *der* Institutionen, in denen die im Nürnberger Einsatzgruppenprozess angeklagte SS-Führungselite vor ihrem „Osteinsatz" tätig gewesen war.

Anhand der Aussagen der im Fall 9 angeklagten SS-Führungselite konnten mehrere Argumentationslinien eruiert werden, die zum einen zwar deutlich die unterschiedlichen Verteidigungslinien erkennen lassen, darüber hinaus jedoch durchaus geeignet erscheinen, die weltanschauliche Verfasstheit jener Täter während des Zeitraumes ihres „Osteinsatzes" zu entschlüsseln und damit ex post deren *Bereitschaft* zu erklären, mittels zuvor scheinlegitimierter „Befehle in Weltanschauungssachen" (Hans Buchheim) staatlich angeordnete Massenmorde an unbewaffneten und von den NS-Institutionen deklassierten und dehumanisierten Zivilisten zu begehen, d. h. an *nicht* in Kriegshandlungen verwickelten und von der Staatsführung als „für das Deutsche Reich gefährlich" oder aber als „rassisch oder erbbiologisch minderwertig" definierten Personengruppen wie den Juden, Slawen, Sinti und Roma sowie den körperlich und geistig Behinderten. Nachfolgend werden die beiden Aspekte der Tötungsbereitschaft wie folgt untergliedert:

Handlungsgrundlagen

1. Verfassungsrechtliche Prinzipien des „nationalistischen völkischen Führerstaates".
2. Selbstverständnis der SS als Ordenselite und Exekutivorgan der „Führergewalt".

Antriebskräfte

1. Gezielte immerwährende politische Indoktrinierung.

2. Systemimmanenter massiver Effizienzdruck seitens der Dienstvorgesetzten.
3. Privilegien und Karrierechancen (Himmlers Belohnungssystem).

Aufgrund des zur Verfügung stehenden Quellenmaterials, das im Wesentlichen aus den Gerichtsakten des Nürnberger Einsatzgruppenprozesses besteht, und hier aus den Protokollen des Beweisaufnahmeverfahrens, ist einschränkend zu betonen, dass diese fünf Analysekategorien zwar nachfolgend aus rein methodischen Erwägungen separat dargestellt werden, dass sie jedoch vor Ort, d. h. während des „Osteinsatzes" jener SS-Führungselite, viel stärker miteinander verschränkt gewesen waren und zudem auch nicht auf jeden der im Nürnberger Einsatzgruppenprozess angeklagten NS-Gewalttäter in gleichem Maße zutrafen. So ist den Gerichtsakten zu entnehmen, dass etwa der systemimmanente Druck innerhalb der streng hierarchisch geordneten Befehlskette flächendeckend und sehr planmäßig zur größeren Effizienz des Vernichtungsapparates, d. h. zur Erzielung höherer Exekutionsziffern, eingesetzt wurde und dabei zwecks entsprechender Konditionierung auffallend oft und systematisch gegen die *Bedenkenträger* des Führungspersonals gerichtet war, um deren potentiellen Zweifel politischer, rechtlicher und moralischer Art oder aber die in der jeweiligen Charakterstruktur begründeten Hemmnisse hinsichtlich der Massenerschießungen zu minimieren – insbesondere dann, wenn es sich dabei um die Exekutionen von Frauen und Kindern handelte.

Desgleichen ist zu betonen, dass die im Kontrollratsgesetz Nr. 10, Artikel II c – das die Rechtsgrundlage aller Nürnberger Nachfolgeprozesse bildete – unter Verdikt gestellte „Verfolgung aus politischen, rassischen oder religiösen Gründen", hier die rassenideologischen Gründe, die zur Tötungs*bereitschaft* geführt hatten, von den Angeklagten des Nürnberger Einsatzgruppenprozesses nicht offen zugegeben werden konnten, da sie den Tatbestand des „Verbrechens gegen die Menschlichkeit" erfüllt hätten. Dennoch kamen jene „Tatmotivationen" unterschwellig zum Ausdruck, insbesondere in den Aussagen der NS-Fanatiker wie Ohlendorf, Dr. Sandberger, Naumann oder Dr. Braune.

Handlungsgrundlagen:
(a) Verfassungsrechtliche Prinzipien des „nationalistischen völkischen Führerstaates"

Wie bereits zu Beginn des Kapitel III dargelegt, hatte Hitler unmittelbar nach seiner Machtübernahme ganz gezielt mit der Aufhebung wesentlicher rechtsstaatlicher Normen begonnen,[399] als deren Folge die normenstaatliche Umstrukturierung

---

[399] Wie mehrfach betont, wurden für den wirtschaftspolitisch und rassenideologisch begründeten Vernichtungsfeldzug gegen die Sowjetunion am 22. Juni 1941, in deren Kontext die physische Ausrottung der Juden, Slawen, Sinti und Roma sowie der körperlich wie geistig Behinderten erfolgte, bereits im Vorfeld zwei eminent wichtige Weisungen Hitlers erlassen, die *Gesetzeskraft* hatten,

der Weimarer Demokratie in den sich selbst so bezeichnenden „nationalistischen völkischen Führerstaat" erfolgt war, der nicht auf einer *Staats*gewalt, sondern auf einer „Führergewalt" beruhte,[400] wie die Führungsschicht der im Nürnberger Einsatzgruppenprozess angeklagten NS-Gewalttäter wiederholt und nicht nur aus verteidigungsstrategischen Gründen betonte. Deren Argumentation bezüglich der Handlungsgrundlagen und Antriebskräfte, staatlich angeordnete und durch rechtswidrige „Gesetze" *scheinlegitimierte* Massenmorde an devaluierten, d. h. an zuvor als „rassisch oder erbbiologisch minderwertig" definierten Personengruppen zu begehen, lassen sich daher nur entschlüsseln auf der Basis der außerordentlichen Wirkmächtigkeit jener *außernormativen* Führergewalt, die allein Hitler für sich in Anspruch nahm und die nicht vergleichbar war mit den Strukturen anderer Diktaturen, etwa dem Duce-Kult in Italien, dem Caudillo-Kult um General Franco in Spanien oder dem Stalin-Kult in Russland.

So wurde Mussolini – anders als Hitler – nie Staatsoberhaupt, sondern bekleidete von 1922 bis 1943 nur das Amt des „Ministerpräsidenten des Königreiches Italien" unter König Viktor Emanuel III. und war zudem an die Beschlüsse des *Gran Consiglio del Fascismo* gebunden. Der Titel „Il duce del Fascismo" wies ihn lediglich als Führer der *Partido Nazionale Fascistica* aus, d. h. der Nationalen Faschistischen Partei der faschistischen Bewegung Italiens.

Im Gegensatz zur Hitler-Diktatur war jene des Generals Franco eine Militärdiktatur, und „der Caudillo-Kult [um Franco] bildete einen Zusatz zu einer Militärdiktatur mit faschistischem Brimborium [...]. Die Formulierung der Politik erfolgte durch ein stark zentralisiertes Regierungskabinett, das bis zum Ende der Franco-Diktatur im Jahre 1975 tätig war."[401] Dagegen trat in Deutschland das Kabinett Hitler letztmalig bereits am 5. Februar 1938 zusammen. Und mit Blick auf den Personenkult um Stalin konstatiert Kershaw, dass jener „Persönlichkeitskult

---

obgleich sie völkerrechtswidrig waren, insbesondere der sog. *Kriegsgerichtsbarkeitserlass* (Erlass über die Ausübung der Kriegsgerichtsbarkeit im Gebiet „Barbarossa" und über besondere Maßnahmen der Truppe vom 13. Mai 1941) und der sog. *Kommissarbefehl* (Richtlinien für die Behandlung politischer Kommissare vom 6. Juni 1941).

[400] Gleichwohl blieb die Weimarer Verfassung bis 1945 in Kraft, wenngleich sie durch die *Verordnung des Reichspräsidenten zum Schutz von Volk und Staat* vom 28. Februar 1933 (Reichstagsbrandverordnung), die Fraenkel als „Verfassungsurkunde des Dritten Reiches" bezeichnet hatte und des Weiteren durch das *Gesetz zur Behebung der Not von Volk und Reich* (Ermächtigungsgesetz) vom 24. März 1933, das zunächst für vier Jahre Gültigkeit haben sollte, ausgehöhlt wurde. *Verordnung des Reichspräsidenten zum Schutz von Volk und Staat* vom 28. Februar 1933 Reichsgesetzblatt (RGBl.), Teil I (1933), S. 83. *Gesetz zur Behebung der Not von Volk und Reich*. Vom 24. März 1933, in: Reichsgesetzblatt (RGBl.), Teil I (1933), Nr. 25, S. 141.

[401] IAN KERSHAW: Führer und Hitlerkult, in: WOLFGANG BENZ/ HERMANN GRAML/ HERMANN WEISS (Hrsg.): Enzyklopädie des Nationalsozialismus, 5., aktualisierte und erweiterte Auflage, München 2007, S. 13-26, hier S. 14.

[...] ein vorübergehender (wenn auch äußerst bedeutsamer) Auswuchs und kein systemimmanentes Element war."⁴⁰²

Anders als in den oben genannten Diktaturen des 20. Jahrhunderts in Italien, Spanien und Sowjetrussland wurde dagegen das ganz spezifische und nicht normativ begründete „Führerprinzip" zum Dreh- und Angelpunkt der NS-Weltanschauung. Insofern spricht Kershaw von der Führergewalt als einer „charismatischen Herrschaft"⁴⁰³ und benennt als eines von mehreren Hauptmerkmalen „eine innerhalb der Anhängerschaft des Führers herrschende Vorstellung von seinem [Hitlers] heroischen ‚Auftrag' und seiner angeblichen Größe."⁴⁰⁴ Eben jenes Hauptmerkmal der Führergewalt, d. h. Hitlers vermeintlich „geschichtlicher Auftrag" und seine sich daraus ergebenden utopischen missionarischen Zielsetzungen, wurde von dem im Nürnberger Einsatzgruppenprozess angeklagten NS-Gewalttäter Dr. Werner Blume (SK 7a) ausführlich beschrieben. Auf den vermeintlich „geschichtlichen Auftrag" haben immer wieder insbesondere Himmler und Goebbels in ihren Schriften verwiesen – wie noch zu zeigen sein wird.

Auch Hitler selbst stilisierte und inszenierte sich als eigens von der „Vorsehung" zu einer „geschichtlichen Sendung" berufen. Demzufolge beanspruchte er den Titel „Führer des Deutschen Reiches und Volkes" als Herrschaftstitel ausschließlich für seine eigene Person, der mit seinem Tod erlosch. Folgerichtig setzte er in seinem Testament Göring lediglich als Reichskanzler ein und betraute Großadmiral Karl Dönitz, den Oberbefehlshaber der deutschen Kriegsmarine im Zweiten Weltkrieg, nur mit dem Amt des Reichspräsidenten, ohne an ihn den Titel „Führer" weiterzugeben.

Ernst Rudolf Huber, Schüler des antidemokratisch gesinnten Carl Schmitt und einer der während der NS-Zeit maßgeblichen Verfassungsrechtler – nach dessen Lehrbüchern auch die jüngeren der im Nürnberger Einsatzgruppenprozess angeklagten promovierten Juristen während ihres Universitätsstudiums ausgebildet worden waren –, formulierte jenen für das NS-Regime so charakteristischen Sachverhalt des Führeramtes, das gerade *kein* staatliches Amt, sondern ausschließlich an die normenaufhebend agierende Person Adolf Hitler gebunden war, sehr treffend:

„Das Amt des Führers hat sich aus der nationalsozialistischen Bewegung entwickelt. Es ist in seinem Ursprung *kein staatliches Amt* [...]. Nicht von ‚Staatsgewalt', sondern von ‚Führergewalt' müssen wir sprechen [...]. Denn *nicht der Staat* als eine unpersönliche Einheit *ist der Träger der politischen Gewalt*, sondern diese ist dem *Führer als dem Vollstrecker des völkischen Gemeinwillens* gegeben."

---

⁴⁰² Ebd.
⁴⁰³ Der Begriff geht auf Max Weber zurück. MAX WEBER: Wirtschaft und Gesellschaft. Grundriß der verstehenden Soziologie. Studienausgabe, 5., rev. Aufl. Besorgt von Johannes Winckelmann, Tübingen 1980.
⁴⁰⁴ IAN KERSHAW, Führer, S. 14.

Er [der Führer] bildet in sich den *wahren* Willen des Volkes, der von den subjektiven Überzeugungen der jeweils lebenden Volksglieder zu unterscheiden ist [...]. Er bildet in sich den *völkischen Gemeinwillen* und verkörpert gegenüber allen Einzelwünschen die politische Einheit und Ganzheit des Volkes; er setzt gegenüber den Einzelinteressen die *geschichtliche Sendung der ganzen Nation.*" [Kursivdruck vom Verf.].[405]

Um die Handlungsweise der im Fall 9 angeklagten SS-Offiziere ex post entschlüsseln zu können, erscheint es daher wenig zielführend, deren Bereitschaft, die von der norm*aufhebenden* „Führergewalt" angeordneten Massenmorde, die zudem unter Inanspruchnahme einer vermeintlich „geschichtlichen Sendung" in vom Reichssicherheitshauptamt (RSHA) sorgfältig zusammengestellten Täterkollektiven durchgeführt wurden, mittels einer *individuell* verankerten Gehorsamsbereitschaft erklären zu wollen, wie es das US Military Tribunal II in seiner Urteilsbegründung deutete. Dort widmete sich das Gericht auf mehr als vier Seiten dem „Führerprinzip", das es jedoch lediglich als eine Kumulation von Macht betrachtete und damit verkannte, dass „im Selbstverständnis der Nationalsozialisten [...] das Prinzip der Führergewalt etwas völlig anderes als Staatsgewalt [war]. Die außernormativ konstituierte Führergewalt hatte in der Praxis norm*auflösende* Wirkung und führte zu *anti*normativem Handeln." [Kursivdruck im Original].[406] D. h. das US Military Tribunal II interpretierte in seiner Urteilsbegründung den „bedingungslosen Gehorsam" der angeklagten SS-Offiziere in entpolitisierender Weise lediglich als *individuelle* Hörigkeit und verfehlte damit insbesondere den ganz speziellen Charakter der Tötungsbereitschaft, der sich in der *Außernormativität* des NS-spezifischen Führerprinzips begründete. Zur Analyse des von Himmler eingeforderten „bedingungslosen Gehorsams", der von den angeklagten SS-Offizieren aufgrund deren Treue- und Loyalitätsverhältnisses zur Führerpersönlichkeit und darüber hinaus aufgrund deren Einbindung in die SS-Sippengemeinschaft erfolgt war, erscheint die Erklärungsweise des US Military Tribunal II in Nürnberg insofern problematisch, als es die Handlungsweise der Angeklagten ausschließlich aus deren „aufgeblähter Eitelkeit, der Gier nach Macht, Stellung und Luxus" zu erklären suchte und damit die Wirkmächtigkeit der in völliger Gesetzlosigkeit agierenden „Führergewalt" ebenso verkannte wie die allgemeine weltanschauliche Grundüberzeugung der Angeklagten, die aus der jahrelang erfolgten ideologischen Indoktrinierung resultierte. Aufgrund jener Fehleinschätzung argumentierte das US Military Tribunal II:

---

[405] ERNST RUDOLF HUBER: Verfassungsrecht des Großdeutschen Reiches, zweite stark erweiterte Auflage, Hamburg 1939, S. 213, 230, 195f.
[406] HANS BUCHHEIM: Die SS – das Herrschaftsinstrument, in: DERS. / MARTIN BROSZAT/ HANS-ADOLF JACOBSEN/ HELMUT KRAUSNICK: Anatomie des SS-Staates. Gutachten des Instituts für Zeitgeschichte, München [8]2005, S. 14-212, hier S. 21f, S. 19. Dieses außerordentlich wichtige Gutachten wurde für den Ersten Auschwitz-Prozess gefertigt und dort auszugsweise am 7. Februar 1964 mündlich vorgetragen.

4 Aspekte zur Tötungsbereitschaft der im Fall 9 verurteilten SS-Offiziere

„In der Tat hat noch niemals ein Mensch [Hitler] solche Macht ausgeübt, und niemals wurde einem lebenden Menschen von anderen Leuten so schmählich und so blöde Gehorsam geleistet. Niemals haben lebende Wesen, die als Gottes Ebenbild geschaffen waren, so feige vor einem tönernen Idol auf dem Bauche gelegen [...].

Sie [die angeklagten SS-Offiziere] akzeptierten Hitler mit Inbrunst und Leidenschaft, weil sie glaubten, daß Hitler sie einer Befriedigung ihrer aufgeblähten Eitelkeit und ihrer Gier nach Macht, Stellung und Luxus entgegenführen könnte."[407]

Verständlicherweise zielte jenes Statement des Vorsitzenden Richters des US-amerikanischen Militärgerichts II Michael A. Musmanno auf die Ermittlung und Feststellung der *individuellen* Schuld der Angeklagten ab, ohne dabei die *Ursachen* der Tötungsbereitschaft näher zu analysieren, d. h. ohne das jeweilige Täterhandeln in den historischen, hier in den verfassungsrechtlichen, Kontext zu stellen. Wesentlich war zudem, dass die Anklagebehörde und das US Military Tribunal II wie zuvor bereits der Internationale Militärgerichtshof (IMT) in Nürnberg der Ohlendorf-Legende bezüglich des „Judenausrottungsbefehls des Führers" unbedingten Glauben geschenkt hatte.

Aus eben jener rein juristischen Sichtweise heraus stellte der Vorsitzende Richter des US Military Tribunal II Michael A. Musmanno an den „weltanschaulich gefestigten" Hardliner, den ehemaligen SS-Führer und Generalleutnant der Polizei Otto Ohlendorf, Chef der Einsatzgruppe D, die Frage in Bezug auf die Unrechtmäßigkeit der von ihm angeordneten 90.000 Morde an jüdischen Zivilisten, ohne dabei auf die von den angeklagten SS-Offizieren dargelegten verfassungsrechtlichen Prinzipien des so bezeichneten „nationalistischen völkischen Führerstaates" Bezug zu nehmen:

<u>Musmanno</u>: „Aus Ihrem juristischen Studium und Ihrem hohen Rang in der Organisation [SS], die dem Militärgesetz unterworfen ist,[408] wussten Sie da nicht, dass die Tötung von Zivilisten in besetzten Gebieten, ohne irgendeine Verhandlung, sowohl vom Völkerrecht als auch von den Kriegsgesetzen und -gebräuchen als klarer Mord betrachtet wurde?"

<u>Ohlendorf</u>: „Jawohl." Jedoch dürfe die Befehlsgewalt des Führers nach *nationalsozialistischer Verfassungslehre* nicht in Zweifel gezogen werden. [Kursivdruck vom Verf.].[409]

Zudem verstehe er sich gemäß nationalsozialistischer Weltanschauung *nicht als ein Individuum*, sondern als Glied des Volkes, führte Ohlendorf weiter aus. Mit jener Bemerkung rekurrierte er auf einen Vortrag des Verwaltungsjuristen und SS-Brigadeführer Dr. iur. Werner Best, der damals nach Himmler und Heydrich der drittmächtigste Mann im Reichssicherheitshauptamt (RSHA) gewesen war und der die rechtlichen Richtlinien entworfen hatte:

---

[407] KAZIMIERZ LESZCZYŃSKI (Hrsg.), Fall 9, S. 141.
[408] Die SS war eine *Partei*formation und kein staatlicher Verband wie das Militär. Demzufolge unterlag sie auch nicht den Militärgesetzen, wie Musmanno wähnte, sondern hatte eine eigene SS-Gerichtsbarkeit, die zwar inhaltlich der Militärgerichtsbarkeit stark ähnelte.
[409] Zeugeneinvernahme Ohlendorf, StAN, Rep. 501, KV-Prozesse, Fall 9, A 9-10, S. 686, 489, 491.

„Im völkischen Führerstaat wird *alle* staatliche Tätigkeit aufgefasst *nicht* [...] *als Vollzug verfassungsmäßiger Gesetze*, sondern als die Ausübung notwendiger Funktionen des Volksorganismus', der als *überpersönliche* und *überzeitliche Gesamtwesenheit* von einheitlicher und eigentümlicher [arteigener] Bluts- und Seelenprägung begriffen wird." [Unterstreichung im Original; Kursivdruck vom Verf.].[410]

Was sich hinter der Formulierung „Ausübung *notwendiger* Funktionen des Volksorganismus" aufgrund eines behaupteten „völkischen *Gesamt*willens" verbarg, wurde spätestens mit Beginn des als Weltanschauungskrieg propagierten, d. h. des wirtschaftspolitisch und rassenideologisch durchgeführten Vernichtungsfeldzuges gegen die Sowjetunion mehr als deutlich, insofern, als „die Führergewalt [...] sich [gerade dort] weder an die Normen positiven Rechts noch auch unbedingt an das Sittengesetz gebunden [betrachtete], sondern [...] den Anspruch [erhob], beide gegebenenfalls zu suspendieren, wenn ihr angeblicher geschichtlicher Auftrag oder das sogenannte Lebensgesetz des Volkes dies forderten."[411] So wurden mittels in Form von „Befehlen in Dienstsachen" getarnter und bereits *vor* Beginn des Russlandfeldzuges ergangener „Gesetze" wie dem *Kriegsgerichtsbarkeitserlass* vom 13. Mai 1941 und dem *Kommissarbefehl* vom 6. Juni 1941 – die jedoch eindeutig „Befehle in Weltanschauungssachen" (Buchheim) und damit verbrecherisch waren – völkerrechtswidrige Handlungen scheinlegitimiert, desgleichen durch den von Hitler als „hervorragend" befundenen Reichenau-Befehl über *das Verhalten der Truppe im Osten* vom 10. Oktober 1941.

Jene oben genannten drei ideologisch begründeten Befehle waren jedoch ausschließlich an die Wehrmacht gerichtet und wurden im Nürnberger Einsatzgruppenprozess von den *Bedenkenträgern* als „Barbarossa-Befehle" bezeichnet. Im Gegensatz dazu unterschieden sie zu Recht alle *nach* Kriegsbeginn von Seiten Himmlers oder Heydrichs ergangenen Weisungen, denen nicht unbedingt Folge zu leisten gewesen sei. Sehr deutlich brachte das der Führer des Einsatzkommandos 5 (EK 5) der Einsatzgruppe C, der SS-Brigadeführer und Generalmajor der Polizei Erwin Schulz, zum Ausdruck. Schulz unterschied sehr deutlich zwischen einem rechtstheoretisch begründeten Befehl, also einem *Befehl in Dienstsachen*, und einem rein ideologisch begründeten Befehl, d. h. einem *Befehl in Weltanschauungssachen* (Buchheim) und benannte als Beispiel die Ermordung von etwa 600 Juden der Stadt Šitomyr, einschließlich der Kinder, bereits zu Beginn des Russlandfeldzuges unmittelbar nach Einnahme der Stadt.

---

[410] *Der Aufbau der Sicherheitspolizei und des SD einschließlich des Reichssicherheitshauptamtes unter besonderer Berücksichtigung der Stellung und der Aufgaben der Inspekteure der Sicherheitspolizei und des SD.* Vortrag des Verwaltungsjuristen und SS-Brigadeführer Dr. iur. Werner Best, Chef des Amtes I im Reichssicherheitshauptamt (RSHA), gehalten am 29. Januar 1940 in Berlin anlässlich der Arbeitstagung der Höheren SS- und Polizeiführer (HSSPF) sowie der Inspekteure der Sicherheitspolizei, Bundesarchiv (BArch), R 58/ 243, fol. 244-248 (V+R), hier fol. 244 (R).

[411] HANS BUCHHEIM, SS, S. 21.

„Es dürfte ein ungeheurer Unterschied sein, ob hier der Befehl eines Staatsoberhauptes übermittelt wird, in dem die von Herrn Ohlendorf gegebene Klarheit zum Ausdruck gebracht wird, dass sich diese Maßnahme als [kriegs-]*notwendig* ergibt. Das ist eine Darstellung, wie sie ein Staatsoberhaupt geben kann und ein Befehl, wie er hingenommen werden muss.

Wenn aber – wie es in Šitomyr war – von dem Staatsoberhaupt gar nicht gesprochen wird, sondern [den Kommandoführern der Einsatzgruppe C durch Jeckeln] gesagt wird, der Reichsführer[-SS] habe folgenden Befehl übermittelt und begründet seine Maßnahme nicht mit der unbedingten Kriegsnotwendigkeit, sondern begründet eine Maßnahme damit, oder lediglich damit, *dass keine Rächer entstehen dürften*, dann liegt hier meines Erachtens ein ungeheurer Unterschied drin.

So habe ich ihn jedenfalls aufgefasst und gerade diese *Begründung* und die Tatsache, dass uns damals nicht gesagt worden ist, dass der Führer [das] befohlen habe, hat mich in die außerordentlichen Zweifel gebracht und die kolossale Ungewissheit." [Kursivdruck vom Verf.][412]

Zudem sei er „nicht Philosoph genug sei, um den Begriff der Moral, der ja gewissermaßen individuell ist, zu analysieren und auf der anderen Seite nicht Jurist genug, um hier den Rechtsbegriff zu definieren [...]. Wenn der ganze grausame Krieg, der durch die Jahre tobte, unmoralisch ist, dann ist auch dieser Führerbefehl, als ein Teil dieses Krieges, unmoralisch",[413] fügte Schulz hinzu. Jenes Statement im Beisein der systemüberzeugte Hardliner erforderte einen ungeheuren Mut.

In diesem Zusammenhang ist zu erwähnen, dass Ohlendorf und weitere systemüberzeugte NS-Fanatiker wie Dr. Sandberger, Dr. Braune, Naumann oder Blobel hingegen ganz gezielt jene „Barbarossa-Befehle" mit einem „Judenausrottungsbefehl Hitlers" gleichsetzten, um so auf Befehlsnotstand plädieren zu können. Demzufolge versuchten sie den Rechtsanspruch geltend zu machen, keineswegs in *individueller* Mordabsicht gehandelt zu haben, sondern gemäß ihrer SS-Offiziersfunktion lediglich als Exekutoren der Führergewalt, die die Ausübung jener „*notwendigen* Funktionen des Volksorganismus" durchzuführen hatten. Auf jenes Selbstverständnis der SS im Zusammenhang mit der Ausführung von „Befehlen in Weltanschauungssachen" (Buchheim) wird noch zurückzukommen sein.

Hinsichtlich der Begründung des scheinlegitimierten und jenseits aller völkerrechtlichen Normen stehenden „Judenausrottungsbefehls" sind daher weitere Aussagen Ohlendorfs bezeichnend, die er noch *vor* der Planung des Nürnberger Einsatzgruppenprozesses im Rahmen einer Zeugenbefragung getätigt hatte, und zwar am 4. Oktober, 15. November und 2. Dezember 1946. Für die obige Fragestellung ist die Vernehmung vom 15. November 1946 relevant, die ungefähr sechs Wochen *vor* der Entdeckung der Einsatzgruppenmeldungen (*Ereignismeldungen UdSSR 1941/42*) stattfand und mehr als vier Monate *vor* der Planung des Einsatzgruppenprozesses bzw. noch vor der Ernennung Ferencz' zum leitenden Staatsan-

---

[412] Zeugeneinvernahme Schulz, StAN, Rep. 501, KV-Prozesse, Fall 9, A 12-14, S. 1091.
[413] Ebd., S. 1145.

walt.[414] So beantwortete Ohlendorf die Frage des Zivilermittlers Rolf Wartenberg mit Bezug zur Rechtsfrage der Tötung von Zivilpersonen wie folgt:

> Ohlendorf: „Die Tötungen wurden von denen, die die Befehle durchzuführen hatten, als legal angesehen, d. h. mussten angesehen werden. Für die Durchführung waren Befehle vorhanden und insofern [war] die Durchführung rechtmäßig." Zudem habe sich die Rechtmäßigkeit der Befehle dadurch bestimmt, „von wem und mit welchem [politischen] Hintergrund" sie gegeben wurden.
>
> Wartenberg: „Das heißt also, dass Sie nationalen und internationalen Rechtsbruch gutheissen?"
>
> Ohlendorf: „Das ist nicht die Frage des Gutheissens, sondern des Sichverhaltens unter einem solchen Befehl [Befehl in Weltanschauungssachen] – das hat mit Gutheissen nichts zu tun. Ich habe nicht gutgeheissen."[415]

In jenem Zusammenhang verwies Wartenberg auf verschiedene internationale Vereinbarungen wie die *Haager Landkriegsordnung* oder die *Genfer Konvention*, in denen unter anderem auch die Behandlung von Kriegsgefangenen und Partisanen geregelt war. Dazu nahm Ohlendorf wie folgt Stellung: „Soweit ich weiss, und wie uns gesagt wurde, sind diese Abkommen von den Russen weder akzeptiert noch zur Grundlage ihrer eigenen Kriegsführung und ihres eigenen Kriegsgebarens gemacht worden."[416]

In der Tat hatte die UdSSR bis zum Beginn des deutschen Angriffskrieges am 22. Juni 1941 die Haager Landkriegsordnung (HLKO) von 1907 nicht ratifiziert. Jedoch hatte die sowjetische Regierung dem Deutschen Auswärtigen Amt vier Wochen *nach* Beginn des Russlandfeldzuges über ihre Schutzmacht Schweden eine Erklärung zukommen lassen, in der sie die Bereitschaft ausdrückte, den weiteren Krieg unter Anwendung der Regeln der Haager Landkriegsordnung (HLKO) von 1907 zu führen, jedoch nur unter der Voraussetzung, dass auch Deutschland die dortigen kodifizierten völkerrechtlichen Normen anwende. Jene sowjetische Note wurde dem Auswärtigen Amt der Reichsregierung am 19. Juli 1941 eröffnet.[417] Jedoch dachte die deutsche Staatsführung nicht im Entferntesten daran, den viele Monate zuvor weltanschaulich konzipierten Vernichtungsfeldzug gegen die Sowjetunion und ihre kolonialistisch-imperialistischen Zielsetzungen aufzugeben

---

[414] Die Einsatzgruppenmeldungen waren Ende 1946/Anfang 1947 aufgefunden und Ferencz am 22. März 1947 von Taylor zum leidenden Staatsanwalt ernannt worden.

[415] Vernehmung des Otto Ohlendorf durch Mr. Wartenberg, Mr. Peter M. Walton, Lawyer (Interpreter: Miss Schiller) auf Antrag (293) von Mr. Walton SS-Section, am 15. November 1946, 10.00 bis 11.400 Uhr, Protokollführer: M. Frauenknecht, StAN, Rep. 502, KV-Anklage, Interrogations, O 9/1, S. 1-37, hier S. 18.

[416] Ebd.

[417] Aufzeichnungen des Vortragenden Legationsrates Erich Albrecht vom 1.8.1941, Akten zur deutschen auswärtigen Politik (ADAP), Serie D, XIII, 1, Nr. 173, S. 228-229. Vgl. auch: CHRISTIAN STREIT, Kameraden, S. 224-237. DERS., Behandlung S. 159-183.

und lehnte demzufolge am 25. August 1941 das Angebot der sowjetischen Regierung ab.

Dieses Faktum dürfte Ohlendorf hinreichend bekannt gewesen sein. Es liegt nahe, dass er sich gerade deshalb zunächst weigerte, zu den Vertragsbrüchen Stellung zu beziehen, die Deutschland eindeutig gegen Russland begangen hatte. Dennoch insistierte Wartenberg:

> Wartenberg: „Hat Deutschland Verträge gebrochen oder nicht?"
>
> Ohlendorf: „Das kann man nicht mit einem Wort beantworten. Dass von Russland ein Angriff gegen uns geplant wurde, ist von uns *angenommen* [worden] und [ebenso] von all denen, die etwas davon verstanden hatten." [Kursivdruck vom Verf.].[418]

Zum einen rekurrierte Ohlendorf auf die von Goebbels initiierte Kriegspropaganda, d. h. auf dessen wirkmächtige Präventivkriegs-These, auf die noch zurückzukommen sein wird, zum anderen schien er bereits zu jenem Zeitpunkt auf eine Verteidigungsstrategie hinzuwirken, die auf Putativnotwehr plädierte. Ebenso wie Ohlendorf sah auch der fanatisch ideologisierte SS-Standartenführer Dr. Martin Sandberger, Führer des Einsatzkommandos 1 a der Einsatzgruppe A unter dem berüchtigten SS-Brigadeführer und Generalmajor der Polizei Walter Stahlecker, aufgrund der verfassungsrechtlichen Umstrukturierung der Weimarer Demokratie in einen „nationalsozialistischen völkischen Führerstaat" in dem von ihm behaupteten Ausrottungsbefehl keine Rechtswidrigkeit und argumentierte vor dem US Military Tribunal II:

> Sandberger: „Eine Rechtswidrigkeit kam meines Erachtens in Bezug auf einen Führerbefehl gar nicht in Frage. Es entsprach der *damaligen deutschen Verfassungslage*, dass der Führerbefehl [Führer] oberster und unbeschränkter Gesetzgeber war, dass er mit *verbindlicher Rechtskraft* jegliche Anordnung treffen kann, und dass er auch Herr über Leben und Tod war.
>
> Ein Führerbefehl war schlechthin oberstes Gesetz [...]. Selbst, wenn er [der Judenausrottungsbefehl] völkerrechtlich [völkerrechtswidrig] gewesen wäre, so war er doch auf jeden Fall *innerstaatlich* für uns zwingend. Denn nach damaliger deutscher Auffassung – und nicht nur damals, sondern seit Jahrzehnten oder überhaupt seit jeher – ging für Staatsbürger jeder innerstaatliche Befehl jeder anderen Verpflichtung vor.
>
> Also, eine Völkerrechtswidrigkeit irgendeiner Maßnahme war für den einzelnen Staatsbürger völlig unerheblich, wenn ein rein *innerstaatlicher* Befehl bestand, der für ihn Rechtskraft hatte." [Kursivdruck vom Verf.].[419]

Mit der Formulierung „nach damaliger deutscher Auffassung" rekurrierten Dr. Sandberger ebenso wie seine Mitangeklagten – einschließlich Biberstein – auf

---

[418] Vernehmung des Otto Ohlendorf durch Mr. Wartenberg, Mr. Peter M. Walton, lawyer (Interpreter: Miss Schiller) auf Antrag (293) von Mr. Walton SS-Section, am 15. November 1946, 10.00 bis 11.400 Uhr, Protokollführer: M. Frauenknecht, StAN, Rep. 502, KV-Anklage, Interrogations, O 9/1, S. 1-37, hier S. 18.

[419] Zeugeneinvernahme Sandberger, StAN, KV-Prozesse, Rep. 501, Fall 9, A 24-26, S. 2205-2206.

die verfassungsrechtlichen Prinzipien das „nationalsozialistischen völkischen Führerstaates", nach denen der „Führer" zum einen „der Träger der Staatsidee" und zum anderen „die Verkörperung des Volkswillens" gewesen sei. Sandbergers weitere Argumentation, in einer „Kollision zwischen Pflicht und Gefühl" gestanden zu haben, war allein dessen Verteidigungsziel geschuldet, um auf Befehlsnotstand plädieren und auf diese Weise, wenn nicht einer zeitlichen Strafe, so doch wenigstens dem Tod durch den Strang entgehen zu können. Insofern argumentierte er:

> „Auf der einen Seite stand die *Pflicht zum Gehorsam* gegenüber dem Führer und obersten Kriegsherrn, die *Pflicht* zur Unterordnung des einzelnen Willens unter die Staatsautorität, auf der anderen Seite stand das menschliche Gefühl, das sich gegen eine solche Maßnahme aufbäumte [...].
>
> Ich habe mir niemals angemaßt, zu beurteilen und zu entscheiden, ob und warum Maßnahmen eines Staatsoberhauptes sachlich notwendig waren oder nicht, welches seine Motive waren, und ob diese Motive zutrafen." [Kursivdruck vom Verf.].[420]

Als weiteres Beispiel im Hinblick auf die Bereitschaft, im Rahmen kolonial-imperialistischer Kriegszielsetzungen – unter anderem zum Zweck der „Schaffung neuen Lebensraumes" anlässlich der Errichtung eines arisch-reinen „Großgermanischen Reiches" – unbewaffnete sowjetische Zivilisten zu töten, seien die Aussagen des ebenfalls hochgradig ideologisierten SS-Obersturmbannführers Dr. Werner Braune zitiert, Führer des Sonderkommandos 11 b der Einsatzgruppe D unter Otto Ohlendorf, die zwar unter Verweis auf die vermeintliche Gehorsamspflicht und den Vorwand, nur ein unbedeutender Teil eines Gesamtgeschehens gewesen zu sein,[421] deutlich dessen Verteidigungsstrategie zu erkennen geben, andererseits aber auch einen Einblick zulassen auf dessen weltanschauliche Verfasstheit zur Tatzeit:

> Musmanno: „Dann haben Sie diesen Befehl Hitlers für rechtmäßig gehalten?"
>
> Braune: „Ich habe ihn [den Ausrottungsbefehl] für rechtmäßig gehalten, denn er ist im Rahmen seiner [Hitlers] verfassungsmäßigen Rechte zustande gekommen. Unser Staatsoberhaupt hatte verfassungsmäßig das Recht, über Krieg und Frieden zu entscheiden, und damit – wie die Wirklichkeit gezeigt hat – im modernen Krieg über das Leben von Millionen Menschen. Er musste auch entscheiden, was notwendig war, um diesen Krieg zu gewinnen [...].
>
> Ich habe diesen Befehl nicht aus eigenem Entschluss und freiem Willen durchgeführt. Ich hätte niemals so gehandelt, wenn ich selbst die Entscheidung gehabt hätte. Ich sehe mich hier als einen kleinen Teil in einem Gesamtgeschehen, dessen Zusammenhänge ich nicht überblicken konnte und wo ich vor der unabwendbaren Pflicht stand, als Soldat zu gehorchen und wo ich keine Möglichkeit sah, auf irgendeine Weise die Durchführung des Befehls zu verhindern, zu vermeiden oder zu umgehen."

---

[420] Ebd., S. 2203-2204.
[421] Mit ähnlichen Worten argumentierte Eichmann während seines gegen ihn gerichteten Gerichtsverfahrens im Jahre 1961/62.

4 Aspekte zur Tötungsbereitschaft der im Fall 9 verurteilten SS-Offiziere

Musmanno: „Dann akzeptierten Sie – in Ihren Gedanken – seine überragende Stellung als Chef des Staates, solche Befehle zu erlassen, die er für den Gewinn des Krieges für notwendig hielt?"

Braune: „Das Recht, solche Befehle zu erlassen, muss man [...] jedem Staatsoberhaupt zugestehen im Rahmen seiner verfassungsmäßigen Rechte [...]. Rechtlich gesehen muss man ihm dieses Recht zugestehen, aber in letzter Konsequenz verantworten muss er es [...]. Was letzten Endes notwendig ist und was nicht, kann nur der Mann entscheiden, der die gesamten Dinge übersieht und die gesamte Verantwortung auf sich zu nehmen hat."[422]

Auf die Frage des Vorsitzenden Richters, ob denn tatsächlich eine Kriegsnotwendigkeit bestanden habe, die Juden zu töten, antwortete Braune ausweichend, er habe nicht entscheiden können, ob Hitlers Schlussfolgerung, alle Juden und andere Personengruppen in diesem „Kampf um Sein und Nichtsein" zu töten, richtig gewesen sei, da er Hitlers Intentionen nicht gekannt habe. Und auf die Hilfestellung seines Verteidigers Dr. Mayer, ob jener ungeheuerliche Führerbefehl denn mit dem Völkerrecht in Einklang gestanden habe, antwortete Braune abwehrend:

Braune: „Ich bin der Auffassung, dass für einen *Soldaten im Kriege* weder ein Recht, noch eine Pflicht besteht, eine solche völkerrechtliche Prüfung vorzunehmen. Ich habe [aus meinem Rechtsstudium] in Erinnerung, dass der Beamte und erst recht der Soldat solche Gesetze und Befehle auszuführen hat und dass es Sache der verfassungsmäßig berufenen Vertreter ist, die sich daraus ergebenden völkerrechtlichen Schwierigkeiten zu vertreten." [Kursivdruck vom Verf.].[423]

Dr. Braune hatte die zahllosen von ihm angeordneten Massenmorde an unbewaffneten Zivilisten jedoch keineswegs im Rahmen von Kriegshandlungen verübt, sondern aufgrund eines staatlicherseits angeordneten Ausrottungsprogramms. Jener Widerspruch kam in seiner nachfolgenden Einlassung zum Ausdruck. Denn nachdem der Vorsitzende Richter Michael A. Musmanno expressis verbis auf § 47 des Militärgesetzbuches hingewiesen hatte, blieb Braune bei seiner Aussage, indem er bekräftigte:

Braune: „Herr Präsident, aber ich glaube eben, dass er [der § 47 des Militärstrafgesetzbuches] nicht anwendbar ist auf den obersten Kriegsherrn, das Staatsoberhaupt und den Gesetzgeber [Hitler]."[424]

Mit dieser Einlassung ließ der Jurist Dr. Braune ungewollt erkennen, dass der Ausrottungsbefehl ein als „Befehl in Dienstsachen" getarnter „Befehl in Weltanschauungssachen" (Buchheim) und damit lediglich scheinlegitimiert gewesen war. Zudem gab allein die weitere Rechtfertigung, dass ein Ausrottungsbefehl zum Zweck einer erfolgreichen Kriegsführung gegen den „gottlosen jüdischen Bolschewis-

---
[422] Zeugeneinvernahme Braune, StAN, Rep. 501, KV-Prozesse, Fall 9, A 36-38, S. 3093-3099.
[423] Ebd.
[424] Ebd.

mus" unbedingt vonnöten gewesen sei, nicht nur eindeutig den internalisierten Antisemitismus des Hardliners Braune wieder, sondern dokumentierte gleichermaßen die Brüchigkeit jener Argumentation, denn dem promovierten Juristen Braune ebenso wie seinem ähnlich argumentierenden Amtskollegen Dr. Sandberger war durchaus bewusst, dass sie sich diesbezüglich im Irrtum befanden. Denn der Ausrottungsbefehl zielte keineswegs auf eine *innerstaatliche* Angelegenheit, insofern, als die Massenmorde in Sowjetrussland, d. h. im Ausland an ausländischen Zivilisten ausgeführt wurden. Demzufolge verstieß jener Befehl gegen internationales Recht, hier gegen geltendes Völkerrecht, das vor dem nationalen Recht auch zum Tatzeitpunkt Vorrang hatte.

Um jene mutmaßliche Fehleinschätzung richtigzustellen, räumte das US Military Tribunal II daher in seiner Urteilsbegründung ein, dass die im Einsatzgruppenprozess angeklagten SS-Offiziere als Teil einer militärischen Organisation zwar grundsätzlich der soldatischen Gehorsamspflicht unterworfen gewesen seien, jedoch dann nicht, wenn der ihnen erteilte Befehl eindeutig auf die Begehung eines Verbrechens abgezielt habe,[425] somit lediglich ein scheinlegitimierter „Befehl in Weltanschauungssachen" (Buchheim) gewesen sei. Wie bereits erwähnt, war jener Tatbestand zuvor im Deutschen Kaierreich in § 47 des *Militärstrafgesetzbuches für das Deutsche Reich vom 20. Juni 1872* geregelt worden, dessen Wortlaut Hitler dann in unveränderter Form in das *Militärstrafgesetzbuch vom 10. Oktober 1940* und mit gleichem Datum in das Reichsgesetzblatt (RGBl.) aufgenommen bzw. veröffentlicht hatte.

Desgleichen war den im Nürnberger Einsatzgruppenprozess angeklagten Einsatzgruppenchefs ebenso wie den Führern der Einsatz- und Sonderkommandos durchaus bekannt, dass nur sieben Monate später jener § 47 des Militärstrafgesetzbuches ganz gezielt ausgehebelt worden war, und zwar durch Hitlers mehrfach zitierten *Kriegsgerichtsbarkeitserlass vom 13. Mai 1941*, der mittels der Tarnung eines „Befehls in Dienstsachen" scheinlegitimiert wurde und dadurch die Verbrechen an der sowjetischen Zivilbevölkerung nicht nur ausdrücklich sanktionierte, sondern unter Zugrundelegung des durch die fortwährende NS-Propaganda intensivierten Feindbildes von der „jüdisch-bolschewistischen Weltverschwörung" als einer „existentielle Bedrohung der germanischen Rasse", ja sogar der „gesamten abendländischen Kultur" sowohl die Wehrmachtsangehörigen als auch die Einsatzgruppen und deren Kommandos zu militärischen Verbrechen geradezu moralisch verpflichtete. In ähnlicher NS-spezifischer Diktion begründete der ehemalige SS-Brigadeführer und Generalmajor der Polizei Erich Naumann seine in Weißrussland begangenen Massenmorde unter Berufung auf die verfassungsrechtlichen Prinzipien des „nationalsozialistischen völkischen Führerstaates".

---

[425] KAZIMIERZ LESZCZYŃSKI (Hrsg.), Fall 9, S. 97-99.

4 Aspekte zur Tötungsbereitschaft der im Fall 9 verurteilten SS-Offiziere 631

Der Fanatiker Naumann hatte als 36-Jähriger am 1. November 1941 die Nachfolge des berüchtigten SS-Gruppenführers Arthur Nebe[426] als Chef der Einsatzgruppe B angetreten und verblieb in jener Stellung bis zum Frühjahr 1943.[427] Seine Kommandierungsverfügung war von Heydrich persönlich unterzeichnet worden. Vor dem US Military Tribunal II gab Naumann zu Protokoll, Nebe sei wahrscheinlich rückbeordert worden, „um seine eminent wichtige Tätigkeit als Reichskriminaldirektor und Chef des Reichskriminalpolizeiamtes wieder zu übernehmen."[428] Wie sein Vorgänger Nebe war auch der junge Naumann ein rücksichtsloser Hardliner. Vor seinem Einsatz am 1. November 1941 sei er zu Heydrich einbestellt worden und habe dort klare Befehle für seinen Russlandeinsatz erhalten, erklärte Naumann vor dem US Military Tribunal II:

> „Erstens einmal, den Führerbefehl über die Tötung von Juden, Zigeunern und sowjetischen Funktionären, zweitens den allgemeinen Auftrag der Einsatzgruppe und der Einsatzkommandos, für Ordnung und Sicherheit im Rücken der kämpfenden Truppe zu sorgen [...].
>
> Es war mir von Heydrich der Befehl, d. h. die Mitteilung gegeben worden, dass ein Führerbefehl besteht, dass nach diesem Führerbefehl sämtliche Juden, Zigeuner und sowjetischen Funktionäre zu töten seien [...], *einschließlich Frauen und Kinder* [...].
>
> Dieser Befehl ist gegeben für die Sicherheit des Rückens der kämpfenden Truppe und des ganzen Heeresgebietes. Es gibt keine Diskussion über diesen Führerbefehl [des Obersten Kriegsherrn und Staatsoberhauptes], er ist eindeutig und klar durchzuführen." [Kursivdruck vom Verf.].[429]

Naumanns Berufung auf den „Führerbefehl" ist insofern als reines Verteidigungsinstrument zu bewerten, als logischerweise Kinder jeden Alters oder gar Säuglinge weder als politische Funktionäre einzustufen waren noch gar die Sicherheit der Truppe zu gefährden vermochten. Auf die Frage des Vorsitzenden Richters des US Militärgerichts II, warum er geglaubt habe, jenem Befehl unbedingt Folge leisten zu müssen, berief sich Naumann auf die im *Krieg* geltende *soldatische* Gehorsamspflicht, die – wie bereits im Fall des Dr. Braune dargelegt – für ihn gar nicht zutraf. In rechtfertigender Diktion führte er an, mit den ihm unterstellten Kommandoführern mehrfach den Ausrottungsbefehl erörtert zu haben.

> „In diesen Erörterungen über diesen Befehl, seine Schwere und seine unendliche Belastung in der Durchführung für alle, die direkt oder indirekt damit zu tun hatten, stand aber andererseits eine andere Anordnung gegenüber, nämlich die, dass dieser Befehl vom Führer, also vom Obersten Kriegsherrn und vom Staatsoberhaupt, im *Kriege* gegeben war.

---

[426] Reichskriminaldirektor und SS-Gruppenführer Arthur Nebe war der Chef des Amtes V (Reichskriminalpolizeiamt) im Reichssicherheitshauptamt (RSHA) und seit Beginn des Russlandfeldzuges bis zum 1. November 1941 Chef der Einsatzgruppe B. Er war maßgeblich an der Erprobung von Massentötungen durch Giftgas und an der Konstruktion von Gaswagen und Gaskammern beteiligt.
[427] Zeugeneinvernahme Naumann, StAN, Rep. 501, KV-Prozesse, Fall 9, A 9-11, S. 810.
[428] Ebd., S. 816.
[429] Ebd., S. 862-864.

Unsere persönlichen Empfindungen standen nun diesem Befehl gegenüber. Wir mussten uns, jeder einzelne, entscheiden, ob wir im *Kriege* unseren persönlichen Empfindungen nachgehen wollten, oder ob wir einen Befehl, der im Kriege gegeben wird vom allerhöchsten Kriegsherrn, Folge leisten müssten. Die Entscheidung war für uns als gehorsame *Soldaten* nicht leicht, aber eindeutig." [Kursivdruck vom Verf.].[430]

Auch wenn die im Nürnberger Einsatzgruppenprozess angeklagten SS-Offiziere aufgrund von Uk-Stellungen vom Frontdienst befreit wurden, trifft die Bezeichnung „gehorsame Soldaten" auf sie keineswegs zu. Selbst wenn Naumann *nicht* im Rahmen eines Ausrottungsprogramms gehandelt hätte, sondern als Wehrmachtssoldat – der er ja aufgrund seiner Funktion nicht war – so stand dessen oben zitierte Argumentation in völligem Gegensatz zu § 7 des Militärstrafgesetzes. Zwar erfolgte die flächendeckende Ausrottung der Juden *zeitlich* gesehen im Rahmen der Kriegshandlungen, hatte als staatlich angeordneter Genozid jedoch völlig andere Zielsetzungen.

Auffällig ist ferner die ausschließliche Fokussierung Naumanns auf das ihm unterstellte Führungs- und Mannschaftspersonal, welches die *Durchführung* der Massenmorde an zuvor dehumanisierten Personengruppen als „unendliche Belastung" empfunden habe, sodass Chefankläger Benjamin B. Ferenz einwandte, ob Naumann denn irgendwelche Schuld oder Reue bei der Ermordung wehrloser und nicht in Kriegshandlungen verwickelter Männer, Frauen und Kinder gefühlt habe. In Naumanns Antwort spiegelte sich die Kaltblütigkeit eines überzeugten und fanatisierten NS-Gesinnungstäters wider. Indem er den Begriff „Grausamkeiten" für die von ihm befohlenen Massenmorde benutzte, anerkannte er zudem unbeabsichtigt die Völkerrechtswidrigkeit des Ausrottungsbefehls.

„Schuld und Reue kann ich nur über etwas empfinden, das ich aus Eigenem begehe. Wenn ich von mir aus Tötungen oder Grausamkeiten begangen hätte, dann müsste ich Schuld und Reue fühlen. Wenn ich einen Befehl ausgeführt habe, dann habe ich keine Schuld und kann für eine Schuld auch keine Reue empfinden."[431]

Die gleiche Gefühlsrohheit und ideologische Unbedingtheit war auch in Ohlendorfs Einlassungen vor dem US Military Tribunal II zu beobachten, als jener während des Kreuzverhörs (*cross examination*) zunächst von dem Mitglied der Staatsanwaltschaft Mr. Walton und von dem zur Anklagevertretung gehörenden Rechtsberater Mr. James E. Heath sowie sodann von dem Vorsitzenden Richter Mr. Musmanno mit Bezug zu der von ihm behaupteten Gehorsamspflicht und dem geleisteten Führereid befragt wurde.

Mr. Walton: „Ich darf wohl annehmen, dass Sie nach Ihrer Auffassung einem Befehl des Führers gehorchen mussten, ganz gleich, ob Sie persönlich diesem Befehl zustimmten

---
[430] Ebd., S. 866.
[431] Ebd., S. 898.

4 Aspekte zur Tötungsbereitschaft der im Fall 9 verurteilten SS-Offiziere

oder nicht? Ob Sie selbst diesen Befehl für menschlich oder nichtmenschlich hielten? Glaubten Sie, dass Sie einen solchen Befehl sogar bis zum Tode gehorchen mussten?"[432]

Erwartungsgemäß bejahte Ohlendorf alle drei Fragen und fügte zur letztgenannten hinzu, dass er einem Führerbefehl „selbstverständlich bis zu seinem eigenen Tod" gehorchen würde. Des Weiteren vertrat er in verteidigungsstrategischer Zielrichtung den Standpunkt der Putativnotwehr, indem er argumentierte, den Ausrottungsbefehl „unter einem militärischen Zwang" durchgeführt zu haben „mit dem Bewusstsein, dass er in einem Notstand gegeben worden war, und die Maßnahmen [zur Ermordung der Juden] aus Notwehr angeordnet worden waren." Insofern sei der Ausrottungsbefehl für ihn

> „keine Frage des Moralischen oder Unmoralischen gewesen, weil ein Führer, der vor solchen ernsten Fragen steht, aus seiner [eigenen] Verantwortung entscheidet, und diese seine Verantwortung kann ich nicht untersuchen und nicht beurteilen. Das steht mir nicht zu [...].
> Ich fühle mich nicht in der Lage, über eine Verantwortung eines Staatsmannes, der, wie die Geschichte gezeigt hat, *mit Recht sein Volk vor Sein oder Nichtsein gestellt hat*, darüber zu entscheiden, ob eine Maßnahme in einem solchen *Schicksalskampf*, den dieser Führer zu verantworten hat, moralisch oder unmoralisch ist."[433]
> Mr. Heath: „Sie unterwarfen Ihr moralisches Gewissen Adolf Hitler? [...]. Es war also nicht der Zwang des Hitlerbefehls, der Ihre moralischen Skrupel überwand; es war die Tatsache, dass Sie Hitler die Macht auslieferten [einräumten], moralische Fragen für sie zu beantworten? [...]. Ich frage, ob Sie sich weigern, ein moralisches Urteil in Bezug auf jene Zeit und in Bezug auf heute abzugeben?" [Kursivdruck vom Verf.].[434]

Da jener Teil des Kreuzverhörs darauf ausgerichtet war, die Frage des von Ohlendorf behaupteten Befehlsnotstandes bzw. der Putativnotwehr zu klären und Ohlendorf sich zudem vehement weigerte, eine Beurteilung moralischer Art über den Ausrottungsbefehl abzugeben, schaltete sich zur Klärung des Sachverhaltes der Vorsitzende Richter ein:

> Musmanno: „Der Soldat, der in die Schlacht geht, weiß, dass er töten muss, aber er versteht: das ist eine Frage einer Schlacht mit einem bewaffneten Gegner; aber Sie gingen, um wehrlose Leute zu erschießen. Nun, hatten Sie hierbei nicht Zweifel über die moralische Berechtigung – wir wollen annehmen, der Befehl hätte gelautet, dass Sie Ihre Schwester töten sollten; würden Sie nicht instinktiv diesen Befehl moralisch beurteilt haben in Bezug, ob derselbe recht oder unrecht war, nicht politisch oder militärisch, aber im Sinne der Humanität, des Gewissens und der Gerechtigkeit von Mensch zu Mensch?"[435]

Ohlendorf hielt jene berechtigte Frage „für eine Frivolität, denn die Frage, die mir von der Anklage gestellt ist, wo es um *Sein oder Nichtsein* von Menschen ging, von Millionen von [arischen] Menschen [...], kann ich eine solche Frage

---
[432] Zeugeneinvernahme Ohlendorf, StAN, Rep. 501, KV-Prozesse, Fall 9, A 9-11, S. 750.
[433] Ebd., S. 750, 752, 753.
[434] Ebd., S. 756-757.
[435] Ebd., S. 758.

nur als frivol bezeichnen." [Kursivdruck vom Verf.].[436] Deutlicher konnte Ohlendorf seinen weltanschaulichen Fundamentalismus hinsichtlich des „arischen Herrenmenschentums" gegenüber dem „jüdisch-bolschewistischen Untermenschentum" kaum Ausdruck bringen. Insofern sah sich Ohlendorfs Verteidiger Dr. Rudolf Aschenauer veranlasst, gegen die Zulassung einer *moralischen* Bewertung des Ausrottungsbefehls Einspruch zu erheben. Jenem Ansinnen entgegnete der Vorsitzende Richter:

> Musmanno: „Wir befassen uns hier mit einer Anklage, die [...] nie in der Geschichte der menschlichen Rasse vorgebracht wurde, eines Mannes, der hier mit der Verantwortung für das Ausblasen des Lebens von [...] 90.000 angeklagt wird. Wenn er nicht mit etwas so Furchtbarem wie hier angeklagt wäre, so würde es nicht erforderlich für ihn sein, diese Frage über die moralische Seite zu beantworten."
>
> Aber, wenn ihm ein Befehl von Hitler vorgelegt würde, sein eigenes Fleisch und Blut zu vernichten, ob er dies als moralisch ansehen würde, – – ich glaube, dass dies eine Frage ist, die vollständig erheblich und nicht frivol ist, und der Zeuge wird aufgefordert, diese Frage zu beantworten."
>
> Ohlendorf: „Wenn diese Forderung [d. h. die Tötung der eigenen Schwester] unter den gleichen Voraussetzungen an mich gestellt wäre, das heißt im Rahmen eines *mir* als militärisch unbedingt notwendigen Befehls, dann hätte ich diesen erfüllt." [Kursivdruck vom Verf.].[437]

Entgegen den Behauptungen Ohlendorfs hatte die physische Vernichtung ganzer kulturell wie rassenbiologisch devaluierter Volksgruppen, hier insbesondere der jüdischen Bevölkerung Sowjetrusslands, keineswegs eine „militärische Notwendigkeit" für das deutsche Heer oder gar für das Deutsche Reich dargestellt, insofern, als der von Hitler Monate zuvor geplante Angriffskrieg gegen die UdSSR eindeutig kolonial-imperialistische Zielsetzungen unter rassenideologischen Gesichtspunkten verfolgte. Wie bereits mehrfach erwähnt, waren nicht zuletzt im Vorfeld jenes Vernichtungskrieges sämtliche bisher für das Deutsche Reich gültigen kriegs- und völkerrechtlichen Kodizes durch entsprechende normenauflösenden Hitler-Erlasse suspendiert worden – unter anderem durch den *Kommissarbefehl vom 6. Juni 1941* und den *Kriegsgerichtsbarkeitserlass vom 13. Mai 1941* – die zur vorgetäuschten Legitimation als Befehle in Dienstsachen gekleidet worden waren, deren Inhalt indessen eindeutig als „Befehle in Weltanschauungssachen" (Buchheim) enttarnt werden konnte, insofern, als „die Legitimation [...] sich auf außernormative, ideologisch-politische Argumente [beschränkte]."[438]

Dass kein Dienstherr und ebenso kein Staatsoberhaupt die rechtliche Befugnis besaßen, weltanschaulich motivierte Mordbefehle zu erteilen, darf bei allen im Nürnberger Einsatzgruppenprozess Angeklagten als bekannt vermutet werden –

---
[436] Ebd., S. 760.
[437] Ebd., S. 762f.
[438] HANS BUCHHEIM, Befehl, S. 215-320, hier S. 273.

4 Aspekte zur Tötungsbereitschaft der im Fall 9 verurteilten SS-Offiziere 635

zumindest bei den promovierten Juristen unter ihnen. Dennoch hatten Ohlendorf und seine Mitangeklagten die seit Jahrhunderten tradierten abendländischen Wertekodizes – insbesondere die Achtung vor dem Menschenleben, wie es als Tötungsverbot in § 211 (Mord) des Strafgesetzbuches für das Deutsche Reich vom 15. Mai 1871 festgeschrieben war und während der NS-Diktatur keineswegs seine Gültigkeit verloren hatte – ohne Zögern der rassenideologischen NS-Doktrin geopfert.

* * *

Im Gegensatz zu den oben exemplarisch zitierten ideologischen Fanatikern gab es unter den im Nürnberger Einsatzgruppenprozess angeklagten NS-Gewalttätern einige wenige SS-Offiziere, die sich im Hinblick auf die von der obersten Staatsführung angeordneten völkerrechtswidrigen Befehle, Massenmorde an unbewaffneten und von dem NS-System als kulturell wie rassisch devaluierten und dehumanisierten Zivilisten auszuführen, möglicherweise einen Rest von Unrechtsbewusstsein bewahrt hatten. Exemplarisch seien die Aussagen des SS-Standartenführers Willi Seibert vor dem US Military Tribunal II angeführt, der als Angeklagter die Frage des vorgeblich „militärischen Gehorsams" im Hinblick auf den Ausrottungsbefehl völlig konträr zu seinem jahrelangen ehemaligen Vorgesetzten Otto Ohlendorf beantwortete. Jenes Faktum erstaunt umso mehr, als Seibert bereits im Jahre 1939 Chef der Abteilung III D (Wirtschaft) im Reichssicherheitshauptamt (RSHA) wurde „und als solcher Stellvertreter des [späteren] Angeklagten Ohlendorf",[439] dem die Gesamtleitung der Abteilung III oblag. Sodann hatte er vom Beginn des Russlandfeldzuges bis Juli 1942 im Gruppenstab der Einsatzgruppe D wiederum die Abteilung III geleitet und war darüber hinaus als rangältester Offizier im Gruppenstab automatisch Ohlendorfs Stellvertreter gewesen.[440]

Daher wurde Seibert während des Nürnberger Gerichtsverfahrens im Zeugenstand von seinem Anwalt Dr. Gerhard Klinnert mit Bezug zu den oben zitierten Einlassungen seines ehemaligen Vorgesetzten Ohlendorf gefragt, ob ihm der Ausspruch eines deutschen Kaisers in Bezug auf den „soldatischen Gehorsam" bekannt sei. Seibert erinnerte sich an ein solches Zitat, das er Wilhelm I. oder Wilhelm II. zuschrieb und das besagte, dass ein Soldat zum absoluten Gehorsam verpflichtet sei. Ob jene vermeintliche Unbedingtheit des Gehorsambefehls auch beinhalte, auf die eigenen Eltern zu schießen, sofern es die militärische Lage oder überhaupt die Lage erfordere, wollte der Vorsitzende Richter wissen. Nachdem Seibert sich einen Tag Nachdenkzeit erbeten hatte, beantwortete er die Frage des militärischen Gehorsams gegenüber einem Staatsoberhaupt in der Weise, dass er einem

---
[439] KAZIMIERZ LESZCZYŃSKI (Hrsg.), Fall 9, S. 176.
[440] Ebd., S. 177-179.

derart „unmenschlichen Befehl", seine eigenen Eltern zu erschießen, keinesfalls gehorcht hätte. Der Vorsitzende Richter intensivierte die Fragestellung:

> Musmanno: „Nehmen wir an, daß der Befehl an Sie käme, die Eltern irgendeines anderen zu erschießen, sagen wir, einen Juden und seine Frau, und Sie sehen vor Ihren Augen die Kinder dieser Eltern.
>
> Nun besteht keinerlei Zweifel, daß dieser jüdische Vater und diese jüdische Mutter kein Verbrechen begangen haben, vollkommen schuldlos, makellos sind. Das einzige, was feststeht, ist, daß sie Juden sind und Sie diesen Befehl von oben [haben], diese Eltern zu erschießen. Die Kinder stehen dabei und flehen sie an, ihre Eltern nicht zu erschießen. Würden Sie die Eltern erschießen?"
>
> Seibert: „Diese Eltern würde ich *nicht* erschießen." [Kursivdruck vom Verf.].[441]

Dieses Beispiel zeigt, dass selbst innerhalb des Gruppenstabes der Einsatzgruppe D, der einem systemüberzeugten ideologischen Hardliner wie Ohlendorf unterstellt war, unter den einzelnen SS-Offizieren je nach Charaktertypus und Intensität der politischen Indoktrinierung im Hinblick auf die Ausführung staatlich angeordneter Massenmorde und die Frage der eingeforderten Gehorsamspflicht durchaus erhebliche Differenzen ethischer Art bestehen konnten. In der Urteilsbegründung vom 8./9. April 1948 griff das Gericht die oben zitierten Einlassungen des Angeklagten Seibert auf und erklärte dazu:

> „Obgleich die Frage des Verteidigers den Zweck hatte, die äußerste Hilflosigkeit des deutschen Soldaten gegenüber einem höheren Befehl darzutun, endete das Verhör schließlich mit der Erklärung des Angeklagten [Willi Seibert], daß er nicht nur den Befehl seines höchsten Kriegsherrn, seine eigenen Eltern zu erschießen, mißachten würde, sondern auch einen Befehl, die Eltern eines anderen zu erschießen.
>
> Er demonstrierte auf diese Weise, daß er nach seiner eigenen Auslegung des deutschen Militärstrafgesetzes so etwas wie eine *Wahl* beim Gehorsam gegenüber höheren Befehlen hatte." [Kursivdruck vom Verf.].[442]

An dieser Stelle sei nochmals auf François Bayle und dessen Betonung der Gewissensfreiheit verwiesen. Desgleichen lassen sich aus der Argumentation des ehemaligen Ministerialrates und SS-Standartenführers sowie Führers des Sonderkommandos 7a[443] Dr. Walter Blume neben der obligatorisch verfolgten Verteidigungslinie durchaus gewisse moralische Bedenken hinsichtlich der normen*auflösenden* Befehlsgebung Hitlers erkennen:

---

[441] Ebd., S. 100.
[442] Ebd., S. 101.
[443] Das nur 35-Mann starke Sonderkommando 7a war dem berüchtigten Reichskriminaldirektor und SS-Gruppenführer Arthur Nebe zugeteilt. Nebe war der Chef des Amtes V (Reichskriminalpolizeiamt) im Reichssicherheitshauptamt (RSHA) und seit Beginn des Russlandfeldzuges bis zum 1. November 1941 Chef der Einsatzgruppe B. Er war maßgeblich an der Erprobung von Massentötungen durch Giftgas und an der Konstruktion von Gaswagen und Gaskammern beteiligt.

4 Aspekte zur Tötungsbereitschaft der im Fall 9 verurteilten SS-Offiziere 637

„Mir war sofort klar, dass es sich hier um einen ungewöhnlichen, ja *ungeheuerlichen* Befehl [Judenausrottungsbefehl] handelte.

Aber ich nahm *damals* an, dass die gesamte Führung des deutschen Reiches und Volkes diesen Befehl sorgfältig erwogen hatte und billigte. Mir standen alle Autoritäten vor Auge, die offenbar die Durchführung dieses Befehls verlangten, nämlich der Führer selbst und die Reichsregierung, ferner der Reichsführer SS mit dem Chef der Sicherheitspolizei und des SD.

Mir lag damals der Gedanke völlig fern, dass etwa alle diese Stellen hier nur einem obersten *Diktator* zu gehorchen hätten, sondern für mich war es *damals* selbstverständlich, dass einem solchen schwerwiegenden Befehl eingehende Beratungen aller Führungsstellen vorausgegangen seien [In der Tat hatten unter anderem auch mit der Wehrmachtsspitze entsprechende Vereinbarungen stattgefunden].

Ferner war ein Befehl für mich, wie für alle Deutschen, ein *ethischer* Begriff und es stand für mich fest, dass einem solchen soldatischen Befehl der höchsten Kommandostelle [d. h. des Führers], unbedingter Gehorsam zukam. Außerdem kannte ich, da ich Jurist war, das ganz besondere Gewicht eines Führerbefehls, der damals in Deutschland Gesetzeskraft hatte [...].

Andererseits war es mir völlig unvorstellbar, wie wir als *zivilisierte* Menschen einen solchen Vernichtungsbefehl ausführen sollten, und ich war *besonders betroffen*, dass gerade wir, die [...] wir fast alle *geistig* eingestellte Menschen waren, mit diesem Befehl belastet wurden. Die Ausführung des Befehls erschien mir jedenfalls unmöglich." [Kursivdruck vom Verf.].[444]

Weitere Einlassungen des Dr. Blume vor dem US Military Tribunal II lassen durchaus die Vermutung zu, dass seine Aussagen hinsichtlich seiner frühzeitig einsetzenden ethisch-rechtlichen Bedenken gegenüber dem Ausrottungsbefehl der Wahrheit entsprachen. So gab er im direkten Verhör (*direct examination*) auf die nachfolgende Frage seines Verteidigers Dr. Günther Lummert zu Protokoll:

Dr. Lummert: „Als Sie Ende Juni und im Juli [1942] mit Ihrem Sonderkommando 7a nach Russland einrückten, hielten Sie damals den Führerbefehl, betreffend die Vernichtung des in Sowjet-Russland befindlichen Ostjudentums, für recht oder unrecht?"

Dr. Blume: „Wenn Sie mich jetzt fragen, ob ich damals den Führerbefehl für recht oder für unrecht hielt, so habe ich damals meine Gedanken nicht auf diese kurze Formel von drei Worten gebracht, nämlich ‚recht oder unrecht‘, sondern nach meiner damaligen Auffassung trug die oberste deutsche Führung [der mit einer außernormativen Führergewalt ausgestattete ‚Führer‘] die Verantwortung für diesen Befehl, insbesondere in kriegs- und völkerrechtlicher Hinsicht.

Insofern habe ich mir damals innerlich keine Kritik an diesem Befehl erlaubt [...]. Insofern stand jener Befehl, also der Befehl des Staates, d. h. des Staatsoberhauptes und der obersten Staatsführung, für mich jenseits von gut und böse. *Auf der anderen Seite schien es mir grausam und menschlich unmöglich, wehrlose Menschen einfach zu erschießen, und dies sogar massenweise* [...].

In diesem menschlichen und persönlichen Sinne habe ich den [Führer-]Befehl damals [bei Übernahme des SK 7a] innerlich abgelehnt. *Ich hielt diesen Befehl in diesem Sinne nicht*

---

[444] Zeugeneinvernahme Blume, StAN, Rep. 501, KV-Prozesse, Rep. 501, Fall 9, A 21-23, S. 1814-1815.

für richtig, auch soweit er sich auf wehrfähige Männer bezog, und vor allem natürlich, soweit Frauen und Kinder erschossen werden sollten."[445]

Handlungsgrundlagen:
(b) Selbstverständnis der SS als Ordenselite und Exekutivorgan der „Führergewalt"

Wie aus den Einlassungen der im Nürnberger Einsatzgruppenprozess angeklagten NS-Gewalttäter deutlich erkennbar ist, wurde deren Handlungspraxis im wirtschaftspolitisch und rassenideologisch durchgeführten Vernichtungsfeldzug gegen die Sowjetunion neben den verfassungsrechtlichen Prinzipien des „nationalistischen völkischen Führerstaates" maßgeblich durch das Selbstverständnis der SS als Ordenselite bestimmt, die als *außerstaatliches* und zudem *nichtnormativ* operierendes Exekutivorgan der ebenfalls *außernormativen* Führergewalt agierte. Im Hinblick darauf konstatiert Buchheim zu Recht: „Als Führerexekutive das eigentliche, adäquate Werkzeug der Führergewalt gewesen zu sein, darin besteht die historische Bedeutung der SS."[446]

Bevor auf die Argumentation der im Fall 9 Angeklagten eingegangen wird, sind einige markante Extrakte aus Himmlers SS-Ordensgedanken voranzustellen. Himmler hatte die SS wie einen religiösen Orden konzipiert, der hierarchisch gegliedert und sehr harten Ordensregeln unterworfen war und „in dem Gehorsam, Loyalität und Hingabe [...] die größte Bedeutung beigemessen wurde."[447] Der Ordenscharakter implizierte demzufolge, dass man der Allgemeinen SS nicht beitreten konnte, sondern die Aufnahme war an ein besonderes und mehrere Jahre andauerndes strenges Selektionsverfahren gebunden.[448] Gemäß ihrem Selbstverständnis als „Auslese besonders ausgesuchter Menschen" aufgrund der „Blutsgemeinschaft der nordischen Rasse"[449] unterlagen die Auswahlkriterien für die Auf-

---

[445] Ebd., S. 1882-1884.
[446] HANS BUCHHEIM, SS, S. 13-212, hier S. 29.
[447] JOHN M. STEINER: Über das Glaubensbekenntnis der SS, in: KARL-DIETRICH BRACHER/ MANFRED FUNKE/ HANS-ADOLF JACOBSEN (Hrsg.): Nationalsozialistische Diktatur 1933-1945. Eine Bilanz (Schriftenreihe der Bundeszentrale für politische Bildung; 192), Sonderauflage Bonn 1983, S. 206-223, hier S. 217.
[448] Soweit nicht anders angemerkt, beruhen die nachfolgenden Ausführungen auf Forschungsergebnissen von Carsten Schreiber und Bastian Hein: CARSTEN SCHREIBER: Elite im Verborgenen. Ideologie und Herrschaftspraxis des Sicherheitsdienstes der SS und seines Netzwerks am Beispiel Sachsens (Studien zur Zeitgeschichte; 77), München 2008, zugleich: Leipzig, Univ., Diss., 2005. BASTIAN HEIN: Elite für Volk und Führer? Die Allgemeine SS und ihre Mitglieder 1925-1945 (Quellen und Darstellungen zur Zeitgeschichte, 92), München 2012, zugleich: Regensburg, Univ., Habil.-Schr.
[449] Protokoll über die Führerbesprechung der SS, 13./14. 06.1931, BArch, NS 19, Bd. 1934, fol. 94, 109-113. Dazu: BASTIAN HEIN, Elite, S. 95.

4 Aspekte zur Tötungsbereitschaft der im Fall 9 verurteilten SS-Offiziere

nahme zum einen *rassebiologischen* Gesichtspunkten, wie aus dem Verfahren zur „rassischen Musterung"[450] der SS-Bewerber hervorgeht. Da das Kernstück des von Himmler konzipierten SS-Ordensgedankens die Erschaffung eines „zukünftigen, nordisch bestimmten und rassisch reinen Menschentyps" war,[451] beinhalteten die Selektionskriterien zum anderen neben den rassischen Voraussetzungen auch die feste weltanschauliche und politische Grundausrichtung des SS-Antragstellers, insofern, als jener „die Gewähr dafür [zu bieten hatte], dass er jederzeit rückhaltlos für den nationalsozialistischen Staat eintreten [werde]."[452] Ein grundlegendes Element hinsichtlich der Führerbindung[453] war die *Selbstverpflichtung* zu „bedingungslosem Gehorsam". Die Treueverpflichtung drückte sich unter anderem in dem Begleitschreiben aus, das Himmler anlässlich der Verleihung des silbernen Totenkopfringes den SS-Angehörigen aushändigte. Der SS-Ehrenring sei ein

> „Zeichen unserer *Treue zum Führer*, unseres unwandelbaren *Gehorsams* gegen unsere Vorgesetzten und unserer unerschütterlichen Zusammengehörigkeit und Kameradschaft. Der Totenkopf ist die Mahnung, jederzeit bereit zu sein, das Leben unseres Ichs einzusetzen für das Leben der *Gesamtheit.*" [Kursivdruck vom Verf.][454]

Obgleich die SS eine reine *Partei*organisation war, wurde die Vereidigungsfeier für die SS-Angehörigen ab dem Jahre 1936 jährlich am 9. November äußerst publikumswirksam in einem *Staats*akt vor der Feldherrnhalle in München inszeniert. Die kollektiv gesprochene Eidesformel lautete:

> „Ich schwöre Dir, Adolf Hitler, als Führer und Kanzler des Deutschen Reiches, Treue und Tapferkeit, ich gelobe Dir und den von Dir bestimmten Vorgesetzten *Gehorsam bis in den Tod!* So wahr mir Gott helfe!"[455]

Aus der Formulierung des Treuegelöbnisses wird ersichtlich, dass jener Eid – wie auch die übrigen Eidesverpflichtungen während der NS-Herrschaft, der Soldaten-

---

[450] Zum Musterungsverfahren vgl. die Richtlinien, in: „Ergänzungsbestimmungen der Waffen-SS", o. D., BArch – Militärarchiv Freiburg, RS 5/v. 220. Zitiert nach: BERND WEGNER: Hitlers politische Soldaten. Die Waffen-SS 1933-1945. Leitbild, Struktur und Funktion einer nationalsozialistischen Elite, 9. Auflage (unveränd. Nachdr. der 8. Auflage), Paderborn u. a. 2010, zugleich: Hamburg, Univ., Diss., 2008 u. d. T. Wegner, Bernd: Das Führungskorps der bewaffneten SS 1933-1945, S. 136.

[451] HEINRICH HIMMLER: Die SS als antibolschewistische Kampforganisation, München 1937, (BArch NSD 41/ 7).

[452] Merkblatt zur Anordnung des SS-Hauptamtes vom 27.06.1936, BArch, Sammlung Schumacher R 187/v. 432, Bd. 1.

[453] Zur Führerbindung im Nationalsozialismus grundlegend: MARTIN BROSZAT: Soziale Motivation und Führer-Bindung des Nationalsozialismus, in: VfZ, Jahrgang 18 (1970) Heft 4, S. 392-409, insbesondere S. 398-409.

[454] Zitat Heinrich Himmlers, abgedruckt in: PETER LONGERICH: Heinrich Himmler. Biographie. München, 2010, S. 298.

[455] Heinrich Himmler, Geheimer Befehl, o. D., BArch, NS 31/ 378, fol. 1.

eid und Beamteneid – nicht mehr auf die Verfassung des Reiches geleistet wurde wie in der Weimarer Republik –, sondern auf eine *Person*.[456] Damit war der SS-Offizier – der ohnehin einer eigenen, sehr strengen SS-Gerichtsbarkeit unterstand – weder dem Verfassungsrecht noch etwaigen allgemeingültigen ethischen Normen verpflichtet, sondern allein der außernormativ agierenden Person Adolf Hitler, d. h. dem „Führer" in dessen gleichzeitiger Funktion als NSDAP-Parteiführer sowie als Staatsoberhaupt, Regierungschef und Oberbefehlshaber der Wehrmacht.[457]

Jene pervertierte Transformation des traditionellen Treuebegriffes und die Projektion auf die außernormativ agierende *Person* des „Führers" hatte gravierende Auswirkungen in der Weise, dass sie von Hitler zur Legitimation von Kriegsverbrechen und Völkermord genutzt wurde, dergestalt, dass die eindeutig als rechtswidrig und damit als verbrecherisch erkennbaren „Befehle in Weltanschauungssachen" (Buchheim) zur Tarnung jeweils in die Form eines „Befehls in Dienstsachen" gekleidet wurden und Hitler sie damit scheinzulegitimieren glaubte. Insofern wurde jene normenauflösende Befehlsgebung für die SS-Angehörigen im innerstaatlichen Bereich als rechtskräftig *vorausgesetzt*, wie aus den Einlassungen der im Nürnberger Einsatzgruppenprozess Angeklagten zu entnehmen ist.

Das hatte zur Folge, dass das von Himmler entworfene Selbstbildnis der Allgemeinen SS als „Ordenselite" und nichtnormativ agierendes Exekutivorgan der außernormativen Führergewalt und in diesem Zusammenhang die Bedeutung des SS-Eides für jeden SS-Offizier im kolonialimperialistisch und rassenideologisch ausgerichteten Vernichtungsfeldzug gegen die UdSSR 1941-1945 hinsichtlich der *Entgrenzung* der durch SD und SS geformten Handlungspraxis der NS-Gewalttäter eine extrem hohe Wirkmächtigkeit entfalteten konnte. Denn der auf *Freiwilligkeit* beruhende SS-Eid implizierte als strenge Ordensregel die strikte Einhaltung der von Himmler entworfenen und propagierten sechs „SS-Tugenden": Treue, Gehorsam, Tapferkeit, Wahrhaftigkeit, Ehrlichkeit und Kameradschaft, die im Rahmen des SS-Kodex ihre Pervertierung erfuhren.

In diesem Zusammenhang sei verwiesen auf das Motto der Allgemeinen SS, in dem die völlige Entartung des Treue- ebenso wie des Ehrbegriffes zum Ausdruck kam: „Meine Ehre heißt Treue". (Bild 72).

Jenes Motto wurde seit 1932 in das zum Ledergürtel der SS-Uniform gehörende Koppelschloss eingraviert. Jeder SS-Angehörige besaß zwei SS-Uniformen, eine für werktags, die andere als „Ausgehuniform" für Sonn- und Feiertage. Aller-

---

[456] Gleichwohl hatte die Weimarer Verfassung auch während des NS-Regimes weiterhin Rechtskraft, wenngleich wesentliche Teile durch die Reichstagsbrandverordnung und das Ermächtigungsgesetz ausgehebelt worden waren.

[457] Zur staatsrechtlichen Bedeutung des Eides auf Hitler knapp aber umfassend: HANS BUCHHEIM: Die staatsrechtliche Bedeutung des Eides auf Hitler als Führer der nationalsozialistischen Bewegung nach 1933, in: Gutachten des Instituts für Zeitgeschichte, Bd. I, München 1958, S. 328-330.

4 Aspekte zur Tötungsbereitschaft der im Fall 9 verurteilten SS-Offiziere   641

Bild 72: Propagandaplakat *Die Sicherheitspolizei im Kriegseinsatz*.
(Quelle: Bundesarchiv, Plakat 003-016-121.
Graphiker: Siegfrid, R., Februar 1941).

dings trugen die SS-Angehörigen während ihres „Osteinsatzes" die mit dem Ledergürtel und Koppelschloss versehene *graue* Felduniform mit dem rautenförmigen SD-Label unterhalb der Hakenkreuzbinde. Jeder SS-Mann war durch schriftliche Anordnung verpflichtet, die SS-Uniform täglich zu tragen. Somit wurde er unablässig an die in das Koppelschloss eingravierte Selbstverpflichtung erinnert. Gemäß SS-Kodex bedeutete Treuebruch Ehrverlust, ein für einen SS-Angehörigen schwerwiegendes und unentschuldbares Vergehen mit gravierenden Folgen.

Im Zusammenhang mit der Prüfung eines tatsächlich vorgelegenen Befehlsnotstandes rekurrierten das Richterkollegium des US Military Tribunal II ebenso wie die Staatsanwaltschaft wiederholt auf jene fragwürdige Treue- und Gehorsamsverpflichtung der Angeklagten durch den von ihnen geleisteten SS-Eid. In jenem Kontext verwies der oben erwähnte Dr. Lummert, Strafverteidiger des Dr. Blume, auf die Rede des Reichsführers-SS und Chefs der Deutschen Polizei Heinrich Himmler bei der Gruppenführertagung in Posen am 4. Oktober 1943 (Erste Posener Rede), die bereits im Prozess gegen die Hauptkriegsverbrecher vor dem Internationalen Militärgerichtshof in Nürnberg (IMT-Prozess) als Beweisstück eingeführt worden war.[458]

In jener Rede forderte Himmler unmissverständlich „rückhaltlose Treue und bedingungslosen Gehorsam" ein:

„Sollte im Bereich Ihres Gesichtskreises jemals einer dem Führer oder dem Reich *untreu* sein – und *sei es auch nur in Gedanken* – so haben Sie [die SS-Gruppenführer] dafür zu sorgen, dass dieser Mann aus dem Orden kommt, und wir werden dafür sorgen, *dass er aus dem Leben kommt.* [...]. Gehorsam wird im soldatischen Leben morgens mittags und abends gefordert und geleistet [...].

In dem Augenblick aber, in dem der betreffende Vorgesetzte oder der Reichsführer-SS [...] oder gar der Führer entschieden und den Befehl gegeben hat, ist er auch durchzuführen, nicht nur dem Wort und den Buchstaben nach, sondern dem Sinne nach. Wer den Befehl ausführt, hat dies zu tun als [...] getreuer *Vertreter* der befehlsgebenden Gewalt [...].

Wenn also einer glaubt, er könne die Befolgung eines Befehles nicht verantworten, dann hat er das ehrlich zu melden: ich kann es nicht verantworten, ich bitte, mich davon zu entbinden. Dann wird wohl in den meisten Fällen der Befehl kommen: Sie haben das *doch* durchzuführen. Oder man denkt: Der ist mit den Nerven fertig, der ist *schwach*. Dann kann man sagen: Gut, gehen Sie in Pension.

Befehle müssen aber heilig sein [...]. Diese Heiligkeit des Befehls gilt umso mehr, je größer unser Territorium wird." [Kursivdruck vom Verf.].[459]

Wie ist dieses von Himmel eingeforderte rückhaltlose Treue- und Gehorsamsverhältnis zu verstehen, auf das die im Nürnberger Einsatzgruppenprozess angeklagten NS-Gewalttäter den vermeintlichen Befehlsnotstand zu gründen suchten? Der mehrfach zitierte Hans Buchheim, der von 1951 bis 1966 Mitarbeiter des Instituts für Zeitgeschichte in München und von 1963 bis 1990 Ordinarius für Politikwissenschaft an der Johann-Gutenberg-Universität Mainz war, hatte im Auftrag des Instituts für Zeitgeschichte zwei wissenschaftliche Sachverständigen-Gutachten für den Ersten Auschwitz-Prozess erstellt,[460] die noch vor Prozessbeginn der Staatsanwaltschaft und dem Richterkollegium übergeben wurden. Das erste Gutachten „Die SS – das Herrschaftsinstrument" hatte Buchheim auszugsweise am 7. Februar 1964 verlesen, das zweite mit dem Titel „Befehl und Gehorsam" eben-

---

[458] Zeugeneinvernahme Blume, StAN, Rep. 501, KV-Prozesse, Fall 9, A 21-23, S. 1902-1903.
[459] Ebd., S. 1903.
[460] Rede des Reichsführers SS bei der SS-Gruppenführertagung in Posen am 4. Oktober 1943 (Auszüge). Zitiert nach: Der Prozess gegen die Hauptkriegsverbrecher vor dem Internationalen Militärgerichtshof. Nürnberg 14. November – 1. Oktober 1946. Amtlicher Text, deutsche Ausgabe. Bd. 29: Urkunden und anderes Beweismaterial Nr. 1850 – Nr. 2233. Nürnberg 1948, S. 110-173. Von weiteren namhaften Zeitgeschichtsforschern sind ebenfalls für den ersten Auschwitz-Prozess drei Sachverständigen-Gutachten eingereicht worden: MARTIN BROSZAT: Nationalsozialistische Konzentrationslager 1933-1945. HANS-ADOLF JACOBSEN: Kommissarbefehl und Massenexekutionen sowjetischer Kriegsgefangener. HELMUT KRAUSNICK: Judenverfolgung.

4 Aspekte zur Tötungsbereitschaft der im Fall 9 verurteilten SS-Offiziere

falls auszugsweise am 2. Juli des gleichen Jahres. In dem letztgenannten Gutachten ging Buchheim auf die beiden unterschiedlichen Befehlsgewalten und Gehorsamspflichten während der Hitler-Diktatur ein.

> „Einerseits [gab es die aus dem Deutschen Kaiserreich stammende] legitime Befehlsgewalt mit einer aus der Gesamtheit staatsbürgerlicher Pflichten hergeleiteten Gehorsamspflicht des Soldaten;
> andererseits die usurpierte, im Namen des Gesetzes der Geschichte sinnlos verabsolutierte Befehlsgewalt Hitlers mit der *freiwillig* übernommenen, *ideologisch* begründeten und grundsätzlich durch keine Normen eingeschränkte Gehorsamspflicht seiner *Anhänger*."
> [Kursivdruck vom Verf.].[461]

Auf exakt jene „zweite, freiwillig übernommene, ideologisch begründete und grundsätzlich durch keine Normen eingeschränkte Gehorsamspflicht" konnte sich Himmler allenfalls berufen, insofern, als die SS lediglich eine *Partei*formation war und keine staatliche Organisation. Demzufolge waren die im Nürnberger Einsatzgruppenprozess angeklagten SS-Offiziere als Mitglieder einer *Partei*organisation juristisch gesehen auch keine Soldaten und konnten sich demzufolge auch nicht auf Befehlsnotstand im Rahmen der soldatischen Gehorsamspflicht berufen. Dessen ungeachtet beließ es Himmler im Vernichtungsfeldzug gegen die Sowjetunion gegenüber den ihm unterstellten Einsatzgruppen und Polizeibataillonen jedoch nicht bei verbalen Drohungen, insofern, als die eigene Kriegsgerichtsbarkeit der SS im Kriege militärisches Führungsinstrument war. So wurde jegliche Form von Menschlichkeit gegenüber den zu exekutierenden Opfern grundsätzlich als „Charakterschwäche" diskriminiert und disziplinarisch geahndet. Mehrfach belegt sind unter anderem die Drohungen des berüchtigten SS-Gruppenführers und Generals der Waffen-SS und der Polizei Friedrich Jeckeln, der im Vernichtungsfeldzug gegen die Sowjetunion von Himmler als Höherer SS- und Polizeiführer (HSSPF) Russland-Süd, danach als Höherer SS- und Polizeiführer Russland-Nord, eingesetzt worden war und der hinsichtlich moralischer Bedenken des Exekutions-Mannschaftspersonals unmissverständlich äußerte: „Wenn ich einen erwische, der seelisch schlappmacht, dann kriegt auch er die Kugel."

In der NS-Ideologie – und ganz besonders in der moralisch pervertierten Vorstellungswelt der SS-Ordensträger – wurde „die Fähigkeit zu Mitgefühl, Empathie, Rücksichtnahme und Selbstreflexion [...] diskriminiert und pathologisiert [...], mit ‚jüdisch' gleichgesetzt und verachtet." Entsprechend galt sie als „Ausdruck rassisch/erblich bedingter Minderwertigkeit und somit ‚auzurottende' Schwäche."[462] So wurden beispielsweise diejenigen SS-Offiziere, die gegenüber den Exekutionsbefehlen auch nur den Anschein ethischer Bedenken äußerten, von

---
[461] HANS BUCHHEIM, Befehl, S. 222.
[462] ANGELA MORÉ: Die psychologische Bedeutung der Schuldabwehr von NS-Tätern und ihre implizite Botschaft an die nachfolgende Generation, in: ROLF POHL/ JOACHIM PERELS (Hrsg.): Normalität der NS-Täter? Eine kritische Auseinandersetzung (Schriftenreihe des Fritz Bauer Insti-

den systemüberzeugten fanatischen Hardlinern mit der despektierlichen Bezeichnung „zu weich" versehen – so auch Biberstein unter anderem von Hartl–, und selbst die *Bedenkenträger* betrachteten demzufolge ihr Mitgefühl für die zu Exekutierenden, insbesondere für die Kinder, als ganz persönliches Versagen, wie von den Angeklagten Jost und Dr. Blume vor dem US Military Tribunal mehrfach zu Protokoll gegeben wurde.

* * *

Dass aber das Selbstverständnis der Allgemeinen SS als nichtnormativ agierendes Exekutivorgan der Führergewalt durchaus brüchig werden konnte, lassen die Aussagen des oben genannten ehemaligen Führers des Sonderkommandos 7a Dr. Walter Blume vor dem US Military Tribunal II zu, das hier auszugsweise wiedergegeben wird, ohne jedoch auf die ihm zur Last gelegten Morde einzugehen. Auf die Frage des Vorsitzenden Richters Michael A. Musmanno, ob Dr. Blume beispielsweise bereit gewesen wäre, 100 jüdische Kinder zu erschießen, so wie es der Führerbefehl von ihm gefordert hätte, antwortete jener: „Herr Präsident, dann hätte ich mich erschossen. Ich glaube nicht, dass ich das seelisch ertragen hätte."[463] Und unter Verweis, dass er selbst fünf kleine Kinder habe, fügte Blume erklärend hinzu:

„Ich glaube [...], dass irgendwo die Grenze gekommen ist, wo ein Mensch – bei dem das Gefühl überwiegt wie bei mir – vor dieser Konsequenz steht, auch *dazu* kommt, [dass] die Verbindung zwischen Verstand, der befiehlt und der fühlt, nachlässt, sodass er entweder verrückt wird oder Hand an sich legt.[464]

Auch wenn der Führerbefehl jedem Deutschen heilig sei [wie Himmler in seiner ersten Posener Rede eingefordert hatte], einmal kommt der Moment, wo der Verstand reißt, selbst wenn man noch so bereit ist, ihm zu gehorchen."

Musmanno: „Wenn Ihnen Hitler persönlich gesagt hätte, vor Ihnen stehend, diesen 10 Jahre alten Knaben hinzurichten, würden Sie seinem Befehl Folge leisten?"

Blume: „Ich glaube nicht, Herr Präsident, dass dann die Autorität so stark gewesen wäre, um mein Gefühl [der Menschlichkeit] zu überwinden."

Musmanno: „Sie verehrten Hitler nicht so weit, dass Sie einen *Mord* begangen hätten?"

Blume: „Da wäre sicherlich das *Treueverhältnis gerissen*. Jedenfalls wäre der Anfang davon gemacht worden."

Musmanno: „Sie würden in dieser Hinsicht den *Eid der unwandelbaren Treue*, den Sie ihm [Hitler] gegeben hatten, geändert haben." [Kursivdruck vom Verf.].[465]

---

tutes, Frankfurt am Main. Studien- und Dokumentationszentrum zur Geschichte und Wirkung des Holocaust; 27), Hannover 2011, S. 105-121, hier S. 117f.

[463] Zeugeneinvernahme Blume, StAN, Rep. 501, KV-Prozesse, Fall 9, A 24-26, S. 1958-1959.

[464] Blume hatte bereits nach seiner Festnahme im britischen Internierungslager zwei Selbstmordversuche unternommen.

[465] Zeugeneinvernahme Blume, StAN, Rep. 501, KV-Prozesse, Fall 9, A 24-26, S. 1958-1959 und S. 1961-1962.

Dr. Blume gab zu bedenken, dass er bei seiner Verpflichtung zu dem von ihm am 11. April 1935 geleisteten Treue-Eid „niemals der Überzeugung gewesen war, dass mich dieses so ideal erscheinende Verhältnis vor solche Konsequenzen stellen konnte" und argumentierte weiter, dass bei seiner Abnahme des Treue-Eides auf Hitler eine Judenausrottung nicht vorherzusehen gewesen wäre, denn dann hätte er den Treue-Eid nicht leisten können.[466] Insofern sei er Hitler lediglich in *den* Fällen gefolgt, die mit seinem „eigenen sittlich-moralischen Gewissen" vereinbar gewesen seien, weil er damals [1935] der Überzeugung gewesen sei, „dass Hitler gleichbedeutend war mit dem deutschen Schicksal. Und auch als die Verehrung und Liebe [zum Führer] schwand, blieb das Gefühl, dass hier eine schicksalhafte Persönlichkeit sich auswirkte und dass ich innerhalb des Rahmens dieser Auswirkung meine Pflicht tun musste."[467] Des Weiteren argumentierte Blume, er habe sich während seines fünfmonatigen „Osteinsatzes" in einer Kollision befunden zwischen seiner Gehorsamspflicht, den von der „Führergewalt" befohlenen Rechtsbruch, d. h. den Judenmord, zu begehen und „den persönlichen menschlichen Forderungen seines Gewissens."[468] Zwar habe er sich damals innerlich keine Kritik an diesem Befehl erlaubt, auf der anderen Seite aber „schien es mir grausam und menschlich unmöglich, wehrlose Menschen einfach zu erschießen, und dies sogar massenweise". In diesem menschlichen und persönlichen Sinne habe er den Führer-Befehl damals bei Übernahme des SK 7 a innerlich abgelehnt. „Ich hielt diesen Befehl in diesem Sinne nicht für richtig, auch [sogar,] soweit er sich auf wehrfähige Männer bezog, und vor allem natürlich, soweit Frauen und Kinder erschossen werden sollten."[469]

Als Blume unmittelbar nach Übernahme des Sonderkommandos 7 a von seinem Dienstvorgesetzten, dem SS-Gruppenführer Arthur Nebe, per Funkspruch den Befehl zur Exekution der Juden – einschließlich der Frauen und Kinder – der weißrussischen Stadt Witebsk erhielt, habe er „zum ersten Mal vor der Tatsache [gestanden], dass all mein Denken und Fühlen einem Führerbefehl nicht folgen konnte." Daher habe er versucht, jenen von Nebe erteilten Ausrottungsbefehl in der Weise zu umgehen, dass er Nebe einen eingehenden schriftlichen Bericht zukommen ließ.

„Ich wies darauf hin, dass mir eine Erschießung der Juden durch die kleinen Einsatzkommandos undurchführbar erschiene. Ich regte stattdessen die Zusammenfassung der Juden in Ghettos an und schlug vor, die Zeit *nach dem Kriege abzuwarten, wo sie dann umgesiedelt werden könnten.*

---

[466] Ebd., S. 1962-1963.
[467] Ebd., S. 1963-1964, 1941.
[468] Ebd., S. 1885.
[469] Ebd., S. 1882-1884.

Mit diesem Bericht machte ich nochmals den freilich nicht aussichtsreichen Versuch, auf den Führerbefehl im Sinne einer Undurchführbarkeit hinzuweisen und einzuwirken. Außerdem glaubte ich, dadurch zunächst einen Vorwand zu finden, Exekutionen in Witebsk nicht vorzunehmen.

Übrigens habe ich aus den mir hier in Nürnberg zur Kenntnis gegebenen Ereignismeldungen ersehen, dass Nebe jenen Bericht von mir in seinen Berichten nach Berlin verwendet hat." [Kursivdruck vom Verf.].[470]

In der Tat hatte Nebe in seiner Funktion als Chef der Einsatzgruppe B die von Blume angefertigte Darlegung in seinem eigenen Bericht an das Reichssicherheitshauptamt (RSHA) verwendet. Nachdem die Wehrmacht am 10. Juli 1941 die Stadt Witebsk eingenommen hatte, war das Sonderkommando 7a fünf Tage später nachgerückt. Während jener Zeit sind laut *Ereignismeldungen UdSSR 1941/42* keinerlei Exekutionsmaßnahmen durchgeführt worden. Stattdessen legte Nebe in seinem an das Reichssicherheitshauptamt (RSHA) gerichteten Bericht vom 23. Juli dar:

„Eine Lösung der Judenfrage während des Krieges erscheint in diesem Raum undurchführbar, da sie bei der übergroßen Zahl der Juden nur durch *Aussiedlung* [sic!] erreicht werden kann.[471] Um aber für die nächste Zeit eine tragbare Basis zu schaffen, sind von der Einsatzgruppe B überall, wo sie ihre Arbeit aufnahm, folgende Maßnahmen getroffen worden.

In jeder Stadt wurde ein kommissarischer Vorsitzender des Judenrates eingesetzt [...]. Der Judenrat trägt geschlossen die Verantwortung für die Haltung der jüdischen Bevölkerung [...].

Darüber hinaus hat der Judenrat Arbeitsgruppen aus sämtlichen männlichen Juden im Alter von 15 bis 55 Jahren zusammenzustellen, die Aufräumarbeiten [der zerstörten Stadt] und Arbeitsleistungen für deutsche Behörden und Truppen zu verrichten haben. In den gleichen Altersklassen sind auch weibliche Arbeitsgruppen aufzustellen [...].

Als vordringliche und angesichts der großen Zahl der Juden besonders schwierige Aufgabe erscheint ihr Unterbringen im Ghetto. Die Durchführung dieser Aufgabe ist im Gange."[472]

Jene Berichterstattung dürfte im Reichssicherheitshauptamt (RSHA) offensichtlich als äußerst kontraproduktiv, ja „zersetzend", aufgefasst worden sein, denn Dr. Blume erhielt kurze Zeit später von Nebe „einen sehr scharf gehaltenen Funkspruch, in welchem er eine eingehende Berichterstattung über Witebsk und insbesondere die Durchführung von Judenexekutionen forderte."[473] Erst nachdem Nebe ihn zum wiederholten Mal durch einen Befehl unmissverständlich aufgefordert

---

[470] Ebd., S. 1833.
[471] Die Zahl der in Weißrussland zu jenem Zeitpunkt lebenden Juden wurde von Blume auf 1.5 Millionen geschätzt.
[472] Der Chef der Sicherheitspolizei und des SD, IV A 1 – B. Nr. 1 B/41 g. Rs., Ereignismeldung UdSSR Nr. 31 vom 23.7.1941, BArch, R 58/ 215.
[473] Zeugeneinvernahme Blume, StAN, Rep. 501, KV-Prozesse, Fall 9, A 21-23, S. 1833.

4 Aspekte zur Tötungsbereitschaft der im Fall 9 verurteilten SS-Offiziere

habe, sei er gezwungen gewesen, den Exekutionsbefehl auszuführen, habe ihn jedoch ausschließlich auf die wehrfähigen Männer beschränkt, gab Blume zu Protokoll.[474] Das sei das einzige Mal gewesen, dass er Juden erschossen habe. Weitere Erschießungen durch das SK 7 a seien zwar auf ausdrücklichen Befehl Nebes hin erfolgt, jedoch gemäß dessen Anweisung von dem Dr. Blume unterstellten Kommando*unterführer* SS-Obersturmführer Richard Foltis ausgeführt worden.

Des Weiteren gab Blume an, er habe angesichts der ungeheuren Konsequenz des Führerbefehls, der anordnete, unterschiedslos Männer, Frauen und Kinder zu töten, die keinerlei Verbrechen begangen hatten, bereits zuvor versucht, jenen von Nebe erteilten Ausrottungsbefehl in der Weise zu umgehen, dass er die Juden der Stadt Wilna ghettoisierte, in der Hoffnung, dass der Führerbefehl möglicherweise doch noch aufgehoben würde.[475] Zwar wird nicht die Ghettoisierung, wohl aber die Festnahme von Juden durch die *Ereignismeldung UdSSR vom 2. Juli 1941* belegt. Dort heißt es: „EK 7 a hat Festnahmeaktion gegen Kommunisten und Juden eingeleitet [...]. Führende Kommunisten zum größten Teil geflohen."[476]

Die Hoffnungen des Dr. Blume hinsichtlich einer möglichen Aufhebung des Judenausrottungsbefehls erschienen aus dessen Sicht insofern nicht ganz unberechtigt, als Hitler seitens der Wehrmacht zur Aufhebung des Kommissarbefehls veranlasst wurde, den er dann am 6. Mai 1942 tatsächlich versuchsweise aussetzte. Danach trat der Kommissarbefehl nicht wieder in Kraft. Des Weiteren hatte Hitler auch den 1939 angeordneten Euthanasie-Erlass am 24. August 1941 formell aufgehoben, jedoch wurde im Geheimen die Ermordung sogenannten „lebensunwerten Lebens" in den sechs T4-Anstalten weiter durchgeführt, so in Grafeneck in Baden-Württemberg, Brandenburg in Brandenburg, Hartheim in Oberösterreich, Sonnenstein in Sachsen, Bernburg in Sachsen-Anhalt und Hadamar in Hessen, deren Opferzahlen sich insgesamt auf mehr als 70.000 Menschen belaufen.

Die oben aufgeführten Einlassungen hinsichtlich der Hoffnung auf Aufhebung des Ausrottungsbefehls erscheinen durchaus glaubhaft, da Dr. Blume nach nur sieben Wochen „Osteinsatz" per Funkspruch nach Berlin rückbeordert wurde,[477] und zwar aufgrund mehrerer Beschwerden seitens seines Dienstvorgesetzten, des berüchtigten Reichskriminaldirektors und SS-Gruppenführers Arthur Nebe, der Blume „mangelnde Leistung" bzw. „Unfähigkeit im Einsatz" attestiert hatte. Jedoch habe Nebe selbst unter ungeheurem Effizienzdruck von Seiten Heydrichs gestanden, den er an die ihm unterstellten Führer der Einsatz- und Sonderkommandos

---

[474] Ebd., S. 1882-1884.
[475] Ebd., S. 1930-31.
[476] Der Chef der Sicherheitspolizei und des SD, IV A 1 – B. Nr. 1 B/41 g. Rs., Ereignismeldung UdSSR Nr. 31 vom 23.7.1941, BArch, R 58/ 214.
[477] Zeugeneinvernahme Blume, StAN, Rep. 501, KV-Prozesse, Fall 9, A 21-23, S. 1848.

weitergegeben habe, erklärte Blume am 31. Oktober 1947 vor dem US Military Tribunal II in Nürnberg.[478]
Da Blume wiederholt ausführte, er habe Hitler hinsichtlich des Judenausrottungsbefehls als im Unrecht angesehen und sich demzufolge in Kollision seiner Gefühle mit dessen Befehlsgebung befunden,[479] versuchte das US Military Tribunal II verständlicherweise die Glaubwürdigkeit des Angeklagten zu überprüfen, sodass sich mit Bezug zu dem geleisteten Treueeid die nachfolgende Befragung ergab:

> Musmanno: „Sie hatten den Eid geleistet, Hitler unbedingte Treue zu halten [...]. Und nach diesem Eid, den Sie ablegten, war es nicht erlaubt, irgendeinen Befehl zu ändern oder ihn abzuändern [...]. Sie durften einen Befehl, der ihnen von Hitler gegeben war, nicht abändern [...], denn Sie hielten Hitler die Treue nicht, wenn sie seinen Befehl abänderten [...].
>
> Sie leisteten einen Eid, Hitler zu folgen, seinem Befehl unbedingt zu gehorchen. Jetzt haben Sie uns im Zeugenstand freiwillig gesagt, dass Sie dem Befehl nicht völlig Folge leisteten. Sie versuchten, ihn zu ändern. Sie versuchten, in eine Lage zu kommen, in der Sie ihn ändern konnten. Sie versuchten, ihn zu umgehen."
>
> Blume: „Es begann mit diesem Moment eine Lockerung des Gefolgschaftsverhältnisses."
>
> Musmanno: „Also war Adolf Hitler Ihrer Ansicht nach nicht unfehlbar?"
>
> Blume: „Ja, das war die erste Regung, die jetzt kam."[480]

Auf die weitere Frage des Vorsitzenden Richters, ob Blume Hitler im Hinblick auf dessen Ausrottungsbefehl als Mörder betrachtete, antwortete jener, dass der Judenausrottungsbefehl „allgemeine menschliche Gefühle" in ihm verletzt habe. Zwar habe jener Befehl aufgrund der damals gültigen verfassungsrechtlichen Prinzipien Gesetzeskraft gehabt, moralisch jedoch sei er nicht richtig gewesen.[481] Der Vorsitzende Richter insistierte:

> Musmanno: „Was denken Sie heute über Hitler? War er unfehlbar? Was haben Sie heute für ein Gefühl in Bezug auf Adolf Hitler? Glauben Sie noch, dass er der vollkommene Mann war, für den Sie ihn hielten?"
>
> Blume: „Die Ereignisse der Politik sprechen dagegen, Herr Präsident."[482]

Was wollte Blume damit andeuten? Bis zum Erhalt des Judenausrottungsbefehls durch seinen Dienstvorgesetzten Nebe im Juni 1941 habe er geglaubt, dass der deutsche Einmarsch nach Polen und in die Sowjetunion ein *Präventivschlag* und somit gerechtfertigt gewesen sei. Diesbezüglich stellte Blume den Sachverhalt insofern richtig dar, als Hitler und insbesondere Goebbels den zutiefst rechtswid-

---
[478] Ebd., S. 1833.
[479] Ebd., A 24-26, S. 1953.
[480] Ebd., S. 1905-1909.
[481] Ebd., S. 1954.
[482] Ebd., S. 1953.

4 Aspekte zur Tötungsbereitschaft der im Fall 9 verurteilten SS-Offiziere 649

rigen Überfall auf die Sowjetunion der zwischenzeitlich kriegsmüden deutschen Bevölkerung durch eine ausgeklügelte Kriegspropaganda als Präventivmaßnahme zu suggerieren suchte. Blume führte weiter aus, dass mit der Art und Begründung des mündlich weitergegebenen Judenausrottungsbefehls jedoch „erste Zweifel seelischer und geistiger Art an der Person Adolf Hitler aufgekommen seien, hätten notwendigerweise aufkommen *müssen*".[483] Auf die Frage Musmannos, ob er damals bedauert habe, den Führerbefehl nicht oder nur teilweise durchgeführt zu haben, antwortete Blume:

> „Jawohl. Dieses Gefühl stärkte in mir ein Gefühl der *Schuld* darüber, dass ich als Einzelmensch nicht in der Lage war, und mich unmöglich [außerstande] fühlte, einem Führerbefehl zu folgen [...]. Es wäre mir lieber gewesen, wenn ich einen Befehl erhalten hätte, den ich begriffen hätte, in seiner ganzen Konsequenz [und] als unbedingte [Kriegs]-Notwendigkeit." [Kursivdruck vom Verf.].[484]

Seinen Aussagen zufolge hatte sich Blume 1941 angesichts des Judenausrottungsbefehls in einer Kollision befunden zwischen der von ihm vermeintlich eingeforderten „Treue zum Führer" und dem durch sein protestantisch geprägtes Elternhaus vermittelten abendländischen Normen- und Wertekodex. Es ist bezeichnend, dass er aufgrund der jahrelang erfolgten ideologischen Indoktrination in den NS-Institutionen – dem SD und Reichssicherheitshauptamt (RSHA) – seine ethischen Bedenken gegenüber dem Mordbefehl des Staatsoberhauptes nunmehr als *persönliche* Schuld empfand. Mit Blick auf die Führerverehrung des Dr. Blume im Zusammenhang mit Hitlers Suizid, d. h. als Hitler „Blume und den Rest von Deutschland zurückließ, um den Problemen allein gegenüberzustehen", gab Blume dem Vorsitzenden Richter Musmanno zur Antwort, das sei „natürlich eine tiefe Erschütterung" gewesen. Insofern würde er es „heute für seine Pflicht halten", die damaligen Ereignisse „einer eingehenden klaren Überprüfung zu unterziehen", auch die Frage, ob er „einem Idol nachgegangen" sei. Heute würde er Zweifel daran haben, ob Hitler ein großer Mann, Staatsmann und Führer gewesen sei.[485] Gerade der letztgeäußerte Satz erscheint glaubhaft. Immerhin erforderte es ein beträchtliches Maß an Courage, sich so freimütig zu seinen bereits ab 1941 zunehmenden Zweifeln an der Führerpersönlichkeit und dessen verbrecherischer Befehlsgebung sowie der eingeforderten Treueverpflichtung durch den SS-Eid in Anwesenheit der übrigen 21 Mitangeklagten zu äußern, insbesondere im Beisein des Hardliners Ohlendorfs, der – wie dessen Strafverteidiger Dr. Rudolf Aschenauer Jahre später eingestand – „unter seinen Mitangeklagten die beherrschende Persönlichkeit [gewesen sei]."[486] In welch hohem Maße Ohlendorf seine Mitangeklagten im

---
[483] Ebd., A 21-23, S. 1910 und A 24-26, S. 1961.
[484] Ebd.
[485] Zeugeneinvernahme Blume, StAN, Rep. 501, KV-Prozesse, Fall 9, A 21-23, S. 1964, 1966.
[486] Vernehmung des ehemaligen Verteidigers Ohlendorfs, Dr. Rudolf Aschenauer, durch einen Un-

Hinblick auf die Festlegung einer einheitlichen Verteidigungslinie zu beeinflussen suchte, schilderte nicht nur Aschenauer, sondern auch Bibersteins ehemaliger Strafverteidiger Dr. Friedrich Bergold am 11. Oktober 1972 anlässlich seiner Zeugeneinvernahme im Strafverfahren gegen den ehemaligen SS-Gruppenführer und Generalleutnant der Waffen-SS Bruno Streckenbach bezüglich der Frage zum „Ausrottungsbefehl des Führers", der den Einsatzgruppen noch *vor* Beginn des Russlandfeldzuges im Bereitstellungsraum Pretzsch/Elbe durch Streckenbach im Beisein Heydrichs bekanntgegeben worden sein soll:

> „Mein Mandant, Dr. [sic] Biberstein, hat mir von Anfang an gesagt, daß er von dem Führerbefehl nichts wisse. Dennoch seien Ohlendorf und die anderen Angeklagten, die Ohlendorfs These mitvertraten, immer wieder mit Drohungen und Lockungen an ihn herangetreten, er solle ihre These von der Überbringung des Führerbefehls durch Streckenbach in Pretzsch übernehmen. Biberstein hat mir stets gesagt, er könne Derartiges nicht tun, das gehe gegen sein Gewissen.
>
> Selbst nach der Urteilsverkündung [zum Tod durch den Strang] haben die anderen Angeklagten noch versucht, meinen Mandanten zur Unterstützung ihrer These zu gewinnen, weil sie glaubten, dann begnadigt zu werden. Biberstein hat das jedoch bis zum Schluss abgelehnt."⁴⁸⁷

Über den Druck, den Ohlendorf auf seine Mitangeklagten ausgeübt hatte, um sie auf eine einheitliche Sockelverteidigung einzuschwören, gab ebenso dessen ehemaliger Mitangeklagter im Nürnberger Einsatzgruppenprozess Gustav Nosske am 30. Juli 1964 in dem Ermittlungsverfahren der Staatsanwaltschaft beim Landgericht Hamburg gegen Bruno Streckenbach zu Protokoll:

> „Während des Prozesses in Nürnberg verstand es Ohlendorf aufgrund seines überragenden Intellekts, die Linie der Verteidigung auch der anderen zu bestimmen [...].
>
> Dabei hatte Ohlendorf schon eine starke Gruppe um sich gebildet, die im SD-Hauptamt seine Untergebenen gewesen waren und der gegenüber Außenstehende mit allem Mitteln zur [der] geistigen Beherrschung zum Einschwenken auf seine Linie mehr oder weniger gezwungen wurden [...]. Sein Verbot zur individuellen Verteidigung und sein Gebot einer einheitlichen Darstellung sollte dazu führen, daß den Angeklagten vom ersten Tage des Einsatzes ein Führerbefehl gegenübergestanden habe, der unausweichlich war.
>
> Dabei versuchte Ohlendorf auch Angeklagte niederster Dienstgrade zu dem Bekenntnis zu bringen, daß sie den Befehl von Anfang an gekannt und danach gehandelt hätten. Dazu sollten sich auch jene Angeklagte[n] wider bessere Überzeugung bekennen, von denen anzunehmen war oder denen man glauben konnte, daß sie mit einer Erschießung niemals etwas zu tun gehabt hatten.

---

tersuchungsrichter des Landgerichts Hamburg im Zuge der gerichtlichen Voruntersuchung gegen Bruno Streckenbach, durchgeführt am 13.10.1972 in München (Zentrale Stelle der Landesverwaltungen Ludwigsburg 201, AR-Z 76/59, Bd. 16 (XLVI), Bl. 8394-8396, hier S. 8394.

⁴⁸⁷ Vernehmung des ehemaligen Verteidigers Biberstein Dr. Friedrich Bergold (geb. 1899) durch einen Untersuchungsrichter des Landgerichts Hamburg im Zuge der gerichtlichen Voruntersuchung gegen Bruno Streckenbach ([54] 3/70), durchgeführt am 11.10.1972 in Nürnberg (Zentrale Stelle der Landesverwaltungen Ludwigsburg 201, AR-Z 76/59, Bd. 16 (XLVI), Bl. 8387-8388, hier S. 8387.

4 Aspekte zur Tötungsbereitschaft der im Fall 9 verurteilten SS-Offiziere

Ohlendorf fasste diesen Verteidigungsplan bei Gelegenheit in dem Satz zusammen: ‚Alle zusammen können sie ja doch nicht hängen'."[488]

In diesem Zusammenhang sei auf den letzten Beschluss des Großdeutschen Reichstages vom 26. April 1942 hingewiesen, durch den Hitler unausgesprochen und auf Umwegen den völkerrechtswidrig durchgeführten Vernichtungskrieg gegen die Sowjetunion – den er als „Kampf des deutschen Volkes um Sein oder Nichtsein" bezeichnete – nachträglich zu legitimieren suchte und der, in euphemistische Phrasen verhüllt, ein hohes Bedrohungspotential im Hinblick auf mögliche *Bedenkenträger* gegenüber der Ausrottungspolitik aufwies.

„Es kann keinem Zweifel unterliegen, daß der Führer in der gegenwärtigen Zeit des Krieges, in der das deutsche Volk in seinem *Kampf um Sein oder Nichtsein* steht, das von ihm in Anspruch genommene Recht besitzen muß, alles zu tun, was zur Erringung des Sieges dient oder dazu beiträgt.

Der Führer muß daher – *ohne an bestehende Rechtsvorschriften gebunden zu sein* – in seiner Eigenschaft als Führer der Nation, als Oberster Befehlshaber der Wehrmacht, als Regierungschef und oberster Inhaber der vollziehenden Gewalt, als oberster Gerichtsherr und Führer der Partei jederzeit in der Lage sein,

nötigenfalls jeden Deutschen sei er einfacher Soldat oder Offizier, niedrige oder hoher Beamter oder Richter, leitender oder dienender Funktionär der Partei, Arbeiter oder Angestellter – mit allen ihm geeignet erscheinenden Mitteln zur Erfüllung seiner Pflichten anzuhalten und bei Verletzung dieser Pflichten nach gewissenhafter Prüfung ohne Rücksicht auf sogenannte wohlerworbene Rechte mit der ihm gebührenden Sühne zu belegen, ihn im besonderen *ohne Einleitung vorgeschriebener Verfahren* aus seinem Amte, aus seinem Rang und seiner Stellung zu entfernen." [Kursivdruck vom Verf.].[489]

Um die Einlassungen des Dr. Blume hinsichtlich der von ihm geäußerten moralischen Skrupel gegenüber dem „Führerbefehl" in den historisch-politischen Kontext einordnen zu können, wird zudem auf die anfänglich bestehende übergroße Verehrung verwiesen, die Blume bis zu seinem „Osteinsatz" Hitler als Person und Staatsoberhaupt entgegengebracht hatte und die er wie folgt beschrieb:

„Ich [muss] hier noch ein Wort über mein persönliches inneres Verhältnis zu dem Führer Adolf Hitler hinzufügen. Ich muss bekennen, dass ich an den Führer so sehr glaubte, wie man an einen Menschen nur glauben kann. Ich hielt ihn für einen überragend intelligenten und großen Mann.

Er hatte als politischer Führer Deutschlands die Krisenzeit der Jahre bis 1932 überwunden, er hatte die Arbeitslosigkeit beseitigt und eine in der Tat hervorragende Ordnung in Deutschland hergestellt.

---

[488] Aussage Gustav Nosske am 30.7. 1964 in dem Ermittlungsverfahren gegen den ehemaligen BdS Krakau und Amtschef I des RSHA Bruno Streckenbach vor der Staatsanwaltschaft beim Landgericht der Freien und Hansestadt Hamburg, AZ 147 Js 31/67, Bl. 2203f, abgedruckt in: ANDREJ ANGRICK, Besatzungspolitik, S. 102f.
[489] Beschluß des Großdeutschen Reichstages vom 26. April 1942, in: RGBl. I, Nr. 44 (1942), S. 247.

Er hatte Österreich und das Sudetenland mit Deutschen vereinigt, und dies waren keine Invasionen, sondern ich selbst weiß genau, dass die Österreicher und Sudetendeutschen zu 95% und mehr begeistert waren, in den Verband des Reiches aufgenommen zu werden. Schließlich hatte der bisherige Lauf des Krieges [1939-1940/41] von Erfolg zu Erfolg geführt. Gerade Mitte 1941 stand Hitler auf dem Höhepunkt seiner Macht."[490]

Wer wie Blume bis zum Beginn seines „Osteinsatzes" in derart begeisternder Weise an Hitler geglaubt hatte, hätte im Prinzip keines Führereides bedurft. Chefankläger Ferencz kommentierte jene Aussage mit den Worten: „Die Anklagebehörde ist bereit, einzuräumen, dass der Angeklagte Hitler verehrte und dass er *von seinem Standpunkt aus* einen guten Grund dafür hatte." [Kursivdruck vom Verf.].[491] Eine derart übermäßige und irrationale Führerverehrung war auch bei Goebbels und Himmler festzustellen, wie noch darzulegen sein wird.

Antriebskräfte:
(a) Systemimmanenter massiver Effizienzdruck seitens der Dienstvorgesetzten

Nicht die im Nürnberger Einsatzgruppenprozess angeklagten systemüberzeugten Gesinnungstäter, insbesondere Ohlendorf, Naumann, Dr. Braune oder Dr. Sandberger, wohl aber die „Bedenkenträger" – mit Ausnahme von Biberstein – gaben vor dem US Military Tribunal II zu Protokoll, dass sie von ihren Dienstvorgesetzten Himmler, Heydrich oder den drei Höheren SS- und Polizeiführern, die hinter der Front als Vertreter Himmlers im Weltanschauungskrieg gegen die Sowjetunion fungierten – und die despektierlich als „die kleinen Himmler" bezeichnet wurden – unter Androhung von Strafen unterschiedlicher Art massiv unter Druck gesetzt worden seien.

Insbesondere durch Himmlers Dienstkalender 1941/42 ist belegt, dass jener sich zur Inspektion der ihm unterstellten Polizeibataillone sowie der Einsatzgruppen und deren Kommandos unentwegt auf Dienstreisen befand. Selbst Weihnachten 1941 verbrachte er nicht bei seiner Familie. So flog er beispielsweise am 23. Dezember um 10.00 Uhr von Rastenburg/Ostpreußen nach Poltawa/Krim. Den Heiligabend verbrachte er in Mariupol/Ukraine und Taganrog/Südrussland (Abflug Poltawa um 10.30 Uhr, Landung in Mariupol um 12.30 Uhr; Abflug von Mariupol 14.00 Uhr, Landung in Taganrog 14.30 Uhr). In Taganrog – das zu Bibersteins späterem Operationsgebiet gehörte – war zu jenem Zeitpunkt das Sonderkommando 10a unter dem berüchtigten SS-Standartenführer und Oberst der Polizei Heinz Seetzen stationiert, der das Gebiet von Taganrog bis Rostow „judenfrei" machte. Den ersten Weihnachtsfeiertag verbrachte Himmler in Nikolajewka, den zweiten Weihnachtsfeiertag bei der SS-Division Wiking an der Mius-Stellung. Ein ähnlich

---

[490] Zeugeneinvernahme Blume, StAN, Rep. 501, KV-Prozesse, Fall 9, A 21-23, S. 1884-1885.
[491] Ebd., S. 1891.

4 Aspekte zur Tötungsbereitschaft der im Fall 9 verurteilten SS-Offiziere

umfangreiches Programm ist auch für die Weihnachtsfeiertage des Jahres 1942 vermerkt.[492]

Dass gerade Himmler unter einschlägigen Drohungen von seinen so bezeichneten „SS-Mannen" bedingungslosen Gehorsam einforderte, ist nicht nur aus seiner Ersten Posener Rede ersichtlich. So reagierte er beispielsweise äußerst ungehalten, als er anlässlich einer seiner zahllosen Inspektionsreisen zu den Polizeibataillonen und Einsatzgruppen des Russlandfeldzuges von dem mehrfach erwähnten SS-Brigadeführer und Generalmajor der Polizei Heinz Jost auf die „schwierigen Exekutivprobleme" der ihm unterstellten Mannschaftsangehörigen der Einsatz- und Sonderkommandos der Einsatzgruppe A angesprochen wurde, wie folgt:

„Sind Sie Philosoph [...]. Was heißt hier Problem? Hier geht es allein und einzig um Befehle [...]. Es geht nicht um den Inhalt der Befehle, sondern es geht um den Befehl als solchen [...]. Über Befehle wird nicht diskutiert und nicht gesprochen. Befehle werden durchgeführt [...].

Bei mir kann kein[er] Offizier oder General sein, der nicht gehorchen kann; wer Befehle nicht ausführen kann, kann auch nicht befehlen."[493]

Aber auch von Seiten Heydrichs wurde massiver Effizienzdruck auf die Einsatzgruppen und deren Kommandos ausgeübt. Exemplarisch sei hier der Fall des oben erwähnten Heinz Jost beleuchtet, der am 29. März 1942 die Nachfolge des verstorbenen SS-Brigadeführers und Generalmajors der Polizei Dr. Walter Stahlecker angetreten hatte und am Tag seines Dienstantritts durch ein SS-Stabsmitglied der Einsatzgruppe A über den Judenausrottungsbefehl informiert worden war. Als Jost wenig später anlässlich einer Inspektion Heydrichs in Riga, dem Standort des Gruppenstabes der Einsatzgruppe A, im Hinblick auf die Ungeheuerlichkeit und Tragweite des „Judenausrottungsbefehls" um Rückbeorderung bat, drohte jener in scharfem, kaltem Ton, Jost an die Ostfront strafzuversetzen, wenn er um Rückbeorderung bäte, und verwies auf den Fall des mehrfach erwähnten Dr. Werner Best unter der Drohung: „Dann werden wir ja sehen, ob er noch einmal [als Lebender] zurückkommt."[494] Best, den Heydrich als Konkurrenten betrachtet hatte, war im Jahre 1940 aufgrund fachlicher Auseinandersetzung mit Heydrich und Himmler aus dem Reichsicherheitshauptamt (RSHA) ausgeschieden. Jost charakterisierte Heydrich als „eine strenge, harte militärische Persönlichkeit, die keine Einmischung zuließ."[495]

---

[492] Der Dienstkalender Heinrich Himmlers 1941/42. Im Auftrag der Forschungsstelle für Zeitgeschichte in Hamburg bearbeitet, kommentiert und eingeleitet von Peter Witte u. a. Mit einem Vorwort von Uwe Lohalm und Wolfgang Scheffler (Hamburger Beiträge zur Sozial- und Zeitgeschichte, hrsg. von der Forschungsstelle für Zeitgeschichte in Hamburg; Quelle, Bd. 3), Hamburg 1999, S. 297-299 und S. 649-653.
[493] Ebd., S. 1192.
[494] Zeugeneinvernahme Jost, StAN, Rep. 501, KV-Prozesse, Fall 9, A 15, S. 1185.
[495] Ebd., S. 1237.

Im Hinblick auf den ungeheuren Effizienzdruck, den Heydrich auf die ihm Untergebenen auszuüben pflegte, gab Jost vor dem US Military Tribunal II einen weiteren Vorfall zu Protokoll:

Als Heydrich anlässlich einer seiner zahlreichen Inspektionsreisen mit Zielort Riga von Jost um die Rückgängigmachung des „Judenausrottungsbefehls" nachgesucht habe, sei dessen zynische Antwort darauf ein Ende April/Anfang Mai 1942 ausgestellter *schriftlicher* Befehl gewesen, Juden zwischen 16 und 32 Jahren zum Arbeitseinsatz zu verwenden, alle übrigen aber zu exekutieren. Jost gab vor dem US Military Tribunal II zu Protokoll, dass die meisten in Russland eingesetzten SS-Führer auch Kenntnis über den Sonderbefehl besessen hätten, *alle* jüdischen Kinder gleich welchen Alters zu töten. Nach Josts Verständnis habe jener Sonderbefehl „aus dem allgemeinen Judentötungsbefehls Hitlers" resultiert, jedoch „aus wirtschaftlichen Gründen des Arbeitseinsatzes eine Beschränkung auf gewisse Jahrgänge" gehabt.[496]

Mit Bezug zu dem oben genannten *schriftlichen* Befehl Heydrichs führte Jost während des *cross examination* weiter aus, jenen Befehl während seines fünfmonatigen „Osteinsatzes" nicht weitergegeben, sondern ihn in seinem Panzerschrank deponiert zu haben, in der Hoffnung, dass er doch noch aufgehoben würde.[497] Ihm sei durchaus bewusst gewesen, dass seine Handlung zweifellos den Tatbestand der Befehlsverweigerung erfüllt hätte.[498] Da Heydrich jedoch am 4. Juli 1942 an den Folgen eines Attentates verstorben war, habe niemand von dem im Panzerschrank deponierten Heydrich-Befehl erfahren.[499]

Auf die Frage des Chefanklägers Benjamin B. Ferencz, warum er Heydrichs Befehl nicht an die ihm unterstellten Kommandoführer weitergegeben habe, verglich Jost den staatlicherseits erteilten völkerrechtswidrigen Auftrag zur Ermordung der Juden während des Vernichtungskrieges gegen die Sowjetunion mit dem im Ersten Weltkrieg verübten Genozid an den Armeniern. Beides sei Unrecht gewesen, konstatierte Jost und fuhr fort:

> „Ich habe die Durchführung des Befehls für ein maßloses Unglück für die Betroffenen [Juden] gehalten [...].
> Ich habe gestern schon erklärt, dass die Vorstellung von dem, was aufgrund der Ausführung des Führerbefehls geschieht – nämlich ein riesengroßes Unglück für zehntausende Menschen – mich so überwältigte, dass ich den Befehl [Heydrichs] nicht weitergeben konnte."[500]

---

[496] Ebd., A 16, S. 1268, 1280-1283.
[497] Jene Hoffnung war nicht ganz unberechtigt. Immerhin ist Hitlers Kommissarbefehl nach verschiedentlichen Einsprüchen seitens der Wehrmacht am 6. Mai 1942 zunächst ausgesetzt, dann aber nicht wieder aktiviert worden.
[498] Zeugeneinvernahme Jost, StAN, Rep. 501, KV-Prozesse, Fall 9, A 16, S. 1317.
[499] Ebd., S. 1279.
[500] Ebd., S. 1269, 1274.

4 Aspekte zur Tötungsbereitschaft der im Fall 9 verurteilten SS-Offiziere

Daher habe er nach Heydrichs Tod während eines Appells der Mannschaft der ihm unterstehenden vier Kommandos deutlich gemacht, „dass auch der Jude unter Rechtsschutz steht, mit seinem Leben, seinem Eigentum und seiner Person und dass Verstöße dagegen entsprechend geahndet werden."[501] Sofern die diesbezüglichen Aussagen Josts der Wahrheit entsprechen, war jener Appell ein äußerst riskantes Unterfangen.

Des Weiteren berichteten nicht nur Jost, sondern auch mehrere andere im Fall 9 angeklagten NS-Gewalttäter übereinstimmend über den unerträglichen Druck durch ihre Dienstvorgesetzten, insbesondere seitens des berüchtigten SS-Gruppenführers sowie Generals der Waffen-SS und der Polizei Friedrich Jeckeln, der im Vernichtungsfeldzug gegen die Sowjetunion von Himmler als Höherer SS- und Polizeiführer (HSSPF) eingesetzt worden war.

Bild 73: SS-Obergruppenführer und General der Waffen-SS Friedrich Jeckeln.
(Quelle: Yad Vashem. Archiv-Signatur 4613/559).

Als HSSPF Russland-Süd mit Head-Quarter in Kiew unterstanden ihm vom Beginn des Russlandfeldzuges bis Ende Oktober 1941 sämtliche Einsatz- und Sonderkommandos der Einsatzgruppe C. Danach wurde Jeckeln von Himmler als HSSPF Ostland und Russland-Nord nach Riga versetzt und verblieb dort bis Anfang 1945.[502] Somit waren ihm ab November 1941 sämtliche Einsatz- und Sonderkommandos der Einsatzgruppe A unterstellt, demzufolge auch deren Chef, der SS-Brigadeführer und Generalmajor der Polizei Heinz Jost. Hinsichtlich der von ihm

---
[501] Ebd., A 12-14, S. 1187-1188.
[502] Nach Kriegsende wurde Jeckeln in Riga von einem sowjetischen Militärgericht wegen Kriegsverbrechen zum Tode verurteilt und am 3. Februar 1946 hingerichtet.

so bezeichneten „Judenbehandlung", d. h. der Massenmorde an jüdischen Zivilisten – einschließlich der Frauen und Kinder –, forderte Jeckeln im Sinne Himmlers immer höhere Exekutionsziffern ein, und auf Einwände des Führungspersonals der Einsatzgruppen reagierte er mit den Worten: „Die Sipo [Sicherheitspolizei] leidet an Humanitätsduselei."[503] Für ihn gebe es nur eine Verantwortung, einen gegebenen Befehl [Judentötungen] *rücksichtslos* durchzuführen. Entsprechend tat Jeckeln den Einwand des SS-Brigadeführers und Generalmajors der Polizei Heinz Jost, die Mitglieder seines Kommandos würden irreversiblen seelischen Schaden erleiden, mit den zynischen Worten ab: „Auch dieser Fall ist bei mir überlegt und durchdacht. Wenn ich einen erwische, der seelisch schlappmacht, dann kriegt er auch die Kugel."[504] Vor dem US Military Tribunal II charakterisierte Jost seinen Dienstvorgesetzten Jeckeln wie folgt:

„(1) Jeckeln war nicht nur mir, sondern im Allgemeinen bekannt als ein Mann von ungewöhnlicher Härte, aber auch Härte gegen sich selbst [...]. Diese Härte, die schon Ausdruck fand in meinen Schilderungen [...], dass er bereit war, SS-Männern, die nervenmäßig und seelisch die schweren Belastungen nicht zu überstehen, die Kugel zu geben, beweist seine Härte gegenüber seinen Untergebenen.

(2) Dass er [Jeckeln] aber auch in seiner persönlichen Lebenssphäre bis zur letzten Konsequenz hart sein konnte, ergibt sich daraus, dass er *sein eigenes Kind*, das geistig nicht gesund war, dem Gnadentod zugeführt hat – also *Euthanasie*. Das beweist also, wie hart dieser Mensch war.

(3) Jeckeln hatte in seiner Funktion als Kriegsgerichtsherr zwei *estnische* Offiziere, die sich *freiwillig* zu einer Kampftruppe gemeldet hatten, zum Tode verurteilt, weil sie sich – ohne zuvor Urlaub zu nehmen – lediglich für 24 Stunden von jener Kampftruppe entfernt hatten, danach aber zurückgekehrt waren.

(4) Jeckeln hatte in seiner Funktion als Höherer SS- und Polizeiführer, d. h. als Stellvertreter Himmlers im Osten, sämtliche Vollmachten in seiner Hand, z. B. ein unmittelbares Eingreifen in die ihm unterstehenden Dienststellen." [Kursivdruck vom Verf.].[505]

Auf ausdrückliche Bitten des Vorsitzenden Richters, Michael A. Musmanno, äußerte sich Jost auch zu seinem Vorgänger, dem verstorbenen Chef der Einsatzgruppe A SS-Brigadeführer und Generalmajor der Polizei Dr. Walter Stahlecker, wie folgt: „Ich kenne Stahlecker aus früheren Jahren und weiß, dass er von einem unglaublichen Ehrgeiz besessen war. Und ich weiß, dass er alles diesem Ehrgeiz unterordnete."[506]

Die Aussagen Josts erscheinen insofern glaubhaft, als seine Karriere einen deutlichen Knick zu verzeichnen hatte, wie seiner SS-Offiziersakte zu entnehmen ist. So kehrte er nach einem nur fünfmonatigen „Osteinsatz" (29. März 1942 bis

---

[503] Zeugeneinvernahme Jost, StAN, Rep. 501, KV-Prozesse, Fall 9, A 15, S. 1179.
[504] Ebd., S. 1180.
[505] Ebd., S. 1225-1227, 1229.
[506] Ebd., S. 1224.

4 Aspekte zur Tötungsbereitschaft der im Fall 9 verurteilten SS-Offiziere   657

10. September 1942) nicht mehr in seine bisherige Position als Leiter des Amtes VI (Ausland) im Reichssicherheitshauptamt (RSHA) zurück. Diese wurde Walter Schellenberg zugeteilt. Stattdessen wurde Jost – offensichtlich als „Bewährungs- und Bestrafungsmaßnahme" – im April 1944 im Range eines einfachen Feldwebels in der Waffen-SS an die Front geschickt, wie er vor dem US Military Tribunal II erläuterte.[507]

Bezeichnend sind auch die Aussagen des ehemaligen SS-Obersturmbannführers August Meier, der am 5. September 1941 als Führer des Einsatzkommandos 5 die Nachfolge des mehrfach erwähnten rückbeorderten SS-Brigadeführers und Generalmajors der Polizei Erwin Schulz angetreten hatte. Im Hinblick auf die Rigorosität des Höheren SS- und Polizeiführers (HSSPF) Jeckeln gab Meier, der im Jahre 1959 von der Staatsanwaltschaft beim Landgericht Aschaffenburg – Aktenzeichen (4Js/23/59) – angeklagt worden war, dort zu Protokoll:

> „Jeckeln hat laufend Juden erschießen lassen, man kann sagen, fast an jedem Standort [...]. Ich erinnere mich noch besonders an eine Aktion in Schepetówka, die mir als außerordentlich grausam erschienen ist. Es handelte sich um einige Hundert Personen. Frauen und Kinder wurden mit erschossen.
>
> Jeckeln sagte: ‚Heute machen wir eine Sardinenpackung.' Die Juden mußten sich Schicht auf Schicht in ein vorbereitetes Grab legen und wurden dann mit Maschinenpistolen, Pistolen und Gewehren durch Genickschuß getötet. Dabei lagen sie mit dem Gesicht nach unten auf den bereits Erschossenen [...]. Die Entscheidung, ob Juden erschossen werden sollten, hat stets Jeckeln getroffen. Die Durchführung der Erschiessungen selbst oblag dem jeweiligen Kommandoführer."[508]

Desgleichen negativ äußerte sich Meier auch über seinen unmittelbaren Dienstvorgesetzten, den Chef der Einsatzgruppe C, SS-Gruppenführer und Generalleutnant der Polizei Dr. Max Thomas, der im Oktober 1941 die Nachfolge des rückbeorderten Dr. Dr. Otto Emil Rasch angetreten hatte. Sowohl Dr. Thomas als auch Meier und der Stab des Einsatzkommandos 5 hatten ihren Dienstsitz in Kiew. Meier beschrieb Dr. Thomas als einen rücksichtslosen Menschen und ausgewiesenen Judenhasser.

> „Ich mußte in dieser Zeit Thomas laufend über die von dem mir unterstellten Teil [d. h. der Exekutivabteilung] des Einsatzkommandos 5 durchgeführten Festnahmen und Vernehmungen berichten. Dr. Thomas hat auch häufig persönlich das Gefängnis inspiziert. Wenn das Gefängnis stark belegt war, sagte er einfach, morgen müsse es ‚leergeschossen' werden [...].

---

[507] KAZIMIERZ LESZCZYŃSKI (Hrsg.), Fall 9, S. 151. ERNST KLEE, Personenlexikon, S. 290.
[508] Auszug aus den Vernehmungen des ehemaligen kaufmännischen Angestellten August Meier (geb. 1900 in Mainz) aus Miltenberg durch Beauftragte der Zentralen Stelle der Landesjustizverwaltungen Ludwigsburg von September/Oktober 1959, durchgeführt in der Staatsanwaltschaft bzw. im Landgerichtsgefängnis Aschaffenburg, später in der Landesstrafanstalt Hohenasperg, hier Auszug aus der Vernehmung vom 8.9.1959, abgedruckt in: HANS-HEINRICH WILHELM, Rassenpolitik, S. 230-238, hier S. 231.

Ich habe Dr. Thomas als ausgesprochenen Judenhasser kennengelernt. Er war ganz scharf auf die Juden und hat immer rücksichtslos deren Erschießungen angeordnet [...]. Er war vollkommen unberechenbar, kümmerte sich um jede Kleinigkeit und legte einen großen Arbeitseifer an den Tag. [...]. Thomas war überall gefürchtet, einmal aufgrund seines Wesens und zum anderen, weil er enge persönliche Beziehungen zu Heydrich und Himmler hatte."[509]

Ganz anders hatte Biberstein seinen Dienstvorgesetzten Dr. Max Thomas vor dem US Military Tribunal II beschrieben, der als ehemaliger Facharzt für Neurologie und Psychiatrie für den Rückbeorderungswunsch seines Untergebenen volles Verständnis bekundet und ihn demzufolge von der persönlichen Anwesenheit bei Hinrichtungsaktionen freigestellt hatte. Die andersgeartete Beurteilung des Dr. Thomas durch Biberstein mag diesem Tatbestand geschuldet sein. Wesentlich ist zudem, dass Bibersteins Operationsgebiet knapp 1.000 km entfernt von Kiew lag, sodass sich Biberstein – anders als Meier – der unmittelbaren Verfügung durch seinen Dienstvorgesetzten weitestgehend zu entziehen vermochte.

* * *

Dass dem massiven Effizienzdruck seitens der verschiedenen Dienstvorgesetzten durchaus mit einigem Geschick ausgewichen werden konnte, zeigt das Beispiel des mehrfach erwähnten SS-Brigadeführers und Generalmajors der Polizei Erwin Schulz, der vom 22. Juni bis Ende August 1941 Führer des Einsatzkommandos 5 (EK 5) der Einsatzgruppe C unter Dr. Dr. Otto Emil Rasch gewesen war. Vor dem US Military Tribunal II erklärte Schulz, er habe bis etwa Mitte August 1941 von einem so bezeichneten „Führerbefehl", nach dem ausnahmslos alle Juden zu töten seien, insofern nichts gewusst, als sein Dienstvorgesetzter Rasch bis zu jenem Zeitpunkt nichts darüber habe verlauten lassen.[510]

Gleiches hatte Schulz bereits *vor* Prozessbeginn in seiner Vernehmung vom 9. April 1947 zu Protokoll gegeben.[511] Danach habe sein Dienstvorgesetzter Dr. Dr. Rasch ihn und die übrigen Einsatz- und Sonderkommandos der Einsatzgruppe C etwa Mitte August 1941 nach Šitomyr beordert, um ihnen mitzuteilen, dass der Höhere SS- und Polizeiführer Friedrich Jeckeln einen Befehl Himmlers überbracht habe, der beinhalte, dass nunmehr ausnahmslos alle Juden zu erschießen seien, sofern sie nicht im Arbeitseinsatz stünden – also auch „Frauen und Kinder, um keine Rächer entstehen zu lassen." Als Rasch ihm jenen Befehl bekannt gegeben habe, sei er sich völlig darüber im Klaren gewesen, dass er bei Aufrechterhaltung des

---

[509] Ebd., hier Auszug aus der Vernehmung vom 31.10.1959. Meier beging am 12. Mai 1960 in Untersuchungshaft Suizid.

[510] Zeugeneinvernahme Schulz, StAN, Rep. 501, KV-Prozesse, Fall 9, A 9-11, S. 976, 978.

[511] Interrogation-Nr. 1006-B. Vernehmung des Erwin Schulz am 9.4.47, 9.30 bis 12.00 Uhr auf Veranlassung von Mr. Walton und Mr. Glancy, SS-Division durch Mr. Wartenberg, S. 1-24, StAN, Rep. 502, KV-Anklage, Interrogations, S-161, S. 1-24.

4 Aspekte zur Tötungsbereitschaft der im Fall 9 verurteilten SS-Offiziere

gegebenen Befehls dies nicht mit seinem Gewissen hätte in Einklang bringen können. Zudem habe er nicht Himmler, sondern Jeckeln für den Urheber des Befehls gehalten. Hier habe sich „zum ersten Mal die Diktaturgewalt des Höheren SS- und Polizeiführers im Osten mit aller Deutlichkeit abgezeichnet. Jeckeln ebenso wie Rasch seien rücksichtslose Fanatiker gewesen", gab Schulz in seiner Vernehmung am 9. April 1947 zu Protokoll.[512]

> „Ich habe mir einfach nicht vorstellen können, dass dieser Befehl seine Gültigkeit habe. Ich hielt ihn für das Resultat eines übereifrigen Fanatikers [...]. Ich nahm damals an, dass dieses Vorgehen der Einsatzgruppe C [Massentötungen der Juden] unter dem Druck der näheren Anweisung Jeckelns, der ein Fanatiker war, eine Sonderstellung einnehme."[513]

Da Schulz darüber hinaus Zweifel grundsätzlicher Art an dem vermeintlichen „Führerbefehl" hegte, fuhr er umgehend zur Klärung des Sachverhaltes nach Berlin. Nachdem ihm dort der SS-Gruppenführer und Generalmajor der Polizei Bruno Streckenbach, Leiter des Amtes I (Personal) des Reichssicherheitshauptamtes (RSHA), nach einem Gespräch mit Heydrich jedoch die Richtigkeit des Ausrottungsbefehls bestätigt hatte, sah sich Schulz aus Gewissensgründen veranlasst, für sich und das Mannschaftspersonal seines Kommandos einen Ablösungsantrag zu stellen, der dann auch genehmigt wurde, zumal sich bereits zuvor Dr. Dr. Rasch bei Heydrich persönlich über Schulz wegen dessen eigenmächtigen Vorgehens in Lemberg beschwert hatte. Schulz hatte in Lemberg 2.000 gefangene Juden freigelassen.[514] Vor dem US Military Tribunal II begründete Schulz seinen Ablösungsantrag wie folgt:

> „Ich konnte nicht anders handeln, nachdem ich mir auch völlig klar darüber war, dass es einen Unterschied bedeutete, ob ich als Soldat einen [Tötungs-]Befehl ausführen muss oder ob ich als Offizier an führender Stelle einen solchen Befehl erteile."[515]

Schulz hatte den Ablösungsantrag für sich und das gesamte ihm unterstehende Mannschaftspersonal des Einsatzkommandos 5 (EK 5)[516] gegenüber Streckenbach unter Verweis auf die seelischen Folgen wie folgt begründet:

---
[512] Ebd.
[513] Zeugeneinvernahme Schulz, StAN, Rep. 501, KV-Prozesse, Fall 9, A 9-11, S. 976, 978.
[514] Interrogation-Nr. 1006-B. Vernehmung des Erwin Schulz am 9.4.47, 9.30 bis 12.00 Uhr auf Veranlassung von Mr. Walton und Mr. Glancy, SS-Division durch Mr. Wartenberg, S. 1-24, StAN, Rep. 502, KV-Anklage, Interrogations, S-161, S. 22.
[515] Zeugeneinvernahme Schulz, StAN, Rep. 501, KV-Prozesse, Fall 9, A 9-11, S. 978.
[516] Schulz war vor seinem „Osteinsatz" Leiter der Führerschule der Sicherheitspolizei in Berlin-Charlottenburg gewesen. Er unterrichtete dort die Polizeianwärter im höheren Dienst. Lehrgangsinhalte waren neben der nationalpolitischen Schulung insbesondere die Führerschulung, die Kriminalwissenschaft und Praxis sowie die Rechtskunde. Im Mai 1941 hatte Schulz von Streckenbach die Mitteilung erhalten, „dass sich die Schule des laufenden Führerlehrganges für einen Einsatz bereitzuhalten habe [...]. Bald darauf erfolgte der Befehl zur Inmarschsetzung des Lehrganges nach Pretzsch an der Elbe." Interrogation-Nr. 1006-B. Vernehmung des Erwin Schulz am 9.4.47, 9.30 bis

„Ich schilderte ihm [Streckenbach], dass diese ausgesuchten Menschen [des ehemaligen von Schulz geleiteten Lehrganges der Polizeianwärter im höheren Dienst], die wirklich wertvolles Menschenmaterial darstellen, als Führer verkommen müssten, denn sie müssten – da sie ja wertvolle Menschen waren – entweder seelisch vollkommen zerbrechen oder aber so brutal werden, dass sie als Menschenführer völlig ungeeignet würden [...]. Das sei aber das Gegenteil von dem, was dieser Lehrgang gerade bezweckte."[517]

Die obigen Bekundungen des ehemaligen Führers des Einsatzkommandos 5 (EK 5) sind später durch die Aussagen Streckenbachs in dessen Strafverfahren vor dem Landgericht Hamburg bestätigt worden.[518]

Im Übrigen war Schulz der einzige Angeklagte im Nürnberger Einsatzgruppenprozess, der sich der Gefangennahme durch die Alliierten nicht durch Flucht entzogen hatte, sondern der sich an seinem damaligen Dienstsitz in Salzburg bereits beim Einmarsch der amerikanischen Armee am Tag der Kapitulation sofort bei der dortigen amerikanischen Dienststelle gemeldet und dort seine sämtlichen Dienstpapiere ausgehändigt hatte.[519]

Antriebskräfte:
(b) Privilegien und Karrierechance (Himmlers Belohnungssystem)

Dass alle im Nürnberger Einsatzgruppenprozess angeklagten NS-Gewalttäter Opportunisten waren, die sich durch besondere Profilierung bei der Verwendung im NS-Vernichtungsapparat, insbesondere im „Osteinsatz", einen erheblichen Karrieresprung *erhofft* hatten, ist selbstredend und wurde beispielsweise von Biberstein vor dem US Military Tribunal II zwar nicht in Bezug auf die Übernahme des Einsatzkommandos 6 (EK 6) offen zugegeben, jedoch im Hinblick auf die Zustimmung zu seiner Tätigkeit als Gestapochef in Oppeln/Oberschlesien. Zudem beschrieb der karriereaffine Biberstein ausführlich in seinem an die damalige Schleswig-Holsteinische Landeskirche gerichteten Lebenslauf vom 22. August 1958, wie nach der Rückkommandierung von seinem „Osteinsatz" bei verschiedenen Reichsbehörden intensiv um die Übernahme einer Landratstelle nachgesucht habe,[520] die ihm als „Belohnung für einen Osteinsatz" schon deshalb nicht

---

12.00 Uhr auf Veranlassung von Mr. Walton und Mr. Glancy, SS-Division durch Mr. Wartenberg, StAN, Rep. 502, KV-Anklage, Interrogations, S-161, S. 1-24, hier S. 3.

[517] Ebd., S. 17 und Zeugeneinvernahme Schulz, StAN, Rep. 501, KV-Prozesse, Fall 9, A 9-11, S. 979.

[518] Auszüge aus der Anklageschrift gegen den Rentner Bruno Streckenbach (geb. 1902 in Hamburg) am 30.6.1973 (147 Js 31/67), unterzeichnet von Staatsanwalt Zöllner, abgedruckt in: HANS-HEINRICH WILHELM: Rassenpolitik und Kriegsführung. Sicherheitspolizei und Wehrmacht in Polen und der Sowjetunion 1939-1952, Passau 1991, S. 210-220, hier S. 215.

[519] Interrogation-Nr. 1006-A. Vernehmung des Erwin Schulz am 4.4.47, 14.30 bis 15.30 Uhr auf Veranlassung von Mr. Walton und Mr. Glancy, SS-Division durch Mr. Wartenberg, StAN, Rep. 502, KV-Anklage, Interrogations, S-161, S. 2-11, hier S. 6.

[520] Ernst Biberstein, Bericht über meinen Lebensweg seit meinem Ausscheiden aus dem Kirchendienst im Jahre 1935 (unveröffentlichtes Manuskript), Neumünster 1958, Landesarchiv Schleswig-

gewährt wurde, weil er bereits kurz nach Übernahme des Einsatzkommandos 6 (EK 6) im Herbst 1942 in seinem Gesuch um Rückbeorderung gleichzeitig auch um die Entlassung aus den Diensten des SD gebeten hatte. Mit jenem Gesuch hatte Biberstein sich als SS-Offizier in den Augen der NS-Behörden hinlänglich disqualifiziert.

Dass die Effizienz des NS-Vernichtungsapparates durchaus zu steigern sei, geht unter anderem aus den von Himmler herausgegebenen Beförderungsbestimmungen hervor, die sich insbesondere an das Führungspersonal der Einsatzgruppen gerichtet hatte. In diesem Zusammenhang wurde der ehemalige Führer des Sonderkommandos 7 a Dr. Walter Blume während des Nürnberger Gerichtsverfahrens im Rahmen des *cross examination* von Rechtsanwalt Ernst Durchholz, dem Strafverteidiger des mitangeklagten Erwin Schulz, gebeten, eine Aussage zu tätigen „über die von Himmler herausgegebenen Beförderungsbestimmungen",[521] zu der Blume in seiner ehemaligen Funktion als Personalchef des Amtes I A im Reichssicherheitshauptamt (RSHA) wie folgt Auskunft erteilte:

„Himmler hat nach Ausbruch des Krieges [Russlandfeldzuges am 22. Juni 1941] befohlen, dass ihm Beförderungsvorschläge im Rahmen der Sicherheitspolizei nur noch vorzulegen wären, wenn sie in aller Klarheit enthielten, dass der zu Befördernde sich im Einsatz bewährt habe, andernfalls sei eine Erklärung darüber abzugeben, warum er bisher in einem Einsatz nicht tätig geworden sei [...]. Das hatte zur Folge, dass in der Personalabteilung des Reichssicherheitshauptamtes bereits jeder Beförderungsvorschlag angehalten wurde, der diese Voraussetzungen nicht erfüllte."[522]

Dass eine obligatorische Belohnung „für besondere Verdienste im sicherheitspolizeilichen Osteinsatz", etwa in Form einer Beförderung erfolgte, ist beispielsweise der SS-Offiziersakte des ebenfalls im Einsatzgruppenprozess angeklagten Dr. Martin Sandberger zu entnehmen. Die Begründung zu dessen Beförderung zum SS-Standartenführer lautete:

„Sehr großer Fleiß und *überdurchschnittliche* Arbeitsintensität zeichnen ihn ferner aus. In fachlicher Hinsicht hat sich S[andberger] sowohl im Reich wie auch im *sicherheitspolizeilichen Osteinsatz* bewährt. S. ist ein vielseitig verwendungsfähiger SS-Führer. S. gehört der Führerlaufbahn des leitenden Dienstes an und hat die Bestimmungen der Beförderungsrichtlinien bis auf das vom RFSS festgesetzte Mindestalter (36) erfüllt.

Seiner politischen Verdienste und seiner weit über dem Durchschnitt liegenden Leistungen wegen befürwortet CdSuSD [Chef des Sicherheitsdienstes und des SD] seine bevorzugte Beförderung zum SS-Standartenführer schon jetzt." [Kursivdruck vom Verf.].[523]

Holstein Schleswig, Abt. 352 Kiel, Nr. 949, S. 1-14, hier S. 10-11.
[521] Zeugeneinvernahme Blume, StAN, Rep. 501, KV-Prozesse, Fall 9, A 24-26, S. 1972.
[522] Ebd.
[523] Gutachten zur Beförderung des Dr. Martin Sandberger zum SS-Standartenführer, BArch (ehem. BDC) SSO, Sandberger, Martin, 17.08.1911. Auf jenes Gutachten verwies das Military Tribunal II eigens in seinem Urteil. KAZIMIERZ LESZCZYŃSKI (Hrsg.), Fall 9, S. 176.

Desgleichen wurde Prof. Dr. Franz Six, Führer des Vorkommandos Moskau (VKM) – ebenfalls ein Mitangeklagter Biebersteins –, „wegen besonderer Verdienste im Einsatz" am 9. November 1941 von Himmler zum SS-Oberführer befördert, d. h. unmittelbar nach seiner Rückkehr von seinem „Osteinsatz".[524] Eine weitere Beförderung erfolgte zum 30. Januar 1945. In der SS-Offiziersakte heißt es dazu in einem Vermerk:

> „Das Reichssicherheitshauptamt bittet um Beförderung des SS-Obersturmführers Dr. Six mit Wirkung vom 30. Januar 1945 zum SS-Brigadeführer [...]. SIPO-Einsatz: 22. Juni 1941 – 28. August 1941 Osteinsatz [...]. Für besondere Verdienste im sicherheitspolitischen Osteinsatz wurde S. zum 9. November 1941 vom RFSS [Reichsführer-SS] zum SS-Oberführer befördert."[525]

Im Gegensatz dazu erfolgte jedoch die *beamtenrechtliche* Beförderung eines hauptamtlichen Polizeibeamten in einen höheren SS-Rang nicht aufgrund „besonderer Verdienste im Osteinsatz", sondern im Rahmen der Dienstangleichung von Sipo und Kripo automatisch jeweils zum 9. November eines Jahres – so am 9. November 1941 bei dem oben erwähnten Erwin Schulz.[526] Diese Differenzierung ist in der Historiografie kaum beachtet worden.

Antriebskräfte:
(c) Gezielte immerwährende politische Indoktrinierung

Die Handlungspraxis der im Fall 9 angeklagten NS-Gewalttäter wurde neben den bereits genannten verfassungsrechtlichen Prinzipien des „nationalistischen völkischen Führerstaates", dem Selbstverständnis der SS als Ordenselite und Exekutivorgan der „außernormativen Führergewalt" sowie dem systemimmanenten Effizienzdruck seitens der verschiedenen Dienstvorgesetzten und dem damit zusammenhängenden Belohnungssystems Himmlers daneben maßgeblich durch eine ganz gezielte immerwährende politische Indoktrinierung bestimmt, die bereits zu einem sehr frühen Zeitpunkt auf die zwar anvisierten, jedoch noch nicht konkretisierten Kriegspläne Hitlers ausgerichtet war, wie sie unter anderem durch dessen Reden oder aber durch die Schriften Himmlers, Heydrichs und Goebbels erfolgte.[527]

Jene frühzeitig einsetzende politische Indoktrinierung zielte auf die Prägung ganz bestimmter imaginierter Feindbilder ab und kam unterschwellig insbesondere in den Aussagen der im Nürnberger Einsatzgruppenprozess angeklagten sys-

---

[524] Ernennung des Prof. Dr. Franz Six zum SS-Oberführer, BArch (ehem. BDC) SSO, Six, Franz, 12.08.1909.
[525] Ebd.
[526] Zeugeneinvernahme Blume, StAN, Rep. 501, KV-Prozesse, Fall 9, A 21-23, S. 1973.
[527] Exemplarisch sei hier auf Himmlers 1937 verfasste Schrift „Die SS als antibolschewistische Kampforganisation" verwiesen oder auf Goebbles 1936 erschienene Propagandaschrift „Bolschewismus in Theorie und Praxis". (Bild 72).

temüberzeugten *Gesinnungstäter* zum Ausdruck, deren politische Sozialisation – wie auch jene ihrer Mitangeklagten – in den NS-Institutionen erfolgt war, in denen sie vor ihrem „Osteinsatz" ranghohe Ämter bekleidet hatten, entweder als Dezernats- und Referatsleiter im Reichssicherheitshauptamt (RSHA) oder aber als Chefs in den externen Stellen des Reichssicherheitshauptamtes, etwa in den Gestapo(leit)stellen oder aber in den dem SD-Hauptamt unterstellten elf SD-Oberabschnitten. Frank Bajohr spricht in diesem Zusammenhang von der „institutionell geformten Handlungspraxis der Täter", d. h. „das Handeln der Täter wurde vor allem durch jene NS-Institutionen und ihre Handlungspraxis bestimmt, in denen die späteren Täter sozialisiert und geprägt wurden."[528] Wie oben dargelegt, hatte bereits 50 Jahre zuvor François Bayle Gleiches analysiert. Gerade in jenen Institutionen wurden schon sehr früh durch die zahllosen SS-Leithefte ebenso wie in endlosen Vortragsreihen gezielt ganz bestimmte Feindbilder erzeugt, die dann im Vernichtungskrieg gegen die Sowjetunion insbesondere bei den Einsatzgruppen und den Polizeibataillonen ihre hohe Wirkmächtigkeit entfalten konnten.

Exemplarisch sei hier auf das imaginierte Bild von der „jüdisch-bolschewistischen Weltverschwörung" und deren angeblich „todbringender Gefahr für das Deutsche Reich, ja für ganz Europa" verwiesen, wie es bereits in der Rede des NS-Propagandaministers Joseph Goebbels auf dem Parteitag 1936 in Nürnberg zu finden war, die auch Biberstein mit hoher Wahrscheinlichkeit gehört haben dürfte, insofern, als innerhalb des gleichen Zeitraumes seine Aufnahme in die SS erfolgt war.

Das 32-seitige Pamphlet,[529] welches das Feindbild von der „jüdisch-bolschewistischen Weltgefahr" imaginierte, hatte offensichtlich das Ziel, größere Bevölkerungsteile Deutschlands durch gezielte Indoktrination auf einen in ferner Zukunft geplanten „Feldzug gegen den gottlosen Bolschewismus" schon frühzeitig ideologisch einzustimmen, der dann 1941/1945 tatsächlich als macht- und wirtschaftspolitisch sowie rassenideologisch ausgerichteter Vernichtungsfeldzug gegen die Sowjetunion geführt wurde.

Dass nicht nur die Mitarbeiter der einschlägigen NS-Institutionen mit dem Pamphlet erreicht und indoktriniert werden sollten, sondern gerade auch größere Bevölkerungskreise, ist daraus zu schließen, dass das einzelne Heftchen lediglich 10 Reichspfennige kostete, und bei Abnahme einer Stückzahl von 10.000 reduzierte der Verlag den Gesamtpreis sogar um 60%. Wie umfassend die politische Indoktrination der Bevölkerung geplant worden war, geht allein daraus hervor, dass

---

[528] FRANK BAJOHR: Neuere Täterforschung, in: Docupedia-Zeitgeschichte, 18.06.2013, http://docupedia.de/zg/Neuere_Taeterforschung; 10.11.2016.
[529] JOSEPH GOEBBELS: Bolschewismus in Theorie und Praxis. Rede von Reichsleiter Reichsminister Dr. Goebbels auf dem Parteikongress in Nürnberg 1936, Zentralverlag der NSDAP, Franz Eher Nachf., München 1936.

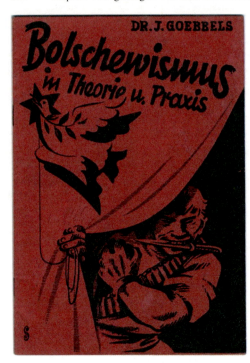

Bild 74: Buchumschlag des 32-seitigen Pamphlets.
Mit der rechten Hand lässt der Bolschewist – gezügelt mittels eines Bandes – eine Friedenstaube fliegen. Jedoch versteckt hinter dem Vorhang zeigt er sein wahres Gesicht: Denn in der linken Hand hält er eine Handgranate und zwischen den Zähnen einen Dolch.
(Quelle: Eigenes Werk).

Goebbels zur Legitimierung des Vernichtungskrieges gegen die Sowjetunion Pamphlete und Flugblätter ähnlichen Inhaltes regelmäßig jedem Personenhaushalt als kostenlose Beigabe zu den Lebensmittelkarten zukommen ließ. Unmittelbar vor dem Angriff auf die Sowjetunion geschah die Indoktrinierung der Bevölkerung zudem in der Weise, dass der am 22. Juni 1941 erfolgte völkerrechtswidrige Überfall als *Präventivschlag* Deutschlands stilisiert wurde. Auf diese Weise unternahm die deutsche Reichsregierung den Versuch, ihre kolonial-imperialistischen Zielsetzungen eines arisch-reinen „Großgermanischen Reiches" und der Gewinnung „neuen Lebensraumes im Osten" zu vertuschen.

Um jene bewusste Irreführung auch vor den deutschen Soldaten sowie den Einsatzgruppen und Polizeibataillonen Himmlers und ebenso vor der deutschen Bevölkerung, aber auch dem Ausland gegenüber aufrecht halten zu können, hatte Hitler am 22. Juni 1941 der Sowjetunion bewusst *keine* Kriegserklärung zukommen lassen, sondern lediglich eine mehr als sechs Seiten umfassende diplomatische Note, in deren Schlussteil die sowjetische Regierung völlig zu Unrecht der Vertragsbrüchigkeit und der militärischen Aggression bezichtigt wurde, um den

4 Aspekte zur Tötungsbereitschaft der im Fall 9 verurteilten SS-Offiziere

als Weltanschauungskampf konzipierten Vernichtungskrieg gegen sie vor den Augen der Welt als unausweichlichen Präventivschlag darstellen und auf diese Weise legitimieren zu können. Demzufolge lautete der Schlussteil jener Note:

"Entgegen allen von ihr übernommenen Verpflichtungen und in krassem Widerspruch zu ihren feierlichen Erklärungen hat die Sowjetregierung sich gegen Deutschland gewandt: Sie hat:
1. ihre gegen Deutschland und Europa gerichteten *Zersetzungsversuche* nicht nur fortgesetzt, sondern seit Kriegsausbruch [1939] noch verstärkt; sie hat
2. in sich immer steigerndem Maße ihre Außenpolitik gegen Deutschland *feindlich* eingestellt, und sie ist
3. mit ihren gesamten Streitkräften an der deutschen Grenze *sprungbereit* aufmarschiert.

Damit hat die Sowjetregierung die Verträge und Vereinbarungen mit Deutschland verraten und gebrochen. Der Haß des bolschewistischen Moskau gegen den Nationalsozialismus war stärker als die politische Vernunft.

In *Todfeindschaft* steht der Bolschewismus dem Nationalsozialismus gegenüber. Das bolschewistische Moskau ist im Begriff, dem nationalsozialistischen Deutschland in seinem [dessen] *Existenzkampf* in den Rücken zu fallen.

Deutschland ist nicht gewillt, dieser ernsten *Bedrohung* seiner Ostgrenze tatenlos zuzusehen. Der Führer hat daher nunmehr der deutschen Wehrmacht den Befehl erteilt, dieser *Bedrohung* mit allen zur Verfügung stehenden Machtmitteln entgegenzutreten. In dem kommenden Kampf ist sich das deutsche Volk bewußt, daß es *nicht nur zum Schutze der Heimat* antritt, sondern daß es dazu *berufen* ist, *die gesamte Kulturwelt von den tödlichen Gefahren des Bolschewismus zu retten und den Weg für einen wahren sozialen Aufstieg in Europa freizumachen.*

Berlin, den 21. Juni 1941." [Kursivdruck vom Verf.].[530]

Bezeichnend ist, dass in jener diplomatischen Note an die sowjetische Regierung das gleiche irrationale Bedrohungspotential reaktiviert wurde wie in dem oben erwähnten Goebbels-Pamphlet aus dem Jahre 1936; und hier wie dort wurde dem „Führer" in dessen Funktion als Oberster Befehlshaber der Wehrmacht ebenso wie dem „deutschen Volk" – das hier gar zum ausführenden Organ des Führerwillens hochstilisiert wurde – die Rolle des Retters Europas und der jahrtausendealten abendländischen Kultur vor der „todbringenden Gefahr des Bolschewismus" zugeschrieben. Die selbstrechtfertigende Parole vom „Kreuzzug gegen den *gottlosen* Bolschewismus" zielte ferner auf die Assoziierung mit den mittelalterlichen Kreuzzügen des „christlichen Abendlandes" gegen die damaligen islamisch geprägten Staaten des Nahen Ostens ab. Bezeichnend ist zudem, dass jene diplomatische Note an die sowjetische Regierung bereits einen Tag nach dem Beginn des Überfalls auf die Sowjetunion als Abdruck im Völkischen Beobachter erschien und somit jedem deutschen Bürger mit der Zielsetzung einer nachhaltigen Indoktrination zugänglich gemacht wurde.

---

[530] Deutsche Note an die Regierung der Sowjetunion vom 21.6.1941, zitiert nach:

Da die Präventivkriegsthese den Einsatzgruppen und den nachgeordneten Kommandos einschließlich deren Mannschaftspersonal bereits *vor* Beginn des Russlandfeldzuges im Bereitstellungsraum Pretzsch/Elbe in einer Ansprache Heydrichs vermittelt worden war, rekurrierten die im Nürnberger Einsatzgruppenprozess angeklagten SS-Offiziere – insbesondere NS-Fanatiker wie Ohlendorf, Dr. Sandberger, Dr. Braune, Blobel oder Naumann, aber auch „Bedenkenträger" wie Dr. Blume – während der Gerichtsverhandlung wiederholt auf jene Äußerungen Heydrichs. Es erstaunt nicht, dass sie dabei die gleichen irrationalen antisemitischen Feindbilder benutzten – wenn auch aus verteidigungstaktischen Gründen in verbal sehr abgeschwächter Form –, die unter anderem von Goebbels in dessen Pamphlet „Bolschewismus in Theorie und Praxis" verwendet und die unter dem Schlagwort subsummiert worden waren, dass das „Judentum der Träger des sowjetischen Bolschewismus" und demzufolge als brutal kämpfender Gefährdungsträger „auszurotten" sei. So erklärte etwa Dr. Blume mit Bezug zu den beiden im Bereitstellungsraum Pretzsch gehaltenen Ansprachen Streckenbachs vor dem US Military Tribunal II:

> „Er [Streckenbach] sprach auch nochmals darüber [...], dass der Führer angeordnet habe, dass für den bevorstehenden Krieg im Osten *keine europäischen Spielregeln* gelten konnten, sondern Deutschland müsse sich in diesem Kampf den rücksichtslosen Methoden anpassen, die der Bolschewismus seit jeher befolgt habe, um sein Ziel zu erreichen [...].
>
> Heydrich [...] sagte vor allem, dass die Sicherheitspolizei hierbei in ihrem östlichen Einsatz eine Probe ihrer *soldatischen Haltung* geben müsse [...]. Als Gefahrenmoment [des Partisanenkampfes] bezeichnete Heydrich dabei vor allem das *Ostjudentum in seiner Gesamtheit.*" [Kursivdruck vom Verf.].[531]

Welch außerordentliche Wirkmächtigkeit die Präventivkriegspropaganda bei der Führungselite der Einsatzgruppen entfalten konnte, lässt sich exemplarisch an einer weiteren Einlassung des Dr. Blume feststellen, der sich vor dem US Military Tribunal II wie folgt äußerte:

> „Die kriegerische Auseinandersetzung mit dem Bolschewismus hatte ich schon *seit vielen Jahren* für unvermeidlich gehalten. Als im Juni 1941 in Deutschland [durch Hitlers Ansprache an die Soldaten am Tag des Angriffs] bekannt wurde, dass jenseits der sowjetischen Grenzen große Armeen aufmarschiert waren und *dass der deutsche Angriff nur einem sowjetischen Angriff zuvorkommen sollte,* hielt ich den Krieg gegen Sowjetrussland für vollständig *gerechtfertigt* und wünschte selbstverständlich auch den deutschen Sieg über den Bolschewismus.

---

[531] Völkischer Beobachter vom 23.6.1941, abgedruckt in: JOHANNES HOHLFELD (Hrsg.): Dokumente der Deutschen Politik und Geschichte von 1848 bis zur Gegenwart. Ein Quellenwerk für die politische Bildung und staatsbürgerliche Erziehung, Bd. V: Die Zeit der nationalsozialistischen Diktatur 1933-1945. Deutschland im zweiten Weltkrieg 1939-1945. Sonderausgabe für die Staats- und Kommunalbehörden sowie für Schulen und Bibliotheken, Berlin/München u. a. 1953, S. 318-324, hier S. 324. Zeugeneinvernahme Blume, StAN, Rep. 501, KV-Prozesse, Fall 9, A 21-23, S. 1817.

4 Aspekte zur Tötungsbereitschaft der im Fall 9 verurteilten SS-Offiziere 667

Nach allem, was ich in den vorausgegangenen Jahren über Sowjetrussland gehört hatte,[532] vor allem durch Vernehmungen von [deutschen] Rückkehrern aus Sowjetrussland, war ich vollständig überzeugt und bin es auch heute noch, dass das *Judentum* in Sowjetrussland eine große Rolle spielte und spielt, und dass es eine *besondere Stütze der bolschewistischen Diktatur* war und ist." [Kursivdruck vom Verf.].[533]

Um nicht den Verdacht aufkommen zu lassen, die Mordaktionen an den Juden etwa aus rasseideologischen Gründen durchgeführt zu haben – denn das hätte den Straftatbestand „Verfolgung aus politischen, rassischen oder religiösen Gründen" gemäß Kontrollratsgesetz Nr. 10 vom 20.12.1945, Art. II. 1. C erfüllt –, erwähnten einige der im Nürnberger Einsatzgruppenprozess angeklagten SS-Offiziere vorsorglich ihr im privaten Bereich gutes Verhältnis zu den Juden.

So wies etwa der ehemalige SS-Brigadeführer und Leiter des Vorkommandos Moskau, Prof. Dr. Franz Six, darauf hin, dass er bei Eintritt in die NSDAP im Jahre 1930 die „jüdische Frage" keineswegs als Grundfrage des NSDAP-Parteiprogramms angesehen habe. Es seien die einzelnen *Phasen* der „jüdischen Frage" zu unterscheiden, und zwar die Jahre 1930, 1935 sowie vor 1942 und nach 1942. Er betrachte sich *nicht* als Antisemit und verwies in diesem Zusammenhang auf das sehr enge Vertrauensverhältnis zu den beiden jüdischen Gutachtern, die seine Dissertation positiv bewertet hatten. Während seines Dissertationsverfahren, welches er 1934 abgeschossen habe, sei er von ihnen oft nach Hause eingeladen worden. Für beide Promotionsbetreuer habe er stets tiefe Verehrung gehabt und habe ihnen Schutz angeboten. Er empfand „es als ungerecht, unfair, unritterlich und unanständig in einer Zivilisation, dass sie von den Nürnberger Gesetzen betroffen waren", gab er dem US Military Tribunal II zu Protokoll.[534] Zwar sah sich auch Dr. Blume nicht als Antisemit, im Gegensatz zu den obigen glaubhaft erscheinenden Ausführungen des Prof. Dr. Six plädierte er jedoch für einschneidende Einschränkungen des jüdischen Anteils am Wirtschafts- und Geistesleben in Deutschland in Form von Quotierungen:

„Ich billige grundsätzlich die Bestrebungen, den ganzen unverhältnismäßig hohen Anteil der Juden am öffentlichen Leben in Deutschland, in den Beamtenstellungen, in den freien Berufen usw. allmählich *auf einen Prozentsatz zu beschränken*, der ihrem prozentualen Anteil an der deutschen Gesamtbevölkerung entsprach.

Ich hielt es auch für nötig, den ungehemmten Zustrom des sogenannten Ostjudentums aus Polen nach Deutschland, der seit 1918 ständig erfolgt war, und der den Antisemitismus in Deutschland besonders gesteigert hatte, abzustoppen. Dieses sogenannte Ostjudentum stand kulturell und in seinem Auftreten erheblich unter den in Westeuropa und [den] in Deutschland von früher her ansässigen Juden.

---

[532] Diese Aussage des Dr. Blume lässt auf die jahrelang erfolgten Indoktrinationen durch die Reden Hitlers sowie jene von Goebbels, Himmler oder Heydrich schließen.
[533] Zeugeneinvernahme Blume, StAN, Rep. 501, KV-Prozesse, Fall 9, A 21-23, S. 1885, 1888-1889.
[534] Zeugeneinvernahme Six, StAN, Rep. 501, KV-Prozesse, Fall 9, A 18, S. 1423, 1425.

Aber irgendwelche über die von mir genannten Maßnahmen hinausgehenden Beschränkungen oder gar Ausweisungen oder Ausrottungen habe ich weder gewünscht noch mir damals – 1933 und in den folgenden Jahren – auch nur irgendwie vorgestellt. Etwas anderes besagten nach meiner Ansicht auch die betreffenden Artikel des Parteiprogramms der NSDAP nicht." [Kursivdruck vom Verf.][535]

Die Auswirkungen der jahrelang erfolgten Indoktrination wurden auch in weiteren Einlassungen der im Nürnberger Einsatzgruppenprozess angeklagten SS-Offiziere erkennbar. So gab Naumann zur Begründung, warum es unerlässlich gewesen sei, auch Frauen und Kinder zu töten,[536] fast wörtlich jene irrationalen Argumentationen des Dr. Goebbels wieder, wonach die „Frage des Bolschewismus die Frage des Fortbestandes Europas überhaupt" sei.[537] Was die im Fall 9 angeklagten NS-Gewalttäter im Einzelnen darunter verstanden wissen wollten, lässt sich sinnvollerweise durch die von Goebbels imaginierten antisemitischen Feindbilder in dessen Pamphlet verdeutlichen. Dort suggerierte er in der irrationalen NS-spezifischen und zudem übertrieben theatralischen Diktion:

„Es auf handelt sich bei ihm [dem internationalen Bolschewismus] um einen pathologischen, verbrecherischen Wahnsinn, nachweisbar von Juden geführt mit dem Ziel der *Vernichtung der europäischen Kulturvölker* und der *Aufrichtung einer international-jüdischen Weltherrschaft* [...].

Er ist die Organisation der niedrigsten Instinkte eines Volkes zur *Vernichtung aller hochwertigen rassischen Elemente* [...]. Der Bolschewismus ist die Diktatur der Minderwertigen [...]; denn er ist die Organisation der *gestaltlosen Gegenrasse* in den Völkern [...].

Die Frage des Bolschewismus ist die Frage des *Fortbestandes Europas* überhaupt [...]. Die Idee des Bolschewismus, d. h. der skrupellosen Verwilderung und Auflösung jeder Sitte und Kultur mit dem *diabolischen* Zweck der Vernichtung der Völker überhaupt, konnte nur im Gehirn von *Juden* erdacht werden [...]. Ihr Ziel ist die *Weltzerstörung* [...].

Der Bolschewismus [... ist] eine infernalische *Weltpest, die ausgerottet* werden muss, und an deren Beseitigung mitzuhelfen *Pflicht eines jeden verantwortungsbewussten Menschen* ist [...]. Deutschland hat zu diesem Weltkampf das Signal gegeben [...]. Es ist vielleicht auch ein Wunder im Zuge einer *über uns wirksamen Weltordnung* [Gott], die es nicht zulassen wollte, daß jahrtausendalte Völker und Kreaturen vom Vernichtungswillen des international-bolschewistischen Judentums beseitigt werden [...].

Es ist das *historische* Verdienst des Führers, das ihm heute bereits von der ganzen Welt zugestanden wird, dem Ansturm des Bolschewismus im Osten an Deutschlands Grenzen einen Wall entgegengesetzt und sich damit überhaupt zum *geistigen Bahnbrecher Europas* in seiner Auseinandersetzung mit den subversiven Kräften der Zerstörung und der Anarchie erhoben zu haben [...]. Das sollte ein Signal für die ganze Welt sein [...]. An diesem deutschen Vorbild mag die Welt sich ein Beispiel nehmen [...].

---

[535] Zeugeneinvernahme Blume, StAN, Rep. 501, KV-Prozesse, Fall 9, A 21-23, S. 1807.
[536] Zeugeneinvernahme Naumann, StAN, KV-Prozesse, Fall 9, A 9-11, S. 866, 909, 910-914.
[537] JOSEPH GOEBBELS, Bolschewismus, S. 7.

4 Aspekte zur Tötungsbereitschaft der im Fall 9 verurteilten SS-Offiziere 669

Ein wahrer Ritter ohne Furcht und Tadel, so hat er [Hitler] die Fahne der *Kultur*, der *Menschheit* und der *Zivilisation* in seine starke Hand genommen und sie erhobenen Hauptes der Drohung und dem Ansturm der Weltrevolution entgegengetragen [...]. Der rote Osten droht, aber der Führer steht auf der Wacht. *Deutschland als Vorposten der europäischen Kultur* ist bereit und entschlossen, diese Gefahr mit allen Mittel von den Grenzen seines Landes abzuwehren [...]. *Das deutsche Volk* will das *und fordert das von uns.*

Unterdes rüstet die Rote Anarchie in Moskau mit fieberhaftem Eifer [...], jedes rote Regiment trägt den Willen zur Weltrevolution in sich [...]. Was w i r aber tun, das wird nicht entschieden durch eine eitle und *fahrlässige Rücksichtnahme auf den Völkerbund* [...]. Was w i r tun, das wird bestimmt durch unsere *Pflicht* und unser *verantwortungsvolles Gewissen Deutschland und Europa gegenüber.*

*Übe*r der Nation aber steht der Führer als der getreue Ekkehard seines Volkes [...], getrieben nur von dem einen fanatischen Willen, Deutschland wieder stolz, reich und glücklich zu machen." [Sperrdruck im Original; Kursivdruck vom Verf.].[538]

Jene Äußerungen Goebbels legen die Vermutung nahe, dass Hitler bereits hier, im September 1936, offensichtlich in Erwägung gezogen hatte, den Tatbeteiligten einen geplanten Angriffskrieg gegen Russland als *Präventivschlag* ohne völkerrechtliche Bindungen auszugeben, und zwar unter Verwendung des tradierten irrationalen Feindbildes von der imaginierten Gefährlichkeit des „internationalen bolschewistischen Weltjudentums". Gleichzeitig sollte der deutschen Bevölkerung ein bevorstehender Krieg zur moralischen Verpflichtung gemacht werden. Dass dann mit Beginn des Vernichtungskrieges gegen die Sowjetunion die tatsächlichen machtpolitischen, kolonial-imperialistischen, wirtschaftspolitischen und rassenideologischen Kriegsziele Deutschlands unter Zuhilfenahme der mythischen Überhöhung des Vernichtungskrieges als eines „abendländischen Kreuzzuges gegen den *gottlosen* Bolschewismus" gezielt verschleiert wurden, dürfte jedoch spätestens wenige Wochen *nach* Kriegsbeginn zumindest den „Bedenkenträgern" unter den Einsatzgruppenchefs und Kommandoführern klar geworden sein, als ihnen von dem Höheren SS- und Polizeiführer Jeckeln der von Himmler mündlich übermittelte Befehl erteilt wurde, nunmehr auch jüdische Frauen und Kinder zu erschießen, wie unter anderem der im Nürnberger Einsatzgruppenprozess angeklagte Erwin Schulz, der ehemalige Führer Einsatzkommando 5 (EK 5) der Einsatzgruppe C unter Dr. Dr. Otto Emil Rasch, vor dem US Military Tribunal II glaubhaft bekundet hat. Dessen Sachaussagen hinsichtlich des Zeitpunktes der obigen Befehlserteilung stimmen mit den *Ereignismeldungen UdSSR 1941/42* inhaltlich überein.

Der ehemalige SS-Obergruppenführer und General der Waffen-SS und der Polizei Erich von dem Bach-Zelewski, der von Himmler bereits im Vorfeld des Vernichtungsfeldzuges gegen die Sowjetunion am 10. April 1941 als Höherer SS-

---

[538] Ebd., S. 3, 4, 5, 9, 28, 29, 30, 31, 32.

und Polizeiführer (HSSPF) Russland-Mitte eingesetzt worden war, hatte sich im Prozess gegen die Hauptkriegsverbrecher vor dem Internationalen Gerichtshof in Nürnberg (IMT) als Kronzeuge zur Verfügung gestellt, in der Hoffnung, dadurch möglicherweise seiner Auslieferung an die UdSSR entgegen zu können.[539] Auf die Frage, wie er sich erkläre, dass Ohlendorf die Morde von 90.000 Personen zugeben könne, vermutete von dem Bach-Zelewski eine intensive und frühzeitig erfolgte rassenideologische Indoktrinierung als Tatvoraussetzung, indem er konstatierte:

> „Ich bin der Überzeugung, wenn man Jahre und Jahrzehnte lang die Lehre predigt, dass die slawische Rasse eine minderwertige Rasse und Juden nicht einmal Menschen sind, dann ist ein solches Resultat unausbleiblich."[540]

Eben auf die Erzielung derartiger „Resultate" zwecks frühzeitiger Konditionierung der späteren Massenmörder war die unablässige politische Indoktrinierung geradezu ausgelegt. Wie sehr jene durch die verschiedenen NS-Institutionen jahrelang vermittelten imaginierten antisemitischen Feindbilder auch von den im Nürnberger Einsatzgruppenprozess angeklagten NS-Gewalttätern internalisiert worden waren, lässt sich exemplarisch aus den Einlassungen des mehrfach erwähnten ehemaligen SS-Obersturmbannführers und Führers des Sonderkommandos 11 b (SK 11 b) der Einsatzgruppe D unter Ohlendorf Dr. Werner Braune schließen, der als überzeugter NS-Gesinnungstäter die von ihm begangenen Massenmorde mit der Abwehr der für das Deutsche Reich „todbringenden Gefahr" begründet wissen wollte:

> „Ich kann nur das wiederholen, was uns damals gesagt worden ist. Und das war, dass es um *Sein oder Nichtsein* gehe in diesem Kampf im Osten, dass diese Maßnahmen notwendig seien, um den Rücken der Armee und die besetzten Gebiete zu sichern, und dass *kommunistische Funktionäre und Ostjuden die entscheidenden Träger dieser außerhalb aller Schranken vom Bolschewismus geführten Banden* seien." [Kursivdruck vom Verf.].[541]

Auf den Einwand des Vorsitzenden Richters, ob er selbst auch dieser Ansicht sei, gab Dr. Braune selbstrechtfertigend an, dass seine Kameraden vor Ort seine Ansicht geteilt hätten. Eine weitere Bestätigung habe er in den Berichten der anderen Einsatzgruppen gefunden. Zudem habe er hinsichtlich der jüdischen Trägerschaft des Bolschewismus während seines „Osteinsatzes" seine „eigenen Erfahrungen" gemacht: So seien 5% bis 5,5% der Gesamtbevölkerung der Krim Juden gewesen. Sowohl die Führung der kommunistischen Partei als auch die der staatlichen Ver-

---

[539] Bach Zelewski von dem, Erich, in: ROBERT WISTRICH: Wer war wer im Dritten Reich. Anhänger, Mitläufer, Gegner aus Politik, Wirtschaft, Militär, Kunst und Wissenschaft. Aus dem Engl. übersetzt von Joachim Rehork. Überarb., erw. und illustr. dt. Ausgabe. Überarb. und erw. von Hermann Weiss, München 1983, S. 14.

[540] Zeugenaussage des Erich von dem Bach-Zelewski vor dem International Military Tribunal (IMT) in Nürnberg, in: Der Prozess gegen die Hauptkriegsverbrecher vor dem Internationalen Gerichtshof Nürnberg, Nürnberg 1947, Bd. I, S. 277-283, hier S. 277.

[541] Zeugeneinvernahme Braune, StAN, Rep. 501, KV-Prozesse, Fall 9, A 36-38, S. 3114.

4 Aspekte zur Tötungsbereitschaft der im Fall 9 verurteilten SS-Offiziere 671

waltung habe zu 50% in jüdischer Hand gelegen, in einigen Regionen sogar zu 80% bis 90%. Auch in den sowjetischen Zerstörungsbataillonen, Sabotagetrupps, Agenten und Nachrichtenübermittlern sowie in der Partisanenführung seien zu einem hohen Anteil Juden anzutreffen gewesen. Daher könne man nicht nur sagen, die Juden seien gefährliche Feinde des Deutschen Reiches gewesen, sondern sie waren *die* entscheidenden Träger eines Kampfes, „den keine Armee im Krieg hinnehmen" könne. Jene von ihm gemachten Erfahrungen habe ihm Hitlers Ausrottungsbefehl „etwas verständlicher gemacht."

In apologetischer Manier führte Dr. Braune weiter aus, dass jener Ausrottungsbefehl ja umfassender gewesen sei, insofern, als er sich nicht nur auf den einzelnen Führer eines Bataillons oder auf einen einzelnen Saboteur erstreckt habe, „sondern Adolf Hitler hat ja doch die Konsequenz gezogen, dass es notwendig sei, das gesamte Judentum zu töten." Die Befehle [Richtlinien für das Verhalten der Truppe in Rußland vom 4.6.1941, Kommissarbefehl vom 6.6.1941 und Kriegsgerichtsbarkeitserlass vom 13.5.1941] seien *deshalb* bereits vor Kriegsbeginn ergangen, weil Adolf Hitler als oberster Kriegsherr sich klar darüber war, in welcher Form diese Auseinandersetzung im Osten [um Sein oder Nichtsein] vor sich gehen würde." Der Ausrottungsbefehl habe sich *deshalb* auf jüdische Frauen, Kinder und Greise ausgedehnt, weil auch sie „bei diesem Partisanenkrieg halfen und dem Feind Beistand leisteten." [Kursivdruck vom Verf.].[542]

> „Der Befehl ging ja weiter. Es wurde ja nicht gesagt: tötet den Juden oder die Jüdin, wenn du sie antriffst bei irgendeiner Tat, sondern diese Voraussetzung wurde ja im Befehl nicht von uns verlangt, sondern der Befehl lautete: Alle zu töten, ohne Nachweis einer konkreten Tat oder Schuld."[543]

In diesem Zusammenhang ist anzumerken, dass das Ziel der NS-Kriegspropaganda des Weiteren intendierte, den Tatbeteiligten die Massenmorde an der sowjetischen Zivilbevölkerung als „historisch notwendige" Tat unter Suspendierung aller völkerrechtlichen Normen zu suggerieren. Das lässt sich unter anderem durch Hitlers selbstrechtfertigenden Befehl hinsichtlich der *Verschärfung der Partisanenbekämpfung* vom 16. Dezember 1942 belegen, in welchem er den Massenmord sogar an Kindern und Frauen wie folgt rechtfertigt:

> „Es geht hier um Sein oder Nichtsein. Mit soldatischer Ritterlichkeit oder mit den *Vereinbarungen der Genfer Konvention* hat dieser Kampf nichts mehr zu tun [...].
>
> Die Truppe ist daher berechtigt und *verpflichtet*, in diesem Kampf ohne Einschränkung *auch gegen Frauen und Kinder* jedes Mittel anzuwenden, wenn es nur zum Erfolg führt.

---

[542] Ebd., S. 3114-3115, 3117.
[543] Ebd., S. 3117.

Rücksichten, gleich welcher Art, *sind ein Verbrechen gegen das deutsche Volk."* [Kursivdruck vom Verf.].⁵⁴⁴

Auch jener rein ideologisch begründete Erlass war den im Nürnberger Einsatzgruppenprozess angeklagten NS-Gewalttäter hinreichend bekannt, sodass der beisitzende Richter John J. Speight in der Verlesung der Urteilsbegründung ausführte: „Der Einwand vom ‚höheren Befehl' bedarf zu einer Gültigkeit des Nachweises entschuldbarer Unwissenheit über seine Rechtswidrigkeit."⁵⁴⁵

Die kriegspropagandistische Reaktivierung der in den SS-Institutionen jahrelang vermittelten imaginierten Feindbilder zielte insbesondere darauf ab, der in die Vernichtungsmaschinerie eingebundenen und befehlsgebenden Führungselite auch den letzten Rest von Skrupeln zu nehmen. Der Historiker Bernd Wegner stellt treffend fest:

„Das Gefühl, in einem solchen Abwehrkampf von historischer Dimension zu stehen, und die Aussicht, ihn siegreich zu bestehen, sollten das Bewußtsein des SS-Mannes bestimmen [...]. Darüber hinaus hatte die Monumentalität des Feindbildes den Vorteil, daß sie ein Klima steter Leistungserwartung schuf, ununterbrochene Einsatzbereitschaft und höchste Kraftentfaltung zu rechtfertigen schien."⁵⁴⁶

Wie eingangs dargelegt, lassen sich aus den Einlassungen der im Nürnberger Fall 9 angeklagten NS-Gewalttäter nur mit gewissen Einschränkungen generalisierende Erklärungen hinsichtlich deren Tötungs*bereitschaft* dechiffrieren, da die diesbezüglichen Aussagen zwar die ideologische Verfasstheit zum Tatzeitpunkt erkennen lassen, gleichzeitig aber auch die verschiedenen ausgearbeitete Verteidigungsstrategien gegenüber dem US Military Tribunal II wiedergeben.

Hinsichtlich eines offensichtlichen Unrechtsbewusstseins der beschuldigten SS-Führungselite hat der Chefankläger Benjamin B. Ferencz in späteren Interviews mehrfach mit Befremden festgestellt, dass bei der im Nürnberger Einsatzgruppenprozess angeklagten SS-Führungselite keinerlei Anzeichen von Unrechtsbewusstsein zu erkennen gewesen sei. Im Zusammenhang mit einem „aus ideologischen Gründen suspendierten Unrechtsbewusstseins"⁵⁴⁷ konstatierte Buchheim in einem seiner beiden für den Ersten Auschwitz-Prozess verfassten schriftlichen Sachverständigengutachten, das er am 2. Juli 1964 auszugsweise mündlich vorgetragen hatte:

---

⁵⁴⁴ Oberkommando der Wehrmacht/WFST/Op. (H.) Nr. 004870/42, g. Kdos. Geheime Kommandosache. Befehl vom 16. Dezember 1942. Btr.: Verschärfung der Partisanenbekämpfung, abgedruckt in: WOLFGANG RUGE u. a. (Hrsg.): Dokumente zur deutschen Geschichte 1942-1945, Berlin 1977, S. 19f.
⁵⁴⁵ KAZIMIERZ LESZCZYŃSKI (Hrsg.), Fall 9, S. 101.
⁵⁴⁶ BERND WEGNER, Soldaten, S. 70.
⁵⁴⁷ HANS BUCHHEIM, Befehl, S. 280.

4 Aspekte zur Tötungsbereitschaft der im Fall 9 verurteilten SS-Offiziere

„Wenn es sich bei den Tätern um aus ideologischen Gründen suspendiertes Unrechtsbewußtsein gehandelt hat, wird auch erklärlich, daß die Massenverbrechen zum Teil von Leuten begangen wurden, die im guten bürgerlichen Sinn anständig waren, und daß man unter den Beteiligten Menschen findet, die unter normalen Verhältnissen ein Verbrechen nicht nur nicht begehen, sondern auch nicht in Gedanken erwägen würden.

Sicher hat es unter den Beteiligten auch echte Verbrechernaturen mit der ganzen Variationsbreite verbrecherischer Motive gegeben, doch sind diese Fälle für die historische Fragestellung ohne besonderes Interesse, weil sie nicht die typischen sind [...].

Durch einige Faktoren wurde die Suspendierung des Unrechtsbewußtseins noch erleichtert und gefördert, so zum Beispiel durch die im Sozialdarwinismus wurzelnde Anschauung, daß es dem Menschen möglich und erlaubt sei, seine Mitmenschen zu Objekten biologischer Manipulation zu machen [...], besonders wenn gewisse Menschengruppen nicht nur als ‚Untermenschen', sondern gar als ‚Schädlinge' und ‚Krankheitserreger' im Volkskörper bezeichnet wurden [...].

Ein anderes Moment, das die Suspendierung des Unrechtsbewußtseins erleichterte, war die Vortäuschung einer Kampfsituation. Der Krieg wurde als ein Krieg des Judentums gegen das deutsche Volk hingestellt, als ein Rassekrieg auf Leben und Tod [...]. Die Maßnahmen gegen die Juden wurden also als Kampfmaßnahmen hingestellt, bei denen die Tötung des Feindes kein Mord sein könne [...].

Ein letztes förderndes Moment, das in seiner Bedeutung nicht unterschätzt werden darf, war, daß sowohl die Opfer als auch ihre Mörder aus ihrer normalen sozialen Umwelt herausgenommen waren und sich in einem Ausnahmezustand befanden [...].

Da die Mordaktionen obendrein unter strengster Geheimhaltung stattfanden, war die Versuchung nicht gering, die Taten, da sie außerhalb jeder sozialen Kontrolle stattfanden, auch vor dem Gewissen als nicht geschehen zu betrachten [...]."[548]

Hingegen vertreten die mehrfach erwähnten renommierten Wissenschaftler, der Politik- und Rechtswissenschaftler Joachim Perels und der Soziologe und Sozialpsychologe Rolf Pohl, eine deutlich andere Position gerade auch im Hinblick auf die Diskussion um die so bezeichnete „Normalität" der NS-Gewaltverbrecher:

„Überwiegend zeigt sich, dass von einer Normalität der Täter [...] nicht gesprochen werden kann, weil sie wie viele andere Mörder vor Ort die Normen des Zusammenlebens, wie sie in den modernen, in der Tradition der Aufklärung stehenden Verfassungen niedergelegt sind, zerstörten:

durch die Aufhebung des Rechts auf Leben,
die Negation moralischer, die Integrität eines jeden garantierenden Grundsätze,
die Erzeugung von Kadavergehorsam mittels der Auflösung der auf dem Gewissen beruhenden Ich-Stärke, durch die nationalsozialistische Projektion des Unheils der Welt auf die Juden und
durch das Ausleben destruktiver narzisstischer Persönlichkeitsmerkmale."[549]

---

[548] Ebd., S. 280-282.
[549] ROLF POHL/ JOACHIM PERELS (Hrsg.), Normalität, S. 7f (Vorwort der Herausgeber).

Kapitel 5
Aufhebung des Todesurteils 1951

Bereits während der alliierten Besetzung in der unmittelbaren Nachkriegszeit und ebenso in der Adenauer-Ära, d. h. in der „Zeit des großen Beschweigens" und der kollektiven Schuldverdrängung der 1940er und 1950er-Jahre, wurden Einwände laut, die Alliierten hätten die Nürnberger Militärprozesse an einer *Kollektivschuldthese* ausgerichtet.

Bild 75: Wahlplakat der FDP zur ersten Bundestagswahl 1949.
(Quelle: Stiftung Haus der Geschichte der Bundesrepublik Deutschland).

Wie in den Akten des *Office of Military Government for Germany (U.S.)* (OMGUS-Akten)[1] hinreichend belegt ist, wurden jene Anschuldigungen neben der

---

[1] Die ca. 3.200 lfd. Meter umfassenden OMGUS-Akten wurden 1950 in 18 Schiffsladungen in die USA verschifft. Sie lagern heute im Washington National Records Center in Suitland/Maryland. Nach Ablauf der 30-jährigen Sperrfrist wurden die Akten in Zusammenarbeit mit amerikanischen Archiven und deutschen Institutionen, d. h. dem Bundesarchiv und dem Institut für Zeitgeschichte München/Berlin (IfZ), für Zwecke der historischen Forschung erneut aufgearbeitet und im Umfang von über sechs Millionen Blatt auf ca. 100.000 Mikrofiches (MF) verfilmt. Jedoch ist der aus Mikrofiche-Reproduktionen bestehende Bestand im IfZ München gegenüber dem in den National Archives, Washington D.C., liegenden Originalbestand um zwei Drittel reduziert worden. Die für

Mehrheitsbevölkerung vehement und in apologetischer Manier zunächst von hohen kirchlichen Würdenträgern beider Konfessionen erhoben, sodann von namhaften Rechtswissenschaftlern aus der personellen Kontinuität der NS-Beamtenschaft – unter ihnen die ehemaligen Strafverteidiger der in Nürnberg verurteilten Kriegsverbrecher und NS-Gewalttäter – und nach Gründung der Bundesrepublik Deutschland von Parlamentariern aller Parteien mit Ausnahme jener der KPD.

Mit dem Zeitpunkt der Staatsgründung der Bundesrepublik Deutschland hatte sich die so bezeichnete „Kriegsverbrecherfrage" dann zunehmend politisiert.[2] Begriffe wie *Siegerjustiz* und *Schlussstrichdebatte* gehörten seitdem zum apologetischen Vokabular breiter Bevölkerungsschichten. So setzte etwa die Freie Demokratische Partei (FDP) auf ihr Wahlplakat zur ersten Bundestagswahl am 14. August 1949 ostentativ auf Nazirotem Hintergrund die Forderung: „Schlußstrich drunter!" (Bild 75).

Die Aufhebung des am 10. April 1948 vom US Military Tribunal II über Biberstein verhängten Todesurteils aufgrund des so bezeichneten „Gnadenentscheids" des US High Commissioner John J. McCloy vom 31. Januar 1951 ist gerade auch vor diesem Hintergrund zu betrachten, und zwar mit besonderer Blickrichtung auf beide Kirchen – insbesondere jedoch auf die protestantische –, deren Engagement für die verurteilten NS-Gewalttäter mit der überaus starken Offensive gegen die Entnazifizierungspolitik der Amerikaner ihren Anfang nahm. Von der im Institut für Zeitgeschichte in München eingesehenen überbordenden Anzahl diesbezüglicher Akten der OMGUS-Bestände RG 260 und RG 84 sind für diese Studie lediglich einige wenige exemplarisch ausgewählt worden, um den oben skizzierten Zusammenhang darzustellen.

1 Schuld- und Unschuldsdebatten nach 1945 – Kollektivschuld und Entnazifizierung

1.1 Zur Kollektivschuldthese – „Erschreckens"- und „Sühnerituale"[3]

Während ihres Vormarsches im Frühjahr 1945 befreiten die alliierten Truppen zahlreiche Überlebende der im Altreich liegenden Konzentrationslager. Die dort von den Wachmannschaften der SS verübten Gräueltaten waren derart schockie-

---

diese Studie im IFZ München eingesehenen Mikrofiches entstammen dem Bestand *Office of Military Government for Germany, United States, Record Group 260* (OMGUS RG 260) und dem Bestand *Political Advisory, Record Group 84* (RG 84).

[2] Norbert Frei, Vergangenheitspolitik S. 163-194.
[3] Constanze Kutschker/ Deborah Landau: Ein Gründungsdilemma der deutschen Erinnerungskultur: Das Massaker von Gardelegen am 13. April 1945 und seine Folgen, in: Forum Ri-

1 Schuld- und Unschuldsdebatten nach 1945 – Kollektivschuld und Entnazifizierung

rend, sodass die *Psychological Warfare Division* des anglo-amerikanischen *Supreme Headquarters, Allied Expeditionary Force* (SHAEF) in ihren Besatzungszonen eine psychologische Propaganda-Kampagne startete mit dem Ziel, bei der deutschen Bevölkerung im Hinblick auf den Holocaust unter Verwendung gezielter „Erschreckens- und Sühnerituale" (Constanze Kutschker/Deborah Landau) ein kollektives Verantwortungsgefühl entstehen zu lassen.[4] Jene Propagandakampagne war eingebettet in das *Re-Education* bzw. *Re-Orientation Program* der Westalliierten, das die Entnazifizierung der deutschen Bevölkerung und deren Umerziehung zu Demokratiefähigkeit einschloss. Besonders rigoros wurde jenes Programm von der US-amerikanischen Besatzungsbehörde, dem *Office of Military Government for Germany (U.S.)* (OMGUS) betrieben.

Dem *Re-Education Program* lag die These zugrunde, dass die deutsche Bevölkerung als Ganzes in die NS-Verbrechen verstrickt gewesen sei, entweder als unmittelbare Täter oder indem sie die Verbrechen befürwortet oder aber lediglich stillschweigend geduldet habe, wie aus der Direktive Nr. 1 indirekt hervorgeht, die Robert A. McClure, Leiter der *Information Control Division* und Spezialisten für Psychologische Kriegsführung, herausgegeben hatte.

„Die ersten Schritte der Reeducation werden sich streng darauf beschränken, den Deutschen unwiderlegbare *Fakten* zu präsentieren, um ein Bewusstsein von Deutschlands *Kriegsschuld* zu erzeugen sowie einer *Kollektivschuld* für solche Verbrechen, wie sie in den Konzentrationslagern begangen wurden." [Kursivdruck vom Verf.].[5]

Das untenstehende Propagandaplakat, das in den Städten und in vielen Dörfern der westalliierten Besatzungszonen zu sehen war, verdeutlicht jene These. Dessen Text lautet:

„Diese Schandtaten: Eure Schuld!

In zwölf Jahren haben die Nazi-Verbrecher Millionen Europäer gefoltert, verschleppt und ermordet. Männer, Frauen und Kinder wurden von Hitlers vertierten Henkersknechten gehetzt und zu Tode gequält, nur weil sie Juden, Tschechen, Russen, Polen oder Franzosen waren.

Ihr habt ruhig zugesehen und es stillschweigend geduldet. Im Kampf erhärtete Soldaten der Alliierten haben ihren Ekel und ihre Empörung angesichts der vergasten, verkohlten und ausgemergelten Leichen der Opfer in den K.Z. nicht verbergen können.

In **Buchenwald** wurden nach deutschen Lagerberichten 50 000 Menschen verbrannt, erschossen, aufgehängt.

---

tualdynamik. Diskussionsbeiträge des SFB 619 „Ritualdynamik" der Ruprecht-Karls-Universität Heidelberg, hrsg. von Dietrich Hardt und Axel Michaels, Nr. 10 (2005), S. 1-40. Die beiden Begriffe finden sich auf S. 19.

[4] MORRIS JANOWITZ: German reactions to nazi atrocities, in: American Journal of Sociology, 1946, Vol. 52 (2), S. 141-146.

[5] Robert A. McClure: Direktive Nr. 1. Zitiert nach CORNELIA BRINK: Ikonen der Vernichtung. Öffentlicher Gebrauch von Fotografien aus nationalsozialistischen Konzentrationslagern nach 1945 (Schriftenreihe des Fritz-Bauer-Instituts Frankfurt am Main; 14), Berlin 1998, S. 43.

678   Kapitel 5 Aufhebung des Todesurteils 1951

In **Dachau** fanden amerikanische Soldaten allein 50 Güterwagen mit verwesenden Leichen. Seit Beginn dieses Jahres erlagen dort 10 000 Menschen ihren Foltern.

In **Belsen** fanden britische Truppen Folterkammern, Verbrennungsöfen, Galgen und Auspeitschungspfähle. 30 000 Menschen sind dort umgekommen.

In **Gardelegen, Nordhausen, Ohrdruf, Erla, Mauthausen, Vaihingen** fielen unzählige Zwangsverschleppte und politische Gefangene einem Inferno, wie es die Weltgeschichte noch nie gesehen hat, zum Opfer!

Ihr habt untätig zugesehen. Warum habt Ihr mit keinem Wort des Protestes, mit keinem Schrei der Empörung das deutsche Gewissen wachgerüttelt? Das ist Eure große Schuld – Ihr seid mitverantwortlich für diese grausamen Verbrechen!" [Fettdruck im Original].[6]

Unterhalb der Fotoserie finden sich in drei Zeilen kleingedruckt weitere Informationen zu den sieben Bildern:

Bild 76: Denazification poster entitled „These outrages: Your fault!"
The poster is illustrated with seven horrific photographs of various concentration camps following liberation and the subtitle reads: „You've watched and quietly tolerated it". Date: May 1945. Photograph Number 96807).
(Quelle: U. S. Holocaust Memorial Museum).

---

[6]   Text des Plakates: United States Holocaust Memorial Museum, Washington, D. C., Photograph # 96807. courtesy of Albright College.

1 Schuld- und Unschuldsdebatten nach 1945 – Kollektivschuld und Entnazifizierung

„Güterwagen vollgeladen mit Leichen wurden in Dachau von den amerikanischen Truppen entdeckt. (1).

Wie Brennholz aufeinandergeschichtete Leichen wurden im Dachauer Konzentrationslager von den amerikanischen Truppen gefunden. Das Blut floß über den Boden, als die Soldaten ankamen. (2).

Dieser Insasse des Dachauer Schandlagers wurde hohläugig und abgemagert vor Hunger von den amerikanischen Soldaten aufgefunden. (3).

Ein Teil der in einer Grube gefundenen 1000 Leichen, die von britischen und amerikanischen Soldaten bei der Befreiung eines Lagers vorgefunden wurden. (4).

Amerikanische Soldaten besichtigen ein Greuellager, wo die verbrannten Leichen der Nazi-Opfer aufgestapelt liegen. (5).

Verkohlte Leichname der politischen Gefangenen, die von SS-Truppen im Dachauer Lager in den Tod gehetzt wurden. (6).

Ein Insasse des Dachauer Lagers betrachtet die Leichen seiner Kameraden, die Opfer vertierter SS-Truppen wurden. Die Nazis gossen Benzin über die Leichen und verbrannten sie." (7).[7]

Wie bereits erwähnt, wurden Propaganda-Plakate ähnlichen Inhalts von der US-amerikanischen Militärregierung (OMGUS) im Nachkriegsdeutschland zuhauf verbreitet mit der Zielsetzung, im Rahmen des *Denafication and Re-Education Program* die deutsche Bevölkerung von ihrer Mitschuld zu überzeugen, um sie zu Demokratiefähigkeit zu führen. Die OMGUS-Behörden beließen es jedoch nicht bei der Information der deutschen Bevölkerung durch Plakate über die von den SS-Wachmannschaften an den Häftlingen der KZs begangenen Verbrechen. Um jedem Deutschen die Ungeheuerlichkeit der NS-Gräul bewusst zu machen, konfrontierten sie die Einwohner der in der Nähe von Konzentrationslagern gelegenen Städte vor Ort mit den von den SS-Wachmannschaften ermordeten Opfern.

Neben den „Erschreckensritualen" (Bild 77/78) setzte die Konfrontationspolitik bewusst auf „Sühnerituale", in der Weise, dass die OMGUS-Behörde die in der Nähe von Konzentrationslagern lebenden Bewohner verpflichtete, die von den KZ-Wachmannschaften ermordeten und in Massengräbern verscharrten Häftlinge auszugraben und sie auf den umliegenden Friedhöfen in würdiger Form in Einzelgräbern zu bestatten. (Bild 79/80).

Die SS hatte während des Todesmarsches der Häftlinge der KZs Flossenbürg und Dachau am 21.4.1945 in einem Waldstück bei Neunburg 160 Häftlinge erschossen und verscharrt.

---

[7] Ebd.

680   Kapitel 5 Aufhebung des Todesurteils 1951

Bild 77: German civilians of Weimar witness a truckload of prisoners dead at Buchenwald concentration camp. The civilians were forced by the U.S. Third Army Military Police to witness evidence of atrocities at the camp. From album entitled „Nazi War Atrocities." Date: ca. April 1945. Photograph Number 72-3227.
(Quelle: National Archives Washington, USA, Truman Library).

Bild 78: Under the supervision of American troops, a German woman is forced to walk among the corpses of prisoners exhumed from a mass grave near Nammering. Date: Circa 1945 May 06, Photographer: Edward Belfer. Photograph Number 19133.
(Quelle: U. S. Holocaust Memorial Museum).

1 Schuld- und Unschuldsdebatten nach 1945 – Kollektivschuld und Entnazifizierung   681

Bild 79: On orders of the XII corps Military Government officials, German citizens of the town of Neunburg, Germany, dug up the bodies of the murdered Polish and Russian Jews from where the S.S. troopers buried them and gave them a decent burial in the town cemetery. Here citizens carry one of the dead. From album entitled „Nazi War Atrocities."
Date: ca. April 1945. Photograph Number 72-3310).
(Quelle: National Archives Washington, USA, Truman Library).

Bild 80: Women and men of Neunburg bear bodies of 120 S.S. shooting victims to burial in the city cemetery after removal of bodies from woodland shooting site outside town. Chaplains of U. S. Third Army conducted services for victims. From album entitled „Nazi War Atrocities". Date: ca. April 1945. Photograph Number 72-3304).
Date: ca. April 1945. Photograph Number 72-3310).
(Quelle: National Archives Washington, USA, Truman Library).

1.2 Karl Jaspers Einlassungen zur Kollektivschuldthese

Die US-amerikanische Konfrontationspolitik wurde von der deutschen Bevölkerung in unterschiedlicher Weise aufgenommen und hochemotional diskutiert. In seiner Vortragsreihe über die geistige Situation in Deutschland, die im Wintersemester 1945/46 in der Ruprecht-Karls-Universität Heidelberg stattfand, thematisierte der renommierte Philosoph und Psychiater Karl Jaspers die Kollektivschuldthese. Dabei rekurrierte er unter anderem auf das Propagandaplakat „Diese Schandtaten: Eure Schuld!" (Bild 76), indem er konstatierte:

„Die Schuldfrage hat ihre Wucht bekommen durch die Anklage seitens der Sieger und der gesamten Welt gegen uns Deutsche. Als im Sommer 1945 die Plakate in den Städten und Dörfern hingen mit den Bildern und Berichten aus Belsen und dem entscheidenden Satz: Das ist eure Schuld!, da bemächtigte sich eine Unruhe der Gewissen, da erfasste ein Entsetzen viele, die das in der Tat nicht gewußt hatten. Und da bäumte sich etwas auf: Wer klagt mich da an? Keine Unterschrift, keine Behörde, das Plakat kam wie aus dem leeren Raum.

Es ist allgemein menschlich, daß der Beschuldigte, ob er nun mit Recht oder Unrecht beschuldigt wird, sich zu verteidigen sucht [...]. ‚Das ist eure Schuld!' besagt aber heute viel mehr als Kriegsschuld. Jenes Plakat ist schon vergessen. Was dort von uns erfahren wurde, ist jedoch geblieben: erstens die *Realität einer Weltmeinung*, die uns als gesamtes Volk verurteilt – und zweitens *die eigene Betroffenheit.*" [Kursivdruck vom Verf.].[8]

Zur Klärung des Sachverhaltes legte Jaspers großen Wert auf eine genaue Differenzierung der in dem obigen Propagandaplakat erhobenen Schuldvorwürfe, indem er zwischen vier Schuldbegriffen unterschied:

(1) Die *kriminelle* Schuld, deren Verbrechen in der Zuständigkeit der Gerichtsinstanzen lägen.

(2) Die *politische* Schuld, die in den Handlungen der Staatsmänner bestehe, aber auch in der Staatsbürgerschaft eines Staates, infolge derer der einzelne Bürger die Handlungen dieses Staates tragen müsse. Die zuständige Instanz sei die Gewalt und der *Wille des Siegers.* Zwar habe die Begrenzung des Nürnberger Prozesses auf die Verbrecher das deutsche Volk entlastet, „aber keineswegs derart, daß es frei würde von jeder Schuld [...]. Die Zerstörung jeder anständigen, wahrhaftigen deutschen Staatlichkeit muß ihren Grund auch in den Verhaltensweisen der Mehrheit der deutschen Bevölkerung haben. Ein Volk haftet für seine Staatlichkeit." [Kursivdruck im Original].[9]

(3) Die moralische Schuld für Handlungen, die jeder Bürger als Einzelner begehe. Dessen Instanz sei das eigene Gewissen. „Die teilweise Billigung des Nationalsozialismus, die *Halbheit* und gelegentliche *innere Angleichung* und Abfindung war eine moralische Schuld." [Kursivdruck im Original].[10]

---

[8] KARL JASPERS: Die Schuldfrage. Ungekürzte Taschenbuchausgabe, 2. Auflage, München, Berlin, Zürich 2016, S. 33f. Die Originalausgabe des Jahres 1946 trägt keinen Untertitel. Erst nach Jaspers Tod im Jahre 1969 wurde die 1987 erschienene ungekürzte Neuausgabe mit dem Untertitel „Von der politischen Haftung Deutschlands" versehen.
[9] Ebd., S. 9, 45.
[10] Ebd., S. 9, 50.

1 Schuld- und Unschuldsdebatten nach 1945 – Kollektivschuld und Entnazifizierung

(4) Die metaphysische Schuld, die er wie folgt analysierte: „Metaphysische Schuld ist der Mangel an der absoluten Solidarität mit dem Menschen als Menschen."[11] Die Instanz sei Gott.

Im Zusammenhang mit dem Begriff der moralischen Schuld beschrieb Jaspers einen Typus, wie er im Nachkriegsdeutschland unter anderem bei führenden Vertretern der protestantischen Kirche zu finden war, nicht nur bei jenen der nationalsozialistischen *Deutschen Christen* (DC), sondern – wie in den OMGUS-Akten mehrfach belegt ist – sogar bei Vertretern der *Bekennenden Kirche*. Darauf wird weiter unten zurückzukommen sein. Jaspers konstatierte:

> „Viele Intellektuelle, die 1933 mitgemacht haben und für sich eine führende Wirkung erstebten und die dann öffentlich weltanschaulich für die neue Macht Stellung nahmen – die dann später, persönlich beiseitegedrängt, unwillig wurden, zumeist aber doch positiv blieben, bis der Kriegsverlauf seit 1942 den ungünstigen Ausgang sichtbar und sie nun erst ganz zu Gegnern machte; diese haben das Gefühl, unter den Nazis gelitten zu haben und darum berufen zu sein für das Nachfolgende: Sie halten sich selbst für Antinazis."[12]

Im Hinblick auf die von den Westalliierten erhobene Kollektivschuldthese, die allerdings recht bald fallengelassen wurde, und mit Blick auf das Propagandaplakat „Eure Schandtaten! Eure Schuld!" führte Jaspers aus, dass ein Volk nicht zu einem Individuum gemacht werden könne. „*Kollektivschuld eines Volkes* oder einer Gruppe innerhalb der Völker also *kann es* – außer der politischen Haftung – *nicht geben*, weder als verbrecherische, noch als moralische, noch als metaphysische Schuld." [Kursivdruck im Original].[13] Des Weiteren verwies er darauf, dass zwar „die kategoriale Beurteilung als Volk immer eine Ungerechtigkeit darstelle", andererseits würde „der Deutsche, wer auch immer der Deutsche sei", infolge des Kollektivdenkens in der Weltöffentlichkeit als jemand angesehen, „mit dem man nicht gern zu tun haben möchte".[14] Zum Abschluss jener Vorlesungsreihe mahnte er, dass „ohne den Weg der Reinigung aus der Tiefe des Schuldbewußtseins keine Wahrheit für den Deutschen zu verwirklichen sei. Politisch hieße das, aus innerem Jasagen die Leistungen zu erfüllen, die in Rechtsform gebracht unter eigenen Entbehrungen den von Hitlerdeutschland angegriffenen Völkern einen Teil des Zerstörten wiederherzustellen."[15]

---

[11] Ebd., S. 54.
[12] Ebd., S. 52.
[13] Ebd., S. 28.
[14] Ebd., S. 28, 57.
[15] Ebd., S. 89.

1.3 ASPEKTE US-AMERIKANISCHER ENTNAZIFIZIERUNGSPOLITIK

Die „vier Ds" – *denazification, demilitarization, decartelization, democratization* waren auf der Potsdamer Konferenz als Zielsetzungen der vier alliierten Besatzungsmächte am 2. August 1945 in einem gemeinsamen Abkommen festgeschrieben worden. Im Hinblick auf die Durchführung der Entnazifizierung hatten die Siegermächte jedoch keine gemeinsamen Verfahrensweisen vereinbart, sodass die politische Säuberung in den einzelnen Besatzungszonen mit unterschiedlicher Härte erfolgte, am schärfsten in der US-amerikanischen Zone.

Hinsichtlich der Durchführung der *Denazification* im Hinblick auf die „Frage nach der gesellschaftlichen Verantwortung für die Politik des NS-Regimes"[16] hatten insbesondere in den USA zwei Erklärungsansätze bestanden. Der eine bezog sich auf die von dem deutsch-amerikanischen Politikwissenschaftler Franz L. Neumann bereits im Jahr 1942 beschriebene „herrschende Klasse", d. h. auf die Führungsschicht von Ministerialbürokratie, Beamtentum, Wehrmacht, Industrie und Agrarwirtschaft.[17] Diese für die NS-Verbrechen verantwortlichen Führungseliten seien in den Nürnberger Prozessen abgeurteilt worden.

Der andere Ansatz betonte hingegen die hohe Akzeptanz des Hitlerregimes durch breite Bevölkerungsschichten. Demzufolge müsse sich das *Denazification and Reorientation/Reeducation Program* auf eben diese Bevölkerungsteile fokussieren. Jene Sichtweise „korrespondierte mit der Überzeugung, dass der Nationalsozialismus in erster Linie eine moderne Massenbewegung gewesen sei. Notwendig seien demnach die Herausfilterung aller aktiven Nationalsozialisten aus der gesamten deutschen Bevölkerung sowie die demokratische Umziehung der Deutschen."[18]

In Anlehnung an jene Theorie hatten die *Joint Chiefs of Staff* (JCS) bereits am 26. April 1945 an den Oberbefehlshaber der US-amerikanischen Besatzungstruppen in Deutschland die Direktive 1067 (JCS 1067) erlassen, in der die Grundzüge der US-amerikanischen Besatzungspolitik für die Nachkriegszeit verbindlich festgelegt wurden. Gemäß jener Direktive sollte die Entnazifizierung durch die Auflösung aller NS-Organisationen und den Ausschluss ihrer Mitglieder aus dem öffentlichen Leben und aus den herausgehobenen Stellungen in der Wirtschaft erreicht werden. Unter Punkt 4 benannte die Direktive JCS 1067 in aller Schärfe die „grundlegende[n] Ziele der Militärregierung in Deutschland":

> „a) Es muß den Deutschen klargemacht werden, daß Deutschlands rücksichtslose Kriegführung und der fanatische Widerstand der Nazis die deutsche Wirtschaft zerstört und

---

[16] ULRICH HERBERT, Geschichte, S. 567.
[17] FRANZ L. NEUMANN, Behemoth, S. 423-463.
[18] ULRICH HERBERT, Geschichte, S. 569.

Chaos und Leiden unvermeidlich gemacht haben, und daß sie nicht der Verantwortung für das entgehen können, was sie selbst auf sich geladen haben.

b) Deutschland wird nicht besetzt zum Zwecke seiner Befreiung, sondern als ein besiegter Feindstaat. Ihr Ziel ist nicht die Unterdrückung, sondern die Besetzung Deutschlands, um gewisse wichtige alliierte Absichten zu verwirklichen. Bei der Durchführung der Besetzung und Verwaltung müssen Sie gerecht, aber fest und unnahbar sein. Die Verbrüderung mit deutschen Beamten und der Bevölkerung werden Sie streng unterbinden.

c) Das Hauptziel der Alliierten ist es, Deutschland daran zu hindern, je wieder eine Bedrohung des Weltfriedens zu werden. Wichtige Schritte zur Erreichung dieses Zieles sind die *Ausschaltung des Nazismus* und des Militarismus in jeder Form, die sofortige Verhaftung der Kriegsverbrecher zum Zwecke der Bestrafung, die industrielle Abrüstung und Entmilitarisierung Deutschlands mit langfristiger Kontrolle des deutschen Kriegspotentials und die Vorbereitungen zu einem späteren *Wiederaufbau des deutschen politischen Lebens auf demokratischer Grundlage.*" [Kursivdruck vom Verf.].[19]

Punkt 6 legte sodann die Richtlinien für die Durchführung der Entnazifizierung im Detail fest:

„(a) Der Kontrollrat soll einen Aufruf erlassen, durch den die Nazi-Partei, ihre Gliederungen, angeschlossenen Verbände und untergeordneten Organisationen und alle öffentlichen Nazi-Einrichtungen, die als Werkzeuge der Parteiherrschaft gegründet worden waren, aufgelöst werden und ihr Wiederentstehen in jeder Form untersagt wird [...].

(c) Alle Mitglieder der Nazipartei, die nicht nur nominell in der Partei tätig waren, alle, die den Nazismus oder Militarismus aktiv unterstützt haben, und alle anderen Personen, die den alliierten Zielen feindlich gegenüberstehen, sollen entfernt und ausgeschlossen werden aus öffentlichen Ämtern und aus wichtigen Stellungen in halbamtlichen und privaten Unternehmungen wie

(1) Organisationen des Bürgerstandes, des Wirtschaftslebens und der Arbeiterschaft,
(2) Körperschaften und anderen Organisationen, an denen die deutsche Regierung oder Unterabteilungen ein überwiegendes finanzielles Interesse haben,
(3) Industrie, Handel, Landwirtschaft und Finanz,
(4) Erziehung und
(5) Presse, Verlagsanstalten und andere der Verbreitung von Nachrichten und Propaganda dienenden Stellen.

Als Personen, die nicht nur nominell in der Partei tätig waren und die den Nazismus oder Militarismus aktiv unterstützt haben, sind diejenigen zu behandeln, die

(1) ein Amt innehatten oder anderweitig auf irgendeiner Stufe von den örtlichen bis zu den Reichsstellen der Partei und ihrer Gliederungen aktiv gewesen sind oder in Organisationen, die militaristische Lehren unterstützen,
(2) irgendwelche Naziverbrechen, rassische Verfolgungen oder Diskriminierungen veranlaßt oder an ihnen teilgenommen haben,
(3) sich als Anhänger des Nazismus oder *rassischer* und militaristischer *Überzeugungen* bekannt haben oder

---

[19] Direktive an den Oberbefehlshaber der US-Besatzungstruppen in Deutschland (JCS 1067) vom 26.4.1945, in: Deutsche Geschichte in Dokumenten und Bildern (DGDB), Die Besatzungszeit und die Entstehung zweier Staaten (1945-1961), S. 1-7, hier S. 1f.

(4) der Nazipartei oder Nazifunktionären oder Naziführern freiwillig beträchtliche *moralische* oder materielle Hilfe oder politische Unterstützung irgendwelcher Art geleistet haben. Keine dieser Personen darf in irgendeiner der oben angeführten Beschäftigungsarten aus Gründen der verwaltungstechnischen Notwendigkeit, Bequemlichkeit oder Zweckdienlichkeit beibehalten werden." [Kursivdruck vom Verf.).[20]

Die Amtsenthebung von „Personen die sich als *Anhänger des Nazismus* oder zu *rassischen Überzeugungen bekannt* oder die der Nazipartei oder den Nazifunktionären oder Naziführern freiwillig beträchtliche *moralische* Hilfe oder politische Unterstützung irgendwelcher Art geleistet haben" [Kursivdruck vom Verf.] betraf im Hinblick auf die protestantische Kirche nicht nur die gesamte Pfarrerschaft der nationalsozialistisch geprägten Deutschen Christen (DC), sondern – und das ist bemerkenswert – ebenso einen gewissen Prozentsatz unter den Pfarrern der Bekenntnisfront. Da die protestantischen Kirchen aufgrund Artikel 137, Satz 6, der Weimarer Reichsverfassung in ihrer Funktion Körperschaften öffentlichen Rechts waren, fiel demzufolge auch deren Pastorenschaft unter das *Denazification and Reeducation/Reorientation Program.* Das löste bei den protestantischen Kirchenführern einen Proteststurm aus, obgleich die Militärbehörden ihnen zugestanden hatten, die Durchführung jener „Selbstreinigung" in Eigenregie zu übernehmen. Dieser Aspekt, d. h. die massive Kritik der protestantischen Kirchen an den Entnazifizierungsmaßnahmen der Besatzungsmächte ist weiter unten zu thematisieren.

Die Besatzungsdirektive JCS 1067 zur politischen Säuberung, die bis Mitte Juli 1947 in Kraft war,[21] erhielt in der Durchführungsbestimmung der *United States Forces, European Theater* (USFET) vom 7. Juli 1945 ihre praktische Umsetzung in Form eines Fragebogens, der 131 Einzelfragen umfasste und eine genaue Überprüfung der ehemaligen NS-Parteimitglieder erlaubte. Nach der Erhebung der Personaldaten (Teil A) wurden Fragen zur Mitgliedschaft in der NSDAP erhoben (Teil B) sowie detaillierte Fragen zur Tätigkeit in der NSDAP und deren Hilfsorganisationen wie SS, SA, NS-Kraftfahrerkorps, NS-Fliegerkorp und Gestapo (Teil C). Nach Auswertung der Fragebögen durch die US-Behörde *Special Branch* (SpBr) der *Public Safety Division* (PS) wurden die entsprechenden Personen fünf Einstufungskategorien zugeteilt:

1. „Mandatory removal", d. h. obligatorische Entfernung aus dem Amt unter Sperrung des Privatvermögens und der Dienstbezüge. Zu jener Gruppe gehörte u. a. die Führungsschicht des ehemaligen NS-Verwaltungsapparates, so auch der 1945 inhaftierte Biberstein.

---

[20] Ebd., S. 3.
[21] HANS-PETER SCHWARZ: Vom Reich zur Bundesrepublik. Deutschland im Widerstreit der außenpolitischen Konzeptionen in den Jahren der Besatzungsherrschaft 1945 – 1949 (Politica; 38), Neuwied u. a. 1966; zugleich: Tübingen, Univ., Habil.-Schr., S. 110.

1 Schuld- und Unschuldsdebatten nach 1945 – Kollektivschuld und Entnazifizierung

Bild 81: Plakat: Meldebogen für die Stadt Karlsruhe. Bildunterschrift. „Im März 1946 übertrugen die Amerikaner mit dem ‚Gesetz zur Befreiung von Nationalsozialismus und Militarismus' die Entnazifizierung an die Deutschen."
(Quelle: Fabienne Wangler: Entnazifizierung, in: www.hbg.ka.bw.schule.de).

2. „Discretionary, adverse recommendation", d. h. Entlassung mit nachteiligen Folgen, jedoch unter Zubilligung eines entsprechenden Ermessensspielraums der zuständigen Behörde.
3. „Discretionary, no adverse recommendation". Für jene Personengruppe gab die *Special Branch* keine nachteilige Empfehlung.
4. „No objection" / „no evidence", d. h. keinerlei Nachweis einer NS-Betätigung und damit kein Einwand gegen eine Beschäftigung.
5. „Retendation recommended" / „evidence of Anti-Nazi activity". Jene als Anti-Nazis eingestufte Personengruppe hatte die besten Erfolgsaussichten auf Neueinstellung bzw. Weiterbeschäftigung.

Aufgrund der USFET-Direktive waren in der US-amerikanischen Besatzungszone bis Ende März 1946 1,26 von insgesamt 1,39 Millionen Fragebögen ausgewertet worden. Damit hatte sich durch die Empfehlungen der *Special Branch* innerhalb desselben Zeitraumes die Entlassung von Beschäftigten des öffentlichen Dienstes auf 139.996 Personen belaufen und jene aus Handel, Gewerbe und Industrie auf 687.568 Personen. Die Gesamtstatistik der *Special Branch* bezifferte zum 31. März 1946 den von der Entnazifizierung betroffenen Personenkreis mit 336.892.[22] „Von den Entlassungen unter dem Diktat der [US-]Militärregierung war – entgegen der landläufigen Meinung und entgegen dem Anschein der rigiden Entnazifizierungsdirektiven – insgesamt gesehen nur eine Minderheit der NSDAP-Mitglieder betroffen. Immerhin waren bereits 2,45 Millionen Deutsche der NSDAP vor dem Aufnahmestop am 1. Mai 1933 beigetreten [unter ihnen Biberstein], deren Gesamtmitgliedschaft sich bis Kriegsende auf sechs, nach anderen Angaben auf acht Millionen erhöht hatte."[23]

Die Schwierigkeit in der Durchführung des Entnazifizierungsprogramms seitens der Besatzungsmächte war unter anderem in der Tatsache begründet, dass „die Herrschaft des NS-Regimes nicht ausschließlich auf Manipulation und Terror beruht hatte, sondern auch auf einem hohen Maß sozialer Akzeptanz gegründet war."[24]

Acht Monate später, am 5. März 1946, wurde die USFET-Direktive vom 7. Juli 1945 abgelöst durch das *Gesetz Nr. 104 zur Befreiung von Nationalismus und Militarismus*, welches die Entnazifizierung nunmehr in die Hände der deutschen Behörden legte. (Bild 81/82). In Entsprechung zur USFET-Direktive vom 7. Juli 1945 wies jenes Gesetz ebenfalls fünf Einstufungskategorien vor:

---

[22] OMGUS, Monthly Report of the Military Governor for March 1946, Institut für Zeitgeschichte (IfZ), MA 560.
[23] CLEMENS VOLLNHALS: Entnazifizierung und Selbstreinigung im Urteil der evangelischen Kirche. Dokumente und Reflexionen 1945-1949 (Studienbücher zur kirchlichen Zeitgeschichte; 8), München 1989, S. 18.
[24] Ebd., S. 19.

1 Schuld- und Unschuldsdebatten nach 1945 – Kollektivschuld und Entnazifizierung

1. Hauptschuldige (Kriegsverbrecher),
2. Belastete (Aktivisten, Militaristen und Nutznießer),
3. Minderbelastete,
4. Mitläufer,
5. Entlastete.

Bild 82: Entnazifizierungsbescheinigung, der Lothar Rosenseich die Einstufung als „Entlasteter" bescheinigt. Ort und Zeit: Amerikanische Besatzungszone, 25.6.1947.
(Quelle: Stiftung Haus der Geschichte der Bundesrepublik Deutschland).

1.4 OFFENSIVE DER KIRCHEN GEGEN DIE US-ENTNAZIFIZIERUNGSPOLITIK

„Als der einzigen vermeintlich unkompromittierten Elite war den Würdenträgern beider Konfessionen in den ersten Wochen und Monaten nach Kriegsende die besondere Wertschätzung der Militärregierungen zuteil geworden. Dieser Umstand hatte das kirchliche Selbstbewusstsein rasch in erstaunliche Höhen geführt",[25] kon-

---
[25] NORBERT FREI, Vergangenheitspolitik, S. 137.

statiert der renommierte Historiker Norbert Frei. Auf protestantischer Seite sahen sich insbesondere der Landesbischof der Evangelischen Landeskirche in Württemberg und Erster Ratsvorsitzender der Evangelischen Kirche in Deutschland (EKD) *Theophil Wurm* und der Landesbischof der Evangelisch-Lutherischen Landeskirche in Bayern *Hans Meiser* sowie Prälat *Karl Hartenstein* als Mitglied des Rats der EKD als „Anwälte gegenüber den Siegermächten."[26] Auf katholischer Seite gesellte sich der Erzbischof von München und Freising *Kardinal Michael von Faulhaber* hinzu.

Auf die Offensive der Kirchen gegen die US-Entnazifizierungspolitik ist insofern näher einzugehen, als sie in sehr engem Zusammenhang mit der Entwicklung einer kirchlichen Kriegsverbrecherlobby zu sehen ist. Denn als die so bezeichnete „Kriegsverbrecherfrage" zunehmend virulent wurde, setzten sich für die verurteilten Kriegsverbrecher und NS-Gewalttäter neben den oben Genannten weitere kirchliche Würdenträger ein, so *Otto Dibelius*, der von 1925 bis 1933 Generalsuperintendent der Kurmark in der Kirche der Altpreußischen Union und nach dem Krieg Bischof von Berlin und Ratsvorsitzender der EKD war. Desgleichen erwiesen sich der Landesbischof der Evangelisch-lutherischen Landeskirche von Hannover und stellvertretende Ratsvorsitzender der EKD *Hanns Lilje* und ebenso der Kirchenpräsident der Evangelischen Kirche in Hessen und Nassau und Ratsmitglied der EKD *Martin Niemöller* als Fürsprecher der Kriegsverbrecher und NS-Gewalttäter. Auf katholischer Seite war das der Erzbischof von Köln *Josef Kardinal Frings*. Wie noch darzulegen sein wird, erfuhren sogar einige der im Nürnberger Einsatzgruppenprozess verurteilten NS-Gewalttäter auf diese Weise Fürsprache.

Kirchliche Entnazifizierungskritik aus Bayern

Als die Entnazifizierungswelle kaum angelaufen war und von *Massen*entlassungen noch gar nicht gesprochen werden konnten, kritisierten Bischof Meiser und Kardinal Faulhaber bereits am 20. Juli 1945 in einem gemeinsam verfassten Schreiben an die US-amerikanische Militärregierung deren Entnazifizierungspraxis unter Verweis auf die drei Punkte: (1) Massenentlassungen aus Amt und Stellung, (2) Pauschale Verurteilung aller SS-Männer, (39 Verhaftung von führenden Männern der Wirtschaft wie folgt:

> „1. Die Massenentlassungen aus Amt und Stellung.
> Es müßte das Vertrauen zu einer gradlinigen Rechtspflege auf das Schwerste erschüttern, wenn die einfache Zugehörigkeit zur Partei nach einem blinden Schema unterschiedslos mit so schwerer Strafe geahndet würde, wie es die plötzliche Entlassung aus Amt und Stelle ist [...].

---

[26] CLEMENS VOLLNHALS, Entnazifizierung, S. 25.

1 Schuld- und Unschuldsdebatten nach 1945 – Kollektivschuld und Entnazifizierung

Es bleibt doch [...] ein gewaltiger Unterschied, ob der Beitritt zur Partei freiwillig erfolgte oder unter Drohungen laut oder leise erzwungen wurde [...]. Ein gewaltiger Unterschied, ob der Anschluß an die Partei in dem guten, wenn auch naiven Glauben an die Versprechungen des Parteiprogramms und der Parteiredner erfolgte oder aus niedrigen Beweggründen der Rachsucht oder der Selbstsucht [...]."[27]

Zu Punkt (1) ist anzumerken, dass – wie oben dargelegt – die Auswertung der 131-Fragebögen durch die US-amerikanische Behörde *Special Branch* keinesfalls schematisch oder gar willkürlich erfolgte, sondern gemäß den Angaben der Befragten und aufgrund abgestufter Selektionskriterien. Zum anderen hätte die Behauptung eines „durch Zwang erfolgten Parteibeitritts" eines konkreten Nachweises bedurft. Zudem waren „die Versprechungen des NSDAP-Parteiprogramms" mehr als eindeutig, so die Punkte 4/5: „*Staatsbürger* kann nur sein, wer Volksgenosse ist. *Volksgenosse* kann nur sein, wer *deutschen Blutes* ist, ohne Rücksichtnahme auf Konfession. *Kein Jude kann daher Volksgenosse sein.* Wer nicht Staatsbürger ist, soll nur als Gast in Deutschland leben können und muß unter Fremden-Gesetzgebung stehen." Die in Punkt 24 enthaltene „Versprechung" eines positiven Christentums lässt sich angesichts der rassenbiologisch-diskriminierenden Punkte 4/5 des Parteiprogramms kaum als Rechtfertigung benutzen für einen Parteibeitritt aus „*gutem*, wenn auch naivem Glauben".

Unter Punkt (2) verurteilten beide Kirchenführer die „pauschale Verurteilung aller SS-Männer". Jener Vorwurf unterschied zum einen nicht zwischen Allgemeiner SS und Waffen-SS und ließ zudem außer Acht, dass

„bis zum Jahre 1940 [...] die SS eine völlig *freiwillige* Organisation [war]. Nach der Errichtung der Waffen-SS im Jahre 1940 fand eine sich langsam steigernde Anzahl von Zwangseinziehungen in die Waffen-SS statt.

Es scheint, daß ungefähr *ein Drittel der Gesamtzahl* derjenigen, die in die Waffen-SS eintraten, zwangsweise eingezogen wurde, und daß die verhältnismäßige Zahl der zwangsweise Eingezogenen bei Kriegsende größer war als am Anfang, daß aber eine *verhältnismäßig hohe Zahl von Freiwilligen bis zum Kriegsende* fortbestand." [Kursivdruck vom Verf.].[28]

Auch Tatbestände dieser Art wurden in dem 131-Fragebogen erfasst. Demzufolge erfolgte die Einstufung in die fünf Bewertungskriterien keineswegs zufällig. In

---

[27] Bischof Meiser und Kardinal Faulhaber, Schreiben von 20.7.1945 an die US-amerikanische Militärregierung, Landeskirchliches Archiv der Evangelisch-Lutherischen Kirche in Bayern (LAELB), Nürnberg, LKR 1665a, Abschrift, abgedruckt in: CLEMENS VOLLNHALS, Entnazifizierung, S. 30. Das Originalschreiben konnte in den OMGUS-Akten insofern nicht aufgefunden werden, als in den elektronischen Findbüchern des IfZ vermerkt ist, dass der aus Mikrofiche-Reproduktionen bestehende Bestand im IfZ gegenüber dem in den National Archives, Washington D.C., liegenden Originalbestand um zwei Drittel reduziert worden sei.

[28] Der Prozeß gegen die Hauptkriegsverbrecher vor dem Internationalen Gerichtshof Nürnberg. Nürnberg 1947, Bd. 1, S. 301-303.

Kritikpunkt (3) führten die beiden kirchlichen Würdenträger die „Verhaftung von führenden Männern der Wirtschaft" an, hier von

> „102 führenden deutschen Bankiers und Industriellen, deren Betriebe, wie man meinte, bei der Aufrüstung und im Kriegseinsatz eine maßgebende Rolle spielte [...]. Soweit die Sicherstellung ihrer Person noch weiterhin notwendig erscheint, könnte sie unseres Erachtens auch durch Hausarrest auf Ehrenwort oder durch Kaution erreicht werden [...]. Auch die Gerichte der Nachkriegszeit werden vor dem Richterstuhl der Geschichte und letzten Endes vor dem Richterstuhl des Allmächtigen nachgeprüft werden."[29]

Zu den „102 führenden deutschen Bankiers und Industriellen" gehörten unter anderem die später in den Nürnberger Folgeprozessen Verurteilten, so jene des *Falles V* (Flick-Prozess), des *Falles VI* (I.G.-Farben-Prozess) und des *Falles X* (Krupp-Prozess). Die dort erhobenen Anklagepunkte sind hinreichend bekannt, die Urteile erschienen gemessen an den verbrecherischen Taten der Angeklagten dennoch recht milde – insbesondere in dem I.G.-Farben-Prozess.[30]

Kirchliche Entnazifizierungskritik aus Württemberg

Wesentlich prononcierter fiel die Entnazifizierungskritik des Landesbischofs der Württembergischen Evangelischen Landeskirche Theophil Wurm aus. In einem achtseitigen Schreiben an die US-amerikanische Militärregierung in Württemberg vom 3. Oktober 1945 legte er in vier Punkten die Haltung seiner Landeskirche zu den Methoden der Ausrottung des Nazismus dar.[31] Zunächst erwähnte er in einem Vorwort den Grund seiner Eingabe wie folgt: Als Prälat Dr. Hartenstein dem Lieutenant Colonel Jackson in dessen Funktion als Chef der Militärregierung für die Stadt Stuttgart eine auf den 8. August 1945 datierte Denkschrift seines Landesbischofs über die Erhaltung des Berufsbeamtentums überreichte, habe ihm der Colonel die Grundzüge der US-amerikanischen Militärregierung im Hinblick für den Aufbau eines neuen Deutschlands erklärt, das jedoch nicht mit dem alten Beamten-Personalbestand erfolgen könne und bat gleichzeitig um eine schriftliche

---

[29] Bischof Meiser und Kardinal Faulhaber, Schreiben von 20.7.1945 an die US-amerikanische Militärregierung, Landeskirchliches Archiv Nürnberg, LKR 1665a, Abschrift, abgedruckt in: CLEMENS VOLLNHALS, Entnazifizierung, S. 31.

[30] Bekanntlich stellte ein Tochterunternehmen der I-G.-Farben AG das in den Gaskammern zur Ermordung der Häftlinge verwendete Zyklon B her.

[31] *Attitude of the Evangelical Church in Württemberg towards the Methods of Extirpation of Nazism.* Württ. Evang. Landeskirche. Der Landesbischof A 5673 to the USA Headquarters Frankfurt-Höchst a. Main, Schreiben vom 3.101945, National Archives of the United States, RG 84/ OMGUS, shipment Political Advisory (POLAD), box 731, folder 3, year 1945. Ein Teil der in den National Archives gelagerten Bestände der OMGUS-Akten, so die Bestände RG 84 und RG 260, sind als Mikrofiche im Archiv des Instituts für Zeitgeschichte München einsehbar.

1 Schuld- und Unschuldsdebatten nach 1945 – Kollektivschuld und Entnazifizierung

Stellungnahme der Evangelischen Kirche zu eben diesem Problem.[32] Daher nahm Landesbischof Wurm zu den nachfolgenden vier Punkten eingehend Stellung:

(1) Pflicht der Kirche zum Eintreten für gerechte Maßnahmen,
(2) Rechtsstellung der deutschen Beamten,
(3) Politische Einstellung des deutschen Beamten,
(4) Die Schuldfrage der Parteigenossen-Beamten (PG-Beamten).

Im Hinblick auf die *„Pflicht der Kirche zum Eintreten für gerechte Maßnahmen"* (Punkt 1) betonte Theophil Wurm, dass „als Gerechtigkeit nur anzuerkennen sei, was dem Willen und Gebot Gottes entspräche." Insofern fühle „die Kirche sich gebunden, die unterschiedslose Ausmerzung aller NSDAP-Parteimitglieder als eine Maßnahme zu bezeichnen, die nicht diesem Zweck diene, sondern die neue Gefahren heraufbeschwöre."[33] Eine neue Gefahr sah der konservativ-nationalprotestantische Landesbischof offensichtlich in einer möglichen Neubesetzung der Beamtenstellen mit Personen aus dem linksliberalen Milieu, etwa mit Gewerkschaftsfunktionären und SPD-Mitgliedern. Jene Befürchtung war nicht ganz unberechtigt, wie ein Richtlinienentwurf vom 7. Mai 1945 belegt, den der Diplomat und damalige politische Berater des State Department für die US-amerikanische Militärregierung Robert D. Murphy seinem Außenministerium einreichte. Danach sollte innerhalb des vorgesehenen *Denazification Program* die nationalsozialistische Beamtenschaft ausgetauscht werden vornehmlich gegen führende Vertreter ehemaliger demokratisch gesinnter liberaler Parteien der Weimarer Republik, etwa der SPD, der Deutschen Demokratischen Partei (DDP), aber auch der Zentrums-Partei.[34]

Im Zusammenhang mit der *Rechtsstellung der deutschen Beamten* und der *politischen Einstellung des deutschen Beamten* (Punkte 2/3) gab Landesbischof Wurm zu bedenken, dass „die deutschen Beamten, unter ihnen die Lehrer verschiedener Schultypen, überwiegend Berufsbeamte seien, die ihre Qualifikation durch das Bestehen strenger Examensprüfungen erhalten hätten [...]. Insofern müssten die deutschen Berufsbeamten zur Auslese der Nation gerechnet werden, sie seien ein wesentlicher Teil der Führungsschicht [...]. Zudem seien sie verfassungsrechtlich gegen Kündigung geschützt [...]. Der grundlose Entzug dieser wohlerworbenen Rechte verstoße daher vollkommen gegen ihr Rechtsempfinden [...]. Seit Generationen sei der Großteil der Berufsbeamten absolut unpolitisch

---

[32] Ebd., S. 1. Übersetzung aller in dieser Studie verwendeten OMGUS-Akten vom Amerikanischen ins Deutsche von der Verfasserin.
[33] Ebd., S. 2.
[34] *Draft Directive. Political Considerations for the Guidance of Military Government Officers in making Appointments in Germany*. Murphy to Edward Reilly Stettinius, Jr., Schreiben vom 7.5.1945, National Archives RG 84, shipment Political Advisory (POLAD), box 737, folder 3, year 1945. Am 3. Juli 1945 wurde Stettinius von James F. Byrnes als Außenminister abgelöst.

gewesen."[35] Zum vierten Punkt, der Schuldfrage der PG-Beamten, nahm Landesbischof Wurm wie folgt Stellung: „Wir können nicht leugnen, dass das Berufsbeamtentum als Ganzes mitverantwortlich ist für die schweren Straftaten, die unser Volk dadurch begangen hat, dass es sich nicht gegen die Verbrechen des Nazi-Terrors aufgelehnt hat. Jedoch werde die Massenentfernung von NSDAP-Mitgliedern aus dem Berufsbeamtentum niemals durch das allgemeine Rechtsgefühl bestätigt werden."[36]

Im weiteren Verlauf seiner Argumentation verwies er auf den Unterschied zwischen „der großen Gruppe derer, die schuldlos in die Partei hineingeschliddert seien und unter ihrem Druck gelitten hätten und zwar je länger je mehr [...] und der kleinen Gruppe von Parteigenossen-Beamten, die ihr Amt als Alte Kämpfer, Aktivisten oder Terroristen erhalten und gehalten hätten, die aber unqualifiziert gewesen seien."[37] Gegen Ende seiner Argumentation stellte er auf Seite sechs die rhetorische Frage:

> „Wie ist nun die Meinung zu beurteilen, daß Deutschland nicht mit Leuten aufgebaut werden könne, die nicht die ausreichende moralische Kraft besessen hätten, aus der Partei auszutrete, nachdem sie realisiert hatten, wohin der Kurs ging? Ist es wirklich gerechtfertigt, dass all diese Personen in der gleichen Weise behandelt werden als eine Gruppe von Männern, die tatsächlich ihre politische Untragbarkeit bewiesen haben und demzufolge nicht für den Wiederaufbau Deutschlands verwendet werden können?"[38]

Jene rhetorische Frage verneinte er erwartungsgemäß mit der Begründung, dass „eine umfassende Ausmerzung aller Parteigenossen-Beamten seitens der Kirche nicht nur als ungerecht, sondern als eine reine *Vergeltungsmaßnahme* empfunden werde [...]. Daher müsse die Kirche die US-amerikanische Militärregierung – in Übereinstimmung mit den Geboten Gottes – nachdrücklich vor einer solchen Maßnahme warnen." [Kursivdruck vom Verf.].[39] Hier stellt sich die Frage: Vergeltung wofür? Offensichtlich rekurrierte Bischof Wurm auf den Holocaust, ohne jedoch die moralische Mitschuld der protestantischen Kirche an der Ermordung der Juden durch das allzu lange Schweigen hoher kirchlicher Würdenträger zu benennen.

In diesem Zusammenhang sei auf einen Brief des Schweizer Theologe und Mitbegründers der Bekennenden Kirche Karl Barth vom 7. Juni 1946 an seinen Amtskollegen Martin Niemöller verwiesen, dessen Anlass die Erklärung des Rates der EKD vom 2. Mai 1946 hinsichtlich „der sog. Entnazifizierung" war, d. h.

---

[35] *Attitude of the Evangelical Church in Württemberg towards the Methods of Extirpation of Nazism*. Württ. Evang. Landeskirche. Der Landesbischof A 5673 To the USA Headquarters Frankfurt-Höchst a. Main, Schreiben vom 3.10.1945, National Archives of the United States, RG 84/OMGUS, shipment Political Advisory (POLAD), box 731, folder 3, year 1945, S. 3, 4.
[36] Ebd., S. 4.
[37] Ebd., S. 5.
[38] Ebd., S. 6.
[39] Ebd.

1 Schuld- und Unschuldsdebatten nach 1945 – Kollektivschuld und Entnazifizierung

„die Reinigung des deutschen Volkes von den verderblichen Einflüssen des Nationalsozialismus".[40] Zunächst kritisierte Barth, dass die Kirche „zu den entsprechenden Vorgängen in der Nazi-Zeit zu tiefsinnig geschwiegen habe", gemeint waren insbesondere die Verfolgung und Ermordung der Juden sowie die Verbrechen der Wehrmacht in den besetzten Gebieten. Im weiteren Verlauf seines Briefes stellte er den sachlichen Unterschied heraus zwischen der alliierten Entnazifizierungspraxis und der Verfolgung und Verurteilung von NS-Straftätern:

> „Die Denazifikation ist eine Angelegenheit der *politischen* Moral. Es geht bei ihr nicht (wie etwa beim Nürnberger Prozeß) um ‚Bestrafung' von ‚Verbrechern', sondern darum, bestimmte Personenkreise um der von ihnen bisher vertretenen Tendenzen willen von der Einflußnahme auf das künftige Leben der Nation so weit als möglich auszuschließen.
>
> Daß jemand damals ‚lautere Beweggründe' zum Beitritt zu einer nationalsozialistischen Organisation gehabt und sie später nur aus ‚Schwachheit' nicht wieder verlassen haben mag, beweist durchaus nicht, daß er zu denen gehört, denen heute einflußreiche Stellungen in der Verwaltung, im Gericht, in der Schule, in der Wirtschaft (in der Kirche) zukommen dürfen.
>
> Die Vermutung, daß gewisse nationalsozialistische Organisationen als solche mit gewissen für die Zukunft von allen Führungsansprüchen auszuschließenden Personenkreisen identisch sein möchten, ist jedenfalls als *vorläufiges* Kriterium beim Vollzug des Denazifikation durchaus geeignet.
>
> Eben der Typ derer, die ihre Ämter ‚an sich untadelig wahrgenommen' (und im übrigen Order pariert!) haben, war doch die stärkste Stütze des Nazi-Regimes, Was wäre aus Hitler geworden, wenn er nicht außer der zweifelhaften Hilfe seiner Abenteurer den soliden Beistand des anständigen ordentlichen ‚untadeligen' deutschen Beamten und Offiziers gehabt hätte?
>
> Warum macht sich die Kirche zum Anwalt gerade *dieses* Typs? [. . .]. Hat man die Millionen von Juden und Sozialisten nun schon wieder vergessen, denen wahrlich Schlimmeres widerfahren ist? Meint man, die Alliierten hätten sie auch vergessen?" [Runde Klammern im Original; Kursivdruck vom Verf.].[41]

Selbstreinigungsbestebungen der protestantischen Kirche

Noch vor Kriegsende hatten die Alliierten verschiedene Konzeptionen für das besetzte Deutschland ins Auge gefasst, auch in Hinblick auf ihre künftige Kirchenpolitik. Im August 1944 erhielt sodann die US-Einheit *Education and Religious Affairs Section* (ERA-Section) *of the US Group Control Council* (U.S.G.C.C.) den

---

[40] Der Rat der EKD mit den Leitungen aller Landeskirchen am 2.5.1946 in Treysa versammelt, sieht sich veranlasst, zu der jetzt durchzuführenden Entnazifizierung folgende Erklärung abzugeben: Abschrift der Beschlüsse des Rates der EKD und der Kirchenführerkonferenz vom 2. Mai 1946. An den Kontrollrat, an die Militärregierungen der vier Besatzungszonen, an die deutschen Regierungsstellen in den Zonen, an die Kirchenleitungen, National Archives of the United States, RG 260/OMGUS, shipment AG 1945-46, box 2, folder 2.

[41] Karl Barth an Martin Niemöller, Brief vom 7.6.1946, Zentralarchiv der Evangelischen Kirche in Hessen und Nassau [EKHN] Darmstadt, 62/2002, abgedruckt in: CLEMENS VOLLNHALS, Entnazifizierung, S. 133f.

Auftrag, für den Kontrollrat Vorschläge für eine kirchenpolitische Richtlinie auszuarbeiten, die dann am 24. November 1944 von amerikanischen, britischen und sowjetischen Delegierten in der *Directive No. 12* der *European Advisory Commission* (EAC) formuliert wurden. Nachdem in Punkt vier die Abschaffung des Reichministeriums für die kirchlichen Angelegenheiten festgelegt worden war, wurde in Punkt sechs den Kirchen zugestanden, ihre kirchlichen Angelegenheiten in eigener Regie zu regeln:

> „The Control Council will leave to the German churchmen of the respective faith the *revision* of the constitutions, rituals or *internal relationship of purely ecclesiastical bodies.*" [Kursivdruck vom Verf.].[42]

Jene Revision schloss die Selbstreinigung der protestantischen Kirchen hinsichtlich ihrer NS-belasteten Pfarrerschaft ein, insbesondere jene der nationalsozialistischen *Deutschen Chriten* (DC). In diesem Zusammenhang fasste die im August 1945 neugegründete *Evangelische Kirche in Deutschland* (EKD), die einen Zusammenschluss der lutherischen, reformierten und unierten Landeskirchen bildete, auf ihrer zweiten „Kirchenkonferenz von Treysa" am 2. Mai 1946 den nachfolgenden Beschluss:

> „Der Rat der EKD und die mit ihm versammelten Leitungen der Landeskirchen haben auf einer Kirchenkonferenz zu Treysa am 2. Mai 1946 eingehend über die Folgerungen beraten, die sich aus den Anordnungen über die Entnazifizierung ergeben. Sie erklären:
> 1. Die Kirche hat nach anerkanntem Recht die Vollmacht, in das geistliche Amt zu berufen und es abzuerkennen [...]. In der durch den Nationalsozialismus geschaffenen Lage haben die Evang. Kirchen in der Vergangenheit wie gegenwärtig Entscheidungen und Anordnungen getroffen, die der Reinigung des Pfarrerstandes von *bekenntniswidrigen*, z. B. deutsch-christlichen und nationalsozialistischen Einflüssen dienen.
> 2. Demgemäß sind die Evang. Kirchen bemüht, die Reinigung des Pfarrerstandes durchzuführen. Sie erwarten von den Besatzungsmächten und den deutschen Behörden die Anerkennung, daß aus Gründen der Lehre und des Rechtes den Kirchen allein die Entscheidung darüber zusteht, wer die Funktionen des Geistlichen Amtes ausüben kann und wem sie zu entziehen sind [...]." [Kursivdruck vom Verf.].[43]

Die Durchführungspraxis des Beschlusses C blieb den einzelnen Landeskirchen überlassen, die in ihren jeweiligen Selbstreinigungsbestimmungen unterschiedlich scharfe Maßstäbe anlegten. So enthob etwa die Landeskirche in Hessen nicht nur

---

[42] Richtlinienentwurf der US-amerikanischen Delegation der European Advisory Commission vom 24.11.1944, NRC Washington, 260 RAA, 338-2/5, abgedruckt in: ARMIN BOYENS/ MARTIN GRESCHAT/ RUDOLF VON THADDEN/ PAPLO POMBENI: Kirchen in der Nachkriegszeit. Vier zeitgeschichtliche Beiträge (Arbeiten zur kirchlichen Zeitgeschichte; 8), Göttingen 1979, S. 68.

[43] *Die Evangelische Kirche in Deutschland. Beschluß C vom 2.5. 1946.* Zur Kenntnisnahme übersandt an: An den Kontrollrat, An die Militärregierungen der 4 Besatzungszonen, An die Deutschen Regierungen in den Ländern und Provinzen. An die Kirchenleitungen zur Kenntnisnahme nach dem 24.5.46, National Archives of the United States, RG 260/OMGUS, shipment AG 1945-46, box 2, folder 4.

die ehemaligen DC-Pfarrer ihres Amtes, sondern gleichermaßen alle Amtsbrüder, die Mitglieder der NSDAP und deren Organisationen, etwa der SS, gewesen waren. Hingegen ließ sich bei den Landeskirchen in Bayern und Württemberg, die während der NS-Zeit zu den „intakten Kirchen"[44] gezählt hatten, ein eher halbherziger Selbstreinigungswille feststellen. Dieses Faktum lässt sich unter anderem auf einen Jahrhunderte hinweg praktizierten Antijudaismus ebenso zurückführen wie auf die nationalprotestantische Mentalität ihrer leitenden Persönlichkeiten, etwa der beiden Landesbischöfe Theophil Wurm und Hans Meiser, in deren während des NS-Systems vorrangiger „Werteskala die Begriffe Staat und Nation unmittelbar nach Gott rangierten",[45] wie in Kapitel I.2 dieser Studie dargelegt wurde.

Dass der Landesbischof von Württemberg und Vorsitzende des Rates der EKD Theophil Wurm sich vehement gegen die Anwendung des *Gesetzes Nr. 104 zur Befreiung von Nationalsozialismus und Militarismus vom 5. März 1946* auf die Pfarrerschaft der protestantischen Kirche ausspracht, belegt sein Schreiben vom 26. April 1946 an die oberste Militärregierung der Vereinigten Staaten von Amerika für Deutschland.[46] Jenes Gesetz sah ein Tätigkeits- und Beschäftigungsverbot für Personengruppen der Kategorien I und II vor, also für Hauptschuldige und Belastete (Aktivisten, Militaristen, Nutznießer), so beispielsweise für Personen wie Biberstein. Dazu führte Artikel 58 aus:

„Mit dem Inkrafttreten dieses Gesetzes dürfen Personen, die in Klasse I oder II der dem Gesetz angefügten Liste aufgeführt sind oder die sonst Mitglieder der NSDAP oder einer ihrer Gliederungen (ausgenommen HJ und BDM) waren, in der öffentlichen Verwaltung, in Privatunternehmungen, in gemeinnützigen Unternehmen und Wohlfahrtseinrichtungen sowie in freien Berufen *nicht anders als in gewöhnlicher Arbeit beschäftigt werden oder tätig sein.*
Soweit diese Personen in anderer Weise als in gewöhnlicher Arbeit noch tätig sind oder beschäftigt werden, sind sie mit dem Inkrafttreten dieses Gesetzes aus ihren Stellungen zu entfernen und auszuschließen. *Sie dürfen nicht mehr in der gleichen Behörde oder in*

---

[44] Zu den „intakten Kirchen", d. h. deren Leitung während der NS-Zeit nicht durch die Deutschen Christen (CD) bestimmt war, gehörten die *Evangelische Landeskirche in Württemberg* unter Bischof Theophil Wurm, die *Evangelisch-Lutherische Kirche in Bayern* rechts des Rheins unter Bischof Hans Meiser, die beiden Landeskirchen in Hannover (die *Evangelisch-Lutherische Landeskirche Hannovers* unter dem Bischof August Marahrens und die *Evangelisch-reformierte Landeskirche der Provinz Hannover* unter Kirchenpräsident Johannes Theodor Horn) sowie die *altpreußische Kirchenprovinz Westfalen* unter dem Konsistorialpräsidenten Gottlieb Bartels. Die anderen Landeskirchen der Deutschen Evangelischen Kirche galten als „zerstörte Kirchen".

[45] CLEMENS VOLLNHALS: Evangelische Kirche und Entnazifizierung 1945-1949. Die Last der nationalsozialistischen Vergangenheit (Studien zur Zeitgeschichte; 36), München 1989; zugleich: München, Univ., Diss., 1986, S. 34.

[46] Rat der Evangelischen Kirche in Deutschland. Der Vorsitzende. An die Amerikanische Militärregierung in Deutschland, Berlin. Schreiben vom 26.4.1946. Betrifft: *Gesetz zur Befreiung von Nationalsozialismus und Militarismus*, abgedruckt in: Evangelische Kirche in Deutschland. Kirchliches Jahrbuch für die Evangelische Kirche in Deutschland, Bd. 72/75. 1945/48, Gütersloh 1950, S. 191-196.

den gleichen Betrieben tätig sein. An anderer Stelle dürfen sie nur in gewöhnlicher Arbeit beschäftigt werden." [Kursivdruck vom Verf.].[47]

Nicht nur „gegen die Grundauffassung des ganzen Gesetzes", sondern insbesondere gegen die oben durch Kursivdruck gekennzeichneten Textpassagen des Artikels 58 zielte Landesbischof Wurm gleich zu Beginn seines Schreibens. Zum einen erhob er in rechtspositivistischer Argumentation heftigen Einspruch dadurch, dass er auf den Rechtsgrundsatz *nulla poena sine lege* verwies, zum anderen betrachtete er den „politischen Irrtum" (Eugen Kogon) vieler Pfarrer als Entlastungsmoment:

> „Es entspricht dem allgemeinen Rechtsempfinden, daß eine Strafe erst dann verhängt werden kann, wenn ein Gesetz vorhanden ist (nulla poena sine lege). Sieht man von der Aburteilung von Straftaten ab, so will das hier in Frage stehende Gesetz darüber hinaus Handlungen und Gesinnungen bestrafen, welche lange vor dem Erlaß dieses Gesetzes [Nr. 104] liegen.
>
> Dabei waren Handlungen und Gesinnungen, die heute verurteilt werden, vom damaligen Gesetzgeber [Hitler] *als rechtmäßig und gut eingeschätzt*. Hierdurch wird das Rechtsempfinden erschüttert und von den Angeklagten eine Rechtseinsicht verlangt, die man nicht erwarten kann [...].
>
> Von 1937 ab wurden Pfarrer kaum mehr in die NSDAP aufgenommen. Die Schlechterstellung der früh in die Partei oder die SA eingetretenen Personen wirkt sich daher im Wesentlichen gegen diejenigen Pfarrer aus, die zu Beginn der Entwicklung des Nationalsozialismus in die Partei oder eine ihrer Gliederungen eingetreten sind [...]. Hier liegt zwar ein Irrtum über den politischen Charakter des Nationalsozialismus, nicht aber eine sittliche Schuld vor." [Kursivdruck vom Verf.].[48]

Der rechtspositivistische Verweis auf den „damaligen Gesetzgeber" als einer rechtsetzenden Autorität, d. h. auf den NS-Unrechtsstaat, der unter Suspendierung allgemein gültiger Normen schwerste Menschenrechtsverletzungen zu verantworten hatte, mag als Versuch einer ethischen Selbstrechtfertigung der protestantischen Kirche angesehen werden. Ebenso ist die Anspielung des Landesbischofs auf den damaligen „politischen Irrtum" vieler Pfarrer offensichtlich als Apologetik zu verstehen, insofern, als dessen Sohn Dr. Hans Wurm 1922 der NSDAP beigetreten war, d. h. in dem Jahr, in dem in einigen deutschen Ländern die NSDAP bereits verboten war. Dr. Hans Wurm hatte jedoch im 131-Fragebogen als Parteieintritt das Jahr 1938 angegeben. Daraufhin hatte „die Militärregierung in Wiesbaden ihn

---

[47] *Gesetz Nr. 104 zur Befreiung von Nationalsozialismus und Militarismus vom 5. März 1946,* in: http://www.verfassungen.de/de/bw/wuertt-b-befreiungsgesetz46.htm; 30.10.2017.

[48] Rat der Evangelischen Kirche in Deutschland. Der Vorsitzende. An die Amerikanische Militärregierung in Deutschland, Berlin. Schreiben vom 26.4.1946. Betrifft: *Gesetz zur Befreiung von Nationalsozialismus und Militarismus,* abgedruckt in: Evangelische Kirche in Deutschland. Kirchliches Jahrbuch für die Evangelische Kirche in Deutschland, Bd. 72/75. 1945/48, Gütersloh 1950, S. 191-196.

Anfang 1946 wegen Fragebogenfälschung verhaftet und zu einem Jahr Gefängnis verurteilt."[49]

In seinem Antwortschreiben vom 23. Mai 1946 verwies Lucius D. Clay in seiner Funktion als stellvertretender Militärgouverneur und stellvertretender Oberbefehlshaber der US-amerikanischen Besatzungszone und des amerikanischen Sektors von Berlin in Punkt I zunächst auf das Potsdamer Abkommen vom 2. August 1945 als Basis für das Denazification Program. Demzufolge lehnte er die Anwendung des von Bischof Wurm eingeforderten Grundsatzes *nulla poena sine lege* im Hinblick auf die Selbstreinigung des deutschen Volkes rundweg ab und stellte in Punkt III richtig, dass auch ein Geistlicher zur Verantwortung gezogen werden könne, sofern sein Verhalten durch bürgerliche Gesetze sanktioniert werde.

„It became in justice necessary to rid the German community of Nazism and Militarism and to assist the German people, free of these evils, to take place eventually among the peaceful family of nations. This is the basic principle of the Berlin Protocol of 2 August 1945.

To accept the argument of the Supreme Council of the Evangelical Church in Germany that it is unjust to use the instrument of the law of 5 March 1945 [Befreiungsgesetz] to accomplish this, *because the law in part imposes sanctions for conduct not unlawful under Nazi law* when engaged in, would be to *make the evils themselves a bar to the power to remedy them.*

We must reject this invalid application of the principle nulla poena sine lege. It is not believed that Church authorities have thougt that a minister is immune from all civil sanctions imposed for conduct condemned by law of general application." [Unterstreichung im Original; Kursivdruck vom Verf.].[50]

In vielen Eingaben an die US-amerikanischen Besatzungsbehörden wird unterschwellig sichtbar, dass kirchliche Würdenträger die ehemaligen Parteigenossen in „kirchentreue" und „nicht kirchentreue" Nazis einstuften. Den Beitritt zur NSDAP als einer völkischen und extrem antisemitischen Organisation schienen sie dabei offensichtlich auszublenden. Diese Beurteilungskriterien kommen insbesondere in dem kirchlichen Engagement für Kriegsverbrecher und sogar für schwerstbelastete NS-Gewalttäter zum Ausdruck, wie noch darzulegen sein wird.

---

[49] CLEMENS VOLLNHALS, Kirche, S. 75.
[50] *Statement of the Military Government (U.S.) in response to Communication of the Chairman of the Supreme Council of the Evangelical Church in Germany on the Law for Liberation from National Socialism and Militarism.* Lucius D. Clay to bishop Wurm, letter from 23.5.1946, National Archives of the United States, RG 260/OMGUS, shipment AG 1945/46, box 2, folder 2/4, S. 1.

2 „KRIEGSVERBRECHERFRAGE" UND KIRCHLICHE LOBBYARBEIT

Bereits im Verlauf des Prozesses gegen die Hauptkriegsverbrecher vor dem International Military Tribunal (IMT) in Nürnberg und dann in den zwölf Nürnberger Nachfolgeprozessen sowie in den neun Dachauer Prozessen hatte es sowohl „inneramerikanische Kritik"[51] als auch scharfe innerdeutsche Kampagnen gegen die *Nürnberger Prinzipien* gegeben, d. h. gegen die als *Siegerjustiz* degradierten anglo-amerikanischen und kontinentaleuropäischen Rechtsgrundsätze sowie die Verfahrensordnung der Prozesse. Neben den Strafverteidigern der in Nürnberg Angeklagten äußerten insbesondere hohe Würdenträger der evangelischen Landeskirchen Bedenken grundsätzlicher Art gegen die Rechtsprinzipien des International Military Tribunal (IMT), so *Hans Meiser*, Landesbischof der Evangelisch-Lutherischen Kirche in Bayern und Ratsvorsitzender der Evangelischen Kirche in Deutschland (EKD) nach 1945, maßgeblich jedoch *Theophil Wurm,* Landesbischof der Evangelischen Landeskirche in Württemberg und Erster Ratsvorsitzender der Evangelischen Kirche in Deutschland (EKD) nach 1945, aber auch *Otto Dibelius*, Bischof von Berlin und Ratsvorsitzender der Evangelischen Kirche in Deutschland (EKD) nach 1945.[52]

So hatte Dibelius in der dritten Ratssitzung der EKD am 13./14. Dezember 1945 dem International Military Tribunal (IMT) in Nürnberg wegen der Beteiligung der beiden sowjetrussischen Richter Iona T. Nikišenko und Alexander F. Wolchkov indirekt die Jurisdiktionsbefugnis abgesprochen:

> „Daß der Russe dort [in Nürnberg; Verf.] als Kläger auftritt, ist ein unvollziehbarer Gedanke. Darum ist Nürnberg kein Weltgewissen."[53]

Wie ist jene Kritik zu verstehen? Neben der oben aufgezeigten scharfen Missbilligung der Entnazifizierungspraxis der Alliierten hatte insbesondere „die Bekämpfung des Kommunismus" als einer auf vermeintlicher *Gottlosigkeit* beruhenden Staatsform „bereits zehn Tage nach der bedingungslosen Kapitulation zu den vordringlichsten Aufgaben der Kirche"[54] gezählt.

---

[51] NORBERT FREI, Vergangenheitspolitik, S. 136. Zur „inneramerikanischen Kritik" – insbesondere jene der rechtsgerichteten Kreise – exemplarisch und detailliert: THOMAS ALAN SCHWARTZ: Die Begnadigung deutscher Kriegsverbrecher. John J. McCloy und die Häftlinge von Landsberg, in: Vierteljahreshefte für Zeitgeschichte (VfZ) 38 (1990) S. 375-414, hier S. 379-381.

[52] CLEMENS VOLLNHALS: Die Hypothek des Nationalprotestantismus. Entnazifizierung und Strafverfolgung von NS-Verbrechen nach 1945, in: Geschichte und Gesellschaft. Zeitschrift für Historische Sozialwissenschaft (GeGe), 18 (1992), S. 51-69.

[53] Die Protokolle des Rates der Evangelischen Kirche in Deutschland. Bearbeitet von Carsten Nicolaisen und Nora Andrea Schulze, Bd. I: 1945/46, Göttingen 1995, S. 212, nachfolgend abgekürzt: EKD-Protokolle.

[54] CLEMENS VOLLNHALS, Kirche, S. 15.

2.1 VORSTOSS DER PROTESTANTISCHEN KIRCHE IN DER "KRIEGSVERBRECHERFRAGE"

Einforderung einer Appellationsinstanz

Just zu dem Zeitpunkt, an dem die Nürnberger Nachfolgeprozesse ihren Höhepunkt erreichten, begann sich seitens der Kirchen beider Konfessionen eine „Pressure Group" zu formieren, die sich zum Anwalt der Kriegsverbrecher und NS-Gewalttäter gegenüber den Besatzungsbehörden gerierte und die die Kritik der dort Angeklagten und deren Strafverteidiger an einer vermeintlich formaljuristischen Durchführung jener Prozesse und deren Forderung nach einer Revision der von den US-amerikanischen Militärgerichtshöfen gefällten Urteile aufgriffen.

Als erstes Dokument dieser Art lässt sich in den OMGUS-Akten eine sechs Seiten umfassende und an General Lucius D. Clay, den Militärgouverneur der amerikanischen Besatzungszone in Deutschland, gerichtete Eingabe der fünf protestantischen Landeskirchen in der amerikanischen Zone eruieren, und zwar der Evangelischen Landeskirche Württemberg unter Landesbischof *Theophil Wurm*, der Evangelisch-lutherischen Kirche in Bayern unter Landesbischof *Hans Meiser*, der Vereinigten evangelisch-protestantischen Landeskirche Badens unter Landesbischof *Julius Bender*, der Evangelischen Landeskirche von Kurhessen-Waldeck unter Landesbischof *Adolf Wüstemann* und der Evangelischen Kirche in Hessen und Nassau unter dem Kirchenpräsidenten *Martin Niemöller*.

Jene Eingabe erfolgte am 20. Mai 1948, also gut fünf Wochen nach Beendigung des Nürnberger Einsatzgruppenprozesses am 10. April 1948. In ihrem Schreiben kritisierten die Verfasser „die gegenwärtige Praxis des Internationalen Militärgerichtshofes", obgleich der Nürnberger Prozess gegen die Hauptkriegsverbrecher vor dem IMT bereits am 10 Oktober 1946 beendet worden war.

„Die Errichtung des Interalliierten Militärgerichts in Nürnberg sollte der Setzung und Durchsetzung eines für alle Völker in Zukunft verbindlichen Rechts dienen, das geeignet wäre, das Gewissen der Welt zu schärfen und eine nochmalige so furchtbare Katastrophe, wie sie hinter uns liegt, zu verhindern.

Auch wir fühlen uns durch unser Amt mit unserem Handeln dieser Aufgabe verpflichtet. In solcher Haltung nötigt uns aber zugleich unser Amt, darauf hinzuweisen, daß durch die gegenwärtige Praxis des Interalliierten Militärgerichtshofes in Nürnberg nicht dieses Ziel erreicht wird, sondern eine neue, schwere Verdunkelung des öffentlichen Gewissens entsteht."[55]

In sechs Abschnitten beanstandeten sie sodann die nachfolgenden Punkte:

---

[55] Die Landesbischöfe Wurm, Meiser, Bender, Wüstemann und Kirchenpräsident Niemöller an General Lucius D. Clay, Militärgouverneur der amerikanischen Besatzungszone in Deutschland. Schreiben vom 20. Mai 1948, National Archives of the United States, RG 260/OMGUS, shipment AG 49, box 75, folder 3, S. 1-6, hier S. 1.

„Handicap der Verteidigung gegenüber der Anklagebehörde" (I),
„Beeinflussung von Zeugen" (II),
„Allgemeine Verbindlichkeit des neuen Völkerrechts" (III),
„Nürnberger Prozess als ‚Musterprozeß für die Entnazifizierung' " (IV),
„Widerspruch des Namens und des Charakters des Gerichts" (V),
„Keine Möglichkeit der Überprüfung der Nürnberger Urteile durch ein unabhängiges Gericht" (VI).

Zu Punkt I „Handicap der Verteidigung gegenüber der Anklagebehörde" bemängelten die Bischöfe mit Blick auf die Vorbereitung der Verfahren, dass „die Anklage der in Nürnberg laufenden Prozesse [...] seit etwa 2 ½ Jahren aufgrund des unübersehbaren beschlagnahmten Dokumentenmaterials mit Hilfe ungezählter Zeugen durch eine nach Zeit und Hilfsmitteln aller Art unbeschränkte Anklagebehörde vorbereitet" werde [...]. In dieser Zeit seien „die Angeklagten ohne Kenntnis des Bevorstehenden durch ihre Gefangenhaltung daran verhindert [gewesen], sich auf ihre Verteidigung vorzubereiten."[56] Ferner kritisierten sie, dass „zunächst nur belastendes Dokumentenmaterial nach Deutschland gebracht" worden sei, dass hingegen das entlastende Material zum großen Teil noch immer in Washington liege und somit der Verteidigung nicht zugänglich sei. Zudem würde den Strafverteidigern nicht ausreichend Zeit zur Überprüfung des Beweismaterials gegeben.[57] Dazu ist anzumerken, dass zumindest für den Nürnberger Einsatzgruppenprozess die von den hohen protestantischen Würdenträgern getätigten Anschuldigungen keineswegs zutrafen, insofern, als – wie in Kapitel IV. 2.4 und 2.6 hinreichend belegt – sowohl in der Gruppenanklageschrift als auch in der an jeden Angeklagten gerichteten individuellen Anklageschrift vorschriftsmäßig und grundsätzlich sowohl belastendes als auch entlastendes Beweismaterial seitens der Anklagebehörde vorgebracht worden war.

Zudem hätten die Strafverteidiger in räumlich begrenzter Atmosphäre zu arbeiten, beanstandeten die Verfasser des Schreibens. Vier bis sechs Personen müssten in einem Zimmer arbeiten. Auch sei das monatliche Entgelt von 3.500 RM nicht ausreichend.[58] Auch jener Vorwurf war völlig unberechtigt, stellten in der Nachkriegszeit 3.500 RM eine wahrhaft fürstliche Entlohnung dar.

Aus den Punkten II („Beeinflussung von Zeugen") und IV („Musterprozess für die Entnazifizierung") wird ersichtlich, dass die Landesbischöfe die dort vorgebrachten Interna offensichtlich seitens der Angeklagten über deren Strafverteidiger erhalten haben mussten.[59] So tadelten sie unter anderem, dass „in Einzelfäl-

---

[56] Ebd., S. 1–2.
[57] Ebd., S. 2.
[58] Ebd., S. 3.
[59] Die Bildung eines Kartells aus protestantischen hohen Würdenträgern und Juristen zugunsten der in Nürnberg verurteilten Kriegsverbrecher, insbesondere aus dem Kreis der ehemaligen Strafver-

len Zeugen unter dem Druck der Auslieferung an Oststaaten" vernommen worden seien und dass „der Eindruck entstanden [sei], der Personenkreis der in Nürnberg Angeklagten sei willkürlich ausgewählt."

„In weiten beteiligten und von vorherein wohlwollenden Kreisen nahm man an, die Nürnberger Prozesse seien als Musterprozesse für die deutsche Entnazifizierungsrechtsprechung gegenüber bestimmten, bisher in Deutschland führenden Schichten gedacht gewesen.

Sie sind in der heutigen Zeit ein Anachronismus, in der die Durchführung der Entnazifizierung, deren Mängel wir vielfach bezeichnet haben, in beschleunigter Form abgeschlossen wird."[60]

In Punkt III stellten die fünf hohen Würdenträger der protestantischen Kirchen in der amerikanischen Besatzungszone unter Verwendung des *Tu quoque-Prinzips* die „allgemeine Verbindlichkeit des neuen Völkerrechts" massiv in Frage, indem sie konstatierten:

„Die Urteile des Nürnberger Gerichtshofes ergehen aufgrund neuen, bisher nirgends normierten Völkerrechts. Wenn schon *die Anwendung* solchen Rechts [...] den Verdacht hervorgerufen hat, es handle sich hier weniger um Recht, als um Ausübung von Macht und um die Anwendung eines Instruments der Politik,

so hat die Ablehnung der zur Entlastung der Angeklagten vorgebrachten Hinweise auf *ungesühnte Unmenschlichkeit auf Seiten der Siegerstaaten* durch das Nürnberger Gericht das bereits erschütterte Vertrauen in die Gerechtigkeit dieses Tribunals weiterhin stark vermindert." [Kursivdruck vom Verf.].[61]

Gemäß dem *Tu quoque-Prinzip* spielten die Bischöfe dabei zum einen auf das Massaker von Katyń an, bei dem vom 3. April bis 11. Mai 1940 Einheiten des Innenministeriums der UdSSR (NKWD) etwa 4.400 gefangene Polen, größtenteils Offiziere, in einem Wald bei Katyń, einem Dorf in der Nähe von Smolensk, erschossen hatten. Zum anderen zielten sie auf die Bombardierung deutscher Städte wie Dresden oder Hamburg seitens der Westalliierten ab, insbesondere jedoch auf die US-amerikanischen Atombombenabwürfe auf die japanischen Städte Hiroshima und Nagasaki am 6. und 9. August 1945, die nicht auf militärstrategisch wichtige Ziele, sondern als „moral bombing" gegen die Zivilbevölkerung gerichtet gewesen seien und demzufolge als Flächenbombardements den Tatbestand des Kriegsverbrechens darstellten. Das letztgenannte Argument wurde auch von Biberstein in dessen Verteidigungsstrategie benutzt.[62] Dessen ungeachtet wird die Rechtspro-

---

teidiger wird weiter unten zu beleuchten sein.

[60] Die Landesbischöfe Wurm, Meiser, Bender, Wüstemann und Kirchenpräsident Niemöller an General Lucius D. Clay, Militärgouverneur der amerikanischen Besatzungszone in Deutschland. Schreiben vom 20. Mai 1948, National Archives of the United States, RG 260/OMGUS, shipment AG 49, box 75, folder 3, S. 1-6, hier S. 3-4.

[61] Ebd., S. 4.

[62] Zeugeneinvernahme Biberstein, StAN, Rep. 501, KV-Prozesse, Fall 9, A 34-35, S. 2847f.

blematik der Begriffe *Angriffskrieg* und *Verteidigungskrieg* in dieser Arbeit nicht thematisiert. Es wird jedoch verwiesen auf die Ächtung des Angriffskrieges im Briand-Kellogg-Pakt.[63]

In Punkt V bemängelten die Verfasser, dass „das Internationale Militärgericht in Nürnberg, seitdem sich die übrigen Siegerstaaten aus ihm zurückgezogen" hätten, heute ein rein amerikanisches Gericht [sei], das nicht mehr die Eigenschaft eines Militärgerichts [habe]."[64] Es ist kaum anzunehmen, dass den Würdenträgern entgangen sein sollte, dass – wie in Kapitel IV.1.3 dargelegt – gemäß Kontrollratsgesetz Nr. 10 vom 20. Dezember 1945 in allen vier Besatzungszonen unter Anwendung des Londoner Statuts von der jeweiligen Besatzungsmacht nationalsozialistische Gewaltverbrechen verfolgt wurden. Dementsprechend waren die Verurteilten der amerikanischen Besatzungszone in Landsberg inhaftiert, jene der französischen Besatzungszone in Wittlich/Eifel, jene der britischen Besatzungszone in Werl/Kreis Soest und jene der sowjetischen Besatzungszone in verschiedenen so bezeichneten „Speziallagern" in der SBZ.

In Punkt VI bildete sich die eigentliche Zielsetzung der Eingabe ab, insofern, als die Verfasser des Schreibens eine Überprüfung aller durch das International Military Tribunal (IMT) als auch der durch die US-amerikanischen Militärgerichte gefällten Urteile durch eine internationale Berufungsinstanz einforderten.

„Angesichts aller dieser [in Punkt I-V thematisierten] Umstände bedrückt es, daß gegen die Nürnberger Urteile keine Appellationsmöglichkeit gegeben ist. Wenn man die Bedeutung der Sprüche für das Völkerrecht und ihre schwerwiegenden Folgen für die Betroffenen in Betracht zieht, ist sie ein unabweisbares Bedürfnis [...].

Sollte die amerikanische Regierung die Einsetzung einer zweiten Instanz ablehnen obwohl der *Interalliierte Militärgerichtshof* für die öffentliche Meinung inzwischen zu einem *amerikanischen Gericht* geworden ist, so bitten wir, sich für die Einrichtung einer internationalen Berufungsinstanz einzusetzen."[65]

---

[63] Im Briand-Kellogg-Pakt vom 27. August 1928 wurde zum ersten Mal der Angriffskrieg allgemeinverbindlich als völkerrechtswidrig geächtet. Zwar wird der Begriff Angriffskrieg nicht explizit genannt, jedoch heißt es in Artikel 1: „The High Contracting Parties solemnly declare in the names of their respective peoples that they condemn recourse to war for the solution of international controversies, and renounce it, as an instrument of national policy in their relations with one another." http://avalon.law.yale.edu/20th_century/kbpact.asp#art1; 18.1.2018. Die Übersetzung auf der Webseite der Juristischen Fakultät an der Ludwig-Maximilians-Universität München lautet: „Die Hohen vertragschließenden Parteien erklären feierlich im Namen ihrer Völker, daß sie den Krieg als Mittel für die Lösung internationaler Streitfälle verurteilen und auf ihn als Werkzeug nationaler Politik in ihren gegenseitigen Beziehungen verzichten."

[64] Die Landesbischöfe Wurm, Meiser, Bender, Wüstemann und Kirchenpräsident Niemöller an General Lucius D. Clay, Militärgouverneur der amerikanischen Besatzungszone in Deutschland. Schreiben vom 20. Mai 1948, National Archives of the United States, RG 260/OMGUS, shipment AG 49, box 75, folder 3, S. 1-6, hier S. 4.

[65] Ebd., S. 4.

2 „Kriegsverbrecherfrage" und kirchliche Lobbyarbeit

Indem Landesbischof Wurm den Internationalen Gerichtshof (IMT) als ein in der angeblichen Volksmeinung „amerikanisches Gericht" ausgab, verwischte er bewußt dessen Rechtszuständigkeiten. Zum einem war auch der „öffentlichen Meinung" bewußt, dass der Internationale Militärgerichtshof (IMT) – wie die Bezeichnung deutlich zum Ausdruck bringt – sich aus einem *internationalen* Richterkollegium zusammengesetzt hatte, d. h. jenem der vier Siegermächte, dessen Arbeit bereits am 1. Oktober 1946 beendet war. Zum anderen dürfte zumindest der politisch orientierten Bevölkerung der amerikanischen Besatzungszone durchaus klar gewesen sein, dass die in den Jahren 1946 bis 1949 durchgeführten zwölf Nürnberger Nachfolgeprozesse von dem *Office of the US Chief of Counsel for War Crimes (OCCWC)* in Gang gesetzt worden waren. Es ist nicht nachvollziehbar, warum Landesbischof Wurm in dieser Weise polemisierte.

Hinsichtlich der Einforderung einer zweiten Instanz ist zu vermerken, dass das Londoner Statut – wie in Kapitel IV.3.2 belegt – die Errichtung einer Appellationsinstanz nicht vorgesehen hatte. Ein solcher Instanzenzug hätte dem US-amerikanischen *War Crimes Trial Program* insofern entgegengewirkt, als mit der juristischen Ahndung der nationalsozialistischen Kriegs- und Gewaltverbrechen gleichzeitig deren politische Absicht verbunden war, durch die Aufdeckung der NS-Gräueltaten bei den Deutschen einen kollektiven Prozess der *Reeducation* und *Reorientation* im Hinblick auf eine Demokratisierung einzuleiten. Jedoch hatte das Military Government Germany in den Artikeln 17/18 der *United States Zone Ordinance No. 7* ausdrücklich festgelegt:

> „Except as provided in (*b*) *infra*, the record of *each case* shall be forwarded to the *Military Governor* who shall have the power *to mitigate, reduce or otherwise alter the sentence imposed by the tribunal*, but may not increase the severity thereof [. . .].
>
> *No sentence of death shall be carried into execution unless and until confirmed in writing by the Military Governor.* In accordance with Article III, Section 6 of Law No. 10, execution of the death sentence may be deferred by not to exceed one month after such confirmation if there is reason to believe that the testimony of the convicted person may be of value in the investigation and trial of other crimes." [Kursivdruck vom Verf.].[66]

Auch wurde bereits dargelegt, dass insbesondere die im Nürnberger Einsatzgruppenprozess zum Tode Verurteilten von der oben zitierten Möglichkeit regen Gebrauch gemacht hatten, so auch Biberstein, der unter anderem einen Revisionsantrag an den *Supreme Court of the United States* gerichtet hatte. Erst nach Ablehnung eines Gnadengesuches seitens des *Supreme Court* war General Lucius D. Clay berechtigt, das von dem jeweiligen US-amerikanischen Militärgerichts-

---

[66] NUERNBERG. MILITARY TRIBUNAL: Trials of War Criminals Before the Nuernberg Military Tribunals Under Control Council Law No. 10., Vol. 4: United States of America vs. Otto Ohlendorf, et al. (Case 9: „Einsatzgruppen Case"). US Government Printing Office, District of Columbia 1950, S. 1–596, hier S. XXVII-XXVIII.

hof verhängte Urteil zu bestätigen. Diese Verfahrensweise besaß für alle zwölf Nürnberger Nachfolgeprozesse Rechtsgültigkeit. Da Landesbischof Wurm mit den Strafverteidigern der Nürnberger Nachfolgeprozesse in sehr engem Kontakt stand, dürfte vorausgesetzt werden, dass er von den durch die *Ordinance No. 7* gegebenen Möglichkeiten durchaus Kenntnis besessen hatte.

Einen Tag später, am 21. Mai 1948, wandte sich Landesbischof Theophil Wurm mit der gleichen Zielsetzung an den Direktor der amerikanischen Militärregierung für Württemberg, Mr. Charles M. LaFollette, in Stuttgart. Anlass war ein Brief, den er an Dr. Robert Kempner in dessen Funktion als dem stellvertretenden Hauptankläger im Nürnberger Prozess gegen die Hauptkriegsverbrecher und ebenso im Wilhelmstraßenprozess gerichtet hatte. Sein Anliegen hinsichtlich der Installation einer Berufungsinstanz beschrieb Wurm wie folgt:

„[...] Das Ziel des von mir unternommenen Schrittes ist, eine Überprüfung aller bisherigen Verfahren durch ein Gericht höherer Instanz, zu dem auch Juristen aus neutralen Ländern zugezogen werden sollten, zu erreichen [...]. Ich habe deshalb in diesem Fall das Mittel der Veröffentlichung durch die Presse gewählt.

Es geht mir nicht darum, einzelne Tatbestände von Mißhandlungen zu veröffentlichen, die dann verglichen werden mit Berichten über Quälereien aus deutschen Konzentrationslagern [...]. Die Prozesse müssen von allen Folgeerscheinungen, die dem Haß und dem Rachebedürfnis entspringen, gesäubert und in einer fairen Weise überprüft werden."[67]

Nur eine Woche später übermittelte Landesbischof Wurm Charles M. LaFollette eine Kopie der oben genannten an General Lucius D. Clay gerichteten und von den fünf führenden Amtsträgern der Evangelischen Kirchen im amerikanischen Besatzungsgebiet unterzeichneten Eingabe vom 20. Mai 1948, in der die Installation einer Appellationsinstanz eingefordert worden war. In seinem Begleitschreiben hob Wurm unter anderem hervor, dass es nicht darum gehe, „strafwürdige Verbrecher einer gerechten Sühne zu entziehen, wohl aber darum, daß die Verfahren in jeder Beziehung Gewähr für gerechte Entscheidungen bieten, die auch in Zukunft dem Urteil der Geschichte standhalten. Diesem Ziel würde auch die in dem beiliegenden Schreiben vorgeschlagene Einführung einer 2. Instanz dienen."[68]

Die Antwort auf jene Eingabe erfolgte am 8. Juni 1948. Seinem an Landesbischof Wurm gerichteten Schreiben fügte LaFollette eine fünfseitige Copy seines Briefes gleichen Datums an General Lucius. D. Clay bei, in welcher er mit scharfsichtiger Analyse kirchengeschichtliche Zusammenhänge und mit Blick auf die

---

[67] Landesbischof D. Wurm an den Herrn Direktor der Militärregierung Mr. Charles M. LaFollette, Stuttgart. Schreiben vom 21.5.1948, National Archives of the United States, RG 260/OMGUS, shipment AG 49, box 75, folder 3.

[68] Rat der Evangelischen Kirche in Deutschland. Der Vorsitzenden an den Herrn Direktor der amerikanischen Militärregierung für Württemberg-Baden Ch. LaFollette, Stuttgart. Schreiben vom 27.5.1948, National Archives of the United States, RG 260/OMGUS, shipment AG 49, box 75, folder 3.

2 „Kriegsverbrecherfrage" und kirchliche Lobbyarbeit

gerade laufenden drei Nürnberger Nachfolgeprozesse, d. h. den IG-Farben-Prozess (Fall 6), den Krupp-Prozess (Fall 10) und den Prozess Oberkommando der Wehrmacht (Fall 12), General Clay zur Vorsicht gegenüber den Forderungen der protestantischen Kirchenführer wie folgt mahnte:

> „We cannot forget that the Protestant Church of Germany was always the State Church of Prussia and certainly – unless we are blind – we can see a connection between this sudden rushing of the Church to the defense of those which whome it had such close ties in the past."[69]

In einer Anweisung an seine Rechtsabteilung (Legal Division), die er mit der Ausarbeitung des Antwortschreibens an Landesbischof Wurm beauftragt hatte, zeigte sich Clay sichtlich entrüstet über die anmaßenden Anschuldigungen und Forderungen der Kirchenführer. Unter Bezug zu der oben zitierten Warnung LaFollettes und im Hinblick auf die erdrückende Beweislage in den Nürnberger Nachfolgeprozessen und dem Verweis, dass die bisher ausgesprochenen Gerichtsurteile nicht nur gerecht, sondern auch oft milde seien, zeigte er völliges Unverständnis dafür, dass sich die protestantische Kirche ausgerechnet zum Sprachrohr derer machte, die Leiden und Pein über ungezählte Millionen gebracht hatte.

> „I cannot but feel, in all conscience, that the sentences thus far awarded have been just and frequently lenient. Never in history has evidence so convicted those in high places for their actions. It is difficult to understand how any review of evidence of those yet to be sentenced could provide a basis for sentimental sympathy for those who brought suffering and anguish to untold millions."[70]

Wie ist jenes Engagement führende protestantischer Kirchenführer für Kriegsverbrecher und NS-Gewalttäter zu verstehen, das von Clay als „sentimental sympathy" bezeichnet wurde? Möglicherweise lässt es sich aus der nationalkonservativen Prägung und einem über Jahrhunderte hinweg bestehenden Antijudaismus erklären. Gleichwohl ist aus der vorliegenden Korrespondenz nicht mit wissenschaftlicher Evidenz zu belegen, inwieweit General Lucius D. Clay und der Militärdirektor der US-amerikanischen Militärregierung Charles M. LaFollette die nationalkonservativen und antijudaistischen Vorprägungen hoher protestantischer Kirchenführer oder deren äußerst zögerlichen Solidaritätserklärungen während der NS-Zeit den jüdischen Mitbürgern gegenüber in ihren Antwortschreiben an Landesbischof Wurm in Betracht gezogen hatten.

Große Unterstützung in der Einforderung einer Appellationsinstanz erfuhr der damals 80-jährige Theophil Wurm durch seinen dreizehn Jahre jüngeren Amts-

---

[69] Ch. LaFolltette, Director of American Military Government Württemberg-Baden, Stuttgart, to General Clay, Military Governor of the U.S. Zone. Letter from 8.6.1948, National Archives of the United States, RG 260/OMGUS, shipment AG 49, box 75, folder 3.

[70] General Clay to Legal Division. Instruction from 15.6.1948, National Archives of the United States, RG 260/OMGUS, shipment AG 49, box 75, folder 3.

kollegen Hans Meiser, den Landesbischof der Evangelisch-Lutherischen Kirche in Bayern. Am 31. Mai 1948 richtete Meiser ebenfalls eine Anfrage an General Lucius D. Clay, in der er – unter Bezug zu der oben genannten Petition der fünf protestantischen Würdenträger vom 20. Mai – in ausgesprochen höflichem Ton um Aufschub der Vollstreckung der Todesurteile bat, und zwar solange, bis eine Verordnung über eine Appellationsinstanz geschaffen worden sei.[71] Mit dem gleichen Anliegen und wiederum unter Bezug zu der Eingabe der fünf Amtskollegen vom 20. Mai an Lucius D. Clay wandte er sich einen Tag später an den Landesdirektor des Amtes der Militärregierung für Bayern, Murray Delos van Wagoner, in München, wobei er hervorhob:

> „Die Eingabe nimmt zu der gegenwärtigen Praxis des Militärgerichtshofes in Nürnberg Stellung. Die Angelegenheit ist von hohem Ernst und weitgreifender Bedeutung. Ich habe das Vertrauen zu Ihnen, dass Sie sich auch Ihrerseits zum Anwalt der von uns vorgetragenen Anliegen machen werden."[72]

Eine weitere Unterstützung erfuhr Theophil Wurm von Dr. Helmut Lindemeyer, dem Dekan des Evangelisch-Lutherischen Dekanats Augsburg, der am 30. November 1948 mit einem entsprechenden Anschreiben eine Eingabe des 25-köpfigen Konvents der Evangelisch-Lutherischen Geistlichen Augsburg und des Bezirkssynodalausschusses Augsburg an die Militärregierung für den Regierungsbezirk Schwaben weiterleitete, in der die Konventsmitglieder – wie zuvor die Landesbischöfe – den US-amerikanischen Militärgerichtshöfen indirekt die Rechtszuständigkeit absprachen, indem sie konstatierten,

> „daß sich unter den zum Tode Verurteilten nicht nur verbrecherische Elemente [sic] befinden, die den Tod vor Gott und den Menschen verdient haben, sondern auch Unschuldige, die der Fragwürdigkeit eines Gerichtsverfahrens zum Opfer gefallen sind, welches den Maßstäben der Gerechtigkeit nicht standhält [...].
>
> Die bevorstehende Advents- und Weihnachtszeit legt uns diese Bitte besonders nahe und ist zugleich für die Militärregierung ein Anlass, ihre bisherige Einstellung vor dem Angesicht des ewigen Richters zu prüfen."[73]

---

[71] Der Landesbischof der Evangelisch-Lutherischen Kirche in Bayern r. d. Rhs. an General Lucius D. Clay, Berlin. Schreiben vom 31.5.1948, National Archives of the United States, RG 260/OMGUS, shipment 5, box 344-1, folder 26, year 1948, provenance OMGUS ECR.

[72] Der Landesbischof der Evangelisch-Lutherischen Kirche in Bayern r. d. Rhs. an den Landesdirektor des Amtes der Militärregierung für Bayern Mr. Murray D. van Wagoner, München. Schreiben vom 1.6.1948, National Archives of the United States, RG 260/OMGUS, shipment 5, box 344-1, folder 26, year 1948, provenance OMGUS ECR.

[73] Der Konvent der Evang.-Luth. Geistlichen Augsburg/ der Bezirkssynodalausschuss Augsburg an die Militärregierung für den Regierungsbezirk Schwaben. Schreiben vom 30.11.1948, National Archives of the United States, RG 260/OMGUS, shipment 5, box 344-1, folder 26, year 1948, provenance OMGUS ECR.

Der sich gleichförmig wiederholende Rekurs der geistlichen Würdenträger auf den „göttlichen Richter" als Druckmittel mit dem Endziel, für die verurteilten NS-Gewalttäter eine Amnestie zu erwirken, mutet mehr als befremdlich an.

Einschalten der Presse

Um seinen Revisionsforderungen gegenüber der amerikanischen Militärbehörde größeren Nachdruck zu verleihen, ließ Landesbischof Wurm ganz gezielt seine dortigen Eingaben und den gesamten Schriftverkehr mit den amerikanischen Besatzungsbehörden in der Presse veröffentlichen. Schon früh hatte er sich an das Nachrichtenblatt „Die Neue Zeitung" gewandt, das von der *Information Control Division* der amerikanischen Besatzungsbehörde herausgegeben wurde und in dem viele namhafte Autoren mitwirkten, etwa Martin Niemöller, Heinrich Böll oder Theodor W. Adorno. So titelte „Die Neue Zeitung" in ihrer Ausgabe Nr. 52 vom 1. Juli 1948 unter Bezug zu der Eingabe der fünf protestantischen Bischöfe der US-Zone (Wurm, Niemöller, Wüstemann, Meiser, Bender) vom 20. März an General Clay und dessen Antwortschreiben hinsichtlich der Ablehnung einer Appellationsinstanz: „Clay antwortet den Bischöfen. Rechte der Nürnberger Angeklagten werden gewahrt" und führte dazu aus:

> „Der General erklärte in seinem Antwortschreiben, dass die in Nürnberg eingesetzten Richter zu den besten gehören und dass er alles Vertrauen zu ihrer Unantastbarkeit und Fähigkeit habe, ein faires Urteil zu fällen [...]. In seinem ausführlichen Antwortschreiben vom 19. Juni weist General Clay die Kritik der Bischöfe als ungerechtfertigt zurück."[74]

Da die Bischöfe die unbewiesenen Aussagen der Angeklagten und deren Strafverteidiger zum Inhalt ihrer völlig unhaltbaren Anschuldigungen zu machen suchten, hatte Clay ausführlich zu jedem Kritikpunkt korrigierend Stellung bezogen. Die „Neue Zeitung" zitierte ihn mit dessen abschließenden kritischen Ausführungen, um die eigentliche Zielsetzung der Nürnberger Prozesse ins Bewusstsein ihrer Kritiker zu rufen:

> „Ich bedaure wirklich, dass die in Ihrem Brief enthaltenen Behauptungen und die daraus sich ergebenden Anklagen weithin auf unbestätigten Berichten beruhen, statt auf Informationen auf Grund eigener Kenntnis oder unterstützt durch Tatsachenbeweise [...]. Ich bin überzeugt, dass die substantiellen Rechte der Angeklagten in vollem Umfange gewahrt werden [...].
>
> Ich kann nur in aller Gewissenhaftigkeit der Empfindung Ausdruck geben, dass die bisher ausgesprochenen Urteile gerecht und häufig milde gewesen sind. Ich bedaure, dass jetzt Bemühungen im Gange sind, ein Gericht zu diskreditieren, das mit hoher Absicht

---

[74] „Die Neue Zeitung" Nr. 52 vom 1.7.1948, National Archives of the United States, RG 260/OMGUS, shipment 5, box 344-1, folder 26, year 1948, provenance OMGUS ECR.

sich bemüht, Vorgänge im Internationalen Recht zu schaffen, die dazu dienen können, zu verhindern, dass wieder eine ganze Welt in Chaos gestürzt wird."[75]

Landesbischof Wurm hingegen ließ nichts unversucht, weiterhin Druck auf die amerikanischen Besatzungsbehörden auszuüben, insbesondere, nachdem General Clay den vorläufigen Exekutionsstop wieder aufgehoben hatte. So erschien mit Datum vom 19. Oktober 1948 unter der Headline „Kirchliche Intervention bei Kenneth Royall" über den „Christlichen Nachrichtendienst" (CND) folgende Kurznachricht:

> „Unmittelbar nach Bekanntwerden der Aufhebung des Exekutionsstops im Falle der in den Dachauer Kriegsverbrecherprozessen zum Tode Verurteilten durch General Clay haben der Vorsitzende des Rates der EKD, Landesbischof D. Wurm, und der Münchner Weihbischof, Dr. Neuhäusler, unabhängig voneinander den amerikanischen Kriegsminister Kenneth Royall telegraphisch gebeten, weitere Hinrichtungen bis zu einer endgültigen Klärung der Fälle zunächst aufzuschieben."[76]

Unter dem Titel „Bischof Wurm appelliert an Foster Dulles" meldete der „Christliche Nachrichtendienst" (CND) drei Tage später in seiner Ausgabe vom 22. Oktober 1948 in einem längeren Artikel, dass Landesbischof Wurm sich nun auch an Dulles gewandt habe, den außerpolitischen Berater des damaligen Präsidentschaftskandidaten Thomas E. Dewey, „nachdem er bereits den amerikanischen Kriegsminister Kenneth Royall um einen Aufschub weiterer Hinrichtungen gebeten hatte."[77]

> „Der Bischof [fordert] mit Nachdruck die Errichtung einer Berufungsinstanz. Dies sei umso dringlicher, als ,jetzt eine gestoppte Henkersmaschine überraschend wieder in Gang gesetzt worden sei und hunderte von Menschen, Verurteilte und ihre Angehörigen, über Nacht in Todesqualen und Ängste versetzt worden seien.' Es handele sich um die Vollstreckung von über hundert Todesurteilen aus den Jahren 1946 und 1947, die von amerikanischen Militärgerichten vorwiegend in Dachau gefällt worden seien."[78]

Mit keinem Satz hingegen erwähnte Theophil Wurm die von den in Nürnberg und Dachau verurteilten Kriegsverbrechern und NS-Gewalttätern millionenfach ermordeten Opfer, so die in den Vernichtungslagern vergasten Menschen oder etwa die in der Schlucht von Babyń Jar erschossenen 33.771 Juden oder die in der Smijowskaja Balka erschossenen 27.000 Rostower Juden. Sollte diesen Opfern keine Gerechtigkeit gewährt werden?

---

[75] Ebd.
[76] CND, Meldung vom 19.10.1948, National Archives of the United States, RG 260/OMGUS, shipment 5, box 344-1, folder 26, year 1948, provenance OMGUS ECR.
[77] Bischof Wurm appelliert an Foster Dulles, Meldung des CND vom 22.10.1048, National Archives of the United States, RG 260/OMGUS, shipment 5, box 344-1, folder 26, year 1948, provenance OMGUS ECR.
[78] Ebd.

2.2 Vorstoss der katholischen Kirche in der „Kriegsverbrecherfrage"

Einforderung einer Appellationsinstanz

Im Sommer 1948 schalteten sich nun auch hohe geistliche Würdenträger der katholischen Kirche in die so bezeichnete „Kriegsverbrecherfrage" ein. Mit Schreiben vom 26. August 1948 wandte sich der Kölner Erzbischof Joseph Cardinal Frings in seiner damaligen Funktion als Vorsitzender der Fuldaer Bischofskonferenz an General Lucius D. Clay, dem er in der Anlage ein vier Seiten umfassendes Memorandum der katholischen Bischöfe Deutschlands übermittelte, das jene auf der Fuldaer Bischofskonferenz abgefasst hatten und das die Frage einer Appellationsinstanz für die Nürnberger ebenso wie für die Dachauer Prozesse betraf.[79]

Zu Beginn des Memorandums rechtfertigten die Bischöfe ihr Engagement für die im Landsberger Gefängnis einsitzenden und zum Tode verurteilten Kriegsverbrecher und NS-Gewalttäter, indem sie auf ihre ausschließlich aus Uneigennützigkeit erwachsene priesterliche „Verantwortung für die Wahrung und Wiederaufrichtung der Gerechtigkeit als der Grundlage jeder öffentlichen Moral" verwiesen, da „in den letzten Jahren [...] dieser Glaube an die Gerechtigkeit schwer erschüttert worden" sei. „Das moralische Ansehen dieser Prozesse" erscheine ihnen „schwer bedroht."[80] Nachfolgend griffen sie vier Kritikpunkte auf, die bereits in dem oben genannten Schreiben vom 20. Mai 1948 von den fünf höheren protestantischen Würdenträgern in der amerikanischen Besatzungszone geäußert worden waren.

(1) Die US-amerikanische Militärgerichtsbarkeit als reine Siegerjustiz.
(2) Die Bestrafung des Handelns aufgrund höheren Befehls.
(3) Die unterschiedliche Bewertung der Verbrechen seitens der US-Militärgerichtshöfe.
(4) Das Nichtvorhandensein einer Berufungsinstanz.

Da die Argumentationsmuster des Fuldaer Memorandums mit der Eingabe der protestantischen Würdenträger vom 20. Mai teilweise bis in die Wortwahl hinein überaus auffällige Übereinstimmungen aufweisen, kann hier auf das ausführliche Zitieren verzichtet werden. Aufschlussreich ist hingegen die Antwort Clays, die einen Monat später erfolgte. Zu dem Kritikpunkt (1), in dem von einer „Sondergerichtsbarkeit" und einem „ausschließlich auf Deutsche angewandten" und bisher in Deutschland unbekannten „Sonderrecht" die Rede war, nahm Clay unter ausdrücklichem Verweis auf das *Londoner Abkommen vom 8. August 1945*, auf die *Charta des International Military Tribunal* und auf das *Kontrollratsgesetz Nr. 10*,

---

[79] Der Vorsitzende der Fuldaer Bischofskonferenz an Herrn General Lucius Clay, Berlin. Schreiben vom 26.8.1948, National Archives of the United States, RG 260/OMGUS, shipment 1948, box 3, folder 1, provenance OMGUS AG 1948.
[80] Ebd.

die das Verfahrensrecht für die nachfolgenden Kriegsverbrecherprozesse im Einzelnen festlegten, wie folgt Stellung:

> „The decision of the International Military Tribunal makes it clear that those documents reflect *basic principles of law* which are *international* recognized. While the statutory form which they have been given is new, the *law* which is laid down has been broad *prior* recognition. Indeed, no less than 23 nations formally adhered to the Agreement of 8 August 1945 and to the Charta.
>
> As the International Tribunal declared: ‚The Charter is not an arbitrary exercise of power on the part of the victorious nations … It is the expression of international law existing at the time of its creation', which the Court then proceeded to demonstrate." [Kursivdruck vom Verf.].[81]

Dem Kritikpunkt (2) der harten Bestrafung bei Nachweis des Täterhandeln aufgrund höheren Befehls stellte er die Bestimmungen der Charta des IMT und des KRG Nr. 10 entgegen:

> „Both the Charter of the International Military Tribunal and Control Council Law No. 10 provide that neither official position nor obedience to superior orders shall free a person from responsibilities for criminal actions although the latter circumstances may be considered in mitigation of punishment.
>
> As state above, this is merely a restatement of existing law,[82] recognized now by the adherence of nations having many various judical systems."[83]

In Punkt (3) kritisierten die Bischöfe eine vermeintlich unterschiedliche Bewertung der Verbrechen seitens der einzelnen US-Militärgerichtshöfe. Diesbezüglich verwies General Clay auf die automatische Urteilsüberprüfung.[84]

> „These cases are subject to careful review before the sentence is approved. No two cases are identical. The weight of the evidence has been overwhelming in those cases reviewed to date. I cannot but feel, in all conscience, that the sentences thus far awarded have been just and appropriate to the particuale case."[85]

---

[81] General Lucius D. Clay to His Eminence Cardinal Frings, Archibishop of Cologne, Cologne, Germany. Schreiben vom 25.9.1948, National Archives of the United States, RG 260/OMGUS, shipment 1948, box 3, folder 1, provenance OMGUS AG 1948. Vgl. zu diesem Punkt die diesbezüglichen detaillierten Ausführungen in Kapitel IV.2.2 dieser Studie.

[82] In diesem Zusammenhang wurde in dieser Studie mehrfach auf Paragraph 47 des *Militär-Strafgesetzbuch für das Deutsche Reich vom 20. Juni 1872* verwiesen, der festlegt, dass ein Befehl dann nicht auszuführen sei, wenn er auf die Begehung eines Verbrechens abzielt.

[83] General Lucius D. Clay to His Eminence Cardinal Frings, Archibishop of Cologne, Cologne, Germany. Schreiben vom 25.9.1948, National Archives of the United States, RG 260/OMGUS, shipment 1948, box 3, folder 1, provenance OMGUS AG 1948.

[84] Wie in dieser Studie mehrfach erwähnt, war die automatische Urteilsüberprüfung in der Military Ordinance No. 7 festgeschrieben.

[85] General Lucius D. Clay to His Eminence Cardinal Frings, Archibishop of Cologne, Cologne, Germany. Schreiben vom 25.9.1948, National Archives of the United States, RG 260/OMGUS, shipment 1948, box 3, folder 1, provenance OMGUS AG 1948.

2 „Kriegsverbrecherfrage" und kirchliche Lobbyarbeit

Punkt (4) betraf das eigentliche Anliegen der katholischen Bischöfe, d. h. deren Einforderung einer Appellationsinstanz, die General Clay unter anderem abwehrte unter Verweis auf die weitreichende Zielsetzung der Militärgerichtshöfe, die in der Hoffnung bestünde, dass die Welt ihren Beitrag zum Frieden erkennen würde und dass die Intention der Militärgerichtshöfe darin bestünde, ein Abschreckungspotential für künftige Aggressoren darzulegen.

„As to the suggestion that there should be an appellate procedure, we have followed the precedent of the Charter of the International Military Tribunal. I cannot believe that a procedure which has had such wide international approval can be open to serious criticism.

The judges on our tribunals have been the best available men, from some of the highest courts of our country, and I have the confidence in their integrity and ability to render a fair and unbiased decision.

Furthermore, the Supreme Court of the United States could not be utilized as an appellate court for these cases, since it has no such jurisdiction under the Constitution and Statutes of the United States.

In conclusion I wish to say that the war crimes tribunals were established in the interests of high justice with the hope that the world would recognise their contribution to peace and that they would be a deterrent to future aggressors."[86]

In einer Kurzmitteilung vom 24. September 1948 an General Charles K. Gailey, der ab 1945 zunächst *Chief of Intelligence and Information* und später *Chief of Staff of the Berlin Command* (OMGUS) war, bewertete ein Mitarbeiter des *Office of Military Government for Germany (U.S.), Legal Division* in sehr persönlicher Sichtweise sowohl die Eingabe der katholischen Bischöfe als auch die Antwort Clays als exzellent und führte weiter aus: „Future events and future historian will have to decide which point of view is on the side of the justice."[87]

Während Erzbischof Joseph Cardinal Frings als Vorsitzender der Fuldaer Bischofskonferenz zunächst lediglich das Begehren der katholischen Bischöfe an General Clay weitergeleitet hatte, gerierte sich Johannes Neuhäusler, Weihbischof im Erzbistum München und Freising, als überaus aktiver „Anwalt" der in der Justizvollzugsanstalt Landsberg, dem *War Criminal Prison No. 1*, einsitzenden Kriegsverbrecher und NS-Gewalttäter. Wie sehr Neuhäusler in kurzen Zeitabständen General Lucius D. Clay mit Eingaben zu überhäufen pflegte, geht allein aus einer von der OMGUS-Abteilung 383.3 angefertigten Aufstellung mit dem Titel „List of Papers. Clemency or Pardon, Vol. I, 1948, clemency petitions and complaints of Bishop Neuhaeusler" hervor, in der jedoch nur ein Teil aller von Neuhäusler getätigten Eingaben erfasst wurde.[88]

---

[86] Ebd.
[87] J. E. K. Memorandum for General Gailey, 24.9.1948, National Archives of the United States, RG 260/OMGUS, shipment 1948, box 3, folder 1, provenance OMGUS AG 1948.
[88] OMGUS No 383. 3, *List of Papers. Clemency or Pardon, Vol. I 1948, Bishop Neuhaeusler*, National Archives of the United States, RG 260/OMGUS, shipment AG 49, box 75, folder 5, provenance AG 49.

So hatte Bischof Neuhäusler bereits im September 1948 dem General Clay eine 62 Seiten umfassende Denkschrift eingereicht, in der er sich „über unzulässige Vernehmungsmethoden und unmenschliche Gefangenenbehandlung" sowie über „zweifelhafte Zeugenaussagen oder möglicherweise erpresste Geständnisse" beschwert und die Einbeziehung von „Berufszeugen" behauptet hatte. Auf jene Denkschrift nahm Neuhäusler in seinem Schreiben vom 8. November dezidiert Bezug.[89] Am 19. Oktober 1948 sandte er ein längeres Telegramm an General Clay, in dem er um Aufschub der in Landsberg anstehenden Exekutionen ersuchte.

„Sehr geehrter Herr General. Mit vielen Amerikanern und Deutschen ernstlich fürchtend, dass die Schuld der von amerikanischen Gerichten zum Tod Verurteilten noch nicht in allen Fällen einwandfrei erwiesen ist, bitte ich dringend, die hundert weiteren Hinrichtungen in Landsberg zu stoppen und neue Untersuchung aller zweifelhaften Fälle anzuordnen.

Ich [war] selbst vier Jahre im KZ und weiss, dass todeswürdige Verbrechen geschehen sind. Bevor aber ein Leben für immer ausgelöscht wird, muss die Schuld ausser allem Zweifel stehen. Sehr viel entlastendes Beweismaterial soll noch unübersetzt und unüberprüft bei War Crimes Branch hier liegen.

Ich wiederhole ein Wort, das mir Kongressmann Francis Case am 19. April schrieb: Die Vereinigten Staaten haben alles zu gewinnen und nichts zu verlieren, wenn die zuständigen Stellen dafür Sorge tragen, dass die Schuldbeweise und die Urteile gerecht seien und dass ein etwa unterlaufener Irrtum richtiggestellt wird. Hochachtungsvoll Weihbischof Neuhäusler." [Interpunktion vom Verf.].[90]

Nur wenig später reichte Neuhäusler am 26. Oktober ein fünfseitiges Schreiben ein, in der er einen sofortigen Exekutionsstop und eine Revision *aller* von den US-Militärgerichtshöfen ausgesprochenen Todesurteile einforderte, wiederum unter Verweis auf angebliche „Berufszeugen". Hinsichtlich seiner unhaltbaren und unbewiesenen Behauptungen räumte er ein, „weder den Fall noch die Personen zu kennen", berief sich dann aber auf den katholischen Gefängnisgeistlichen Karl Morgenschweis, der ihm bedeutet habe, welche Todeskandidaten er, Morgenschweis, für schuldig bzw. für unschuldig einschätze. Obgleich Neuhäusler und Morgenschweis weder die Prozessprotokolle noch die dazugehörigen Beweis-Dokumente gelesen hatten, auf denen das jeweilige Todesurteil beruhte, schloss Neuhäusler sein Schreiben wiederum unter ausdrücklichem Verweis, keineswegs aus Eigeninteresse, sondern „nur aus reiner Menschlichkeit und Liebe zur Gerechtigkeit" zu handeln, mit den folgenden Statements:

---

[89] Weihbischof Dr. Neuhäusler, München, an Herrn General Clay, OMGUS. Berlin. Schreiben vom 8.11.1948, National Archives of the United States, RG 260/OMGUS, shipment AG 49, box 75, folder 5, provenance: AG 49.

[90] Weihbischof Neuhäusler, München, an Herrn General Clay, z. Zt. Frankfurt/Main. Telegramm vom 19.10.1948, 18.48 Uhr, National Archives of the United States, RG 260/OMGUS, shipment AG 49, box 75, folder 5, provenance: AG 49.

„Die Obrigkeit muss jedes nur mögliche Mittel der Wahrheitsfindung suchen und versuchen, bevor sie das ihr von Gott verliehene Schwert gebraucht. Auch die besten Richter können sich irren, wenn sie durch irrende und lügende Zeugen irregeführt werden [...]. Wahrheit und Gerechtigkeit sind die Stützen jeder weltanschauenden und tragfähigen Politik, auch die Stützen des Friedens und der Versöhnung."[91]

Dreizehn Tage später, am 8. November 1948, sandte Neuhäusler wiederum eine Eingabe an General Clay, in der er erneut eine Appellationsinstanz einforderte, da gemäß seiner Auffassung die alten Prozessakten „zweifelhafte Zeugenaussagen oder möglicherweise erpresste Geständnisse" enthielten. Wiederum mahnte er die angebliche Hinzuziehung von „Berufszeugen" an sowie „unzulässige Vernehmungsmethoden und unmenschliche Gefangenenbehandlung" und verwies in diesem Zusammenhang erneut auf seine 62 Seiten umfassende Denkschrift, auf die Clay nach Neuhäusler Sicht nicht ausführlich genug eingegangen sei.[92]

Einschalten der Presse

Wie die hohen Würdenträger der protestantischen Kirche, so nutzten auch ihre katholischen Amtsbrüder gezielt die Presseorgane, um ihren Forderungen gegenüber den US-amerikanischen Besatzungsbehörden den nötigen Nachdruck zu verleihen. Am 19. Oktober 1948 informierte der „Christliche Nachrichtendienst" (CND) seine Leser, dass Landesbischof Wurm und Weihbischof Neuhäusler „unabhängig voneinander den amerikanischen Kriegsminister Kenneth Royall telegraphisch gebeten [hätten], weitere Hinrichtungen bis zu einer endgültigen Klärung der Fälle zunächst aufzuschieben."[93]

Vier Tage später versorgte der „Christliche Nachrichtendienst" (CND) in der Samstagausgabe vom 23. Oktober 1948 seine Leser gleich mit fünf Informationen, die zum einen die Wiedergabe dreier Telegramme, zum anderen zwei längere Veröffentlichungen beinhalteten. So veröffentlichte CND unter dem Titel „Kardinal Frings appelliert an General Clay" ein Telegramm, das der Kölner Erzbischof einen Tag zuvor an General Clay übermittelt hatte. Bezeichnend ist, dass hier erstmals nicht die vermeintlichen Rechte der verurteilten Kriegsverbrecher und NS-Gewalttäter eingefordert wurden, sondern dass Frings durch die Verwendung der Bitte um Gnade für die zum Tode Verurteilten indirekt die Rechtmäßigkeit der von den US-amerikanischen Militärgerichtshöfen verhängten Urteile anerkannte.

---

[91] Dr. Johannes Neuhäusler, Weihbischof, an Herrn General Clay, Berlin. Schreiben vom 26.10.1948, RG 360/OMGUS, shipment AG 49, box 75, folder 5, provenance: AG 49.
[92] Weihbischof Neuhäusler, München, an Herrn General Clay, OMGUS, Berlin. Schrieben vom 8.11.1948, National Archives of the United States, RG 260/OMGUS, shipment AG 49, box 75, folder 5, provenance: AG 49.
[93] CND: München, 19. Oktober [1948], „Kirchliche Intervention bei Kenneth Royall", National Archives of the United States, RG 260/OMGUS, shipment 5, box 344-1, folder 26, provenance OMGUS ECR.

Offensichtlich schienen der Kölner Erzbischof Frings und der Weihbischof von München und Freising Neuhäusler in dieser Hinsicht unterschiedlicher Auffassung zu sein, wie ein Vergleich der verschiedenen Eingabe an die US-amerikanischen Militärbehörden vermuten lässt. Mit Blick auf das Telegramm des Kölner Erzbischofs informierte der „Christliche Nachrichtendienst" (CND) seine Leser wie folgt:

> „Köln, 23. Oktober 1948. Der Kölner Erzbischof, Kardinal Dr. Josef Frings, richtete am Freitag [22.10.1948] an General Clay folgendes Telegramm: Erschüttert durch die Nachricht von der Aufhebung des Exekutionsstops und überzeugt, dass heute manche der Dachauer Urteile milder ausfallen würden, bitte ich namens des deutschen Episkopats inständig um erneute Überprüfung der Einzelfälle und im Interesse der Völkerverständigung um weitgehendes Waltenlassen von Gnade."[94]

In derselben Ausgabe veröffentliche das Blatt ein zweites Telegramm, das Weihbischof Neuhäusler an General George Price Hays[95] gerichtet hatte und das folgenden Wortlaut enthielt:

„Erbitte dringendst Stop der Hinrichtungen in Landsberg, insbesondere der für morgen (Freitag) vorgesehen. Ich bin überzeugt, dass dort neben Schuldigen auch solche sind, deren Schuld nicht einwandfrei erwiesen ist. Ich halte Nachprüfung für unbedingt erforderlich."[96]

Zum anderen druckte CND ein weiteres Telegramm, das Neuhäusler an Präsident Truman gesandt hatte und in dem erstmals nicht mehr von Kriegs*verbrechern* die Rede war, sondern von *vermeintlichen* Kriegsverbrechern, insofern, als Neuhäusler jene Bezeichnung in Anführungszeichen gesetzt hatte.

In der Folgezeit wurde jener Terminus „Kriegsverbrecher" insbesondere seitens der Kriegsverbrecherlobby verwendet, wie nachstehendes Telegramm veranschaulicht.

„In der Angelegenheit der Landsberger Hinrichtungen folgendes Telegramm an Präsident Truman gerichtet:
Ich bitte Herrn Präsident dringendst um sofortige Weisung an Kriegsminister Royall, die Vollstreckung von Todesurteilen an ‚Kriegsverbrechern' in Bayern zu stoppen, bis beantragte Revisionsverhandlung die Schuld jedes Einzelnen zweifelsfrei erwiesen hat."[97]

Unter dem Titel „Resolution der deutschen Bischöfe zu den Nürnberger und Dachauer Prozessen" veröffentlichte CND am 23. Oktober 1948 das an General Clay

---

[94] CND: Köln, 23. Oktober 1948,"Kardinal Frings appelliert an General Clay", National Archives of the United States, RG 260/OMGUS, shipment 5, box 344-1, folder 26, provenance OMGUS ECR.
[95] Hays war General in der amerikanischen Besatzungszone in Deutschland.
[96] CND: München, 23. Oktober [1948], „Weihbischof Neuhäusler an General Hays", National Archives of the United States, RG 260/OMGUS, shipment 5, box 344-1, folder 26, provenance OMGUS ECR.
[97] CND: „Telegramm Weihbischofs Neuhäusler an Präsident Truman", National Archives of the United States, RG 260/OMGUS, shipment 5, box 344-1, folder 26, provenance OMGUS ECR.

2 „Kriegsverbrecherfrage" und kirchliche Lobbyarbeit   717

gerichtete Memorandum der katholischen Bischöfe vom 20. Mai 1948 in genauem Wortlaut und in voller Länge."[98] In der gleichen Ausgabe und mit Bezug zur gleichen Thematik informierte CND seine Leserschaft unter der Schlagzeile „Weihbischof Neuhäusler zu den Nürnberger und Dachauer Prozessen". Aus dem zehn Punkte umfassenden Bericht erscheinen die nachfolgenden Passagen von Wichtigkeit:

> „Im Zusammenhang mit der Aufhebung des Exekutionsstops für die in den Dachauer Kriegsverbrecherprozessen zum Tode Verurteilten hat Weihbischof Neuhäusler dem CND eine *weitere* Stellungnahme zu den in Nürnberg und Dachau geführten Prozessen übergeben, in der es heißt:
> 1. Eine gerechte Urteilsfindung ist immer sehr schwer [...], da einerseits von den Angeklagten fast alles in Abrede gestellt wurde, andererseits Zeugen, insbesondere eine Sorte von ‚Berufszeugen', durchaus nicht immer verlässlich schienen.
> 2. Ich bin überzeugt: Es sind gewiss nicht alle in Landsberg befindlichen zum Tode Verurteilten so unschuldig, wie sie sich geben. Ich bin aber ebenso überzeugt, dass nicht alle so schuldig sind, wie sie auf Grund der Aussagen von ‚Berufszeugen' durch das Gericht befunden wurden."[99]

2.3 DIE SIMPSON-ÜBERPRÜFUNGSKOMMISSION

Die zahlreichen Eingaben der prostestantischen wie der katholischen Würdenträger an die US-amerikanischen Militärbehörden und hohen Regierungsstellen in Washington und die Forderung der Bischöfe nach einer unabhängigen Appellationsinstanz blieben keineswegs ohne Resonanz, allein schon aus dem Grund, um die zunehmende Aversion der deutschen Bevölkerung gegen die US-amerikanische Besatzungsmacht – die auch durch die von Landesbischof Wurm und Weihbischof Neuhäusler inszenierten Pressekampagnen angeheizt worden war – nicht weiter ansteigen zu lassen. Zudem hatte sich eine Reaktion der amerikanischen Besatzungsbehörde als notwendig erwiesen, nachdem Gerüchte über erzwungene Geständnisse während der staatsanwaltlichen Ermittlungen im Rahmen der Nürnberger und Dachauer Prozesse, insbesondere aber, nachdem vermeintliche Gräueltaten des US-amerikanischen Wachpersonals an den in Landsberg einsitzenden verurteilten NS-Gewalttätern im Umlauf gebracht worden waren. Diesbezüglich galt der dortige Gefängnisdirektor Captain Gerald Wilson als besonders belastet.

---

[98] CND: Köln, 23. Oktober [1948], „Resolution der deutschen Bischöfe zu den Nürnberger und Dachauer Prozessen", National Archives of the United States, RG 260/OMGUS, shipment 5, box 344-1, folder 26, provenance OMGUS ECR. Wie bereits erwähnt, wird jene Resolution wegen ihrer großen inhaltlichen Übereinstimmung mit der Eingabe der protestantischen Bischöfe vom 20. April 1948 an General Clay hier nicht noch einmal zitiert.

[99] „Weihbischof Neuhäusler zu den Nürnberger und Dachauer Prozessen", National Archives of the United States, RG 260/OMGUS, shipment 5, box 344-1, folder 26, provenance OMGUS ECR.

Bereits im Frühjahr 1948 hatte Kenneth Royall, United States Secretary of the Army (SECARMY), Kenntnis über die Gerüchte erhalten. Daraufhin beauftragte er drei hochrangige Richter mit der Überprüfung jener Behauptungen, und zwar *Gordon Simpson*, Associate Justice of the Supreme Court, Richter *Edward LeRoy van Roden* und Lt. Col. *Charles Lawrence, Jr.* Die Kommission nahm Anfang August 1948 ihre Arbeit auf und legte am 14. September 1948 ihr Gutachten vor. Die Ergebnisse der Simpson-Kommission, die sich ausschließlich auf die Dachauer Prozesse und dort vornehmlich auf das Malmedy-Verfahren beschränkten,[100] sind für diese Studie demzufolge nicht von Relevanz, wohl aber die beiden Unterredungen, welche die Simpson-Kommission am 24. August 1948 mit einer Abordnung der protestantischen Kirche und am 31. August mit Weihbischof Neuhäusler führte. Beide Treffen, in denen es jeweils um die Einforderung einer Appellationsinstanz ging, wurden von der *U.S. Religious Affairs Branch* der *Education and Cultural Relations Division* mit Sitz in München organisiert. Dazu führte das entsprechende Protokoll vom 26. August 1948 einleitend aus:

> „Arrangement were made by Religious Affairs Branch for a meeting of a delegation from Evangelical Church with Col. Simpson of the War Crimes Review Board on Tuesday, August 24. The delegation included Dr. We[e]ber, legal representative of Landesbischof Wurm, Wuerttemberg-Baden, Pastor Eckardt, German chaplain at Landsberg prison, and Dr. Becker, defense counsel at Nuernberg. With Col. Simpson were Col's Lawrence and Van Rosen [Roden] of the War Crimes Review Board."[101]

Landesbischof Wurm wiederholte gegenüber der Simpson-Kommission nichts anderes, als das, was er und die weiteren vier Bischöfe bereits in ihrem Schreiben vom 20. Mai 1948 angeregt hatten und er selbst danach nicht enden wollend in seinen an die verschiedenen US-amerikanischen Behörden gerichteten Schreiben und Telegrammen eingeforderte:

> „to set up proper machinery for 'a new review in a new spirit' of the 150 death sentences now pending execution at Landsberg Prison."[102]

---

[100] Das Simpson-Kommissionsmitglied Richter *Edward LeRoy van Roden* veröffentlichte im Februar 1949 in dem US-amerikanischen politischen Monatsmagazin *The Progressive. A voice for peace, social justice, and the common good* einen ausführlichen Bericht über die angeblichen Folterungen der in Landsberg einsitzenden verurteilten NS-Gewalttäter, das Zustandekommen der Simpson-Kommission und die Ergebnisse der diesbezüglichen Überprüfungen. Allerdings ist einschränkend zu vermerken, dass van Roden den Wahrheitsgehalt der behaupteten Gräueltaten, die das US-amerikanische Personal an einigen in den Dachauer Prozessen verurteilten NS-Gewalttätern begangen haben soll, anders als die Kommissionsmitglieder Simpson und Lawrence Jr., nie in Zweifel gezogen hatte. JUDGE EDWARD L. VAN RODEN: American Atrocities in Germany, in: The Progressive, Februar 1949, p. 21f.

[101] Office of Military Government for Bavaria. Education and Cultural Relations Division, Munich, Germany, APO 407-A, US Army, *Report on Interview of Evangelical Church Delegation with Col. Simpson of War Crimes Review Board, 26. August 1948*, National Archives of the United States, RG 260/OMGUS, shipment 5, box 344-1, folder 26, provenance OMGUS ECR.

[102] Ebd.

Ergänzend führte Oberkirchenrat Dr. Rudolf Weeber aus, dass Landesbischof Wurm nicht an einzelnen Fällen interessiert sei, „but ask that if possible a review of board be made of *all death sentences* and others now pending." [Kursivdruck vom Verf.]. Diesbezüglich stellte Colonel Simpson „some system or program of review" in Aussicht.[103] Möglicherweise war bereits zu jenem Zeitpunkt seitens der US-amerikanischen Besatzungsmacht zwar keine Generalamnestie vorgesehen – die Landesbischof Wurm sich offensichtlich erhofft hatte –, aber doch für einen späteren Zeitpunkt eine Begnadigungsaktion in Erwägung gezogen worden, die dann tatsächlich am 31. Januar 1951 Clays Nachfolger John Jay McCloy durchführte und von der auch Biberstein profitieren sollte.

Die Erwägungen zu einem Wandel der westalliierten Positionen hinsichtlich der so bezeichneten „Kriegsverbrecherfrage" resultierten nicht zuletzt aus den politischen Veränderungen, so unter anderem aus der Tatsache des Scheiterns der Londoner Konferenz der vier Siegermächte im Dezember 1947 und den nachfolgenden Gesprächen während der Londoner Sechsmächtekonferenz im Februar/März 1948, in denen über die Bildung eines westdeutschen Staates diskutiert worden war. Und noch während sich die Simpson-Kommission mit der Überprüfung der Todesurteile befasste, war am 1. September 1948 der 65-köpfige Parlamentarische Rat unter Vorsitz von Konrad Adenauer in Bonn zusammengetreten, um in den nachfolgenden Monaten das Grundgesetz für die Bundesrepublik Deutschland auszuarbeiten. Insofern war die Ankündigung „of some system or program of review", kein leeres Versprechen des Richters Simpson gewesen.

Eine Woche später fand am 31. August !948 ein entsprechendes Gespräch zwischen der Simpson-Kommission und Weihbischof Neuhäusler statt, das sich jedoch nicht auf die Nürnberger Prozesse bezog, sondern ausschließlich auf die behaupteten „Unregelmäßigkeiten" in der Durchführung der Dachauer Prozesse.[104] Neuhäusler hatte Colonel Simpson vermeintliches Beweismaterial über angebliche noch vor Prozessbeginn erfolgte Misshandlungen der Angeklagten seitens der US-Behörden überreicht, jedoch mit der ausdrücklichen Einschränkung hinsichtlich der Glaubwürdigkeit der überreichten Dokumente. Dennoch stellte er unhaltbare Behauptungen auf, die er zur juristischen Begründung und Einforderung der Installation eines „Court of Clemency" als völlig ausreichend erachtete, indem er bestimmte Personengruppen, etwa Homosexuelle, diskriminierte und grundlos verdächtigte. In dem von dem Chef der Religious Branch James M. Eagan unterzeichneten Gesprächsprotokoll heißt es:

---

[103] Ebd.
[104] Office of Military Government for Bavaria. Education and Cultural Relations Division, Munich, Germany, APO 407-A, US Army, *Interview between Bishop Neuhäusler and Colonel Simpson on alleges irregularities in the conduct of the Dachaus trials, 1. September*, National Archives of the United States, RG 260/OMGUS, shipment 5, box 344-1, folder 26, provenance OMGUS ECR.

> „[Bishop Neuhäusler] did not know whether the statements contained in the material he brought were entirely true. He felt that it was his duty as a Bishop, a priest, and a man to present this alleged evidence for examination and review [...].
>
> He presented alleged evidence that many of the witnesses, perhaps 90%, were paid professional witnesses with criminal records ranging from *robbery* to *homosexuality*. These men appeared many times as witnesses [...]. Bishop Neuhäusler stated *Communists* had threatened witnesses in the trials." [Kursivdruck vom Verf.].[105]

Am Schluss des Gespräches übermittelte Weihbischof Neuhäusler Colonel Simpson ein eigenartig anmutendes Anliegen, um das ihn Kardinal Faulhaber im Namen der auf der Fuldaer Bischofskonferenz versammelten Bischöfe gebeten hatte:

> „Bishop Neuhäusler imparted the information received from Cardinal Faulhaber that the Fuldaer Bishops Conference wished this done quietly and without publicity. Their petition will not be part of their published letter."[106]

Aus dem Protokoll geht nicht eindeutig hervor, ob die Bezeichnung „this" sich nur auf die Untersuchung der von Neuhäusler behaupteten Schläge und Misshandlungen der Gefangenen bezog oder aber ob „this" die Bitte um Strafminderung einschloss, die im Geheimen ablaufen sollte. Eher dürfte das Erstere gemeint sein, wie sich aus einem internen Routenbeleg des Headquarters European Command vom 24. November 1948 schließen lässt, in dem der dortige Richter und Generalanwalt J. L. Harbaugh, Jr. die entsprechenden rechtlichen Hinweise zu den Eingaben des Weihbischofs Neuhäusler gab. Dort führte er unter Punkt 2 aus:

> „The communication (at TABS A, B, C) are in the nature of general clemency petitions and are not on behalf of any particular prisoner except in so far as spezific cases are mentioned in illustration and amplification of his contentions.
>
> The Bishop's request for 'the right of appeal' as he apparently intends it, contemplates an entirely new trial for as he says in his letter of 11. Nov. 'a formal new trial in a 2nd instance with new judges, new hearing of witnesses and new defense possibilities is necessary'.
>
> This is of course not an appeal as we know it in American Jurisprudence, but rather a new trial, that is, all of the issues to be tried anew." [Unterstreichung im Original].[107]

In der Tat war ein derart von den Bischöfen eingefordertes Appellationsgericht in der US-Militärgerichtsbarkeit nicht vorgesehen. Erst im Jahre 1950 ist in dem *Uniform Code of Military Justice* (UCMJ) in dem letzten Abschnitt XII, Sekti-

---

[105] Ebd.
[106] Ebd.
[107] J. L. Harbaugh, Colonel Judged Advocate General' Corps Division (JAGD), Judge Advocate, Internal Route Slip, Headquarters, European Command from Jude Advocate European Command (JA EUCOM) pass to Counter Intelligence Corps European Command (CinC EUCOM), 24 Nov 1948, National Archives of the United States, RG 260/OMGUS, shipment AG 49, box 75, folder 5, provenance: AG 49.

2 „Kriegsverbrecherfrage" und kirchliche Lobbyarbeit 721

on 941-946 in den Artikeln 141-146 ein Militärisches Berufungsgericht (Court of Military Appeals) aufgeführt.

2.4 INDIVIDUELLE KIRCHLICHE FÜRSPRACHE

Engagement für Todeskandidaten des Falles 9

Neben der vehementen Einforderung einer Appellationsinstanz intervenierten hohe protestantische Würdenträger bei den amerikanischen Besatzungsbehörden auch im Falle einzelner Kriegsverbrecher und NS-Gewalttäter, die von den US-amerikanischen Militärgerichtshöfen verurteilt worden waren. Auch wenn Landesbischof Wurm seine Amtsbrüder hinsichtlich der verurteilten Einsatzgruppenleiter und Kommandoführer zu zurückhaltendem Agieren mahnte, setzte er sich dennoch für den ehemaligen SS-Standartenführer Eugen Steimle ein,[108] der zunächst als Nachfolger des Dr. Walter Blume dessen Sonderkommandos 7a (SK 7a) und danach als zweiter Nachfolger des berüchtigten Paul Blobel dessen Sonderkommando 4a (SK 4a) geleitet hatte und der aufgrund der *Ereignismeldungen UdSSR 1941/42* Nr. 92, Nr. 108, Nr. 123, Nr. 133 für Massenmorde an Juden zum Tode verurteilt worden war.[109] Der Grund, dass Landesbischof Wurm sich für Steimle einsetzte, mag darin begründet sein, dass jener einer streng pietistischen Pastorenfamilie entstammte.

Desgleichen intervenierte Landesbischof Wurm für den ehemaligen SS-Standartenführer Dr. Martin Sandberger, Führer des Sonderkommandos 1a (SK 1a), der nur zwei Wochen nach dem Einmarsch seines Kommandos in Estland gemäß *Ereignismeldungen UdSSR 1941/42* Nr. 17 vom 9. Juli 1941 tausend kommunistische Funktionäre erschießen ließ[110] und – wie in der unten abgebildeten Stahlecker-Skizze (Bild 83) abzulesen ist – nach der Ermordung sämtlicher in Estland lebenden 963 Juden dem Reichssicherheitshauptamt (RSHA) als erster Kommandoführer ein „judenfreies Estland" gemeldet hatte.

Welch eigenartig anmutenden Versuche Theophil Wurm unternahm, um Dr. Martin Sandberger, den Sohn aus „christlichem Elternhaus", vor dem Tod durch den Strang zu retten, belegt nachfolgendes Schreiben des Karl T. Fezer aus New Jersey vom 25. März 1949, das jener an Robert Murphy, den damaligen politischen Berater des US-Militärgouverneurs Clay, gerichtet hatte.[111]

Obwohl die im Auftrag Sandbergers von dessen Sonderkommando (SK) 1a begangenen Massenmorde durch die entsprechenden *Ereignismeldungen UdSSR 1941/42* mehr als eindeutig bewiesen worden waren, stellten die elf Unterzeichner

---
[108] Erich Meyer an Frau Steimle. Schreiben vom 12.4.1948, D1/311.6, Nachlass Wurm, Landeskirchliches Archiv Stuttgart und Dekan (Signatur nicht lesbar) an Oberkirchenrat Dr. Rudolf Weeber. Schreiben vom 7.6.1949, ebd. Zitiert nach: HILARY EARL, SS-Einsatzgruppentrial, S. 273,

des Schriftstückes äußerst kühne Behauptungen hinsichtlich der Schuldlosigkeit Sandbergers auf, sodass das Schreiben hier auszugsweise zitiert wird:

> „Honorable, dear Sir:
>
> The undersigned would like to interest you in the case of a certain Martin S a n d b e r - g e r, a German, condemned to the penalty of death by a U.S. Military Court in Germany and awaiting execution.
>
> We understand, that a plea for clemency has been sent to His Excellency, General Clay, U.S. Military Governor in Germany, by the following prominent persons, who are well known for their ardent and courageous struggle against National Sozialism and its regime long before its doom, viz.:
>
> Dr. Reinhold Maier, (Minister President) President of the State of North-Wuerttemberg;
> Mr. Schmidt [Carlo Schmid], Minister of Justice of South-Wuerttemberg;
> Right Rev.Theophil Wurm, bishop of the Evangelical Church of Wuerttemberg;
> Mr. Neuheuser, Representative of the Catholic Diocese Rottenburg, Wuerttemberg.
>
> We consider it a serious violation of the true spirit of democratic justice, if the American Government should uphold General Clay in disregarding the real facts, submitting by the above mentioned State officials and higher churchmen in their appeal for *a re-opening of the case or for an amnesty* for the condemned.
>
> They would not have interceded in behalf of the condemned man, if they had the slightest doubt that there has been a miscarriage of justice and if they were not fully convinced, that *Sandberger did not participate in the crime he is accused of, also had no knowledge of it at the time it was committed* and therefore should nor be required to assume any part of guilt." [Sperrdruck im Original, Kursivdruck vom Verf.].[112]

Aus der typischen Wortwahl des gesamten Schriftstückes lässt sich schlussfolgern, dass Landesbischof Wurm maßgeblich an der Formulierung der Eingabe mitgewirkt haben muss. In diesem Zusammenhang erscheint es auffällig, dass hier nicht – wie bisher – die Installation einer Appellationsinstanz eingefordert wurde, sondern ein Wiederaufnahmeverfahren in der Strafsache Sandberger, welches jedoch lediglich bei einer völlig *neuen* Beweislage zulässig gewesen wäre. Offensichtlich waren die Unterzeichner des Schriftstückes wohl doch nicht ganz von der Schuldlosigkeit des ehemaligen SS-Standartenführers Dr. Martin Sandberger überzeugt, insofern, als sie in ihrem Schreiben gleichzeitig um *Amnestie* nachsuchten. Dieses Faktum erscheint umso bemerkenswerter, als hier erstmalig seitens der Kriegsverbrecherlobby die Bitte um Amnestie ausgesprochen wurde.

Anm. 38.
[109] KAZIMIERZ LESZCZYŃSKI (Hrsg.), Fall 9, S. 180.
[110] Ebd., S. 173.
[111] K. T. Fezer, 2158 Balmoral Avenue, Union, Union Country, New Jersey an Robert Murphy, department of State Washington 25, D. C. Schreiben vom 25.3.1949, National Archives of the United States, RG 260/OMGUS, shipment 1949, box 76, folder 2. Provenance: AG 49, folder title: AG 383.3 clemency and pardons.
[112] Ebd.

Bild 83: Map from the Stahlecker Report, entitled, „Jewish Executions Carried out by Einsatzgruppen A," showing coffins and numbers of executions carried out in Europe. All of the deaths recorded in this map occured between October 16, 1941 and January 31, 1942. Photograph Number 80190).
(Quelle: U. S. Holocaust Memorial Museum).

Desgleichen hat sich auch der Landesbischof der Evangelisch-lutherischen Landeskirche von Hannover und stellvertretende Ratsvorsitzende der Evangelischen Kirche in Deutschland (EKD) Hanns Lilje für die zum Tode Verurteilten des Falles 9 eingesetzt, zudem namentlich für SS-Sturmbannführer Paul Blobel (SK 4a), SS-Obersturmbannführer Dr. Walter Haensch (SK 4b), SS-Brigadeführer Prof. Dr. Franz Six (SK 7c) und SS-Sturmbannführer Willy Seibert (Leiter Amt III / stellvertretender Kommandeur der Einsatzgruppe D unter Ohlendorf). In einem Schreiben des Oberkirchenrates Rudolf Weeber an seinen Amtskollegen Adolf Rusam heißt es:

> „Es ist uns [...] durch abschriftliche Übermittlung der entsprechenden Eingaben bekannt geworden, daß Landesbischof D. Lilje sich für verschiedene Angeklagte dieses Prozesses [Einsatzgruppenprozesses] an General Clay gewandt hat, nämlich für Seibert, Blobel, Haensch und Six."[113]

Die Gnadengesuche des Landesbischofs Lilje an General Clay für die im Nürnberger Einsatzgruppenprozess zum Tode verurteilten NS-Gewalttäter Paul Blobel, Dr. Walter Haensch und Prof. Dr. Franz Six sind nicht Bestandteil der in Deutschland zugänglichen OMGUS-Akten, wohl aber dessen telegrafisch übermitteltes Gnadengesuch vom 14. März 1949 an General Clay für den SS-Sturmbannführer Willy Seibert, der mit Datum vom 16. April 1942 dem Armeeoberkommando 11 (AOK 11), dem die Einsatzgruppe D zugeordnet war, mit Bezug zu der sicherheitspolizeilichen und SD-Arbeit gemeldet hatte: „Von Juden ist die Krim freigemacht."[114] Warum Landesbischof Lilje ausgerechnet den NS-Gewalttäter Seibert für „unschuldig" hielt, ist nicht eruierbar. In dem Telegramm vom 14. März 1949 heißt es lakonisch:

> „Zeitungsnachricht ueber Urteilsbestaetigung in Einsatzgruppenprozess veranlasst mich Gnadengesuch vom 16.10.48 fuer den zum Tode verurteilten Willy Seibert dringendst zu wiederholen. Landesbischof Lilje."[115]

Wie üblich wurde jenes Telegramm der Rechtsabteilung des Generals Clay zum Zweck der rechtlichen Würdigung des Gesuches übermittelt. Das Office of the Staff Security hatte nach Prüfung der Rechtslage ein Antwortschreiben an Bischof Lilje vorbereitet mit der Erklärung,

---

[113] Oberkirchenrat Rudolf Weeber an Oberkirchenrat Adolf Rusam, Schreiben vom 7.3.1949, LKA Stuttgart, D1/293. Zitiert nach: ERNST KLEE: Persilscheine und falsche Pässe. Wie die Kirchen den Nazis halfen, Frankfurt/M. ^{6}2001, S. 173f, Anm. 274.

[114] Der Beauftragte des Chefs der Sicherheitspolizei und des SD beim Befehlshaber des rückwärtigen Heeresgebietes Süd, Einsatzgruppe D, Tgb.-Nr. 1118/42 an das AOK 11 – über Ic/AO –. Betrifft: Tätigkeit der Einsatzgruppe D seit 1. Februar 1942, BArch-MA, RH 20-11/488.

[115] Office of Military Government for Germany (U.S.). AG Cables. Income Message from Land Bishop's Office Hannover to Cinceur for Gen. Clay. 14 Mar 49, 19.00, National Archives of the United States, RG 260/OMGUS, shipment 1949, box 76, folder 2, provenance: AG 49, folder title: AG 383.3 clemency and pardons.

„that all petitions including writer's were carefully studied as well as the evidence and findings in the case and *no basis for altering the sentences were found*. However, executions of sentenced person [Seibert] has been stayed untill the decision on habeas corpus petitions by Supreme Court." [Kursivdruck vom Verf.].[116]

Befremdlich mutet die Fürsprache des Landesbischofs Lilje für den ehemaligen SS-Obersturmbannführer und Leiter des Sonderkommandos 1b Dr. Eduard Strauch an. Dr. Strauch war am 10. April 1948 von dem US Military Tribunal II in Nürnberg wegen seiner zahlreichen Verbrechen in Weißruthenien, dem heutigen Weißrussland, zum Tod durch den Strang verurteilt worden. In der Urteilsbegründung hatte das US Military Tribunal II ausgeführt, dass Strauch „nach eigenen Angaben [...] ein unnachgiebiger und unbarmherziger Judenverfolger"[117] gewesen sei. Zwei Monate später war Strauch am 24. Juni 1948 nach Belgien ausgeliefert und von einem belgischen Gericht wegen seiner in Wallonien begangenen Verbrechen wiederum zum Tode verurteilt worden.[118] In den OMGUS-Akten mit der Signatur shipment AG 1949, box 75, folder 7 findet sich für den Zeitraum vom 1.1.1949 bis 31.7.1949 unter der Inhaltsangabe „German originated petitions for clemency or pardon in war crimes cases, and answer from Military Government Offices" auch der Hinweis des *Office of Military Government for Germany (U.S.)* auf ein Gnadengesuch Liljes für den Massenmörder Dr. Eduard Strauch.[119] In einem Schreiben des *Office of the Staff Secretary* an die *SS Branch* heißt es:

„Bishop Lilje, Evangelical Bishop of Hannover, asks Gen Clay to review the case of Eduard Strauch and urges clemency on his behalf. Proposed reply informes the Bishop that the case is now unter review and his [Liljes] petition will be considered in deciding on possible clemency of subject person."[120]

Ungewöhnlich erscheint jenes Gnadengesuch des Landesbischofs Lilje insofern, als Dr. Strauch zu jenem Zeitpunkt bereits zum zweiten Mal zum Tode verurteilt worden war, und zwar von unterschiedlichen Gerichten.

Kirchliches Engagement für NS-Verbrecher – Erklärungsversuche

Wie lässt sich das befremdlich anmutende Engagement hoher kirchlicher Würdenträger für die in Nürnberg verurteilten NS-Gewalttäter erklären, welches den Blick

---

[116] Office of Military Government for Germany (U.S.). Office of the Staff Security. SG to CS. Schreiben vom 18.3.1949, National Archives of the United States, RG 260/OMGUS, shipment 1949, box 76, folder 2, provenance: AG 49, folder title: AG 383.3 clemency and pardons.
[117] KAZIMIERZ LESZCZYŃSKI (Hrsg.), Fall 9, S. 22.
[118] Advisory Board on Clemency to Benjamin Ferenz. Schreiben vom 17.6.1949, USHMM, RG 12.002.02.04. Zitiert nach HILARY EARL, SS-Einsatzgruppentrial, S. 283, Anm. zu table 9.
[119] Office of Military Government for Germany (U.S.), Office of the Staff Secretary. Schreiben vom 23.2.1949, National Archives of the United States, RG 260/OMGUS, shipment 1949, box 75, folder 7, provenance AG 49.
[120] Ebd.

auf die Millionen Opfer auszublenden schien? Der Historiker Axel Wunderlich konstatiert in diesem Zusammenhang:

„Die Verbundenheit [der kirchlichen Würdenträger] mit der alten Elite, die Verbundenheit mit den Tätern aus der gehobenen Schicht, mit den studierten und promovierten Einsatzgruppenführern und dem adeligen Offizierskorps, verstellte den Blick dafür, dass eine Verurteilung der deutschen Täter notwendig war.

Der an der Nation ausgerichtete Blickwinkel, wie er im konservativen Protestantismus üblich war, verhinderte die Erkenntnis, daß die Sieger, zumindest Amerikaner und Briten, den sehr ernsthaften Versuch unternahmen, nach rechtsstaatlichen Grundsätzen die Basis für einen Neuanfang nach dem Ende der nationalsozialistischen Herrschaft zu schaffen."[121]

Es spricht einiges dafür, dass der damalige kirchliche Lobbyismus auch auf der Verdrängung bzw. dem Nichteingeständnis einer moralischen Mitschuld im Hinblick auf die von dem NS-Regime ermordeten Opfer beruht haben könnte. Denn „dass die Kirche zu den entsprechenden Vorgängen in der Nazi-Zeit zu tiefsinnig geschwiegen hatte" – wie Karl Barth in dem bereits zitierten Brief an Niemöller festgestellt hatte –, lässt sich unter anderem durch nachstehendes Telegramm dokumentieren, dass die *Reichsvertretung der deutschen Juden* hilfesuchend an den *Evangelischen Oberkirchenrat Friedrich Werner* in Berlin-Charlottenburg, Jebensstasse 3, und gleichzeitig an den *Vorsitzenden der deutschen katholischen Bischofskonferenz Kardinal Bertram* gesandt hatte. (Bild 84). Der Text des Telegramms, das am 30. März 1933 um 12.40 Uhr, also zwei Tage vor dem von den Nationalsozialisten organisierten Boykott jüdischer Geschäfte am 1. April 1933, abgesandt worden war, lautete:

„Die deutschen Juden erhoffen gegenüber den gegen sie gerichteten Bedrohungen ein baldiges Wort, das im Namen der Religion von der evangelischen Kirche in Deutschland gesprochen wird, damit unwiederbringlicher Schade auch für Gemeinsames des Glaubens abgewendet werde. Gleiche Depesche an Kardinal Bertram gesandt. Die Reichsvertretung der Juden, Kantstr. 158, Berlin."

Die *Reichsvertretung der deutschen Juden* hatte sich mit jenem Telegramm ein Wort der Solidarität erhofft, das jedoch schon deshalb ausblieb, weil der Addressat, der damalige Evangelische Oberkirchenrat für Berlin, Friedrich Werner, ein Anhänger der nationalsozialistisch orientierten *Deutschen Christen* (DC) und demzufolge ein ausgesprochener Antisemit war.

Aber auch seitens der *Bekennenden Kirche* (BK) war zu jenem Zeitpunkt keinerlei Zeichen irgendeiner verbalen Hilfe erfolgt. Im Gegenteil hatte sich Otto Dibelius als Mitglied der *Bekennenden Kirche* (BK) gleich zweimal zu den Abläufen

---

[121] AXEL WUNDERLICH: Hanns Lilje und der Umgang mit den NS-Verbrechern, in: HEINRICH GROSSE/ HANS OTTE/ JOACHIM PERELS (Hrsg): Neubeginn nach der NS-Herrschaft? Die hannoversche Landeskirche nach 1945, Hannover 2002, S. 187-199, hier S. 198.

2 „Kriegsverbrecherfrage" und kirchliche Lobbyarbeit 727

Bild 84: Telegramm der Reichsvertretung der deutschen Juden an den *Evangelischen Oberkirchenrat Friedrich Werner* und den *Vorsitzenden der deutschen katholischen Bischofskonferenz Kardinal Bertram.*
(Quelle: Evangelisches Zentralarchiv in Berlin, Best. 7 Nr. 3688, Bildausschnitt in: Widerstand? Evangelische Christinnen und Christen im Nationalsozialismus. Online-Ausstellung der Evangelischen Arbeitsgemeinschaft für kirchliche Zeitgeschichte).

des am 1. April 1933 durchgeführten Judenboykotts geäußert: am 4. April 1933 in dem Berliner Evangelischen Kirchenblatt und am 9. April in einem weiteren Berliner Sonntagsblatt mit den antisemitischen Begründungen:

„Die letzten fünfzehn Jahre haben in Deutschland den Einfluß des Judentums außerordentliche verstärkt. Die Zahl jüdischer Richter, der jüdischen Politiker, der jüdischen Beamten in einflußreicher Stellung ist spürbar gewachsen. Dagegen wendet sich die Stimmung eines Volkes, das mit den Folgen der Revolution aufräumen will."[122]

„Schließlich hat sich die Reichsregierung genötigt gesehen, den Boykott jüdischer Geschäfte zu organisieren, in der richtigen Erkenntnis, daß durch die internationalen Verbindungen des Judentums die Auslandshetze dann am ehesten aufhören wird, wenn sie dem deutschen Judentum gefährlich wird."[123]

---

[122] OTTO DIBELIUS (Hrsg.): The strange case of (Otto) Dibelius. A selection of documents, Berlin 1960, S. 71. Deutsche Fassung: OTTO DIBELIUS (Hrsg.): Hier spricht (Otto) Dibelius. Eine Dokumentation, Berlin 1960.
[123] OTTO DIBELIUS, in: „Friede und Freude", Organ des Evangelischen Vereins der Kaiser-Wilhelm-Gedächtniskirche, Sonderausgabe des Evangelischen Blattes vom 9.4.1933.

Bereits in der Weimarer Zeit hatte Dibelius in seiner damaligen Amtsstellung als Generalsuperintendent der Kurmark im brandenburgischen Konsistorium in Berlin in einer Osterbotschaft vom 3. April 1928 an die ihm unterstellten Pfarrer nicht nur seine antisemitische Grundeinstellung kundgetan, sondern sich dezidiert als Antisemit bezeichnet:

„Für die letzten Motive, aus denen die völkische Bewegung hervorgegangen ist, werden wir alle nicht nur Verständnis, sondern volle Sympathie haben. Ich habe mich trotz des bösen Klanges, den das Wort vielfach angenommen hat, *immer als Antisemiten gewußt*. Man kann nicht verkennen, daß bei allen zersetzenden Erscheinungen der modernen Zivilisation das Judentum eine führende Rolle spielt." [Kursivdruck vom Verf.].[124]

Nachfolgend sei exemplarisch eine weitere Aussage aufgeführt, aus der sich schlussfolgern lässt, warum nach 1945 auch führende Vertreter der *Bekennenden Kirche* (BK) zur „pressure group" gegenüber den Militärbehörden im Hinblick auf die Begnadigung der in den Nürnberger und Dachauer Prozessen verurteilten NS-Gewalttäter avancierten. So ließ die Evangelisch-Lutherische Landeskirche Hannover am 21. Juli 1944, also nur einen Tag nach dem Attentat auf Hitler, in einer Sonderausgabe ihres kirchlichen Amtsblattes unter dem Rubrum „Dank für die gnädige Errettung des Führers" den nachfolgenden Gebetstext veröffentlichen:

„Tief erschüttert von den heutigen Nachrichten über das auf den Führer verübte Attentat ordnen wir hierdurch an, daß, soweit es nicht bereits am Sonntag, dem 23. Juli, geschehen ist, am Sonntag, dem 30. Juli, im Kirchengebet der Gemeinde etwa in folgender Form gedacht wird:

‚Heiliger barmherziger Gott! Von Grund unseres Herzens danken wir Dir, daß Du unseren Führer bei dem verbrecherischen Anschlag Leben und Gesundheit bewahrt und ihn unserem Volke in einer Stunde höchster Gefahr erhalten hast. In Deine Hände befehlen wir ihn. Nimm ihn in Deinen gnädigen Schutz. Sei und bleibe Du sein starker Helfer und Retter.

Walte in Gnaden über den Männern, die in dieser für unser Volk so entscheidungsschweren Zeit an seiner Seite arbeiten. Sei mit unserem tapferen Heer. Laß unsere Soldaten im Aufblick zu Dir kämpfen; im Ansturm der Feinde sei ihr Schild, im tapferen Vordringen ihr Geleiter.

Erhalte unserem Volke in unbeirrter Treue Mut und Opfersinn. Hilf uns durch deine gnädige Führung auf den Weg des Friedens und laß unserem Volke aus der blutigen Saat des Krieges eine Segensernte erwachsen.

Wecke die Herzen auf durch den Ernst der Zeit. Decke zu in Jesus Christus unserm Herrn alles, was wider Dich streitet. Gib, daß Dein Evangelium treuer gepredigt und williger gehört werde, und daß wir unser Leben in Liebe und Gehorsam tapfer und unverdrossen unter die Zucht Deines Heiligen Geistes stellen.'

Der Landesbischof   Das Landeskirchenamt
D. Marahrens.   J. W. Stalmann."[125]

---

[124] Zit. nach SAUL FRIEDLÄNDER: Das Dritte Reich und die Juden. Bd. 1. Die Jahre der Verfolgung 1933–1939, München ²1998, S. 55 f.

[125] Kirchliches Amtsblatt für die Evangelisch-lutherische Landeskirche Hannovers 1944/ Ausgegeben zu Hannover, den 21. Juli 1944, S. 43.

2 „Kriegsverbrecherfrage" und kirchliche Lobbyarbeit

Im Gegensatz dazu sei die Position Theophil Wurms an Hand eines Statements exemplarisch dargelegt. Auch Wurm hatte zunächst mit Erwartungen vielfältiger Art den Regierungsantritt Hitlers begrüßt. Doch schon bald stellten sich Bedenken gegen die antikirchliche und unmenschliche Haltung des NS-Regimes ein. So übte er unter anderem Kritik an dem Judenpogrom am 9. November 1938. In einem diesbezüglichen Schreiben vom 6. Dezember 1938 an den Reichsjustizminister Dr. Gürtner nahm er wie folgt Anstoß an den Vorgängen in der „Reichskristallnacht":

> „Die Ereignisse in der Nacht von dem 9. auf den 10. November haben weite Volkskreise bis weit in die Partei hinein seelisch erschüttert und in ihren Empfindungen verletzt.
>
> *Ich bestreite mit keinem Wort dem Staat das Recht, das Judentum als ein gefährliches Element zu bekämpfen*
>
> *Ich habe von Jugend auf das Urteil von Männern wie Heinrich von Treitschke und Adolf Stöcker über die zersetzende Wirkung des Judentums auf sittlichem, literarischem, wirtschaftlichem und politischem Gebiet für zutreffend gehalten*
>
> und vor 30 Jahren als Leiter der Stadtmission in Stuttgart gegen das Eindringen des Judentums in die Wohlfahrtspflege einen öffentlichen und nicht erfolglosen Kampf geführt. Ich führe dies nur an, damit dem, wie ich vorzubringen habe, keinerlei unzutreffende Motive unterstellt werden [...].
>
> Was bei jenen Ereignissen die Bevölkerung ohne Unterschied des Standes oder der Konfession schwer bedrückt hat, war zweierlei.
>
> Erstens, dass unter den Augen der Behörden Handlungen wie Brandstiftung und körperliche Misshandlung, teilweise auch Diebstahl geschehen durften, die durch das Strafgesetzbuch mit schweren Strafen bedroht sind.
>
> Zweitens, dass entgegen den Tatsachen von hohen staatlichen Stellen behauptet werden konnte, diese Handlungen seien als Antwort auf die verabscheuenswerte Mordtat in Paris spontan vom Volke selbst veranlasst und begangen worden. In Wirklichkeit steht fest, dass Mitglieder politischer Gliederungen befohlen worden sind und dass in kleineren Gemeinden nicht die ortsansässigen Mitglieder der [NS-] Formationen, sondern auswärts wohnende herangezogen worden sind [...].
>
> Für die evangelische Kirche und ihre Geistlichen entsteht aus diesen Tatbeständen [des Judenpogroms] eine besonders schwere Lage. Ich darf aus langjähriger Erfahrung sagen, dass *es kaum einen Stand geben dürfte, der vom spezifisch jüdischen Wesen sich so freigehalten hat* und der seine Einsatzbereitschaft für Volk und Vaterland so unter Beweis gestellt hat *wie der evangelische Pfarrerstand.*
>
> Der Dank dafür, dass Deutschland heute eine ganz andere Stellung einnimmt als vor 20 Jahren, ist in ihm so lebendig wie in jedem anderen, der sein Vaterland liebt. Er weiss, *dass dies ohne den Führer und den Nationalsozialismus nicht möglich gewesen wäre* (...).
>
> Aber er kann auch das Wort Jesu nicht vergessen: Was hülfe es dem Menschen, wenn er die ganze Welt gewönne und nähme doch Schaden an seiner Seele! Er kann nicht vergessen, dass nach der Lehre der Heiligen Schrift und nach den Erfahrungen der Geschichte auch diejenigen, die im Auftrage des Herrn der Welt ein Gericht zu vollziehen

haben, doch für die Art, wie sie das Gericht vollziehen, dem obersten Richter Rechenschaft schuldig sind, und dass die Übertretung der Gebote Gottes sich über kurz oder lang rächen muss.

Wenn wir unserem Volk ersparen möchten, dass es später dieselben Demütigungen und Leiden über sich ergehen lassen muss, denen jetzt andere preisgegeben sind [sic!], erheben wir im Blick auf unser Volk fürbittend, mahnend, warnend unsere Hände, auch wenn wir wissen, dass man uns deshalb Judenknechte schilt und mit ähnlichen Vorgehen bedroht, wie es gegen die Juden angewandt worden ist [...].

Welche Zustände können sich entwickeln, wenn es so weitergeht? Gerade aus Liebe zu Volk, Vaterland und Führer und aus Sorge um die Erhaltung des guten deutschen Namens und der Machtstellung, die Deutschland heute besitzt, sollten alle, die an einer massgebenden Stelle stehen, sich einer derartigen unseligen Entwicklung entgegenstemmen und auch ein Wort beim Führer sagen, der vielleicht doch nicht genügend unterrichtet ist über den Umfang dessen, was geschehen und über die tatsächliche Stimmung des Volkes, dessen innerste Verbundenheit mit ihm dem Führer doch so sehr am Herzen liegt [...].

Andererseits aber darf nicht jedes Wort der Trauer und der Teilnahme, auch nicht jede Mahnung von Gottes Wort her, als Staatsverrat ausgelegt werden. Ich bitte Sie dringend, Herr Minister, nicht bloss als Christ und Bischof, sondern als Deutscher: Tun Sie alles, was der Wiederherstellung der Autorität des Gesetzes und des Rechtsempfindens dient! Die weitesten Kreise unseres Volkes werden Ihnen dankbar sein!

Heil Hitler Ihr ergebener ... " [Kursivdruck vom Verf.].[126]

Sofern die kursiv gedruckten Textstellen aus dem Zusammenhang gerissen werden, könnte dem Landesbischof ein rassenbiologischer Antisemitismus unterstellt werden. Theophil Wurm hatte jene eindeutig antisemitisch formulierten Passagen jedoch als „kulturellen Code"[127] verstanden. Zwar hatte er wie auch sein katholischer Amtsbruder Clemens August Kardinal Graf von Galen mehrfach die Euthanasie-Aktion angeprangert. Jedoch erst nach der verlorenen Schlacht von Stalingrad durch die zweifache Kapitulation des Generalfeldmarschalls Paulus am 31. Januar und 2. Februar 1942 begann er, mit Blick auf die „Judenfrage" Warnschreiben an den Staat zu verfassen. Seine diesbezüglichen Eingaben an verschiedene NS-Regierungsstellen hatte er jedoch – ganz im Gegensatz zu seinen Protestschreiben an die OMGUS-Behörden – nicht öffentlich bekundet. Dessen ungeachtet waren spätestens ab August 1942 sowohl die protestantische als auch die katholische Kirche über die Judenvergasungen in den Vernichtungslagern unterrichtet gewesen, wie aus den entsprechenden Passagen des Gerstein-Berichtes hervorgeht.

---

[126] Württemb. Evang. Landeskirche. Der Landesbischof an den Herrn Reichsjustizminister, Berlin, Schreiben vom 3.12.1938, Landeskirchliches Archiv Stuttgart, D1/78. Zitiert nach: Online-Ausstellung „Widerstand? Evangelische Christinnen und Christen im Nationalsozialismus", www.de.evangelischer-widerstand.de/html/view.php?type=dokument&id=549&l=de; 20.02.2018.

[127] Die Historikerin Shulamit Volkov hat diesen Begriff geprägt. Vgl. dazu: SHULAMIT VOLKOV: Antisemitismus als kultureller Code, in: DIES.: Jüdisches Leben und Antisemitismus im 19. und 20. Jahrhundert, München 1990, S. 13-16. DIES.: Antisemitismus als kultureller Code. Zehn Essays, München 2000.

2 „Kriegsverbrecherfrage" und kirchliche Lobbyarbeit

„Wir fuhren dann mit dem Auto nach Warschau. Dort traf ich [...] im Zug den Sekretär der Schwedischen Gesandtschaft in Berlin, Baron von Otter. Ich habe, noch unter dem frischen Eindruck der entsetzlichen Erlebnisse, diesem alles erzählt mit der Bitte, dies seiner Regierung und den Alliierten sofort zu berichten, da jeder Tag Verzögerung weiteren Tausenden und Zehntausenden das Leben kosten müsse.

Er bat mich um eine Referenz, als welche ich ihm Herrn Generalsuperintendenten D. Otto Dibelius, Berlin, Brüderweg 2, Lichterfelde-West, angab, einen vertrauten Freund des Pfarrers Martin Niemöller und Mitglied der kirchlichen Widerstandsbewegung gegen den Nazismus [...].

Ich versuchte, in gleicher Sache dem Päpstlichen Nuntius in Berlin Bericht zu erstatten. Dort wurde ich gefragt, ob ich Soldat sei. Daraufhin wurde jede weitere Unterhaltung mit mir abgelehnt, und ich wurde zum Verlassen der Botschaft seiner Heiligkeit aufgefordert [...].

Ich habe dann alles dies Hunderten von Persönlichkeiten berichtet, u. a. dem Syndikus des katholischen Bischofs von Berlin, Herrn Dr. Winter, mit der ausdrücklichen Bitte um Weitergabe an den päpstlichen Stuhl."[128]

Nicht nur in einem Brief vom 22. November 1949 an das Institut für Zeitgeschichte (IfZ) hat Bischof Dibelius die obigen Angaben des SS-Obersturmführers Kurt Gerstein aus dessen 1945 verfasstem Bericht bestätigt,[129] sondern auch in seinem Buch „Obrigkeit" ausgeführt, dass Gerstein damals zu ihm in die Wohnung gekommen sei und ihm ausführlich, „erregt und verstört" über Judenvergasungen berichtet habe.[130] Im Hinblick auf die Kenntnis der Kirchen über den Holocaust sei daher aus einem Brief zitiert, den Konrad Adenauer im Jahr 1946 an den ihm befreundeten Bonner Jesuitenpater Bernhard Custodis gerichtet hatte und der unter anderem die Hypothek der Kirchen beider Konfessionen nach 1945 umreißt.

„Nach meiner Meinung trägt das deutsche Volk und tragen die Bischöfe und der Klerus große Schuld an den Vorgängen in den Konzentrationslagern. Richtig ist, daß nachher vielleicht nicht mehr viel zu machen war. *Die Schuld liegt früher.*

Das deutsche Volk, auch Bischöfe und Klerus zum großen Teil, sind auf die nationalsozialistische Agitation eingegangen. Es hat sich fast widerstandslos, ja zum Teil mit Begeisterung [...] gleichschalten lassen. Darin liegt seine Schuld.

Im übrigen hat man aber auch gewußt – wenn man auch die Vorgänge in den Lagern nicht in ihrem ganzen Ausmaße gekannt hat –, daß die persönliche Freiheit, alle Rechtsgrundsätze mit Füßen getreten wurden, daß in den Konzentrationslagern große Grausamkeiten verübt wurden, daß die Gestapo, unsere SS und zum Teil auch unsere Truppen in Polen und Rußland mit beispiellosen Grausamkeiten gegen die Zivilbevölkerung vorgingen.

Die Judenpogrome 1933 und 1938 geschahen in aller Öffentlichkeit. Die Geiselmorde in Frankreich [u. a. das Massaker an der Bevölkerung von Tulle am 9. Juni 1944] wurden von uns offiziell bekanntgegeben.

---

[128] LÉON POLIAKOV/ JOSEPH WULF (Hrsg.): Das Dritte Reich und die Juden, Frankfurt/M./Berlin 1983, S. 101-115.
[129] BERNWARD DÖRNER: Die Deutschen und der Holocaust. Was niemand wissen wollte, aber jeder wissen konnte, Berlin 2007, S. 667, Anm. 141.
[130] OTTO DIBELIUS: Obrigkeit, Stuttgart 1963, S. 140f.

Man kann also wirklich nicht behaupten, daß die Öffentlichkeit nichts gewußt habe, daß die nationalsozialistische Regierung und die Heeresleitung ständig aus Grundsatz gegen das Naturrecht, gegen die Haager Konvention und gegen die einfachsten Gebote der Menschlichkeit verstießen.

Ich glaube, daß, wenn die Bischöfe alle miteinander an einem bestimmten Tage öffentlich von den Kanzeln aus dagegen Stellung genommen hätten, sie vieles hätten verhüten können. Das ist nicht geschehen, und dafür gibt es keine Entschuldigung." [Kursivdruck vom Verf.].[131]

Nach 1945 fehlte kirchlicherseits über einen sehr langen Zeitraum jegliche Erklärung zur „Schuld an Israel". Zwar wurde in einem entsprechenden Hirtenbrief, der von der Konferenz der katholischen Bischöfe Deutschlands in Fulda am 23. August 1945 beschlossen worden war, unter anderem pauschal auf die kirchliche Gleichgültigkeit im Hinblick auf „Verbrechen gegen menschliche Freiheit und menschliche Würde" verwiesen, dabei wurden jedoch die aus rassenideologischen Gründen Verfolgten nicht explizit erwähnt, so insbesondere die Juden sowie Sinti und Roma.

„Wir freuen uns, daß diese gottlosen und unmenschlichen Lehren [des NS] auch weit über den Kreis unserer katholischen Glaubensbrüder hinaus abgelehnt wurden.

Und dennoch: Furchtbares ist schon vor dem Kriege in Deutschland und während des Krieges durch Deutsche in den besetzten Ländern geschehen. Wir beklagen es zutiefst: Viele Deutsche, auch aus unseren Reihen, haben sich von den falschen Lehren des Nationalsozialismus betören lassen, sind bei den Verbrechen gegen menschliche Freiheit und menschliche Würde gleichgültig geblieben; viele leisteten durch ihre Haltung den Verbrechen Vorschub, viele sind selber Verbrecher geworden.

Schwere Verantwortung trifft jene, die auf Grund ihrer Stellung wissen konnten, was bei uns vorging, die durch ihren Einfluß solche Verbrechen hätten hindern können und es nicht getan haben, ja diese Verbrechen ermöglicht und sich dadurch mit den Verbrechern solidarisch erklärt haben."[132]

Desgleichen erwähnte auch die Aussage des Rates der Evangelischen Kirche in Deutschland (EKD) in der *Stuttgarter Schulderklärung* gegenüber den Vertretern des Ökumenischen Rates der Kirchen mit keinem Wort eine „Schuld an Israel". Der so bezeichnete „Neuanfang" bezog sich lediglich auf die „Reinigung von glaubensfremden Einflüssen", d. h. auf die Distanzierung von der Lehre der Deutschen Christen (DC).

---

[131] Adenauer an Custodis. Brief vom 23.2.1946, in: KONRAD ADENAUER: Briefe 1945-1947, bearb. von Hans Peter Mensing, Paderborn u. a. 1983, S. 172.
[132] Hirtenbrief, beschlossen von der Konferenz der katholischen Bischöfe Deutschlands in Fulda (23. August 1945), in: Deutsche Geschichte in Dokumenten und Bildern (DGDB): Die Besatzungszeit und die Entstehung zweier Staaten (1945-1961), Dokumente. Deutsches Historisches Institut, Washington DC – 2017, http://germanhistorydocs.ghi-dc.org/Index.cfm?language=german; 20.2.2018.

2 „Kriegsverbrecherfrage" und kirchliche Lobbyarbeit

„Der Rat der Evangelischen Kirche in Deutschland begrüßt bei seiner Sitzung am 18./19. Oktober 1945 in Stuttgart Vertreter des Ökumenischen Rates der Kirchen. Wir sind für diesen Besuch umso dankbarer, als wir uns mit unserem Volk nicht nur in einer großen Gemeinschaft der Leiden wissen, sondern auch in einer Solidarität der Schuld.

Mit großem Schmerz sagen wir: Durch uns ist unendliches Leid über viele Völker und Länder gebracht worden. Was wir unseren Gemeinden oft bezeugt haben, das sprechen wir jetzt im Namen der ganzen Kirche aus:

Wohl haben wir lange Jahre hindurch im Namen Jesu Christi gegen den Geist gekämpft, der im nationalsozialistischen Gewaltregiment seinen furchtbaren Ausdruck gefunden hat; aber wir klagen uns an, daß wir *nicht mutiger bekannt, nicht treuer gebetet, nicht fröhlicher geglaubt und nicht brennender geliebt haben.*

Nun soll in unseren Kirchen ein neuer Anfang gemacht werden. Gegründet auf die Heilige Schrift, mit ganzem Ernst ausgerichtet auf den alleinigen Herrn der Kirche, gehen sie daran, sich *von glaubensfremden Einflüssen zu reinigen und sich selber zu ordnen.*

Wir hoffen zu dem Gott der Gnade und Barmherzigkeit, daß er unsere Kirchen als sein Werkzeug brauchen und ihnen Vollmacht geben wird, sein Wort zu verkündigen und seinem Willen Gehorsam zu schaffen bei uns selbst und bei unserem ganzen Volk. Daß wir uns bei diesem neuen Anfang mit den anderen Kirchen der ökumenischen Gemeinschaft herzlich verbunden wissen dürfen, erfüllt uns mit tiefer Freude.

Wir hoffen zu Gott, daß durch den gemeinsamen Dienst der Kirchen, dem Geist der Gewalt und der Vergeltung, der heute von neuem mächtig werden will, in aller Welt gesteuert werde und der Geist des Friedens und der Liebe zur Herrschaft komme, in dem allein die gequälte Menschheit Genesung finden kann. So bitten wir in einer Stunde, in der die ganze Welt einen neuen Anfang braucht: Veni, creator spiritus!

Stuttgart, den 18./19. Oktober 1945."[133]

Im Gegensatz zu der katholischen Kirche sollten nach Kriegsende noch fünf Jahre vergehen, bis sich die Evangelische Kirche in Deutschland (EKD) durchringen konnte, eine moralische Mitschuld an dem Holocaust nicht nur einzugestehen, sondern am 27. April 1950 auch öffentlich zu bekennen. Auf ihrer vom 23. bis 27. April durchgeführten Synode in Berlin-Weißensee war zwar eine Debatte zur „Judenfrage" nicht vorgesehen. Kurz zuvor war es jedoch in der Öffentlichkeit zu antisemitischen Ausschreitungen gekommen. In einer Rundfunkansprache hatte der damalige Präses der EKD-Synode, der Bundesminister des Innern Dr. Gustav Heinemann, im NWDR am 15. April 1950 dazu wie folgt Stellung genommen:

„Im Namen des deutschen Volkes sind an den Juden in den Jahren der nationalsozialistischen Herrschaft solch ungeheure Untaten und Verbrechen begangen worden, daß wir allesamt wahrlich nur einen Anlaß hätten, nämlich uns der ganzen Tragweite dessen, was in unserem Namen geschah, vor Gott und den Menschen zutiefst bewußt zu werden und uns alle zur Umkehr rufen zu lassen. Es kann keinen Frieden unter uns und mit an-

---

[133] Erklärung des Rates der Evangelischen Kirche in Deutschland. Zitiert nach: GERHARD BESIER/ GERHARD SAUTER: Wie Christen ihre Schuld bekennen. Die Stuttgarter Erklärung 1945, Göttingen 1985, S. 62.

deren Nationen geben, wenn wir nicht alle von jeglichem Antisemitismus entschlossen abrücken."[134]

Jene Rede hatte der Theologe Heinrich Vogel als langjähriges Mitglied der EKD-Synode zum Anlass genommen, in acht Punkten ein „Wort zur Judenfrage" zu verfassen, dass dann als *Erklärung der EKD-Synode Berlin-Weißensee 1950* veröffentlicht wurde. Für diese Studie erscheinen insbesondere die dortigen Punkte vier bis sieben von Relevanz.

„4. Wir sprechen es aus, daß wir durch Unterlassen und Schweigen vor dem Gott der Barmherzigkeit mitschuldig geworden sind an dem Frevel, der durch Menschen unseres Volkes an den Juden begangen worden ist.

5. Wir warnen alle Christen, das, was über uns Deutsche als Gericht Gottes gekommen ist, aufrechnen zu wollen gegen das, was wir an den Juden getan haben; denn im Gericht sucht Gottes Gnade den Bußfertigen.

6. Wir bitten alle Christen, sich von jedem Antisemitismus loszusagen und ihm, wo er sich neu regt, mit Ernst zu widerstehen und den Juden und Judenchristen in brüderlichem Geist zu begegnen.

7. Wir bitten die christlichen Gemeinden, jüdische Friedhöfe innerhalb ihres Bereiches, sofern sie unbetreut sind, in ihren Schutz zu nehmen."[135]

Weitere 25 Jahre sollten vergehen, bis die Gemeinsame Synode der deutschen Bistümer am 22. November 1975 eine ähnliche Erklärung abgab, dabei jedoch auch die Gründe für das Schweigen der katholischen Kirche zu den NS-Verbrechen an den Juden benannte:

„Und wir waren in dieser Zeit des Nationalsozialismus, trotz beispielhaften Verhaltens einzelner Personen und Gruppen, aufs Ganze gesehen doch eine kirchliche Gemeinschaft, die zu sehr mit dem Rücken zum Schicksal dieses verfolgten jüdischen Volkes weiterlebte, deren Blick sich zu stark von der Bedrohung ihrer eigenen Institutionen [sic!] fixieren ließ und die zu den an Juden und Judentum verübten Verbrechen geschwiegen hat [...].

Die praktische Redlichkeit unseres Erneuerungswillens hängt auch an dem Eingeständnis der Schuld und an der Bereitschaft, aus dieser Schuldgeschichte unseres Landes und auch unserer Kirche schmerzlich zu lernen."[136]

---

[134] Denkendorfer Kreis für christlich-jüdische Begegnung e. V. Texte und Dokumente – 1. „Nach 1945", in: www.denkendorfer-kreis.de/index.php/dokumente-und-texte/142-dokumente-und-texte-1-nach-1945; 4.1.2018.

[135] Erklärung der EKD-Synode Berlin-Weißensee 1950, in: JOHANNA VOGEL: Kirche und Wiederbewaffnung. Die Haltung der Evangelischen Kirche in Deutschland in der Auseinandersetzung um die Wiederbewaffnung der Bundesrepublik 1949-1956, Göttingen 1978; zugleich: Berlin, Freie Univ., Diss., 1975/76. Kapitel 5: Was kann die Kirche für den Frieden tun? Die Synode der EKD in Berlin-Weißensee 1950, S. 83-115, hier S. 100-115, ebenso in: Kirchliches Jahrbuch für die Evangelische Kirche in Deutschland 1950, Gütersloh 1951, S. 5f.

[136] Erklärung der Gemeinsamen Synode der deutschen Bistümer am 22. November 1975, in: ALEXANDER GROSS: Gehorsame Kirche – ungehorsame Christen im Nationalsozialismus, Mainz ²2000, S. 80f.

3 „Kriegsverbrecherfrage" und Lobbyarbeit der Juristen

Während die kirchliche Kriegsverbrecherlobby ihre Eingaben an die US-amerikanischen Militärbehörden – und nach Gründung der Bundesrepublik Deutschland an deren Behörden – sowie die persönlichen Fürsprachen für einzelne NS-Verbrecher mit einer vermeintlich ethisch-moralischen Begründung versah, verfocht die Kriegsverbrecherlobby der Juristen in ihren Forderungen einen rechtspositivistischen Ansatz, wie ihn zuvor auch die Angeklagten des Nürnberger Einsatzgruppenprozesses vertreten hatten,[137] so die Verteidigungsstrategie des *Befehls in Dienstsachen* gemäß § 47 des Militärstrafgesetzbuches vom 10. Oktober 1940 sowie des *Befehlsnotstandes* und der *Putativnotwehr*.[138] Das Endziel der gemeinsamen Bemühungen war jedoch eine Amnestierung der in Nürnberg und Dachau verurteilten NS-Gewalttäter.

Nach Abschluss des Falles 9 und der dortigen Urteilsverkündung verfolgte Rudolf Aschenauer, der Strafverteidiger Ohlendorfs, jene rechtspositivistische Argumentationslinie weiter – so die Verteidigungsstrategie des *Befehls in Dienstsachen* gemäß § 47 des Militärstrafgesetzbuches vom 10. Oktober 1940 sowie des *Befehlsnotstandes* und der *Putativnotwehr*[139] –, die er im Auftrag der vierzehn zum Todes verurteilten NS-Gewalttäter des Nürnberger Einsatzgruppenprozesses – Biberstein eingeschlossen– zur Grundlage seiner zahlreichen Eingaben an die US-amerikanischen Militärbehörden machte, um bei den US-Behörden jeweils Strafreduzierungen zu erreichen.

3.1 Individuelle juristische Fürsprache

Wie erwartet, hatte sich für Biberstein kein Fürsprecher aus den Reihen der kirchlichen Kriegsverbrecherlobby gefunden. Das hatte zweierlei Gründe: Zum einen sah die damalige Schleswig-Holsteinische Landeskirche keinerlei Anlass, sich bei den Militärbehörden für ihren ehemaligen Propst zu verwenden, da Biberstein 1935 sein kirchliches Amt niedergelegt hatte und 1938 aus der Kirche ausgetreten war. Zum anderen hatte sich Biberstein während des Verfahrens vor dem US Military Tribunal II durch verschiedene völlig unangemessene Äußerungen in Misskredit gebracht, etwa durch sein Statement über die unterschiedlichen Arten des Tö-

---

[137] Vgl. dazu Kapitel IV.4 *Aspekte zur Tötungsbereitschaft der im Fall 9 verurteilten SS-Offiziere*.
[138] ADALBERT RÜCKERL, NS-Verbrechen, S. 223, 281-288. Dazu auch: HANS BUCHHEIM, Befehl, S. 215-318.
[139] Zur Problematik des *Befehls in Dienstsachen*, des *Befehlsnotstandes* und der *Putativnotwehr* exemplarisch: ADALBERT RÜCKERL, NS-Verbrechen, S. 223, 281-288 und HANS BUCHHEIM, Befehl, S. 215-318.

tens, die in seinem Ausspruch gipfelten, dass die Vergasung für Opfer wie Täter „menschlicher" gewesen sei. Wie bereits erwähnt, hatte DER SPIEGEL in seiner Ausgabe 50/1947 unter dem Titel „Der unaufdringliche Pfarrer" ausführlich darüber berichtet.

Einzig Bibersteins Ehefrau Anna hatte am 28. Mai 1948 ein Gnadengesuch an General Clay gerichtet. Das Schreiben selbst ist in den in Deutschland existierenden OMGUS-Akten nicht erhalten. Es findet jedoch Erwähnung als Nachtrag Nr. 1 vom 21. Juni 1948 zu der Zusammenstellung aller an General Clay gerichteten Petitionsschreiben der folgenden im Fall 9 zum Tode verurteilten NS-Gewalttäter: Ernst Biberstein, Paul Blobel, Walter Blume, Werner Braune, Lothar Fendler und Walter Haensch und hat folgenden Wortlaut:

„Addendum No. 1 to Recapitulation Sheet
PETITIONS TO MILITARY GOVERNOR
filed by defendants in Case 9, Tribunal II, Otto Ohlendorf. et al.

ERNST BIBERSTEIN

Supplement to Petition to Military Governor consisting of the following:
1) Appeal for mercy by Frau Anna Biberstein wife of the defendant, 28 May 1948."[140]

Jenem Nachtrag wurde mit dem Stempel der *U.S. Military Tribunals Nürnberg* die entsprechende amtliche Gültigkeit verliehen.

Darüber hinaus erfuhr Biberstein Fürsprache seitens des jungen, überaus ehrgeizigen und geschäftstüchtigen Ohlendorf-Strafverteidigers Rudolf Aschenauer, der seit März 1933 Mitglied der SA gewesen und am 1. Mai 1938 der NSDAP beigetreten war und der in den Nürnberger und wie in den Dachauer Prozessen eine Vielzahl von Kriegsverbrechern und NS-Gewalttäter vertreten hatte, und der auch nach Abschluss der jeweiligen Gerichtsverfahren viele seiner ehemaligen Mandanten, so auch die zum Tode verurteilten NS-Gewalttäter des Nürnberger Einsatzgruppenprozesses weiter betreute. (Bild 85).

Nachdem alle Todesurteile im Fall 9 von General Clay bestätigt worden waren – das Todesurteil gegen Biberstein mit Datum vom 4. März 1949[141] –, verfasste der zwischenzeitlich promovierte Aschenauer unabhängig von den einzelnen Strafverteidigern – die für ihre jeweilige Mandantschaft bei General Clay und dem

---

[140] Addendum No. 4 to Recapitulation Sheet – 26.4.1948 und Addendum No. 1 to Recapitulation Sheet PETITIONS TO MILITARY GOVEROR filed by defendants in Case 9, Tribunal II, Otto Ohlendorf. et al. National Archives of the United States, RG 260/OMGUS, shipment 7, box 68-1, folder 11. Provenance: OMGUS Mil. Trib., Secretary of Mil. Trib., folder title: OCCWC.

[141] HEAQUARTERS, EUROPEAN COMMAND, Office of the Commander-in-Chief, APO 742, Berlin, Germany. In the Case of The United States of America vs. Ohlendorf, et al., Order with Respect to Sentence of Ernst Biberstein, National Archives of the United States, RG 260/ OMGUS, shipment 7, box 68-1, folder 11, 4/1948-3/1949, provenance: OMGUS Military Tribunal, Secretariat for Mil Trib. Folder title: Clemency Pleas – Case 9.

3 „Kriegsverbrecherfrage" und Lobbyarbeit der Juristen 737

Bild 85: Chief prosecutor Benjamin Ferencz presents documents as evidence at the Einsatzgruppen Trial. Ferencz is flanked by German defense lawyers, Dr. Friedrich Bergold (right, counsel for Ernst Biberstein) and Dr. Rudolf Aschenauer (left, counsel for Otto Ohlendorf), who are protesting the introduction of the documents as evidence. Photograph Number: 09918.
(Quelle: United States Holocaust Memorial Museum, courtesy of Benjamin Ferencz).

US Supreme Court die Gnadengesuche eingereicht hatten – zusätzlich und in Vollmacht aller vierzehn bzw. dreizehn (Strauch war ja nach Belgien ausgeliefert worden) im Fall 9 zum Tode Verurteilten mehrere Petitionen. So sandte er am 9. Mai 1949 an die oberste US-amerikanische Militärbehörde einen Schriftsatz folgenden Inhalts:

> „Ich habe im Auftrag von Otto Ohlendorf und der Mitangeklagten Erich Naumann, Paul Blobel, Walter Blume, Martin Sandberger, Willi Seibert, Eugen Steimle, Ernst Biberstein [sic], Werner Braune, Walter Haensch, Adolf Ott, Waldemar Klingelhöfer und Heinz Schubert einen neuen Habeas Corpus Antrag beim District Court in Columbia eingereicht.

Dieser Habeas Corpus Antrag basiert auf vollkommen neuen Voraussetzungen. Ich bitte daher, die Exekutionen bis zur Entscheidung dieses Antrages zurückzustellen." [Unterstreichung vom Verf.].[142]

Erst zwei Monate später erhielt Dr. Aschenauer am 10. Juni 1949 ein diesbezügliches Antwortschreiben aus dem Office of the Military Government for Germany (U.S.) (OMGUS) des *amerikanischen Sektors von Berlin*. Das hatte folgende Ursache: Mit der Gründung der Bundesrepublik Deutschland am 23. Mai 1949 war die militärische Besetzung in den drei Westzonen beendet. Hinsichtlich der ehemaligen US-amerikanischen Besatzungszone wurde das Amt des US Militärgouverneurs damit in das eines High Commissioners umgewandelt. Jedoch erst am 21. September 1949 nahm die Behörde des Amerikanischen Hochkommissars für Deutschland, des U. S. High Commissioner for Germany (HICOG), offiziell seine Arbeit auf.[143]

Dementsprechend informierte das Schreiben des Staff Secretary der OMGUS-Behörde des amerikanischen Sektors von Berlin Dr. Aschenauer dahingehend, dass der Supreme Court mit Datum vom 2. Mai 1949 den Beschluss gefasst habe, grundsätzlich die Akteneinsicht zu verweigern, „um das Gesuch [der verurteilten Kriegsverbrecher und NS-Gewalttäter] in jedem dieser Fälle als Antrag auf Zulassung zur Einreichung einer Petition zu behandeln." Jedoch mit Bezug zu den zum Tode Verurteilten des Falles 9 erteilte es die nachfolgend genannte aufschiebende Auskunft:

> „The stay of executions of the death sentences in the Einsatzgruppen Case however, has been continued until there is a clarification of the question as to whether the lower Federal Courts of the District of Columbia have jurisdiction to consider petitions for writs of habeas corpus filed on behalf of the defendants in cases tried by Military Tribunals at Nuremberg."[144]

Um seinen verschiedenen verteidigungsrechtlichen Anliegen und insbesondere den Schriftsätzen an die OMGUS-Behörden auch einer breiten Öffentlichkeit bekannt zu machen und ihnen damit besonderen Nachdruck zu verleihen, publizierte Dr. Aschenauer eine Vielzahl von Schriften, unter anderem mit deutlichem Be-

---

[142] Dr. Rudolf Aschenauer, Rechtsanwalt, an General Lucius D. Clay bzw. seinen Nachfolger, Frankfurt/Main, I. G. Farben-Hochhaus. Schreiben vom 9.5.1949. Betrifft: Fall Ohlendorf u.a., verurteilt vom Militärgerichtshof II in Nürnberg am 10.4.49 (Fall IX), National Archives of the United States, RG 260/ OMGUS, shipment 1949, box 76, folder 2, provenance: OMGUS AG 1949, (4/1949-9/1949). Folder title: AG 383, clemency and pardons 1949.
[143] Der Bundestag hatte sich am 7. September 1949 konstituiert.
[144] HEAQUARTERS, EUROPEAN COMMAND, Office of the Commander-in-Chief, APO 742, Berlin, Germany to Dr. Rudolf Aschenauer, Attorney-at Law, Munich, Germany, Auenstrasse 86, Schreiben vom 10.6.1949, National Archives of the United States, RG 260/ OMGUS, shipment 7, box 68-1, folder 11, 4/1948-3/1949, provenance: OMGUS Military Tribunal, Secretariat for Mil Trib. Folder title: Clemency Pleas – Case 9.

3 „Kriegsverbrecherfrage" und Lobbyarbeit der Juristen

zug zum Nürnberger Einsatzgruppenprozess die in der Anmerkung genannten Beiträge.[145] Die Drucklegung jener im Selbstverlag veröffentlichten Schriften wurde durch das *Komitee für kirchliche Gefangenenhilfe* finanziert, das auf Initiative des Dr. Aschenauer am 26. November 1949 im Erzbischöflichen Ordinariat in München gegründet worden war und dessen Vorsitz der mehrfach erwähnte Weihbischof im Erzbistum München und Freising Johannes Neuhäusler innehatte. Aschenauer übernahm selbstredend die Geschäftsführung. Nicht nur von katholischer, sondern ebenso von protestantischer Seite wurden Vorstandsmitglieder gestellt, so unter anderem der bereits erwähnte Oberkirchenrat Adolf Rusam.

Gemäß den Richtlinien hatte sich das Komitee zwei Zielsetzungen gegeben, zum einen die öffentlichkeitswirksame Darstellung und Handhabung der Kriegsverbrecher- und NS-Prozesse publizistisch zu fördern, zum anderen „würdigen und bedürftigen Gefangenen, insbesondere solchen in Landsberg" auch nach dem eigentlichen Prozessende juristischen Beistand zu leisten.[146] Zu den bedürftigen Gefangenen gehörte auch Biberstein, insofern, als aufgrund der verhängten Todesstrafe dessen gesamtes Vermögen von der US-amerikanischen Militärverwaltung eingezogen worden war. Zudem wurden mit Spendengeldern des *Komitees für kirchliche Gefangenenhilfe* die Angehörigenbesuche zu den zum Tode verurteilten NS-Gewalttätern finanziert, so auch vermutlich für Bibersteins Ehefrau, wenngleich die einzelnen Namen der bedürftigen Gefangenen bzw. der Angehörigen nicht einzeln aufgelistet sind.

Am 21. März 1949 hatte Dr. Aschenauer zusätzlich zu seiner Anwaltskanzlei in München ein weiteres Büro in Nürnberg im Gebäude des Caritas-Büros in der Bärenschanze 4-6 errichtet, das dann am 1. Mai seine Tätigkeit aufnahm. Die Zielsetzung des Büros war die gleiche wie jene des *Komitees für kirchliche Gefangenenhilfe*, d. h. „würdigen und bedürftigen Gefangenen, insbesondere solchen in Landsberg" eine kostenlose juristische Sachbearbeitung zu leisten. Die Finanzierung des Büros und dessen Mitarbeiter erfolgte durch Spenden der Kirchen und von Einzelpersonen, etwa von Industriellen.[147] In den Genuss des kostenlosen juristischen Beistandes kamen etwa 120 Verurteilte aus den Nürnberger wie Dachau-

---

[145] RUDOLF ASCHENAUER: Um die Problematik des richterlichen Nachprüfungsrechtes und der richterlichen strafrechtlichen Haftung unter besonderer Berücksichtigung der Rechtssprechung [Rechtsprechung; Verf.] an den amerikanischen Militärgerichtshöfen in Nürnberg, o. O. 1949; zugleich: Erlangen Univ., Diss., 1949. 147 S., maschinenschriftl. DERS.: Das amerikanische Militärgericht No. 2 verletzte im Einsatzgruppenprozeß, Fall 9 (gegen Ohlendorf u. a.), die Grundrechte, die den Verurteilten nach der USA-Verfassung zustanden, Nürnberg 1949 (Selbstverlag). DERS.: Zur Frage einer Revision der Kriegsverbrecher-Prozesse, Nürnberg 1949 (Selbstverlag). DERS.: Landsberg. Ein dokumentarischer Bericht von deutscher Seite, München 1951.
[146] Dr. Rudolf Aschenauer an das Bundesjustizministerium. *Richtlinien des Komitees für kirchliche Gefangenenhilfe*, Anlage zum Schreiben vom 22.12.1049, BArch, B 305/ 140.
[147] ERNST KLEE, Persilscheine, S. 79, 169 (Anm. 205-208).

er Prozessen,[148] so auch Biberstein. Insgesamt vertrat Dr. Aschenauer im Rahmen des *Komitees für kirchliche Gefangenenhilfe* 683 in Landsberg inhaftierte Kriegsverbrecher und NS-Gewalttäter.[149]

Daneben war Aschenauer auch Mitglied des Gründungsvorstandes des Vereins *Stille Hilfe für Kriegsgefangene und Internierte e. V.*[150] Der extrem rechts ausgerichtete Verein wurde am 7. Oktober 1951 in München von Prinzessin Helene Elisabeth von Isenburg gegründet. Kirchlicherseits gehörten zu den Gründungsmitgliedern auf ausdrückliche Bitten der Prinzessin Altbischof Theophil Wurm, der jedoch bereits am 28. Januar 1953 verstarb, und der Weihbischof von München und Freising Johannes Neuhäusler. Warum sich die beiden hohen kirchlichen Würdenträger ausgerechnet in jenem Verein der Alt-Nazis engagierten, ist nicht bekannt.

3.2 Unterstützung seitens des Heidelberger Juristenkreises

Nachdem die Nürnberger Nachfolgeprozesse am 14. April 1949 abgeschlossen waren[151] und demzufolge das *Defense Center* im Nürnberger Justizpalast aufgelöst wurde, hatte sich als neue Institution der *Heidelberger Juristenkreis* mit der Einrichtung *Heidelberger Dokumentenarchiv* gegründet, der sich hinsichtlich der angestrebten Revisionen der in Nürnberg ergangenen Gerichtsurteile bald zu einer „zentralen Koordinierungsinstanz"[152] entwickeln sollte. Er setzte sich zusammen aus ehemaligen hochrangigen Verteidigern der Kriegsverbrecher und NS-Gewalttäter der Nürnberger und Dachauer Prozesse, aus Professoren der Rechtswissenschaft, Beamten des Bundesjustizministeriums sowie aus Juristen der evangelischen und katholischen Kirche.

---

[148] Ebd., S. 169 (Anm. 207).
[149] Rudolf Aschenauer an das Bundesjustizministerium. Schreiben vom 10.5.1950, BArch, B 305/131.
[150] Zum Verein *Stille Hilfe für Kriegsgefangene und Internierte e. V.* ausführlich ERNST KLEE, Persilscheine S. 109-118 sowie: OLIVER SCHRÖM/ ANDREA RÖPKE: Stille Hilfe für braune Kameraden: Das geheime Netzwerk der Alt- und Neonazis. Ein Inside-Report, Berlin 2001. Der Rezensent beginnt seine positive Beurteilung des Buches in der Ausgabe Frankfurter Rundschau vom 6. August 2001 mit dem Satz: „Stille Hilfe für Kriegsgefangene und Internierte e.V. ist der euphemistische Name eines SS-Veteranenvereins, der, eingebunden in ein Netzwerk alter und neuer Nazi-Aktivisten, nach Kriegsende dafür sorgte, dass NS-Verbrecher ohne strafrechtliche Verfolgung davonkamen."
[151] Die letzten Urteile waren am 13.4.1949 im Fall 11, dem Wilhelmstraßen-Prozess, und einen Tag später im Fall 12, dem Prozess Oberkommando der Wehrmacht (OKW-Prozess), ergangen. RAINER A. BLASIUS: *Fall 11*. Der Wilhelmstraßen-Prozeß gegen das Auswärtige Amt und andere Ministerien, in: GERD R. UEBERSCHÄR (Hrsg.): Der Nationalsozialismus vor Gericht. Die alliierten Prozesse gegen Kriegsverbrecher und Soldaten 1943-1952, Frankfurt 1999, S. 187-198. WOLFRAM WETTE: *Fall 12*. Der OKW-Prozeß (gegen Wilhelm Ritter von Leeb und andere), in: GERD R. UEBERSCHÄR (Hrsg.), Nationalsozialismus, S. 199-212.
[152] NORBERT FREI, Vergangenheitspolitik, S. 163.

3 „Kriegsverbrecherfrage" und Lobbyarbeit der Juristen

Zu seinen Mitgliedern zählten sieben hochkarätige Strafverteidiger aus den Nürnberger Prozessen, unter ihnen die Anwälte Dr. Rudolf Aschenauer und Dr. Hans Gawlik.[153] Gawlik, der als Strafverteidiger in zahlreichen NS-Prozessen fungiert hatte – unter anderem im Nürnberger Einsatzgruppenprozess als Verteidiger des SS-Brigadeführers und Leiters der Einsatzgruppe B Erich Naumann –, leitete seit 1949 in der Bi-Zone die *Koordinierungsstelle zur Förderung des Rechtsschutzes für die deutschen Gefangenen im Ausland* beim Länderrat in Stuttgart, aus der dann nach Gründung der Bundesrepublik Deutschland Mitte März 1950 als Teil des Bundesjustizministeriums die *Zentrale Rechtsschutzstelle* in Bonn hervorgehen sollte, die ab 1953 Teil des Auswärtigen Amtes wurde. Die vom Bundestag geschaffene Behörde arrangierte Rechtsbeistand für Deutsche, die von nichtdeutschen Gerichten – also auch von den alliierten Militärgerichten – wegen Kriegsverbrechen und NS-Gewalttaten angeklagt oder verurteilt worden waren.

Desgleichen gehörte zu den Mitgliedern des *Heidelberger Juristenkreises* der Staranwalt Hellmut Becker,[154] der in den Nürnberger Prozessen zahlreiche Kriegsverbrecher und NS-Gewalttäter vertreten hatte, so im Wilhelmstraßenprozess (Fall 11) den wegen Kriegsverbrechen angeklagten und zu sieben Jahren Haft verurteilten Ernst von Weizsäcker. Wie bereits oben erwähnt, hatte Becker am 26. August 1948 zusammen mit Landesbischof Theophil Wurm, Oberkirchenrat Dr. Rudolf Weeber und dem Gefängnispfarrer August Eckardt die Simpson-Überprüfungskommission, bzw. Colonel Gordon Simpson persönlich, aufgesucht.[155]

Zudem gehörten dem *Heidelberger Juristenkreis* vier renommierte Rechtswissenschaftler an, unter ihnen Gustav Radbruch, Professor für Strafrecht und Rechtsphilosophie an der juristischen Fakultät der Universität zu Heidelberg[156] und Eduard Wahl, Professor für Internationales Recht an der Universität zu Heidelberg und Verteidiger im IG-Farben-Prozess, dem Fall 6 der Nürnberger Nachfolgeprozesse. Seit Gründung der Bundesrepublik Deutschland war Wahl zudem von 1949 bis 1969 Bundestagsabgeordneter der CDU. Er engagierte sich „bis in die fünfziger Jahre für die Amnestie verurteilter NS-Verbrecher."[157] Zudem hatte Wahl sich angeboten, für die geplante Koordinierungstelle des *Heidelberger Juristenkreises*

---

[153] KAZIMIERZ LESZCZYŃSKI (Hrsg.), Fall 9, S. 10, 152, 154.
[154] Becker – ab Mai 1937 Mitglied der NSDAP – war zudem ab 1937 Assistent des NS-Staatsrechtlers Ernst Rudolf Huber.
[155] Office of Military Government for Bavaria. Education and Cultural Relations Division, Munich, Germany, APO 407-A, US Army, *Report on Interview of Evangelical Church Delegation with Col. Simpson of War Crimes Review Board, 26. August 1948*, National Archives of the United States, RG 260/OMGUS, shipment 5, box 344-1, folder 26, provenance OMGUS ECR.
[156] Radbruch war einer der ersten Universitätsprofessoren, die gemäß § 4 *des Gesetzes zur Wiederherstellung des Berufsbeamtentums vom 7. April 1933* aus dem Staatsdienst entlassen wurden.
[157] BERND BOLL: *Fall 6. Der IG-Farben-Prozeß*, in: GERD R. UEBERSCHÄR (Hrsg.), Nationalsozialismus, S. 133-143, hier S. 139.

in der Universität zu Heidelberg geeignete Räumlichkeiten zur Verfügung zu stellen, um dort „strategische Fragen und Koordinierungsaufgaben"[158] hinsichtlich der geplanten Revisionsangelegenheiten im Fall der von den Militärgerichten verurteilten Kriegsverbrecher und NS-Gewalttäter in Angriff zu nehmen. Dort traf sich der *Heidelberger Juristenkreis* dann in etwa sechs- bis achtwöchentlichen Zeitabständen.

Ferner waren die Kirchen beider Konfessionen im *Heidelberger Juristenkreis* vertreten: auf katholischer Seite durch den Kanzler der Erzdiözese Köln, Rechtsanwalt Dr. Heribert Knott, der von Kardinal Joseph Frings, dem Vorsitzenden der Fuldaer Bischofskonferenz, beauftragt worden war. Dr. Knott nahm jedoch erst ab der zweiten Sitzung teil.[159] Die evangelische Kirche war vertreten durch den Stuttgarter Oberkirchenrat Dr. Rudolf Weeber, der als Rechtsberater der Evangelischen Kirche in Württemberg fungierte, und Hansjürg Ranke, den Oberkirchenrat in der EKD-Kirchenkanzlei sowie Fritz Flitner, den Vertreter der „Rechtsschutzstelle" des Evangelischen Hilfswerks in Stuttgart.[160] Dr. Rudolf Aschenauer trat als Abgesandter des Weihbischofs Neuhäusler auf.

Die Zielsetzung des *Heidelberger Juristenkreises* war nicht auf die Nachbearbeitung einzelner Fälle der Nürnberger und Dachauer Prozesse ausgerichtet, sondern die Juristenlobby hatte letztendlich eine Generalamnestie für alle von den alliierten Militärgerichtshöfen verurteilten NS-Verbrecher im Blick, wie bereits aus dem Protokoll der ersten Sitzung vom 28. Mai 1949 hervorgeht, an der die nachfolgend genannten überaus hochrangigen und einflussreichen Juristen teilnahmen:

PROF. DR. KARL GEILER, Rektor der Universität Heidelberg
DR. HODO FREIHERR VON HODENBERG, Oberlandesgerichtspräsident-Celle
DR. BRUNO HEUSINGER, Oberlandesgerichtspräsident-Braunschweig
DR. WILHELM MARTENS, Vizepräsident Oberlandesgericht-Karlsruhe
OBERKIRCHENRAT DR. RUDOLF WEEBER, Stuttgart, EKD
OBERKIRCHENRAT DR. HANSJÜRG RANKE, Schwäbisch Gmünd, EKD
PROF. DR. GUSTAV RADBRUCH, Universität Heidelberg
PROF. DR. EBERHARD SCHMIDT, Universität Heidelberg
PROF. DR. ERICH FECHNER, Universität Tübingen, Juristischen Fakultät
PROF. DR. [EDUARD] WAHL, Universität Heidelberg, Dekan der Juristischen Fakultät
PROF. DR. ENGLISCH, Universität Heidelberg
RECHTSANWALT DR. GEORG FRÖSCHMANN, Nürnberg [Anwaltskanzlei Dr. Ru-

---

[158] NORBERT FREI, Vergangenheitspolitik, S. 163.
[159] Heidelberger Juristenkreis. Niederschrift über die Besprechung am 9. Juli 1949 in Heidelberg in den Räumen der juristischen Fakultät, Archiv des Instituts für Zeitgeschichte (IfZ), ED 157-8-274.
[160] NORBERT FREI, Vergangenheitspolitik S. 164f.

3 „Kriegsverbrecherfrage" und Lobbyarbeit der Juristen

dolf Aschenauer]
RECHTSANWALT JUSTUS KOCH, Nürnberg.[161]

Nachdem die einzelnen Teilnehmer zunächst über verschiedene von ihnen eingeleitete Aktionen referiert hatten, gab Rechtsanwalt Dr. Georg Fröschmann[162] bekannt, dass nach einer Mitteilung des Col. Wade M. Fleischer, des *Chief of War Crimes Branch, United States European Command* (EUCOM) „zurzeit Verhandlungen zwischen Washington und den amerikanischen Behörden in Deutschland darüber schwebten, ob ein Berufungsverfahren eingerichtet werden soll."[163] Offensichtlich hatten die USA bereits zu jenem Zeitpunkt in Erwägung gezogen, dass die erfolgte Gründung eines westdeutschen Staates am 23. Mai 1949 eine Abänderung des *War Crimes Program* nach sich ziehen müsse. Im Hinblick darauf stellte Dr. Justus Koch, neben Dr. Hellmut Becker einer der Verteidiger im Wilhelmstraßen-Prozess, zur Diskussion,

> „ob ein Gnadenerweis angestrebt werden soll oder ein Angriff gegen die Rechtsgrundlagen der Verfahren gewollt sei. Die Frage der Beendigung der Kriegsverbrecherprozesse sei vom Gesichtspunkt der Besatzungsmacht aus eine rein politische Frage.
> Da man deshalb kaum mit einer Aufgabe des bisherigen Standpunktes der Besatzungsmacht rechnen könne, befürwortet Koch, nur für eine praktische Beendigung der Verfahren einzutreten, z. B. in Form einer *Generalamnestie* oder durch Einführung des *paroleboard-Verfahrens* oder auf andere Weise [...].
> Koch stellt zur Diskussion, ob eine Aktion der Justizminister und auf deren Veranlassung möglicherweise auch [eine Aktion] der Länderregierungen in Betracht komme oder eine Stellungnahme der juristischen Fakultäten oder möglicherweise der Chefpräsidenten der Oberlandesgerichte. Dabei brauche eine Aktion die andere nicht auszuschließen." [Kursivdruck vom Verf.].[164]

Erwähnenswert sind des Weiteren fünf Beschlüsse, die nach ausgiebiger Erörterung verschiedener Sachbereiche gefasst wurden. Sie lassen sowohl die Arbeitsweise des *Heidelberger Juristenkreises* als auch deren weitgespannte Vernetzung erkennen:

„1. Einrichtung einer Koordinierungsstelle. Anschrift: Universität Heidelberg, Juristische Fakultät, Dokumentenarchiv.

---

[161] Heidelberger Juristenkreis. Niederschrift über die Besprechung am 28. Mai 1949 in Heidelberg in den Räumen der juristischen Fakultät, Archiv des Instituts für Zeitgeschichte (IfZ), ED 157-8-264-270, S. 1.
[162] Fröschmann war von 1937 bis 1945 Mitglied der NSDAP gewesen. Zusammen mit Dr. Aschenauer hatte er am 21. März 1949 in Nürnberg eine Anwaltskanzlei im Gebäude des Caritas-Büros in der Bärenschanze 4-6 errichtet, das dann am 1. Mai seine Tätigkeit aufnahm. Zudem war er Gründungsmitglied der *Stillen Hilfe für Kriegsgefangene und Internierte*
[163] Heidelberger Juristenkreis. Niederschrift über die Besprechung am 28. Mai 1949 in Heidelberg in den Räumen der juristischen Fakultät, Archiv des Instituts für Zeitgeschichte (IfZ), ED 157-8-264-270, S. 2.
[164] Ebd., S. 3.

2. Finanzierung, zunächst aus Mitteln, die von den Industrie- und Handelskammern in Karlsruhe und Mannheim erhofft werden. Außerdem versucht Koch, dem Max-Planck-Institut Mittel zuzuleiten, die dieses dem Dokumentenarchiv zur Verfügung stellen kann.

3. Eine Kommission aus drei Herren soll zunächst Ministerpräsident [Hans] EHARD [des Freistaates Bayern] und Minister CARLO SCHMID [Justizminister von Württemberg-Hohenzollern] aufsuchen. Als Mitglieder der Kommission werden vorläufig vorgesehen Dr. Frhr. v. Hodenberg oder Dr. Heusinger, Prof. Wahl, Dr. Koch.

Die Kommission, die sich zu MCCLOY[165] begibt, soll aus einem Vertreter der Justiz, mindestens einem Verteidiger und jeweils einem Vertreter der Evangelischen und Katholischen Kirche bestehen. Ausserdem soll Prof. Geiler [...] gebeten werden, der Kommission anzugehören. Als Vertreter der Evangelischen Kirche wird wahrscheinlich Prälat Hartenstein designiert werden.

4. Freiherr von Hodenberg übernimmt es, auf der Konferenz der Oberlandesgerichtspräsidenten der britischen Zone, die im Juni stattfindet, die Frage der *sogenannten* Kriegsverbrecherprozesse zur Sprache zu bringen. Der Konferenz werden auch die beiden obersten Kölner Gerichte, der Oberlandesgerichtspräsident von Bremen und ein Vertreter des Zentralen Justizamtes der britischen Zone beiwohnen.

5. Die Herren Freiherr von Hodenberg und Dr. Heusinger werden ausserdem mit der britischen Militärregierung Fühlung aufnehmen und dabei erörtern, ob eine Einwirkung der britischen Militärregierung auf die amerikanische Militärregierung möglich ist." [Unterstreichung im Original, Kursivdruck vom Verf.].[166]

Auch das Protokoll der zweiten Sitzung des *Heidelberger Juristenkreises*[167] ist im Zusammenhang mit dieser Studie insofern von Interesse, als dort wiederum die Möglichkeit der Anwendung des US-amerikanischen *Parole-Systems* auf die in den Nürnberger und Dachauer Prozessen verurteilten Kriegsverbrecher und NS-Gewalttäter erörtert wurde.

Jenes *Parole System* beinhaltete jedoch keineswegs die Amnestierung des Strafgefangenen, sondern lediglich eine vorläufige Freilassung/Strafaussetzung unter dem Vorbehalt, dass der Verurteilte bestimmte zuvor festgelegte Bedingungen erfüllt. Das US-amerikanische Verteidigungsministerium definiert das *Parole System* wie folgt: „Parole agreements are promises given the captor by a prisoner of

---

[165] McCloy befand sich zwar seit Mai 1949 in Deutschland, trat sein Amt als High Commissioner jedoch erst am 2. September 1949 an.

[166] Heidelberger Juristenkreis. Niederschrift über die Besprechung am 28. Mai 1949 in Heidelberg in den Räumen der juristischen Fakultät, Archiv des Instituts für Zeitgeschichte (IfZ), ED 157-8-264-270, S. 7f.

[167] Heidelberger Juristenkreis. Niederschrift über die Besprechung am 9. Juli 1949 in Heidelberg in den Räumen der juristischen Fakultät, Archiv des Instituts für Zeitgeschichte (IfZ), ED 157-8-274-282.

war to fulfill stated conditions, such as not to bear arms or not to escape, in consideration of special privileges, such as release from captivity or lessened restraint."[168] Da es sich bei den Verurteilten der Nürnberger und Dachauer Prozesse jedoch nicht um Kriegsgefangene handelte, sondern um Personen, die Verbrechen allergrößten Ausmaßes begangen hatten, lag die Anwendung des *Parole Systems* ausschließlich in dem großzügigen Ermessen der amerikanischen Besatzungsmacht.

Im Gegensatz zur Teilnehmerliste der ersten Sitzung des *Heidelberger Juristenkreises* wies jene der zweiten Sitzung eine andere Personenzusammensetzung auf. So waren neben den bereits erwähnten Juristen Dr. von Hodenberg, Dr. Weeber, Dr. Ranke, Dr. Koch, Dr. Becker Dr. Fröschmann und Prof. Dr. Schmidt weitere nachfolgend genannten Juristen vertreten:

DR. [HEINRICH] MALZ,[169] Nürnberg, Rechtsanwalt [als Vertreter des Dr. Aschenauer]
PROF. DR. [EDUARD] KERN, Tübingen, Universität
DR. [HERIBERT] KNOTT, Köln, Rechtsanwalt [als Stellvertreter des Kardinals Frings]
DR. [OTTO] KRANZBÜHLER, Nürnberg Rechtsanwalt
DR. [HEINRICH] VON ROSPATT, Frankfurt/M., Rechtsanwalt
DR. ROLF W. MÜLLER, Frankfurt/M., Rechtsanwalt
Der Name des fünfzehnten Teilnehmers ist nicht lesbar.[170]

Als Vorsitzender fungierte nach wie vor Prof. Dr. Eduard Wahl, der den Tagungsmitgliedern unter Punkt I der Tagesordnung unter anderem mitteilte, dass Bischof Neuhäusler großes Interesse an den Bestrebungen des *Heidelberger Juristenkreises* zeige. Ebenso habe die Juristische Fakultät der Universität Hamburg ihre Mitarbeit zugesagt. Sodann gab Freiherr von Hodenberg bekannt, dass die Besuche bei den Ministerpräsidenten der Länder durch verschiedene Mitglieder des *Heidelberger Juristenkreises* fortgesetzt werden sollen. Diesbezüglich sei ein Besuch bei dem Ministerpräsidenten von Nordrhein-Westfalen, Karl Arnold (CDU), bereits vorbereitet.[171] Ziel der Aktionen war, die Länderchefs für das Anliegen des *Heidelberger*

---

[168] US Department of Defense Directive 1300.7, Training and Education Measures Necessary to Support the Code of Conduct (23 December 88).
[169] Während der NS-Zeit hatte SS-Obersturmbannführer Dr. Malz im Reichssicherheitshauptamt (RSHA) die Leitung des Referates III A 2 (Rechtsleben) innegehabt. Zudem war er persönlicher Referent des Chefs des RSHAs Ernst Kaltenbrunner gewesen. Nach dem Krieg übernahm Malz unter anderem die Büroleitung im Nürnberger Büro des von Rechtsanwalt Rudolf Aschenauer 1949 gegründeten *Komitees für kirchliche Gefangenenhilfe*. ERNST KLEE, Personenlexikon, S. 388 und DERS., Persilscheine S. 79f.
[170] Heidelberger Juristenkreis. Niederschrift über die Besprechung am 9. Juli 1949 in Heidelberg in den Räumen der juristischen Fakultät, Archiv des Instituts für Zeitgeschichte (IfZ), ED 157-8-274-282, S. 1.
[171] Ebd., S. 2f.

Juristenkreises im Hinblick auf eine Generalamnestie der in Landsberg einsitzenden NS-Verbrecher zu gewinnen.

Punkt II der Tagesordnung umfasste die von den Oberkirchenräten Dr. Weeber und Dr. Ranke verfasste Denkschrift der EKD, welche die Zustimmung von Theophil Wurm, Martin Niemöller und Prälat Hartenstein gefunden hatte. Dr. Ranke informierte die Teilnehmer über den geplanten Inhalt der Denkschrift, die zwei Bereiche umfassen sollte, zum einen eine chronologische Übersicht des Schriftverkehrs zwischen protestantischer und katholischer Kirche mit den Militärbehörden in der Kriegsverbrecherfrage, zum anderen sei eine Stellungnahme vorgesehen „zur Frage der ‚Unteilbarkeit der Gerechtigkeit' (tu quoque), ferner zu den Kriegsverbrecherprozessen in anderen Ländern und zu den Nürnberger, Dachauer und Shanghaier Urteilen. Die Denkschrift sollte mit folgendem Petitum enden: Es wird um Nachprüfung der materiellrechtlichen und prozessualen Seite der Prozesse gebeten." Ferner war vorgesehen, der Denkschrift einen Interimsvorschlag beizufügen mit einem Antrag auf einen Gnadenbeweis bis zu einer neuen Überprüfung der Urteile sowie mit der Bitte um Feststellung, „ob das Parole Board-Verfahren nicht auch in Deutschland für Kriegsverbrecher anwendbar ist. Außerdem wird gebeten um eine Jugend- und Altersamnestie und um eine vollkommene Amnestie für alle kleinen Strafen."[172]

In diesem Zusammenhang richtete Prof. Dr. Wahl an Dr. Malz, den Mitarbeiter des Dr. Aschenauer in dessen Nürnberger Büro, die Bitte, für die EKD-Denkschrift „Urkunden zu beschaffen, die beweisen, dass Zeugen mit falschen Pässen ausgestattet wurden, um ihnen auf diese Weise Mut zum Meineid zu machen."[173] Ferner wurde entschieden, dass in jener Denkschrift „nur Grundfragen wie ‚tu quoque' und ‚ex post facte law' berührt werden"[174] sollten. Im Hinblick auf die Finanzierung der EKD-Denkschrift sicherte Prof. Dr. Wahl zwar eine Kostenübernahme von 2.000 DM seitens des *Heidelberger Juristenkreises* zu, jedoch sollte die redaktionelle Arbeit ebenso wie die Gesamtverantwortung ausschließlich bei der EKD bleiben.[175]

Im weiteren Verlauf der Sitzung schlug Dr. Becker die Erstellung einer kurzen Resolution vor, und zwar ein von Persönlichkeiten des öffentlichen Lebens unterzeichnetes Memorandum, das aber „nicht mit der Denkschrift der EKD verkoppelt werden soll." Als Redaktionsmitglieder wurden Prof. Dr. Wahl, Dr. von Hodenberg, Dr. Koch, Dr. Fröschmann, Dr. Ranke und Dr. Knott bestimmt. In diesem Zusammenhang regte Freiherr von Hodenberg an, die katholische Bischofskonferenz möge ihrerseits „durch eine Resolution in der gleichen Weise vorstoßen. [Dabei]

---

[172] Ebd., S. 3f.
[173] Ebd., S. 3.
[174] Ebd., S. 7.
[175] Ebd., S. 7f.

sollten alle Schritte getrennt erfolgen, nicht gemeinsam."[176] Im Hinblick darauf gab Dr. Knott die Zusage, dass die katholische Kirche ihrerseits Einzelaktionen durchführen wolle. Des Weiteren wurde vereinbart, sämtliche Denkschriften vornehmlich McCloy zu übergeben, aber auch Persönlichkeiten in den USA, insbesondere jedoch Adenauer, der das „Kriegsverbrecherproblem" McCloy persönlich vortragen solle.[177]

Durch die Besetzung mit hochkarätigen Experten aus unterschiedlichen juristischen Fachgebieten und durch die Zusammenarbeit mit hohen Würdenträgern der Kirchen konnte der *Heidelberger Juristenkreis* als Netzwerk in seinem Bemühen um Strafminderung und Amnestierung der in der Landsberger Haftanstalt einsitzenden Kriegsverbrecher und NS-Gewalttäter eine hohe Effizienz erreichen. Das Engagement der juristischen Front in Sachen „Kriegsverbrecherfrage" lässt sich nicht nur aus deren beruflichem und pekuniärem Interesse erklären, sondern es beruhte vor allem auf der Kontinuität der juristischen nationalsozialistischen Beamtenschaft.

4 AUFHEBUNG DES TODESURTEILS

4.1 POLITISCHE VORAUSSETZUNGEN

Aufgrund der schrittweisen Verschärfung des „Kalten Krieges" hatten die Delegierten der teilnehmenden Staaten zum Abschluss der Londoner Sechsmächtekonferenz am 6. März 1948 *das Kommuniqué der Londoner Besprechungen über Deutschland* verfasst, in dem sie unter anderem ausführten:

> „Das andauernde Unvermögen des Rates der Außenminister, zu einer Viermächte-Einigung zu kommen, hat in Deutschland eine Lage geschaffen, die in zunehmendem Maße unglückliche Folgen für Westeuropa haben würde, wenn man sie fortdauern ließe: Es war darum notwendig, die dringenden politischen und wirtschaftlichen Probleme zu lösen, die sich aus dieser Lage in Deutschland ergaben.
>
> Die teilnehmenden Mächte hatten die Notwendigkeit im Auge, den wirtschaftlichen Wiederaufbau Westeuropas einschließlich Deutschlands sicherzustellen und eine Grundlage für die Beteiligung eines demokratischen Deutschlands an der Gemeinschaft der freien Völker zu schaffen."[178]

In dem *Londoner Deutschland-Kommuniqué* vom 7. Juni 1948, das an die Regierungen der Sechsmächtekonferenz erging, wurden jene Erwägungen unter Punkt

---
[176] Ebd., S. 5f.
[177] Ebd., S. 6-8.
[178] *Das Kommuniqué der Londoner Besprechungen über Deutschland*, in: http://www.verfassungen.de/de/de45-49/londonerkommunique48-1.htm; 15.2.2018.

III. „Entwicklung der politischen und wirtschaftlichen Organisation Deutschlands" weitergeführt:

„Weiter wurde die Frage der Entwicklung der politischen und wirtschaftlichen Organisation Deutschlands von allen Delegationen beraten. Die Delegierten erkennen an, daß es bei Berücksichtigung der augenblicklichen Lage notwendig ist, dem deutschen Volk Gelegenheit zu geben, die gemeinsame Grundlage für eine freie und demokratische Regierungsform au schaffen, um dadurch die Wiedererrichtung der deutschen Einheit zu ermöglichen, die zum gegenwärtigen Zeitpunkt zerrissen ist [...].

Die Delegationen sind daher übereingekommen, ihren Regierungen au empfehlen, daß die Militärgouverneure eine gemeinsame Sitzung mit den Ministerpräsidenten der Westzonen Deutschlands abhalten sollen. Auf dieser Sitzung werden die Ministerpräsidenten Vollmacht erhalten, eine verfassunggebende Versammlung zur Ausarbeitung einer Verfassung einzuberufen, die von den Ländern zu genehmigen sein wird [...].

Wenn die Verfassung, die von der verfassunggebenden Versammlung vorbereitet wird, nicht gegen diese allgemeinen Grundsätze verstößt, werden die Militärgouverneure die Bevölkerung in den betreffenden Staaten zur Ratifizierung ermächtigen."[179]

Nachdem die westalliierten Besatzungsmächte am 1. Juli 1948 den westdeutschen Ministerpräsidenten der Länder die *Dokumente zur künftigen politischen Entwicklung Deutschlands*, die sogenannten *Frankfurter Dokumente* übergeben hatten, beschlossen die drei Westmächte im April 1949, die bisherigen Militärregierungen durch eine *Alliierte Hohe Kommission* (AHK) – mit je einem US-amerikanischen, einem britischen und einem französischen Hohen Kommissar – abzulösen und das Besatzungsstatut festzuschreiben, das die Beziehungen zwischen der Bundesrepublik Deutschland und den drei westlichen Besatzungsmächten USA, Großbritannien und Frankreich regeln sollte. Hinsichtlich der von den alliierten Militärtribunalen verurteilten Kriegsverbrecher und NS-Gewalttäter legte das Besatzungsstatut unter Punkt 2. i den nachfolgend zitierten Vorbehalt fest:

„2. Um die Erreichung der ursächlichen Ziele der Besetzung zu gewährleisten, behalten sich die Besatzungsmächte ausdrücklich Machtbefugnisse [vor] einschließlich des Rechts, die von den Besatzungsbehörden benötigten Auskünfte und statistischen Angaben anzufordern und nachzuprüfen, mit Bezug auf die folgenden Gebiete:

i. die Überwachung der Unterbringung, Verpflegung und Behandlung in deutschen Gefängnissen von Personen, die vor den Gerichten oder Tribunalen der Besatzungsmächte und Besatzungsbehörden angeklagt und von diesen Gerichten oder Tribunalen verurteilt worden sind, der *Vollstreckung der über diese Personen verhängten Strafen, sowie von Fragen, die die Amnestierung, Begnadigung oder Freilassung dieser Personen betreffen.*" [Kursivdruck vom Verf.].[180]

---

[179] Das *Londoner Deutschland-Kommuniqué* vom 7. Juni 1948, in: http://www.verfassungen.de/de/de45-49/londonerkommunique48-2.htm; 15.2.2018.

[180] 8. April 1949: Besatzungsstatut, veröffentlicht am 12. Mai 1949 durch die Militärgouverneure und Oberbefehlshaber der drei Westzonen. Deutscher Text: Amtsblatt der Hohen Alliierten Kommission in Deutschland. No. 1. 23. September 1949, S. 13-15.

4 Aufhebung des Todesurteils

Daneben ergaben sich im Zusammenhang mit der „Kriegsverbrecherfrage" im Hinblick auf die ehemalige amerikanische Besatzungszone verschiedene Änderungen, insofern, als die bisher im Kriegsministerium, dem *U.S. Department of War*, angesiedelten Kontrollfunktionen und Verantwortlichkeiten des *Office of Military Government for Germany (U.S.)* (OMGUS) nunmehr ab dem 10. April 1949 dem Außenministerium, dem *U.S. Department of State*, unterstanden. Somit handelte der U.S. High Commissioner for Germany (HICOG) als Vertreter des US Außenministeriums. Zudem arbeitete er auf wirtschaftlicher Ebene mit der *Economic Cooperation Administration* (ECA) und der *Mutual Security Agency* (MSA) zusammen.[181] Im Hinblick auf die Justizvollzugsanstalt Landsberg als dem *War Criminal Prison No 1* wurden die Zuständigkeiten zudem gesplittet, in der Weise, dass die verurteilten NS-Verbrecher aus den zwölf Nürnberger Nachfolgeprozessen nunmehr der Zuständigkeit des U.S. High Commissioner for Germany (HICOG), John Jay McCloy, unterstanden, jene aus den Dachauer Prozessen, d. h. aus den 489 Militärgerichtsprozesse der US Army, hingegen dem Oberbefehlshaber des *European Command* (EUCOM), d. h. der US-amerikanischen Streitkräfte in Europa, Thomas Troy Handy.

4.2 „KRIEGSVERBRECHERFRAGE" UND WESTDEUTSCHER ERWARTUNGSHORIZONT 1949

Als Dr. iur. John Jay McCloy im Juli 1949 im Auftrag des *US State Department* als ziviler Hoher Kommissar nach Deutschland kam, um General Lucius D. Clay abzulösen, waren allein von US-amerikanischen Gerichten 1.900 NS-Verbrecher verurteilt worden, davon befanden sich noch 700 in Haft. 277 der verurteilte Kriegsverbrecher und NS-Gewalttäter waren bereits hingerichtet worden, 28 warteten noch auf die Vollstreckung der Todesstrafe,[182] unter ihnen Biberstein.

Die von Elisabeth Noelle[183] und ihrem Ehemann Erich Peter Neumann herausgegebenen Forschungsergebnisse ebenso wie jene von Richard L. Merritt und dessen Ehefrau Anna verdeutlichen unmissverständlich, dass sich in Westdeutschland die Bewertung der alliierten Prozesse gegen NS-Verbrecher im Laufe der Jahre dramatisch verändert hatte. Während 1946 noch mehr als 70 Prozent der Befragten ihre volle Zustimmung zu den NS-Prozessen gegeben hatten, insbesondere zu

---

[181] Records of the U.S. High Commissioner for Germany (HICOG), RG 466. Die 1948 gegründete ECA verwaltete die Unterstützungsgelder für den Marshallplan. Sie wurde 1951 durch die MSA abgelöst.
[182] THOMAS ALAN SCHWARTZ: Die Begnadigung deutscher Kriegsverbrecher. John J. McCloy und die Häftlinge von Landsberg, in: Vierteljahreshefte für Zeitgeschichte (VfZ) 38 (1990), S. 375-414, hier S. 378.
[183] Elisabeth Noelle war die Gründerin des Instituts für Demoskopie in Allensbach.

jenem gegen die Hauptkriegsverbrecher, wuchs die diesbezügliche Ablehnung zunehmend, sodass im Jahre 1950 nur noch 30 Prozent der Befragten die NS-Prozesse für gerechtfertigt hielten.[184] Insbesondere behaupteten die Prozessgegner eine mangelnde Rechtsstaatlichkeit der Gerichtsverfahren. Zudem habe es sich bei den Verurteilten lediglich um reine Befehlsempfänger ohne jegliche Entscheidungskompetenz gehandelt.[185] Im September 1952 unterstützten nur noch 10 Prozent der Deutschen die Ahndungsaktivitäten der Amerikaner.[186] Jenes Umfrageergebnis habe bei dem High Commissioner John J. McCloy „große Bestürzung" hervorgerufen, beschreibt der US-amerikanische Historiker Frank M. Buscher die damals in Westdeutschland vorherrschende Schlussstrichmentalität.[187]

Wie in Kapitel V. 2 dargelegt, zeichneten sich jene Schlussstrichforderungen nicht nur bei der Kriegsverbrecherlobby der Kirchen und jener der Juristen ab, die als erfolgreiche *Pressure Group* gegenüber verschiedenen US-amerikanischen Behörden ihre Wirkmächtigkeit zu entfalten suchten, sondern ebenso bei den Soldatenverbänden und Kriegsheimkehrern sowie bei allen damaligen politischen Parteien, mit Ausnahme der KPD und einigen SPD-Mitgliedern. Kennzeichnend für jene Schlussstrichmentalität ist das Wahlplakat der FDR zur ersten Bundestagswahl am 14. August 1949. (Bild 75). Die damalige rechtslastige FDP hatte in ihren Reihen zahlreiche ehemalige NSDAP-Mitglieder.

Wie mehrfach dargelegt, hatten hohe kirchliche Würdenträger, unter ihnen insbesondere Landesbischof Theophil Wurm und der Weihbischof im Erzbistum München und Freising Johannes Neuhäusler in ihren zahlreichen Eingaben an General Lucius D. Clay indirekt einen „Schlußstrich" unter die NS-Vergangenheit eingefordert. Des Weiteren formulierte Hanns Lilje, der Landesbischof der Evangelisch-lutherischen Landeskirche Hannovers, in einer öffentlichen, auch im Rundfunk ausgestrahlten Festansprache zu Ostern am 17. April 1949 den Anspruch auf die „Liquidation der Vergangenheit" mit folgender theologisch verbrämter Begründung:

---

[184] ELISABETH NOELLE/ ERICH PETER NEUMANN (Hrsg): Jahrbuch der öffentlichen Meinung 1947-1955, Allensbach 1956, S. 140. ANNA J. MERRITT/ RICHARD L. MERRITT ((Hrsg.): Public Opinion in Semisovereign Germany. The HICOG Surveys 1949-1955, Chicago/London 1980, S. 10f. Richard L. Merritt, Ph. D., geboren am 8.8.1933, war emeritierter Forschungsprofessor für Kommunikation und Professor für Politikwissenschaft an der Universität von Illinois in Urbana-Champaign. Er verstarb am 19.11.2005. RICHARD L. MERRITT: Democracy imposed. U.S. occupation policy and the German public 1945-1949, New Haven/London 1995, S. 163-170.
[185] Ebd.
[186] ANNA J. MERRITT/ RICHARD L. MERRITT (Hrsg.): Public Opinion in Semisovereign Germany. The HICOG Surveys 1949-1955, Chicago/London 1980, S. 11.
[187] FRANK M. BUSCHER: Bestrafen und erziehen. „Nürnberg" und das Kriegsverbrecherprogramm der USA. Aus dem Englischen übersetzt von Annette Weinke, in: NORBERT FREI (Hrsg.): Transnationale Vergangenheitspolitik. Der Umgang mit deutschen Kriegsverbrechern in Europa nach dem Zweiten Weltkrieg, Göttingen 2006, S. 94-139, hier S. 101.

4 Aufhebung des Todesurteils

„Der Augenblick ist gekommen, mit der Liquidation [sic!] unserer Vergangenheit zu einem wirklichen Abschluss zu kommen. Ich spreche nicht von der wichtigen psychologischen Erkenntnis, daß es vier Jahre nach dem Abschluß des Krieges keinen rechten Sinn mehr hat, noch immer nach *Vergeltung* zu rufen [...].

Wir haben von Gott eine Frist bekommen für die Klärung unserer Vergangenheit. Nach menschlichem Urteil ist diese Frist vorbei [sic!]. Wir sollten mit der Klärung der Vergangenheit in der Weise Schluß machen, daß wir allen, die redlichen Willens sind, eine Chance geben [...].

Es kann ein tiefes Verständnis des Glaubens der Christen an die Vergebung der Sünden sein, wenn sich unsere Blicke von der Vergangenheit abwenden und entschlossen in die Zukunft richten." [Kursivdruck vom Verf.].[188]

Jene von Landesbischof Lilje öffentlich eingeforderte „Liquidation der Vergangenheit" war kennzeichnend für die damals vorherrschende kollektive Erkenntnisverweigerung und Schuldabwehr. Zudem bedeutete die leichtfertige Solidarisierung mit den von den alliierten Militärgerichten nach internationaler Rechtssetzung verurteilten Kriegsverbrechern und NS-Gewalttätern eine nachträgliche Verhöhnung von Millionen NS-Opfern.

Im Zusammenhang mit der bevorstehenden Gründung eines westdeutschen Staates verband die Kriegsverbrecherlobby detaillierte Erwartungen hinsichtlich der so bezeichneten „Kriegsverbrecherfrage", wie unter anderem aus dem Schriftverkehr zwischen dem mehrfach erwähnten Staranwalt Hellmut Becker und dem Juristen und ehemaligen Diplomaten Prof. Dr. Theo Kordt hervorgeht, der seit Dezember 1948 in der Staatskanzlei des Landes Nordrhein-Westfalen das Amt eines Referenten für Internationales Recht innehatte.[189] In einem Brief vom 21. Mai 1949, d. h. zwei Tage vor der Verkündigung des Grundgesetzes, unterbreitete Becker, Mitglied des *Heidelberger Juristenkreises*, Prof. Dr. Kordt mit Bezug zu einer Generalamnestie den nachfolgenden Vorschlag:

„Für ein aktiv-werden ihres Chefs [Karl Arnold, CDU, Ministerpräsident des Landes Nordrhein-Westfalen] halte ich für den geeigneten Moment die Bildung der westdeutschen Regierung.

Meiner Ansicht nach müsste die neue Regierung von der Besatzungsmacht als eine Art Geburtstagsgeschenk unbedingt eine Amnestie verlangen. Das dürfte natürlich nicht Amnestie für Nazis und Kriegsverbrecher heissen, sondern Verordnung zur Fortführung der Befreidung des deutschen Volkes, durch die alle Kreise des Volkes, die heute abseitsstehen, an den Staat herangeführt werden sollen.

Als konkreten Inhalt könnte man sich einerseits eine Jugend- und Altersamnestie vorstellen [...]. Ausserdem Entlassung aller derer, die bereits ein Drittel ihrer Strafe verbüßt haben gegen Bewährungsfrist für die letzten zwei Drittel, endlich Einsetzung einer alliierten Gnadeninstanz zur Nachprüfung von Einzelfällen über den allgemeinen Erlass

---

[188] Kirchliches Jahrbuch für die Evangelische Kirche in Deutschland 1949, Gütersloh 1950, S. 38f.
[189] NORBERT FREI, Vergangenheitspolitik, S. 176.

hinaus. Ziel einer solchen Amnestie müsste es sein, nunmehr die wirklich kriminellen Verbrecher im Gefängnis sitzenzulassen." [Kursivdruck vom Verf.].[190]

Die Frage einer Amnestierung der in den alliierten Haftanstalten Landsberg, Werl und Wittlich einsitzenden Kriegsverbrecher und NS-Gewalttäter sprach Bundeskanzler Adenauer am 20. September 1949 am Schluss seiner Regierungserklärung vor dem Deutschen Bundestag an, indem er auf den kollektiven Erwartungshorizont der westdeutschen Bevölkerung wie folgt einging. Bedauerlicherweise erwähnte er dabei mit keiner Silbe die Opfer des NS-Regimes, weder die sechs Millionen Opfer der Shoa noch jene 220.000 bis 500.000 des Porajmos.[191]

„Durch die Denazifizierung ist viel Unglück und viel Unheil angerichtet worden. Die wirklich Schuldigen an den Verbrechen, die in der nationalsozialistischen Zeit und im Kriege begangen worden sind, sollen mit aller Strenge bestraft werden. Aber im übrigen dürften wir nicht mehr zwei Klassen von Menschen in Deutschland unterscheiden: die politisch Einwandfreien und die Nichteinwandfreien. Diese Unterscheidung muß baldigst verschwinden.

Der Krieg und auch die Wirren der Nachkriegszeit haben eine so harte Prüfung für viele gebracht und solche Versuchungen, daß man für manche Verfehlungen und Vergehen Verständnis aufbringen muß. Es wird daher die Frage einer Amnestie von der Bundesregierung geprüft werden, und es wird weiter die Frage geprüft werden, auch bei den Hohen Kommissaren dahin vorstellig zu werden, daß entsprechend für von alliierten Militärgerichten verhängte Strafen Amnestie gewährt wird.

Wenn die Bundesregierung so entschlossen ist, dort, wo es ihr vertretbar erscheint, *Vergangenes vergangen sein zu lassen*, in der Überzeugung, daß viele für subjektiv nicht schwerwiegende Schuld gebüßt haben, so ist sie andererseits doch unbedingt entschlossen, aus der Vergangenheit die nötigen Lehren gegenüber allen denjenigen zu ziehen, die an der Existenz unseres Staates rütteln, mögen sie nun zum Rechtsradikalismus oder zum Linksradikalismus zu rechnen sein." [Kursivdruck vom Verf.].[192]

Den kollektiven westdeutschen Erwartungshorizont bediente insbesondere Rechtsanwalt Dr. Ernst Achenbach, FDP-Mitglied und ehemaliger Verteidiger im Fall VI der Nürnberger Nachfolgeprozesse (I.G.-Farben-Prozess), der wegen seiner NS-Vergangenheit[193] weder Mitglied des *Heidelberger Juristenkreises* war noch zu

---

[190] Hellmut Becker, Rechtsanwalt, an Prof. Dr. Theo Kordt, Schreiben vom 21.5.1945, Archiv des Instituts für Zeitgeschichte (IfZ), ED 157-8-249-251, S. 1-3, hier S. 1f.
[191] Das Deutsche Historische Museum, Berlin, beziffert den rassenideologisch begründeten Mord an den Sinti und Roma auf schätzungsweise 220.000 bis 500.000 Personen.
[192] Verhandlungen des Deutschen Bundestages. Stenographische Berichte und Drucksachen, 1. Wahlperiode, 1949-1953, Bonn 1949, S. 27f.
[193] Dr. iur. Ernst Achenbach war während der deutschen Besatzungszeit in Frankreich (1940–1944) als Botschafts- bzw. Gesandtschaftsrat der deutschen Botschaft in Paris beschäftigt und als dortiger Leiter der *Politischen Abteilung* von 1940 bis 1943 mit den so bezeichneten „Judenangelegenheiten" befasst. Im Rahmen jener Tätigkeit trug er die Mitverantwortung für die Judendeportationen aus Frankreich in die NS-Vernichtungslager. ECKART CONZE/ NORBERT FREI/ PETER HAYES/ MOSHE ZIMMERMANN: Das Amt und die Vergangenheit. Deutsche Diplomaten im Dritten Reich

dessen Treffen als Gast geladen wurde. Bereits im Jahre 1949 hatte sich Achenbach während einer Reise in die USA schriftlich an Robert D. Murphy, den politischen Berater des Lucius D. Clay, gewandt. Gegen Ende seines dreiseitigen Schreibens schlug er Murphy quasi als Gastgeschenk an die zu etablierende deutsche Bundesregierung ganz unverhohlen die Amnestierung der Kriegsverbrecher und NS-Gewalttäter vor und – sofern das Murphy nicht ratsam erscheine – könne das „Kriegsverbrecherproblem" durch ein *parole and clemency board* gelöst werden, zu dessen Prozedere er in dreister Manier Ratschläge gab.

„I have been hoping that the formation of the new German government would be the occasion for an amnesty covering most of the unhappy situations inherited from the immediate post-war period.

If you feel that such a course is not advisable, I think the best way to find a resonable solution which would in no way endanger the American prestige would be to entrust a fairminded judge, familiar with German conditions, with the chairmanship of a parole and clemency board to be set up by the State Department and its representative in Germany, Mr. McCloy and to given instructions to act on generous lines."[194]

4.3 GNADENENTSCHEID ALS US-AMERIKANISCHER STRAFRECHTSGRUNDSATZ

Forderungen der Kriegsverbrecherlobby

Seit seinem Amtsantritt am 2. September 1949 als erster U. S. High Commissioner hatte sich der promovierte Jurist John Jay McCloy zunehmend einem hohen Erwartungsdruck ausgesetzt gesehen. Wie oben unter Punkt 2.3 dargelegt, hatten die Proteste der Kirchenführer gegen das *US War Crimes Program* und deren Vorwürfe, die Geständnisse der Verurteilten seien unter Zwang erpresst worden, hinsichtlich der Forderung nach Überprüfung der in den Dachauer Prozessen ergangenen Urteile bereits Wirkung gezeigt, in der Weise, dass die von US-Armeeminister Royall eingesetzte *Simpson-Überprüfungskommission* am 14. September 1948 ihren Abschlussbericht vorlegen konnte, der dann am 6. Januar 1949 veröffentlicht wurde. Um weitere Gerüchte bezüglich angeblicher Folterungen der in Landsberg einsitzenden NS-Verbrecher auszuräumen, hatte der US-Senat am 29. März 1949 als zusätzlichen Untersuchungsausschuss die *Baldwin-Kommission* eingesetzt, welche die behaupteten Vorwürfe ebenfalls entkräften konnte.

---

und in der Bundesrepublik. München 2010, S. 19. 1952 war Achenbach der Initiator des „Vorbereitenden Ausschusses zur Herbeiführung der Generalamnestie" für NS-Täter. Ernst Achenbach, in: ERNST KLEE, Personenlexikon, S. 10.

[194] Dr. jur. Ernst Achenbach, Essen, to H. E. Ambassador Robert D. Murphy, State Department, Washington, D.C. (no date) National Archives of the United States, RG 260 /OMGUS, shipment 17, box 250-2, folder 2, year 1949, provenance: OMGUS Legal Division.

Angesichts der zwischenzeitlich veränderten weltpolitischen Situation, d. h. der sich verschärfenden Ost-West-Spannungen infolge des *Kalten Krieges* und der sich daraus ergebenden Erfordernis einer Integration der Bundesrepublik Deutschland in das westalliierte Bündnissystem, sah sich McCloy in dem politischen Dilemma, die Notwendigkeit einer Neuorientierung in der „Kriegsverbrecherfrage" anzuerkennen, ohne dabei weder die rechtsgeschichtliche Bedeutung der *Nürnberger Prinzipien* infrage stellen zu wollen noch die Prinzipien des amerikanischen *Denazification and Reeducation Program* aufgeben zu müssen. Immerhin hatte sich McCloy im Jahre 1944 als Stellvertreter des damaligen Kriegsministers Henry L. Stimson maßgeblich an dem Zustandekommen des International Military Tribunal (IMT) in Nürnberg beteiligt. McCloys Biograph Thomas Alan Schwartz konstatiert in diesem Zusammenhang:

> „McCloys neue Stellung entbehrte nicht einer gewissen Ironie: Zusammen mit seinem Vorgesetzten, Kriegsminister Henry Stimson, hatte er eine entscheidende Rolle beim Entwurf des Nürnberger Prozeßsystems gespielt und es sowohl gegen Finanzminister Henry Morgenthau als auch gegen die britische Regierung verteidigt, die sich für die sofortige Hinrichtung aller Kriegsverbrecher ausgesprochen hatten.
>
> Auf einem Treffen in London hatte McCloy im April 1945 erklärt, Prozesse dieser Art ‚könnten als zusätzliche Abschreckung dagegen dienen, daß in Zukunft noch Angriffskriege geführt werden'. McCloy hatte die Prozesse zwar immer prinzipiell verteidigt, war aber im Vergleich zu Stimson der weitaus größere Realist in internationalen Angelegenheiten.
>
> McCloy sah in den Prozessen einen Weg zur politischen Säuberung in Deutschland, der es zugleich erlauben würde, ein liberales und westlich orientiertes Staatswesen zu errichten. Bereits zum Zeitpunkt der Potsdamer Konferenz war er überzeugt, Amerikas Ziel könne es letztlich nur sein, ‚die Deutschen in die Lage zu versetzen, daß sie sich selbst moralisch, politisch und ökonomisch wieder aufrichten können und eine Position der Stabilität erreichen'."[195]

Kaum hatte McCloy sein Amt angetreten, brachen die Forderungen der Kriegsverbrecherlobby auf ihn ein. So hatte etwa am 30. November 1949 – in zeitlicher Nähe zum *Petersberger Abkommen*, das im Übrigen den Vorstellungen McCloys voll und ganz entsprach[196] – eine Delegation des *Heidelberger Juristenkreises* unter Leitung des bereits erwähnten Lehrstuhlinhabers für Internationales Recht an der Universität Heidelberg und bis zum Sommer 1949 Rektor jener Universität, Prof. Dr. Karl Geiler, den U. S. High Commissioner McCloy in dessen damaligem

---

[195] THOMAS ALAN SCHWARTZ, Begnadigung, S. 381f.
[196] Im *Petersberger Abkommen* vom 22. November 1949 zwischen der Alliierten Hohen Kommission und der Bundesrepublik Deutschland wurde der deutsche Beitritt zur *Internationalen Ruhrbehörde* festgelegt und als Gegenleistung seitens der Alliierten Hohen Kommission das Besatzungsstatut gemildert sowie die Einstellung der Demontagen zugesichert. Insofern gilt das *Petersberger Abkommen* unter einigen Historikern im weitesten Sinne als einer der ersten Schritte zur Westintegration der Bundesrepublik Deutschland.

4 Aufhebung des Todesurteils

Amtssitz in Frankfurt/M.[197] aufgesucht und die Frage der Überprüfung der Nürnberger Urteile im Sinne einer Begnadigung gestellt.

Bereits auf der zweiten Sitzung des *Heidelberger Juristenkreises* hatten die Teilnehmer die Frage aufgeworfen, ob die Anwendung des US-amerikanischen *Parole Board*-Verfahrens auch auf die in der Landsberger Haftanstalt einsitzenden Kriegsverbrecher und NS-Gewalttäter anwendbar sei. Zudem war im Zusammenhang mit der Konzeption einer EKD-Denkschrift und der darin formulierten Forderung nach Überprüfung der von den US Military Tribunals verhängten Urteile eine Vereinbarung mit Oberkirchenrat Dr. Hansjürg Ranke dahingehend getroffen worden,[198] dass anlässlich der Übergabe der Denkschrift an McCloy jener davon überzeugt werden müsse, „dass in den Untersuchungs-Ausschüssen keine Mitglieder sein dürfen, die an den [alliierten Militärgerichts-]Verfahren teilgenommen"[199] hätten. Wie noch darzulegen sein wird, sollte jene unabdingbare Forderung in den Vorentscheidungen McCloys zur Begnadigung der in Landsberg einsitzenden NS-Verbrecher eine wesentliche Rolle spielen. Am 21. Februar 1950 übergab dann eine Delegation der Evangelischen Kirche in Deutschland (EKD)[200] unter Leitung von Prälat Dr. Karl Hartenstein dem Hohen Kommissar das in der Besprechung des *Heidelberger Juristenkreises* am 9. Juli 1949 in allen Einzelheiten diskutierte EKD-Memorandum, das auf eine Revision der in den Nürnberger Nachfolgeprozessen ergangenen Urteile durch eine unabhängige deutsch-amerikanische Berufungsinstanz abhob.

Unter dem Titel *Memorandum by The Evangelical Church in Germany on the Question of War Crimes Trials before American Military Courts* hatten Wurm, Niemöller und Hartenstein als Herausgeber gezeichnet.[201] Gemäß Übereinkunft aller Sitzungsteilnehmer des *Heidelberger Juristenkreises*, dass die „öffentliche Meinung in den USA bearbeitet werden"[202] müsse, wurde die Denkschrift in die englische Sprache übersetzt und erschien in einer limitierten und nummerierten Auflage von 1.000 Stück. Zudem wies jedes Exemplar den Aufdruck „Not for

---

[197] McCloys Wohnsitz war Bad Homburg v. d. H. Im November 1951 verlegte er den Sitz des HICOG nach Bonn.

[198] Heidelberger Juristenkreis. Niederschrift über die Besprechung am 9. Juli 1949 in Heidelberg in den Räumen der juristischen Fakultät, Archiv des Instituts für Zeitgeschichte (IfZ), ED 157-8-274-282, S. 8.

[199] Ebd., S. 4.

[200] Neben Prälat Dr. Karl Hartenstein gehörten die Oberkirchenräte Hansjürg Ranke und Rudolf Weeber zur Delegation.

[201] Das 164 Seiten umfassende Original lagert in der Bibliothek des US Holocaust Memorial Museums, Library Call Number: JX543. E93 1949. Das 152. Druckexemplar befindet sich im Berliner Dokumentationszentrum *Topographie des Terrors*, T-Magazin, Signatur 0172.

[202] Heidelberger Juristenkreis. Niederschrift über die Besprechung am 9. Juli 1949 in Heidelberg in den Räumen der Juristischen Fakultät, Archiv des Instituts für Zeitgeschichte (IfZ), ED 157-8-274-282, S. 6.

Publication" auf. Das gesamte Schriftstück umfasste 164 Seiten abzüglich einer 15-seitigen Inhaltsangabe und gliederte sich in drei Teile.

Das eigentliche Memorandum betrug lediglich acht Seiten, wiederholte gleichermaßen die geläufigen Euphemismen, etwa die Bezeichnung „Soldaten" statt „Kriegsverbrecher und NS-Gewalttäter" und verwandte unter Verkennung der Rechtslage zudem die in den zwölf Nürnberger Nachfolgeprozessen hinreichend zitierten Verteidigungsmuster, so „die Anwendung eines neuen Rechts, das nicht allgemein verbindlich ist, die willkürliche Auswahl der Angeklagten, die Aburteilung von Soldaten durch ein Gericht, das kein Militärgericht ist." Es endete in der Feststellung, „daß höchster Ausdruck der Gerechtigkeit nicht Urteil und Vollstreckung der Strafe sein muß. Als Diener Christi bitten wir darum, in geeigneten Fällen Gnade walten zu lassen."[203] Wie aber sollte den ermordeten *Opfern* Gerechtigkeit widerfahren, wenn Landesbischof Theophil Wurm sich sogar für Personen wie den Massenmörder Dr. Martin Sandberger einsetzte, der dem Reichssicherheitshauptamt (RSHA) bereits 1941 ein „judenfreies Estland" mitgeteilt hatte? Welcher Personenkreis innerhalb der von den Militärgerichtshöfen verurteilten Kriegsverbrecher und NS-Gewalttäter wäre dann für einen derart geforderten „Gnadenakt" geeignet gewesen?

Ergänzt wurde das Memorandum durch zwei umfangreiche Anhänge: (1) *Documents Volume A*: Facts, p. 24-54. (2) *Documents Volume B*: Material on the Legal Deficiencies of the Trials in Nürnberg, Dachau and in the Shanghai Trial, p. 54-16, ergänzt um die Seiten 162-164: Amnesty for the Sick. Während in den *Documents Volume A* auf 30 Seiten der gesamte Schriftverkehr zwischen der kirchlichen Kriegsverbrecherlobby und den amerikanischen Militärbehörden aufgelistet wurde, argumentierten die Verfasser des Memorandums hingegen in den *Documents Volume B* auf 108 Seiten nach dem bekannten Aufrechnungsprinzip. So wurden nach dem *tu quoque*-Prinzip vermeintliche oder tatsächliche nach 1945 begangene Kriegsverbrechen in Frankreich, Polen, Jugoslawien, Norwegen und Holland behauptet (S. 63-78) und „Examples of inhumanities committed by the Allies" aufgezählt:

> „12 million Germans driven from their homes, robbed of their goods and chattels, dispersed, reported missing, deported, raped or killed. – German civilians in compulsory labor camps. – German prisoners of war in Russia. – Deportations from the Russian zone."[204]

Den Herausgebern der Denkschrift waren von den in den zwölf Nürnberger Nachfolgeprozessen tätig gewesenen Anwälte die gesamten Verteidigungsplädoyers zur Verfügung gestellt worden. Insofern enthielt das Memorandum nichts, was nicht

---

[203] *Memorandum by The Evangelical Church in Germany on the Question of War Crimes Trials before American Military Courts*. Published for the Council of the Evangelical Church in Germany by Bishop D. Wurm, Church President D. Niemöller DD.DD. and Prelate D. Hartenstein, S. 24.

[204] Ebd., S. 56.

schon zuvor in den einzelnen Urteilsbegründungen der jeweiligen US-Militärtribunale hinreichend geprüft und juristisch stichhaltig bewiesen worden war. Zudem bestand für General Clay ohnehin vor jedem Vollzug der Todesstrafe gemäß *Ordinance No 7* die Verpflichtung zur Überprüfung des entsprechenden Urteils. Insofern hätte es einer Notwendigkeit für die Erstellung eines derartigen Memorandums nicht bedurft.

McCloys Vorentscheidungen

Bereits die Simpson-Kommission hatte der amerikanischen Militärregierung nach Abschluss der Überprüfung des Malmedy Falles am 14. September 1948 die Installation eines dauerhaften Gremiums empfohlen, in dessen Zuständigkeit Begnadigungen und Straferlass fallen sollten. „Im Sommer 1949 hatte das Büro des Militärstaatsanwaltes beim Europäischen Oberkommando der US-Streitkräfte (EUCOM) Vorbereitungen für einen Begnadigungsausschuß getroffen, die im November 1949 zur Errichtung des für die Dachauer Fälle zuständigen War Crimes Modification Board führten."[205] Nachdem McCloy seitens der Kriegsverbrecherlobby unter erheblichen Druck geraten war, erwog er die Installation eines ähnlich beschaffenen Ausschusses, stieß dabei jedoch bei den US-amerikanischen Behörden auf kontrovers gearteten Widerhall. So informierte der Rechtsberater im Büro der Rechtsabteilung des United States Government John M. Raymond den obersten politischen Berater beim *Office of Military Government for Germany (U.S.)* (OMGUS) Robert D. Murphy in einem Schreiben vom 3. Oktober 1949 über die Amnestierungspläne McCloys, gegen die er folgende Einwände erhob:

> „I am very much opposed to any amnesty for the Nuremberg prisoners. In the proposed policy to Mr. McCloy he will be directed to undertake a review of each of the cases with a view of possible clemency or parole.
>
> This program is to be undertaken in coordination with the Military Commander [General Thomas T. Handy], who will make a similar review of the Dachau cases. It is further suggested that it might be possible to conduct such a review on a tripartite basis to cover all war criminals convicted and held in Germany [that means war criminals in Landsberg, Werl and Wittlich].
>
> In any event, such a program would give individual consideration in each case and a uniform application of principle. *This I am thoroughly in accord with, but I cannot agree to the wisdom of any general amnesty.*
>
> Of course I should not object to consideration of a particular case in advance of the general program if there were *urgent circumstances*, such as serious illness of the petitioner. Such petitions have always been considered immediately by the Military Governor." [Kursivdruck vom Verf.].[206]

---

[205] THOMAS ALAN SCHWARTZ, Begnadigung, S. 387.
[206] United States Government. John M. Raymond to Ambassador Murphy. Office Memorandum, October 3, 1949. Subject: *Clemency for Nuremberg War Criminals*, National Archives of the United

Mit Blick auf die von den Kriegsverbrechern und NS-Gewalttätern über deren Anwälte eingereichten Gnadengesuche sprach Colonel Raymond zudem die Empfehlung aus, vor jedwedem Tätigwerden in jedem Fall die Entscheidungen des Supreme Court abzuwarten. Ganz anders hingegen bewertete Mortimer Kollender jun., Chef der *Administration of Justice Division* im *Office of the U.S. High Commissioner for Germany* die Pläne McCloys hinsichtlich der Installation einer Begnadigungsinstanz:

> „I emphatically agree with the Colonel in his position on a general amnesty [...]. I do not think I would go as far as the Colonel proposes, but continue to treat the Nuremberg cases on an individual application basis.
>
> In addition on what was said in the Good Time memorandum, it is my feeling that the persistent and well-organized attack on the validity of the war crimes trials does not stem from the democratic elements in Germany; i.e., Trade Unions or Federal Government, but *from a well-financed and vocal minority centered around the former Nuremberg defense counsel.*" [Kursivdruck vom Verf.).[207]

Zwei Wochen später teilte McCloy auf der am 15./16. Dezember 1949 stattfindenden 10. Sitzung der Alliierten Hohen Kommission seinen beiden Amtskollegen, d. h. dem britischen und französischen Hohen Kommissar, seine Absicht mit, ein Expertengremium zu ernennen, das – in Anlehnung an das EUCOM *War Crimes Modification Board* – ein ähnlich geartetes Konzept ausarbeiten solle, mit der Zielsetzung,

> „die ganze Sache [zu] überprüfen, und zwar nicht in dem Sinn, die Verfahren selbst zu überprüfen, sondern sie daraufhin zu untersuchen, was seit den Prozessen geschehen ist, geleitet von dem Gedanken, daß mit Sicherheit einige darunter sind, die ihre Strafe mehr als genug verdient haben, daß aber bei anderen vielleicht unter Berücksichtigung mildernder Umstände doch eine Umwandlung möglich sein könnte."[208]

McCloy plante die Installation eines Expertenausschusses, der jedoch weder die Funktionen eines ausschließlichen Berufungsgerichts noch die eines reinen Begnadigungsausschusses ausüben sollte. In den nachfolgenden Detailbesprechungen betonte McCloys engster Rechtsberater Robert R. Bowie unter anderem einen äußerst wichtigen Gesichtspunkt, auf den auch schon die deutsche Kriegsverbrecherlobby verwiesen hatte.

> „Da die [Nürnberger] Gerichtshöfe nicht mehr existieren, gibt es kein richterliches Forum, an das ein Antrag auf Wiederaufnahme des Verfahrens gerichtet werden kann. Jedes

---

States, RG 260/OMGUS, shipment 17, box 250-2, folder 2, provenance: OMGUS Legal Division.

[207] Mortimer Kollender to R. D. Kearney. Office Memorandum of the Office of the U. S. High Commissioner for Germany (HICOG), December 2, 1949, National Archives of the United States, RG 260/OMGUS, shipment 17, box 250-2, folder 2, provenance: OMGUS Legal Division.

[208] Telefongespräch zwischen Handy und McCloy vom 11.2.1950, National Archives of the United States, RG 338, WCBAF, Box 14. Zitiert nach THOMAS ALAN SCHWARTZ, Begnadigung, S. 388, Anm. 49.

4 Aufhebung des Todesurteils

Rechtssystem muß aber automatisch eine Möglichkeit für die *Einbringung neuer Beweise* vorsehen, die die vorangegangene Entscheidung des Gerichtes entweder ungültig machen oder sich zumindest substantiell auf sie auswirken kann." [Kursivdruck vom Verf.].[209]

Gegenüber seinem Vorgesetzten, dem Außenminister Dean Acheson, gab McCloy drei Auswahlkriterien für die Ernennung des Expertengremiums an: Die Mitglieder des Begnadigungsausschusses dürften „bisher in keinerlei Verbindung mit den Nürnberger Prozessen gestanden und sich nicht öffentlich darüber geäußert haben", das bedeutete, dass sie ihre „Empfehlungen frei und unbelastet von jeder Parteilichkeit oder Voreingenommenheit" auszusprechen hätten. Jene Forderungen waren bereits von den Verfassern des oben erwähnten *Memorandum by the Evangelical Church in Germany on the question of war crimes trials before American military courts* erhoben worden. Als drittes Kriterium setzte McCloy fest, dass mindestens ein Gremiumsmitglied sich als amtierender oder ehemaliger Richter auszuweisen habe, „vorzugsweise ein Mitglied der Strafaussetzungsbehörde."[210]

Im Februar 1950 installierte McCloy das *Advisory Board on Clemency for War Criminals*. Sodann erfolgte Mitte März 1950 die Ernennung der illustren Gremiumsmitglieder. Als Vorsitzenden des Begnadigungsausschusses benannte McCloy *David W. Peck*, den Präsidenten der ersten Berufungskammer des Obersten Gerichtshofes des Staates New York. Weitere Gremiumsmitglieder wurden *Frederick A. Moran*, Vorsitzender der Kommission für Strafaussetzungen des Staates New York und Chefberater des Gouverneurs in allen Fragen der Strafaussetzung und Begnadigung sowie *Conrad Snow*, Rechtsberater im US Außenministerium.[211] Dass das Gremium nicht die Funktion eines Berufungsgerichts haben sollte, geht aus dessen Bezeichnung hervor: *Advisory Board on Clemency for War Criminals*.

Zur Arbeit des *Advisory Board on Clemency for War Criminals*

Nach seiner Ernennung nahm der Begnadigungsausschuss im Frühjahr 1950 seine Arbeit zunächst in Washington auf und setzte sie ab dem 11. Juli 1950 in München fort.[212] Wie professionell das Gremium arbeitete, zeigte sich allein daran, dass der ausgewiesene Experte für Strafaussetzung Frederick A. Moran bereits im Frühjahr 1950 nach Deutschland anreiste, also viele Wochen vor den anderen Ausschussmitgliedern, um jeden einzelnen der im *War Criminal Prison No 1* verurteilten

---

[209] Bowie an McCloy. Notiz vom 2.3.1950, National Archives of the United States, RG 466, OED, Box 28. Zitiert nach THOMAS ALAN SCHWARTZ, Begnadigung, S. 390, Anm. 52.

[210] McCloy an Acheson. Schreiben vom 17.2.1950, National Archives of the United States, RG 466, McCloy Papers, D 50/472. Zitiert nach THOMAS ALAN SCHWARTZ, Begnadigung, S. 391, Anm. 53.

[211] INFORMATION SERVICES DIVISION. OFFICE OF THE U. S. HIGH COMMISSIONER FOR GERMANY (Hrsg.): Landsberg. Ein dokumentarischer Bericht, München 1951, S. 5.

[212] Ebd.

Häftlinge der zwölf Nürnberger Nachfolgeprozesse anzuhören und „deren persönliche Lebensgeschichte, Familienhintergrund und Charakter" zu studieren.[213] Zu welchem Zeitpunkt Moran Biberstein aufgesucht hat, ist aus dem zur Verfügung stehenden Aktenmaterial nicht zu ermitteln.

Nach der Anhörung aller Häftlinge kehrte Moran zunächst zur Berichterstattung an seine beiden Gremiumsmitglieder nach Washington zurück. Am 11. Juli 1950 begann dann in München die eigentliche Arbeit des Expertengremiums mit dem Studium des umfangreichen Aktenmaterials der zwölf Nürnberger Nachfolgeprozesse. Da Richter Peck nur während der Gerichtsferien abkömmlich war, verblieben dem Begnadigungsausschuss lediglich sechs Wochen zur Einsichtnahme in jene Akten. Neben sämtlichen von den NS-Verbrechern eingereichten Gnadengesuchen – Biberstein hatte drei Gesuche eingereicht – überprüfte der so bezeichnete „Peck-Ausschuss" zudem ca. 3.300 Seiten Urteilsbegründungen, zudem „die schriftlichen und mündlichen Ausführungen von etwa 50 Verteidigern, die 90 der ursprünglich 104 Angeklagten vertraten." Hingegen wurden weder die in den zwölf Nürnberger Nachfolgeprozessen verwendeten 300.000 Seiten Beweismaterial untersucht noch die Anklagevertreter der einzelnen US Military Tribunals gehört.[214] Jenes Faktum sollte sich als nachteilig erweisen, wie McCloy im Nachhinein feststellen musste.

Bereits am 28. August 1950 konnte das *Advisory Board on Clemency for War Criminals* McCloy den Untersuchungsbericht vorlegen. In einer sechsseitigen Einleitung legte das Expertengremium zunächst die Grundsätze seiner Begnadigungsempfehlungen dar, die hier auszugsweise zitiert werden sollen, zumal sie die *Nürnberger Prinzipien* wiedergeben und somit die Rechtsgrundsätze der Nürnberger Gerichtsurteile bestätigen.

„Obwohl der Beratende Ausschuss die Anweisung hatte, die Urteile nicht nach Rechtslage oder Tatbestand zu überprüfen, waren wir der Meinung, daß die Befugnis zur Überprüfung von Rechtsurteilen die Notwendigkeit einschließt, zwischen den festgestellten und bewiesenen Tatbeständen und den etwa daraus gezogenen Schlussfolgerungen zu unterscheiden [...].

Wir haben die Urteilssprüche genau überprüft, die Gnadengesuche und Unterlagen jedes Angeklagten sorgfältig studiert und die Verteidiger in jedem Fall angehört; außerdem hat ein Ausschussmitglied mit jedem Gefangenen im Gefängnis von Landsberg gesprochen [...].

Die Nürnberger Prozesse gingen über den Rahmen von Einzelverfahren über individuelle Verbrechen hinaus. Vielmehr wurden diese Prozesse gegen Gruppen von Männern geführt, die, obwohl sie als einzelne handelten, an einer riesigen verbrecherischen Aktion gegen internationales Recht und gegen die Menschlichkeit beteiligt waren. Wir sind der Ansicht, daß sich aus diesen Prozessen drei gleicherweise wichtige Erkenntnisse erheben, die auch in diesem Bericht hervorgehoben werden sollten:

---

[213] Ebd. S. 5, 22 und THOMAS ALAN SCHWARTZ, Begnadigung, S. 390.
[214] THOMAS ALAN SCHWARTZ, Begnadigung, S. 391.

4 Aufhebung des Todesurteils 761

(1) Die Einhaltung der Gesetze der Menschlichkeit, die kein Volk oder Staat mißachten darf, und die Gewißheit, daß derjenige, der sie verletzt, von der Gesellschaft zur Verantwortung gezogen und bestraft werden muß.

(2) Aufklärung der Völker der ganzen Welt über das, was unter dem Dritten Reich vor sich ging, auf daß sie immerdar wachsam seien, um sich gegen die Gefahr der Wiederholung zu schützen.

(3) Individuelle Gerechtigkeit für jeden einzelnen Angeklagten. Er darf nicht mit der Regierung, einer Partei oder ihrem Programm identifiziert werden. Seine Handlungen und die Umstände, unter denen er sie vornahm, müssen gewissenhaft untersucht werden, damit er nur für seine eigenen Vergehen zur Verantwortung gezogen wird und nicht die Vergehen anderer über sein Haupt kommen [...]."[215]

Des Weiteren griff der Begnadigungsausschuss in seinem Bericht Argumentationen auf, die bereits das US Military Tribunal II in seiner Urteilsbegründung zum Einsatzgruppenprozess hervorgehoben hatte,[216] so die folgenden:

„Bei den zwölf Prozessen handelte es sich um getrennte Verfahren; jedes betraf einen Abschnitt des Programms der Nationalsozialisten [...]. Die Abschnitte jedoch waren alle miteinander verflochten in einem großangelegten Plan, der trotz seines wahnwitzigen Charakters gründlich durchgearbeitet war, um jedes Gebiet einzuschließen.

Der Gedanke, der die Grundlage des Planes und der Angriffshandlung bildete, war, daß die Deutschen ein Herrenvolk seien, dazu bestimmt, die minderwertigen östlichen Rassen niederzukämpfen, zu unterjochen und zu versklaven, daß aber sogar das Herrenvolk von einem Diktator beherrscht sein müsse, der unumstrittene Gewalt über Leben und Tod ausübt.

Diese Idee der Verherrlichung des Staates und seiner Macht, das Leben der einzelnen Menschen zugunsten des Staates zu regeln, ist nichts Neues; sie ist aber noch niemals in einem so großen und rücksichtslosen Ausmaß durchdacht und ausgeführt worden wie von Hitler und den Nazis."[217]

Nachfolgend schilderte der Ausschuss in sieben Punkten die einzelnen Formen der in den Nürnberger Nachfolgeprozessen geahndeten Verbrechen, um – wie zu Beginn des Kapitels III ausführlich dargelegt – zunächst konstatierend auf *die* ausschlaggebenden verfassungs- und staatsrechtlichen Veränderungen durch das Hitler-Regime zu verweisen:

„All das hätte selbstverständlich nicht geschehen können, wenn es Recht gegeben hätte oder wenn das Recht beachtet worden wäre. *Es war daher ein notwendiger Teil des Programms, Recht und Gesetz abzuschaffen*, und dies geschah. An die Stelle des Rechts trat unverhohlen die nazistische Weltanschauung [...].

Was für Männer diese SS-Führer, Generäle, Richter, Staatsanwälte, Wirtschaftsführer und Minister waren, *was sie damals empfunden haben* und ob sie sich der ihnen zugewiesenen

---

[215] INFORMATION SERVICES DIVISION. OFFICE OF THE U. S. HIGH COMMISSIONER FOR GERMANY (Hrsg.), Landsberg, S. 22.
[216] KAZIMIERZ LESZCZYŃSKI (Hrsg.), Fall 9, S. 140-144.
[217] INFORMATION SERVICES DIVISION. OFFICE OF THE U. S. HIGH COMMISSIONER FOR GERMANY (Hrsg.), Landsberg, S. 22f.

Aufgaben mit Begeisterung oder Widerwillen gewidmet haben, *kann heute nicht mehr geklärt werden* [...]. Einige der Angeklagten haben in uns den Eindruck erweckt, daß sie in ihren Erklärungen ehrlich waren. Vielleicht haben mehrere den Weg beschritten, den man als den ‚schmalen Grat zwischen Gehorsam und Auflehnung' bezeichnet.

Obgleich jedoch keiner den Versuch macht, seine Taten als menschlich hinzustellen, bleibt der äußerst enttäuschende Haupteindruck bestehen, daß die Mehrzahl der Angeklagten auch heute noch der Ansicht zu sein scheint, sie hätten recht gehandelt, weil sie Befehlen folgten. Diese Vergötterung des Gehorsams ist, als menschliche Handlung gesehen, noch bedenklicher als ihre Geltendmachung zur Entlastung [...].

Aber wenn man sie [die Vergötterung des Befehls] ablehnt, und wenn es eine Welt geben soll, in der Gesetz und Gerechtigkeit herrschen, dann müssen Personen, wenigstens solche in höheren Stellungen, für ihre Handlungen zur Verantwortung gezogen werden können.

Vielleicht ergeben sich mildernde Umstände aus der Stellung eines Angeklagten und dem tatsächlichen Zwang, unter dem er gehandelt haben mag; die Berufung auf höheren Befehl als Grund für einen Freispruch muß jedoch verworfen werden, ebenso wie sie von den Gerichten während der Prozesse verworfen worden ist [...]. Wo die Möglichkeit eines Zweifels besteht, würden wir einen Angeklagten gewiß nicht eines Verbrechens schuldig sprechen.

Es gibt aber kein Gesetz, das den Mord an Juden oder Zigeunern rechtfertigen könnte. Das Gleiche gilt für die Versklavung und die damit verbundenen grausamen Behandlungen von Menschenmassen und für das ausgedehnte Unternehmen, durch Rassenprüfungen und -bewertungen zu entscheiden, wer umgesiedelt, versklavt oder liquidiert werden sollte. *Mord, Plünderung und Versklavung verstoßen überall gegen das Gesetz, zumindest im 20. Jahrhundert.* [Die von der Verfasserin kursiv gekennzeichneten Textstellen hat der Begnadigungsausschuss zum Teil wörtlich aus der Urteilsbegründung des Nürnberger Einsatzgruppenprozesses entnommen].

Da Recht und Gesetz gelten, müssen notwendigerweise Rechtsbrecher zur Verantwortung gezogen werden. Die Verfahren von Nürnberg stellen fest, daß Recht und Gesetz zu jeder Zeit über jedem Menschen stehen – auch über Staatsoberhäuptern und allen, die zu ihrer Gefolgschaft gehören – und, daß der einzelne vor der Gesellschaft über seine Handlungen Rechenschaft ablegen muß." [Kursivdruck vom Verf.].[218]

Tabelle 7: Rang und Funktion der Anklagten im Nürnberger Einsatzgruppenprozess

Angeklagter	**SS-Rang**	**Polizei-Rang**	**Funktion**
Jost, Heinz	Brigadeführer	Generalmajor d. Polizei	Einsatz-Gr. A
Naumann, Erich	Brigadeführer	Generalmajor d. Polizei	Einsatz-Gr. B
Rasch, Otto Emil *	Brigadeführer	Generalmajor d. Polizei	Einsatz-Gr. C
Ohlendorf, Otto	Gruppenführer	Generalleutnant d.Polizei	Einsatz-Gr. D
Sandberger	Standartenführer		Sonderk. 1a
Strauch, Eduard**	Obersturmbannf.		Sonderk. 1b

[218] Ebd., S. 24-26.

Blobel, Paul	Standartenführer		Sonderk. 4a
Steimle, Eugen	Standartenführer		Sonderk. 4a/7a
Haensch, Walter	Obersturmbannf.		Sonderk. 4b
Schulz, Erwin	Brigadeführer	Generalmajor d. Polizei	Einsatzk. 5
Biberstein, Ernst	*Sturmbannführer*		*Einsatzk. 6*
Blume, Walter	Standartenführer		Sonderk. 7a
Ott, Adolf	Untersturmführer		Sonderk. 7b
Six, Franz	Brigadeführer		Vork.Moskau
Klingelhöfer, Woldemar	Sturmbannführer		Sonderk. 7c
Braune, Werner	Obersturmbannf.		Sonderk. 11b
Nosske, Gustav	Obersturmbannf.		Einsatzk. 12
Seibert, Willy	Standartenführer		Leiter Amt III, Stellvertreter Ohlendorfs
Fendler, Lothar	Sturmbannführer		Leiter Amt III Sonderk. 4b
Radetzky, Waldemar von	Sturmbannführer		Offizier im Sonderk. 4a
Rühl, Felix	Hauptsturmführer		Offizier im Sonderk. 10b
Schubert, Heinz	Obersturmführer		Adjutant Ohlendorfs
Graf, Matthias	Oberscharführer		Unteroffizier im Einsatzk. 6
Haussmann, Emil ***	Sturmbannführer		Offizier im Einsatzk. 12

* Das Verfahren gegen Dr. Dr. Otto Emil Rasch wurde am 5. 2.1948 wegen dessen Parkinson-Erkrankung abgetrennt. Rasch verstarb am 1.11.1948.
** Dr. Eduard Strauch wurde wegen seiner in Wallonien begangenen Verbrechen an die belgischen Justizbehörden ausgeliefert und dort erneut zum Tode verurteilt. Das Urteil konnte wegen Strauchs manifester Psychose nicht vollstreckt werden. Strauch verstarb 1955 in Belgien in einer psychiatrischen Anstalt.
*** Emil Haussmann beging am 31.7.1947, d. h. zwei Tage nach Erhalt der Gruppenanklageschrift, im Untersuchungsgefängnis des Nürnberger Justizpalastes Suizid.
Quelle: Die Tabelle wurde erstellt aufgrund der in der Urteilsbegründung enthaltenen Personendaten. KAZIMIERZ LESZCZYŃSKI (Hrsg.), Fall 9, S. 145-236.

Kapitel 5 Aufhebung des Todesurteils 1951

Tabelle 8: Empfehlungen des Begnadigungsausschusses vom 28.8.1950 im Fall 9

Häftling	Gerichtsurteil	Advisory Board
Ohlendorf, Otto	Todesstrafe	Todesstrafe
Jost, Heinz	lebenslänglich	10 Jahre
Naumann, Erich	Todesstrafe	Todesstrafe
Schulz, Erwin	20 Jahre	10 Jahre
Six, Franz	20 Jahre	verbüßte Haftzeit
Blobel, Paul	Todesstrafe	Todesstrafe
Blume, Walter	Todesstrafe	20 Jahre
Sandberger, Martin	Todesstrafe	Todesstrafe
Seibert, Willy	Todesstrafe	verbüßte Haftzeit
Steimle, Eugen	Todesstrafe	15 Jahre
Biberstein, Ernst	*Todesstrafe*	*15 Jahre*
Braune, Werner	Todesstrafe	Todesstrafe
Haensch, Walter	Todesstrafe	15 Jahre
Nosske, Gustav	Todesstrafe	10 Jahre
Ott, Adolf	Todesstrafe	Todesstrafe
Klingelhöfer, Woldemar	Todesstrafe	Todesstrafe
Fendler, Lothar	10 Jahre	verbüßte Haftzeit
Radetzky, Waldemar von	20 Jahre	verbüßte Hatfzeit
Rühl, Felix	10 Jahre	verbüßte Haftzeit
Schubert, Heinz	Todesstrafe	verbüßte Haftzeit

Quellen:
1. KAZIMIERZ LESZCZYŃSKI (Hrsg.), Fall 9, Einzelurteile S. 145-240 und Anhang S. 251.
2. Advisory Board on Clemency to McCloy, Report August, 28, 1950, RG 12, Einsatzgruppen: Trial, Darmstadt; Clippings folder, BBF, USHMM. Zitiert nach: HILARY EARL, SS-Einsatzgruppen Trial, S. 283.

Tabelle 9: Gegenüberstellung der Dienstgrade

Heer	SS/Waffen-SS	Polizei
Generaloberst	SS-Oberstgruppenführer	
General	SS-Obergruppenführer	General der Polizei
Generalleutnant	*SS-Gruppenführer*	Generalleutnant der Polizei
Generalmajor	*SS-Brigadeführer*	Generalmajor der Polizei
Oberst	SS-Oberführer	Oberst der Schutzpolizei
	SS-Standartenführer	
Oberstleutnant	*SS-Obersturmbannführer*	Oberstleutnant Schutzpolizei

Major	*SS-Sturmbannführer*	Major der Schutzpolizei
Hauptmann	*SS-Hauptsturmführer*	Hauptmann d. Schutzpolizei
		Revierhauptmann Schutzpol.
Oberleutnant	*SS-Obersturmführer*	Oberleutnant Schutzpolizei
Leutnant	*SS-Untersturmführer*	Leutnant der Schutzpolizei

Quelle: KAZIMIERZ LESZCZYŃSKI (Hrsg.), Fall 9, Anhang S. 252.

Zum Schluss der sechsseitigen Einleitung ging der Begnadigungsausschuss auf Argumentationslinien ein, die insbesondere von den hohen Würdenträgern der protestantischen Kirche zuhauf und wiederholt erhoben worden waren.

„Man hat uns nahegelegt, die Grundsätze der Nächstenliebe und der Großmut anzuwenden. Selbst im Falle eines der schlimmsten Verbrecher [gemeint war Sandberger] wurden wir gebeten, seiner Familie und dem Volk gegenüber ein Beispiel von Großmut zu geben. Milde kann als erhebendes Beispiel wirken, wo Grund besteht, Mitleid zu haben und Nächstenliebe zu üben; aber falsche Milde gegenüber Massenmördern wäre eine Verhöhnung [der Opfer]. Wenn wir uns schließlich nur von Erwägungen des Mitleids und der Großmut leiten ließen, würde wieder zunichte gemacht werden, was Nürnberg geschaffen hat. Das ist nicht der Sinn und die Aufgabe des Gnadenrechts der Exekutive.

Wir haben alle mildernden Umstände, die man uns vorgelegt hat, einschließlich des ‚Höheren Befehls', in Erwägung gezogen und haben die *Stellung* berücksichtigt, die jeder einzelne Angeklagte innehatte [...]. Die Gerechtigkeit verlangt, daß allgemein gültiges Recht beachtet und zur Geltung gebracht wird durch Bestrafung derjenigen, die schwerer Verbrechen schuldig sind, im Verhältnis zu ihrer Schuld.

Wir sind nicht dazu berechtigt, größere Straferleichterungen zu gewähren, als mildernde Umstände und eine faire Beurteilung der Sachlage im Einzelfall sie rechtfertigen können. Wir sind der Meinung, daß die Urteile, wie sie jetzt verbleiben, sowohl vom Gesichtspunkt der Gesellschaft aus als auch von dem der betroffenen Personen, billig und gerecht sind." [Kursivdruck vom Verf.].[219]

Wie die Tabellen 7-9 verdeutlichen, hat das *Advisory Board on Clemency for War Criminals* die individuelle Verantwortlichkeit der im Nürnberger Einsatzgruppenprozess verurteilten NS-Gewalttäter im Hinblick auf deren Verbrechen nicht gemäß ihres jeweiligen SS-Ranges beurteilt, sondern die Stellung eines jeden Angeklagten berücksichtigt, d. h. dessen spezielle Funktion im Vernichtungsprogramm.

McCloys Gnadenentscheid vom 31.1.1951

Der *Advisory Board on Clemency for War Criminals* hatte seinen Abschlussbericht am 28. August 1950 McCloy in dessen damaligem Amtssitz in Frankfurt/M. unterbreitet. Dennoch sollten noch fünf Monate bis zur Verkündigung und Veröffentlichung der „Gnadenentscheide" vergehen. Zwei Gründe waren hierfür maßgeblich:

---
[219] Ebd., S. 27.

Wie bereits erwähnt, waren zum einen die Begnadigungspläne des High Commissioners McCloy in den USA kontrovers aufgenommen worden. So befürchtete das State Department, durch die Begnadigungstendenzen könnten nicht nur die Rechtsprechung der Nürnberger Gerichte, sondern das gesamte *Denazification and Reeducation Program* infrage gestellt werden. Jene Besorgnis wurde ebenso von Robert S. Marcus geteilt, dem Politischen Direktor der Dachorganisation des *World Jewish Congress*, der bereits im April 1949 Zweifel an dem Erfolg des US-Entnazifizierungsprogramms geäußert[220] und am 29. März 1950 große Bedenken gegen McCloys Begnadigungsvorhaben erhoben hatte.[221] Desgleichen wurde von Colonel John M. Raymond, dem Rechtsberater im Büro der Rechtsabteilung des United States Government, eine Generalamnestie grundsätzlich abgelehnt und zudem die Empfehlung ausgesprochen, vor jedwedem Tätigwerden in den einzelnen Fällen die Entscheidungen des Supreme Court in Sachen der *Habeas corpus-Petitionen* abwarten, die viele der verurteilten Kriegsverbrecher und NS-Gewalttäter eingereicht hatten, so auch Biberstein, der – wie bereits erwähnt – neben zwei Gnadengesuchen eine *Habeas corpus*-Eingabe getätigt hatte.[222]

Ein weit wichtigeres Argument, die Empfehlungen des *Advisory Board on Clemency for War Criminals* und damit insbesondere die von den Experten befürworteten Todesurteile nicht unmittelbar zu vollstrecken, waren zwischenzeitlich eingetretene gravierende weltpolitische Veränderungen. Denn noch während der Begnadigungsausschuss tagte, waren mit Ausbruch des Korea-Krieges am 25. Juni 1950 – der „in der westlichen Welt als Beginn einer neuen globalen sowjetischen Offensive in Form von Stellvertreterkriegen empfunden"[223] wurde – neue Aspekte der US-Außenpolitik gegenüber der Bundesrepublik Deutschland ins Blickfeld gerückt, insofern, als der Koreakrieg die Befürchtung der westlichen Welt nach

---

[220] American Jewish Historical Society: Resolution vom 28.4.1949, American Jewish Congress Collection, Box 52. Zitiert nach: ULRICH BROCHHAGEN: Nach Nürnberg. Vergangenheitsbewältigung und Westintegration in der Ära Adenauer (Schriftenreihe des Hamburger Instituts für Sozialforschung), Berlin 1999; zugleich: München, Universität der Bundeswehr, Diss.,1993, S. 213.

[221] McCloy an Robert S. Marcus. Schreiben vom 29.3.19550, National Archives of the United States, RG 466, McCloy Papers, D 50/1023. Zitiert nach: THOMAS ALAN SCHWARTZ, Begnadigung, S. 389.

[222] (1) Gesuch um Revision des Urteils für Ernst Biberstein an den US-Militärgouverneur vom 23. April 1948, StAN, Rep. 501, KV-Prozesse, Fall 9, D 5 (Englische Reihe). (2) Ergänzendes Gesuch für Ernst Biberstein an den US-Militärgouverneur vom 24. Februar 1949, StAN, Rep. 501, KV-Prozesse, Fall 9, D 7 (Englische Reihe). (3) Gesuch für ein *Writ of Habeas Corpus* für Ernst Biberstein an den Supreme Court of the United States vom 20. April 1948, StAN, Rep. 501, KV-Prozesse, Fall 9, D 6 (Englische Reihe).

[223] RUDOLF MORSEY: Die Bundesrepublik Deutschland. Entstehung und Entwicklung bis 1969 (Oldenbourg Grundriss der Geschichte; 19), 4., überarbeitete und erweiterte Auflage, München 2000, S. 30.

4 Aufhebung des Todesurteils

sich zog, ein ähnliches Ereignis könne auch in Deutschland eintreten. Immerhin verlief der so bezeichnete *Eiserne Vorhang* mitten durch das geteilte Deutschland. Knapp zwei Monate später kamen in den mit Adenauer geführten Verhandlungen der drei Hohen Kommissare vom 17. August 1950 Dringlichkeitsfragen zur Sprache wie „Psychologische Auswirkungen des Korea-Krieges in der Bundesrepublik" oder „Aufbau einer Verteidigungsmacht der Bundesrepublik gemäß Artikel 3 des Besatzungsstatutes" und „Stellung eines deutschen Kontingentes im Rahmen einer westeuropäischen Armee".[224] Wie das Verlaufsprotokoll belegt, erklärte Adenauer gegenüber McCloy sein Einverständnis zu einem bundesdeutschen Wehrbeitrag mit den Worten: „Er stimme dem Plan einer europäischen Armee zu und sei durchaus für die Stellung eines deutschen Kontingents innerhalb dieser Armee."[225]

Unter Berücksichtigung jener Zusage des Bundeskanzlers wurde von den USA auf der vom 12. bis 14. September 1950 stattfindenden Außenministerkonferenz der drei Westmächte in New York eine Wiederbewaffnung der Bundesrepublik vorgeschlagen. Damit sah sich McCloy in seiner Funktion als High Commissioner einer alliierten Besatzungsmacht insofern in einer konfliktreichen Doppelrolle, als die USA einerseits „ausführendes Organ der Besatzungsjustiz in Deutschland [waren und andererseits] Deutschlands Verbündeter und Freund,"[226] wie McCloys Biograf Thomas Alan Schwartz jene Situation treffend beschreibt.

In ihrer Funktion als *Pressure Group* machte sich die Kriegsverbrecherlobby – die neben den vielfach erwähnten hochrangigen Vertretern beider Kirchen spätestens seit dem Auftreten der Wiederbewaffnungsfrage auch ehemalige Wehrmachtsangehörige und Bundestagsabgeordneten in ihren Reihen zählte – jenen veränderten Status des McCloy zunutze, indem sie entgegen den Vorstellungen des Bundeskanzlers ein Junktim herzustellen suchte zwischen einer Remilitarisierung der Bundesrepublik Deutschland und ihren Forderungen nach einer „Amnestierung" der NS-Verbrecher. Viele Bundestagsdebatten belegen, wie emotionsgeladen jene Frage diskutiert wurde.[227] Zudem versuchten hochrangige ehemalige Wehrmachtsangehörige, die sich durch die Nürnberger Nachfolgeprozesse – na-

---

[224] Treffen zwischen Adenauer und den Hohen Kommissaren auf dem Petersberg. Verlaufsprotokoll vom 17. 8. 1950, in: HANS-PETER SCHWARZ (Hrsg. im Auftrag des Auswärtigen Amts): Akten zur Auswärtigen Politik der Bundesrepublik Deutschland Bd. I. Adenauer und die Hohen Kommissare 1949-1951. Bearbeitet von Frank-Lothar Kroll und Manfred Nebelin, München 1989, S. 222-230, hier S. 222.

[225] Ebd., S. 229.

[226] *The War Criminals Question by HICOG Office of Political Affairs* vom 22. Dezember 1952, U. S. National Archives (NA) Washington, D. C., RG 466 (Office of the U. S. High Commissioner of Germany). Zitiert nach: THOMAS ALAN SCHWARTZ, Begnadigung, S. 404.

[227] *Verhandlungen des Deutschen Bundestages.* Stenographische Berichte und Drucksachen, Bonn 1950, 1. Wahlperiode, Sitzung vom 8. November 1950, S. 3563, 3591, 3614. Ebd., Nr. 1599, Sitzung vom 10. November 1950. Ebd., Sitzung vom 14. November 1950, S. 3690-3692.

mentlich durch den Prozess gegen die „Südost-Generäle" (Fall 7) und den Prozess gegen das Oberkommando der Wehrmacht (Fall 12) – in ihrer soldatischen Ehre zutiefst angegriffen fühlten, die Debatte um die „Begnadigung" der Kriegsverbrecher und NS-Gewalttäter mit jener über einen bundesdeutschen Wehrbeitrag zur Verteidigung des Westens zu verbinden. So forderte in diesem Zusammenhang Admiral a. D. Gottfried Hansen als Gründungsvorsitzender des *Bundes versorgungsberechtigter ehemaliger Wehrmachtsangehöriger und ihrer Hinterbliebenen* ((BvW) Ende Dezember 1950 sogar eine „allgemeine Amnestie" für alle von den Alliierten verurteilten Wehrmachtsangehörigen, wobei er verharmlosend von den „sogenannten Kriegsverbrechern"[228] sprach.

Wenig später intervenierte am 9. Januar 1951 eine Bundestagsdelegation unterschiedlicher politischer Parteien unter Leitung von Carlo Schmid, SPD, bei McCloy. Im Hinblick auf die Landsberger Häftlinge erhob einer der hochrangigen Politiker das dreiste Ansinnen, die von den dort einsitzenden verurteilten Kriegsverbrechern und NS-Gewalttätern verübten Gräueltaten sollten „durch eine große Geste der Gnade ausgelöscht [sic!] werden."

Mehr als schockiert über einen derartigen Vorschlag versuchte McCloy jenen führenden Politikern ins Bewusstsein zu rufen, dass es sich hier „um Verbrechen von historischer Dimension" handele und um einen „Auswuchs an Kriminalität, der weltweit Verachtung hervorgerufen" habe. Beim eingehenden Studium der Gerichtsakten habe er „kaum glauben können, daß die Männer, die diese Verbrechen begangen haben, menschliche Wesen waren." Im Hinblick auf die herrschenden Schuldabwehrmechanismen vieler Deutscher monierte McCloy deren „Weigerung anzuerkennen, was tatsächlich geschehen ist." Als dessen ungeachtet einer der hochrangigen Bundestagsabgeordneten den Einwand erhob, die „Kriegsverbrecherfrage" könne negative Auswirkungen auf die deutsch-amerikanischen Beziehungen haben, entgegnete McCloy, dass er „die Angelegenheit sowohl vom internationalen Standpunkt als auch vom bilateralen aus betrachten [müsse]" und fügte ergänzend hinzu: „Wenn unsere Beziehungen von diesen Einzelfällen abhängen, dann hängt unsere Freundschaft in der Tat an einem seidenen Faden."[229]

Ebenso versuchte Weihbischof Neuhäusler, McCloy unter Druck zu setzen, indem er die USA aufforderte, „Barmherzigkeit" gegenüber den in Landsberg einsitzenden NS-Verbrechern zu zeigen und alle noch nicht vollstreckten Todesstrafen nunmehr in zeitliche Strafen umzuwandeln, jetzt, „da die Bundesrepublik dazu

---

[228] *Frankfurter Allgemeine Zeitung* (FAZ) vom 27. Dezember 1950. Zu den Interventionen des Admirals a. D. Gottfried Hansen vgl. auch: NORBERT FREI, Vergangenheitspolitik, S. 222-224.
[229] Meeting between Mr. McCloy and Delegation from the Bundestag, 9.1.1951, U. S. National Archives, Washington, D. C., RG 466 (Office of the U. S. High Commissioner for Germany), McCloy Papers, D 51/ 17A. Zitiert nach: THOMAS ALAN SCHWARTZ, Begnadigung, S. 399f.

4 Aufhebung des Todesurteils

aufgerufen ist, sich zusammen mit den anderen westlichen Mächten zu einem starken Verteidigungsblock gegen den Bolschewismus im Osten zu formieren."[230]

McCloy hingegen hatte bereits am 16. November 1950 während des Treffens Adenauers mit den drei Hohen Kommissaren – unter Punkt 6 war das Thema „Beitrag der Bundesrepublik zur Verteidigung Westeuropas"[231] verhandelt worden – unter Verweis auf ein von Adenauer zuvor eingereichtes Aide-mémoire deutlich zu verstehen gegeben, dass er selbst kein Junktim zu sehen wünsche zwischen der Debatte über „Begnadigungen" der NS-Täter und „einem deutschen Truppenkontingent als Austauschobjekt. Wenn dieser Eindruck erweckt werden würde, wäre er jedenfalls in den Vereinigten Staaten höchst unglücklich."[232]

Bei den Verhandlungen Adenauers mit den drei Hohen Kommissaren war es jedoch weniger um die in Landsberg einsitzenden NS-Verbrecher gegangen, sondern um die Frage der Auslieferung von zwei in Baden-Württemberg wohnenden Deutschen nach Frankreich, denen Kriegsverbrechen zur Last gelegt worden war. Jenes Faktum habe in Deutschland „großes Aufsehen erregt", betonte der Bundeskanzler und verwies darauf, „daß die deutsche Öffentlichkeit es doch begreiflicherweise nicht versteht, wenn hier fünf Jahre nach Kriegsende Leute verhaftet werden und nach Frankreich ausgeliefert werden sollen, ohne daß überhaupt angegeben wird, was ihnen zur Last gelegt wird." Danach wagte er mit seinem folgenden Statement einen weiteren Vorstoß: „Ich würde es weiter außerordentlich begrüßen, wenn alle noch schwebenden Kriegsverbrecherprozesse möglichst bald auf irgendeine Weise beendet werden könnten."[233] Zu Recht verwies der französische Hohe Kommissar André François-Poncet auf die kollektive Erkenntnis- und Schuldabwehr der Deutschen und, indem er die zahllosen von Deutschen in Frankreich begangenen NS-Verbrechen im Auge hatte, konterte er:

„In Wirklichkeit handelt es sich bei den Personen, die in solchen Fällen verhaftet werden, um solche, welche entsetzliche Verbrechen, die Mord oder Totschlag begangen haben. Man müßte sich von Zeit zu Zeit daran erinnern, daß leider Kriegsverbrechen keine Erfindung sind.

---

[230] Neuhäusler an McCloy. Schreiben vom 20.1.1951, U. S. National Archives, Washington, D. C., RG 466 (Office of the U. S. High Commissioner for Germany), McCloy Papers, D 51/ 17A. Zitiert nach: THOMAS ALAN SCHWARTZ, Begnadigung, S. 394.

[231] Treffen zwischen Adenauer und den Hohen Kommissaren auf dem Petersberg am 16. November 1950, in: HANS-PETER SCHWARZ (Hrsg. im Auftrag des Auswärtigen Amts): Akten zur Auswärtigen Politik der Bundesrepublik Deutschland. Adenauer und die Hohen Kommissare. Bearbeitet von Frank-Lothar Kroll und Manfred Nebelin, Bd. I: 1949-1952, München 1989, S. 258-278, hier S. 258.

[232] Treffen zwischen Adenauer und den Hohen Kommissaren auf dem Petersberg am 16. November 1950, in: HANS-PETER SCHWARZ (Hrsg. im Auftrag des Auswärtigen Amts): Akten zur Auswärtigen Politik der Bundesrepublik Deutschland. Adenauer und die Hohen Kommissare. Bearbeitet von Frank-Lothar Kroll und Manfred Nebelin, Bd. I: 1949-1952, München 1989, S. 258-278, hier S. 277.

[233] Ebd., S. 270f.

Der Herr Kanzler hat uns gesagt, daß die deutsche öffentliche Meinung sehr empfindlich sei. Ich möchte bei dieser Gelegenheit sagen, daß die französische öffentliche Meinung nicht weniger empfindlich ist und daß es schwierig wäre, sie dazu zu bringen, daß sie zugibt, daß nach fünf Jahren, d. h. nach Ablauf der Hälfte der Frist, in der Bestrafung erfolgen kann, [sic] einen Strich unter diese Dinge zieht und alle Leute begnadigt."[234]

Dass Adenauer während jenes Treffens jedoch keineswegs ein Junktim zwischen einem deutschen Truppenkontingent im Rahmen einer Europäischen Verteidigungsgemeinschaft und der Auslieferung deutscher Kriegsverbrecher an Frankreich oder der Begnadigung bereits verurteilter NS-Gewalttäter im Auge hatte, zeigte seine geäußerte Besorgnis, dass die Zustimmung des Bundestages zu einem westdeutschen Verteidigungsbeitrag aufgrund der augenblicklichen „inneren Haltung der Deutschen" nicht zustande kommen könnte. Demzufolge halte er „es für notwendig, daß etwas geschieht, damit in der Mehrheit des deutschen Volkes die psychologische Umstellung erfolgt."[235] Die gleichen Bedenken äußerte zwei Monate später der Bundespräsident in einem Schreiben an McCloy:

> „Meine Sorge ist groß, daß durch etwaige Hinrichtungen von Landsberger Häftlingen unsere gemeinsamen Bemühungen zur Eingliederung der Bundesrepublik in eine europäische und atlantische Gemeinschaft empfindlich gestört würden."[236]

Bereits die beiden Memoranden des Bundeskanzlers an die Westalliierten vom 29. August 1950 belegen, dass Adenauer sich ausschließlich auf ein Junktim zwischen einem bundesdeutschen Beitrag zur westeuropäischen Verteidigung und der vollen Souveränität der Bundesrepublik Deutschland festgelegt hatte. So gab er in dem *Sicherheitsmemorandum* lediglich die Zusage zu einem „Beitrag in Form eines deutschen Kontingents [...] im Falle der Bildung einer internationalen westeuropäischen Armee."[237] In einem weiteren *Memorandum zur Frage der Neuordnung der Beziehungen der Bundesrepublik zu den Besatzungsmächten* bat er um den Abbau des „Besatzungsstatutes [...] durch ein System vertraglicher Abmachungen."[238] Das war in diesem Fall die diplomatische Umschreibung für Adenauers politisches Ziel der vollen Souveränität für die Bundesrepublik Deutschland.

In beiden Memoranden forderte er mit keinem Wort eine „Begnadigung" der in den alliierten Gefängnissen Landsberg, Werl und Wittlich einsitzenden Kriegsver-

---

[234] Ebd., S. 275.
[235] Ebd., S. 267f.
[236] Schreiben Heuss an McCloy vom 16. Januar 1950, BArch, B 122 Bundespräsidialamt/ 644.
[237] Der Text des *Sicherheitsmemorandums* ist abgedruckt in:
[238] KLAUS VON SCHUBERT (Hrsg.): Sicherheitspolitik der Bundesrepublik Deutschland. Dokumentation 1945–1977 (2 Teile), Köln 1978/1979, S. 79-83. Bezüglich des *Memorandums zur Frage der Neuordnung der Beziehungen Bundesrepublik Deutschland zu den Besatzungsmächten* vgl. KONRAD ADENAUER: Erinnerungen 1945-1953, Stuttgart 1965, S. 388. Zur ablehnenden Haltung der Deutschen und der Diskussion um einen deutschen Verteidigungsbeitrag ebd., S. 382-388, 390-392.

4 Aufhebung des Todesurteils

brecher und NS-Gewalttäter. Des Weiteren dokumentieren Adenauers Verhandlungen mit den drei Hohen Kommissaren am 17. August 1950, dass dessen vordringlichstes außenpolitisches Ziel die Westintegration der Bundesrepublik Deutschland war.[239]

Was hingegen McCloy und die Kriegsverbrecherfrage betraf, so war ihm daran gelegen, dass trotz der Appeasement-Politik der USA gegenüber der Bundesrepublik Deutschland infolge des Kalten Krieges und der daraus resultierenden Notwendigkeit der Integration Westdeutschlands in das westalliierte Bündnissystem dennoch nicht das *Denazification and Reeducation Program* ad absurdum geführt würde. Ausschlaggebend, dass McCloy nach monatelangem Zögern am 31. Januar 1950 sein Begnadigungsprogramm bekanntgab, waren neben dem oben geschilderten unerträglichen Druck seitens der Kriegsverbrecherlobby zwei gravierende Ereignisse: Zum einen hatte McCloys Familie Anfang Dezember 1950 anonyme Morddrohungen erhalten, sodass McCloy seine Kinder durch Leibwächter schützen lassen musste.[240]

Zum anderen war am Sonntag, dem 7. Januar 1951, in Landsberg eine Massendemonstration zugunsten von Kriegsverbrechern und NS-Gewalttätern zu einer antisemitischen Kundgebung ausgeartet.[241] Der Historiker und damalige Leiter der *KZ-Gedenkstätte Mittelbau-Dora* in Nordhausen Jens Christian Wagner schildert die antisemitischen Ausschreitungen, welche die kollektive Erkenntnis- und Schuldabwehr während der 1950er-Jahre in erschreckender Weise ebenso widerspiegeln wie das völlige Unverständnis der deutschen Nachkriegsbevölkerung gegenüber den in den zahlreichen Lagern in Bayern untergebrachten Displaced Persons (DPs), die während der NS-Zeit als Zwangsarbeiter in Nazi-eigenen Betrieben, etwa in Mittelbau-Dora, unter unzumutbaren Zuständen arbeiten mussten und die zudem in den Vernichtungslagern Auschwitz, Majdanek, Sobibór, Bełżec oder Treblinka ihre Familie verloren hatten, wie folgt:

„Während die deutsche Öffentlichkeit immer ungeduldiger auf die Entscheidung McCloys wartete, verbreitete sich am Freitag, dem 5. Januar, in Bonn das Gerücht, die zum Tode Verurteilten sollten am Mittwoch, dem 10. Januar, hingerichtet werden. Sofort wurden Proteste organisiert [...]. Über Aufrufe im Rundfunk und mit Lautsprecherwagen [...] forderte die Stadtverwaltung [Landsberg] die Bürger zur Teilnahme an der Kund-

---

[239] Treffen zwischen Adenauer und den Hohen Kommissaren auf dem Petersberg. Verlaufsprotokoll vom 17. 8. 1950, in: HANS-PETER SCHWARZ (Hrsg. im Auftrag des Auswärtigen Amts): Akten zur Auswärtigen Politik der Bundesrepublik Deutschland. Adenauer und die Hohen Kommissare. Bearbeitet von Frank-Lothar Kroll und Manfred Nebelin, Bd. I: 1949-1952, München 1989, S. 222-230, hier S. 225f.
[240] THOMAS ALAN SCHWARTZ, Begnadigung, S. 395, 400.
[241] JENS CHRISTIAN WAGNER: „Juden raus!" Landsberg am Lech, Januar 1951: Eine Demonstration zugunsten von NS-Verbrechern gerät zu einer antisemitischen Kundgebung, 27. Januar 1951, in: http://www.zeit.de/2011/05/Landsberg-Antisemitismus; 10.04.2018.

gebung auf. Die Resonanz war erstaunlich: Trotz der kurzen Frist fanden sich am Sonntag 4000 Menschen auf dem Hauptplatz ein – das war rund ein Drittel der Einwohnerschaft.

Nach der Eröffnung der ‚Protestkundgebung gegen die Unmenschlichkeit' [...] sprach als erster Redner der CDU-Bundestagsabgeordnete und ehemalige SA-Angehörige Richard Jaeger. Er appellierte an die Amerikaner auf die ‚Stimme des Herzens' zu hören und von der Vollstreckung der Todesurteile abzusehen. Jedes einzelne Menschenleben solle ‚als absoluter Wert geachtet werden' [...].

Als Hauptredner trat der Initiator der Kundgebung, Gebhard Sellos, auf [...]. Stürmischen Beifall erntete er mit seinem Aufruf an die Amerikaner: ‚Hört auf mit diesem grausamen Spiel, zerschlagt nicht die heiligen Güter des Christentums, der Menschlichkeit und des Rechts!' Teile seiner Rede gingen jedoch in Tumulten unter. Denn unmittelbar vor der Kundgebung hatten sich 300 Holocaust-Überlebende, die aus einem nahe gelegenen DP-Camp nach Landsberg gekommen waren, als Gegendemonstranten am Rande des Platzes versammelt. Sie wollten an die 90.000 Opfer Ohlendorfs erinnern [...].

Aus der Menge waren ‚Juden raus!'-Rufe zu hören. Die Auseinandersetzungen endeten erst, als die Polizei mehrere jüdische DPs in Gewahrsam nahm. ‚Störungsversuche im Keim erstickt', hieß es am Folgetag dazu in den Landsberger Nachrichten."[242]

Bild 86: Etwa 4.000 Menschen demonstrieren am 7.1.1951 am Landsberger Hauptplatz gegen weitere Hinrichtungen. Im Hintergrund – in deutlicher Entfernung zu den Demonstranten – stehen vor den Häuserwänden die jüdischen Gegendemonstranten.
(Quelle: Historisches Lexikon Bayern. Privatarchiv Heinrich Pflanz).

---

[242] Ebd.

4 Aufhebung des Todesurteils

Nur wenige Tage später äußerte sich die *Allgemeine Wochenzeitung der Juden in Deutschland* in einem Kommentar zu den antisemitischen Ausschreitungen während jener Massendemonstration:

„In Landsberg versucht man die Rehabilitierung der schauerlichsten Massenverbrechen durchzufechten. Das deutsche Volk lehnt auf der einen Seite eine Kollektivschuld ab, fordert aber nun auf der anderen Seite die Aufhebung von Strafurteilen gegen die individuellen verantwortlichen Verbrecher.

Die Intervention von Kirche und Politikern für sogenannte schuldlose Kriegsverbrecher ist heute risikolos. In einem Augenblick, in dem eine Intervention für die Massentötungen schuldloser Menschen erforderlich gewesen wäre, gab es in Deutschland nur Schweigen, eisiges Schweigen."[243]

Nicht zuletzt jener in Deutschland nach wie vor unterschwellig vorhandene Antisemitismus und die Befürchtung eines erneuten Erstarkens nationalsozialistischen Denkens – man denke nur an die Gründung der *Sozialistischen Reichspartei* (SRP)[244] die als Nachfolgepartei der NSDAP fungierte – schien McCloy zu veranlassen, drei Wochen später seine Entscheidungen bezüglich der „Begnadigungen" bekanntzugeben.

Um der deutschen Öffentlichkeit Klarheit über die Grundlagen seiner Urteilsminderungen, insbesondere jedoch Einsicht in die Bestätigung der Todesurteile zu verschaffen, veranlasste der High Commissioner, dass „5.500 deutsche und 1.800 englische Exemplare seiner Erklärung vom 31. Januar 1950 [...] in der hauseigenen Druckerei hergestellt [wurden], so daß sie rechtzeitig an die Medien verschickt werden konnten."[245] Daneben ließ er unter dem Titel *Landsberg. Ein dokumentarischer Bericht* eine 31-seitige Broschüre veröffentlichen. Jene Broschüre, die unter anderem den Bericht des *Advisory Board on Clemency for War Criminals* an McCloy enthielt – jedoch ohne dessen jeweilige Begründung der Begnadigungs-Empfehlung für die einzelnen Verurteilten –, erschien in einer beachtlichen Gesamtauflage von 780.200 Exemplaren, davon 740.000 in deutscher und 40.200 in englischer Sprache. Deutsche Adressaten waren insbesondere wirkmächtige öffentliche Multiplikatoren ebenso wie gesellschaftliche Organisationen und deren Meinungsführer. „Mehr als 20.000 sandte man an die Kirchen, 3.000 an jüdische Gemeinden in Deutschland, 79.000 an Jugendverbände, mehr als 200.000 erreichten Gewerkschaftskreise."[246]

---

[243] *Allgemeine Wochenzeitung der Juden in Deutschland* vom 12.1.1951, S. 2.
[244] Drei Monate später sollte die SRP bei den Landtagswahlen von Niedersachsen am 6.5.1951 einen beachtlichen Stimmenanteil von 11% erreichen. Treffen zwischen Adenauer und den Hohen Kommissaren auf dem Petersberg am 9. Mai 1951, in: HANS-PETER SCHWARZ (Hrsg. im Auftrag des Auswärtigen Amts): Akten zur Auswärtigen Politik der Bundesrepublik Deutschland. Adenauer und die Hohen Kommissare. Bearbeitet von Frank-Lothar Kroll und Manfred Nebelin, Bd. I: 1949-1952, München 1989, S. 352-368, hier S. 352.
[245] ULRICH BROCHHAGEN, Nürnberg, S. 51.
[246] Ebd., S. 51f.

Tabelle 10: Vergleich der Empfehlungen des Advisory Board und der Entscheidung McCloys im Nürnberger Einsatzgruppenprozess

Angeklagter	Gerichtsurteil	Advisory Board	McCloy
Ohlendorf, Otto	Todesstrafe	Todesstrafe	Todesstrafe
Jost, Heinz	lebenslänglich	10 Jahre	10 Jahre
Naumann, Erich	Todesstrafe	Todesstrafe	Todesstrafe
Schulz, Erwin	20 Jahre	10 Jahre	15 Jahre
Six, Franz	20 Jahre	verbüßte Haftzeit	10 Jahre
Blobel, Paul	Todesstrafe	Todesstrafe	Todesstrafe
Blume, Walter	Todesstrafe	20 Jahre	25 Jahre
Sandberger, Martin	Todesstrafe	Todesstrafe	lebenslänglich
Seibert, Willy	Todesstrafe	verbüßte Haftzeit	15 Jahre
Steimle, Eugen	Todesstrafe	15 Jahre	20 Jahre
Biberstein, Ernst	*Todesstrafe*	*15 Jahre*	*lebenslänglich*
Braune, Werner	Todesstrafe	Todesstrafe	Todesstrafe
Haensch, Walter	Todesstrafe	15 Jahre	15 Jahre
Nosske, Gustav	Todesstrafe	10 Jahre	10 Jahre
Ott, Adolf	Todesstrafe	Todesstrafe	lebenslänglich
Klingelhöfer, Woldemar	Todesstrafe	Todesstrafe	lebenslänglich
Fendler, Lothar	10 Jahre	verbüßte Haftzeit	8 Jahre
Radetzky, Waldemar von	20 Jahre	verbüßte Haftfzeit	verbüßte Haftzeit
Rühl, Felix	10 Jahre	verbüßte Haftzeit	verbüßte Haftzeit
Schubert, Heinz	Todesstrafe	verbüßte Haftzeit	10 Jahre

Quellen:
1. KAZIMIERZ LESZCZYŃSKI (Hrsg.), Fall 9, Einzelurteile S. 145-240 und Anhang S. 251.
2. Advisory Board on Clemency to McCloy, Report August, 28, 1950, RG 12, Einsatzgruppen: Trial, Darmstadt; Clippings folder, BBF, USHMM. Zitiert nach: HILARY EARL, SS-Einsatzgruppen Trial, S. 283.
3. INFORMATION SERVICES DIVISION. OFFICE OF THE U.S. HIGH COMMISSIONER FOR GERMANY (Hrsg.), Landsberg, S. 15.

McCloy ist in seinem „Gnadenentscheid" vom 31. Januar 1951 durchaus nicht immer den Empfehlungen des *Advisory Board on Clemency for War Criminals* gefolgt, wie die Tabelle 10 zeigt: Von den insgesamt 89 eingereichten Gnadengesuchen der Verurteilten bestätigte er fünf der ursprünglich von den US-Militärtribunalen ausgesprochenen fünfzehn Todesurteile, davon vier aus dem Einsatzgruppenprozess (gegen Ohlendorf, Naumann, Blobel, Dr. Braune) sowie das Todesurteil gegen Oswald Pohl, den Chef des SS-Wirtschafts- und Verwaltungshauptamtes (Fall 4 der Nürnberger Nachfolgeprozesse). Dagegen begnadigte er unter anderem Woldemar Klingelhöfer (SK 7c), Adolf Ott (SK 7b) und Dr. Martin Sandberger

(SK 1a) zu zeitlichen Haftstrafen, für die das *Advisory Board of Clemency for War Criminals* hingegen die Todesstrafe befürwortet hatte. In fünf Fällen jedoch erhöhte er entgegen den Empfehlungen des *Advisory Board of Clemency for War Criminals* die zeitlichen Strafen.

Der Tabelle 10 ist weiter zu entnehmen, dass McCloy im Fall Biberstein erheblich von der Empfehlung des Begnadigungsausschusses abgewichen ist. Gerade in Bezug auf Biberstein hatte McCloy sich nur schwer zu einer endgültigen Entscheidung durchringen können. So teilte er Mitte November 1950 dem State Department als seiner vorgesetzten Behörde mit, „er habe sich vorläufig für neun Hinrichtungen entschieden, auch im Falle von Ernst Biberstein [...]. Bis auf einen [Oswald Pohl] seien alle Todeskandidaten Befehlshaber von Einsatzgruppen gewesen und persönlich verantwortlich für Tausende von Exekutionen."[247] Jedoch mehr als zwei Monate später hatte er in seiner Entscheidung von 31. Januar 1951 den Massenmörder Ernst Biberstein zu einer lebenslangen Haftstrafe begnadigt. Damit war der ehemalige Führer des Einsatzkommandos 6 EK 6) ohne eigene Einflussnahme zum Nutznießer sowohl kollektiver gesellschaftspolitischer Verdrängungsmechanismen in der Nachkriegszeit und der frühen Bundesrepublik Deutschland als auch gravierender außen- wie weltpolitischer Veränderungen geworden.

Reaktionen auf McCloys Gnadenentscheid

Während die Entscheidungen McCloys in Deutschland größtenteils anerkennend aufgenommen wurden, stießen sie in den ehemals von der NS-Besatzung okkupierten Ländern und in den USA weitgehend auf völliges Unverständnis. Insbesondere die Initiatoren der Nürnberger Nachfolgeprozesse sahen in McCloys Nachsichtigkeit einen Verrat der „Nürnberger Prinzipien". So bezeichnete der ehemalige Chefankläger der Nürnberger Nachfolgeprozesse Telford Taylor – unter Bezug zu der eingangs geschilderten veränderten weltpolitischen Lage und der daraus resultierenden erforderlichen Westbindung der Bundesrepublik Deutschland – die Entscheidungen McCloys vom 31. Januar 1951 als „eine Verkörperung des politischen Opportunismus", die „den Grundsätzen des Völkerrechts einen schweren Schlag versetzt [habe], ebenso aber den Prinzipien, für die wir in den Krieg gegangen sind."[248] Verständlicherweise reagierten auch jüdische Organisationen mit Befremden auf McCloys Gnadenentscheid, so der *American Jewish Congress*, das *American Jewish Committée* oder der *World Jewish Congress*.

---

[247] THOMAS ALAN SCHWARTZ, Begnadigung, S. 398.
[248] TELFORD TAYLOR: The Nazis Go Free, in: The Nation vom 24.2.1951, S. 170-172.

Kapitel 6
Haftaussetzung nach dem „Parole-Verfahren" und Re-Integration 1958

McCloys Entscheidungen vom 31. Januar 1951 sollte den Auftakt bilden für einen innen- wie außenpolitischen Prozess, in dessen weiterem Verlauf alle noch inhaftierten Kriegsverbrecher und NS-Gewalttäter unter Auflagen freigelassen werden sollten, so auch Ernst Biberstein und mit ihm noch weitere in Landsberg einsitzende NS-Gewalttäter aus dem Nürnberger Einsatzgruppenprozess. Die diesbezüglichen Weichenstellungen hatten bereits mit den Verhandlungen zwischen den drei Alliierten und der Bundesrepublik Deutschland hinsichtlich deren Westintegration, der Lockerung des Besatzungsstatuts und der in Aussicht gestellten Souveränität begonnen.

Am 5. Mai 1955 war dann endlich mit den so bezeichneten „Pariser Verträgen" ein Vertragswerk in Kraft getreten, zu dessen Bestandteil der *Vertrag über die Beziehungen zwischen der Bundesrepublik Deutschland und den Drei Mächten* vom 26. Mai 1952 (Deutschlandvertrag)[1] gehörte, mit dem diese am 5. Mai 1955 in die (beschränkte) Souveränität entlassen wurde. Gemäß Artikel 8 des Vertrages hatten die Signatarstaaten mit gleichem Datum drei Zusatzverträge abgeschlossen, darunter den *Vertrag zur Regelung aus Krieg und Besatzung entstandener Fragen* (Überleitungsvertrag).[2] Der Deutschlandvertrag mit den Zusatzverträgen hatte in drei Lesungen – am 9./10. Juli 1952, am 3./5. Dezember 1952 und am 19. März 1953 – den Bundestag passiert sowie am 15. Mai 1953 den Bundesrat. Seitens der Bundesrepublik Deutschland war damit das Ratifizierungsverfahren abgeschlossen.[3]

Für Ernst Biberstein sollte Artikel 6, Absatz 4-5 des Überleitungsvertrages insofern eine eminent wichtige Bedeutung gewinnen, als ihm dadurch die Haftaussetzung nach dem im US-amerikanischen Militärstrafrecht verankerten Rechtsgrundsatz der Strafunterbrechung nach dem „Parole-Verfahren" (release on parole)[4] gewährt wurde, sodass Biberstein am 8. Mai 1958 unter Auflagen vorzeitig

---
[1] *Vertrag über die Beziehungen zwischen der Bundesrepublik Deutschland und den Drei Mächten* vom 26. Mai 1952 in der Fassung vom 23. Oktober 1954, in: Bundesgesetzblatt (BGBl), Jahrgang 1955, Teil II, S. 306-320.
[2] *Vertrag zur Regelung aus Krieg und Besatzung entstandener Fragen* vom 26. Mai 1952, in: Bundesgesetzblatt (BGBl) 1955 II, S. 405-424.
[3] Konrad Adenauer: Erinnerungen 1953-1955, Stuttgart 1966, S. 194.
[4] Code of Laws of the United States of America (United States Code), Title 10, Subtitle A, Chaper 48, Section 952 – Parole.

778   Kapitel 6 Haftaussetzung nach dem „Parole-Verfahren" und Re-Integration 1958

aus der Haft entlassen werden konnte. Jenes US-amerikanische „Parole-Verfahren" war explizit kein Gnadenakt, sondern in Artikel 6 des *Vertrages zur Regelung aus Krieg und Besatzung entstandener Fragen* rechtsverbindlich festgeschrieben.

1 Das „Parole-Verfahren" als Bestandteil des Überleitungsvertrages von 1952

Nach dem 31. Januar 1951 bis zu seiner Ablösung im Juli 1952 durch den nur kurzzeitig amtierenden High Commissioner Walter J. Donnelly und danach durch Dr. James Bryant Conant hatte McCloy keinen Gnadenentscheid mehr erlassen, wohl aber 1951 eine Weihnachts-Amnestie, durch die Heinz Jost, Gustav Nosske und Heinz Schubert in die Freiheit entlassen wurden. Waldemar von Radetzky und Felix Rühl hatten aufgrund der Begnadigung vom 31. Januar 1951 ihre Haftzeit verbüßt und konnten im Februar 1951 die Haftanstalt Landsberg verlassen.

Tabelle 11: Datum der Haftentlassung bzw. deren Bekanntgabe der im Fall 9 Verurteilten

Angeklagter	Gerichtsurteil	McCloy	Haftentlassung
Radetzky, Waldemar von	20 Jahre	verbüßte Haftzeit	Februar 1951
Rühl, Felix	10 Jahre	verbüßte Haftzeit	Februar 1951
Blobel, Paul	Todesstrafe	Todesstrafe	Exekution 7.6.1951
Braune, Werner	Todesstrafe	Todesstrafe	Exekution 7.6.1951
Naumann, Erich	Todesstrafe	Todesstrafe	Exekution 7.6.1951
Ohlendorf, Otto	Todesstrafe	Todesstrafe	Exekution 7.6.1951
Jost, Heinz	lebenslänglich	10 Jahre	Weihnachten 1951
Nosske, Gustav	lebenslänglich	10 Jahre	Weihnachten 1951
Schubert, Heinz	Todesstrafe	10 Jahre	Weihnachten 1951
Fendler, Lothar	10 Jahre	8 Jahre	März 1951
Six, Franz Alfred	20 Jahre	10 Jahre	Oktober 1952
Blume, Walter	Todesstrafe	25 Jahre	März 1953
Schulz, Erwin	20 Jahre	10 Jahre	Jan. 1954 Interim Board
Seibert, Willy	Todesstrafe	15 Jahre	Mai 1954 Interim Board
Steimle, Eugen	Todesstrafe	20 Jahre	Juni 1954 Interim Board
Haensch, Walter	Todesstrafe	15 Jahre	Aug. 1955 Interim Board
Klingelhöfer, Woldemar	Todesstrafe	lebenslänglich	Dez. 1956 Parole-System
Biberstein, Ernst	*Todesstrafe*	*lebenslänglich*	*Mai 1958 Parole-System*

Ott, Adolf	Todesstrafe	lebenslänglich	Mai 1958 Parole-System
Sandberger, Martin	Todesstrafe	lebenslänglich	Mai 1958 Parole-System

(Quelle: Die Daten der Haftentlassung entstammen dem Institut für Zeitgeschichte München, Bestand Gy).

Wie aus der Tabelle 11 weiter hervorgeht, wurden hingegen die von McCloy nicht Begnadigten Otto Ohlendorf, Paul Blobel, Dr. Werner Braune und Erich Naumann am 7. Juni 1951 durch den Strang exekutiert. Weitere vier im Nürnberger Einsatzgruppenprozeß verurteilten NS-Gewalttäter konnten von dem in Artikel 6 des Überleitungsvertrages festgelegten Parole-System profitieren, unter ihnen Ernst Biberstein. Bis allerdings der so bezeichnete *Mixed Board* im August 1955 seine Arbeit aufnehmen konnten, waren mit Blick auf Artikel 6 des Überleitungsvertrages harte Verhandlungen zwischen den Westmächten bzw. den drei Hohen Kommissaren und Adenauer vorausgegangen, wie die Akten des Auswärtigen Amtes hinreichend belegen.[5]

1.1 Artikel 6 des Überleitungsvertrages

Die Aufhebung des Besatzungsstatutes und die Entlassung der Bundesrepublik Deutschland in die (beschränkte) Souveränität implizierten die Auflösung der Alliierten Hohen Kommission zum 5. Mai 1955. Damit waren der Bundesrepublik Deutschland allein aus dem Überleitungsvertrag hinsichtlich der inhaftierten NS-Verbrecher genau definierte Aufgaben erwachsen, die in Artikel 6 des Überleitungsvertrages in den Absätzen 1-9 durch die Installation eines *Mixed (Parole) Board* wie folgt geregelt wurden.[6]

„(1) Hiermit wird ein Gemischter Ausschuß (in diesem Artikel als der ‚Ausschuß' bezeichnet) errichtet.

Aufgabe dieses Ausschusses wird es sein, *ohne die Gültigkeit der Urteile in Frage zu stellen*, Empfehlungen für die Beendigung oder Herabsetzung der Strafe oder für die Entlassung auf Ehrenwort [release on parole] auszusprechen in bezug auf Personen,

die wegen Verbrechen gegen die Menschlichkeit oder gegen das Kriegsrecht und den Kriegsbrauch oder wegen während des Krieges begangener Verbrechen – gemeinhin als

---

[5] Hans-Peter Schwarz (Hrsg. im Auftrag des Auswärtigen Amts): Akten zur Auswärtigen Politik der Bundesrepublik Deutschland Bd. I. Adenauer und die Hohen Kommissare 1949-1951. Bearbeitet von Frank-Lothar Kroll und Manfred Nebelin, München 1989. Ders. (Hrsg. im Auftrag des Auswärtigen Amts): Akten zur Auswärtigen Politik der Bundesrepublik Deutschland Bd. II. Adenauer und die Hohen Kommissare 1952. Bearbeitet von Frank-Lothar Kroll und Manfred Nebelin München 1990.

[6] *Vertrag zur Regelung aus Krieg und Besatzung entstandener Fragen* vom 26. Mai 1952 (in der gemäß Liste IV zu dem am 23. Oktober 1954 in Paris unterzeichneten Protokoll über die Beendigung des Besatzungsregimes in der Bundesrepublik Deutschland geänderten Fassung). Amtlicher Text in: BGBl. 1955 II, S. 405-424.

Kriegsverbrechen bezeichnet – von einem Gericht einer alliierten Macht verurteilt worden sind und von den Drei Mächten zur Zeit des Inkrafttretens dieses Vertrags in Haftanstalten der Bundesrepublik in Haft gehalten werden." [Kursivdruck vom Verf.].[7]

Dass gemäß Artikel 6, Absatz 1 des Überleitungsvertrages die von den alliierten Militärgerichtshöfen über NS-Verbrecher verhängten Urteile nicht in Frage gestellt werden durften, war im Nachkriegsdeutschland auf erhebliche Bedenken gestoßen, hatte doch insbesondere die Kriegsverbrecherlobby seit Jahren auf die Aberkennung der Rechtsgültigkeit jener Urteile hingearbeitet. Gerade mit Blick auf die geforderte Anerkennung der *Rechtskraft* der von den alliierten Militärgerichten ausgesprochenen Urteile war es in den damaligen fast täglich anberaumten Bundestagsdebatten wiederholt zu massivem Protest mit emotionsgeladenen Ausbrüchen gekommen, sodass Adenauer sich berechtigte Sorgen machte hinsichtlich der Zustimmung zu den Westverträgen seitens des Bundestages und Bundesrates. Demzufolge hielt er es für ratsam, jenes Problem während der am 18./19. Februar 1952 stattfindenden Londoner Außenministerkonferenz ansprechen.[8] Seine diesbezüglichen Wünsche seien „nicht von materieller, aber von psychologischer Bedeutung" begann er, um dann auf den Begriff „Gnade" zu kommen. Er verstehe, „daß die Westmächte kein gerichtliches Revisionsverfahren zugestehen können. Das Wort ‚Gnade' bedeutet aber in Deutschland implizit eine Anerkennung des Urteils." Er würde es daher begrüßen, „wenn ein neutraleres Wort gefunden werden könnte. Man könnte zum Beispiel statt ‚Begnadigung' ‚Straferlaß' sagen." Der französische Außenminister Robert Schuman griff Adenauers Vorschlag auf. Entsprechend wurde mit Zustimmung des US-amerikanischen und britischen Hohen Kommissars eine kleine Textänderung in Artikel 6 des Überleitungsvertrages vereinbart,[9] sodass die endgültige Textfassung lautete: „Empfehlungen für die Beendigung oder Herabsetzung der Strafe oder für die Entlassung auf Ehrenwort."

Die Absätze 2/3 hingegen erhielten während der Lesungen im Bundestag erwartungsgemäß Zustimmung, zumal die paritätische Besetzung des *Mixed (Parole) Board* vertraglich gesichert war. So hatte nach Artikel 6, Absatz 2 jener *Mixed Board* aus sechs Mitgliedern zu bestehen, von denen drei von der Bundesregierung und je eines von den Regierungen der drei alliierten Mächte zu ernennen wären. Jene Ausschussmitglieder hatten unabhängige Personen zu sein, die keine andere amtliche Tätigkeit ausüben durften außer der eines Richters oder eines Universitätslehrers. Wegen der Garantie der Unvoreingenommenheit durfte zudem niemand als Mitglied ernannt werden, der zuvor in irgendeiner Weise mit einem

---

[7] Ebd., S. 411-413.
[8] Wortprotokoll der Londoner Außenministerkonferenz vom 18. und 19. Februar 1952, in: HANS-PETER SCHWARZ (Hrsg. im Auftrag des Auswärtigen Amts), Akten zur Auswärtigen Politik, Bd. II, S. 317-333.
[9] Ebd., S. 317f.

1 Das „Parole-Verfahren" als Bestandteil des Überleitungsvertrages von 1952

Gerichtsverfahren gegen NS-Täter befasst gewesen war. Hinsichtlich der Abfassung ihrer Empfehlungen waren die Ausschussmitglieder ausdrücklich *nicht* an Weisungen ihrer Regierungen gebunden. Hingegen war die Einstimmigkeit der Beschlussfassung bindend für das ausführende Regierungsorgan.[10] Der amtliche Text lautete entsprechend:

> „(2) Der Ausschuß besteht aus sechs Mitgliedern, von denen drei von der Bundesregierung und je eines von der Regierung jeder der Drei Mächte ernannt werden.
>
> Die Mitglieder des Ausschusses müssen unabhängige Personen sein, die keine andere amtliche Tätigkeit außer der eines Richters oder eines Universitätslehrers ausüben und die bei Abfassung ihrer Empfehlungen nicht an Weisungen der Regierungen, die sie ernennen, gebunden sind. Niemand, der in irgendeiner Weise an irgendeinem Verfahren wegen Kriegsverbrechen beteiligt war, darf ernannt werden.
>
> (3) (a) *Das Recht, die Strafe für die in Absatz (1) dieses Artikels genannten Personen zu erlassen oder herabzusetzen sowie diese auf Ehrenwort zu entlassen [release on parole], wird von der Macht ausgeübt, welche die Strafe verhängt hat.*
>
> (b) Dieses Recht darf nur ausgeübt werden, wenn der Ausschuß vorher eine Empfehlung ausgesprochen hat. Eine einstimmige Empfehlung des Ausschusses ist für die Macht bindend, welche die Strafe verhängt hat.
>
> (c) Außer in den in Absatz (5) und (8) dieses Artikels behandelten Angelegenheiten wird der Ausschuß nur auf Ersuchen einer der vier Regierungen, das sich auf einen bestimmten Fall bezieht, oder auf Grund eines Gesuchs tätig werden, das von einer oder namens einer der in Absatz (1) genannten Personen eingereicht wird." [Kursivdruck vom Verf.].[11]

Wie noch darzulegen sein wird, sollten die nachfolgend genannten Absätze 4/5 des Artikels 6 für Biberstein eine besondere Bedeutung haben, insofern, als die Bundesrepublik Deutschland ihren dort formulierten vertraglichen Bindungen hinsichtlich der Übernahme der Landsberger Häftlinge in bundesrepublikanischen Gewahrsam keineswegs nachkam und stattdessen seitens des Auswärtigen Amtes die Schleswig-Holsteinische Landeskirche als ehemaliger Arbeitgeber Bibersteins eingeschaltet werden musste, um das „Parole-Verfahren" durchführen zu können.

> „(4) Die Drei Mächte behalten sich hinsichtlich des Gewahrsams und der Vollstreckung der Strafen der in Absatz (1) dieses Artikels genannten Personen die Rechte vor, die sie bisher besessen und ausgeübt haben, und werden diese Rechte weiterhin ausüben, *bis die Bundesrepublik in der Lage ist, den Gewahrsam dieser Personen zu übernehmen.*
>
> (5) Die Bundesrepublik *verpflichtet* sich, daß sie zu der Zeit, wenn die Drei Mächte ihr den Gewahrsam über die in Absatz (1) dieses Artikels bezeichneten Personen übertragen, *diese Personen für den Rest ihrer Strafen*, wie sie zu dieser Zeit bestehen oder später nach

---

[10] Vertrag zur Regelung aus Krieg und Besatzung entstandener Fragen vom 26. Mai 1952 (in der gemäß Liste IV zu dem am 23. Oktober 1954 in Paris unterzeichneten Protokoll über die Beendigung des Besatzungsregimes in der Bundesrepublik Deutschland geänderten Fassung). Amtlicher Text in: BGBl. 1955 II, S. 405-424, hier S. 411-413.

[11] Ebd.

dem in diesem Artikel vorgesehenen Verfahren geändert werden, unter denselben Bedingungen, wie sie für ihre Haft im Zeitpunkt einer solchen Übertragung des Gewahrsams gelten, *in Haft halten wird.*

Änderungen dieser Bedingungen nach diesem Zeitpunkt dürfen nur in Übereinstimmung mit Entscheidungen des Ausschusses vorgenommen werden. In diesen Angelegenheiten sind die Entscheidungen des Ausschusses endgültig." [Kursivdruck vom Verf.].[12]

Da der Überleitungsvertrag an die Ratifizierung des EVG-Vertrages gekoppelt war, hatten die Rechtsberater der Hohen Kommissare als auch jene des Bundeskanzlers bereits in Artikel 6, Absatz 6-9 Vorkehrungen getroffen worden, wie in der Interimszeit, d. h. bis zum Inkrafttreten des gesamten Vertragspaketes, zu verfahren sei.

„(6) Nach Errichtung des Ausschusses werden seine Mitglieder freien Zugang zu den Haftanstalten haben, in denen die in Absatz (1) dieses Artikels genannten Personen in Haft gehalten werden, und zu diesen Personen selbst.

(7) Der Ausschuß entscheidet durch Mehrheitsbeschluß seiner sechs Mitglieder.

(8) *Der Ausschuß hat die ausschließliche Befugnis*, im Einklang mit Grundsätzen und Verfahrensvorschriften, die er selbst aufstellt, *über Fragen der Aussetzung der Strafe aus persönlichen Rücksichten oder aus anderen Gründen ohne Einholung von Weisungen der Regierungen zu entscheiden.* Bis zur Aufstellung solcher Grundsätze und Vorschriften wird der Ausschuß weiter die in dieser Hinsicht bestehende Übung jeder der Drei Mächte auf die im Gewahrsam der betreffenden Macht befindlichen Personen anwenden.

(9) Bis der Ausschuß seine Tätigkeit aufgenommen hat, kann, ungeachtet der Bestimmungen in Absatz (3) und (8) dieses Artikels, jede der Drei Mächte *ohne eine Empfehlung des Ausschusses* weiterhin nach den bestehenden Verfahren die Strafe herabsetzen, Entlassungen vornehmen und die Strafe aus persönlichen Rücksichten oder aus anderen Gründen aussetzen." [Kursivdruck vom Verf.].[13]

Bis die oben zitierten Absätze des Überleitungsvertrages jedoch ihre endgültige Fassung erhalten konnte, galt es verschiedene rechtliche Unklarheiten zu beseitigen. So hatte der britische Hohe Kommissar Ivone Kirkpatrick gut zwei Monate nach der Londoner Außenministerkonferenz in der Besprechung der Hohen Kommissare mit Adenauer vom 28. April 1952 erklärt, „die deutsche Seite habe verfassungsrechtliche Bedenken gegen Artikel 6 [des Überleitungsvertrages] geäußert."[14] Im Hinblick auf jenen Einwand boten McCloy und Kirkparick dem Bundeskanzler folgenden Vorschlag an: „Aufnahme einer Bestimmung, nach der sich die Drei Mächte in Übereinstimmung mit den Vorbehalten im Generalvertrag das Recht vorbehielten, alle Gefangenen in ihrem Gewahrsam zu behalten, bis die

---

[12] Ebd.
[13] Ebd.
[14] Treffen Adenauers mit den Hohen Kommissaren. Sitzungsprotokoll vom 28. April 1952, in: HANS-PETER SCHWARZ (Hrsg. im Auftrag des Auswärtigen Amts), Akten zur Auswärtigen Politik, Bd. II, S. 125-147, hier S. 133.

1 Das „Parole-Verfahren" als Bestandteil des Überleitungsvertrages von 1952

Bundesregierung in der Lage ist, die Gefangenen zu übernehmen."[15] In der nachfolgenden Sitzung der Hohen Kommissare mit dem Bundeskanzler vom 1. Mai 1952 erklärte Adenauer, „man wolle später deutscherseits ein Gesetz betreffend die Übernahme des Gewahrsams und der Vollstreckung der Kriegsverbrecherurteile im Bundestag einbringen."[16]

In jenem Zusammenhang äußerte McCloys Rechtsberater Eli W. Debevoise den entscheidenden verfassungsrechtlichen Einwand, „ob man Deutsche weiterhin in alliiertem Gewahrsam belassen könne, die, wenn sie sich [später] im Gewahrsam der Bundesrepublik befänden, [jedoch] von dieser nach dem Grundgesetz nicht in deutschem Gewahrsam gehalten werden dürften."[17] In der Tat ergaben sich aus Artikel 104, Absatz 1, Satz 1 des Grundgesetzes diesbezügliche Problemstellungen, insofern, als es dort heißt:

„Die Freiheit der Person kann nur auf Grund eines förmlichen Gesetzes und nur unter Beachtung der darin vorgeschriebenen Formen beschränkt werden."

Da die in Landsberg, Wittlich und Werl einsitzenden NS-Verbrecher von den alliierten Militärgerichtshöfen aufgrund des Kontrollratsgesetzes Nr. 10 verurteilt worden waren, wäre für deren Übernahme in bundesrepublikanischen Gewahrsam die Ratifizierung eines entsprechenden Gesetzes durch den Bundestag notwendig gewesen, das jedoch zum einen dem Artikel 104, Absatz 1 des Grundgesetzes entgegengestanden und zum anderen die rückwirkende Anerkennung der *Nürnberger Prinzipien* bedeutet hätte. In diesem Zusammenhang sei nochmals verwiesen auf den massiven Protest der Kriegsverbrecherlobby gegen die in den Nürnberger Nachfolgeprozessen und Dachauer Prozessen ergangenen Urteile sowie auf die diesbezüglichen Eingaben an den High Commissioner McCloy. Insofern war für die Abwicklung des „Kriegsverbrecherproblems" – gerade auch im Hinblick auf das gesamte Prozedere hinsichtlich der Haftentlassung Bibersteins – von Relevanz, dass jenes von Adenauer gegenüber den Hohen Kommissaren angekündigte Gesetz aus gesellschaftspolitischen Gründen nie in den Bundestag eingebracht wurde. Entsprechend lag die Regelung der so bezeichneten „Kriegsverbrecherfrage" im Überleitungsvertrag bis zu dessen Ratifizierung am 26. Mai 1952 in mehreren unterschiedlichen Fassungen vor und wurde seitens der Hohen Kommissare und des Bundeskanzlers nach allen verfassungsrechtlichen Richtungen hin intensiv erörtert.

---

[15] Ebd.
[16] Treffen Adenauers mit den Hohen Kommissaren. Sitzungsprotokoll vom 1. Mai 1952, in: HANS-PETER SCHWARZ (Hrsg. im Auftrag des Auswärtigen Amts), Akten zur Auswärtigen Politik, Bd. II, S. 148-172, hier S. 164.
[17] Treffen Adenauers mit den Hohen Kommissaren. Sitzungsprotokoll vom 1. Mai 1952, in: HANS-PETER SCHWARZ (Hrsg. im Auftrag des Auswärtigen Amts), Akten zur Auswärtigen Politik, Bd. II, S. 148-172, hier S. 167.

Der Deutschlandvertrag – mit dem Überleitungsvertrag als Zusatzvertrag – konnte zunächst auch deshalb nicht in Kraft treten, weil er an den *Vertrag über die Gründung der Europäischen Verteidigungsgemeinschaft vom 27. Mai 1952* (EVG-Vertrag) gekoppelt war, der von den Parlamenten aller vier Signatarstaaten ratifiziert werden musste. Ende Mai 1952 ließ die französische Nationalversammlung jedoch keinerlei Bereitschaft zur Ratifizierung des EVG-Vertrages erkennen. Aber auch auf deutscher Seite wurde das Ratifizierungsverfahren verschleppt. So kam es während der Lesungen des Vertragspaketes durch den Bundestag zwischen dem 9. Juli 1952 und dem Bundesrat am 15. Mai 1953 zu Verzögerungen infolge heftiger Debatten zwischen der Regierungskoalition und der SPD-Opposition unter Erich Ollenhauer, die sowohl die Adenauer-Politik der Westintegration als auch insbesondere die damit verbundene Wiederbewaffnung kategorisch ablehnte.[18] Dass die SPD in Sachen eines deutschen Verteidigungsbeitrages im Rahmen einer Europäischen Armee als Bremsklotz fungiere, hatte der Bundeskanzler bereits im November 1950 gegenüber den drei Hohen Kommissaren beklagt.[19] Des Weiteren wurde die Ratifizierung des Vertragspaketes Deutschlandvertrag/EVG-Vertrag insofern durch aufgetretene Verfassungsschwierigkeiten gebremst, als der damalige Bundespräsident Theodor Heuss beim Bundesverfassungsgericht ein Rechtsgutachten hinsichtlich der Verfassungsmäßigkeit des Deutschland- und des EVG-Vertrages beantragt hatte.[20]

1.2 Von den bilateralen Interim Boards zu dem Mixed Parole Board

Während der Interimszeit vom Abschluss der Westverträge bis zu deren Inkrafttreten war der Heidelberger Juristenkreis nicht untätig gewesen. So hatte er zunächst in einer seiner vierteljährlichen Tagungen den Beschluss gefasst, bei den Hohen Kommissaren vorzusprechen, um noch „vor der Ratifizierung des Generalvertrages umfangreiche Gnadenmaßnahmen zu erreichen", dergestalt, dass eine Begnadigung für kranke und alte NS-Verbrecher, aber auch für sehr junge NS-Täter bewirkt werden sollte, desgleichen für alle Kriegsverbrecher und NS-Gewalttäter, die – unter Anrechnung ihrer gesamten Inhaftierung – bereits ein Drittel ihrer Haftzeit verbüßt hätten.[21] Aber sowohl der scheidende McCloy[22] als auch der

---

[18] Konrad Adenauer: Erinnerungen 1953-1955, Stuttgart 1966, S. 177-179, 394-399.
[19] Treffen Adenauers mit den Hohen Kommissaren. Sitzungsprotokoll vom 16. November 1950, in: Hans-Peter Schwarz (Hrsg. im Auftrag des Auswärtigen Amts), Akten zur Auswärtigen Politik, Bd. I, S. 258-278, hier S. 273.
[20] Konrad Adenauer, Erinnerungen 1953-1955, S. 179-187.
[21] Rechtsanwalt Hans Gawlik an die Zentrale Rechtsschutzstelle. Bericht über die Tagung des Heidelberger Juristenkreises am 26.7.1952, BArch, B 305/ 60.
[22] Abschieds-Pressekonferenz des John Jay McCloy, in: Frankfurter Rundschau vom 17.7.1952.

1 Das „Parole-Verfahren" als Bestandteil des Überleitungsvertrages von 1952   785

bis zum Amtsantritt des US High Commissioner Dr. James Bryant Conant amtierende Walter Josef Donnelly hatten jegliche Generalamnestierungsforderungen der Kriegsverbrecherlobby strikt abgelehnt. Demzufolge wandte sich der Heidelberger Juristenkreis im März 1953 an Adenauer mit dem Vorschlag, bis zum Inkrafttreten des gesamten Vertragspaketes einen „Interimistischen Gnadenausschuss" einzurichten.[23]

An einer derartigen Interimslösung war der Bundeskanzler insofern interessiert, als er bei der am 6. September 1953 anstehenden zweiten Bundestagswahl „ein mögliches Erstarken der extrem rechten Parteien"[24] und damit ein Zusammenbrechen seiner *Politik der Westintegration* befürchtete, sofern nicht zuvor das in Artikel 6 des Überleitungsvertrages geregelte „Kriegsverbrecherproblem" angegangen würde. Jene Befürchtungen Adenauers waren nicht unbegründet. Mehrfach hatte er in den Sitzungen mit den Hohen Kommissaren seiner Besorgnis Ausdruck gegeben über Zunahme und Einfluss rechtsextremer Parteien, insbesondere der *Sozialistischen Reichspartei* (SRP). Zwar hatte die Bundesregierung bereits am 19. November 1951 beim Bundesverfassungsgericht in Karlsruhe einen Verbotsantrag gegen die als Nachfolgerin der NSDAP fungierende SRP wegen deren Verfassungswidrigkeit eingereicht, der jedoch erst ein Jahr später am 2. Oktober 1952 positiv beschieden worden war.[25] Doch es gab noch vier weitere rechte Parteien, die in der Lage gewesen wären, Adenauers Politik der Westintegration zu gefährden durch die Versuche, ein Junktim herzustellen zwischen der Begnadigung *aller* noch in alliierter Haft befindlichen NS-Täter und der Zustimmung zu den Pariser Verträgen, dessen wichtigster Bestandteil immerhin der Deutschlandvertrag mit den Zusatzverträgen war. An vorderster Front stand die äußerst rechtsextreme *Deutsche Reichspartei* (DRP), gefolgt vom *Dachverband der nationalen Sammlung* (DdNS) sowie der *Vaterländischen Union* (VU) und der *Partei der guten Deutschen* (PdgD).

Angesichts der innenpolitischen Lage und mit Blick auf die Anfang September 1953 anstehenden Bundestagswahlen hatte Adenauer nicht nur mehrfach gegenüber den Hohen Kommissaren, sondern ebenso bei seinem ersten Amerika-Besuch im April 1953 dem Senator und späteren Außenminister John Foster Dulles ge-

---

[23] Heidelberger Juristenkreis an Bundeskanzler Adenauer. Schreiben vom März 1953, Politisches Archiv des Auswärtigen Amtes (PAdAA), 515-11 II, 3299/53.
[24] CHRISTIAN MEIER: Die Gnade der späten Verurteilung. Eine kurze Geschichte der Gnadenentscheidungen zu den zwölf Nürnberger Nachfolgeprozessen, in: *1999*. Zeitschrift für Sozialgeschichte des 20. und 21. Jahrhunderts (1996), Heft 4, S. 73-85, hier S. 85.
[25] Aufzeichnung des Staatssekretärs für Auswärtige Angelegenheiten im Bundeskanzleramt und Staatssekretär des Auswärtigen Amtes Prof. Dr. iur. Walter Hallstein über die Besprechung Adenauers mit den Alliierten Hohen Kommissare vom 25. Oktober 1952, in: HANS-PETER SCHWARZ (Hrsg. im Auftrag des Auswärtigen Amts), Akten zur Auswärtigen Politik, Bd. I, S. 558-562, hier S. 558.

genüber das „Kriegsverbrecherproblem" in seinem Kern als ein „psychologisches Problem" insbesondere „gewisser Kreise in Deutschland" bezeichnet und demzufolge eine vorgezogene Inkraftsetzung der in Artikel 6 des Überleitungsvertrages genannten Bestimmungen hinsichtlich des *Mixed (Parole) Board* angeregt.[26] Über jene geheime Besprechung des Bundeskanzlers mit Außenminister Dulles fertigte der Legationsrat I. Klasse Dr. Alexander Böker am 17. April 1953 ein Protokoll. Weitere Teilnehmer der Sitzung waren Staatssekretär Hallstein, Dr. Krekeler, Herr von Maltzan, Herr von Herwarth, Herr von Eckardt, Dr. Böker und Dr. Harkort sowie von amerikanischer Seite neben Außenminister Dulles und dem High Commissioner Dr. Conant der Finanzminister Humphrey, Mr. Stassen, Mr. Nash, Botschafter Draper, Mr. McCardle, Mr. Harris, Mr. MacArthur, Mr. Linder und Mr. Matthews. Auf Vorschlag des Außenministers Dulles war Adenauer gebeten worden, seine Wünsche hinsichtlich des Kriegsverbrecherproblems zu formulieren.

> „Der Herr Bundeskanzler führt aus, daß es sich hier vor allem um ein *psychologisches Problem* handelt. Die amerikanischen Besatzungsbehörden hätten die in ihrem Gewahrsam befindlichen Kriegsverurteilten [sic!] langsamer und zögernder entlassen als die Engländer und Franzosen.
>
> Die Führer der Soldatenbünde hätten dem Kanzler erklärt, daß auch sie sich nicht für die Freilassung wirklicher Verbrecher einsetzen würden. Es würde aber eine künftige Rekrutierung erschweren, falls Leute, die nicht erklärte Verbrecher sind, weiter im Gefängnis säßen.
>
> Bei dem Aufbau des deutschen [Truppen-] Kontingentes würden zunächst 60.000-70.000 Freiwillige, vor allem Spezialisten, gebraucht. Es würde schwer sein, hier die besten Leute zu bekommen, falls bis dahin nicht Erleichterungen [d. h. Begnadigungen] einträten.
>
> Die Betroffenen hätten die Einsetzung des in den Verträgen vorgesehenen gemischten Ausschusses schon im letzten Herbst erwartet. Nun sei zu erwarten, daß eine einjährige Verzögerung eintrete. Es wäre daher gut, *wenn die Bestimmungen betreffend den gemischten Ausschuß schon vorzeitig in Kraft gesetzt werden können.*
>
> Außerdem könnten die amerikanischen Behörden ihre Gnadenpraxis liberaler gestalten. Die Engländer und Franzosen hätten von dem Begnadigungsrecht großzügigeren Gebrauch gemacht. Amerika brauche in diesem Punkt also nicht auf die beiden anderen Mächte Rücksicht zu nehmen." [Kursivdruck vom Verf.].[27]

Erwähnenswert ist zudem, dass Außenminister Dulles dem Bundeskanzler während dessen Amerikareise bereits einen Vorschlag hinsichtlich eines bilateralen, d. h. deutsch-amerikanischen, *Parole Board* unterbreitet hatte. Wesentlich ist des Weiteren, dass die Außenminister der Drei Westalliierten Acheson (USA), Eden (Großbritannien) und Schuman (Frankreich) bereits in einem Schreiben vom 26. Mai 1952, das dem Generalvertrag beigefügt war, Bundeskanzler Adenauer auf dessen Frage, „ob gewisse Bestimmungen dieser Verträge vor dem Zeitpunkt, der

---

[26] KONRAD ADENAUER, Erinnerungen 1945-1953, S. 573.
[27] Foreign Relations of the United States (FRUS) 1952-1954, VII/1, S. 429-438, 442-446 und KONRAD ADENAUER, Erinnerungen 1945-1953, S. 564, 589.

1 Das „Parole-Verfahren" als Bestandteil des Überleitungsvertrages von 1952

in den Verträgen selbst vorgesehen ist, in Kraft gesetzt werden könnten", die nachfolgende Zusicherung bezüglich einer vorgezogenen Institutionalisierung „gewisser Bestimmungen der Verträge" gegeben hatten, gemeint waren unter anderem die Bestimmungen des Artikels 6 des Überleitungsvertrages:

> „Wir möchten Ihnen mitteilen, daß, falls nach der Ratifizierung der Verträge durch alle Signatarstaaten die Ratifizierung des Vertrages über die Errichtung der Europäischen Verteidigungsgemeinschaft seitens anderer Mächte ungebührlich verzögert wird, unsere Regierungen bereit sein werden, mit der Bundesregierung Besprechungen abzuhalten, um die Lage zu prüfen und um festzustellen, ob Vereinbarungen getroffen werden sollen, um gewisse Bestimmungen der Verträge vor dem Inkrafttreten dieser Verträge in Wirksamkeit zu setzen."[28]

Drei Monate nach seiner ersten Amerikareise wurde Adenauer in Sachen einer vorzeitigen Institutionalisierung des *Mixed (Parole) Board* gemäß Artikels 6 des Überleitungsvertrages erneut tätig. So entsandte er den Leiter der Politischen Abteilung des Auswärtigen Amtes, Herbert Blankenhorn, zu der vom 10. bis 14. Juli 1953 in Washington stattfindenden Außenministerkonferenz der Drei Mächte, um Präsident Eisenhower zu ersuchen, neben der Frage der Souveränität und der Wiedervereinigung Deutschlands insbesondere das Thema *German War Criminals* im Zusammenhang mit Artikel 6 des Überleitungsvertrages einzubringen. Nach schwierigen Verhandlungen einigten sich die drei Alliierten dahingehend, dass mit Datum vom 31. August beziehungsweise 1. September 1953 – also noch vor der Bundestagswahl – von den Hohen Kommissaren übergangsweise drei bilaterale Kommissionen als *Interim Mixed Parole Boards* eingerichtet werden sollten. Jedoch erst am 27. Oktober 1953 nahmen der deutsch-amerikanische und der deutsch-britische Interimsausschuss jeweils ihre Arbeit auf, der deutsch-französische sogar erst am 12. November 1953.

Der ab dem 27. Oktober 1953 für die Landsberger Haftanstalt – und damit für Biberstein – zuständige US-amerikanische *Interim Mixed Parole and Clemency Board* (IMPAC) war mit drei Amerikanern und zwei Deutschen besetzt: dem Anwalt und Vermögensberater Henry Lee Shattuck, dem Major General Joseph Muller und als offiziellem Vertreter der USA mit dem Diplomaten Edwin A. Plitt. Als deutsche Mitglieder des Ausschusses hatte die Bundesregierung den Bundesrichter i. R. Dr. Emil Lersch (München) und den Landgerichtspräsidenten Dr. Hans Meuschel (Landshut) benannt.[29] Als die drei bilateralen interimistischen Ausschüsse im Herbst 1953 ihre Arbeit aufnahmen, saßen in Werl noch 80 von britischen Militärgerichten verurteilte Kriegsverbrecher und NS-Gewalttäter, im französischen

---

[28] Das Schreiben ist abgedruckt in: Tagebuch der Zeit. Alte und neue Konflikte, in: DIE ZEIT, Jg. 1953, Ausgabe 43 vom 22. Oktober 1953.

[29] Conant an State Department. Schreiben vom 20.10.153, U.S. National Archives, RG 59, Lot 59 D 609, Box 18. Zitiert nach: ULRICH BROCHHAGEN, Nürnberg, S. 455.

Gewahrsam in Wittlich befanden sich noch 82 und in amerikanischer Haft sogar noch 320 verurteilte NS-Täter,[30] unter ihnen neun im Nürnberger Einsatzgruppenprozess verurteilte NS-Gewalttäter: Ernst Biberstein, Dr. Martin Sandberger, Adolf Ott, Erwin Schulz, Willy Seibert, Eugen Steimle, Dr. Walter Blume, Dr. Walter Haensch und Woldemar Klingelhöfer. (Vgl. Tabelle 11).

Mit Beginn der Arbeit des US-amerikanische *Interim Mixed Parole and Clemency Board* (IMPAC) am 27. Oktober 1953 sollte sich somit für Biberstein die Chance einer Haftunterbrechung nach dem im US-amerikanischen Militärstrafrecht verankerten Rechtsgrundsatz der so bezeichneten *Strafaussetzung* nach dem „Parole-Verfahren" ergeben. Im Hinblick darauf meldete Biberstein zum gleichen Zeitpunkt in Entsprechung zu seinem damaligen Aufenthaltsort (Landsberg/Bayern) seinen Wiedereintritt nicht etwa in die Evangelisch-Lutherische Kirche in Bayern an, sondern strategisch klug in die Schleswig-Holsteinische Landeskirche.[31]

2 Mixed (Parole) Board und Schleswig-Holsteinische Landeskirche

Da der Deutschlandvertrag an den *Vertrag über die Gründung der Europäischen Verteidigungsgemeinschaft* (EVG-Vertrag) gekoppelt war und die französische Nationalversammlung den EVG-Vertrag am 30. August 1954 abgelehnt hatte, schien der Deutschlandvertrag zunächst gescheitert. Nachdem jedoch im September 1954 auf der Neun-Mächte-Konferenz in London stattdessen der Beitritt der Bundesrepublik Deutschland zur *North Atlantic Treaty Organisation* (NATO) und zur *Westeuropäischen Union* (WEU) beschlossen worden war, wurden die so bezeichneten *Pariser Verträge* (Vertragspaket Deutschlandvertrag/Vertrag zum Beitritt der Bundesrepublik Deutschland zur WEU und zum Beitritt zur NATO) ausgearbeitet und am 23. Oktober 1954 von den Signatarstaaten unterzeichnet. Jedoch erst knapp ein Jahr später konnte nach Inkrafttreten des Deutschlandvertrages am 5. Mai 1955 im August desselben Jahres der eigentliche *Mixed Parole Board* – wie er hinsichtlich seiner Zusammensetzung und Funktion in Artikel 6 des Überleitungsvertrages bereits vereinbart war – seine Tätigkeit aufnehmen.

---

[30] Bundeskanzleramt. Vorläufiges Memorandum vom 7.12.1954, BArch, B 136/ 18853. Zentrale Rechtsschutzstelle. Gemischter Ausschuss, Abschlussbericht vom 21.12.1958, BArch 305/ 56.
[31] Eintrag der Kirchengemeinde Neumünster vom 1. November 1953, Archiv der Kirchengemeinde Neumünster, Wiedereintritte: 1. November 1953, Biberstein, Ernst, 15.02.1899.

2 Mixed (Parole) Board und Schleswig-Holsteinische Landeskirche

2.1 STRAFRECHTLICHE BESTIMMUNG DER HAFTAUSSETZUNG

In den USA und der Bundesrepublik Deutschland sind die strafrechtlichen Bestimmungen für eine Haftaussetzung unterschiedlich geregelt. Gemäß § 57a des Strafgesetzbuches (StGB) für die Bundesrepublik Deutschland gelten für die Aussetzung des Strafrestes bei *lebenslanger* Freiheitsstrafe die nachfolgenden Kriterien:

> „(1) Das Gericht setzt die Vollstreckung des Restes einer lebenslangen Freiheitsstrafe zur Bewährung aus, wenn
> 1. fünfzehn Jahre der Strafe verbüßt sind,
> 2. nicht die besondere Schwere der Schuld des Verurteilten die weitere Vollstreckung gebietet und
> 3. die Voraussetzungen des § 57 Abs. 1 Satz 1 Nr. 2 und 3 vorliegen.
>
> (2) Als verbüßte Strafe im Sinne des Absatzes 1 Satz 1 Nr. 1 gilt jede Freiheitsentziehung, die der Verurteilte aus Anlaß der Tat erlitten hat.
>
> (3) Die Dauer der Bewährungszeit beträgt fünf Jahre. 2§ 56a Abs. 2 Satz 1 und die § 56b bis 56g, 57 Abs. 3 Satz 2 und Abs. 5 Satz 2 gelten entsprechend.
>
> (4) Das Gericht kann Fristen von höchstens zwei Jahren festsetzen, vor deren Ablauf ein Antrag des Verurteilten, den Strafrest zur Bewährung auszusetzen, unzulässig ist."[32]

Nach § 66 StGB für die Bundesrepublik Deutschland kann das Gericht zusätzlich zur Strafe die Unterbringung in der Sicherungsverwahrung anordnen, wenn jemand zu einer Freiheitsstrafe von mindestens zwei Jahren verurteilt wird, und zwar wegen einer vorsätzlichen Straftat, die sich gegen das Leben, die körperliche Unversehrtheit, die persönliche Freiheit oder die sexuelle Selbstbestimmung richtet.[33]

In den USA hingegen gibt es im Militärstrafrecht bei lebenslanger Freiheitsstrafe das rechtstheoretische Instrument einer bedingten Aussetzung des Strafrestes nach dem so genannten „Parole-Verfahren", das auf dem *Code of Laws of the United States of America (U. S. Code), Title 10, Subtitle A, Chapter 48, § 952 – Parole* beruht und das besagt:

> „(a) The Secretary concerned may provide a system of parole for offenders who are confined in military correctional facilities and who were at the time of commission of their offenses subject to the authority of that Secretary.
>
> (b) In a case in which parole for an offender serving a sentence of confinement for life is denied, only the President or the Secretary concerned may grant the offender parole on

---

[32] Strafgesetzbuch, allgemeiner Teil (§§ 1-79b). 3. Abschnitt: Rechtsfolgen der Tat (§§ 38-76a). 4. Titel: Strafaussetzung zur Bewährung (§§ 56-58), hier § 57a.

[33] Strafgesetzbuch, allgemeiner Teil (§ 1-79b). 3. Abschnitt: Rechtsfolgen der Tat (§ 38-76a). 6. Titel – Maßregeln der Besserung und Sicherung (§ 61 – 72), Freiheitsentziehende Maßregeln (§ 63 – 67h), hier § 66.

appeal of that denial. The authority to grant parole on appeal in such a case may not be delegated."[34]

Gemäß dem *Code of Laws of the United States of America (U. S. Code)* hat der Inhaftierte nach der Verbüßung einer vom US Military Tribunal zuvor festgelegten Mindeststrafzeit einen Rechtsanspruch, bei dem so bezeichneten „Parole Board" als einer *staatlichen Kommission für Strafaussetzung* ein Gesuch auf Haftunterbrechung bzw. Strafaussetzung einzureichen. Dem Gesuch ist dann stattzugegeben, wenn bisheriges Verhalten und Gesinnung des Inhaftierten eine berechtigte Chance auf Resozialisierung erkennen lassen. Exakt jene Regelung wurde auf Artikel 6 des Überleitungsvertrages sinngemäß übertragen. Im Übrigen ist die Resozialisierung des Strafgefangenen im deutschen Strafrecht gleichermaßen verankert. So nennt § 2 Absatz 1 des Strafvollzugsgesetzes (StVG) die nachfolgenden Vollzugsziele:

„Im Vollzug der Freiheitsstrafe soll der Gefangene fähig werden, künftig in sozialer Verantwortung ein Leben ohne Straftaten zu führen (Vollzugsziel). Der Vollzug der Freiheitsstrafe dient auch dem Schutz der Allgemeinheit vor weiteren Straftaten."[35]

In der Literatur wird der Begriff *Parole Board* gelegentlich unzutreffend mit „Gnadenausschuss" oder „Gnadenkommission" wiedergegeben. Die korrekte Übersetzung des englischen *parole* lautet jedoch „Hafturlaub/Haftunterbrechung/Strafaussetzung". Der *Parole Board* ist demzufolge eine *Kommission für Haftaussetzung*. Da jenes US-amerikanische Rechtsinstrument der Strafaussetzung als Vertragsbestandteil in Artikel 6, Absatz 1 des Überleitungsvertrages verankert wurde, war demzufolge die so bezeichnete *Entlassung auf „Parole"* dezidiert „kein Gnadenakt, sondern die Fortführung der Strafe außerhalb der Gefängniszelle zum Zweck einer Resozialisierung mit Meldepflicht bei ehrenamtlichen Überwachern, Arbeitspflicht und der Pflicht zur Genehmigung für jede Veränderung der persönlichen Verhältnisse."[36] Diese Bedingungen werden nachfolgend für die causa Biberstein dargelegt.

---

[34] Code of Laws of the United States of America (U. S. Code), Title 10, Subtitle A, Chapter 48, § 952 – Parole.

[35] Gesetz über den Vollzug der Freiheitsstrafe und der freiheitsentziehenden Maßregeln der Besserung und Sicherung (Strafvollzugsgesetz – StVollzG) vom 16.3.1976, BGBl, Teil I (1976). S. 518. § 2 Aufgaben des Vollzuges.

[36] RALPH OGGORECK/ VOLKER RIESS: *Fall 9. Der Einsatzgruppenprozeß* (gegen Ohlendorf und andere), in: GERD R. UEBERSCHÄR (Hrsg.): Nationalsozialismus vor Gericht. Die alliierten Prozesse gegen Kriegsverbrecher und Soldaten 1943-1952, Frankfurt/M. ³2008, S. 164-175, hier S. 171.

2.2 Bibersteins Arbeitsgesuch an die Schleswig-Holsteinische Landeskirche

Wie nachstehende Tabelle 12 verdeutlicht, hatte der interimistische deutsch-amerikanische *Interim Mixed Parole and Clemency Board* (IMPAC) zwischen Januar 1954 und August 1955 vier aus dem Nürnberger Einsatzgruppenprozess verurteilte NS-Gewalttäter unter Auflagen aus der Haft entlassen, und zwar die Strafgefangenen Erwin Schulz, Willy Seibert, Eugen Steimle und Dr. Walter Haensch, die von McCloy am 31. Januar 1951 zu zeitlichen Strafen begnadigt worden waren. Ende August 1955 konnte dann der in Artikel 6 des Überleitungsvertrages verankerte *Mixed (Parole) Board* endlich seine Arbeit aufnehmen. Zu jenem Zeitpunkt befanden sich im *War Criminal Prison No 1* in Landsberg von den im Nürnberger Einsatzgruppenprozess zum Tode Verurteilten und am 31. Januar 1951 von McCloy zu lebenslanger Haftstrafe Begnadigten nur noch vier NS-Gewalttäter, das waren neben Ernst Biberstein, Adolf Ott und Dr. Martin Sandberger noch der Häftling Woldemar Klingelhöfer, den das Gremium des *Mixed (Parole) Board* bereits im Dezember 1956 aufgrund der in Artikel 6 des Überleitungsvertrages festgelegten Bedingungen unter Auflagen aus dem US-amerikanischen Gewahrsam entließ.

Tabelle 12: Haftentlassungen im Fall 9 durch den Interim Mixed Parole and Clemency Board *(IMPAC)* und den Mixed (Parole) Board

Angeklagter	**Gerichtsurteil**	**McCloy**	**Haftentlassung**
Schulz, Erwin	20 Jahre	10 Jahre	Jan. 1954 IMPAC
Seibert, Willy	Todesstrafe	15 Jahre	Mai 1954 IMPAC
Steimle, Eugen	Todesstrafe	20 Jahre	Juni 1954 IMPAC
Haensch, Walter	Todesstrafe	15 Jahre	Aug. 1955 IMPAC
Klingelhöfer, Woldemar	Todesstrafe	lebenslänglich	Dez. 1956 Mixed Board
Biberstein, Ernst	*Todesstrafe*	*lebenslänglich*	*Mai 1958 Mixed Board*
Ott, Adolf	Todesstrafe	lebenslänglich	Mai 1958 Mixed Board
Sandberger, Martin	Todesstrafe	lebenslänglich	Mai 1958 Mixed Board

(Quelle: Die Daten der Haftentlassung entstammen dem Institut für Zeitgeschichte München, Bestand Gy).

Im Hinblick auf die bereits erfolgten Entlassungen seiner Mittäter bestanden somit für Biberstein gute Erfolgsaussichten, ebenfalls in das „Parole-Verfahren" aufgenommen zu werden. Strategisch klug hatte er demzufolge am 1. November 1953 in der Hoffnung auf einen möglichen Arbeitsplatz seinen Wiedereintritt in die Schleswig-Holsteinische Landeskirche veranlasst, also kurz nachdem der *Mixed (Parole) Board* seine Arbeit aufgenommen hatte. Nur wenig später wandte er sich an seinen ehemaligen Arbeitgeber, d. h. die Schleswig-Holsteinische Landeskirche, da der Nachweis eines Arbeitsplatzes *die* wesentliche Bedingung war, um überhaupt in das „Parole-Verfahren" zu gelangen.

Im Hinblick darauf kontaktierte Biberstein mit Schreiben vom 18. Dezember 1955 den damaligen Präsidenten des Landeskirchenamtes in Kiel Dr. Epha. Ein solches Bittgesuch zu stellen, dürfte Biberstein nicht leichtgefallen sein, hatte er doch im Jahr 1935 nach diversen Querelen mit Untergebenen und Vorgesetzten sein Amt als Propst niederlegen müssen und war im Jahre 1938 sogar aus der Kirche ausgetreten. Wie seinem Schreiben zu entnehmen ist, hatte er sich offensichtlich auch schon anderweitig erfolglos um einen Arbeitsplatz bemüht. Demzufolge schien die Schleswig-Holsteinische Landeskirche die letztmögliche Anlaufstelle zu sein.

Nachdem Biberstein sich dem Präsidenten des Landeskirchenamtes Dr. Epha sowohl unter seinem ehemaligen als auch seinem jetzigen Namen vorgestellt und stichpunktartig Angaben zu seinem beruflichen Werdegang von 1933 bis 1945 sowie zu seiner Verurteilung 1948 und der Begnadigung 1951 getätigt hatte, kam er zu dem eigentlichen Anliegen seines Bittgesuches, das er wie folgt formulierte:

> „Angeblich soll ich nun nach Mitteilung aus Bonn [d. h. aus dem Auswärtigen Amt der BRD] über meinen Anwalt die Möglichkeit erhalten, auf Parole entlassen zu werden. Das ist eine bedingte Freilassung mit bestimmten Auflagen, wie sie m. W. allein die amerikanische Gewahrsamsmacht vornimmt. Eine unabdingbare Voraussetzung dabei ist der Nachweis eines Arbeitsplatzes. So bin ich gezwungen von hier aus d. i. unter erschwerten Bedingungen einen solchen zu suchen.
>
> Da ich als ev. Theologe und ehemaliger Geistlicher, noch dazu im Alter von 57 Jahren wenig oder nur beschränkte Aussichten habe, so verübeln Sie es mir nicht, daß ich auch bei Ihnen vorfrage."[37]

Sodann beschrieb er seine Vorstellungen hinsichtlich einer künftigen beruflichen Tätigkeit, wobei er zwei Optionen in Erwägung gezogen hatte: Sozialarbeit und Archivtätigkeit. Bemerkenswert ist dabei seine Selbsteinschätzung, insofern, als er offensichtlich eine Tätigkeit im sozialen Bereich für einen ehemaligen Massenmörder wohl kaum als angemessen betrachtet haben dürfte und sich demzufolge der genaueren Beschreibung der zweiten Option zuwandte.

> „Als geeignete Arbeitsgebiete habe ich folgende in Erwägung gezogen: 1.) <u>Sozialarbeit</u> z. B. in größeren Industriebetrieben und 2.) <u>Archivtätigkeit</u>.
>
> Meine Anfrage geht nun dahin, ob ich nach Meinung der Kirchenregierung für irgendeine Tätigkeit im Bereich der Landeskirche, wofür eine theologische Vorbildung und kirchliche Erfahrung notwendig wäre, *tragbar* bin. Gedacht hatte ich an eine Bürotätigkeit als *Angestellter* im Bereich der Inneren Mission oder im Bereich des kirchlichen Archivwesens (Kirchenbücher).
>
> Gerade für die Kirchenbucharbeit habe ich eine leidenschaftliche Vorliebe, zumal ich auf diesem Gebiet vom ehemal. Reichsministerium f. d. k. A[ngelegenheiten] auch viel tun

---

[37] Biberstein an Dr. Epha. Handschriftliches Schreiben vom 18. Dezember 1955, Nordelbisches Kirchenarchiv Kiel (NEK-Archiv Kiel) 12.03, Nr. 1215, S. 1-2, hier S. 1.

konnte in Zusammenarbeit mit dem damaligen Bevollmächtigten der D.E.K. [Deutschen Evangelischen Kirche] für das Kirchenbuchwesen Präsident Dr. Hosemann, Breslau[38] und der ehemaligen Reichsstelle für Sippenforschung im ehem. R. M. d. I. [Reichsministerium des Innern]." [Unterstreichung im Original; Kursivdruck vom Verf.].[39]

Über die Art der Zusammenarbeit mit der berüchtigten *Reichsstelle für Sippenforschung* kann nur spekuliert werden. Da Biberstein auf Betreiben Heydrichs im Jahre 1940 vom *Reichsministerium für kirchliche Angelegenheiten* (RMfdkA) in das *Reichsministerium des Innern* (RMdI) versetzt und nach einer neunmonatigen Informationsphase im *Reichssicherheitshauptamt* (RSHA) wiederum von Heydrich in die Gestapostelle Oppeln/Oberschlesien beordert worden war, dürfte seine Arbeit mit der *Reichsstelle für Sippenforschung* insbesondere darin bestanden haben, alle jüdischen Einwohner Oberschlesiens zu ermitteln. Immerhin gehörte die Auswertung aller von den jüdischen Synagogengemeinden geführten Gemeindemitgliederkarteien sowie die Überprüfung der Geburts-, Trauungs- und Sterberegister zum Aufgabenbereich der berüchtigten *Reichsstelle für Sippenforschung*, desgleichen die Nutzbarmachung alter Kirchenbücher, um jüdische Konvertiten zu ermitteln.[40]

Nachfolgend benannte Biberstein seinen ehemaligen Amtskollegen Propst Richard Karl Steffen als Vertrauensmann mit der Begründung, dass jener über seine Absichten bereits unterrichtet sei. Gleichzeitig bat er den Präsidenten des Landeskirchenamtes, Propst Steffen bei den diesbezüglichen Besprechungen hinzuzuziehen.[41] Möglicherweise hatte Biberstein seinen ehemaligen Amtskollegen Steffen deswegen ins Vertrauen gezogen, weil jener ebenfalls kurzzeitig Anhänger der

---

[38] D. Johannes Hosemann, Oberkonsistorialrat, Berlin/Konsistorialpräsident, Breslau, war von 1935-1938 Beauftragter für das kirchliche Archiv- und Kirchenbuchwesen. Im Bundesarchiv konnten keine Dokumente gefunden werden, die eine Zusammenarbeit zwischen Biberstein und Hosemann belegen.

[39] Biberstein an Dr. Epha. Handschriftliches Schreiben vom 18. Dezember 1955, NEK-Archiv Kiel 12.03, Nr. 1215, S. 1f.

[40] Vgl. dazu insbesondere: MANFRED GAILUS: Kirchenbücher, Ariernachweise und kirchliche Beihilfen zur Judenverfolgung. Zur Einführung, in: DERS. (Hrsg.): Kirchliche Amtshilfe. Die Kirche und die Judenverfolgung im „Dritten Reich", Göttingen 2008, S. 7-26. STEPHAN LINCK: „... restlose Ausscheidung dieses Fremdkörpers". Das schleswig-holsteinische Kirchenwesen und die „Judenfrage", in: MANFRED GAILUS (Hrsg.): Kirchliche Amtshilfe. Die Kirche und die Judenverfolgung im „Dritten Reich", Göttingen 2008, S. 27-47. MANFRED GAILUS: „Hier werden täglich drei, vier Fälle einer nichtarischen Abstammung aufgedeckt." Pfarrer Karl Themel und die Kirchenbuchstelle Alt-Berlin, in: DERS. (Hrsg.): Kirchliche Amtshilfe. Die Kirche und die Judenverfolgung im „Dritten Reich", Göttingen 2008, S. 82-100. ANDREAS STRIPPEL: NS-Volkstumspolitik und die Neuordnung Europas. Rassenpolitische Selektion der Einwandererzentralstelle des Chefs der Sicherheitspolizei und des SD (1939 – 1945), Paderborn u. a. 2011; zugleich: Hamburg, Univ., Diss., 2009.

[41] Biberstein an Dr. Epha. Handschriftliches Schreiben vom 18. Dezember 1955, NEK-Archiv Kiel 12.03, Nr. 1215, S. 1-2, hier S. 2.

Deutschen Christen (DC), NSDAP-Mitglied und Angehöriger des Kradschützenverbandes der SS gewesen war[42] und er sich demzufolge von ihm Empathie und Solidarität erhoffte. Mit Schreiben vom 30. Dezember 1955 kontaktierte Landeskirchenpräsident Epha sodann Propst Steffen und bat um dessen Meinung zu Bibersteins Anliegen. Offensichtlich schien Dr. Epha gewillt, Biberstein „eine Chance" zu geben, in der Annahme,

> „daß jemand, der durch so schwere Zeiten hindurchgegangen ist wie Herr Biberstein, davon nicht unberührt geblieben sein kann und daß er heute anders sein muß, als wir ihn damals vielleicht in Segeberg gesehen haben. Und wenn wir überall Vergebung predigen, aber selbst nicht zeigen wollen, daß wir es auch bei uns meinen, dann stimmt irgendetwas nicht."[43]

Hier stellt sich die Frage, was der Präsident des Landeskirchenamtes unter der Formulierung „schwere Zeiten" und „Vergebung" verstanden wissen wollte. Spielte er auf die von Biberstein begangenen NS-Verbrechen an oder etwa nur auf dessen mehrjährige Inhaftierung in Landsberg, und bezog er „Vergebung" lediglich auf Bibersteins konfliktreiche Amtszeit in Segeberg oder doch auf die etwa 2.000 bis 3.000 Opfer, die von Bibersteins Teilkommandos während dessen Dienstzeit in der Oblast Rostow ermordet worden waren? Es ist zu vermuten, dass die oben zitierte Aussage des Dr. Epha den kollektiven Verdrängungsmechanismus der 1940/50er-Jahre wiederspiegelte, der für die NS-Täter unterschiedlich gestaffelte Empathie empfand, indem er das Schicksal Millionen ermordeter NS-Opfer schlichtweg auszublenden suchte.[44]

In einer Aktennotiz des Schleswig-Holsteinischen Landeskirchenamtes vom 7. Januar 1956 findet sich der Vermerk, dass Propst Steffen „das grundsätzliche Anliegen Bibersteins [unterstütze]" und dass er [Propst Steffen] das Landeskirchenamt bitte, „sich auch dafür einzusetzen, daß ihm [Biberstein] eine Arbeitsgelegenheit außerhalb des geistlichen Amtes verschafft [werde]. Er schlug weiter vor, Herrn Biberstein aufzufordern, zur Frage des Verhältnisses zur Kirche Stellung zu nehmen und die Unterlagen über seine Verurteilung zur Verfügung zu stellen."[45] In

---

[42] Propst Steffen wurde später seitens der NSDAP als auch der SS aus deren Mitgliedschaft ausgeschlossen. Propst Richard Steffen an Bischof Wilhelm Halfmann. Schreiben vom 12.3.1946, NEK-Archiv, 22.05, Nr. 740.

[43] Dr. Epha an Propst Steffen. Schreiben vom 30.12.1955, NEK-Archiv Kiel 12.03, Nr. 1215.

[44] Das Urteil über Bischof Halfmann ist bis heute umstritten. Zu den unterschiedlichen Positionen vgl. KIRCHE HAMBURG. SERVICEPORTAL DER EV.-LUTH. KIRCHE: Nachrichten: „Kirchen im Norden deckten Nazi-Karrieren. Patenschaften für Kriegsverbrecher" – Kirchenhistoriker [Dr. Stephan Linck] deckt auf. KLAUSPETER REUMANN: Halfmanns Schrift „Die Kirche und der Jude" von 1936, in: ANNETTE GÖHRES (Hrsg.): Als Jesus „arisch" wurde. Kirche, Christen, Juden in Nordelbien 1933 – 1945. Die Ausstellung in Kiel, Bremen 2004, S. 147-161.

[45] Aktennotiz des Schleswig-Holsteinischen Landeskirchenamtes vom 7.1.1956, NEK-Archiv Kiel 12.03, Nr. 1215.

Entsprechung zu Propst Steffens Vorschlägen formulierte Dr. Epha sein an Biberstein gerichtetes Antwortschreiben.

„Nach Rücksprache mit Herrn Propst Steffen, Neumünster, bin ich – trotz aller tatsächlichen Schwierigkeiten, die noch zu überwinden sind – grundsätzlich bereit, mich nach einem Arbeitsplatz für Sie umzusehen. Bevor ich aber in dieser Hinsicht irgendwelche Gespräche führen kann, hätte ich von Ihnen noch gern ein Wort über ihren Kirchenaustritt gehört.

Außerdem wäre ich dankbar, wenn Sie ihren Anwalt veranlassen würden, mir einen Überblick über die tatsächlichen und rechtlichen Voraussetzungen zu geben, die zu ihrer Verurteilung geführt haben. Es wäre mir auch lieb, wenn Rechtsanwalt Dr. Bergold von sich aus eine rechtliche Würdigung dazu gibt.

Schließlich bitte ich Sie, mir noch etwas über Ihren augenblicklichen Gesundheitszustand und ihre Arbeitsfähigkeit mitzuteilen. Nach Prüfung der erbetenen Unterlagen will ich die Angelegenheit mit Bischof D. Halfmann besprechen und sehen, ob und wie wir Ihnen helfen können."[46]

Eigenartigerweise ließ Biberstein sieben Monate ohne jegliche Antwort verstreichen. Weder nahm er Stellung zu seinem 1938 erfolgten Kirchenaustritt noch übermittelte er dem Landeskirchenamt das erbetene Rechtsgutachten. Jene Verzögerung begründete er zu einem späteren Zeitpunkt glaubhaft damit, dass „alle Briefe durch die Zensur gingen" und dass „einer, der einen Gnadenakt erwartet, das offizielle Urteil nicht angreifen dürfe."[47]

Auswärtiges Amt und Deutsches Rotes Kreuz

Offensichtlich war das „Parole-Verfahren" im Fall Biberstein schon in der Weise fortgeschritten, dass ein Vertreter des Deutschen Roten Kreuzes (DRK) im Auftrag des Auswärtigen Amtes der Bundesrepublik Deutschland das Schleswig-Holsteinische Landeskirchenamt aufsuchte. Herr Ruprecht vom Landesverband des DRK kontaktierte am 7. September 1956 Dr. Epha und unterrichtete ihn über „ein entsprechendes Schreiben der amerikanischen Dienststelle, das dem Roten Kreuz vorläge" und das die Entlassung Bibersteins gemäß „Parole-Verfahren" zum Inhalt habe. Voraussetzung für Bibersteins Entlassung sei der Nachweis eines Arbeitsplatzes und die Bereitstellung eines Paroliertenbetreuers,[48] für den in den Akten des Schleswig-Holsteinischen Landeskirchenamtes der unzureichende Begriff „Bürge" verwandt wurde. Eher wäre die Bezeichnung „Resozialisierungsbetreuer/Bewährungshelfer" zutreffend.

---

[46] Dr. Epha an Biberstein. Schreiben vom 7.1.1956, NEK-Archiv Kiel 12.03, Nr. 1215.
[47] Propst Steffen: Bericht über den Besuch bei Herrn Biberstein in Landsberg, 5.10.1956, NEK-Archiv Kiel 12.03, Nr. 1215.
[48] Aktennotiz des Schleswig-Holsteinischen Landeskirchenamtes von 8.9.1956, NEK-Archiv Kiel 12.03, Nr. 1215.

Da NS-Gewalttäter wie Biberstein keine Gewaltverbrecher im herkömmlichen Sinne waren, sondern nachgewiesenermaßen Gesinnungsstäter (Michael Wildt), die aus rassenideologischen Gründen Kriegsverbrechen oder Verbrechen gegen die Menschlichkeit begangen hatten, war nach der Zerschlagung der NS-Diktatur und der Verurteilung der NS-Täter durch die alliierten Militärgerichte mit einer gleichartigen Tatwiederholung nicht zu rechnen. Demzufolge wurde selbst für derart extreme NS-Verbrecher wie Biberstein und seine im Nürnberger Einsatzgruppenprozess Mitangeklagten eine positive Sozialprognose angenommen.

Nachdem Herr Ruprecht Dr. Epha dahingehend informiert hatte, dass nach den bisherigen Erfahrungen des Deutschen Roten Kreuzes der ehemalige Arbeitgeber den jeweils zu parolierenden Häftling wieder einstelle, trug er zwei Bitten vor:

„1. Ein Leumundszeugnis über Propst Steffen – Neumünster – auszustellen, der sich bereiterklärt hat, als Bürge [Paroliertenbetreuer] für den früheren Propst Szymanowski, jetzt Biberstein genannt, aufzutreten.
2. zu prüfen, ob und wie Herr Biberstein demnächst im kirchlichen Dienst beschäftigt werden könne."[49]

Nach erfolgter telefonischer Anfrage bei dem in Aussicht genommenen Paroliertenbetreuer Propst Steffen kamen Herr Ruprecht und Dr. Epha dahingehend überein, dass der Propst auf Kosten des Deutschen Roten Kreuzes nach Landsberg fahren sollte, um sich von Biberstein ein genaueres Bild zu machen, auch im Hinblick auf dessen Arbeitsfähigkeit. Das Deutsche Rote Kreuz gab die Zusage, bei der Gefängnisbehörde eine Sprecherlaubnis zu erwirken. Mit Schreiben vom 24. September 1956 übersandte das Schleswig-Holsteinische Landeskirchenamt sodann Propst Steffen zur Vorbereitung auf dessen Besuch in Landsberg die Personalakte Bibersteins zur Einsichtnahme.[50] Mit Datum vom 5. Oktober reichte Propst Steffen dem Präsidenten des Schleswig-Holsteinischen Landeskirchenamtes einen mehr als vierseitigen maschinenschriftlichen „Bericht über den Besuch bei Herrn Biberstein in Landsberg" ein. Informationshalber ging ein Durchschlag des Berichts an den Landesverband des Deutschen Roten Kreuzes, z. Hd. von Herrn Ruprecht. Mit gleichem Datum sandte Propst Steffen seine Reisekostenabrechnung dem Landesverband des Deutschen Roten Kreuzes zu, von dem er zuvor die entsprechenden Formulare zugeschickt bekommen hatte.[51]

---

[49] Ebd.
[50] Aktennotiz des Schleswig-Holsteinischen Landeskirchenamtes von 8.9.1956, NEK-Archiv Kiel 12.03, Nr. 1215 und Landeskirchenamt an Propst Steffen. Schreiben vom 24.9.1956, ebd.
[51] Propst Steffen an Dr. Epha. Schreiben vom 5.10.1956, NEK-Archiv Kiel 12.03, Nr. 1215.

2 Mixed (Parole) Board und Schleswig-Holsteinische Landeskirche

Bericht des künftigen Paroliertenbetreuers

Für Dienstag, den 2. Oktober 1956, hatte Propst Steffen eine ganztägige Sprecherlaubnis erhalten, die er für lange Gespräche mit Biberstein jeweils am Vormittag und Nachmittag nutzte. Aufschlussreich sind unter anderem seine Eindrücke über die Landsberger Haftanstalt, die er seinem eigentlichen Bericht voranstellte und die so gar nicht dem Bild der düsteren Justizvollzugsanstalten der damaligen Zeit entsprachen.

„Die Landsberger Anstalt macht für den Besucher in keiner Weise den Eindruck eines Gefängnisses. Die Gefangenen können sich auch im Hause frei bewegen. Ihre Behandlung und Verpflegung ist gut [...].

Für Bonn gelten sie weder als Kriegsverbrecher noch als Verurteilte! [sic]. Sie werden auch von Bonn mit Sachspenden unterstützt. Sie können sich Bücher wünschen und bekommen sie durch den Anstaltsgeistlichen überbracht. Tagsüber werden sie zur Arbeit herangezogen. B[iberstein] arbeitet jetzt im Garten."[52]

Sodann schilderte Propst Steffen seinen Eindruck über Bibersteins physischen und psychischen Zustand: „Er macht einen ruhigen, ausgeglichenen Eindruck, weder verbittert, noch verstockt, in seinen Gedankengängen klar und geistig rege." Der Verdacht auf Multiple Sklerose habe sich nicht bestätigt. Biberstein benötige keine Medikamente mehr. Er mache „einen absolut gesunden Eindruck."[53] In einem weiteren Abschnitt seines Berichtes gab Propst Steffen Ausschnitte aus seinem mit Biberstein geführten Gespräch wieder, die sich auf dessen beruflichen Werdegang bezogen. Bezeichnend ist, dass Biberstein bezüglich seiner als Chef der Stapostelle Oppeln/Oberschlesien begangenen Verbrechen nichts aussagte, ja er erwähnte nicht einmal, dort Gestapochef gewesen zu sein. Die in Südrussland begangenen Morde versuchte er entweder bewusst zu verschleiern oder aber in euphemistischer Diktion zu entstellen. So gab er unter anderem entgegen den Daten in seiner SS-Offiziersakte an, keineswegs Mitglied des SD gewesen zu sein. Dem steht entgegen, dass gerade seine Aufnahme in die SS am 13. September 1936 gleichzeitig mit der Funktion eines „Führer[s] im SD" verbunden gewesen war.[54] Nach Russland sei er aufgrund eines Führerbefehls von *Heydrich* geschickt worden, jedoch lediglich für die Dauer eines Jahres. Dort sei er in *ehrenamtlicher* [sic!] Stellung als SS-Sturmbannführer im Dienst des SD gewesen, „aber als Staatsbeamter, nicht von der SS besoldet und nicht im Dienst des S.D. der SS. Die kürzliche Zeitungsnotiz, nach der er SS-Brigadeführer gewesen sei, stimmt also in keiner Weise."[55]

---

[52] Propst Steffen: Bericht über meinen Besuch bei Herrn Biberstein in Landsberg, NEK-Archiv Kiel 12.03, Nr. 1215, S. 1-5, hier S. 1.
[53] Ebd.
[54] Ernennungsurkunde zum Führer im SD, BArch (ehem. BDC) SSO, Biberstein, Ernst, 15.02.1899.
[55] Propst Steffen: Bericht über den Besuch bei Herrn Biberstein in Landsberg, 5.10.1956, NEK-Archiv Kiel 12.03, Nr. 1215, S. 1-5, hier S. 2.

Es ist zu vermuten, dass Propst Steffen hier einige Fakten schlichtweg aus Unkenntnis der beamtenrechtlichen Sachzusammenhänge falsch wiedergegeben hat. Zum einen war Biberstein seit seinem Ausscheiden aus dem Kirchendienst im Jahre 1935 immer Staatsbeamter auf Lebenszeit im Range eines Oberregierungsrates gewesen, zunächst als Referent im *Reichministerium für die kirchlichen Angelegenheiten* (RMfdkA), danach im *Reichssicherheitshauptamt* (RSHA), das dem *Reichsministerium des Innern* (RMdI) unterstellt war, zuletzt im Verwaltungsdienst des *Reichsministeriums des Innern* (RMdI) in der Wirtschaftsabteilung in Triest. Da das *Reichssicherheitshauptamt* (RSHA) eines von mehreren Ämtern des Reichsministeriums des Innern war, besaßen dessen Mitarbeiter demzufolge den Status von Staatsbeamten, auch die im Außendienst tätigen Mitarbeiter der Stapo(leit)stellen und SD-(Ober)-Abschnitte.

Zum anderen war Biberstein einen Monat *nach* der Ermordung Heydrichs von dem Leiter des Personalamtes im *Reichssicherheitshauptamt* (RSHA), dem SS-Gruppenführer und Generalleutnant der Waffen-SS Bruno Streckenbach, als ein nach wie vor im Beamtenstatus tätiger hauptamtlicher Mitarbeiter des *Reichsministeriums des Innern* (RMdI) zum Einsatzkommando 6 abgeordnet worden. Da das Reichssicherheitshauptamt (RSHA) lediglich *eines* von mehreren Ämtern des *Reichsministeriums des Innern* (RMdI) war, wurden demzufolge die dort tätigen Beamten – somit auch das *Führung*spersonal der Einsatzgruppen sowie jenes der Einsatz- und Sonderkommandos – nicht von der SS bezahlt, sondern vom *Reichministerium des Innern* (RMdI) gemäß den beamtenrechtlichen Besoldungsstufen.

Es ist bereits angedeutet worden, dass Biberstein die in Südrussland begangenen Verbrechen gegenüber seinem zukünftigen Paroliertenbetreuer bewusst zu verschleiern suchte, da die Schleswig-Holsteinische Kirche im Hinblick auf eine Arbeitsbeschaffungsmaßnahme offensichtlich seine letzte Anlaufstelle war. Entsprechend euphemistisch gab Propst Steffen Bibersteins Auskünfte jeweils auf Seite 2/3 seines Berichtes wieder:

> „Im *Staats*sicherheitsdienst hatte er es zu tun mit russischen Saboteuren und Partisanen. Es sind auch in seiner Kommandostelle Erschießungen vorgekommen, aber Einzelerschießungen von Personen, die *gerichtlich abgeurteilt* waren. Darüber legte mir B. eine ausführliche Stellungnahme seines Rechtsanwaltes vor [...].
>
> Um noch einmal auf die Erschießungen zu kommen, die ja in dem Zeitungsbericht eine große Rolle spielen, so ist noch einmal zu betonen, dass *Massenerschießungen* während seiner Zeit nicht vorgekommen sind [...].
>
> Erschießungen einzelner *kriegsgerichtlich* Verurteilter hat er nicht selbst ausgeführt, wohl aber gelegentlich teilgenommen [...]. Im Augenblick der Erschießung sah B. in seiner Dienststelle in den *ordentlich gerichtlich Abgeurteilten* Saboteure und Partisanen, die die Schärfe des Schwertes des Staates traf." [Kursivdruck vom Verf.].[56]

---

[56] Ebd., S. 2-3.

Auf die kursiv gekennzeichneten Stellen ist näher einzugehen, da sie die euphemistischen Darstellungsabsichten Biberteins widerspiegeln. So wird hier in verschleiernder Form der Begriff *Staats*sicherheitsdienst benutzt. Wie in Kapitel III ausführlich dargelegt, war der *Sicherheitsdienst des Reichsführers SS* (SD) – das geht bereits aus der Bezeichnung hervor – keineswegs eine Institution des Staates, sondern eine Formation der SS, die ebenfalls keine Institution des Staates war. Der SD war er am 5. Oktober 1931 vom Reichsführer SS Heinrich Himmler zunächst als Geheimdienst der SS konzipiert und Reinhard Heydrich unterstellt worden. Mit der am 27. September 1939 erfolgten Etablierung des Reichssicherheitshauptamtes (RSHA) als einer „Institution des Krieges" (Michael Wildt) stellte er unter anderem innerhalb der NS-Vernichtungsmaschinerie das SS-Führungspersonal für die Einsatzgruppen und deren Kommandos.

Des Weiteren ist die Rede von *kriegsgerichtlich* abgeurteilten Saboteuren und Partisanen. Auch jenes Verteidigungsschema wurde in dieser Studie mehrfach ausführlich beleuchtet, so im Zusammenhang mit der Aufhebung der Militärgerichtsbarkeit durch den rechtswidrigen *Kriegsgerichtsbarkeitserlass*. In dessen Anwendung wurden die von Biberstein genannte „Saboteure und Partisanen" keineswegs von einem Kriegsgericht rechtsförmlich verurteilt, sondern unter Suspendierung jeglicher Rechtsform in einem unzulässigen *polizeilichen* Schnellverfahren dergestalt, dass die in der Abteilung IV (Gestapo) tätigen Kriminalbeamten der Einsatzkommandos nach entsprechenden polizeilichen Verhören das Todesurteil aussprachen, wie Biberstein dem US Military Tribunal II mehrfach dargelegt hat. Dazu sei verwiesen auf die „Zehn Gebote für die Kriegsführung des deutschen Soldaten". (Bild 87).

Wie in dieser Studie ebenfalls mehrfach erwähnt, wurde die im Jahre 1942 vom Oberkommando der Wehrmacht (OKW) herausgegebene Heeresdienstvorschrift (HDv) Nr. 231 – welche die „Zehn Gebote für die Kriegsführung des deutschen Soldaten" zum Inhalt hatte – als Merkblatt in das Soldbuch eingefügt oder eingeklebt. Wesentlich ist in jenem Merkblatt der Artikel 3, nach denen die von Biberstein so bezeichneten „polizeilichen Verfahren" insofern ein eklatanter völkerrechtlicher Verstoß waren, als Partisanen gemäß den Regelungen der Genfer Konvention Kombattantenstatus besaßen, d. h. sie waren als Kriegsgefangene in Kriegsgefangenenlagern unterzubringen, keinesfalls jedoch zu töten. Desgleichen war nach Artikel 7 die Zivilbevölkerung unverletzlich. Dementsprechend hatten sich Saboteure, die beispielsweise zur Verteidigung ihrer Heimat die Nachschubwege des Militärs blockierten oder demolierten, gemäß Genfer Konvention vor

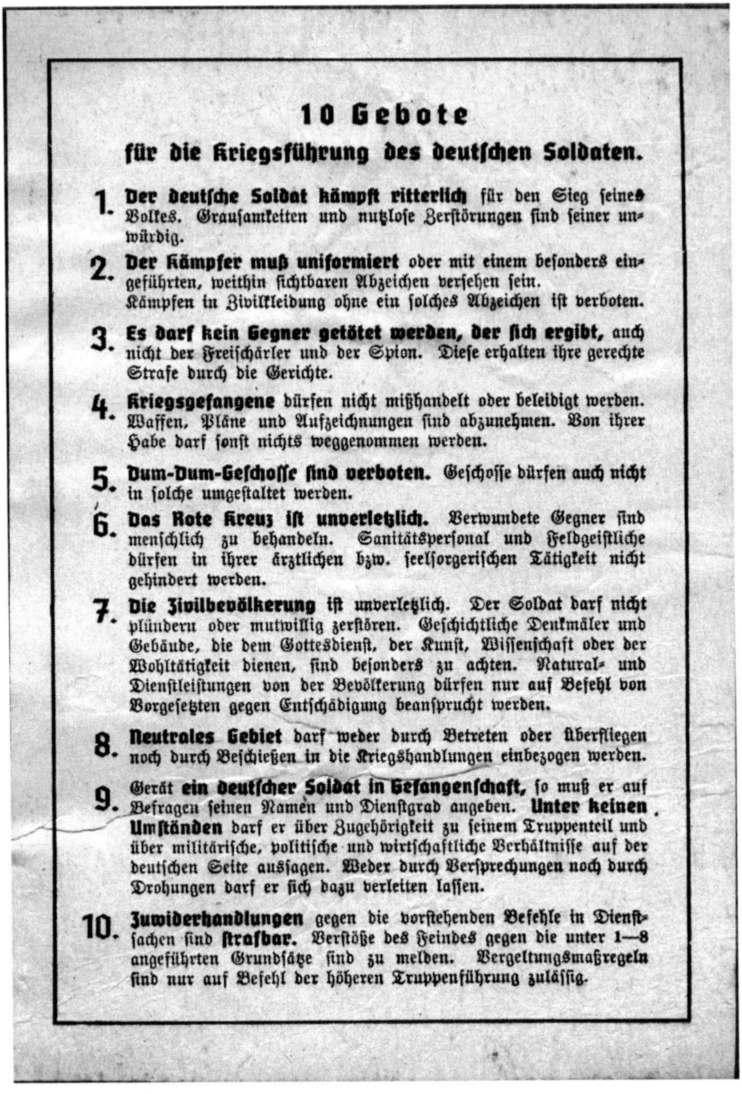

10 Gebote

für die Kriegsführung des deutschen Soldaten.

1. **Der deutsche Soldat kämpft ritterlich** für den Sieg seines Volkes. Grausamkeiten und nutzlose Zerstörungen sind seiner unwürdig.
2. **Der Kämpfer muß uniformiert** oder mit einem besonders eingeführten, weithin sichtbaren Abzeichen versehen sein. Kämpfen in Zivilkleidung ohne ein solches Abzeichen ist verboten.
3. **Es darf kein Gegner getötet werden, der sich ergibt,** auch nicht der Freischärler und der Spion. Diese erhalten ihre gerechte Strafe durch die Gerichte.
4. **Kriegsgefangene** dürfen nicht mißhandelt oder beleidigt werden. Waffen, Pläne und Aufzeichnungen sind abzunehmen. Von ihrer Habe darf sonst nichts weggenommen werden.
5. **Dum-Dum-Geschosse sind verboten.** Geschosse dürfen auch nicht in solche umgestaltet werden.
6. **Das Rote Kreuz ist unverletzlich.** Verwundete Gegner sind menschlich zu behandeln. Sanitätspersonal und Feldgeistliche dürfen in ihrer ärztlichen bzw. seelsorgerischen Tätigkeit nicht gehindert werden.
7. **Die Zivilbevölkerung** ist unverletzlich. Der Soldat darf nicht plündern oder mutwillig zerstören. Geschichtliche Denkmäler und Gebäude, die dem Gottesdienst, der Kunst, Wissenschaft oder der Wohltätigkeit dienen, sind besonders zu achten. Natural- und Dienstleistungen von der Bevölkerung dürfen nur auf Befehl von Vorgesetzten gegen Entschädigung beansprucht werden.
8. **Neutrales Gebiet** darf weder durch Betreten oder Überfliegen noch durch Beschießen in die Kriegshandlungen einbezogen werden.
9. Gerät **ein deutscher Soldat in Gefangenschaft,** so muß er auf Befragen seinen Namen und Dienstgrad angeben. **Unter keinen Umständen** darf er über Zugehörigkeit zu seinem Truppenteil und über militärische, politische und wirtschaftliche Verhältnisse auf der deutschen Seite aussagen. Weder durch Versprechungen noch durch Drohungen darf er sich dazu verleiten lassen.
10. **Zuwiderhandlungen** gegen die vorstehenden Befehle in Dienstsachen sind **strafbar.** Verstöße des Feindes gegen die unter 1—8 angeführten Grundsätze sind zu melden. Vergeltungsmaßregeln sind nur auf Befehl der höheren Truppenführung zulässig.

Bild 87: 10 Gebote für die Kriegsführung des deutschen Soldaten.
(Quelle: Verschwiegene Geschichte, www.verschwiegenegeschichtedrittesreich.wordpress.com; 11.05.2018).

einem Militärgericht[57] zu verantworten, nicht aber vor den Kriminalbeamten der Gestapo-Abteilung der Einsatzkommandos.

[57] Jedoch war die Militärgerichtsbarkeit bereits vor Beginn des Russlandfeldzuges durch den völkerrechtswidrigen Kriegsgerichtsbarkeitserlass aufgehoben worden.

2 Mixed (Parole) Board und Schleswig-Holsteinische Landeskirche

Zudem wurde mehrfach darauf verwiesen, dass die von Biberstein so bezeichneten „polizeilichen Verfahren" einen massiven Verstoß darstellten gegen das in Rechtsstaaten herrschende nationale Recht, in welchem die Polizei keinerlei Jurisdiktionsbefugnis besitzt, als auch gegen geltendes Völkerrecht, das ohnehin gegenüber dem nationalen Recht Vorrang hatte. Es darf vermutet werden, dass zumindest die *Haager Landkriegsordnung* und die *Genfer Konventionen* sowohl für Biberstein als auch für den zukünftigen Paroliertenbetreuer Propst Steffen Inhalt ihrer Wehrmachtsausbildung gewesen sein dürften, waren doch beide aufgrund ihrer Jahrgangszugehörigkeit sowohl im Ersten als auch im Zweiten Weltkrieg eingezogen worden.

Ebenso kann angenommen werden, dass der seit einigen Jahrzehnten in Neumünster lebende Propst Steffen von der Verhaftung seines ehemaligen Amtskollegen durch die Briten am 1. Juli 1945 zumindest gehört hatte, da Biberstein nach seiner Flucht aus Triest zu seiner in Neumünster lebenden Familie zurückgekehrt war. Erfahrungsgemäß spricht sich die Verhaftung eines geistlichen Würdenträgers in den Kirchengemeinden schnell herum. Desgleichen ist davon auszugehen, dass Propst Steffen über das Militärgerichtsverfahren gegen Biberstein Kenntnis besaß, insofern, als er in seinem „Bericht über Biberstein" einen Zeitungsartikel erwähnte. Dabei dürfte es sich um den Spiegelartikel vom 13. Dezember 1947 handeln, dessen Verfasser als einer von vielen im Nürnberger Einsatzgruppenprozess anwesenden Journalisten über Bibersteins Namensänderung, dessen beruflichen Werdegang und dessen in Russland begangenen Verbrechen ausführlich berichtet hatte. Aufschlussreich in dem obigen Zusammenhang sind die nachfolgenden Passagen des Spiegel-Artikels.

„Von den 24 Angeklagten im Prozeß gegen (VO)SS-Einsatzgruppen vor dem Militärgerichtshof II A in Nürnberg ist der Hauptangeklagte Ohlendorf bisher der einzige, der vor Gericht für seine Taten stand. Alle übrigen spielen im Zeugenstand Ahnungslosigkeit.

Der Unwissendste ist Emil Heinrich Scymanowski alias Biberstein, 48 Jahre alt, ein ehemaliger Pfarrer. Seine Verteidigung heißt Gottesglauben, religiöses Seelenleben, Christentum. Scymanowski hat erst 1941 ‚durch einen Trick' seinen Namen gegen Biberstein vertauscht [...].

Von Oppeln aus wird Biberstein im September 1941 zur Einsatzgruppe VI nach Kiew kommandiert [...]. Zwei Hinrichtungen hat er gleich zu Anfang beigewohnt, denn ‚ich mußte doch sehen, wie das wirkt'. Bei der ersten wurden 15 Mann mittels Maschinenpistole oder Gewehr durch Genickschuß erledigt. Bei der zweiten ein Lastkraftwagen voll, etwa 40-60 Menschen, durch den Gaswagen hingerichtet. ‚Ich halte diese Todesart aus humanitären Gründen für angebrachter. Sie ist menschlich angenehmer', der gedrungene Mann gestikuliert mit den wohlgeformten Händen. ‚Die Leichen machten einen ruhigen und friedlichen Eindruck'. [...].

2- bis 3000 Hinrichtungen sind während der neun Monate, die Biberstein Chef des Einsatzkommandos VI in Rußland war, nach zwei eidesstattlichen Versicherungen von seiner Einheit durchgeführt worden. Heute will er die Zahlen nicht mehr wahrhaben. Sieben

Offiziere und etwa 150 Mann umfaßte sein Kommando, über dessen Tätigkeit sich Biberstein kein Urteilsvermögen zutraut. Von der Kirche zum Gashahn. Scymanowski wurde Biberstein."[58]

Augenscheinlich hat der künftige Paroliertenbetreuer Propst Steffen den apologetischen Selbsteinschätzungen Bibersteins ohne jedwede Bedenken Glauben schenken *wollen*, wie der Beginn und der Schluss des Abschnittes „Mein persönlicher Eindruck" nahelegen.

> „Biberstein macht einen ruhigen und aufrichtigen Eindruck in allem, was er sagt [...]. Man glaubt es ihm aber im Gespräch, daß er weder etwas vortäuschen noch etwas beschönigen will [...]. Es ist verständlich, daß B. in seiner Lage in einem solchen Gespräch besonders zu betonen sucht, daß er keine besondere Schuld auf sich geladen hat [...].
> Aber gegen das Grundsätzliche seiner Haltung ist m. E. nichts einzuwenden. Das wird auch rechtlich anerkannt [sic!]. Welche Not das bedeutet, weiß jeder, der als *Pastor in militärischer Dienststellung* in eine solche Situation hineingestellt wurde. Ich bin dankbar, dass sie mir persönlich erspart geblieben ist." [Unterstreichung im Original; Kursivdruck vom Verf.].[59]

Aufschlussreich ist, dass Propst Steffen – obgleich ihm doch Bibersteins Kirchenaustritt im Jahre 1938 durchaus bekannt war – den Adressaten seines Berichtes, d. h. dem Präsidenten des Landeskirchenamtes ebenso wie dem Vertreter des Landesverbandes des Deutschen Roten Kreuzes, offensichtlich zu suggerieren versuchte, dass Biberstein als Führer einer reichsamtlich beauftragten *killing unit* lediglich als „Pastor in militärischer Dienststellung" (sic!) agiert hatte und nicht als Funktionsträger auf mittlerer Ebene innerhalb der NS-Vernichtungsmaschinerie. Propst Steffens geäußerte Empathie gegenüber Biberstein entsprang erkennbar keinem gekränkten Nationalstolz, wie er etwa von den hohen geistlichen Würdenträgern im Zusammenhang mit der Entnazifizierung der Pastorenschaft der DEK geäußert wurde,[60] sondern gerade aufgrund des oben zitierten letzten Satzes ist eine Täteridentifikation zu vermuten. Bezeichnend ist des Weiteren, dass Propst Steffen Bibersteins Kirchenaustritt als schwerwiegender empfand als dessen Massenmorde, indem er konstatierte:

> „Ein wunder Punkt ist natürlich sein Kirchenaustritt. Man muss ihn wohl im Zusammenhang mit der ganzen kirchlichen Lage damals sehen [...]. B. nimmt aber für sich glaubhaft in Anspruch, dass er sich immer als Christ und Theologe gefühlt und gehalten habe und dass er auch Heydrich gegenüber immer betont habe, dass ihm nichts zugemutet werden könne, was dagegen verstoße. Und das sei ihm auch zugebilligt worden.
> Er sagte, und zwar nicht überheblich, sondern einfach als seine innere Überzeugung, *dass es wohl gut wäre, wenn jedes Pastors persönliche Haltung im Leben so anständig*

---

[58] Der unaufdringliche Pfarrer, in: DER SPIEGEL 50/1947 vom 13.12.1947.
[59] Propst Steffen: Bericht über den Besuch bei Herrn Biberstein in Landsberg, 5.10.1956, NEK-Archiv Kiel 12.03, Nr. 1215, S. 1-5, hier S. 2-3.
[60] Vgl. Kapitel IV.2.4 *Kirchlicher Lobbyismus für NS-Verbrecher – Erklärungsversuche*.

sein würde, wie seine es war. Er ist sich, abgesehen von der Beurteilung seines Kirchenaustritts, bewusst, in allen äußeren Dingen vor Gott und Menschen ein gutes Gewissen zu haben. Er sagt es schlicht und überzeugt!" [Kursivdruck vom Verf.].[61]

Letztendlich lässt der kursiv gekennzeichnete Satz erkennen, dass entgegen den Hoffnungen des Dr. Epha von einer „Läuterung" Bibersteins kaum auszugehen war. Im Gegenteil, die euphemistische und apologetische Selbstdarstellung zeigte eine anhaltende völlige Schulduneinsichtigkeit. Demzufolge hätte Biberstein formaljuristisch gesehen gar nicht in das „Parole-Verfahren" aufgenommen werden dürfen, insofern, als gerade die Nichtinfragestellung des Urteilsspruches *die* Grundvoraussetzung des „Parole-Verfahrens" bildete.

In dem Abschnitt „Bibersteins innere Haltung in Landsberg" berief sich Propst Steffen auf die Aussagen des evangelischen Gefängnisgeistlichen Pastor Reinhold Dreger, die er wie folgt wiedergab:

„B. hat sich in Landsberg immer geistig und geistlich beschäftigt. Pastor Dreger zählt ihn zu den aufgeschlossensten Gliedern seiner Anstaltsgemeinde. Er fehlte in keinem Gottesdienst und war dabei spürbar innerlich beteiligt. Auch an den Abendmahlsfeiern nahm er regelmäßig teil. In den Sprechstunden wurden sehr zentrale Gespräche geführt.
Pastor Dreger sagte mit großer innerer Wärme, daß B. in Landsberg erst ganz den Weg zu Christus und zum lebendigen Glauben gefunden habe und zwar so, daß er jetzt so fest verankert sei, daß ihn neue allgemeine Erschütterungen nicht mehr umwerfen würden.
Nur aus lebendigem Glauben heraus habe er die schwere fast drei Jahre dauernde ‚Blutjacken-Zeit' durchstehen können, wo er an jedem Freitag damit rechnen mußte, daß das Tor seiner Zelle sich zu seiner Hinrichtung öffne, und immer wieder in den Nebenzellen Männer zur Hinrichtung abgeholt wurden, bis sieben übrigblieben.
Er habe diese Zeit wirklich mit der Bibel in der Hand und Christus im Herzen durchgestanden. In dieser Tiefe ist B. spürbar zur Reife gekommen [...]. So sei die Landsberger Zeit ihm zur Gottes Zeit geworden und habe ihren ganz besonderen Segen gehabt."[62]

Es erweckt den Anschein, als wollte Propst Steffen den anzuzweifelnden Selbststilisierungen Bibersteins dadurch Glaubwürdigkeit verleihen, indem er sich auf die Aussagen des Landsberger Seelsorgers berief: „Pastor Dreger, der erst seit reichlich einem Jahr nebenamtlicher Seelsorger am Landsberger Gefängnis ist, weiß sich in seiner Aussage voll bestätigt und ergänzt durch seinen Vorgänger, der hauptamtlicher Seelsorger war und darum mehr Zeit für die Gefangenen hatte."[63]
Jedoch war weder dem Pastor Dreger noch dessen Vorgänger aufgefallen, dass Biberstein seinen kirchlichen Wiedereintritt in auffällig zeitlicher Nähe zum Arbeitsbeginn des deutsch-amerikanischen *Interimistischen Parole und Clemency Board* (IMPAC) getätigt hatte. Insofern wird der Verdacht geweckt, als könnte

---

[61] Propst Steffen: Bericht über den Besuch bei Herrn Biberstein in Landsberg, 5.10.1956, NEK-Archiv Kiel 12.03, Nr. 1215, S. 1-5, hier S. 2-3.
[62] Ebd., S. 4.
[63] Ebd.

Biberstein bereits mit seinem 1953 erfolgten Wiedereintritt in die Schleswig-Holsteinische Landeskirche deren Inanspruchnahme im künftigen „Parole-Verfahren" geplant haben. Denn aufgrund der lebenslänglichen Haftstrafe und damit seinem Wohnsitz in *Bayern* wäre ein Wiedereintritt in die Evangelisch-Lutherische Kirche *Bayerns* zu erwarten gewesen. Dass Biberstein mit seinem kirchlichen Wiedereintritt über Jahre hinweg eine Selbstinszenierung als „frommer Christ" geplant haben könnte, um damit als verurteilter Massenmörder im „Parole-Verfahren" dennoch eine gute Sozialprognose erwirken zu können, war weder den beiden Gefängnisgeistlichen noch Propst Steffen zum Bewusstsein gekommen. Immerhin hatte Biberstein noch vor dem US Military Tribunal II die Frage des Vorsitzenden Richters, Michael A. Musmanno, ob er nicht bereue, aus der Kirche ausgetreten zu sein, in voller Überzeugung verneint.

Offensichtlich war dem künftigen Paroliertenbetreuer Steffen des Weiteren entgangen, dass in seinem Kirchenbezirk ein ehemaliger Amtsbruder, d. h. Biberstein, aus erkennbar opportunistischen Gründen seinen kirchlichen Wiedereintritt gemeldet hatte. Insofern erstaunt es nicht, dass Propst Steffen wiederum Pastor Reinhold Dreger ins Feld führte, um sein Engagement in der Sache Biberstein zu unterstreichen.

> „Pastor Dreger lässt den verantwortlichen Herren unserer Kirche *ausdrücklich* sagen, dass unsere Kirche sich s. E. Bibersteins annehmen müsse. Einmal schon nach dem Wort der Schrift: ‚So ein Bruder fällt, so helft ihm wieder zurecht, Ihr, die Ihr geistlich seid.' Dann aber auch, weil die Haltung Bibersteins das besonders nahelege. Er betonte auch noch besonders, dass er ihn immer als einen demütigen Menschen kennengelernt habe." [Kursivdruck vom Verf.].[64]

In Anlehnung an Bibersteins Beurteilung durch den Gefängnisseelsorger Dreger räumte Propst Steffen ein, dass ihn selbst „all das, was er so erfuhr, doch sehr bewegt [habe]. Und er sei beschämt darüber, wie leicht man doch einem Bruder Unrecht tun kann und wie schnell man zu lieblosem aburteilendem Wort bereit sei", um dann in dem nachfolgenden Abschnitt „Meine persönliche Stellungnahme" mit großer Empathie seine Empfehlung hinsichtlich der Arbeitsmöglichkeiten für seinen ehemaligen Amtsbruder abzugeben:

> „Wir haben die *Pflicht*, uns seiner anzunehmen und *er ist es wert*.
>
> Er ist geeignet für jede Beschäftigung, die sich bietet im Verwaltungsdienst, besonders interessiert ihn das Kirchenbuchwesen. Mitwirkung in der Fürsorgearbeit würde ihm auch liegen. B. stellt keine Ansprüche. Er ist mit jeder Arbeit zufrieden. Dabei ist er sich dessen bewußt, daß eine Anfangsbeschäftigung ihm erstmal Gelegenheit geben muß, sich einzuleben und sich zu bewähren, und daß sich daraus erst weitere Möglichkeiten seiner Verwendung ergeben müssen.

---

[64] Ebd.

Grundsätzlich würde ich keine Bedenken haben, ihn später *im Unterricht oder auch im Verkündigungsdienst* [d. h. als Pfarrer] zu beschäftigen. Er selbst rechnet nicht damit, weil er weiß, wie belastend sein Name nun einmal geworden ist.

Dabei dürfen wir ja aber nicht vergessen, was ich schon einmal erwähnte, daß er nach *deutscher* Auffassung weder als Kriegsverurteilter noch als Kriegsverbrecher gilt [...]. Ich füge meiner Ausführung noch hinzu, daß ich in keiner Weise befürchte, daß er nach Freilassung irgendwelchen reaktionären Einfluß ausüben noch solche Gedanken hegen wird [...].

So bitte ich nun die verantwortlichen Stellen unserer Landeskirche und des Roten Kreuzes mit gutem Gewissen, sich in Gemeinsamkeit dafür einzusetzen, daß B. durch Nachweis einer Beschäftigung baldig Freiheit und ein neuer Anfang ermöglicht wird. Vielleicht haben wir dabei doch etwas wiedergutzumachen, was wir bisher versäumt haben!" [Kursivdruck vom Verf.].[65]

Arbeitsplatzsuche seitens der Schleswig-Holsteinischen Landeskirche

Wenige Tage nach seinem Besuch in Landsberg übersandte Propst Steffen dem Präsidenten des Landeskirchenamtes Dr. Epha das in seinem „Bericht über meinen Besuch bei Herrn Biberstein in Landsberg" angekündigte Rechtsgutachten des Strafverteidigers Dr. Bergold zur Einsichtnahme.[66] Auffällig ist das Ausstellungsdatum des Rechtsgutachtens vom 15. Juli *1954*. Danach lag die Abfassung des Gutachtens mehr als zwei Jahre zurück und konnte demzufolge nicht eigens für die Schleswig-Holsteinische Landeskirche im Zusammenhang mit dem Besuch des zukünftigen Paroliertenbetreuers in Landsberg verfasst worden sein. Eher wäre wegen der zeitlichen Nähe an eine Verwendung des Gutachtens für eine Eingabe Bibersteins an den bilateralen *Interim Mixed Parole and Clemency Board* (IMPAC) zu denken.

In jenem Gutachten, das sich als reines Gefälligkeitsgutachten erwies, unterschlug Dr. Bergold sowohl die vom US Military Tribunal II in Nürnberg erhobenen Anklagepunkte als auch die einzelnen Straftatbestände, die für den Urteilsspruch gegen Biberstein maßgeblich gewesen waren. Aus verständlichen Gründen fügte er demzufolge das gegen Biberstein im Nürnberger Einsatzgruppenprozess ergangene Gerichtsurteil nicht bei, sondern beschrieb ganz im Tenor der damaligen Zeit seinen ehemaligen Mandanten Biberstein als Opfer der alliierten „Siegerjustiz". Damit stellte er den Urteilsspruch des US Military Tribunal II nachdrücklich infrage, wie Beginn und Schluss des sehr kurzgefassten Gutachtens belegen.

„Aufgrund gewissenhafter Prüfung der Sach- und Rechtslage vertrete ich die Ansicht, daß die seinerzeitige Verurteilung des Herrn Ernst Biberstein als irrig erkannt und aufgehoben werden müßte [...].

---

[65] Ebd., S. 4-5.
[66] Propst Steffen an Dr. Epha. Schreiben vom 8.10.1956, NEK-Archiv Kiel 12.03, Nr. 1215.

Ich kann meine Überzeugung nicht verbergen, daß selten auf einer schwächeren Beweisgrundlage ein so hartes Urteil gegen einen Mann gefällt worden ist, wie im Falle Biberstein [...].

Heute nach so viel besserer Aufklärung und bei abgeklärteren Gefühlen sollte das Urteil gegen Biberstein als nicht richtig aufgehoben werden."[67]

Hinsichtlich der rechtstheoretischen Beweisführung bestand die offensichtliche Intention des Dr. Bergold darin, Biberstein zur Freiheit zu verhelfen. Zwar argumentierte er in jenem Gutachten, dass Bibersteins Affidavit vom 2. Juli 1947 das einzige Beweismittel dargestellt habe, erwähnte jedoch nicht die dortigen wesentlichen Aussagen seines ehemaligen Mandanten, aufgrund derer das US Military Tribunal II die Todesstrafe verhängt hatte, so insbesondere, dass Biberstein unmittelbar nach Dienstantritt in Russland auf eigenen Wunsch an zwei Massenexekutionen von insgesamt 65 bis 75 Personen teilgenommen hatte.

„Während meiner Dienstzeit als Chef des Einsatzkommandos 6 in der Zeit vom September 1942 bis Juni 1943 sind in dem mir zugeteilten Raum cirka 2000 bis 3000 Hinrichtungen vom Einsatzkommando 6 vorgenommen worden.

Ich selbst beaufsichtigte eine Exekution in Rostow, die mit Hilfe eines Gaswagens vorgenommen wurde [...]. Der Gaswagen fasste ungefähr 50 – 60 Leute [...]. Da mein Einsatzkommando verschiedene Städte bearbeitete und von Zeit zu Zeit nur eine geringe Anzahl von Menschen auf einmal hinzurichten hatte, wurde nicht immer der Gaswagen gebraucht.

Ich habe auch Exekutionen [von 15 Personen], die mit der Feuerwaffe durchgeführt worden sind, beigewohnt."[68]

Das US Military Tribunal II zitierte in der Urteilsbegründung die hier auszugsweise wiedergegebene Passage der Eidesstattlichen Erklärung vom 2. Juli 1947 in voller Länge, um dann den Schuldspruch wie folgt zu formulieren:

„Der Gerichtshof erkennt aufgrund des gesamten Beweismaterials in diesem Falle, daß das Sonderkommando [sic!] 6 während der Zeit, in der Biberstein sein Führer war, Massenmord beging. Er erkennt ferner, daß Biberstein als sein Führer für diese Morde verantwortlich war."[69]

Bedeutsam ist, dass Wilhelm Halfmann, Bischof für den Sprengel Holstein, im Gegensatz zu Propst Steffen hinsichtlich des Wahrheitsgehaltes der von Bibersteins getätigten Aussagen und des von Dr. Bergold ausgestellten Rechtsgutachtens erhebliche Bedenken zu hegen schien. Um sich diesbezüglich Klarheit zu ver-

---

[67] Rechtsanwalt Dr. Friedrich Bergold, Nürnberg. Rechtsgutachten für Ernst Biberstein, z. Zt. in Landsberg, 15.7.1954, Abschrift, NEK-Archiv Kiel 12.03, Nr. 1215, S. 1-3, hier S. 1,3.
[68] Ernst Emil Heinrich Biberstein, Eidesstattliche Erklärung vom 2.7.1946, StAN, Rep. 502, KV-Anklage, Dokumente, Fotokopien, NO 4314, S. 1-3, hier S. 2.
[69] KAZIMIERZ LESZCZYŃSKI (Hrsg.), Fall 9, S. 183-187, hier S. 187.

2 Mixed (Parole) Board und Schleswig-Holsteinische Landeskirche

schaffen, hatte er den Pastor von Hamburg-Lohbrügge Adalbert Paulsen[70] um eine Einschätzung der Person Biberstein im Hinblick auf eine Arbeitsbeschaffungsmaßnahme durch die Schleswig-Holsteinische Landeskirche gebeten, insofern, als Paulsen in den Jahren 1933 bis 1935 Landesbischof der Evangelisch-Lutherischen Landeskirche Schleswig-Holsteins und somit Bibersteins Vorgesetzter gewesen war. In seinem Antwortschreiben vom 19. November 1956 hatte Paulsen auf die damaligen schlechten Erfahrungen mit Biberstein verwiesen und kam zu folgender negativen Bewertung: „Ich vermag mir nach den mit Sz gemachten Erfahrungen nicht vorzustellen, dass er in damaliger Zeit von *Bedenken* gegen irgendeinen radikalen Kurs bestimmt [gewesen] sein könnte [...]. Dass Sie aber bereit sind, Sz in seinem Elend zu helfen, kann ich nur als einen Act der christlichen Hochherzigkeit würdigen." [Kursivdruck vom Verf.].[71]

Bemerkenswert ist eine Aktennotiz vom 20. November 1956 in Form einer handschriftlichen Ergänzung zu jenem Antwortschreiben Paulsens, in der Halfmann expressis verbis seine Bedenken gegenüber dem Bericht des zukünftigen Paroliertenbetreuers Propst Steffen offen aussprach.

> „Der Bericht von Herrn Pr. Steffen über Biberstein hat mir zu Bedenken über die biographischen Notizen Anlaß gegeben. Sie stützen sich auf Aussagen B's selbst, die Pr. Steffen aufgenommen hat. Ich habe darauf Herrn LB i.R. Paulsen eine Abschrift des ersten Absatzes von ‚Mein Gespräch mit B.' gesandt, mit der Bitte um Stellungnahme.
>
> Herr LB Paulsen hat dazu die anliegende Auskunft gegeben. Hieraus ist mindestens zu schließen, daß die Aussagen B's über sich selbst apologetisch gefärbt sind. Das ist natürlich verständlich bei einem, der 11 Jahre lang sich verteidigen mußte. Aber man sollte darum auch Vorsicht walten lassen. Eigentlich müßten wir nicht nur die Verteidigung, sondern auch das Urteil selbst kennen."[72]

Seitens des Landeskirchenamtes der Schleswig-Holsteinischen Landeskirche war das gegen Biberstein ergangene Urteil des US Military Tribunal II bereits ohne Erfolg angefordert worden, wie eine handschriftliche Randnotiz des Präsidenten Dr. Epha belegt.[73] Wie bereits oben angedeutet, hatte Biberstein guten Grund, das Urteil zurückzuhalten, war ihm doch daran gelegen, die Selbststilisierung eines unschuldig Verurteilten aufrechtzuerhalten, schon deshalb, weil er nach verschiedenen gescheiterten Bemühungen in der Schleswig-Holsteinischen Landeskirche die letztmögliche Chance auf den Erwerb eines Arbeitsplatzes sah.

---

[70] Adalbert Paulsen war 1945 wegen seiner Zugehörigkeit zu den Deutschen Christen (DC), seiner Mitgliedschaft zur NSDAP und seinem Status als Mitarbeiter im *Institut zur Erforschung und Beseitigung des jüdischen Einflusses auf das deutsche kirchliche Leben* seines Amtes als Landesbischof enthoben worden. Er arbeitete seitdem als Pfarrer in Hamburg-Lohbrügge.
[71] Evang.-Luth. Pfarramt Hamburg-Lohbrügge. Adalbert Pausen an Wilhelm Halfmann. Schreiben vom 19.11.1956, NEK-Archiv Kiel 12.03, Nr. 1215.
[72] Bischof Halfmann. Aktennotiz vom 20.11.1956, NEK-Archiv Kiel 12.03, Nr. 1215.
[73] Ebd.

Trotz der oben dargelegten Bedenken bemühte sich die Schleswig-Holsteinische Landeskirche um eine geeignete Beschäftigung für Biberstein. So wandte sich Dr. Epha mit Datum vom 3. November 1956 in zwei gleichlautenden Schreiben an den *Landesverband der Inneren Mission* und an das *Männerwerk Kitzeberg* bei Kiel. Informationshalber fügte er beiden Schriftstücken den Bericht des Propstes Steffen über dessen Besuch bei Biberstein und das Rechtsgutachten des Dr. Bergold bei. Wie aus der zweiten Hälfte der beiden Schreiben vermutet werden kann, fühlte sich Dr. Epha offensichtlich nicht zuletzt durch die mehrfachen Besprechungen mit dem Vertreter des Deutschen Roten Kreuzes unter Druck gesetzt.

„Das Deutsche Rote Kreuz, das über das Auswärtige Amt in die Entlassungsaktion eingeschaltet ist, hat uns als frühere Dienststelle des Herrn Biberstein gebeten, uns für seine Wiederbeschäftigung im kirchlichen Raum einzusetzen. Dabei sind sich alle Beteiligten darüber einig, daß eine Wiederbeschäftigung im geistlichen Amt nicht mehr möglich ist. Wir sind aber gebeten zu prüfen, ob an einer anderen Stelle ein Arbeitsgebiet für Herrn Biberstein gefunden werden kann.

Das Deutsche Rote Kreuz hat in verschiedenen Besprechungen auch darauf aufmerksam gemacht, daß es in den meisten Fällen so gewesen ist, daß Verurteilte, die aus Landsberg entlassen sind, wieder in der gleichen Arbeit beschäftigt werden konnten, die sie vor 1933 gehabt hatten und daß durchweg die früheren Arbeitgeber die betreffende Person übernommen haben.

Ich würde es ebenfalls aufrichtig begrüßen, wenn ein Arbeitsgebiet für Herrn Biberstein gefunden und ihm so der Weg in die Freiheit ermöglicht werden könnte. Deshalb richte ich an Sie die herzliche Bitte zu prüfen, ob Sie einen Weg sehen, Herrn Biberstein zu beschäftigen."[74]

Sowohl Propst Steffen als auch Dr. Friedrich Feller, Leiter des *Männerwerks Kitzeberg*, waren in der Sache Biberstein bereits an den *Landesverband der Inneren Mission in Rendsburg* herangetreten, teilte dessen Geschäftsführer in einem Antwortschreiben vom 10. November 1956 Dr. Epha mit. Auch er selbst „habe nach verschiedenen Richtungen, letztmalig bei der Konferenz der Hauptgeschäftsführer des Hilfswerks in Braunschweig und in einem Gespräch mit den Vertretern der diakonischen Arbeit von Hamburg und Lübeck, entsprechend vorgefühlt," gab er Auskunft, um dann fortzufahren, „grundsätzlich sei er der Meinung, es wäre gut, wenn man ihn außerhalb Schleswig-Holsteins unterbringen könnte."[75] Die Vermittlung eines Arbeitsplatzes für einen fast 58 Jahre alten und damit kurz vor dem Rentenalter stehenden ehemaligen NS-Gewalttäter sollte sich als schwierig erweisen,

---

[74] Dr. Epha an den Landesverband der Inneren Mission in Rendsburg, Schreiben von 3.11.1956, NEK-Archiv Kiel 12.03, Nr. 1215. Dr. Epha an das Männerwerk Kitzeberg bei Kiel. Schreiben vom 3.11.1956, ebd.

[75] Hilfswerk der Evangelischen Kirche in Deutschland. Hauptbüro Schleswig-Holstein mit Landesverband der Inneren Mission in Schleswig-Holstein e. V. an den Präsidenten des Ev.-Luth. Landeskirchenamtes Dr. Epha. Schreiben vom 10.11.1956, NEK-Archiv Kiel 12.03, Nr. 1215.

2 Mixed (Parole) Board und Schleswig-Holsteinische Landeskirche

wie sich aus mehreren handschriftlichen Aktennotizen erschließen lässt, die in der Sitzung des Landeskirchenamtes vom 15. November 1956 getätigt wurden, zu der Dr. Epha die beide Bischöfe von Schleswig und Holstein sowie den Konsistorialrat Pastor Alfred Petersen geladen hatte. Aufschlussreich sind die nachfolgenden drei Notizen, aus denen sich die Bedenken der Sitzungsteilnehmer ermitteln lassen:

„1). Biberstein wird sich zunächst wieder an das Leben in Freiheit gewöhnen müssen.
2). Wir müssen ihn kennen lernen und abwarten, wie er sich ‚auffängt'.
3). Darum sollte man ihm gegenüber zunächst nur von Verwaltungsarbeit sprechen. Später können wir dann weitersehen." [Unterstreichung im Original].[76]

In dieser für Biberstein scheinbar aussichtslosen Situation hatte Propst Steffen bereits den Evangelisch-Lutherischen Kirchengemeindeverband Neumünster eingeschaltet, der in der Sitzung seines Finanzausschusses vom 13. November 1956 unter Punkt 1 den nachfolgenden Beschluss fasste:

„Der Geschäftsausschuß des Kirchengemeindeverbandes beschließt, Herrn Biberstein vom Zeitpunkt seiner Freilassung aufgrund des Paroleverfahrens in die Verwaltung einzustellen. Der Beschluß wird einstimmig gefaßt. Dieser Beschluß wird unter der Voraussetzung gefaßt, daß das Landeskirchenamt, wie in Aussicht gestellt, die Mittel hierfür zur Verfügung stellt."[77]

Nach einer diesbezüglichen telefonischen Unterredung übersandte Propst Steffen mit Schreiben von 14. November Dr. Epha das Protokoll des obigen Finanzausschussbeschlusses. Des Weiteren setzte er den Präsidenten davon in Kenntnis, dass er – sobald die Zusage des Landeskirchenamtes bezüglich der Finanzierung des für Biberstein in Aussicht gestellten Arbeitsplatzes vorläge – dem Deutschen Roten Kreuz den obigen Beschluss zustellen würde in der Hoffnung, dass Biberstein noch vor Weihnachten 1956 aus der Haft freikäme.[78]

Drei Tage später stellte Dr. Epha das von dem Vertreter des Landesverbandes des Deutschen Roten Kreuzes telefonisch angeforderte „Führungszeugnis" für den künftigen Paroliertenbetreuer aus, damit nunmehr das „Parole-Verfahren" beantragt werden könne.[79] Dennoch sollten bis zu Bibersteins Freilassung noch eineinhalb Jahre vergehen. Die diesbezüglichen Gründe sind nicht bekannt, dürften aber mit den Einzelheiten der Finanzierung des Arbeitsplatzes zusammenhängen, wie sich aus einem Schreiben des Dr. Epha an Propst Steffen vom 26. November 1956 schlussfolgern ließe, der die Finanzierungsangelegenheit zuvor mit Bischof D. Halfmann und Konsistorialrat Pastor Petersen eingehend erörtert hatte.

---

[76] Aktennotiz vom 15.11.1956, NEK-Archiv Kiel 12.03, Nr. 1215.
[77] Auszug aus dem Protokoll des Finanzausschusses der Sitzung am 13. November 1956 in Neumünster, NEK-Archiv Kiel 12.03, Nr. 1215.
[78] Propst Steffen an Dr. Epha. Schreiben vom 14.11.1956, NEK-Archiv Kiel 12.03, Nr. 1215.
[79] Dr. Epha an das Deutsche Rote Kreuz – Landesverband – z. Hd. von Herrn Ruprecht. Schreiben vom 17.11.1956, NEK-Archiv Kiel 12.03, Nr. 1215.

"Ich sagte Ihnen aber schon am Telefon, daß das Landeskirchenamt nicht in der Lage ist, die für die Beschäftigung von Herrn Biberstein notwendigen Mittel dauernd zur Verfügung zu stellen, [... da] wir dafür im Etat keine Mittel haben [...]. Wir haben übereinstimmend gemeint, daß wir nur für eine beschränkte Zeit helfen könnten, um den Übergang aus dem Gefängnis in die Freiheit zu ermöglichen.

Dementsprechend können wir ihm höchstens die Mittel für etwa 6 Monate zur Verfügung stellen in der Hoffnung, daß, wenn Herr Biberstein sich eingearbeitet hat, die Kirchengemeinde Neumünster selbst die weiteren Kosten übernimmt, oder es bis dahin möglich sein wird, eine anderweitige Beschäftigung für Herrn Biberstein zu finden. Herr Konsistorialrat Petersen bemüht sich um eine solche. Seine Gedanken gehen in Richtung auf einen Einsatz im Heimatlosen-Lagerdienst (CVJM) [...].

Für die ersten sechs Monate werden wir Ihnen aus Mitteln unseres Sozialfonds einen Höchstbetrag von 2.500,- DM zur Verfügung stellen [...]. Bei der Besprechung hier im Hause ist noch die Frage aufgetaucht, ob man außer der Stellungnahme der Verteidigung [...] auch das Urteil selbst kennenlernen könnte."[80]

Bemerkenswert sind die letzten zwei zitierten Sätze, welche die berechtigten Bedenken des Landeskirchenamtes erkennen lassen, den Arbeitsplatz eines rechtskräftig verurteilten Massenmörders zu finanzieren, der offensichtlich keinerlei Reue und Einsichtsfähigkeit zeigte und der seine Verbrechen erkennbar dadurch zu verbergen suchte, indem er dem Landeskirchenamt den Einblick in das über ihn rechtmäßig verhängte Gerichtsurteil verweigerte und stattdessen ein in euphemistischer und apologetischer Diktion gehaltenes Gefälligkeitsgutachten des Strafverteidigers präsentierte. Verständlicherweise beschränkte das Landeskirchenamt demzufolge die Finanzierung des Arbeitsplatzes auf sechs Monate, offensichtlich, um Biberstein wenigstens den Anschluss an die Arbeitslosenunterstützung zu ermöglichen.

Nach dem 26. November 1956 schien das „Parole-Verfahren" für Biberstein zu stagnieren. Zwar hatte der Landesverband des Deutschen Roten Kreuzes in einem Telefongespräch mit der Vorzimmerdame des Dr. Epha ein weiteres Führungszeugnis über den künftigen Paroliertenbetreuer Propst Steffen angefordert,[81] aber weder von der zuständigen US-amerikanischen Behörde noch vom *Mixed (Parole) Board* kamen entsprechende Reaktionen, sodass Dr. Epha im Oktober 1957 bei dem künftigen Paroliertenbetreuer eine diesbezügliche Anfrage stellte. Von Bibersteins Ehefrau hatte Propst Steffen die Information erhalten, dass ihr Ehemann „sehr stark [hofft], daß im November [1957] eine [...] Entscheidung fällt."[82] Des Weiteren teilte Propst Steffen mit, dass der Heimatlosen-Lagerdienst „sich stark

---

[80] Dr. Epha an Propst Steffen. Schreiben vom 26.11.1956, NEK-Archiv Kiel 12.03, Nr. 1215.
[81] Dr. Epha an das Deutsche Rote Kreuz – Landesverband – z. Hd. von Herrn Ruprecht. Schreiben vom 18.03.1957, NEK-Archiv Kiel 12.03, Nr. 1215.
[82] Handschriftliche Aktennotiz des Propstes Steffen, o. D., Eingang im Landeskirchenamt am 25.10.1957, NEK-Archiv Kiel 12.03, Nr. 1215.

2 Mixed (Parole) Board und Schleswig-Holsteinische Landeskirche

bei der entscheidenden amerikanischen Stelle für eine Freilassung [Bibersteins] eingesetzt" habe. In jenem Zusammenhang erinnerte er daran,

„daß die Landeskirche ihre zugesagten DM 2000 bereithält oder uns zur Verfügung stellt. Der K.G.V. [Kirchlicher Gemeindeverband Neumünster] hält sich bereit, Herrn Biberstein *für eine gewisse Zeit* bei sich zu beschäftigen. Der Spendenausschuß hat dafür ebenfalls Mittel bereitgestellt." [Kursivdruck vom Verf.].[83]

In der nächsten Haussitzung des Landeskirchenamtes vom 13. Dezember 1957 erging mit Bezug zu der „Unterstützungsangelegenheit Biberstein" dann der Beschluss, „aus Mitteln des Sozialfonds 2.500 DM an die Propstei Neumünster zu Gunsten des früheren Propstes Szymanowski zur Ermöglichung seines Übergangs in das gesellschaftliche Leben zu zahlen."[84] Die ursprüngliche maschinengeschriebene Textpassage hatte gelautet „Übergang in das gesellschaftliche Leben." Die Bezeichnung „gesellschaftliche" war durchgestrichen und durch die handschriftliche Korrektur des Dr. Epha in „*berufliche*" umgewandelt worden. Es scheint, als habe Dr. Epha damit seine persönliche Unterscheidung deutlich machen wollen zwischen den vertragsrechtlichen Erfordernissen gemäß Überleitungsvertrag zum einen und im Gegensatz dazu des landeskirchlichen Vorbehaltes hinsichtlich der Re-Integration des Massenmörders Biberstein in das gesellschaftliche Leben. In einem weiteren Aktenvermerk hatte Epha ebenfalls den Terminus „gesellschaftliches Leben" durchgestrichen und handschriftlich durch „wirtschaftliches Leben" ersetzt. Ebenso tauchte der gleiche Verwendungszweck in der Zahlungsanweisung des Evangelisch-Lutherischen Kirchenamtes an die Landeskirchenkasse auf:

„2.500 DM / Einmaliger Zuschuss gemäß Beschluss der Haussitzung des LKA v. 13.12.1957, der dazu verwendet werden soll, dem früheren Propsten Szymanowski, jetzt Biberstein, nach seiner Entlassung aus der Strafanstalt Landsberg den *Übergang* in das *berufliche* Leben zu ermöglichen." (Kursivdruck vom Verf.].[85]

Mit gleichem Datum wurde Propst Steffen über jenen Beschluss in Kenntnis gesetzt mit der Bitte, dem Landeskirchenamt „zu gegebener Zeit einen Bericht über die Verwendung des Betrages" zukommen zu lassen.[86]

---

[83] Ebd.
[84] Vermerk des Landeskirchenamtes von 17.12.1957, NEK-Archiv Kiel 12.03, Nr. 1215.
[85] Rechnung des Sozialfonds. Zahlungsanweisung des Evangelisch-Lutherischen Landeskirchenamtes Kiel an die Landeskirchenkasse Kiel vom 21. Dezember 1957, J. Nr. 18430 (2. Dez.) /57/I/1/S 165, NEK-Archiv Kiel 12.03, Nr. 1215.
[86] Dr. Epha an Propst Steffen. Schreiben vom 17.12.1957, ebd.

3 RE-INTEGRATION IN DAS BERUFLICHE LEBEN

3.1 DIVERSE BESCHÄFTIGUNGSVERHÄLTNISSE

Durch die Bereitstellung eines finanzierten Arbeitsplatzes waren die mit dem „Parole-Verfahren" zusammenhängenden Auflagen erfüllt, sodass sich für Biberstein dann am 8. Mai 1958 – einem Symboldatum – die Gefängnistore öffnen konnten. Mit ihm wurden die beiden im Nürnberger Einsatzgruppenprozess zunächst zum Tode verurteilten und dann von McCloy zu lebenslanger Haft begnadigten NS-Gewaltverbrecher Adolf Ott (Sonderkommando 7b) und Dr. Martin Sandberger (Sonderkommando 1a) freigelassen, desgleichen der berüchtigte Otto Brinkmann, ein ehemaliger Rapportführer in verschiedenen Konzentrationslagern, zuletzt Schutzhaftlagerführer in Ellrich-Juliushütte, einem Außenlager des KZ Mittelbau-Dora, der wegen seiner kaum zu beschreibenden Grausamkeiten an Zwangsarbeitern im Dachauer Dora-Prozess zu lebenslanger Haft verurteilt worden war. Mit der Entlassung der letzten vier NS-Gewalttäter hatte das *Mixed Parole Board* seine Arbeit beendet. Einen Tag später schloss die US-amerikanische Behörde ihr *War Criminals Prison No. 1*, nachdem bereits ein Jahr zuvor die Franzosen ihr Kriegsverbrecher-Gefängnis in Wittlich/Eifel und die Briten ihres in Werl/Krs. Soest geschlossen hatten. Während sich die Spur der beiden NS-Gewalttäter Adolf Ott und Otto Brinkmann nach deren Entlassung aus dem Kriegsverbrechergefängnis Landsberg verliert, ist indessen bekannt, dass Dr. Martin Sandberger eine erfolgreiche zweite Karriere startete, wie noch darzulegen sein wird. Ganz anders hingegen verlief Bibersteins Re-Integration in das berufliche Leben.

Auf eine schriftliche Anfrage des Dr. Epha vom 27. Mai 1959 hin[87] hatte Propst Steffen dem Landeskirchenamt eine Abrechnung der Propsteikasse Neumünster vom 1. Juni 1959 übersandt, aus der hervorging, dass Biberstein aus Kostengründen lediglich für einen begrenzten Zeitraum von acht Monaten beschäftigt werden konnte, nämlich von Mai bis Dezember 1958. Für seine Tätigkeit im Archiv der Kirchenpropstei Neumünster wurde er dafür mit monatlich 500 DM sowie einem Weihnachtsgeld von 50 DM entlohnt.[88] Zu genau diesem Vergütungsbetrag hatte sich die Schleswig-Holsteinische Landeskirche dem Deutschen Roten Kreuz gegenüber verbindlich verpflichten müssen, damit das „Parole-Verfahren" überhaupt in Gang gesetzt werden konnte.[89] Neben den 2.500 DM aus dem Sozialfond des Landeskirchenamtes wurden die Mittel durch einen weiteren Zuschuss von 1.948,16 DM aus der Propsteikasse Neumünster gedeckt. Somit ergab sich für die

---

[87] Dr. Epha an Propst Steffen. Schreiben von 27.5.1959, Aktenzeichen: V.aw.10174/59/I/1/S 165, NEK-Archiv Kiel 12.03, Nr. 1215.
[88] Abrechnung der Propsteikasse Neumünster über die Vergütung an Herrn Ernst Biberstein vom 1. Juni 1959, NEK-Archiv Kiel 12.03, Nr. 1215.
[89] Propst Steffen an Dr. Epha. Schreiben vom 2. Juni 1959, NEK-Archiv Kiel 12.03, Nr. 1215.

3 Re-Integration in das berufliche Leben

Monate Mai bis einschließlich Dezember 1958 ein Gesamtbetrag von 4.448,16 DM, der neben den monatlichen Vergütungen von 500 DM für den Zeitraum Mai/Dezember 1958 und dem Weihnachtsgeld von 50 DM ebenso die Lohnnebenkosten von insgesamt 398,16 DM enthielt, d. h. die für Biberstein wichtigen Sozialversicherungsleistungen der Kranken-, Arbeitslosen-, Unfall- und Rentenversicherung.[90] Jenem Abrechnungsbeleg fügte Propst Steffen ein Schreiben bei, in welchem er über die berufliche Re-Integration Bibersteins wie folgt Auskunft erteilte:

„Szymanowski wurde ja am 8. Mai 1958 aus der Haft entlassen. Gleich mit diesem Monat anfangend gab ich ihm den Betrag, zu dem wir uns s. Zt. verpflichtet hatten, falls das Paroleverfahren zum Zuge gekommen wäre, nämlich DM 599,-. So konnte er sich mit der Zeit auch mit dem Nötigsten ausrüsten, was zum Übergang ins normale Leben nötig war. Und gleich zu Anfang konnte er mit seiner Frau für einige Zeit nach St. Peter[-Ording] fahren. Das war auch für seine Frau, die am Ende ihrer Kräfte war, sehr nötig.

Seitdem hat S. bei uns gearbeitet. Vor allem hat er sehr gründlich die Geschichte der Pastoren von Neumünster aus Kirchenbüchern und anderen Unterlagen zusammengestellt: diese Arbeit lag ihm besonders. Gelegentlich wurde er auch mit Karteiarbeit und ähnlicher Arbeit beschäftigt. Er war bei dem allen bescheiden, eifrig und dankbar.

Mit Ende Dezember mußte ich die Bezahlung einstellen, weil die Mittel erschöpft waren. Es war ihm auch von Anfang über den Übergangscharakter dieser Maßnahme kein Zweifel gelassen. Und er sah das auch voll und ganz ein. *Damit hatte er ja auch den Anschluß an die Arbeitslosenunterstützung erreicht.*" [Kursivdruck vom Verf.].[91]

Fristgerecht schied Biberstein zum 31. Dezember 1958 aus dem Dienst der Schleswig-Holsteinischen Landeskirche aus, also unmittelbar vor seinem sechzigsten Lebensjahr. Gerade der letztzitierte kursivgedruckte Satz lässt die Vermutung zu, dass für die Schleswig-Holsteinische Landeskirche die genannten Kostengründe lediglich einen Vorwand darstellten, um der Weiterbeschäftigung eines NS-Gewalttäters zu entgehen, zumal Biberstein sich nicht bereit zeigte, dem Landeskirchenamt das mehrfach angeforderte Gerichtsurteil zur Verfügung zu stellen und er zudem bereits im Oktober 1956 dem künftigen Paroliertenbetreuer seinen beruflichen Werdegang in euphemistischer Diktion und apologetischer Absicht beschrieben und sich auf diese Weise einen Arbeitsplatz bei der Schleswig-Holsteinischen Landeskirche geradezu erschlichen hatte.

Ein mit Datum vom 22. August 1958 verfasster 14-seitiger „Bericht über meinen Lebensweg seit meinem Ausscheiden aus dem Kirchendienst im Jahre 1935" lässt die Vermutung zu, als habe Biberstein mit allen Mitteln versucht, über den zunächst anvisierten sechsmonatigen Zeitraum hinaus eine Weiterbeschäftigung bei

---

[90] Abrechnung der Propsteikasse Neumünster über die Vergütung an Herrn Ernst Biberstein vom 1. Juni 1959, NEK-Archiv Kiel 12.03, Nr. 1215.
[91] Synodalausschuß der Kirchenpropstei Neumünster an das Ev.-Luth. Landeskirchenamt. Schreiben des Propstes Steffen vom 2.6.1959, NEK-Archiv Kiel 12.03, Nr. 1215.

der Schleswig-Holsteinischen Landeskirche zu erwirken. Obwohl 1938 aus der Kirche ausgeschieden, betonte er in jenem „Bericht" immer wieder seine überaus christliche Haltung. Ja, er scheute sich nicht einmal, der Schleswig-Holsteinischen Kirche das Narrativ über den Gestapochef Biberstein als einen Retter polnische und russischer junger Zwangsarbeiter zu präsentieren.[92] Bei all seinen Einsätzen habe man seine „Menschlichkeit, anständige Gesinnung und sauberen Charakter" gelobt, fuhr er fort.[93] Seine Schilderung gipfelte in dem kaum zu überbietenden Statement des ehemaligen Gestapochefs: „Man konnte, wenn man nur wollte, wenigstens gelegentlich sich erfolgreich für Menschlichkeit einsetzen."[94] In ähnlich gehaltener Diktion beschrieb er seine Tätigkeit als Führer des Mordkommandos 6 der Einsatzgruppe C. Dabei setzte er seiner Erfindungs- und Verharmlosungskunst keinerlei Grenzen.[95] In seiner Schilderung über seine Verurteilung wegen seiner „Tätigkeit in Russland" durch das US Military Tribunal II stellte er sich gar als „letztes Opfer Ohlendorfs" dar. Letztendlich habe er in der Haftanstalt Landsberg mehr als zehn Jahre lang „als Ersatzmann für seinen Vorgänger [Robert Mohr] eingesessen." Seine Hinrichtung durch das US Militärtribunal II sei nur deswegen ausgesprochen worden, „um ihn als lästigen Zeugen gegen die amerikanische Regierung loszuwerden."[96] In diesen Aussagen Bibersteins wird die Umkehrung des Opfer-Täter-Verhältnisses mehr als deutlich.

Das Schreiben des Paroliertenbetreuers Steffen vom 2. Juni 1959 endete mit dem Bericht über die weiteren Versuche, Biberstein in ein Arbeitsverhältnis zu bringen.

> „Eine Vermittlung in andere Arbeit war sehr schwer trotz der freundlichen Unterstützung von Herrn Schlicht vom Heimatlosen-Lagerdienst in Hamburg. Die Vermittlung in die Industrie, um die Herr Schlicht sich sehr bemühte, scheiterte.
>
> Schließlich nahm sich eine Lebens-Versicherungsgesellschaft seiner an. Dort versucht er nun sich einzuarbeiten. Er soll sich hauptsächlich um die Versicherung der Ärzte mühen. Das ist kein leichtes Brot. Bei seinem Alter – etwa 60 Jahre – wird es aber sehr schwer sein, etwas anderes zu finden [...].
>
> Nach meinen Erfahrungen ist ein Einsatz im kirchlichen Verwaltungsdienst oder gar in einen kirchlichen Dienst darüber hinaus leider vorläufig völlig ausgeschlossen. Wir müssen uns einstweilen damit bescheiden, einem, der doch einmal zu uns gehörte, ein Stück Wegs des Übergangs ins normale Leben gebahnt zu haben."[97]

---

[92] „Bericht über meinen Lebensweg seit meinem Ausscheiden aus dem Kirchendienst im Jahre 1935", Neumünster, 22.8.1958, Landesarchiv Schleswig-Holstein, Abt. 352 Kiel, Nr. 949, S. 7.
[93] Ebd.
[94] Ebd.
[95] Ebd., S. 8–11.
[96] Ebd., S. 13f.
[97] Synodalausschuß der Kirchenpropstei Neumünster an das Ev.-Luth. Landeskirchenamt. Schreiben des Propstes Steffen vom 2.6.1959, NEK-Archiv Kiel 12.03, Nr. 1215.

3 Re-Integration in das berufliche Leben

Letztendlich ließ sich die Schleswig-Holsteinische Landeskirche von den larmoyanten Aussagen des Paroliertenbetreuers nicht beindrucken. Dennoch schien es, als bliebe sie für Biberstein die letztmögliche Anlaufstelle, wie ein an das Kultusministerium des Landes Schleswig-Holstein gerichtetes Schreiben des Dr. Epha vom 6. Dezember 1960 belegt, der von dem Paroliertenbetreuer Steffen gebeten worden war, sich „bei dem Kultusministerium dafür einzusetzen, daß Herr Biberstein die Erlaubnis bekomme, in Neumünster Privatunterricht in Latein zu erteilen [...]. Die Schulleiter in Neumünster [seien] mit einem solchen Unterricht einverstanden, eine Zustimmung des Kultusministeriums [sei] aber notwendig."98

Zwar gab der Präsident des Landeskirchenamtes in seinem Schreiben an das Kultusministerium in groben Zügen den Werdegang des ehemaligen Propstes Biberstein wieder, erwähnte auch dessen Verurteilung zum Tode durch das US Militärgericht, jedoch vorsorglich nicht die diesbezüglichen Gründe, nämlich Massenmord in Form von Kriegsverbrechen und Verbrechen gegen die Menschlichkeit sowie Bibersteins Zugehörigkeit zu den an den NS-Gewaltverbrechen beteiligten Organisationen SS und SD. Das Schreiben endete wie folgt:

> „Er hat jahrelang mit der roten Jacke in Landsberg gesessen. Von Landsberg ist er im Jahre 1956 [1958] entlassen worden. Auf Wunsch des Deutschen Roten Kreuzes ist er dann zunächst vorübergehend vom Kirchengemeindeverband Neumünster im Büro aushilfsweise beschäftigt worden. Nach dieser Tätigkeit hat er verschiedene vorübergehende Beschäftigungen bei gewerblichen Betrieben gefunden.
>
> Heute arbeitet er, wie Propst Steffen mir sagte, aushilfsweise als Transportarbeiter. Dieser schweren Arbeit ist er in seinem Alter von etwa 60 [fast 62] Jahren nicht gewachsen. Er hofft nun, durch Privatunterricht sein Brot verdienen zu können [...]. Mein persönlicher Eindruck von Herrn Biberstein ist der, daß er Hilfe verdient. Propst Steffen denkt ebenso."99

Aus Gründen der Aufrichtigkeit hatte Dr. Epha seinem Schreiben an das Kultusministerium Bibersteins Personalakte beigefügt. Bemerkenswert ist das Antwortschreiben, in dem neben formalen Einwänden insbesondere in diskreter Form Bedenken dahingehend geäußert wurden, ausgerechnet einen ehemaligen Massenmörder im Schulunterricht einzusetzen. Nachdem Dr. Grothusen die Anfrage des Dr. Epha mit den entsprechenden Stellen im Kultusministerium zu klären gesucht hatte, gab er das Ergebnis wie folgt bekannt:

> „Leider hat sich dabei ergeben, daß allseits wenig Neigung besteht, hier eine Ausnahme von den geltenden Vorschriften zu machen – denn darum würde es im Kern gehen. Die Genehmigung zur Erteilung von Privatunterricht setzt den Nachweis entsprechender Prüfungen [Lehramtsbefugnisse] voraus.

---

98 Dr. Epha an Ministerialrat Dr. Grothusen im Kultusministerium des Landes Schleswig-Holstein. Schreiben vom 6. Dezember 1960, NEK-Archiv Kiel 12.03, Nr. 1215.
99 Ebd.

Daß nun aber gerade in einem solchen Fall eine Ausnahme schwer vertretbar wäre, wenn man andererseits ohne Unterschied der Person bestimmte Anforderungen stellt, dürfte verständlich sein. Es liegt nahe, daß deshalb der Gegeneinwand kommen würde, warum nimmt die Kirche B. nicht in ihren eigenen Dienst – es bräuchte ja nicht unbedingt in der Seelsorge zu sein, sondern vielleicht in irgendeiner für die Öffentlichkeit nicht so sichtbaren Verwaltungsposition.

Hinzu kommt, daß umgekehrt Ihr Gedanke nur dann für B. praktisch von Wert sein dürfte, wenn nicht nur besagte Ausnahmegenehmigung erteilt würde, sondern überdies von den Schulen noch besonders auf B. hingewiesen würde [...]. Eine solche Kundenwerbung nun aber von den Schulleitern zu erwarten, dürfte zu viel des Guten sein. Man sollte sich jedenfalls gerade in einer doch immerhin überschaubaren Gemeinde wie Neumünster davor hüten, den Bogen zu überspannen. Am Ende könnte das nur zum Nachteil für B, selbst ausschlagen."[100]

Es ist davon auszugehen, dass Biberstein den Plan zur Erteilung von Lateinunterricht in den Gymnasien Neumünsters verfolgte in Anlehnung an seinen Mitangeklagten Eugen Steimle, der als ehemaliger Führer des Sonderkommandos 4a von dem US Military Tribunal II zum Tod durch den Strang verurteilt, sodann von McCloy zu 20 Jahren Haft begnadigt und im Juni 1954 von dem US-amerikanische *Interim Mixed Parole and Clemency Board* (IMPAC) aus der Haftanstalt Landsberg entlassen worden war. Im Fall Steimle hatten jedoch andere Voraussetzungen bestanden, wie Biberstein bekannt gewesen sein dürfte, insofern, als bereits das US Military Tribunal II in seiner Urteilsbegründung unter anderem folgende Angaben zu Steimles Berufsausbildung vor seinem Eintritt in den SD getätigt hatte:

„SS-Standartenführer Steimle studierte Geschichte, Germanistik und Französisch an den Universitäten Tübingen und Berlin. Im Mai 1935 bestand er sein Staatsexamen für das höhere Lehramt, und im März 1936 machte er das Studienassessor-Examen."[101]

Nach seiner Entlassung aus der Haftanstalt Landsberg wurde der aus einem streng pietistischen Pfarrerhaus stammende Steimle als Lehrer für Deutsch, Geschichte und Gemeinschaftskunde an der privaten Oberstufe des damals evangelischen Knabengymnasiums in Wilhelmsdorf/Baden-Württemberg angestellt. In der Festschrift zum 150-jährigen Bestehen des Gymnasiums nahm der Schulleiter Johannes Baumann unter dem Rubrum „Schwere Hypothek" zu dem Skandalon Steimle wie folgt Stellung:

„In den 50er-Jahren wurde der 1948 im Nürnberger Einsatzgruppen-Prozess zunächst zum Tode verurteilte, später begnadigte Eugen Steimle Lehrer in Wilhelmsdorf.

Durch seine NS-Vorgeschichte (Leiter von sog. Sonderkommandos des Sicherheitsdienstes im Osten) war ihm der staatliche Schuldienst verwehrt. Gleichwohl haben sich hohe staatliche Stellen und die evangelische Kirche für seine Verwendung im Privatschuldienst und Herr Gutbrod für seine Beschäftigung in Wilhelmsdorf eingesetzt.

---

[100] Dr. Epha an Ministerialrat Dr. Grothusen im Kultusministerium des Landes Schleswig-Holstein. Schreiben vom 6. Dezember 1960, NEK-Archiv Kiel 12.03, Nr. 1215.
[101] KAZIMIERZ LESZCZYŃSKI (Hrsg.), Fall 9, S. 179f.

3 Re-Integration in das berufliche Leben

Das offensichtlich nicht umfassend informierte Kollegium hat sich im Laufe der Jahre hinter Steimle gestellt. Die Schüler ahnten vielfach gar nicht, welche Vorgeschichte ihr Lehrer hatte. Als später der Fall Steimle auch in der Öffentlichkeit diskutiert und historisch aufgearbeitet wurde, brach für manche eine Welt zusammen."[102]

Steimle unterrichtete 21 Jahre lang die Jugendlichen der dortigen Oberstufe. Im Alter von 65 Jahren trat er 1975 in den Ruhestand. Er starb zwölf Jahre später am 9. Oktober 1987 im Alter von fast 78 Jahren.[103] Noch 43 Jahre später wird der Fall Steimle thematisiert. So hielt am 8. März 2018 der Kreisarchivar Martin Frieß im Rahmen der Ausstellung „Freiheit – so nah, so fern" über die Außenkommandos des KZs Natzweiler einen Vortrag unter dem Titel: „Vom Reichssicherheitsdienst in ein evangelisches Gymnasium. Die Geschichte des Eugen Steimle aus Neubulach". Der Schwarzwälder Bote berichtete in seiner Ausgabe vom 3. April 2018 über jenen Vortrag und schloss mit folgender Information:

„1954 gelang ihm [Steimle] der Einstieg in den Lehrerberuf an einem evangelischen Gymnasium im oberschwäbischen Wilhelmsdorf. Eine Verwendung im staatlichen Schuldienst lehnte das Kultusministerium ebenso ab wie seine Verbeamtung. Als Lehrer war Steimle einerseits geachtet, andererseits sorgte das Bekanntwerden seiner Vergangenheit für Entsetzen und Ratlosigkeit, nicht nur bei seinen Schülern. Auch den zahlreichen Besuchern des Vortrags war diese Betroffenheit anzumerken."[104]

Dass die Verwendung des verurteilten Massenmörders Biberstein als Lateinlehrer an den *staatlichen* Gymnasien Neumünsters einen Skandal weit größeren Ausmaßes nach sich gezogen hätte als jene des Eugen Steimle an einem *privaten* Gymnasium, ist als wahrscheinlich anzunehmen. Bis auf Steimle hatten weitere Mitangeklagten Bibersteins in der freien Wirtschaft einen beruflichen Neuanfang gefunden, die meisten von ihnen in ihrem ursprünglich erlernten Beruf als Jurist. So arbeitete der bereits am 15. Dezember 1951 aufgrund einer von John Jay McCloy angeordneten Weihnachtsamnestie aus dem Kriegsverbrechergefängnis Landsberg entlassene *Heinz Jost* als Jurist bei einer Immobilienfirma in Düsseldorf. Er starb bereits 1964 im Alter von nur 60 Jahren.[105] Der im März 1953 von dem High Commissioner James Bryant Conant amnestierte *Dr. Walter Blume* fand ebenfalls Beschäftigung als Jurist in einer Makler-Firma. Über seine Behandlung als NS-Gewaltverbrecher habe er sich sehr verbittert gezeigt, berichtete sein Parolierten-

---

[102] JOHANNES BAUMANN: 150 Jahre Gymnasium Wilhelmsdorf, in: Gymnasium Wilhelmsdorf (Hrsg.): Aus der Festschrift 150 Jahre Gymnasium Wilhelmsdorf, 2007, S. 2. Zeugenaussage des Steimle-Sponsors Heinrich Gutbrod vom 13.5.1957, BArch 305/ 808 (Akte Eugen Steimle).
[103] ERNST KLEE, Personenlexikon, S.599. RAINER LÄCHELE: Vom Reichssicherheitshauptamt in ein evangelisches Gymnasium. Die Geschichte des Eugen Steimle, in: RAINER LÄCHELE/ JÖRG THIERFELDER (Hrsg): Evangelisches Württemberg zwischen Weltkrieg und Wiederaufbau. Calwer Verlag, Stuttgart 1995, S. 260-288, hier S. 272 f.
[104] Calw, NS-Vergangenheit: Massenmörder wird Lehrer, in: Schwarzwälder Bote vom 3.4.2018.
[105] ERNST KLEE, Personenlexikon, S. 290.

betreuer.[106] Später erhielt Dr. Blume in Soest einen Posten als Geschäftsführer. Er starb am 15. November 1974 im Alter von nur 68 Jahren.[107]

Erwin Schulz war am 9. Januar 1954 aufgrund der Empfehlung des ab dem 27. Oktober 1953 tätigen US-amerikanische Interim Mixed Parole and Clemency Board (IMPAC) aus der Haft entlassen worden, nachdem seine Ehefrau einen Arbeitsvertrag bei einer in Bremen ansässigen Kaffeefirma für ihn erwirkt und der Bremer Innensenator Adolf Ehlers sich als Paroliertenbetreuer bereit erklärt hatte.[108] Schulz verstarb knapp 81-jährig am 1. November 1981.[109] Nur wenige Monate nach Schulz wurde *Willy Seibert* auf Empfehlung des IMPAC am 14. Mai 1954 aus Landsberg entlassen. Er fand in einem Bremer Maklerunternehmen Beschäftigung.[110] Zwölf Jahre später verstarb er am 30. März 1976 im Alter von nur 67 Jahren.

Im August 1955 konnte der Jurist *Dr. Walter Haensch* aufgrund der Empfehlung des IMPAC ebenfalls das War Criminal Prison Nr. 1 verlassen. Sein weiterer Verbleib und das Sterbedatum sind unbekannt. Weniges ist auch über den diplomierten Opernsänger und Gesangslehrer *Waldemar Klingelhöfer* zu eruieren, der auf Empfehlung des Mixed Parole Board im Dezember 1956 paroliert wurde und danach als Angestellter in Villingen arbeitete. Sein Sterbedatum ist ebenfalls unbekannt.[111] Desgleichen liegen über den gleichzeitig mit Biberstein parolierten *Adolf Ott* keine Daten vor. Offensichtlich haben Dr. Haensch, Klingelhöfer und Ott es vorgezogen, ihr weiteres Leben möglichst unbemerkt von der Öffentlichkeit zu führen.

Ganz anders verlief die Nachkriegskarriere des gleichfalls mit Biberstein parolierten *Dr. Martin Sandberger*, der nach seiner Haftaussetzung am 8. Mai 1958 durch die Verbindungen seines Vaters, insbesondere aber durch Fürsprache der in das Lechler-Unternehmen integrierten Brüder Eberhard und Bernhard Müller eine Anstellung als Generalbevollmächtigter der Lechler Unternehmensgruppe erhielt. Er arbeitete dort bis zu seiner Berentung. Im Alter lebte er zurückgezogen in einem noblen Stuttgarter Seniorenheim. Dort verstarb er am 30. März 2010 im hohen Alter von fast 99 Jahren.[112]

---

[106] National Archives and Records Administration Washington, D.C. (NARA), RG 338, JAD, WBC, Post Trial Activities 1945-1957, Box 6, US Parole Officers Summaries Folder. Zitiert nach HILARY EARL, Einsatzgruppen Trial, S. 295.

[107] ERNST KLEE, Personenlexikon, S. 55.

[108] MICHAEL WILDT, Generation, S. 784.

[109] ERNST KLEE, Personenlexikon, S. 568f.

[110] Bericht des Paroliertenbetreuers vom 25.4.1955, National Archives and Records Administration Washington, D.C. (NARA), RG 338, JAD, WBC, Post Trial Activities 1945-1957, Box 6, US Parole Officers Summaries Folder. Zitiert nach HILARY EARL, Einsatzgruppen Trial, S. 295.

[111] ERNST KLEE, Personenlexikon, S. 316.

[112] Walter Mayr: „Blutspur ins Altersheim, DER SPIEGEL Nr. 14 vom 7.4.2010. DERS.: The Quiet Death of a Nazi, in: ABC News vom 15.4.2010.

3 Re-Integration in das berufliche Leben

Eine fulminante Nachkriegskarriere startete der im Oktober 1952 von dem US High Commissioner Walter Joseph Donnelly begnadigte SS-Brigadeführer *Prof. Dr. Franz Alfred Six*, ehemaliger Chef des Vorkommandos Moskau der Einsatzgruppe B. Nach kurzem Aufenthalt in Hamburg und Essen wurde er 1953 im Alter von nur 44 Jahren durch Vermittlung von Nazi-Seilschaften, hier des Dr. Werner Best und des Dr. Ernst Achenbach,[113] zum Mitinhaber und Geschäftsführer des C. W. Leske Verlages in Darmstadt ernannt.[114] Vier Jahre später wechselte er zur Porsche Diesel Motorenbau GmbH in Friedrichshafen, um dort den Posten eines Werbechefs einzunehmen.[115] Prof. Dr. Six lehrte sogar als Dozent an der *Akademie für Führungskräfte der Wirtschaft*.[116] Nachdem Porsche-Diesel die Traktorenproduktion im Jahre 1963 eingestellt hatte, arbeitete Six in Essen als selbständiger Unternehmensberater.[117] Er starb am 9. Juli 1975 im Alter von fast 66 Jahren.

Dass Biberstein hingegen bis weit über das Rentenalter hinaus im Gegensatz zu seinen ehemaligen Mitangeklagten lediglich in prekäre Beschäftigungsverhältnisse vermittelt werden konnte, war allein der Schwierigkeit geschuldet, für einen gelernten Theologen in der freien Wirtschaft einen adäquaten, d. h. seiner Ausbildung entsprechenden angemessenen Arbeitsplatz zu finden.

3.2 Versorgungsleistungen im Alter

Wiederum dreizehn Jahre später kontaktierte Biberstein – im Alter von nunmehr 74 Jahren – am 24. März 1973 erneut die Schleswig-Holsteinische Landeskirche. Auf Empfehlung des zwischenzeitlich am 1. November 1964 pensionierten Dr. Epha wandte er sich diesmal an den Oberlandeskirchenrat Jessen mit der Bitte um eine persönliche Unterredung.[118]

Inhalt des handschriftlich verfassten Schreibens waren seine beamtenrechtlich unversorgten Dienstzeiten bei der Schleswig-Holsteinischen Landeskirche während der Jahre 1924 bis zum Ausscheiden aus dem Kirchendienst 1935. Die Bitte um eine persönliche Unterredung begründete er wie folgt:

---

[113] Achenbach war von 1940 bis 1943 Botschafts- bzw. Gesandtschaftsrat deutsche Botschaft Paris. Als Leiter der Politischen Abt. war er mit „Judenangelegenheiten" befasst, d. h. er war für die Deportation der Pariser Juden zuständig. Art. Achenbach, Ernst, in: Regionales Personenlexikon zum Nationalsozialismus in den Altkreisen Siegen und Wittgenstein.
[114] Lutz Hachmeister, Gegnerforscher, S. 305 f.
[115] Ebd., S. 338f.
[116] Ebd., S. 305f, 313f.
[117] Ebd., S. 342.
[118] Biberstein an Oberlandeskirchenrat Jessen. Schreiben vom 24. März 1973, NEK-Archiv Kiel 12.03, Nr. 1215.

„Nach 1945 wurde ich nicht als 131-iger anerkannt. Ich mußte auf dem Wege der Nachversicherung mich um eine Rente bemühen. Leider wurden dabei die von mir im Dienst der Landeskirche verbrachten Jahre [als Pastor und Propst] nicht berücksichtigt, so daß ich nur eine Rente von 500,- DM erhalte. Dadurch bin ich gezwungen – ich stehe im 75. Lebensjahr – immer noch weiter zu arbeiten.

Ich wäre dankbar, wenn ich aus meinen Dienstjahren bei der Landeskirche eine Zusatzrente erhalten könnte, die es mir ermöglicht, mit meiner gleichaltrigen Frau wenigstens noch ein paar Ruhejahre zu erleben."[119]

Biberstein bezog sich hier zum einen auf Artikel 131 des Grundgesetzes und zum anderen auf das *Gesetz zur Regelung der Rechtsverhältnisse der unter Artikel 131 des Grundgesetzes fallenden Personen* erlassene Bundesgesetz. Der Artikel 131 des Grundgesetzes führt aus:

„1 *Die Rechtsverhältnisse von Personen* einschließlich der Flüchtlinge und Vertriebenen, *die am 8. Mai 1945 im öffentlichen Dienste standen*, aus anderen als beamten- oder tarifrechtlichen Gründen ausgeschieden sind und bisher nicht oder nicht ihrer früheren Stellung entsprechend verwendet werden, *sind durch Bundesgesetz zu regeln.*

2 Entsprechendes gilt für Personen einschließlich der Flüchtlinge und Vertriebenen, die am 8. Mai 1945 versorgungsberechtigt waren und aus anderen als beamten- oder tarifrechtlichen Gründen keine oder keine entsprechende Versorgung mehr erhalten.

3 Bis zum Inkrafttreten des Bundesgesetzes können vorbehaltlich anderweitiger landesrechtlicher Regelung Rechtsansprüche nicht geltend gemacht werden." [Kursivdruck vom Verf.].[120]

Im Jahre 1951 hatte der Bundestag das *Gesetz zur Regelung der Rechtsverhältnisse der unter Artikel 131 des Grundgesetzes fallenden Personen* beschlossen.[121] Nach Artikel 3, Absatz 1 des Gesetzes hatte der Personenkreis, der im Entnazifizierungsverfahren *nicht* als Minderbelastete, Mitläufer oder Entlastete eingestuft worden war, *keinen* Rechtsanspruch auf Wiedereinstellung in das ehemalige Dienstverhältnis und ebenso *keine* Gewährung der entsprechenden Pensionsbezüge, desgleichen gemäß Art. 3, Abs. 4 nicht die ehemaligen Gestapobeamten.[122] Demzufolge hatte Biberstein hinsichtlich seiner gesamten Beamtentätigkeit im Staatsdienst von 1935 bis 1945 keinen Rechtsanspruch auf beamtenrechtliche Versorgung, da er als ehemaliger Gestapobeamter und zudem als rechtskräftig verurteilter NS-Gewalttäter

---

[119] Ebd.
[120] *Grundgesetz für die Bundesrepublik Deutschland.* Vom 23. Mai 1949, Art. 131, in: Bundesgesetzblatt (BGBl.) NR. 1 (1949), S. 1-20, hier S. 17.
[121] *Gesetz zur Regelung der Rechtsverhältnisse der unter Artikel 131 des Grundgesetzes fallenden Personen.* Vom 11. Mai 1951, in: Bundesgesetzblatt (BGBl.), Teil I, NR. 13 (1951), S. 307, 320.
[122] *Gesetz Nr. 104 zur Befreiung von Nationalsozialismus und Militarismus* vom 5. März 1946, in: Regierungsblatt für Württemberg-Baden 1946, S. 71. In Artikel 4 bis 13 jenes Gesetzes wurde die deutsche Bevölkerung nach dem Grad ihrer Verantwortlichkeit in Bezug auf NS-Verbrechen in fünf Personenkreise unterteilt: 1. Hauptschuldige, 2. Belastete (Aktivisten, Militaristen, Nutznießer), 3. Minderbelastete (Bewährungsgruppe), 4. Mitläufer, 5. Entlastete.

3 Re-Integration in das berufliche Leben

von dem oben genannten Personenkreis ausgenommen war. Insofern waren in seinem Rentenbescheid nicht einmal die Berufsjahre von 1924 bis 1935 anerkannt worden, die er als Pastor und Propst im versicherungsfreien Dienst der Schleswig-Holsteinischen Landeskirche abgeleistet hatte. Um aus seinen verschiedenen prekären Beschäftigungsverhältnissen – die er seit seiner Entlassung aus der Landsberger Haftanstalt im Jahre 1958 eingegangen war – überhaupt einen bescheidenen Rentenanspruch von 500 DM erwirken zu können, hatte er sich auf eigene Kosten nachversichern müssen. Jedoch erwies sich jener Rentenbetrag von 500 DM für seinen Lebensunterhalt und den seiner Ehefrau als nicht ausreichend, sodass er gezwungen war, trotz seiner 74 Jahre weiterhin zu arbeiten. Dennoch sollte sich eine rechtsgültige Möglichkeit ergeben, die karge Rente Bibersteins aufzubessern,[123] insofern, als die Nachversicherung eines Geistlichen für frühere beamtenrechtlich unversorgte Dienstzeiten durchaus möglich war. Rechtsgrundlage dafür war Artikel 2, § 4, Absatz 2 des *Angestelltenversicherungs-Neuregelungsgesetzes* (AnVNG) vom 23. Februar 1957 in Verbindung mit der *Nachversicherungshärteausgleichsverordnung*.[124]

Wie aus einem Aktenvermerk des damaligen Präsidenten des Landeskirchenamtes Erich Grauheding – Nachfolger des pensionierten Dr. Epha – hervorgeht, hatte bereits einen Monat zuvor, d. h. im Februar 1973, Bibersteins Tochter/Schwiegertochter persönlich im Landeskirchenamt vorgesprochen und sich hinsichtlich der beamtenrechtlich unversorgten Dienstzeiten Bibersteins während dessen Amtszeit als Pfarrer und Propst bei der Schleswig-Holsteinischen Landeskirche informiert. Dort war ihr die Empfehlung gegeben worden, „in der Versorgungsfrage evtl. den früheren Präsidenten des LKA, Herrn Dr. Epha, vermittelnd einzuschalten."[125] Landeskirchenpräsident Grauheding, der seitens der entsprechenden Dienststelle über jenen Besuch in Kenntnis gesetzt worden war, vermerkte in seinem Gesprächsprotokoll des Weiteren:

„Vor etwa zehn Tagen besuchte mich Herr Präs. Dr. Epha und teilte mir mit, daß er von dem früheren Propst Szymanowski angeschrieben worden sei mit der Bitte, beim LKA wegen einer Aufbesserung seiner Versorgung zu vermitteln [...]. Ich machte Herrn Präs.

---

[123] Zur sozialrechtlichen Frage der „Sicherung der Versorgungsansprüche für die nationalsozialistischen Beamten" durch Art. 131 Grundgesetz (GG) sowie zur „Nachversicherungspflicht in der Angestelltenversicherung für entlassene Beamte" exemplarisch: ANDREAS SCHEULEN: Ausgrenzung der Opfer – Eingrenzung der Täter. Die finanzielle Versorgung von Funktionären und Opfer des Dritten Reiches durch die Bundesrepublik Deutschland unter besonderer Berücksichtigung der Opfer der deutschen Militärgerichtsbarkeit (Berliner juristische Universitätsschriften; Reihe: Grundlagen des Rechts; 24), Berlin 2002; zugleich: Berlin, Humboldt-Universität, Diss., 2002.
[124] *Gesetz zur Neuregelung des Rechts der Rentenversicherung für Angestellte (Angestelltenversicherungs-Neuregelungsgesetz – AnVNG)* vom 23. Februar 1957, in: Bundesgesetzblatt (BGBl) I, Nr. 4 vom 26. Februar 1957, S. 88-131.
[125] Aktenvermerk des Präsidenten des Landeskirchenamtes Erich Grauheding, o. D., vermutlich vom 19.3.1973. NEK-Archiv Kiel 12.03, Nr. 1215.

Dr. Epha aufmerksam auf die sog. Nachversicherungs-Härteausgleichs-Verordnung, nach der es heute möglich sei, solche früheren beamtenrechtlich unversorgten Dienstzeiten in der Rentenversicherung nachzuversichern [...]. Für die Nachversicherung kämen ca. 11 Jahre (1924-35) in Betracht."[126]

Aufgrund sehr genauer Kenntnis der Rechtsgrundlage konnte Landeskirchenpräsident Grauheding gegenüber Dr. Epha die vermutlichen Kosten der Nachversicherung wie folgt aufschlüsseln:

„Für die Nachversicherung kämen ca. 11 Jahre (1924-35) in Betracht. Da jedes Versicherungsjahr *mehr* 1,5% von der persönlichen Rentenbemessungsgrundlage mehr an Rente erbringt, würde eine zusätzliche Versicherungszeit von 11 Jahren den Vomhundertsatz für die Rentenberechnung um 16,5% erhöhen.

Dabei würde zusätzlich die persönliche Rentenbemessungsgrundlage beeinflußt werden, weil die Jahre 1924/35 ja auch nach der Einkommenshöhe Berücksichtigung finden. Es ist anzunehmen, daß sich daraus eine Erhöhung der persönlichen Bemessungsgrundlage ergibt, weil B. sich in dieser Zeit auf den Einkommensdurchschnitt bezogen besser gestanden hat als in seiner Tätigkeit nach 1956 [1958].

Die Kosten der Nachversicherung hängen ab von dem anzuwendenden Beitragssatz. Der Satz muß zunächst durch Rückfrage bei der BfA [Bundesversicherungsanstalt für Angestellte] in Berlin-Wilmersdorf] ermittelt werden. Die eigentliche Rechtsgrundlage für die Nachversicherung von Biberstein bildet Artikel 2 § 4 Abs. 2 des Angestelltenversicherungs-Neuregelungsgesetzes von 1957 [...]. Danach hat B. m. E. Anspruch auf Nachversicherung, weil der Grund seines damaligen Ausscheidens (Antrag) freiwilliger Natur war." [Unterstreichung im Original; Kursivdruck vom Verf.].[127]

Zur weiteren Information übergab Landeskirchenpräsident Grauheding seinem Vorgänger Dr. Epha eine Kopie der Seite 2104 der Bundesausgabe „Dienst-, Sozial- und Steuerrecht im öffentlichen Dienst – Bundesausgabe". Auf jener Seite (Dieso 361/362 vom 11. Mai 1970) waren unter dem Titel *Gruppe 11/202 a Angestelltenvers.-Neuregelungsges., Art. 2 §§ 3,4* die entsprechenden Rechtsvorschriften aufgeführt.[128] Im Hinblick auf die Nachversicherung der Dienstjahre 1924/1935 war für Biberstein die dort aufgeführte Rechtsvorschrift (§ 4 Abs. 2) anzuwenden:

„*§ 9 des Angestelltenversicherungsgesetzes gilt auch für Personen, deren Nachversicherung in der Zeit vor dem Inkrafttreten dieses Gesetzes* (1. Januar 1957) auf Grund des § 1 Abs. 6 des Angestelltenversicherungsgesetzes in der Fassung der Verordnung vom 17. März 1945 (RGBl. I, S. 41) oder der Sozialversicherungsanordnung Nr. 14 Nummer 2 Buchst. b oder c vom 19. Juli 1947 (Arbeitsblatt für die Britische Zone S. 240) *wegen unehrenhaften oder freiwilligen Ausscheidens aus einer versicherungsfreien Beschäftigung unterblieben ist.*" [Kursivdruck vom Verf.].[129]

---

[126] Ebd.
[127] Ebd.
[128] GEORG BRETSCHNEIDER (Hrsg.): Dienst-, Sozial- und Steuerrecht im öffentlichen Dienst – Bundesausgabe. Loseblattsammlung, Köln 1961ff, S. 2104.
[129] Ebd.

3 Re-Integration in das berufliche Leben

Im März 1973 hatte sich das Landeskirchenamt zunächst bei der Versicherungsanstalt der Stadt Kiel hinsichtlich der Höhe des Prozentsatzes der Nachversicherung zu erkundigen versucht, wurde aber von dem zuständigen Sachbearbeiter Busch an die *Bundesversicherungsanstalt für Angestellte* in Berlin-Wilmersdorf verwiesen.[130] Demzufolge erfolgte mit Schreiben vom 3. April 1973 bei der *Bundesversicherungsanstalt für Angestellte* in Berlin-Wilmersdorf eine Anfrage hinsichtlich der anfallenden Kosten. Offensichtlich war die Bereitwilligkeit der Schleswig-Holsteinischen Landeskirche hinsichtlich einer Nachversicherung an deren Finanzierbarkeit gebunden, wie das nachfolgende Schreiben erahnen lässt.

„Betr.: Nachversicherung eines Geistlichen für frühere beamtenrechtlich unversorgte Dienstzeiten (Art. 2 § 4 Abs. 2 AnVNG i. V. mit Nachversicherungs-Härteausgleichsverordnung)
hier: Ernst Biberstein, geb. 1899

In der o.a. Angelegenheit wird von uns zurzeit überprüft, ob einer Nachversicherung des Betroffenen für die Zeit vom 1.1.1924 bis 31.12.1935 nähergetreten werden kann. Zur Feststellung der anfallenden Kosten wären wir Ihnen dankbar, wenn Sie uns mitteilen könnten, welche Nachversicherungssumme für den vorgenannten Zeitraum zu entrichten wäre."[131]

Dem Schreiben war eine Aufstellung mit den Entgelten beigefügt, die von der Landeskirche für die Zeit vom 1.1.1924 bis 31.12.1935 an Biberstein gezahlt worden waren, aufgeschlüsselt nach den jeweiligen jährlichen Summen. ür den Zeitraum von insgesamt zwölf Dienstjahren als Pfarrer und Propst ergab das eine Summe von 69.924,91 Reichsmark.[132]

Noch bevor eine Antwort aus Berlin-Wilmersdorf eingetroffen war, hatte das Landeskirchenamt in der Sitzung vom 17. Mai 1973 unter Punkt 12 den Beschluss gefasst, die von Biberstein im Dienst der Schleswig-Holsteinischen Landeskirche verbrachte Zeit in Anwendung des Art. 2 § 4 Abs. 2 des Angestelltenversicherungs-Neuregelungsgesetzes von 1957 und der dazu erlassenen Härteausgleichsverordnung nachzuversichern, jedoch ausdrücklich ohne Anerkennung eines Rechtsanspruches.[133] Mit Datum vom 23. Mai 1973 erging ein entsprechendes Schreiben des Oberlandeskirchenrates Jessen an Biberstein, das neben der Mitteilung der vom Landeskirchenamt anvisierten Nachversicherung auch für Biberstein eminent

---

[130] Betr. Nachversicherung Propst Szymanowski genannt Biberstein für die Zeit vom 1.1.1924 bis 31.12.1935, NEK-Archiv Kiel 12.03, Nr. 1215.
[131] Evangelisch-Lutherische Landeskirche Schleswig-Holstein. Oberlandeskirchenrat Jessen an die Bundesversicherungsanstalt für Angestellte, Berlin-Wilmersdorf. Schreiben vom 3. April 1973, NEK-Archiv Kiel 12.03, Nr. 1215.
[132] Ebd.
[133] Auszug aus der Niederschrift über die Vollsitzung des Landeskirchenamtes am 17.5.1973, NEK-Archiv Kiel 12.03, Nr. 1215, NEK-Archiv Kiel 12.03, Nr. 1215.

wichtige Informationen enthielt, sodass es sinnvoll erscheint, das Schreiben in voller Länge zu zitieren.

„Die Prüfung Ihres in obigem Schreiben [vom 24.3.1973] mitgeteilten Wunsches hat ein wenig längere Zeit in Anspruch genommen als dies ursprünglich vorgesehen war. Nach längerer Prüfung ist es mir nunmehr in der gestrigen Sitzung des Landeskirchenamtes gelungen, eine Beschlußfassung herbeizuführen.

Das Landeskirchenamt hat es für zweckmäßig und sinnvoll gehalten, die aus der bisherigen Versicherung herausgefallenen 11 Jahre – nämlich 1924 bis 1935 – ohne Anerkennung eines Rechtsanspruches *nach einer im sonstigen öffentlichen Dienst angewandten Nachversicherungshärteausgleichsverordnung* nachzuversichern. Die Kosten der Nachversicherungen hängen ab von dem anzuwendenden Beitragssatz. Dieser ist zunächst bei der Bundesanstalt für das Versicherungswesen in Berlin angefragt worden.

Diese Form der Nachversicherung hat für Sie den nicht unerheblichen Vorteil, daß eine daraus resultierende Rente bzw. Erhöhung ihrer bisherigen Rente dynamisiert ist, d. h. an den allgemeinen Steigerungen der Renten immer teilnimmt.

Dieses wäre bei einer Zusatzrente aus Haushaltsmitteln der Landeskirche nicht der Fall. Das Landeskirchenamt wird – sobald die Bundesversicherungsanstalt den Beitragssatz ermittelt und mitgeteilt hat – die Nachversicherung vornehmen und Ihnen sodann weiteren Bescheid zukommen lassen." [Kursivdruck vom Verf.].[134]

Die Entscheidung des Landeskirchenamtes, unter Bezugnahme auf die gültigen Rechtsvorschriften bei der *Bundesversicherungsanstalt für Angestellte* eine Nachversicherung aus früheren beamtenrechtlich unversorgten Dienstzeiten Bibersteins einzuleiten, ist als ein Präzedenzfall zu betrachten mit der langfristigen Zielsetzung, etwaige weiteren Fälle „nach den gleichen Grundsätzen und nicht nach subjektiven Gesichtspunkten" zu entscheiden.[135]

Es sollten jedoch mehr als sechzehn Monate vergehen, bis die *Bundesversicherungsanstalt für Angestellte* dem Landeskirchenamt die Nachversicherungssumme mitteilen konnte. Zuvor waren auf deren Wunsch diverse Formalitäten zu regeln, etwa entsprechende Fragebögen auszufüllen. Um die Angelegenheit zu beschleunigen, reichte Biberstein der *Bundesversicherungsanstalt für Angestellte* zusätzlich und unaufgefordert die gesamten aktuellen Versicherungsunterlagen ein, so den letzten Rentenbescheid. Mit Schreiben vom 17. Juli 1974 teilte die *Bundesversicherungsanstalt für Angestellte* dem Landeskirchenamt dann sowohl die berücksichtigungsfähigen Nachversicherungszeiten mit als auch den zu entrichtenden Nachversicherungsbeitrag für die Zeit vom 29. Oktober 1923 bis zum 31. Dezember 1935, der 3.884,38 DM betrug. Das waren 5,6 % des versicherungsfreien Gesamtbruttogehalts in Höhe von 69.363,91 RM, das Biberstein während seiner Dienstzeit als Pastor und Propst von der Schleswig-Holsteinischen Landes-

---

[134] Oberlandeskirchenrat Jessen an Biberstein. Schreiben vom 23.5.1973. AZ S 165 73 XII. Betr. Versorgung bzw. Nachversicherung, NEK-Archiv Kiel 12.03, Nr. 1215.
[135] Aktennotiz vom 23.5.1973, NEK-Archiv Kiel 12.03, Nr. 1215.

kirche bezogen hatte.[136] Darüber hinaus verwies sie detailgenau auf die Rechtsgrundlagen, aufgrund derer sie die Nachversicherungssumme berechnet hatte. Insofern erscheint es angebracht, jene Begründung wörtlich zu zitieren.

„Wir erklären uns nunmehr bereit, Nachversicherungsbeiträge für die Zeit vom 29.10.1923 bis zum 31.12.1935 anzunehmen, weil Herr Biberstein in dieser Zeit nach unseren Feststellungen in einem gem. § 9 Abs. 1 VGfA [Versicherungsgesetz für Angestellte vom 20.12.1911] bzw. § 11 Abs. 1 AVG a. F. [Angestelltenversicherungsgesetz vom 28.5.1924] versicherungsfreien Beschäftigungsverhältnis gestanden hat.

Die davorliegende Zeit vom 29.4.1922 bis 28.10.1923 kommt hingegen für eine Nachversicherung nicht in Betracht, weil in der Vikariatszeit neben Versicherungsfreiheit nach § 10 Abs. 1 Ziff. 1 VGfA/§ 12 Abs. 1 AVG a. F. auch noch Versicherungsfreiheit wegen wissenschaftlicher Ausbildung i. S. von § 10 Abs. 1 Ziff. 4 VGfA/§ 12 Abs. 1 Nr. 4 AVG a. F. bestanden hat. Derartige Versicherungsfreiheit schließt aber eine Nachversicherung generell aus.

Sie haben Ihr Nachversicherungsangebot auf die Zeit ab 1.1.1924 beschränkt, wir bitten Sie aber zu prüfen, ob der Nachversicherungszeitraum nicht vielmehr mit dem Bestehen der 2. theologischen Prüfung (29.10.1923) beginnen müßte.

Daß vom 29.10.1923 bis 31.12.1923 noch Inflation war, ist hierbei völlig unerheblich. Der Nachversicherung sind für die Zeiten [vom 29.10.1923] bis 31.12.1923 monatlich Pauschalentgelte von 150,– RM zugrunde zu legen. Wir haben dies bei der nachfolgenden Beitragsberechnung berücksichtigt (315,–RM) [...].

Für die Jahre 1934 und 1935 haben Sie Entgelte bescheinigt, die über der damaligen Jahresarbeitsverdienstgrenze (ab 1.1.1934 jährlich 7.200 RM) gelegen haben.

Da Herr B. jedoch verheiratet war und 3 Kinder hatte, nehmen wir an, daß die Bezüge nach Abzug [der] Zuschläge, die mit Rücksicht auf den Familienstand gezahlt worden sind, unter 7.200 RM gelegen haben. Bei der Beitragsrechnung haben wir aus diesem Grunde für diese beiden Jahre jeweils 7200,- RM berücksichtigt.

Nach alledem ergibt sich ein beitragspflichtiges Gesamtbruttoarbeitsentgelt in Höhe von 69.363,91 RM. Davon 5,6 von Hundert = 3.884,38 DM.

Da Herr B. offenbar szt. [1935] in Unehren ausgeschieden ist (er war anschließend kurzfristig als Hilfsarbeiter beschäftigt), hat die Beitragsentrichtung gem. Art. 2 § 48 Abs. 1 b AnVNG [Angestelltenversicherungs-Neuregelungsgesetz] im Währungsverhältnis 1,– RM = 1,– DM zu erfolgen, weil die Nachversicherung nach § 9 AVG in Verb. mit Art. 2 § 4 Abs. 2 AnVNG durchzuführen ist.

Wir bitten Sie deshalb, uns den o. g. Betrag in Höhe von 3.884,38 DM auf eines unserer Konten zu Kapitel 230 00 00 zu überweisen."[137]

Mit Schreiben vom 7. August 1974 teilte das Landeskirchenamt sodann der *Bundesversicherungsanstalt für Angestellte* die erfolgte Überweisung des Nachversicherungsbetrages in Höhe von 3.884,38 DM auf deren Konto bei der Sparkasse der

---

[136] Bundesversicherungsanstalt für Angestellte an Ev.-Luth. Landeskirche Schleswig-Holsteins, das Landeskirchenamt. Schreiben vom 17.7.1974, AZ 5010 (12) – B 150299, BKZ 5012, betr. Nachversicherung für Herrn Ernst Biberstein, geb. am 15.2.1899 in Hilchenbach, NEK-Archiv Kiel 12.03, Nr. 1215.
[137] Ebd.

Stadt Berlin West Nr. 099000701 mit.[138] Mit gleichem Datum informierte das Landeskirchenamt Biberstein über jenen Vorgang.[139] Bereits am 6. August 1974 hatte die *Bundesanstalt für Angestellten* Biberstein den Versicherungsschein zugesandt, auf dessen Rückseite nochmals die Berechnungsgrundlagen und die vom Landeskirchenamt entrichtete Nachversicherungssumme aufgeführt waren. Hingegen erhielt das Landeskirchenamt als ehemaliger Arbeitgeber Bibersteins das gleiche Versicherungsdokument erst am 23. Januar 1975, weil das Landeskirchenamt der *Bundesanstalt für Angestellte* die Richtigkeit der in dem Versicherungsschein aufgeführten Beschäftigungszeiten und die Höhe der Brutto-Entgelte nochmals zu bescheinigen hatte.[140]

Knapp zwei Jahre später führte die *Bundesversicherungsanstalt für Angestellte* in Berlin-Wilmersdorf mit Verfügung vom 23. Januar 1975 dann die von Biberstein am 24. März 1973 beantragte Nachversicherung durch.[141] Gleichzeitig wurde dessen Rente für den Zeitraum vom 1. April 1969 bis zum 1. Juli 1975 neu berechnet. Zwar war für Biberstein der Versicherungsfall bereits mit der Vollendung des 67. Lebensjahres am 31. März 1966 eingetreten, jedoch unterlagen alle Nachversicherungsansprüche, die *vor* dem Jahr 1969 gelegen hatten, gemäß § 29 Abs. 3 RVO[142] der Verjährung.[143]

Ab dem 1. Januar 1976 zahlte die *Bundesanstalt für Angestellte* in Berlin-Wilmersdorf dann dem nunmehr knapp 78-jährigen Biberstein eine monatliche Rente von 1.373,60 DM.[144] Das entsprach in etwa der damaligen Besoldungsstufe A 12 für Beamte. Zudem erhielt Biberstein aufgrund der Neuberechnung der Rente für den Zeitraum vom 1. April 1969 bis zum 1. Juli 1975 eine Rentennachzahlung in Höhe von 40.457,10 DM.[145] Biberstein verstarb im Dezember 1986 in einem Altersheim in Neumünster im Alter von fast 88 Jahren Er hatte seine bereits 1975 verstorbene Ehefrau Anna, geb. Dahmlos, um elf Jahre überlebt, die nicht mehr in den Genuss der Rentenerhöhung ihres Mannes gekommen war.

---

[138] Ev.-Luth. Landeskirche Schleswig-Holsteins, das Landeskirchenamt, an Bundesversicherungsanstalt für Angestellte, 1 Berlin 31 – Wilmersdorf, Ruhrstr. 2. Schreiben vom 7.8.1974, NEK-Archiv Kiel 12.03, Nr. 1215.

[139] Landeskirchenamt an Biberstein. Schreiben vom 7.8.1974, NEK-Archiv Kiel 12.03, Nr. 1215.

[140] Versicherungsschein der Angestellten-Rentenversicherung für Ernst Biberstein, NEK-Archiv Kiel 12.03, Nr. 1215.

[141] Bundesversicherungsanstalt für Angestellte, Berlin-Wilmersdorf an das Evangelisch-Lutherische Landeskirchenamt Kiel, Schreiben o. D., Eingangsstempel des Landeskirchenamtes vom 10.6 1975, NEK-Archiv Kiel 12.03, Nr. 1215.

[142] Rentenversicherungsordnung vom 15. Dezember 1924, RGBl. I (1924), S. 779.

[143] Renten-Bescheid für Ernst Biberstein. Bundesversicherungsanstalt für Angestellte an die Evangelisch-Lutherische Landeskirche Kiel, Schreiben vom 29.10.1975, NEK-Archiv Kiel 12.03, Nr. 1215.

[144] Ebd.

[145] Ebd.

SCHLUSS

Die Zielvorgabe für die vorliegende Studie hatte darin bestanden, weder ein biografisches Portrait zu zeichnen, noch gar eine psychologische Studie über den ehemaligen evangelischen Geistlichen und späteren Massenmörder Ernst Biberstein zu erstellen, sondern auf einer breit angelegten Folie ideologie- und mentalitätsgeschichtlicher sowie politischer und gesellschaftspolitischer Art einen in der NS-Zeit häufig anzutreffenden (Täter)*Typus* abzubilden, insofern, als die für die NS-Zeit signifikanten weltanschaulichen Grundüberzeugungen bereits in dem letzten Drittel des 19. Jahrhunderts begonnen hatten, sodann im Nationalsozialismus ihre schärfste Ausprägung erfuhren, und selbst nach dem Ende des Zweiten Weltkrieges zeichnete sich eine mentalitätsgeschichtliche Kontinuität ab, die bis zu der so bezeichneten Kulturrevolution der späten 1960er-Jahre fortdauerte.

Die Erwägungen, den Typus eines Massenmörders auf einer Folie zu zeichnen, beruhten auf zwei Gründen: Zum einen fehlten ausreichende Ego-Dokumente, um ein Portrait anfertigen zu können, aus denen Bibersteins „Tatmotivation" zum Massenmord eindeutig hätte entnommen werden können, etwa Tagebücher, persönliche Briefe oder spätere reflektierende Aufzeichnungen, die außerhalb Bibersteins eigenen exkulpatorischen und apologetischen Interessen lagen. Der andere, weit wichtigere Grund ergab sich aus der Tatsache, dass die in der Sowjetunion operierenden Einsatzgruppen und deren Kommandos ihren Operationsauftrag, d. h. die von höchsten staatlichen Stellen angeordneten Massenmorde an zivilen, zuvor devaluierten und dehumanisierten Opfergruppen durchzuführen, jeweils in ganz spezifischen Täterkollektiven durchgeführt hatten, bei denen der *modus operandi* sich immer gleich gestaltete. Insofern waren bei einem derartigen *Organisations*verbrechen kaum die jeweiligen Handlungsgrundlagen und Antriebskräfte eines *Einzel*täters – hier Bibersteins – in wissenschaftlicher Evidenz zu ermitteln, die zudem für die Historiografie insofern keinerlei Erkenntnisgewinn gebracht hätten, als sich dadurch weder die politischen Gegebenheiten während des Tatzeitraumes noch die institutionellen und strukturellen Zusammenhänge erklären ließen, die zum Genozid geführt hatten.

Dennoch stellte sich spätestens mit Blick auf die von dem US Military Tribunal II im Fall 9 der Nürnberger Nachfolgeprozesse verhängten Strafurteile die generalisierende Frage nach der Tötungs*bereitschaft* der dort angeklagten und verurteilten NS-Gewalttäter, d. h. wie erklärte es sich, dass der ehemalige evangelische Geistliche Biberstein im hohen Amt eines Propstes und mit ihm weitere 23 hochgebildete ranghohe SS-Offiziere, die allesamt in christlich-geprägten Elternhäusern ihre erste Sozialisation erfahren hatten, zu Massenmördern werden konnten? Zu welchem Zeitpunkt und durch welche irrationalen Momente wurden sie konditioniert, um die natürliche Tötungshemmung zu überwinden? Diese Frage wurde in den ersten drei Kapiteln jeweils unter unterschiedlicher Fragestellung beleuchtet.

In dem ersten Kapitel sollte auf sozialhistorischer und kulturgeschichtlicher Folie der weltanschaulichen Grundüberzeugung jenes Tätertypus nachgegangen werden, den Michael Wildt als „Generation des Unbedingten" bezeichnet hatte. Dabei konnte eruiert werden, dass sich weder aus der politischen Sozialisation des jungen Gemeindepfarrers Biberstein vor dem Hintergrund völkischer und deutschnationaler Strömungen in der Zeit der Weimarer Republik noch aus dessen Verhaftet-Sein in der Tradition der nationalprotestantischen Mentalität hinreichend Rückschlüsse ziehen ließen auf das spätere genozidale Täterverhalten als Gestapochef in Oppeln/Oberschlesien oder als Führer des in Südrussland operierenden Einsatzkommandos 6, desgleichen nicht aus dem frühzeitigen Beitritt zur NSDAP im Jahre 1926, den Biberstein vor dem US Military Tribunal II ebenso wie einige seiner Mitangeklagten zum einen in antidemokratischer Diktion begründete – insbesondere mit Blick auf die für ihn ineffektive Parteienpluralität in der Weimarer Republik, aber auch unter Bezug zu den wirtschaftlichen Auswirkungen und geografischen Beschränkungen durch den Versailler Vertrag –, zum anderen sah er die zunehmende politische und wirtschaftliche Lage in Deutschland, d. h. das Massenelend und die Massenarbeitslosigkeit, als ausschlaggebend für seinen Parteibeitritt. In Hitler, den er glühend verehrte, hatte der junge Gemeindepfarrer Biberstein daher aufgrund dessen sozialer Provenienz eine Identifikationsfigur gesehen und im aufkommenden Nationalsozialismus eine Projektionsfläche für Veränderungssehnsüchte politischer und insbesondere sozialpolitischer Art gefunden, wie er während des Nürnberger Einsatzgruppenprozesses darlegte.

Vor dem US Military Tribunal II begründete Biberstein die Niederlegung seines Kirchenamtes mit Glaubens- und Gewissensgründen sowie mit kirchenpolitischen und politischen Anlässen. Jedoch lassen sich aus den Differenzen mit Vorgesetzten und Untergebenen, die zum einen die parteipolitischen Aktivitäten Bibersteins betrafen – etwa die von ihm durchgeführten Fahnenweihen –, zum anderen aus seiner religiöse Ausrichtung resultierten – d. h. der zunehmenden Nähe zu der neopaganen Strömung der Deutschen Glaubensbewegung (DG), die sich als dritte Konfession im Staat zu etablieren suchte –, keinesfalls Vorhersagen auf späteres genozidales Verhalten treffen, insofern, als Auseinandersetzungen am Arbeitsplatz als ubiquitär anzusehen sind. Zu Recht konstatiert Michael Wildt, dass sich im Sommer 1935 der „Genozid [...] keineswegs im Horizont dieser Täter"[1] be-

---

[1] MICHAEL WILDT, Generation, S. 847.

fand. Desgleichen kommt Bibersteins Beschäftigung im Reichsministerium für die kirchlichen Angelegenheiten im Hinblick auf die spätere Einbindung in den NS-Vernichtungsapparat keinerlei Bedeutung zu. Denn wie bereits zuvor als Propst der schleswig-holsteinischen Landeskirche, so waren seine Auseinandersetzungen als auf Lebenszeit beamteter Referatsleiter mit seinem Dienstvorgesetzten, dem Minister Hanns Kerrl, ausschließlich religionspolitischer Natur. Immerhin war das Reichsministerium für die kirchlichen Angelegenheiten einzig und allein gegründet und dessen Minister eigens von Hitler beauftragt worden, um den Bruderkampf zwischen Deutschen Christen (DC) und Bekennender Kirche (BK) aus der Welt zu schaffen. Doch statt durch seine kirchenpolitischen Maßnahmen den von Hitler erstrebten Ausgleich zu erwirken, begann Minister Kerrl hingegen die innerkirchlichen Zwistigkeiten durch eine einseitige Parteinahme für die DC zunehmend anzufachen. In Überschätzung seiner Rolle und in Verkennung seines kirchenpolitischen Auftrages sah er sich bereits als *summus episcopus* der DC, sodass er unter Kuratel des Sicherheitsdienstes des Reichsführer-SS (SD) geriet. Indessen lassen sich auch aus Bibersteins Anwerbung durch den SD zur Bespitzelung des Ministers Kerrl keineswegs Rückschlüsse auf späteres genozidales Verhalten ziehen.

Erst die Aufnahme in die SS am 13. September 1936 stellte für Biberstein *die* richtungsweisende täterbiografische Zäsur in seinem Lebensweg dar, in der Weise, dass die Einbindung in die *SS-Sippengemeinschaft* mit deren abwegigen Einforderungen und die massive Indoktrination durch die Pflichtlektüre der SS-Leithefte sowie durch die zahllosen Vortragsreihen völkischer und rassenideologischer Ausrichtung mit anschließend endlos geführten so bezeichneten „Aussprachen", insbesondere jedoch der pervertierte SS-Wertekodex nunmehr den bisherigen christlich-abendländisch geprägten normativen Wertehorizont allmählich entscheidend zu verändern begannen, wie unter anderem aus den überaus einschlägigen positiven Beurteilungen in Bibersteins Personalbögen seiner SS-Offiziersakte zu schließen ist. Jedoch selbst die Zugehörigkeit zu einer derart rigiden politisch-weltanschaulichen Parteiformation wie der SS erklärt nicht hinreichend das spätere genozidale Täterverhalten insofern, als für die *Ausführung* der staatlich angeordneten und in Täterkollektiven durchgeführten Massenmorde zunächst die Rechtsstaatlichkeit aufgehoben und in diesem Zuge rechtsfreie Sonderräume geschaffen werden mussten, wie zu Beginn des Kapitels III dargelegt wurde.

1 RECHTSFREIE SONDERRÄUME UND GENOZIDALES TÄTERVERHALTEN

Wie vollzog sich nun die Schaffung derartiger Sonderräume, in denen die späteren NS-Gewalttäter nicht nur ohne Furcht vor Strafverfolgung agieren konnten, sondern aufgrund der ergangenen normenaufhebenden Verordnungen und Befehle ihrer Vorgesetzten Himmler, Heydrich oder jene der Wehrmacht explizit zu strafbaren Handlungen aufgefordert wurden. Mit Blick auf die rechtswidrige Tätigkeit Bibersteins als Chef der Staatspolizeistelle Oppeln/Oberschlesien war ihm infolge der in Kapitel III beschriebenen Aufhebung der rechtsstaatlichen Normen ein großes Potential an Machtbefugnissen zuteil geworden, wie sie Polizeibeamten in einem demokratisch verfassten Rechtsstaat grundsätzlich nicht gestattet ist, das er nunmehr in Eigenverantwortung und unter Einhaltung der regelmäßigen Berichterstattungspflicht an das Reichssicherheitshauptamt (RSHA) einzusetzen berechtigt war. Gemäß nationalsozialistischer Doktrin gehörten zu seinem täglichen Aufgabenbereich die Überwachung und Bekämpfung aller von ihm so bezeichneten „Staatsfeinde" oder „Volksschädlinge", d. h. aller aus der *Volksgemeinschaft* Exkludierten. Jene Maßnahme betraf jedoch nicht nur Juden, sondern auch die „Unschädlichmachung" aller dem NS-Regime gegenüber kritisch eingestellten Personen.

Wie Biberstein vor dem US Military Tribunal II in Nürnberg ausführlich darlegte, zählte zu der von ihm erwähnten „vorbeugenden Korrektur" seit Januar 1938 auch die Anwendung der in euphemistischer Diktion bezeichneten „Schutzhaft", die er für Geistliche zwar nicht eigenmächtig anzuordnen befugt war, sondern die er beim Reichssicherheitshauptamt (RSHA) nach besonderen Vorschriften gemäß eines Schreibens Heydrichs vom 16. Mai 1940 zu beantragen hatte und die dann im nächstgelegenen Konzentrationslager zu vollziehen war.

Pseudojuristische Grundlage jener „Schutzhaft" war die so genannte Reichstagsbrandverordnung, d. h. die *Verordnung zum Schutz von Volk und Staat* vom 28. Februar 1933, durch welche die Artikel 114, 115, 117, 118, 123, 124 und 153 der Weimarer Reichsverfassung (WRV) bis auf Weiteres aufgehoben worden waren. Zu Recht bezeichnete daher der bereits erwähnte deutsch-amerikanische Jurist und Politikwissenschaftler Ernst Fraenkel die Reichstagsbrandverordnung als „Gründungsurkunde des Dritten Reiches".

So war vermeintliche Rechtsgrundlage für die Inhaftierung Geistlicher insbesondere die Aufhebung des Artikels 118 der Weimarer Reichsverfassung (Meinungsfreiheit), wobei in Fragen der „Schutzhaft" mit nachträglicher Einweisung in ein Konzentrationslager der Rechtsweg für die Inhaftierten aufgrund des dritten Gestapo-Gesetzes vom 10. Februar 1936 von vorneherein insofern ausgeschlossen war, als der Gestapo gemäß Gestapo-Gesetz vom 10. Februar 1936 die Befugnis zugestanden wurde, „Maßnahmen jeglicher Art zum Schutze der Allgemeinheit und des Staates zu ergreifen", wobei jedoch die „Verfügungen und Angelegenheiten der Geheimen Staatspolizei nicht der Nachprüfung durch die Verwaltungsgerichte unterlagen".

1 Rechtsfreie Sonderräume und genozidales Täterverhalten

Mit dem Erlass der drei Gestapogesetze hatte eine sich gravierend auswirkende Verschiebung der Gewaltenteilung insofern stattgefunden, als die Gestapo als exekutive Gewalt nunmehr in verfassungswidriger Weise zusätzlich mit Jurisdiktionsbefugnissen ausgestattet wurde, dergestalt, dass sie die Berechtigung erhielt, so bezeichnete „Staatsfeinde", d. h. missliebige Personen wie Regimegegner oder kritische Geistliche, ohne Haftprüfung durch einen Ermittlungsrichter allein aufgrund einer polizeilichen Anordnung zu inhaftieren, d. h. in ein KZ einzuweisen. Da die Verfügungen und Angelegenheiten der Geheimen Staatspolizei nicht der Nachprüfung durch die Verwaltungsgerichte unterlagen, blieben die inhaftierten Personen somit ohne Rechtsbeistand. Allein auf diese Weise wurden für die Gestapo unter Missachtung der weiterhin bis 1945 bestehenden Weimarer Reichsverfassung rechtsfreie Sonderräume geschaffen.

Jene von Biberstein so bezeichneten „polizeilichen Verfahren im Reich" waren insofern rechtswidrig, als die Zuständigkeit für Strafverfahren gemäß der Strafprozessordnung (StPO) damals wie heute ausschließlich bei den Strafkammern der zuständigen Landgerichte lag bzw. liegt. Hingegen blieb parallel zu den eigens für die Gestapo geschaffenen rechtsfreien Sonderräumen die Zuständigkeit der Amts- und Landgerichte für Zivil- und Strafverfahren gegenüber der in die *Volksgemeinschaft* Inkludierten weiterhin bestehen. Desgleichen bedeuteten die von Biberstein so bezeichneten „polizeilichen Verfahren" während seines Einsatzes in Russland, d. h. die ohne vorheriges Verfahren vor einem ordentlichen Gericht, sondern allein von den Kriminalbeamten der Abteilung IV (Gestapo) seines Einsatzkommandos verhängten „Urteile" und die anschließend durchgeführten Exekutionen einheimischer Zivilpersonen einen massiven Rechtsverstoß. Jene von Biberstein so bezeichneten „polizeilichen Verfahren" beruhten auf der bereits vor Beginn des „Unternehmens Barbarossa" erteilten Aufhebung der Militärgerichtsbarkeit, die ihrerseits gegen Artikel 106 der Weimarer Verfassung und zudem gegen geltendes Völkerrecht verstieß.

Des Weiteren war insbesondere mit Blick auf den von den Einsatzgruppen und deren Kommandos im Rahmen des wirtschaftspolitisch und rassenideologisch begründeten Vernichtungsfeldzuges gegen die Sowjetunion durchgeführten Genozid an Juden, Sinti und Roma sowie anderen devaluierten Volksgruppen der Frage nachzugehen, auf welchen Grundlagen die Schaffung rechtsfreier Sonderräume in jenem Bereich beruhte. Hier ist als deren Basis das *Gesetz zur Behebung der Not von Volk und Reich* vom 24. März 1933 (Ermächtigungsgesetz) hervorzuheben, mit dem nur wenige Wochen nach Hitlers Machtübernahme die verfassungsrechtliche Umstrukturierung des demokratischen Weimarer Staates hin zu einem „nationalsozialistischen völkischen Führerstaat" einsetzte. Durch jene Umstrukturierung wurde Hitler mit einer *außernormativen* Führergewalt ausgestattet, aus der sich gravierende normenstaatliche Veränderungen ergeben sollten, auf die sich weniger Biberstein hinsichtlich der Begründung und Legitimierung seiner Tötungs*bereitschaft* als Führer des Einsatzkommandos 6 vor dem US Military Tribunal II berief, sondern vielmehr seine Mitangeklagten in deren Funktion als vermeintliche „Exekutionselite".

Denn wurden bisher gemäß Artikel 68.2 der Weimarer Reichsverfassung (WRV) die Reichsgesetze ausschließlich vom *Reichstag* beschlossen, so konnten sie ab dem 24. März 1933 gemäß Artikel 1 des *Gesetzes zur Behebung der Not von Volk und Reich* außer in dem in der Reichsverfassung vorgesehenen Verfahren – also gemäß Art. 68.2 WRV – auch durch die Reichsregierung beschlossen werden. Das hatte die Aufhebung der Gewaltenteilung insofern zur Folge, als die Reichsregierung zusätzlich zu ihrer exekutiven nunmehr auch mit der legislativen Gewalt ausgestattet wurde. Da sich der NS-Staat als „nationalsozialistischer völkischer Führerstaat" verstand, ging die Legislative de facto vollständig an Hitler über. Verheerende Auswirkung hatte zudem Artikel 2 jenes Ermächtigungsgesetzes, der vorsah, dass die „von der Reichsregierung beschlossenen Reichsgesetze [...] von der Reichsverfassung abweichen" konnten. In dem Nürnberger Einsatzgruppenprozess beriefen sich die Angeklagten indirekt auf jenes Ermächtigungsgesetz, indem sie ihre Tötungsbereitschaft damit begründeten, dass jede Führeräußerung – gleich ob in mündlicher oder in schriftlicher Form – Gesetzeskraft besäße. Demzufolge sei es für sie unerheblich gewesen, ob oder dass die Führeräußerungen verfassungswidrig gewesen seien.

Jedoch weder eine extrem völkisch-nationale weltanschauliche Ausrichtung noch ein wie immer gearteter pervertierter SS-Kodex begründen als *ausschließliche* Triggerfaktoren hinreichend ein späteres genozidales Täterverhalten, ja nicht einmal jede Diktatur präjudiziert Genozide, sondern erst die verfassungsrechtliche Umstrukturierung des demokratischen Staates der Weimarer Republik in den ganz spezifischen sich selbst so bezeichnenden „nationalsozialistischen völkischen Führerstaat" bildete *die* entscheidende Basis, auf der die Entgrenzung der Gewalt überhaupt erst ermöglicht wurde, die dann sukzessive zur Vernichtung des europäischen Judentums führen sollte.

So wurde etwa mit der Aufhebung der Militärgerichtsbarkeit in den besetzten Ostgebieten durch den herausgegebenen *Erlaß über die Ausübung der Kriegsgerichtsbarkeit im Gebiet „Barbarossa" und über besondere Maßnahmen der Truppe* vom 13.5.19451 (Kriegsgerichtsbarkeitserlass) ganz gezielt ein rechtsfreier Raum geschaffen. Demzufolge töteten die nationalsozialistischen Führungseliten – so auch Biberstein und mit ihm die 3.000 Mann starken Einsatzgruppen unter Beteiligung der 19.000 starken Polizeiverbände sowie der Wehrmacht – die von ihnen imaginierten „feindlichen Zivilpersonen", weil für sie als Täter aufgrund des Kriegsgerichtsbarkeitserlasses keinerlei Verfolgungszwang bestand, d. h. weil die verfassungsrechtliche Struktur des „nationalsozialistischen völkischen Führerstaates" ihnen nicht nur explizit die Ermächtigung zum Töten gab, sondern ihnen die Ausführung des Massenmordes mit Bezug zu dem letzten Satz des Kriegsgerichtsbarkeitserlasses geradezu als moralische Verpflichtung auferlegte.

Inwieweit sich die Täter zum Zeitpunkt ihrer Massaker aufgrund der entsprechenden Erlasse und Weisungen tatsächlich in einem rechtsgeschützten Raum wähnten, und ob allen die in der Haager Landkriegsordnung erfolgten völkerrechtlichen Vereinbarungen im Einzelnen bekannt gewesen waren, lässt sich aus den Gerichtsakten des Nürnberger Einsatzgruppenprozesses nur schwer deduzieren, da sich die Angeklagten im Verteidigungsstatus befanden. Jedoch verwies das US Military Tribunal II in Nürnberg wiederholt und in unterschiedlichen Zusammenhängen auf die Haager Landkriegsordnung – so auch während Bibersteins Zeugeneinvernahme während des Gerichtsverfahrens. Dessen ungeachtet brachten Angeklagte wie Strafverteidiger das gesamte Entlastungsarsenal ein, um die Verfassungswidrigkeit der Hitler-Erlasse ebenso wie die völkerrechtswidrigen Weisungen von Seiten Himmlers und Heydrichs sowie der Wehrmacht zu widerlegen. Hier sei nochmals daran erinnert, dass jene Erlasse und Weisungen allesamt *Befehle in Weltanschauungssachen* (Buchheim) waren, denen gemäß § 47 des Militärstrafgesetzbuches nicht Folgen zu leisten gewesen wäre, die jedoch zur Tarnung bzw. Scheinlegitimierung jeweils als *Befehle in Dienstsachen* ausgegeben wurden. Biberstein als einem Teilnehmer des Ersten Weltkrieges und als Kämpfer an der Westfront vom März 1940 bis zum Waffenstillstand mit Frankreich am 20. Juni 1940 war jener § 47 des Militärstrafgesetzbuches hinreichend bekannt.

2 NS-Gewalttäter und mögliche Typisierungen

Neben dem Aspekt hinsichtlich der Verknüpfung von Vorprägungen als möglichen Triggerfaktoren und Vorhersagen zu späterem genozidalen Verhalten der im Nürnberger Einsatzgruppenprozess angeklagten NS-Gewalttäter ist des Weiteren der Frage nachzugehen, welchem Tätertypus Biberstein zuzurechnen ist. Zwar hatten alle während des Vernichtungsfeldzuges gegen die Sowjetunion operierenden Einsatzgruppenleiter und Kommandoführer den gleichen Arbeitsauftrag, dennoch lassen sich je nach deren weltanschaulicher Verfasstheit und Engagement während des Tatzeitraumes unterschiedliche Gewalttypen herauskristallisieren. So hatte der damalige Generalstaatsanwalt Fritz Bauer die NS-Täter im Hinblick auf deren Antriebskräfte drei Gruppen zugeordnet: (1) den *Gläubigen*, (2) den *Gehorsamen* und (3) den *Nutznießern*.

Den Gläubigen, d. h. den ausgesprochenen Fanatikern sind NS-Gewalttäter wie Ohlendorf, Dr. Sandberger oder Dr. Braune eindeutig zuzurechnen, jedoch kaum Biberstein, der erst in späteren Lebensabschnitten möglicherweise in der Kategorie der Blindgehorsamen, d. h. der immer und ewig Gehorchenden verortet werden könnte, aber auch in jener der Nutznießer und Karrieristen. Im Hinblick auf die Zuordnung zu einem bestimmten NS-Gewalttätertypus ist zunächst der Blick zu richten auf Bibersteins Tätigkeit als Chef der Gestapostelle Oppeln. Die Uk-Stellung vom Wehrdienst und die Versetzung vom Reichskirchenministerium in das Ministerium des Innern mit der dortigen Zuweisung in das Reichssicherheitshauptamt (RSHA) erfolgte quellenbelegt aufgrund einer Initiative Heydrichs mit der Maßgabe, dass Biberstein während des gesamten Krieges zu dessen ausschließlicher Verfügung zu stehen hatte. Dass Biberstein allerdings Heydrichs Verlockungen nachgab, d. h. dessen leeren Versprechungen, bei der Suche nach einer frei zu werdenden Landratsstelle behilflich sein zu wollen, ja sogar Biberstein die Stelle als Polizeipräsident von Berlin in Aussicht stellte, sofern jener seine Bereitschaft erklärte, für ein Jahr die Leitung der Stapostelle Oppeln zu übernehmen, ist zu jenem Zeitpunkt eindeutig Bibersteins Karrieredenken zuzuordnen. Dass er als Gestapochef die rechtswidrigen Anordnungen des Reichssicherheitshauptamtes (RSHA) ohne Skrupel ausführte, ist ebenfalls der Gier der von Heydrich in Aussicht gestellten höheren sozialen Position zuzuschreiben.

Schwieriger ist die Frage zu beantworten, welchem NS-Tätertypus Biberstein während seiner Tätigkeit als Führer des Einsatzkommandos 6 entsprochen haben könnte. Zunächst ist festzuhalten, dass der „Osteinsatz", d. h. die Übernahme eines Einsatzkommandos, laut Schnellbrief des RSHA vom 14. Juli 1942 aufgrund einer Uk-Stellung Bibersteins im Rahmen eines *Wehrmachts-Einberufungsbefehles* erfolgt war. Nach seiner Ankunft in Rostow am 18. September 1942 hatte Biberstein wenige Tage später die Leitung des Einsatzkommandos 6 übernommen und sich die beiden dort üblichen Exekutionsarten „informationshalber vorführen" lassen.

Jedoch erst mit Datum vom 9. November 1942 hatte er sowohl dem Reichssicherheitshauptamt (RSHA) als auch seinem Dienstvorgesetzten Dr. Max Thomas, dem Chef der Einsatzgruppe C, einen schriftlichen Versetzungsantrag eingereicht. Zehn Tage später begann in der bereits seit dem 23. August 1942 tobenden Schlacht um Stalingrad mittels der „Operation Uranus" der Einschluss der deutschen Wehrmacht durch die Rote Armee. Einerseits stellt sich hier die Frage nach einem möglichen Zusammenhang zwischen der Schlacht um Stalingrad und Bibersteins doch recht spät erfolgtem Ablöseantrag. Andererseits ist durch die SS-Offiziersakte eindeutig belegt, dass Biberstein in seinem Versetzungsantrag gleichzeitig um die *endgültige* Entlassung aus den Diensten des SD nachgesucht hatte. Dass sein Antrag erst acht Monate später bewilligt wurde, hat ausschließlich personalbedingte Gründe. Zwar war eine Rückversetzung in der Anfangsphase des als „Blitzkrieg" geplanten Vernichtungskrieges gegen die UdSSR insofern auf keinerlei Schwierigkeiten gestoßen, als das Führungspersonal, das sich im politisch-ideologischen Sinne als „nicht zuverlässig" erwies, problemlos ausgetauscht werden konnte. Erst als ein Ende des Russlandfeldzuges nicht absehbar war und die NS-Dienststellen insbesondere im Führungsbereich unter erheblichem Personalmangel litten, erwiesen sich Rückbeorderungen als kaum durchführbar und konnten – wie im Fall Biberstein – nur in einem Ringtausch vorgenommen werden. Bis zu dessen Durchführung wurde Biberstein durch seinen Vorgesetzten Dr. Max Thomas von der Aufsicht über die jeweils durchzuführenden Exekutionen freigestellt. Die diesbezügliche Aufsichtspflicht wurde von dem eigens zu diesem Zweck eingestellten SS-Sturmbannführer Joachim Nehring übernommen.[2] Nichtsdestoweniger behielt Biberstein als Chef des Einsatzkommandos die politische Verantwortung über alles, was sich innerhalb der einzelnen Teilkommandos abspielte.

Im Hinblick auf die bedenkenlose Hinnahme der verfassungswidrigen „polizeilichen Verfahren" und der daraus sich ergebenden Exekutionen berief sich Biberstein während des Nürnberger Gerichtsprozesses auf die Funktion der „Professionalität", d. h. auf die formalisierten Abläufe der Vernichtungspolitik, die quasi verwaltungsautomatisch abliefen, indem er betonte, dass sein Vorgänger Robert Mohr „Volljurist" gewesen sei und demzufolge „schon alles in die richtige Ordnung gebracht" habe. Des Weiteren betonte er ausdrücklich „das Pflichtbewusstsein und die Zuverlässigkeit" der ihm unterstehenden Kriminalbeamten im Hinblick auf deren „gewissenhafte und saubere Dokumentation" sowohl der durchgeführten „Vernehmungen" als auch der verhängten „Urteile". Aus binnenperspektivischer Sicht übernahm Biberstein demzufolge ein Exekutionskommando, das nicht nur äußerst effektiv und funktionsgerecht im Sinne der automatisierten Vernichtungsmaschinerie arbeitete, sondern nach seinem Verständnis darüber hinaus auch allen juristischen Ansprüchen genügte, insofern, als die „Gerichtsverfahren" aus verwaltungsjuristischer Sicht „sauber und sorgfältig" durchgeführt wurden und damit nach Bibersteins Ansicht legal waren, da deren Ausführung ja von einem „Volljuristen" vorgegeben worden war.

Welchem NS-Täterprofil könnte Biberstein gemäß den oben zitierten Aussagen vor dem US Military Tribunal II entsprechen? Einerseits lässt er sich dem von Fritz Bauer beschriebenen Tätertypus des Blindgehorsamen zurechnen. Möglich wäre aber auch die Verortung in der Tätergruppe der Opportunisten und Nutznießer, deren Mordtaten aus der ihnen zugesagten Zurückstellung von dem gefährlichen Dienst an der Front resultierten und denen Fritz Bauer demzufolge „äußere Anpassung, Konformismus, Egoismus und Feigheit" attestierte. Beide Merkmale reichen jedoch nicht aus, um Bibersteins Weg vom einfachen Gemeindepfarrer hin zu einem Massenmörder hinreichend zu erklären. Denn als Individuum innerhalb der strukturellen Rahmenbedingungen des Reichssicherheitshauptamtes (RSHA) ist Biberstein insofern nur schwer zu fassen, als er die typologischen Tätermerk-

---

[2] BArch (ehem. BDC), SSO, Nehring, Joachim, 20.01.1910.

male, etwa die des systemüberzeugten NS-Karrieristen, wie sie etwa bei Ohlendorf, Dr. Sandberger oder Dr. Braune vorliegen, nicht erfüllt.

Auch in anderer Hinsicht lässt sich Biberstein kaum mit den Mitangeklagten des Falles 9 vergleichen. So wurde er erst nach zehnjährigem Dienst als Geistlicher der Schleswig-Holsteinischen Landeskirche und weiterer sechsjähriger Tätigkeit als Beamter im Reichsministerium für die kirchlichen Angelegenheiten lediglich aufgrund einer explizit von Heydrich betriebenen zwangsweisen *Versetzung* dem Reichssicherheitshauptamt zugewiesen. Seine im Nürnberger Einsatzgruppenprozess Mitangeklagten hingegen hatten sich zum Teil bereits in sehr jungen Jahren unmittelbar nach dem Universitätsabschluss erfolgreich um eine höhere oder sehr hohe Position in den verschiedenen Ämtern des Sicherheitsdienstes der SS (SD) beworben und konnten in der Ämterhierarchie jeweils einen beachtlichen Aufstieg nachweisen. Insofern ist Biberstein zwar als Gesinnungstäter zu bezeichnen, jedoch hinsichtlich des beruflichen Werdegangs im Vergleich zu seinen im Nürnberger Einsatzgruppenprozess Mitangeklagten als *atypischer* NS-Gewalttäter zu betrachten.

Dessen ungeachtet intendierte Biberstein vor sich selbst als auch vor dem US Military Tribunal II, das Idealbild eines korrekten und integren, jederzeit moralisch und gemäß der „damals gültigen Gesetzgebung" (sic!) handelnden SS-Offiziers aufrecht zu halten, wobei die Rechts- und Verfassungswidrigkeit der NS-Gesetzgebung aus seinem Bewusstsein ebenso wie aus dem seiner mitangeklagten NS-Gewalttäter offensichtlich stets ausgeblendet zu sein schien. Es war ein Charakteristikum des Nürnberger Einsatzgruppenprozesses, dass der überwiegende Teil der Angeklagten nach dem oben aufgezeigten Muster die von ihnen begangenen Massenverbrechen zu rechtfertigen, ja zu legitimieren suchte unter ausdrücklichem Verweis auf die von dem maßgeblichen NS-Juristen Dr. Werner Best so bezeichnete „neue Rechtsordnung".

Während jedoch in einer Demokratie „Rechtsstaatlichkeit bedeutet, daß die Ausübung staatlicher Macht auf der Grundlage der Verfassung und von formell und materiell verfassungsmäßig erlassenen Gesetzen mit dem Ziel der Gewährleistung von Menschenwürde, Freiheit, Gerechtigkeit und Rechtssicherheit zulässig ist",[3] genossen hingegen im „nationalsozialistischen völkischen Führerstaat" die Belange des so bezeichneten „Volksorganismus" absolutes Vorrecht, wobei – wie Dr. Best ausführte und wie in Kapitel III detailliert dargelegt wurde – jener „Volksorganismus" keineswegs als die Summe der einzelnen *Individuen* verstanden wurde, sondern als eine „überpersönliche und überzeitliche Gesamtwesenheit von einheitlicher und eigentümlicher [d. h. arteigener] Bluts- und Seelenprägung,

---

[3] KLAUS STERN: Das Staatsrecht der Bundesrepublik Deutschland, Bd. I: Grundbegriffe und Grundlagen des Staatsrechts, Strukturprinzipien der Verfassung, 2., völlig neubearb. Aufl., München 1984, § 20 III. Klaus Stern gilt als der renommierteste Rechtswissenschaftler in Deutschland.

die in einem *Führer* ein völkisches *Gesamt*bewußtsein und einen völkischen *Gesamt*willen entwickelte." Ein Diener jenes „überpersönlichen und überzeitlichen" Volkorganismus zu sein, hatte für die im Nürnberger Einsatzgruppenprozess angeklagte SS-Führungselite im Hinblick auf deren Entgrenzung der Gewalt eine wesentliche Handlungsgrundlage dargestellt.

3 NULLA POENA SINE LEGE?

Bemerkenswert ist, dass die im Nürnberger Einsatzgruppenprozess angeklagten NS-Gewalttäter vehement einforderten, nach dem „zur Tatzeit geltenden Recht" beurteilt zu werden, in der Hoffnung, auf diese Weise der Strafverfolgung zu entgehen. In jener Argumentation bezogen sie sich jedoch nicht auf das damals wie heute gültige Strafgesetzbuch, sondern auf die so bezeichnete „neue Rechtsordnung".

So begann Bibersteins Strafverteidiger Dr. Friedrich Bergold sein Plädoyer mit der Frage: „Kann Unrecht sein, was als Recht begann?" und zielte damit auf den formaljuristischen Einwand seiner Berufskollegen, die Aburteilung der im Nürnberger Einsatzgruppenprozess Angeklagten nach dem Kontrollratsgesetz Nr. 10 verstoße gegen den fundamentalen Rechtsgrundsatz des *nulla poena sine lege*, also gegen das Rückwirkungsverbot, das besagt, dass ein Täter nicht nach einem Gesetz bestraft werden dürfe, dass zur Tatzeit noch keine Rechtsgültigkeit besessen bzw. noch gar nicht existiert habe. Dem ist zum einen entgegenzuhalten, dass laut Anklageschrift gemäß Kontrollratsgesetz Nr. 10 vom 20. Dezember 1945 unter anderem auf *Kriegsverbrechen* und *Verbrechen gegen die Menschlichkeit* erkannt worden war. Alle dort aufgeführten Straftatbestände wären „unter rechtsstaatlichen Verhältnissen auch von deutschen Gerichten nach dem zur Tatzeit geltenden deutschen Strafrecht als Mord, Totschlag, Freiheitsberaubung, Nötigung, Körperverletzung, Raub, Erpressung und Diebstahl zu ahnden gewesen"[4], d. h. nach dem Strafgesetzbuch (StGB) für das Deutsche Reich von 1871, das seine Gültigkeit während der NS-Zeit durchaus nicht verloren hatte und das – mit geringfügigen Abänderungen – auch weiterhin das geltende Strafrecht darstellt.[5]

Insbesondere die in dieser Studie in Kapitel V dargestellte Kriegsverbrecherlobby hatte wie zuvor dem International Military Tribunal (IMT) so auch den US-amerikanischen Militärgerichtshöfen jegliche Rechtszuständigkeit abgesprochen durch die Argumentation, die dort angewandte und sich auf das Kontrollratsge-

---

[4] ADALBERT RÜCKERL, NS-Verbrechen, S. 91-95, insbesondere S. 94.
[5] Strafgesetzbuch für das Deutsche Reich vom 15. Mai 1871. Historisch-synoptische Edition, 1871–2017. Herausgegeben von Rechtsanwalt Dr. Thomas Fuchs Fachanwalt für Bau- und Architektenrecht, www.lexetius.com.

setz Nr. 10 stützende Rechtsprechung sei eine reine Siegerjustiz. Zwar fußte jenes Kontrollratsgesetz auf dem am 8. August 1945 zwischen den vier Alliierten kodifizierten Londoner Statut (Nürnberger Charta), das die zu ahndenden Straftatbestände benannt und Rechtsgrundlagen sowie die angloamerikanische Prozessordnung für den Internationalen Militärgerichtshof (IMT) festgelegt hatte unter Bezug zu der *Declaration on German Atrocities in Occupied Europe* vom 30. Oktober 1943. Da weitere 17 Nationen ihren Beitritt zu dem Londoner Abkommen erklärt hatten, kann kaum von einer Justiz der Sieger gesprochen werden. Seine rechtliche Zuständigkeit hingegen bezog das Kontrollratsgesetz Nr. 10 aus dem Völkerrecht, das gegenüber nationalem Recht Vorrang besitzt.

Da jedoch die im Kontrollratsgesetz Nr. 10 genannte Kategorie *Verbrechen gegen die Menschlichkeit* bisher keine kodifizierte Strafnorm des Völkerrechts gewesen war, widmete sich das US Military Tribunal II auf vier Seiten jener Verbrechenskategorie, indem es unter anderem mit eindringlichen Worten konstatierte:

> „Wer aufgrund dieser Bestimmungen [des Londoner Statuts] unter Anklage gestellt wird, verantwortet sich jedoch nicht nur gegenüber den Nationen, die den in den Londoner und Moskauer Abkommen zum Ausdruck gebrachten Grundsätzen zugestimmt haben, er verantwortet sich gegenüber der Menschheit selbst, der Menschheit, die keine politischen Grenzen und geographischen Beschränkungen kennt.
>
> Die Menschheit ist der Mensch selbst. Menschheit ist die Rasse, die andauern wird, trotz aller Führer und Diktatoren, die engstirnige und kleine Seelen auf flitternde Piedestale, die auf einem Untergrund von Stroh schwanken, erheben.
>
> Verbrechen gegen die Menschlichkeit sind Handlungen, die im Laufe von großangelegten und systematischen Vergehen gegen Leben und Freiheit begangen werden."[6]

In diesem Zusammenhang zitierte der Vorsitzende Richter Michael A. Musmanno im Verlauf der weitern Urteilsbegründung den Vertreter des Vatikans, welcher auf der am 11. Juli 1947 stattgefundenen *Konferenz zur Vereinheitlichung des Strafrechts* den Straftatbestand des Verbrechens gegen die Menschlichkeit wie folgt definiert hatte:

> „Die wesentlichen und unveräußerlichen Rechte der Menschen können nicht nach Ort und Zeit verschieden sein. Sie können nicht durch das soziale Gewissen eines Volkes oder einer bestimmten Epoche ausgelegt und begrenzt werden, denn sie sind dem Wesen nach unwandelbar und ewig.
>
> Jedes Leid ... zugefügt mit der Absicht der Ausrottung, Verstümmelung oder Versklavung, gegen das Leben und die Meinungsfreiheit ... den moralischen oder physischen Bestand der Familie ... oder die Würde des menschlichen Wesens, auf Grund seiner Meinung, seiner Rasse, Kaste, Familie oder Beruf ist ein Verbrechen gegen die Menschlichkeit." [Auslassungszeichen im Original).[7]

---

[6] KAZIMIERZ LESZCZYŃSKI (Hrsg.), Fall 9, S. 131.
[7] Zitat ebd., S. 131f.

In der Urteilsbegründung trat der Vorsitzende Richter Michael A. Musmanno insofern der von Angeklagten wie Strafverteidigern vorgebrachten Argumentation des *nulla poena sine lege* entgegen, indem er hervorhob, dass das US Military Tribunal II zwar seine Existenz von dem Kontrollratsgesetz Nr. 10 herleite, hingegen „seine sachliche Zuständigkeit auf das schon lange vor dem Zweiten Weltkrieg gültige Völkerrecht"[8] begründe und demzufolge nationales Recht den Tätern keinen Schutz vor Strafverfolgung aufgrund des Völkerrechts gewähre.

4 Die Nürnberger Prinzipien – Wegweiser für ein neues Völkerrecht

Während die bundesrepublikanische Kriegsverbrecherlobby noch bis weit in die 1950er-Jahre den US-Militärgerichtshöfen die Rechtszuständigkeit absprach und ihre zahllosen Eingaben an General Lucius D. Clay und – nach Gründung der Bundesrepublik Deutschland – an den High Commissioner John Jay McCloy mit dem Siegerjustiz-Einwand versah,[9] hatte die Generalversammlung der Vereinten Nationen bereits am 11. Dezember 1946, also nur wenige Wochen nach dem Urteilsspruch des International Military Tribunal (IMT) gegen die Hauptkriegsverbrecher, die Völkerrechtsprinzipien des Londoner Status (Nürnberger Charta) einstimmig bestätigt und die neu gegründete Völkerrechtskommission mit der Ausarbeitung eines Entwurfes für ein Völkerstrafgesetzbuch beauftragt. Des Weiteren sollte jene Kommission Vorschläge für einen internationalen Strafgerichtshof ausarbeiten.

Am 29. Juli 1950 formulierte die Völkerrechtskommission in sieben Rechtssätzen die *Principles of International Law recognized in the Charter of the Nuernberg Tribunal and in the Judgment of the Tribunal*. Seither gelten die so bezeichneten sieben „Nürnberger Prinzipen" als völkerrechtlich verbindlich.

„1. Jede Person, welche ein völkerrechtliches Verbrechen begeht, ist hierfür strafrechtlich verantwortlich.

2. Auch wenn das nationale Recht für ein völkerrechtliches Verbrechen keine Strafe androht, ist der Täter nach dem Völkerrecht strafbar.

3. Auch Staatsoberhäupter und Regierungsmitglieder sind für von ihnen begangene völkerrechtliche Verbrechen nach dem Völkerrecht verantwortlich.

4. Handeln auf höhren Befehl befreit nicht von völkerrechtlicher Verantwortlichkeit, sofern der Täter auch anders hätte handeln können.

5. Jeder, der wegen eines völkerrechtlichen Verbrechens angeklagt ist, hat Anspruch auf ein ordnungsgemäßes Verfahren.

---

[8] Ebd., S. 78.
[9] Vgl. Kapitel V.

6. Folgende Verbrechen sind als völkerrechtliche Verbrechen strafbar: a) Verbrechen gegen den Frieden, b) Kriegsverbrechen, c) Verbrechen gegen die Menschlichkeit.

7. Die Mittäterschaft zur Begehung der genannten Verbrechen stellt ebenfalls ein völkerrechtliches Verbrechen dar."[10]

Der von Angeklagten und Verteidigern der Nürnberger Prozesse ebenso wie von der Kriegsverbrecherlobby reklamierte Rechtsgrundsatz *nulla poena sine lege* wurde von Satz 2 der Nürnberger Prinzipien eingegrenzt. In der am 4. November 1950 formulierten Konvention Nr. 005 des Europarates, der *Konvention zum Schutz der Menschenrechte und Grundfreiheiten* (Europäische Menschenrechtskonvention) wird in Artikel 7, Satz 1, der Grundsatz *nulla poena sine lege* zwar anerkannt, jedoch in Satz 2 durch Verweis auf das Völkerrecht eingeschränkt.

„(2) Dieser Artikel schließt nicht aus, daß jemand wegen einer Handlung oder Unterlassung verurteilt oder bestraft wird, die zur Zeit ihrer Begehung nach den von den zivilisierten Völkern anerkannten allgemeinen Rechtsgrundsätzen strafbar war."[11]

5 Strafrechtliche Normsetzung durch den Internationalen Strafgerichtshof in Den Haag

Rechtsgeschichtliche Bedeutung erlangte die strafrechtliche Normsetzung durch den Internationalen Strafgerichtshof in Den Haag (IStGH), dessen Rechtsgrundlage das multilaterale *Römische Statut des Internationalen Strafgerichtshofs* (Rom-Statut) vom 17. Juli 1998 ist. Jedoch erst am 1. Juli 2002 konnte der Internationale Strafgerichtshof seine eigentliche Tätigkeit aufnehmen. Gemäß Artikel 6, 7 und 8 des Rom-Statuts werden vor dem IStGH Völkermord, Verbrechen gegen die Menschlichkeit, Kriegsverbrechen und Verbrechen der Aggression verhandelt. Am 14. Juli 2008 wurde erstmalig gegen ein amtierendes Staatsoberhaupt ermittelt, dadurch, dass der damalige Chefankläger des Internationalen Strafgerichtshof,

---

[10] Die Nürnberger Prinzipien – Wegweiser für ein neues Völkerstrafrecht, in: Nürnberger Menschenrechtszentrum (Hrsg.): Von Nürnberg nach den Haag. Der lange Weg zum Internationalen Strafgerichtshof. Ein Projekt des Nürnberger Menschenrechtszentrums – From Nuremberg to The Hague: the long road to the International Criminal Court, Nürnberg 2011. HARTMUT FROMMER: Von Nürnberg geht eine neue Epoche der Weltgeschichte aus … Rechtsgeschichtlicher Beitrag zum völkerrechtlichen Hintergrund des Nürnberger Kriegsverbrecherprozesses, in: Nürnberg heute, Sonderheft 1995, S. 66-70. Dr. Harmut Frommer war ab 1970 als Jurist bei der Stadt Nürnberg tätig. 1990 wurde er Leiter des Rechtsamtes, 1991 bis 1997 war er als Rechtsreferent Leiter des Rechtsreferates und von 1997 bis 2008 als Stadtrechtsdirektor Leiter des Direktoriums Recht und Sicherheit.

[11] Charta der Grundrechte der Europäischen Union, 2010 C 83/ 38, in: Amtsblatt der Europäischen Union vom 30.3.2010.

5 Strafrechtliche Normsetzung durch den Internationalen Strafgerichtshof 841

Prof. Dr. iur. *Luis Moreno Ocampo*, einen Antrag auf Haftbefehl gegen den sudanesischen Staatschef *Umar Hasan Ahmad al-Baschir* wegen dessen Verbrechen im Darfur-Konflikt beantragt hatte. Bedauerlicherweise musste im Dezember 2014 das Ermittlungsverfahren gegen al-Baschir von *Fatou Bensouda*, der Nachfolgerin des Moreno Ocampo, mangels Aussicht auf Erfolg eingestellt werden.

Hingegen wurde der kongolesische Milizenführer *Thomas Lubanga* wegen Kriegsverbrechen und zwangsweiser Rekrutierung und Einsatz von Kindersoldaten unter 15 Jahren am 14. März 2012 von dem Internationalen Strafgerichtshof schuldig gesprochen und zu 14 Jahren Haft verurteilt. Der Anklagevertretung im Fall Lubanga gehörten neben Luis Moreno Ocampo und Fatou Bensouda auch der ehemalige Chefankläger des Nürnberger Einsatzgruppenprozesses, der damals 92-jährige *Benjamin B. Ferencz* an, der ein beeindruckendes Plädoyer hielt.

Auch die Bundesrepublik Deutschland war hinsichtlich völkerrechtlicher Normsetzung tätig geworden. Am 13. März 2002 hatte der Bundestag den *Entwurf eines Gesetzes zur Einführung des Völkerstrafgesetzbuches* eingebracht, in welchem Problem, Ziel und Lösung wie folgt beschrieben wurden:

„Das materielle Strafrecht der Bundesrepublik Deutschland soll an das Römische Statut des Internationalen Strafgerichtshofs vom 17. Juli 1998 und an weiteres allgemein anerkanntes Völkerrecht angepasst werden. Zu diesem Zweck wird das weitgehend eigenständige Regelungswerk eines Völkerstrafgesetzbuches geschaffen, das die Entwicklung des humanitären Völkerrechts und des Völkerstrafrechts widerspiegelt, indem es Verbrechen gegen das Völkerrecht unter Strafe stellt [...].

Der Entwurf eines Völkerstrafgesetzbuches enthält einen Teil mit allgemeinen Bestimmungen und einen Teil mit besonderen Tatbeständen zu Völkermord, Verbrechen gegen die Menschlichkeit und Kriegsverbrechen."[12]

Das *Gesetz zur Einführung des Völkerstrafgesetzbuches* (VStGB) vom 26. Juni 2002 wurde am 29. Juni 2002 im Bundesgesetzblatt veröffentlicht und trat einen Tag später in Kraft. In den Abschnitten I/II werden folgende Straftatbestände genau definiert: Völkermord (§ 6), Verbrechen gegen die Menschlichkeit (§ 7), Kriegsverbrechen (§ 8).[13]

---

[12] Bundestag. 14. Wahlperiode Drucksache 14/8524, 13. 03. 2002. Entwurf eines Gesetzes zur Einführung des Völkerstrafgesetzbuches. Auf den Seiten 5-38 der Drucksache wird der genaue Text des zu beschließenden Gesetzes aufgeführt und eine entsprechende Begründung zu dessen Einführung gegeben.

[13] *Gesetz zur Einführung des Völkerstrafgesetzbuches vom 26. Juni 2002*, in: Bundesgesetzblatt (BGBl.) I (2002), Nr. 42 vom 29. Juni 2002, S. 2254-2260.

6 Strafrechtliche Normsetzung durch bundesdeutsche Gerichte

Zwar war durch die Nürnberger Prozesse die ungeheure Dimension der NS-Gewaltverbrechen umfassend dokumentiert worden. So hatten allein die US-amerikanischen Militärgerichtshöfe 1.941 Prozesse in Sachen NS-Verbrechen angestrengt, in denen 1.517 Kriegsverbrecher und NS-Gewalttäter verurteilt wurden, „davon 324 zum Tode, 247 zu lebenslanger und 946 zu zeitiger Freiheitsstrafe."[14] Dennoch trat in der Bundesrepublik Deutschland ein beginnender Mentalitätswandel in Richtung einer Anerkenntnis der moralischen Mitschuld an den nationalsozialistischen Verbrechen erst sehr spät ein, nämlich erst mit der strafrechtlichen Normsetzung durch bundesdeutsche Gerichte, beginnend am 28. April 1958 mit dem *Ulmer Einsatzgruppen-Prozess* vor dem Schwurgericht Ulm, der als erster Prozess gegen NS-Gewalttäter vor einem bundesdeutschen Gericht in der Vergangenheitspolitik der jungen Bundesrepublik Deutschland hinsichtlich der justitiellen wie politisch-moralischen Aufarbeitung der NS-Vergangenheit die entscheidende Zäsur darstellte.

Die Anklage der Ulmer Staatsanwaltschaft richtete sich gegen den SS-Oberführer Bernhard Fischer-Schweder sowie gegen neun weitere Angehörige des Einsatzkommandos Tilsit, das sich aus SS-Angehörigen der Staatspolizeistelle Tilsit und der Ordnungspolizei Memel zusammengesetzt hatte. In seinem Oktober-Bericht 1941 an das Reichssicherheitshauptamt hatte der Leiter der Einsatzgruppe A Dr. Walter Stahlecker für den deutsch-litauischen Grenzstreifen – in dem die von dem Schwurgericht Ulm angeklagten NS-Gewalttäter zu jenem Zeitpunkt operiert hatten – die Gesamtzahl der ermordeten jüdischen Kinder, Frauen und Männer seit Beginn des Vernichtungsfeldzuges gegen die Sowjetunion mit 5.502 beziffert.[15]

Jedoch anders als in den Prozessen vor den alliierten Militärgerichten während der Besatzungszeit wurden die von bundesdeutschen Gerichten verurteilten NS-Gewalttäter trotz der von ihnen gemeinschaftlich begangenen und nachgewiesenen Morde nicht als Täter, sondern lediglich als „Gehilfen" eingestuft. So verurteilte das Ulmer Schwurgericht den Polizeichef von Memel Bernhard Fischer-Schweder und mit ihm die neun Angeklagten wegen „Beihilfe zum gemeinschaftlichen Mord" in 315 bis 3907 Fällen lediglich zu Haftstrafen zwischen 3 und 15 Jahren.

In seinem Schlussvortrag in dem von 2009 bis 2011 stattfindenden Strafverfahren gegen John Demjanjuk vor dem Landgericht München II gab der Ordinarius für Strafrecht, Strafprozessrecht und Strafrechtsvergleichung der Juristischen

---

[14] ADALBERT RÜCKERL, NS-Verbrechen, S. 98.
[15] INTERNATIONALER MILITÄRGERICHTSHOF NÜRNBERG: Der Prozeß gegen die Hauptkriegsverbrecher vor dem Internationalen Militärgerichtshof, 14. November 1945 bis 1. Oktober 1946, Nürnberg 1947, Bd. 37, S. 703, Dokument L-180.

Fakultät der Universität zu Köln, Prof. Dr. Cornelius Nestler, eine Erklärung für die bis 2011 übliche Rechtsprechungspraxis bundesdeutscher Gerichte, welche die NS-Gewalttäter unter Negierung völkerrechtlicher Strafnormen lediglich wegen „Beihilfe zum Mord" zu relativ geringen Haftstrafen verurteilt hatte.

„Die Bundesrepublik Deutschland hat sich dann früh dagegen entschieden, die völkerrechtliche Norm des Verbrechens gegen die Menschlichkeit auf die Verfolgung der Nazi-Verbrechen anzuwenden.

Die Erklärung für diese politische Entscheidung liegt irgendwo in der Mitte zwischen dem formalen Argument, die Anwendung der völkerrechtlichen Norm wäre ein Verstoß gegen das Rückwirkungsverbot [nulla poena sine lege] – ein Argument, dass in den Nürnberger Prozessen offenkundig und vielfach begründet zurückgewiesen wurde –, und dem Schlagwort von der ‚Siegerjustiz' in Nürnberg. Dieses Schlagwort ist durch den falschen Begriff des Kriegsverbrecherprozesses noch genährt worden [...].

Dieses Herunterdefinieren der Massenvernichtung zur Beihilfe ist einerseits der Weg, der für die Täter aus der zwingend vorgesehenen lebenslangen Freiheitsstrafe herausführt. Dieser Weg führt umgekehrt aber zur Konzentration der Ermittlungen auf die sog. Exzesstaten, also Taten, die nicht nur aus der Mitwirkung am Massenmord bestehen.

Denn wer zusätzlich Exzesstaten begangen hat, der kommt dann doch als Täter mit der Konsequenz der lebenslangen Freiheitsstrafe in Betracht, und damit führt der Schwerpunkt des strafrechtlichen Vorwurfs der Ermittlungen weg von der Massenvernichtung (die ja überwiegend nur als Beihilfe bewertet wird) und hin zu einer Konzentration auf die Ermittlung unmittelbarer Tötungshandlungen."[16]

Trotz der geringen Haftstrafen für die verurteilten NS-Gewalttäter war der Ulmer Einsatzgruppenprozess in anderer Hinsicht richtungsweisend, denn nur wenige Wochen nach Abschluss des Verfahrens beschlossen die Justizminister der Länder der Bundesrepublik Deutschland die Einrichtung der *Zentralen Stelle der Landesjustizverwaltungen zur Aufklärung der nationalsozialistischen Verbrechen*, die bereits im ersten Jahr ihrer Tätigkeit 400 Ermittlungsverfahren gegen Kriegsverbrecher und NS-Gewalttäter einleitete.[17]

Weltweites Aufsehen erregte sodann der Eichmann-Prozess in Jerusalem im Jahre 1961, der von einem großen medialen Interesse begleitet wurde und der in der westdeutschen Öffentlichkeit maßgeblich zur Bewusstwerdung der ungeheuren Dimension des nationalsozialsozialistischen Ausrottungsprogramms beitrug. Besondere Würdigung kommt dem mehrfach erwähnten Dr. iur. Fritz Bauer zu, dessen Hinweis nicht nur zu Eichmanns Entführung in Argentinien durch den israelischen Auslandsgeheimdienst *Mossad* geführt hatte, sondern der in seiner Funktion als Generalstaatsanwalt in Hessen die Frankfurter Auschwitz-Prozes-

---

[16] CORNELIUS NESTLER: Schlussvortrag mit historischer und rechtlicher Analyse im Prozess gegen John Demjanjuk vor dem Landgericht München II, S. 1-30, hier S. 13, 15f in: https://www.sobibor.org/wp-content/uploads/2016/05/Pl%C%A4doyer-Prof.-Nestlerregzwei{Nestler,Cornelius}.pdf; 8.8.2018.
[17] ADALBERT RÜCKERL, NS-Verbrechen, S. 147.

se in Gang setzte, nachdem der Bundesgerichtshof auf Veranlassung Fritz Bauers und des Generalsekretärs des Internationalen Auschwitz-Komiteés, Hermann Langbein, die „Untersuchung und Entscheidung" in der Strafsache gegen 22 Angehörige und Führer des SS-Wachmannschaftspersonals des Konzentrations- und Vernichtungslagers Auschwitz dem Landgericht Frankfurt/M. übertragen hatte. In dem ersten von 1963 bis 1965 dauernden Auschwitzprozess (Strafsache gegen Mulka und andere, Az. 4 Ks 2/63) ergingen folgende Urteile: gegen sechs der NS-Gewalttäter verhängte das Gericht jeweils eine lebenslange Zuchthausstrafe, gegen weitere Täter zehn Freiheitsstrafen zwischen dreieinhalb und vierzehn Jahren. Der Angeklagte Hans Stark erhielt eine zehnjährige Jugendstrafe. Bei drei der Angeklagten war die Beweislage zu dünn, sodass Freispruch erging.

Während der erste Frankfurter Auschwitz-Prozess noch große mediale Aufmerksamkeit genoss, erfuhren hingegen die vier weiteren Frankfurter Auschwitz-Prozesse 1965/66 und 1967/68 sowie 1973/1977 und 1977/1981 seitens der bundesrepublikanischen Bevölkerung weit weniger Beachtung, desgleichen der (dritte) Majdanek-Prozess vor dem Landgericht Düsseldorf (1975/1981). Von den dort angeklagten NS-Gewalttätern erging die einzige lebenslängliche Haftstrafe gegen die außergewöhnlich brutale und sadistische KZ-Aufseherin Hermine Braunsteiner-Ryan wegen „gemeinschaftlichen Mordes in 1.181 Fällen und Beihilfe zum Mord in 705 Fällen". Gegen die KZ-Aufseherin Hildegard Lächle verhängte das Landgericht Düsseldorf lediglich eine zehnjährige Haftstrafe. Sechs männliche SS-Schutzhaftlagerführer erhielten zeitliche Strafen zwischen dreieinhalb und zehn Jahren, der SS-Hauptscharführer Heinrich Groffmann wurde freigesprochen.

Wie bereits erwähnt, waren bis zum Jahre 2011 entgegen den Nürnberger Prinzipien alle von bundesdeutschen Gerichten verurteilten NS-Gewalttäter als „Gehilfen" eingestuft worden, sofern ihnen nicht eine konkrete Mordtat nachgewiesen werden konnte. So war Bibersteins Vorgänger, der SS-Sturmbannführer Robert Mohr, wegen der von ihm veranlassten und durch die *Ereignismeldungen UdSSR 1941/42* eindeutig nachgewiesenen „Erschiessung und Vergasung mittels ‚Gaswagen' von tausenden jüdischen Männern, Frauen und Kindern; Erschiessung kommunistischer Funktionäre, anderer Zivilisten sowie von 800 Insassen der Irrenanstalt Igrin bei Dnjepropetrovsk" vom Landgericht Wuppertal am 30. Dezember 1965 zu lediglich acht Jahren Haft verurteilt worden. Nach verschiedenen Revisionsanträgen, u. a. beim Bundesgerichtshof, bestätigte das Landgericht Wuppertal am 13. Dezember 1967 das erstinstanzliche Urteil.[18] Noch milder urteilte das Landgericht Tübingen im Fall des Dr. iur. Erhard Kroeger, Bibersteins Vorvorgänger,

---

[18] Urteil des Landgerichts Wuppertal vom 30.12.1965 gegen Robert Mohr, in: CHRISTIAAN F. RÜTER/ DICK W. DE MILDT (Hrsg.): Justiz und NS-Verbrechen. Sammlung (west-)deutscher Strafurteile wegen nationalsozialistischer Tötungsverbrechen, 1945–2012. 49 Bde., Amsterdam/ München 1968–2012, hier Bd. XXII (1981), S. 501-540.

6 Strafrechtliche Normsetzung durch bundesdeutsche Gerichte 845

der vom 22. Juni bis zum Oktober 1941 das Einsatzkommando 6 geleitet und in diesem Zeitraum ebenfalls Massenerschießungen von Juden angeordnet hatte. Das Landgericht Tübingen verurteilte den promovierten Juristen Kroeger am 31. Juli 1969 wegen „Massentötung von Juden in der Westukraine" zu drei Jahren und vier Monaten Haft.[19]

Die juristische Verfahrensweise, NS-Gewalttäter lediglich als „Gehilfen" einzustufen sofern ihnen nicht eine konkrete Mordtat nachgewiesen werden konnte, änderte sich mit dem Fall des Trawniki[20] *John Demjanjuk*, gegen den die Staatsanwaltschaft München II am 11. Juli 2009 Anklage wegen Beihilfe zum Mord in mindestens 28.060 Fällen erhoben hatte, obgleich Demjanjuk keine einzige Mordtat nachgewiesen werden konnte. Als Soldat der Roten Armee war der Ukrainer Demjanjuk nach seiner Gefangennahme durch die deutsche Wehrmacht von der SS als so bezeichneter „Hilfswilliger" rekrutiert worden. Nach seiner Ausbildung in dem *Ausbildungslager Trawniki der SS* von Ende März bis September 1943 wurde er als Wachmann im Vernichtungslager Sobibór eingesetzt.

Am 2. Januar 2010 befragte das Landgericht München II den ehemaligen Chefermittler der *Zentralen Stelle der Landesjustizverwaltungen zur Aufklärung nationalsozialistischer Verbrechen*, Thomas Walther. In ihrer Ausgabe vom 3. Februar 2010 berichtete DIE WELT über jene Befragung wie folgt:

> „Der Ermittler im Fall Demjanjuk hält eine Beteiligung an Massenmorden in NS-Vernichtungslagern auch ohne Beweise für einzelne Taten für strafbar. Der ‚eherne Grundsatz' in deutschen Strafverfahren, dass eine konkrete Tat ermittelt werden müsse, bedürfe in dem speziellen Fall der ‚industriell durchgeführten Massentötung' der Nazis einer Anpassung, sagte Thomas Walther am Dienstag im Prozess gegen den mutmaßlichen NS-Verbrecher John Demjanjuk vor dem Landgericht München."[21]

Das Landgericht München II folgte der Rechtsauffassung des ehemaligen Chefermittlers Thomas Walther und verurteilte John Demjanjuk nach 18 Monaten Hauptverhandlungszeit am 11. Mai 2011 auch „ohne den Nachweis einer konkreten Beteiligung an Tötungshandlungen gegenüber bestimmten Personen zu einem bestimmten Zeitpunkt"[22] gemäß § 211 StGB wegen Beihilfe zum Mord an 28.060 Menschen zu einer fünfjährigen Gesamthaftstrafe.[23] Das Landgericht München II sah es als erwiesen an, dass Sobibór ein reines Vernichtungslager gewesen war und

---

[19] ERNST KLEE, Personenlexikon, S, 342.
[20] Trawniki war die Bezeichnung etwa 5.000 bis 6.000 sowjetischer Kriegsgefangener der Roten Armee – überwiegend ukrainischer Nationalität –, die von der SS rekrutiert wurden und die in dem etwa 40 km südöstlich von Lublin-Majdanek gelegenen Zwangsarbeiter- und „Ausbildungslager Trawniki der SS" ausgebildet wurden. Sie wurden danach als Hilfskräfte im Rahmen der „Aktion Reinhardt" zur Ermordung der im Generalgouvernement lebenden Juden eingesetzt.
[21] Art. Demjanjuks Verurteilung ohne Nachweis von Einzeltat möglich? in: DIE WELT vom 3.2.2010.
[22] CORNELIUS NESTLER, Schlussvortrag, S. 4.
[23] Der vollständige Urteilstext im Strafverfahren gegen John Demjanjuk ist abgedruckt in: CHRISTIAAN F. RÜTER/ DICK W. DE MILDT (Hrsg.): *Justiz und NS-Verbrechen. Sammlung (west-)deut-*

die in Güterwaggons ankommenden Juden sofort in den dortigen Gaskammern vergast worden waren. In seiner Funktion als Wachmann sei Demjanjuk „Teil der Vernichtungsmaschinerie" gewesen. Die vom Gericht ermittelte Anzahl der getöteten Juden ergab sich aus den jeweiligen Transportlisten der ankommenden Häftlingstransporte.

Vier Jahre später verhängte die große Strafkammer des Landgerichts Lüneburg IV am 15. Juli 2015 gegen den damals 94-jährigen *Oskar Gröning* wegen Beihilfe zum Mord in 300.000 rechtlich zusammentreffenden Fällen eine Freiheitsstrafe von vier Jahren.[24] Der im Tatzeitraum 22- bzw. 23-jährige SS-Angehörige Gröning war in der Gefangeneneigentumsverwaltung des Vernichtungslagers Auschwitz tätig gewesen. In der Presse erhielt er daher den Beinamen „Buchhalter von Auschwitz". Durch das Bewachen von Gepäck und das Verwalten des Geldes der Gefangenen habe Gröning die Morde gefördert, begründete das Landgericht Lüneburg das Urteil.

Ein Jahr nach dem Urteilsspruch gegen Gröning verhängte die große Strafkammer I des Landgerichts Detmold am 17. Juni 2016 gegen den damals 95-jährigen *Reinhold Hanning* eine Freiheitsstrafe von fünf Jahren wegen Beihilfe zum Mord in 170.000 tateinheitlich zusammentreffenden Fällen.[25] Der im Tatzeitraum 21- bzw. 22-jährige Hanning war 1942/43 als Wachmann in Auschwitz I und Auschwitz II tätig gewesen. Sowohl Demjanjuk als auch Gröning und Hanning traten ihre Strafe nicht an, da sie zuvor verstorben waren.

Alle drei Prozesse hatten insofern ein übermäßig großes mediales Aufsehen erregt, als die einzelnen Strafkammern mit ihrem jeweiligen Urteilsspruch nicht nur Recht gesprochen und damit gegenüber den Opfern Gerechtigkeit wiederhergestellt hatten, sondern als hier erstmalig in der bundesrepublikanischen Rechtsprechung in Analogie zu den Nürnberger Prozessen die Rechtsfigur der „funktionellen Beihilfe" ohne direkte Beteiligung an einzelnen Mordtaten verwendet worden war.

---

scher Strafurteile wegen nationalsozialistischer Tötungsverbrechen, 1945–2012. 49 Bde., Amsterdam/ München 1968–2012, hier Bd. XLIX (Lfd.Nr. 924, LG München II, 12. Mai 2011), S. 227.

[24] Landgericht Lüneburg IV. Große Strafkammer, Urteil vom 15.7.2015. Az: 27 Ks 9/14, 27 Ks 1191 Js 98402/13 (9/14).

[25] Landgericht Detmold, Urteil vom 17. 6.2016. Az: 4 Ks 45 Js 3/13-9/15.

Quellen und Literatur

1 Quellen

1.1 Archivalien

Archiv des Instituts für Zeitgeschichte (IfZ) München

(a) *ED 157 (Nachlass Theo und Erich Kordt, btr. u. a. Heidelberger Juristenkreis)*
ED 157-8-249-251, ED 157-8-264-270, ED 157-8-274, ED 157-8-274-282.

(b) *Zeugenschrifttum*
Gd 01.54/59 (Vernehmung der Zeugin Dina M. Proničeva, 9.2.1967).

(c) *Mikrofiche-Reproduktion der Akten des Office of Military Government for Germany, US (OMGUS)*
(Die Originalakten befinden sich in den National Archives of the United States).
RG 84/ shipment Political Advisory (POLAD), box 731, folder 3, year 1945,
RG 84/ shipment Political Advisory (POLAD), box 737, folder 3, year 1945,
RG 260/ shipment AG 1945-46, box 2, folder 2,
RG 260/ shipment AG 1945-46, box 2, folder 4,
RG 260/ shipment AG 1945-46, box 2, folder 2/4,
RG 260/ shipment AG 49, box 75, folder 3, provenance: AG 49,
RG 260/ shipment AG 49, box 75, folder 5, provenance: AG 49,
RG 260/ shipment 5, box 344-1, folder 26, year 1948, provenance: OMGUS ECR,
RG 260/ shipment 7, box 68-1, folder 11, provenance: OMGUS Mil. Trib., Secretary of Mil. Trib., folder title: OCCWC,
RG 260/ shipment 7, box 68-1, folder 11, 4/1948-3/1949, provenance: OMGUS Military Tribunal, Secretariat for Mil Trib. Folder title: Clemency Pleas – Case 9,
RG 260/ shipment 17, box 250-2, folder 2, year 1949, provenance: OMGUS Legal Division,
RG 260/ shipment 1948, box 3, folder 1, provenance: OMGUS AG 1948,
RG 260/ shipment 1949, box 75, folder 7, provenance AG 49,
RG 260/ shipment 1949, box 76, folder 2, provenance: AG 49, folder title: AG 383.3 clemency and pardons,
RG 260/ shipment 1949, box 76, folder 2, provenance: OMGUS AG 1949, (4/1949-9/1949). Folder title: AG 383, clemency and pardons 1949.

(d) *RG 466 (Records of the U.S. High Commissioner for Germany [HICOG])*
MA 560, OMGUS: Monthly Report of the Military Governor for March 1946.

Archiv der Kirchengemeinde Neumünster
Wiedereintritte: 1. November 1953, Biberstein, Ernst, 15.02.1899.

Bayrisches Staatsarchiv, Stockdorf bei München
Nachlass Dr. Rudolf Buttmann.

Bundesarchiv (BArch)

ALLPROZ 10
Allproz 10 (Französische Prozesse in Deutschland 1946-1955, bearb. von Josef Henke, Ulf Rathje, 20. 12. 2014.

B 122 (Bundespräsidialamt)
B 122/644.

B 136 (Bundeskanzleramt)
B 136/18853.

B 305 (Zentrale Rechtsschutzstelle)
B 305/56, B 305/60, B 305/131, B 305/140, B 305/808.

NS 6 (Partei-Kanzlei der NSDAP)
NS 6/216, NS 6/217, NS 6/331.

NS 19 (Persönlicher Stab Reichsführer SS)
NS 19/1671, NS 19/1934, NS 19/2566, NS 19/3616, NS19/3902, NS 19/3973.

NS 26 (Hauptarchiv der NSDAP)
NS 26/95.

NS 31 (SS-Hauptamt)
NS 31/279, NS 31/378.

NS 33 (SS-Führungshauptamt)
NS 33/22, NS 33/293.

NS 34 (SS-Personalhauptamt)
NS 34, Bd. 30.

NSD 41 (Druckschriftenreihe)
NSD 41/7.

R 2 (Reichsministerium der Finanzen)
R 2/2222.

R 6 (Reichsministerium für die besetzten Ostgebiete)
R 6/23.

R 1501 (Reichsministeriums des Innern)
R 1501/1, R 1501/4, R 1501/2174.

R 43 II (Reichskanzler)
R 43 II/139, R 43 II/139 b, R 43 II/150, R 43 II/163, R 43 II/1156 a.

R 4901 (Reichs- und Preußisches Ministerium für Wissenschaft, Erziehung und Volksbildung)
R 4901/12408.

R 5101 (Reichsministerium für die kirchlichen Angelegenheiten)
R 5101/24, R 5101/25,

1 Quellen

R 5101/21677, R 5101/22406, R 5101/22440, R 5101/22457, R 5101/23493,
R 5101/23595, R 5101/23603, R 5101/23753, R 5101/23484, R 5101/22462, R 5101/23484,
R 5101/23482, Akte 1, R 5101/23482, Akte 2.

R 58 (Reichssicherheitshauptamt)
R 58/16, R 58/23,
R 58/214-221 (Ereignismeldungen UdSSR 1941/42),
R 58/222, 223, 289, 697-699 (Meldungen aus den besetzten Ostgebieten 1942/43).
R 58/239, R 58/240, R 58/241, R 58/243, R 58/246, R 58/259, R 58/261, R 58/415, R 58/473,
R 58/697, R 58/698, R 58/779, R 58/826, R 58/840, R 58/844,
R 58/956, R 58/979, R 58/990, R 58/991, R 58/5764, R 58/5893, R 58/5973,
R 58/1027, R 58/3568, R 58/5434, R 58/5499, R 58/5568, R 58/5611 b,
R 58/5642, R 58/6064, R 58/6074, R 58/7065, R 58/7074, R 58/7082, R 58/7131, R 58/7396.
R 58/5729, T. 1, R 58/5729, T. 2, R 58/5755, T. R 58/5764 p, T. 2,
R 58/5767, T. I, R 58/5887, T. 2, R 58/5955, A. 1, R 58/6019, T. 1,
R 58/5996 a (=Akte 5), T. 1, R 58/6038, T. 2, R 58/6039, T. 1, Akte 4.

R 62 (Geschäftsführende Reichsregierung Dönitz)
R 62/11.

R 70-SU (Sowjetunion/ Deutsche Polizeidienststellen in der Sowjetunion)
R 70-SU, Bd. 15, R 70-SU, Bd. 32.

R 8050 (Arbeiterwohlfahrt 1879-1913)
R 8050/26.

R 8150 (Vereinigung für freie Wirtschaft e. V.)
R 8150/69.

RS 5 (Dienststellen und Einheiten des Ersatzwesens der Waffen-SS)
RS 5/v. 220.

BArch (Bestände des ehem. NS-Archiv des MfS)
ZA (NSDAP – Gliederung und Verbände)
ZA I/1549 Monatsberichte.
ZR (Gestapo, SD, Kriminalpolizei, Einsatzgruppen/ -kommandos, V-Männer, SD)
ZR 262, ZR 920/62, ZR 921, Akte 1.
ZB I (SD-Unterlagen)
ZB I/ 1338, fol. 1144.
ZB II (Gliederungen der NSDAP, Gestapo, SD, V-Männer, KZ)
ZB II 1091, A. 9.

BArch, ehem. Berlin Document Center (BDC)
BArch, SSO, Biberstein, Ernst, 15.02.1899.
BArch, SSO, Dudzus, Willi, 03.11.1908.
BArch, SSO, Heydrich, Reinhard, 07.03.1904.
BArch, SSO, Kroeger, Erhard, 24.03.1905.
BArch, SSO, Nehring, Joachim, 20.01.1910.

BArch, SSO, Roth, Joseph, 02.08.1897.
BArch, SSO, Sandberger, Martin, 17.08.1911.
BArch, SSO, Six, Franz, 12.08.1909.
BArch, SSO, Zapp, Paul, 18.04.1904.
BArch, VBS 1 1200 244 07, Parteikorrespondenz (PK) Szymanowski, Ernst (sen.) 29.04.1873.
BArch, VBS1 10000 722 37, Parteikorrespondenz (PK), Biberstein, Ernst, 15.2.1899.
BArch, VBS 286/64 0000 3176, NSDAP-Reichskartei Nr. 13864 A.

BArch (ehem. BDC), Bestände, Abt. III
R 187/ 208, Sammlung Schumacher,
R 187/ 433, Sammlung Schumacher,
R 187/ v. 432, Bd. I, Sammlung Schumacher.

BArch (ehem. BDC) Bestand R 9361, Sammlung Berlin Document Center
R 9361/ I/ 228, Biberstein, Ernst, 15.02.1899.

BArch – Dienststelle Ludwigsburg
201 AR-Z 76/59, Bd. 16 (XLVI). Bl. 8387ff (Zeugeneinvernahme Rechtsanwalt Dr. Bergold),
201 AR-Z 76/59, Bd. 16 (XLVI). Bl. 8394ff (Zeugeneinvernahme Dr. Rudolf Aschenauer),
415 AR-Z 1310/63-E32, Bl.534-549 (Zeugeneinvernahme Walter Rauff, btr. Gaswagen),
204 AR-Z13/60, Bd. 2,
415 AR-Z 1310/63-E32, Bl.534-549,
Dok. Slg. UdSSR 402.

BArch – Dienststelle Koblenz
N 1356, Nachlass Hartl,
N 1356/9-13, Nachlass Hartl.

BArch – Dienststelle Freiburg (Militärarchiv)
RS 5/v.220, RW 4/v.522, RW 4/v.577, RH 20-6/ 493, RH 20-11/488, RH 22/155, RH 24-47/113, Reichsministerium für die besetzten Ostgebiete (RMfdbO) 151.

BArch ZNS Zentrale Nachweisstelle)
Personenbezogene Unterlagen militärischer Provenienz bis 1945
ZNS, Ordner S 22.

Landesarchiv Schleswig-Holstein (LASH)
LASH Abt. 301 Akten des Oberpräsidenten/ 4559 (NSDAP 1931/32, Bd. 5),
LASH Abt. 352 Kiel, Nr. 949, Personalakten Biberstein,
sowie: Ernst Biberstein: Bericht über meinen Lebensweg seit meinem Ausscheiden aus dem Kirchendienst im Jahre 1935, Neumünster, 22.8.1958.

Landeskirchliches Archiv der Evangelisch-Lutherischen Kirche in Bayern (LAELKB)
LKR 1665a, Meiser/Faulhaber. Schreiben an US Militärregierung, 20.7.1945.

Landgerichte/ Strafkammern
Landgericht Detmold, Urteil gegen Reinhold Hanning vom 17. 6.2016. AZ: 4 Ks 45 Js 3/13-9/15.

Landgericht Lüneburg 4. Große Strafkammer, Urteil gegen Oskar Gröning vom 15.7.2015. AZ: 27 Ks 9/14, 27 Ks 1191 Js 98402/13 (9/14).
Landgericht München II, Urteil gegen John Demjanjuk vom 12.5.2011. AZ: 1 Ks 115 Js 12496/08.

Nordelbisches Kirchenarchiv Kiel (NEKA)
NEKA 12.03 Personalakten
NEKA 12.03 Nr. 1215 Personalakte Ernst Szymanowski/ Biberstein,
NEKA 12.03 Nr. 1770 Personalakte Propst Richard Steffen.
NEKA 22.05 Mobilisierte Geistliche und deren Entnazifizierung der Landeskirche SH
NEKA 22.05 Nr. 740 Propst Steffen Entnazifizierung.
NEKA 39.01 Deutsche Christen/ Kirchenkampf
NEKA 39.01 Nr. 205, NEKA 39.01 Nr. 206.
NEKA 98 Nachlässe
NEKA 98.12 Nr. 2, NEKA 98.12 Nr. 4, NEKA 98.12 Nr. 33, NEKA 98.12 Nr. 69, NEKA 98.40 ABK, Nr. 10 Lage 51.

Staatsanwaltschaft Dortmund
45 Js 9/69 Verfahren Neuhammer Bd. VIII, Bl. 181/183, Zeugenaussage Biberstein,
45 Js 9/69 Verfahren Neuhammer, Protokolle: Aussage des Beamten L., Stapo-Stelle Oppeln.

Staatsarchiv Nürnberg (StAN)
StAN, Rep. 501, KV-Prozesse, Fall 9, A ... (Gerichtsprozess-Protokolle)
A 4-5 Rolf Wartenberg, US-amerikanischer Vernehmungsbeamter,
A 4-5 Dr. Günther Lummert, Verteidiger des Dr. Blume,
A 6-8 Otto Ohlendorf,
A 9-10 Otto Ohlendorf,
A 9-11 Erich Naumann,
A 9-11 Erwin Schulz,
A 12-14 Erwin Schulz,
A 12-14 Heinz Jost,
A 15 Heinz Jost,
A 16 Heinz Jost,
A 18 Prof. Dr. Franz Six,
A 21-23 Dr. Walter Blume,
A 32-26 Dr. Walter Blume,
A 24-26 Dr. Martin Sandberger,
A 27-29 Dr. Martin Sandberger,
A 32-33 Ernst Biberstein.
A 34-35 Ernst Biberstein,
A 34-35 Albert Hartl, Zeuge,
A 36-38 Ernst Biberstein,
A 36-38 Dr. Werner Braune,
A 44-46 Woldemar Klingelhöfer.

<u>StAN, Rep. 501, KV-Prozesse, Fall 9, B ... (Anklage/ Dokumentenbücher)</u>
B 1 Biberstein, eidesstattliche Erklärung, 29.6.1947,
B 11 Document 710-PS, Göring: „Durchführung der Endlösung der Judenfrage",
B 14 Meldungen aus den besetzten Ostgebieten Nr. 26.

<u>StAN, Rep. 501, KV-Prozesse, Fall 9, B ... (Schriftsätze der Anklage)</u>
B 22 Berichtigte Anklageschrift, 29.7.1947,
B 23 Grundsätzliches über SS, SD, Gestapo, RSHA,
B 24 Eröffnungserklärung der USA im Fall 9,
B 27 Anklagebehörde. Analyse der für die Angeklagten vorgebrachten Einwände,
B 29 Schlussrede der Anklagebehörde für die Vereinigten Staaten für Amerika.

<u>StAN, Rep. 501, KV-Prozesse, Fall 9, D ... (Spezialia btr. Ernst Biberstein)</u>
Deutsche Reihe

D 1 Eröffnungsrede des Verteidigers Dr. Bergold für Biberstein,
D 2 Verteidigungsdokumentenbuch Nr. 1., u. a. Biberstein, eidesstattliche Erklärung,
D 3 Plädoyer des Verteidigers Dr. Bergold für Biberstein,
D 4 Schriftsatz der Anklagebehörde gegen Biberstein.

<u>StAN, Rep. 501, KV-Prozesse, Fall 9, D ... (Spezialia btr. Ernst Biberstein)</u>
Englische Reihe

D 5 Biberstein: *Appeal for revision of the verdict of Military Tribunal II*, gerichtet an den Militärgouverneur der amerikanischen Besatzungszone, 23.4.1948,
D 6 Biberstein: *Petition for Writ of Habeas Corpus and Writ of Prohibiton*, gerichtet an den Supreme Court of the United States, 20. 4.1948,
D 7 Biberstein: *Supplemental Petition*, gerichtet an den Militärgouverneur der amerikanischen Besatzungszone, 25.2.1949.

<u>StAN, Rep. 501, KV-Prozesse, Fall 9, L ... (Spezialia btr. Heinz Jost</u>
L 8 Plädoyer Dr. Schwarz für Jost,
L 11 Antwort Dr. Schwarz auf den Schriftsatz der Anklagebehörde.

<u>StAN, Rep. 502, KV-Anklage (Interrogations)</u>
B-75 Ernst Biberstein, Personal Data Sheet,
B-75 Ernst Biberstein, Interrogation Nr. 1499-A, 29.6.1947,
B-75 Ernst Biberstein, Interrogation Nr. 1552, 18. 8.1947,
O 9 Otto Ohlendorf, Interrogation Nr. 147, 3.10.1946,
O 9/1 Otto Ohlendorf, Interrogation Nr. 147, 15.11.1946,
O 9 Otto Ohlendorf, Interrogation Nr. 147, 2.12.1946,
R 25 Dr. Dr. Otto Emil Rasch, Deposition, 24.6.1947,
S 9 Dr. Martin Sandberger, Interrogation Nr. 1333 A, 23.5.1947,
S 161 Erwin Schulz, Interrogation Nr. 1006 A, 4.4.1947,
S 161 Erwin Schulz, Interrogation Nr. 1006 B, 9.4.1947.

<u>StAN, Rep. 502, KV-Anklage (Dokumente, Fotokopien)</u>
Dokumente der Serie EC (Economic series)
EC-207-1 Tätigkeits- und Lagebericht Nr. 11, 10.2.1942.

1 Quellen

Dokumente der Serie NG (Nazi Government)
NG-2586-G Protokoll Wannsee-Konferenz.
Dokumente der Serie NO (Nuremberg Organizations [NMT]/ NS-Organisationen SS, SD etc.)
NO-1881,
NO-2901 Biberstein: Funkspruch Nr. 1760, 23.5.1943, btr. Einsatzkommando 6,
NO-3342 Himmler an Hitler: Bandenbekämpfungserfolge Süd-Ukraine, 1.9.-1.12.1942,
NO-3412 Heydrich: Einsatzbefehl Nr. 8,
NO-3422 Heydrich: Einsatzbefehl Nr. 14,
NO-3663 Zeugenaussage Robert Barth, 8.10.1943,
NO-3824 Paul Blobel, eidesstattliche Erklärung, 6.6.1947,
NO-4174 Meldungen aus den besetzten Ostgebieten, 23.10.1943,
NO-4314 Ernst Biberstein, eidesstattliche Erklärung, 2.7.1947,
NO 5272 Karl Jonas, eidesstattliche Erklärung, 3.9.1947.
Dokumente der Serie NG (Nuremberg Government [NMT]/ NS-Regierungsbehörden)
NG-2586, NG-2586-G.
Dokumente der Serie NOKW (Nuremberg High Command [NMT]/ Oberkomm. der Wehrmacht)
NOKW-265, NOKW-1665, NOKW-2079, NOKW-2080, NOKW-2125, NOKW-2502.
Dokumente der Serie PS (Paris-Storey (IMT) (Col. R. Storey, Documentation Division, Paris)
447-PS, 501-PS, 866-PS, 888-PS, 3428-PS Becker an Rauff, btr. Gaswagen.
Anklagedokumente USSR (IMT-Prozess)
USSR-151 Geheime Besprechung März 1941, btr. Lager für sowjetische Kriegsgefangene,
USSR-509 betr. Einsatz des SD im Falle CSR.

Topographie des Terrors
T-Magazin, Signatur 0172
Theophil Wurm u. a.: Memorandum by The Evangelical Church in Germany on the Question of War Crimes Trials before American Military Courts.

Żydowski Instytut Historyczy Warszawa (ZIH) = Jüdisches Historisches Institut Warschau
ZHI 3468 Protokoll der Zeugenaussage der Irma Appel, geb. Cohn, geb. am 15.8.1881.

1.2 GEDRUCKTE QUELLEN

(a) Zeitungen/ Periodika
ABC News vom 15.4.2010.
Allgemeine Wochenzeitung der Juden in Deutschland vom 12.1.1951.
BBC News vom 24.1.2012, https//:www.bbc.com/news/world-europe-16697485; 28.7.2019.
Das Evangelische Westfalen (Ausgabe August/September 1932).

DER SPIEGEL 50/1947 vom 13.12.1947.
DER SPIEGEL 4/2010 vom 7.4.2010.
Der Monat I (1949), Heft, 10.
DIE WELT vom 3.2.2010.
DIE ZEIT, Jg. 1953, Ausgabe 43 vom 22. Oktober 1953.
Evangelischer Pressedienst Berlin (1933/ Ausgabe 48).
Frankfurter Allgemeine Zeitung (FAZ) vom 13.2.1937.
Frankfurter Allgemeine Zeitung (FAZ) vom 27.12.1950.
Frankfurter Rundschau vom 17.7.1952.
„Friede und Freude", Organ des Evangelischen Vereins der Kaiser-Wilhelm-Gedächtniskirche, Sonderausgabe des Evangelischen Blattes vom 9.4.1933.
Junge Kirche (JK) 1 (1933).
Junge Kirche (JK) 3 (1935).
Kirchliches Amtsblatt für die Ev.-Luth. Landeskirche Hannovers 1944 (Ausgabe 21.7.1944).
Schleswig-Holsteinische Landeszeitung (Ausgabe 86).
Stuttgarter Neues Tagblatt (Ausgabe 484/ 1933).
Süddeutsche Zeitung (1933/ Ausgabe 28).
Schwarzwälder Bote vom 3.4.2018.
Tägliche Rundschau vom 25. Februar 1932.
Völkischer Beobachter vom 16.8.1933.
Völkischer Beobachter vom 23.6.1941.

(b) Erlasse, Gesetze und Verordnungen vor 1945

Auflösung der *Abteilung für kulturellen Frieden* durch die Verfügung Hitlers vom 14.11.1935, in: Verordnungsblatt der Reichsleitung der NSDAP, Folge 110, Dezember 1935.
Beschluß des Großdeutschen Reichtages vom 26. April 1942, in: RGBl. I, Nr. 44 (1942), S. 247.
Bundestag. 14. Wahlperiode Drucksache 14/8524,13. 03. 2002. Entwurf eines Gesetzes zur Einführung des Völkerstrafgesetzbuches.
Charta der Grundrechte der Europäischen Union, 2010 C 83/ 38, in: Amtsblatt der Europäischen Union vom 30.3.2010.
Erlaß über die Einsetzung eines Chefs der Deutschen Polizei im Reichsministerium des Innern. Vom 17. Juni 1936, Reichsgesetzblatt I Jg. 1936, Nr. 55, S. 487.
Erlaß über die Errichtung des Reichsministeriums für Volksaufklärung und Propaganda. Vom 13. März 1933, in: Reichsgesetzblatt, Teil I, Jg. 1933, Nr. 21, S. 104.
Erlaß über die Errichtung des Reichsministeriums für Wissenschaft, Erziehung und Volksbildung. Vom 1. Mai 1934, in: Reichsgesetzblatt, Teil I, Jg. 1934, Nr. 49, S. 365.
Erlaß des Führers und Reichskanzlers über die Einberufung einer verfassunggebenden Generalsynode der Deutschen Evangelischen Kirche. Vom 15. September 1937, in: Reichsgesetzblatt, Teil I, Nr. 20 vom 15. Februar 1937, S. 203.

1 Quellen

Erlaß über die Reichsstelle für Raumordnung. Vom 26. Juni 1935, in Reichsgesetzblatt, Teil I, Jg. 1935, Nr. 66, S. 793.

Erlaß über die Zusammenfassung der Zuständigkeiten des Reichs und Preußens in Kirchenangelegenheiten. Vom 16. Juli 1935, in: Reichsgesetzblatt (RGBl.) I, Jg. 1935, Nr. 80, S. 1029.

Erste Verordnung zur Durchführung des Gesetzes zur Wiederherstellung des Berufsbeamtentums. Vom 11. April 1933, in: Reichsgesetzblatt, Teil I, Jg. 1933, Nr. 37, S. 195.

Ministerialverordnung vom 3. März 1933, in: Ministerialblatt der inneren Verwaltung (MBliV), S. 233.

Reichsministerialblatt der inneren Verwaltung (RMBliV).

Rentenversicherungsordnung vom 15. Dezember 1924, RGBl. I, S. 779.

Runderlaß vom 14. März 1934, in: Ministerialblatt der inneren Verwaltung (MBliV), S. 471.

Sechzehnte Verordnung zur Durchführung des Gesetzes zur Sicherung der Deutschen Evangelischen Kirche. Vom 25. Juni 193, in: Reichsgesetzblatt I, Jg. 1937, S. 698-699.

Verordnung des Reichspräsidenten zum Schutz von Volk und Staat vom 28. Februar 1933 Reichsgesetzblatt (RGBl.), Teil I (1933), S. 83.

Verordnung zum Schutz und Volk und Staat vom 28.2.1933, in: Reichsgesetzblatt (RGBl.) I (1933), Nr. 17 vom 28.2.1933.

Verordnung über die Wehrbezirkseinteilung für das Deutsche Reich. Vom 15. September 1939, in: Reichsgesetzblatt (RGBl.) I, (1939), Nr. 180 vom 18.9.1939, S. 1777-1800.

Gesetz über die Änderung von Familiennamen und Vornamen. Vom 5. Januar 1938, in: Reichsgesetzblatt, Teil I, 1938, Nr. 2, S. 9f.

Gesetz zur Behebung der Not von Volk und Reich. Vom 24. März 1933, in: RGBl. I (1933), Nr. 25 vom 24.3.1933, S. 141.

Gesetz über das Beschlußverfahren in Rechtsangelegenheiten der Evangelischen Kirche. Vom 26. Juni 1935, in: Reichsgesetzblatt I, Jg. 1935, Nr. 65, S. 744.

Gesetz über die Errichtung eines Geheimen Staatspolizeiamtes. Vom 26. April 1933, in: Preußische Gesetzsammlung (PGS), S. 122.

Gesetz über die Geheime Staatspolizei, Vom 30. November 1933, in: Preußische Gesetzsammlung (PGS), S. 413.

Gesetz über die Geheime Staatspolizei. Vom 10. Februar 1936, in: Preußische Gesetze, S. 21.

Gesetz über die Regelung des Landbedarfs der öffentlichen Hand. Vom 29. März 1935, in: Reichsgesetzblatt, Teil I, Jg. 1935, Nr. 37, S. 468.

Gesetz über den Neuaufbau des Reichs. Vom 30. Januar 1934, in: Reichsgesetzblatt, Teil I, Jg. 1934, Nr. 11, S. 75.

Gesetz zum Schutze des deutschen Blutes und der deutschen Ehre. Vom 15. September 1935, in: Reichsgesetzblatt, Teil I, Jg. 1935, Nr. 100, S. 1146f.

Gesetz zur Sicherung der Deutschen Evangelischen Kirche. Vom 24. September 1935, in: Reichsgesetzblatt I, Jahrgang 1935, Nr. 104, S. 1178.

Gesetz zur Sicherung der Einheit von Partei und Staat, Vom 1. Dezember 1933, in: Reichsgesetzblatt (RGBl.) I, Nr. 135, S. 1016.

Gesetz zur Wiederherstellung des Berufsbeamtentums vom 7. April 1933, in: Reichsgesetzblatt Teil I, Jg. 1933, Nr. 34, S. 175-177.
Kriegssonderstrafrechtsverordnung, in: Militärstrafgesetzbuch (MStGB) vom 10. Oktober 1940 (Reichsgesetzblatt Nr. 181 vom 16. Oktober 1940, S. 1347, 1362).
Militärstrafgesetzbuch. Vom 10. Oktober 1940, in: RGBl Teil I (1940), S. 1348-1362.
Ordnung der Gesetze und Gebräuche des Landkrieges. Vom 18. Oktober 1907, in: Reichsgesetzblatt I, 1910, Nr. 2, S. 132-134.
Preußische Gesetze.
Preußisches Gesetz vom 20.12.1939, GS 1941.
Preußisches Polizeiverwaltungsgesetz, Vom 1.6.1931, in: www.archiv.jura.uni-saarland.de/Gesetze/spolg/vorlaeuf/pvg.htm; 19.04.2014.
Reichsbürgergesetz vom 15. 9. 1935, RGBl. I (1935), Nr. 100, S. 1146).
Wehrgesetz vom 21.5.1935, RGBl. I (1935), S. 609.

(c) Erlasse, Verordnungen und Gesetze nach 1945

Besatzungsstatut vom 8.April 1949, veröffentlicht am 12. Mai 1949 durch die Militärgouverneure und Oberbefehlshaber der drei Westzonen. Deutscher Text: Amtsblatt der Hohen Alliierten Kommission in Deutschland. No. 1. 23. September 1949, 13-15.
Beschluß des Ministerrates der UdSSR über die Auflösung der Hohen Kommission der UdSSR in Deutschland. Vom 20. September 1955, in: www.verfassungen.de/de/de45-49/kommissionsaufloesung55.htm; 26.2.2016.
Bundestag. 14. Wahlperiode Drucksache14/8524,13. 03. 2002. Entwurf eines Gesetzes zur Einführung des Völkerstrafgesetzbuches.
Charta der Grundrechte der Europäischen Union, 2010 C 83/ 38, in: Amtsblatt der Europäischen Union vom 30.3.2010.
Direktive an den Oberbefehlshaber der US-Besatzungstruppen in Deutschland (JCS 1067) vom 26.4.1945, in: Deutsche Geschichte in Dokumenten und Bildern (DGDB), Die Besatzungszeit und die Entstehung zweier Staaten (1945-1961), S. 1-7.
Erstes Gesetz zur Aufhebung des Besatzungsrechts. Vom 30. Mai 1956, BGBl. I, Nr. 24 vom 31.5., S. 437.
Gesetz Nr. 10 des Alliierten Kontrollrates über die Bestrafung von Personen, die sich Kriegsverbrechen, Verbrechen gegen den Frieden oder gegen die Menschlichkeit schuldig gemacht haben. Vom 20. Dezember 1945, in: Amtsblatt des Kontrollrats in Deutschland, Nr. 3 vom 31.1.1946, S. 50-55.
Gesetz Nr. 104 zur Befreiung von Nationalsozialismus und Militarismus vom 5. März 1946, in: Regierungsblatt für Württemberg-Baden 1946, S. 71.
Gesetz zur Einführung des Völkerstrafgesetzbuches vom 26. Juni 2002, in: Bundesgesetzblatt (BGBl.) I (2002), Nr. 42 vom 29. Juni 2002, S. 2254-2260.
Gesetz zur Neuregelung des Rechts der Rentenversicherung für Angestellte (Angestelltenversicherungs-Neuregelungsgesetz – AnVNG) vom 23. Februar 1957, in: Bundesgesetzblatt (BGBl) I, Nr. 4 vom 26. Februar 1957, S. 88-131.

1 Quellen

Gesetz zur Regelung der Rechtsverhältnisse der unter Artikel 131 des Grundgesetzes fallenden Personen. Vom 11. Mai 1951, in: Bundesgesetzblatt (BGBl.), Teil I, NR. 13 (1951), S. 307, 320.

Gesetz über den Vollzug der Freiheitsstrafe und der freiheitsentziehenden Maßregeln der Besserung und Sicherung vom 16.3.1976 (Strafvollzugsgesetz – StVollzG), BGBl, Teil I (1976). S. 518.

Grundgesetz für die Bundesrepublik Deutschland. Vom 23. Mai 1949, Art. 131, in: Bundesgesetzblatt (BGBl.) NR. 1 (1949), S. 1-20.

Military Government – Germany, United States Zone. Ordinance N0. 7 vom 18.10.1946, abgedruckt in: Trials of War Criminals Before the Nuernberg Military Tribunals under Control Council Law No. 10. Vol. 4: *United States of America vs. Otto Ohlendorf, et al. (Case 9: „Einsatzgruppen Case")*. Nuernberg October 1946-April 1949, US Government Printing Office, District of Columbia 1950, S. XXIII-XXVIII.

Statut für den Internationalen Militärgerichtshof vom 8. August 1945, in: Der Prozeß gegen die Hauptkriegsverbrecher vor dem Internationalen Gerichtshof Nürnberg. Nürnberg 1947, Bd. 1, S. 10-14.

US Department of Defense Directive 1300.7, Training and Education Measures Necessary to Support the Code of Conduct (23 December 88).

Vertrag über die Beziehungen zwischen der Bundesrepublik Deutschland und den Drei Mächten vom 26. Mai 1952 in der Fassung vom 23. Oktober 1954, in: Bundesgesetzblatt (BGBl), Jahrgang 1955, Teil II, S. 306-320.

Vertrag zur Regelung aus Krieg und Besatzung entstandener Fragen (Überleitungsvertrag), Bundesgesetzblatt (BGBl.) 11 1955, S. 405.

Wehrstrafgesetz vom 30.März 1957, in: BGBl., Jahrgang 1957, Teil I, S. 21.

(d) Gedruckte Dokumente

A

ADENAUER, KONRAD: Briefe 1945-1947, bearb. von Mensing, Hans Peter, Paderborn u. a. 1983.

ADLER, H. G./ LANGBEIN, HERMANN/ LINGENS-REINER, ELLA (Hrsg.): Auschwitz. Zeugnisse und Berichte, zweite, überarb. Aufl., Köln, Frankfurt/M. 1979.

„Akten der Reichskanzlei. Weimarer Republik" Online „Kube, Wilhelm", in: www.bundesarchiv.de/aktenreichskanzlei/1919-1933/000/adr/adrhl/kap1_4/para2_285.html; 04.08.2014.

„Akten der Reichskanzlei" Online „Gregor Strasser", in: www.bundesarchiv.de/aktenreichskanzlei/1919-1933/000/adr/adrsz/kap1_1/para2_514.html; 12.08.2014.

„Akten der Reichskanzlei, Biographien", www.bundesarchiv.de/aktenreichskanzlei/1919-1933/0000/adr/adrhl/kap1_4/para2_219.html; 24.03.2014.

Akten zur deutschen auswärtigen Politik 1918-1945 (ADAP), Serie D, XIII, 1, Nr. 173, S. 228-229 (Vortrag des Legationsrates im Auswärtigen Amt Adolf Erich Albrecht vom 1.8.1941).

ANGRICK, ANDREJ/ MALLMANN, KLAUS-MICHAEL/ MATTHÄUS, JÜRGEN/ CÜPPERS, MARTIN (Hrsg.): Deutsche Besatzungsherrschaft in der UdSSR 1941-1945. Dokumente der Einsatzgruppen in der Sowjetunion II (Veröffentlichungen der Forschungsstelle Ludwigsburg der Universität Stuttgart; 23), Darmstadt 2013.

Auszug aus den Vernehmungen des ehemaligen kaufmännischen Angestellten AUGUST MEIER (geb. 1900 in Mainz) aus Miltenberg durch Beauftragte der Zentralen Stelle der Landesjustizverwaltungen Ludwigsburg von September/Oktober 1959, durchgeführt in der Staatsanwaltschaft bzw. im Landgerichtsgefängnis Aschaffenburg, später in der Landesstrafanstalt Hohenasperg, abgedruckt in: WILHELM, HANS-HEINRICH, Rassenpolitik, S. 230-238.

Auszüge aus der Anklageschrift gegen den Rentner Bruno Streckenbach (geb. 1902 in Hamburg) am 30.6.1973 (147 Js 31/67), unterzeichnet von Staatsanwalt Zöllner, abgedruckt in: HANS-HEINRICH WILHELM: Rassenpolitik und Kriegsführung. Sicherheitspolizei und Wehrmacht in Polen und der Sowjetunion 1939-1952, Passau 1991, S. 210-220.

Atlas zur Zeitschrift für Bauwesen, Jg. XXVII, Berlin 1877.

B

BAADE, FRITZ (Hrsg.): Unsere Ehre heisst Treue. Kriegstagebuch des Kommandostabes des Reichsführers-SS; Tätigkeitsberichte der 1. und 2. SS-Inf.-Brigade, der 1. SS-Kav.-Brigade und von Sonderkommandos der SS, (Europäische Perspektiven. Zeitgeschichte in Dokumenten), Maschinenschriftlich vervielfältigt, Wien u. a. 1965.

BENZ, WOLFGANG (Hrsg.): Dimension des Völkermords. Die Zahl der jüdischen Opfer des Nationalsozialismus (Quellen und Darstellungen zur Zeitgeschichte; 33), München 1991.

BRETSCHNEIDER, GEORG (Hrsg.): Dienst-, Sozial- und Steuerrecht im öffentlichen Dienst – Bundesausgabe. Loseblattsammlung, Köln 1961ff, S. 2104.

C

Code of Laws of the United States of America (United States Code), Title 10, Subtitle A, Chapter 48, Section 952 – Parole.

CZECH, DANUTA: Kalendarium der Ereignisse im KZ Auschwitz-Birkenau, Reinbek 1989.

D

DAS INTERNATIONALE INSTITUT FÜR HOLOCAUST-FORSCHUNG: Datenbank zu den Deportationen im Rahmen der Shoah (Holocaust). Transport IX/1 von Breslau, Breslau, Niederschlesien, Deutsches Reich nach Theresienstadt, Ghetto, Tschechoslowakei am 26/7/1942, in: http://db.yadvashem.org.deportation/tranportDetails.html; 14.07.2018.

DASS.: Datenbank zu den Deportationen im Rahmen der Shoah (Holocaust). Transport IX/2, Zug Da von Breslau, Breslau, Niederschlesien, Deutsches Reich nach Theresienstadt, Ghetto, Tschechoslowakei am 26/7/1942, in: http://db.yadvashem.org.deportation/tranportDetails.html; 09.08.2014.

DASS.: Datenbank zu den Deportationen im Rahmen der Shoah (Holocaust). Transporte von Oppeln, Oppeln, Oberschlesien, Deutsches Reich nach Theresienstadt, Ghetto, Tschechoslowakei am 13/11/1942, 21/11/1942, 4/12/1942/, 11/12/1942, 21/4/1943, 30/6/1943, 3/8/1943, 8/11/1943, 19/1/1944, in: http://db.yadvashem.org.deportation/tranportResults.html; 09.08.2014.

DASS.: Datenbank zu den Deportationen im Rahmen der Shoah (Holocaust). Transporte von Theresienstadt, Ghetto, nach Treblinka, Vernichtungslager, in: http://db.yadvashem.org.deportation/tranportResults.html; 09.08.2014.

DASS.: Datenbank zu den Deportationen im Rahmen der Shoah (Holocaust). *Transport BO Zug DA 83* von Theresienstadt nach Treblinka, in: http://db.yadvashem.org.deportation/tranportDetails.html; 09.08.2014.

DASS.: Datenbank zu den Deportationen im Rahmen der Shoah (Holocaust) Transport Bp von Theresienstadt, Ghetto, nach Tschechoslowakei, Treblinka, Extermination Camp, Poland am 21/9/1942; 09.08.2014.

DASS.: Datenbank zu den Deportationen im Rahmen der Shoah (Holocaust). Transport von Luxembourg über Chemnitz, Breslau, Oppeln, Gleiwitz, Kattowitz nach Auschwitz-Birkenau, in: http://db.yadvashem.org.deportation/tranportDetails.html; 02.10.2015.

DASS.: Online Guide of the Deportations of Jews Project–GERMANY, in: http://www.yadvashem.org/yv/en/about/institute/deportations_catalog_details.asp.country=GERMANY; 16. 08.2014.

Das Kommuniqué der Londoner Besprechungen über Deutschland, in: http://www.verfassungen.de/de/de45-49/londonerkommunique48-1.htm; 15.2.2018.

Das Londoner Deutschland-Kommuniqué vom 7. Juni 1948, in: http://www.verfassungen.de/de/de45-49/londonerkommunique48-2.htm; 15.2.2018.

Denkendorfer Kreis für christlich-jüdische Begegnung e. V. Texte und Dokumente – 1. „Nach 1945", in: www.denkendorfer-kreis.de/index.php/dokumente-und-texte/142-dokumente-und-texte-1-nach-1945; 4.1.2018.

Der Berliner Antisemitismusstreit 1879-1881. Eine Kontroverse um die Zugehörigkeit der deutschen Juden zur Nation. Kommentierte Quellenedition, bearb. von Karsten Krieger, Teil I und II, München 2004.

Der Bundesminister der Justiz: Bericht über die Verfolgung nationalsozialistischer Straftaten, in: DEUTSCHER BUNDESTAG, 4. WAHLPERIODE, DRUCKSACHE IV/3124 vom 26.2.1965.

Der Dienstkalender Heinrich Himmlers 1941/42. Im Auftrag der Forschungsstelle für Zeitgeschichte in Hamburg bearbeitet, kommentiert und eingeleitet von Peter Witte, Michael Wildt, Martina Voigt, Dieter Pohl, Peter Klein, Christian Gerlach, Christoph Dieckmann und Andrej Angrick, Hamburg 1999.

Deutsche Geschichte in Dokumenten und Bildern (DGDB): Die Besatzungszeit und die Entstehung zweier Staaten (1945-1961), Deutsches Historisches Institut Washington DC. – 2017, www.germanhistorydocs.ghi-dc.org/Index.cfm?language=german; 20.2.2018.

Deutsche Note an die Regierung der Sowjetunion vom 21.6.1941, zitiert nach: Völkischer Beobachter vom 23.6.1941, abgedruckt in: HOHLFELD, JOHANNES (Hrsg.): Dokumente der Deutschen Politik und Geschichte von 1848 bis zur Gegenwart. Ein Quellenwerk für die politische Bildung und staatsbürgerliche Erziehung, Bd. V: Die Zeit der nationalsozialistischen Diktatur 1933-1945. Deutschland im zweiten Weltkrieg 1939-1945. Sonderausgabe für die Staats- und Kommunalbehörden sowie für Schulen und Bibliotheken, Berlin/München a. 1953, S. 318-324.

Die Protokolle des Rates der Evangelischen Kirche in Deutschland. Bearbeitet von NICO-
LAISEN, CARSTEN und SCHULZE, NORA ANDREA, Bd. I: 1945/46, Göttingen 1995.
Die Tagebücher von Joseph Goebbels. Sämtliche Fragmente, hrsg. von FRÖHLICH, ELKE,
München u. a. 1987ff.
Teil I: Aufzeichnungen 1924-1941.
Die Verfassung des Deutschen Reichs. Vom 18. August 1919, in: Reichsgesetzblatt,
Jg. 1919, Nr. 15, S. 1383-1418.
Die Verfolgung und Ermordung der europäischen Juden durch das nationalsozialistische
Deutschland 1933-1945, Dokumentensammlung, herausgegeben im Auftrag des Bundesarchivs von Susanne Heim, Bd. 8: Sowjetunion mit annektierten Gebieten II, bearb. Von Bert Hoppe unter Mitwirkung von Imke Hansen, Martin Holler, Berlin/Boston 2016.
Bd. 7: Sowjetunion und annektierte Gebiete I – (1) Besetzte sowjetische Gebiete unter deutscher Militärverwaltung, Baltikum und Transnistrien, bearb. von Bert Hoppe und Hildrun Glass, München 2011.
Bd. 8: Sowjetunion und annektierte Gebiete II, bearb. von Bert Hoppe und Imke Hansen, Berlin 2016.
DIBELIUS, OTTO (Hrsg.): The strange case of (Otto) Dibelius. A selection of documents, Berlin 1960. Deutsche Fassung: DIBELIUS, OTTO (Hrsg.): Hier spricht (Otto) Dibelius. Eine Dokumentation, Berlin 1960.
DOHNKE, KAI: Nationalsozialismus in Norddeutschland. Ein Atlas. Mit einer Kartografie von FRANK THAMM, Hamburg/ Wien 2001.
Dokumente über die Verbrechen Adolf Heusingers gegen den Frieden, seine Kriegsverbrechen und Verbrechen gegen die Menschlichkeit, Verlag für fremdsprachliche Literatur, Moskau 1962.
DÖRNER, KLAUS (Hrsg.): Der Nürnberger Ärzteprozeß 1946/47. Wortprotokolle, Anklage- und Verteidigungsmaterial, Quellen zum Umfeld / im Auftr. der Hamburger Stiftung für Sozialgeschichte des 20. Jahrhunderts, bearb. von Karsten Linne. Erschienen als Mikrofiche-Edition u. Erschließungsbd., München 1999/2000.

E

EICHHOLTZ, DIETRICH (Hrsg.): Anatomie des Krieges. Neue Dokumente über die Rolle des deutschen Monopolkapitalismus bei der Vorbereitung und Durchführung des zweiten Weltkrieges, Berlin 1969.
Einsatzkommandos in Polen 1939/1940, in: www.deathcamps.orgoccupationeinsatzkommandos.htm; 3.8.2015.
ENGELBERT, KURT (Hrsg. im Auftrage des Instituts für ostdeutsche Kultur- und Kirchengeschichte): Archiv für schlesische Kirchengeschichte, Bd. XXIII, Hildesheim 1965.
Erklärung der EKD-Synode Berlin-Weißensee 1950, in: VOGEL, JOHANNA: Kirche und Wiederbewaffnung. Die Haltung der Evangelischen Kirche in Deutschland in der Auseinandersetzung um die Wiederbewaffnung der Bundesrepublik 1949-1956, Göttingen 1978; zugleich: Berlin, Freie Univ., Diss., 1975/76. Kapitel 5: Was kann die Kirche für den Frieden tun? Die Synode der EKD in Berlin-Weißensee 1950, S. 83-115.

1 Quellen

Erklärung der Gemeinsamen Synode der deutschen Bistümer am 22. November 1975, in: GROSS, ALEXANDER: Gehorsame Kirche – ungehorsame Christen im Nationalsozialismus, Mainz ²2000, S. 80f.

EVANGELISCHE ARBEITSGEMEINSCHAFT FÜR KIRCHLICHE ZEITGESCHICHTE (Hrsg.): Dokumente zur Kirchenpolitik des Dritten Reiches, Bd. I: Das Jahr 1933, bearbeitet von Carsten Nicolaisen, München 1971.

Evangelische Kirche in Deutschland. Kirchliches Jahrbuch für die Evangelische Kirche in Deutschland, Bd. 72/75. 1945/48, Gütersloh 1950.

F

Final Report to the Secretary of the Army on the Nueremberg War Crimes Trials Under Control Council Law No. 10, in: https://www.loc.gov/rr/frd/Military_Law/NT_finalreport.html; 2.11.2015.

Foreign Relations of the United States (FRUS), 1952-1954, VII/1.

Forsa-Umfrage Geschichtsunterricht, in: www.koerber-stiftung.de/.../Ergebnisse_forsa-Umfrage_Geschichtsunterricht; 30.09.2017.

Friedensvertrag von Versailles vom 28. Juni 1919, in: Reichsgesetzblatt 1919, Nr. 140.

S. 749-760, Art. 27-30 (Deutschlands Grenzen),

S. 761-893, Art. 31-117 (Politische Bestimmungen über Europa,) 1919, Nr. 140,

S. 879-887, Art. 109-111 (Teil III, Abschnitt XII: Schleswig),

S. 985, Art. 231 (Wiedergutmachung).

G

GAUGER, JOACHIM: Chronik der Kirchenwirren, Bd. I-III, Elberfeld 1934-1936.

Bd. I:

Vom Aufkommen der „Deutschen Christen" 1932 bis zur Bekenntnis-Reichssynode im Mai 1934.

Bd. II:

Von der Barmer Bekenntnis-Reichssynode im Mai 1934 bis zur Einsetzung der Vorläufigen Leitung der Deutschen Evangelischen Kirche im November 1934.

Bd. III:

Von der Einsetzung der Vorläufigen Leitung der Deutschen Evangelischen Kirche im November 1934 bis zur Errichtung des Reichsministeriums für die kirchlichen Angelegenheiten im Juli 1935.

Gedenkbuch des Bundesarchivs für die Opfer der nationalsozialistischen Judenverfolgung in Deutschland (1933-1945). Deportationschronologie, Chronologie der Deportationen aus dem Deutschen Reich, einschließlich Österreich, dem Protektorat Böhmen und Mähren und den sudetendeutschen Gebieten, in: www.bundesarchiv.de/gedenkbuch/chronicles.html?page=1; 17.08.2014.

GENERALOBERST HALDER: Kriegstagebuch. Tägliche Aufzeichnungen des Chefs des Generalstabes des Heeres, 1939-1940, Bd. 1-3, bearb. von Hans-Adolf Jacobsen in Verbindung mit Alfred Philippi, Stuttgart 1962.

GOEBBELS, JOSEPH: Bolschewismus in Theorie und Praxis. Rede von Reichsleiter Reichsminister Dr. Goebbels auf dem Parteikongreß in München 1936, Zentralverlag der NSDAP, München 1936.

GROSSMAN, WASSILI/ EHRENBURG, ILIA (Hrsg.), LUSTIGER, ARNO Hrsg. der dt. Ausgabe: Schwarzbuch. Der Genozid an den sowjetischen Juden. Deutsch von Ruth und Heinz Deutschland, Reinbek bei Hamburg, 1995.

H

HALDER, FRANZ/ JACOBSEN, HANS-ADOLF (Bearb.): Kriegstagebuch. Tägliche Aufzeichnungen des Chefs des Generalstabes des Heers, 1939-1945, 3 Bd., Stuttgart 1962-1964.

HAMBURGER INSTITUT FÜR SOZIALFORSCHUNG (Hrsg.): Verbrechen der Wehrmacht. Dimensionen des Vernichtungskrieges 1941-1944. Katalog zur Ausstellung, Hamburg 2002.

HEADQUARTERS EUROPEAN COMMAND, Office of the Commander-in-Chief, APO 742, Berlin, German, 4 March 1949. In the Case of The United States of America vs. Otto Ohlendorf, et al., Military Tribunal II, Case No 9, *Order with Respect to Sentence of Otto Ohlendorf, United States of America vs. Otto Ohlendorf, et al. (Case 9: „Einsatzgruppen Case")*. US Government Printing Office, District of Columbia 1950, S. 591.

Heimeinkaufsverträge, in: www.ghetto-theresienstadt/info/pages/h/heimeinkauf.htm; 09.08.2014.

HERMELINK HEINRICH (Hrsg.): Kirche im Kampf. Dokumente des Widerstands und des Aufbaus in der evangelischen Kirche Deutschlands von 1933-1945, Tübingen u. a. 1950.

HEYDRICH, REINHARD: Wandlungen unseres Kampfes, in: DAS SCHWARZE KORPS. Zeitung der Schutzstaffel der NSDAP Folge 9-13, Berlin 1935.

HIMMLER, HEINRICH: Aufgaben und Aufbau der Polizei des Dritten Reiches, in: PFUNDTNER, HANS (Hrsg.): Dr. Wilhelm Frick und sein Ministerium, München 1937, S. 125-130.

DERS.: Die Schutzstaffel als antibolschewistische Kampforganisation, Berlin 1936.

DERS.: Die SS als antibolschewistische Kampforganisation, München 1937.

DERS.: Einige Gedanken über die Behandlung der Fremdvölkischen im Osten, in: KÜHNL, REINHARD: Der deutsche Faschismus im Osten, Köln, ^{3}1978, S. 328-330.

Hirtenbrief, beschlossen von der Konferenz der katholischen Bischöfe Deutschlands in Fulda (23. August 1945), in: Deutsche Geschichte in Dokumenten und Bildern (DGDB): Die Besatzungszeit und die Entstehung zweier Staaten (1945-1961), Dokumente.

HOHLFELD, JOHANNES (Hrsg.): Dokumente der Deutschen Politik und Geschichte von 1848 bis zur Gegenwart. Ein Quellenwerk für die politische Bildung und staatsbürgerliche Erziehung, Bd. V: Die Zeit der nationalsozialistischen Diktatur 1933-1945. Deutschland im zweiten Weltkrieg 1939-1945. Sonderausgabe für die Staats- und Kommunalbehörden sowie für Schulen und Bibliotheken, Berlin/München u.a. 1953.

HUBATSCH, WALTHER (Hrsg.): Hitlers Weisungen für die Kriegsführung 1939-1945. Dokumente des Oberkommandos der Wehrmacht, Frankfurt/M. 1962.

HUBER, ERNST RUDOLF: Verfassungsrecht des Großdeutschen Reiches (Grundzüge der Rechts- und Wirtschaftswissenschaft; Reihe A), 2. stark erweiterte Auflage der „Verfassung", Hamburg 1939.

I

INFORMATION SERVICES DIVISION OFFICE OF THE U.S. HIGH COMMISSIONER FOR GERMANY (Hrsg.): Landsberg. Ein dokumentarischer Bericht, München 1951.

Institut für Zeitgeschichte (Hrsg.): Gutachten des Instituts für Zeitgeschichte, 2 Bd., München 1958 u. 1966.

Internationaler militärgerichtshof Nürnberg: Der Prozeß gegen die Hauptkriegsverbrecher vor dem Internationalen Militärgerichtshof, 14. November 1945 bis 1. Oktober 1946, Nürnberg 1947, 42 Bände.

DERS.: Der Nürnberger Prozess gegen die Hauptkriegsverbrecher vom 14. November bis 1. Oktober 1946: *Materialien und Dokumente*. Veröffentlicht in Nürnberg 1948, München 1989, Bd. I (Urteil: Ermordung und Behandlung der Zivilbevölkerung). Zeugenaussage des HSSPF Erich von dem Bach-Zelewski, S. 277-283.

DERS.: Der Nürnberger Prozess gegen die Hauptkriegsverbrecher vom 14. November bis 1. Oktober 1946: Hauptverhandlung. Veröffentlicht in Nürnberg 1948, München 1989, Bd. II.

DERS.: Der Nürnberger Prozess gegen die Hauptkriegsverbrecher vom 14. November bis 1. Oktober 1946: *Urkunden und anderes Beweismaterial*. Veröffentlicht in Nürnberg 1948, München 1989, Bd. III: Amtlicher Text – Deutsche Ausgabe, Nr. 2239-PS bis Nr. 2582-PS [Überblick über Geschichte, Aufgaben und Organisation der SS nach dem Stand von 1939].

DERS.: Der Nürnberger Prozess gegen die Hauptkriegsverbrecher vom 14. November bis 1. Oktober 1946: Hauptverhandlung. Veröffentlicht in Nürnberg 1948, München 1989, Bd. IV, S. 349-351: Zeugeneinvernahme Otto Ohlendorf in der Vormittagssitzung des 26. Verhandlungstages am Donnerstag, den 3. Januar 1946.

DERS.: Der Prozeß gegen die Hauptkriegsverbrecher vor dem Internationalen Militärgerichtshof, 14. November 1945 bis 1. Oktober 1946, Nürnberg 1947, Bd. 37, S. 703, Dokument L-180.

DERS.: Der Nürnberger Prozess gegen die Hauptkriegsverbrecher vom 14. November bis 1. Oktober 1946: *Urkunden und anderes Beweismaterial*. Veröffentlicht in Nürnberg 1948, München 1989, Bd. XXXVIII, S. 1f, Amtlicher Text, Dok. L-185.

Inventar archivalischer Quellen des NS-Staates. Die Überlieferungen von Behörden und Einrichtungen des Reichs, der Länder und der NSDAP, Teil I: Reichszentralbehörden, regionale Behörden und wissenschaftliche Hochschulen für die zehn westdeutschen Länder sowie Berlin. Im Auftrag des Instituts für Zeitgeschichte bearb. von HEINZ BOBERACH (Texte und Materialien zur Zeitgeschichte; 3), München 1991.

J

Justiz und NS-Verbrechen. Sammlung Deutscher Strafurteile wegen Nationalsozialistischer Tötungsverbrechen 1945 – 1966, Band XXII: Die vom 21.08.1965 bis zum 31.12.1965 ergangenen Strafurteile, Lfd. Nr. 596-606, bearb. im „Semianrium voor Strafrecht en Strafrechtspleging Van Hamel" der Universität von Amsterdam von Adelheid Rüter-Ehlermann. (Urteile gehen Robert Mohr, Landgericht Wuppertal, AZ 651230, Bundesgerichtshof, AZ 641211/ AZ 670524, Landgericht Wuppertal, AZ 67024).

K

KEMPNER, ROBERT M. W. (Hrsg.): Der Kampf gegen die Kirche. Aus unveröffentlichten Tagebüchern von Alfred Rosenberg, in: Der Monat, Heft 10 (1949), S. 26-38.

Kirchliches Jahrbuch für die evangelischen Landeskirchen Deutschlands (KJ), Bd. IV/2 (1932).

Kirchliches Jahrbuch für die Evangelische Kirche in Deutschland 1949, Gütersloh 1950.

Kirchliches Jahrbuch für die Evangelische Kirche in Deutschland 1950, Gütersloh 1951.

KLEE, ERNST/ DRESSEN, WILLI (Hrsg.) unter Mitarbeit von Volker Rieß: „Gott mit uns". Der deutsche Vernichtungskrieg im Osten 1939-1945, Frankfurt/M. 1989, S. 127.

KLEIN, PETER (Hrsg.): Die Einsatzgruppen in der besetzten Sowjetunion 1941/42. Die Tätigkeits- und Lageberichte des Chefs der Sicherheitspolizei und des SD. Mit einer Einleitung vom Herausgeber und mit Beiträgen und Kommentaren von Andrej Angrick, Christian Gerlach, Dieter Pohl und Wolfgang Scheffler (Publikationen der Gedenk- und Bildungsstätte Haus der Wannsee-Konferenz; 6), Berlin 1997.

KOGON, EUGEN/ LANGBEIN, HERMANN/ RÜCKERL, ADALBERT u. a. (Hrsg.): Nationalsozialistische Massentötungen durch Giftgas. Eine Dokumentation, Frankfurt/M., [4]1966.

KRETSCHMAR, GEORG/ NICOLAISEN, CARSTEN/ GRÜNZINGER, GERTRAUD (Hrsg.): Dokumente zur Kirchenpolitik des Dritten Reiches, Gütersloh 1971-2008.

Bd. I:
Das Jahr 1933.

Bd. II:
1934/35. Vom Beginn des Jahres 1934 bis zur Errichtung des Reichsministeriums für die kirchlichen Angelegenheiten am 16. Juli 1935.

Bd. III:
Von der Errichtung des Reichsministeriums für die kirchlichen Angelegenheiten bis zum Rücktritt des Reichskirchenausschusses (Juli 1935-Februar 1937).

Bd. IV:
1937-1939. Vom Wahlerlaß Hitlers bis zur Bildung des Geistlichen Vertrauensrates (Februar 1937-August 1939).

Bd. V:
1939-1945. Die Zeit des Zweiten Weltkriegs (September 1939-Mai 1945).

KRAUSNICK, HELMUT: *Dokumentation.* Hitler und die Morde in Polen, in: Vierteljahreshefte für Zeitgeschichte 11 (1963), Heft 2, S. 196-209.

L

LANDESGESCHÄFTSSTELLE DES EVANGELISCHEN VOLKSBUNDES FÜR WÜRTTEMBERG (Hrsg.): Materialdienst, Stuttgart 1931ff.

LESZCZYŃSKI, KAZIMIERZ (Hrsg.): *Fall 9.* Das Urteil von Nürnberg im SS-Einsatzgruppenprozeß gefällt am 10. April 1948 in Nürnberg vom Militärgerichtshof II der Vereinigten Staaten von Amerika. Mit einer Einleitung von Dr. Siegmar Quilitsch, Berlin(-Ost) 1963.

1 Quellen

Londoner Viermächteabkommen vom 8. August 1945, in: Der Prozeß gegen die Hauptkriegsverbrecher vor dem Internationalen Militärgerichtshof Nürnberg, Nürnberg 1947, Bd. I, S. 6-10.

LONGERICH, PETER (Hrsg.): Die Ermordung der europäischen Juden. Eine umfassende Dokumentation des Holocaust 1941-1945, München 1989.

M

MALLMANN, KLAUS-MICHAEL/ RIES, VOLKER/ PYTA, WOLFRAM (Hrsg.): Deutscher Osten 1939-1945. Der Weltanschauungskrieg in Photos und Texten (Veröffentlichungen der Forschungsstelle Ludwigsburg der Universität Stuttgart), Darmstadt 2003.

MALLMANN, KLAUS-MICHAEL/ ANGRICK, ANDREJ/ MATTHÄUS, JÜRGEN/ CÜPPERS, MARTIN (Hrsg.): Die „Ereignismeldungen UdSSR" 1941. Dokumente der Einsatzgruppen in der Sowjetunion I (Veröffentlichungen der Forschungsstelle Ludwigsburg der Universität Stuttgart; 20), Darmstadt 2011.

MEIER-BENNECKENSTEIN, PAUL u. a. (Hrsg.): Dokumente der deutschen Politik, Bd. I: Die national-sozialistische Revolution 1933, bearb. von Axel Friedrichs, Berlin 1935.

Memorandum by The Evangelical Church in Germany on the Question of War Crimes Trials before American Military Courts.

MENDELSON, JOHN (Hrsg.): The Holocaust. Selected Documents in Eighten Volumes, New York/London 1982, Bd. 10.

MERRITT, ANNA J./ MERRITT, RICHARD L. ((Hrsg.): Public Opinion in Semisovereign Germany. The HICOG Surveys 1949-1955, Chicago/ London 1980, S. 10f.

MERRITT, RICHARD L.: Democracy imposed. U.S. occupation policy and the German public 1945-1949, New Haven/London 1995, S. 163-170.

MICHALKA, WOLFGANG (Hrsg.): Das Dritte Reich. Dokumente zur Innen- und Außenpolitik, München 1985.
Bd. I:
„Volksgemeinschaft" und Großmachtpolitik 1933-1939.
Bd. II:
Weltmachtanspruch und nationaler Zusammenbruch 1939-1945.

MILITARY GOVERNMENT – GERMANY, UNITED STATES ZONE. Ordinance No. 7, Article II, in: Trials of War Criminals before the Nuernberg Military Tribunals under Control Council Law NO.10, Volume IV, Nuernberg October 1946-April 1949, S. XXIII-XXVIII.

Militärstrafgesetzbuch für das Deutsche Reich. Vom 20. Juni 1872. Nach den Motiven und Kommissions-Verhandlungen erläutert von C. Keller, Königl. Preuß. Geheimen Justiz-Rath, Mitglied des General-Auditeriats, Berlin 1872.

MÜLLER, NORBERT (Hrsg.): Deutsche Besatzungspolitik in der UdSSR 1941-1945. Dokumente, Köln 1980.

N

NESTLER, CORNELIUS: Schlussvortrag mit historischer und rechtlicher Analyse im Prozess gegen John Demjanjuk vor dem Landgericht München II, S. 1-30, in: https://www.sobibor.org/wp-content/uploads/2016/05/Pl%C%A4doyer-Prof.-Nestlerregzwei{Nestler,Cornelius}.pdf; 8.8.2018.

NOELLE, ELISABETH/ NEUMANN, ERICH PETER (Hrsg): Jahrbuch der öffentlichen Meinung 1947-1955, Allensbach 1956.

NUERNBERG MILITARY TRIBUNAL: Trials of War Criminals before the Nuernberg Military Tribunals under Control Councel Law NO.10, Volume IV, Nuernberg October 1946-April 1949.

O

OBERMANN, HEIKO A. u. a. (Hrsg.): Kirchen- und Theologiegeschichte in Quellen, Bd. IV/2, Neukirchen-Vluyn 198.

Online-Ausstellung „Widerstand? Evangelische Christinnen und Christen im Nationalsozialismus" in: www.evangelischer-widerstand.de/html/view.php?type=dokument&id=549&l=de; 20.10.2018.

R

Rede des Reichsführers SS bei der SS-Gruppenführertagung in Posen am 4. Oktober 1943 (Auszüge), hier nach: Der Prozess gegen die Hauptkriegsverbrecher vor dem Internationalen Militärgerichtshof. Nürnberg 14. November – 1. Oktober 1946. Amtlicher Text, deutsche Ausgabe. Bd. 29: Urkunden und anderes Beweismaterial Nr. 1850 – Nr. 2233. Nürnberg 1948, S. 110-173.

Rostow am Don. Gedenkstättenportal zu Orten der Erinnerung in Europa. Stiftung Denkmal für die ermordeten Juden Europas. Rostow am Don, Denkmal „Smijowskaja Balka", in: https://www.memorialmuseums.org/denkmaeler/view/355/Denkmal-C2%BBSmiyowskajaBalka%C2%AB; 28.7.2019.

Rostow am Don. Holocaust Memorials. Monuments, Museums and Institutions in Commemoration of Nazi Victims. Asien → Russische Föderation → Denkmal „Smijovs kaya-Schlucht" in Rostow am Don, in: https://www.gedenkstaetten-uebersicht.de/en/asia/cl/russische-foederation/inst/denkmal-smijowskaja-schlucht/; 28.7.2019.

Rostow am Don. Der Kampf gegen das organisiere Vergessen, in: https://www.israelnetz.com/nachrichten/2012/08/14/der-kampf-gegen-das-organisierte-vergessen/; 28.7.2019.

Rostow am Don. https://www.dokmz.com/2012/01/24/russia-row-over-nazi-massacre-site-in-rostov-on-don/; 28.7.2019.

Rostov mass murder remembered. Federation of the Jewish Communities in the CIS (FJC), in: https:///fjc-fsu.org/rostov-mass-murder-remembered/; 28.7.2019.

Rostov-on-Don District, Russia, UdSSR. Killing sites, in: https://www.yadvashem.org/yv/en/about/institute/killing_sites_catalog_details_full.asp?region=Rostov-onDon&title=Rostov-on-Don%20county; 28.7.2019.

RUGE, WOLFGANG/ SCHUMANN, WOLFGANG u. a. (Hrsg.): Dokumente zur deutschen Geschichte 1942-1945, Bd. 12, Berlin 1977.

RÜTER, CHRISTIAAN F.: *Justiz und* NS-Verbrechen: Sammlung Deutscher Strafurteile wegen Nationalsozialistischer Tötungsverbrechen 1945 – 1966, Bd. 22 (Urteil gegen Bibersteins Vorgänger Robert Mohr).

RÜTER-EHLERMANN, ADELHEID (Bearb.): Band XXII. Die vom 21.8.1965 bis 31.12.1965 ergangenen Strafurteile; Lfd. Nr. 596-606 (Justiz und NS-Verbrechen; Sammlung Deutscher Strafurteile wegen Nationalsozialistischer Tötungsverbrechen; 22), Amsterdam 1981, Bd. XXII.

S

Schlesische Priester im Dritten Reich. Nach Aufzeichnungen des Kapitularvikars Bischof Dr. F. Piontek, in: ARCHIV FÜR SCHLESISCHE KIRCHENGESCHICHTE, Bd. XXIII, im Auftrage des Instituts für ostdeutsche Kultur- und Kirchengeschichte herausgegeben von Dr. Kurt Engelbert, Hildesheim 1965.

SCHUBERT, KLAUS VON (Hrsg.): Sicherheitspolitik der Bundesrepublik Deutschland. Dokumentation 1945-1977 (2 Teile), Köln 1978/1979.

SCHWARZ, HANS-PETER (Hrsg. im Auftrag des Auswärtigen Amts): Akten zur Auswärtigen Politik der Bundesrepublik Deutschland.
  Bd. I. Adenauer und die Hohen Kommissare 1949-1951. Bearbeitet von Frank-Lothar Kroll und Manfred Nebelin, München 1989.
  Bd. II. Adenauer und die Hohen Kommissare 1951. Bearbeitet von Frank-Lothar Kroll und Manfred Nebelin, München 1992.

STATISTISCHES REICHSAMT (Hrsg.): Statistik des Deutschen Reiches 372, III (1931).

DASS. (Hrsg.): Wissenschaft und Statistik, Nr. 9, 1. Mai-Heft, 1939.

Statut für das Internationale Militärtribunal (Charter of the International Military Tribunal), in: International Military Tribunal: Der Prozeß gegen die Hauptkriegsverbrecher vor dem Internationalen Militärgerichtshof Nürnberg, Nürnberg 1947, Bd. I, S. 8-10.

Strafgesetzbuch (StGB). In der Fassung der Bekanntmachung vom 13.11.1998 (BGBl. I, S. 3322).

Strafgesetzbuch für das Deutsche Reich vom 15. Mai 1871. Historisch-synoptische Edition, 1871—2017. Herausgegeben von Rechtsanwalt Dr. Thomas Fuchs Fachanwalt für Bau- und Architektenrecht, www.lexetius.com.

T

Taganrog. Gedenkstätte Schlucht des Todes, in: https://www.memorialmuseums.org/denkmaeler/view/812/Denkmal-%C2%BBSchlucht-des-Todes%C2%AB-f%C3%BCr-die-Juden-der-Stadt-Taganrog#; 5.8.219.

Tagebuch der Zeit. Alte und neue Konflikte, in: DIE ZEIT, Jg. 1953, Ausgabe 43 vom 22. Oktober 1953.

The Tripartite Conference in Moscow, October 18 – November 1, 1943, Annex 10: *Statement on Atrocities, 30.10.1943*, Foreign Relations of the United States (Frus), Diplomatic Papers, 1943, Vol. I, General, Washington 1963, S. 513-781.

U

UEBERSCHÄR, GERD R.: Ausgewählte Dokumente und Übersichten zu den alliierten Nachkriegsprozessen, in: DERS. (Hrsg.): Der Nationalsozialismus vor Gericht. Die alliierten Prozesse gegen Kriegsverbrecher und Soldaten 1943-1952, Frankfurt/M. ^{3}2008, S. 277-301.

Unsere Ehre heisst Treue. Kriegstagebuch des Kommandostabes Reichsführer-SS, Tätigkeitsberichte der 1. und 2. SS-Inf.-Brigade, der 1. SS-Kav.-Brigade und von Sonderkommandos der SS (Europäische Perspektiven, Zeitgeschichte in Dokumenten), Wien, Frankfurt, Zürich 1965.

Urteil des Landgerichts Wuppertal vom 30.12.1965 gegen Robert Mohr, in: RÜTER, CHRISTIAAN F./ DE MILDT, DICK W. (Hrsg.): Justiz und NS-Verbrechen. Sammlung (west-)deutscher Strafurteile wegen nationalsozialistischer Tötungsverbrechen, 1945–2012. 49 Bde., Amsterdam/ München 1968–2012, hier Bd. XXII (1981), S. 501-540.

V

VAN RODEN, JUDGE EDWARD L: American Atrocities in Germany, in: The Progressive, Februar 1949, p. 21f.

Verhandlungen des deutschen Bundestages. Stenographische Berichte und Drucksachen, Bonn 1949ff.

VOLLNHALS, CLEMENS: Entnazifizierung und Selbstreinigung im Urteil der evangelischen Kirche. Dokumente und Reflexionen 1945-1949 (Studienbücher zur kirchlichen Zeitgeschichte; 8), München 1989.

W

War and Peace Aims of the United Nations, hrsg. von LOUISE HOLBORN, Bd. I, Washington 1943.

WILDT, MICHAEL (Hrsg.): Die Judenpolitik des SD 1935-1938. Eine Dokumentation (Schriftenreihe der Vierteljahreshefte für Zeitgeschichte: 71), München 1995.

WILHELM, HANS-HEINRICH: Rassenpolitik und Kriegsführung. Sicherheitspolizei und Wehrmacht in Polen und in der Sowjetunion 1939 – 1942, Passau 1991.

2 DARSTELLUNGEN

A

Art. Achenbach, Ernst, in: Regionales Personenlexikon zum Nationalsozialismus in den Altkreisen Siegen und Wittgenstein.

ADAM, UWE DIETRICH: Judenpolitik im Dritten Reich (Tübinger Schriften zur Sozialgeschichte; 1), Düsseldorf 1972; zugleich: Tübingen, Univ., Diss., 1971.

ADAMS, INGRID: Ernst Biberstein – Profiteur politischer Konjunkturen (Magisterarbeit), Köln 2011.

ADENAUER, KONRAD: Erinnerungen 1945-1953, Stuttgart 1965.

DERS.: Erinnerungen 1953-1955, Stuttgart 1966.

A former prosecutor at the nuremberg war crimes trial, in: www.benferencz.org/index.htm l#bio; 2.11.2015.

ARENDT, HANNAH: Eichmann in Jerusalem. A report on the banality of evil, New York 1963.

ALWAST, JENDRIS: Theologie in den zwanziger Jahren in wissenschafts- und problemgeschichtlichem Zusammenhang, in: Verein für Schleswig-Holsteinische Kirchengeschichte (Hrsg.): Schleswig-Holsteinische Kirchengeschichte, Bd. 6/1: Kirche zwischen Selbstbehauptung und Fremdbestimmung/ unter Mitarbeit von BLASCHKE, KLAUS u. a. (Schriften des Vereins für Schleswig-Holsteinische Kirchengeschichte, Reihe I, 35), Neumünster 1988.

ALY, GÖTZ/ HEIM, SUSANNE: Vordenker der Vernichtung. Auschwitz und die neuen Pläne für eine neue europäische Ordnung, Frankfurt/M. 1991.

ANGRICK, ANDREJ: Besatzungspolitik und Massenmord. Die Einsatzgruppe D in der südlichen Sowjetunion 1941-1943; teilw. zugl.: Berlin, Techn. Univ., Diss., 1999 u. d. T.: Angrick, Andrej: Die Einsatzgruppe D. Struktur und Tätigkeit einer mobilen Einheit der Sicherheitspolizei und des SD in der deutsch besetzte Sowjetunion, Hamburg 2003.

DERS.: Die Einsatzgruppe D, in: Die Einsatzgruppen in der besetzten Sowjetunion 1941/42. Die Tätigkeits- und Lageberichte des Chefs der Sicherheitspolizei und des SD. Herausgegeben und eingeleitet von Peter Klein. Mit Beiträgen und Kommentaren von Andrej Angrick, Christian Gerlach, Dieter Pohl und Wolfgang Scheffler (Publikationen der Gedenk- und Bildungsstätte Haus der Wannsee-Konferenz; 6), Berlin 1997, S. 88-110.

DERS.: Im Windschatten der 11. Armee. Die Einsatzgruppe D, in: PAUL, GERHARD/ MALLMANN, KLAUS-MICHAEL (Hrsg.): Die Gestapo im Zweiten Weltkrieg. ‚Heimatfront' und besetztes Europa, Darmstadt 2000, S. 481-502.

ARONSON, SLOMO: Heydrich und die Anfänge des SD und der Gestapo (1931-1935), Berlin 1967, zugleich: Berlin, Freie Univ., Diss., 1966.

ASCHENAUER, RUDOLF: Das amerikanische Militärgericht No. 2 verletzte im Einsatzgruppenprozeß, Fall 9 (gegen Ohlendorf u. a.), die Grundrechte, die den Verurteilten nach der USA-Verfassung zustanden, Nürnberg 1949 (Selbstverlag).

DERS.: Landsberg. Ein dokumentarischer Bericht von deutscher Seite, München 1951.

DERS.: Um die Problematik des richterlichen Nachprüfungsrechtes und der richterlichen strafrechtlichen Haftung unter besonderer Berücksichtigung der Rechtssprechung [Rechtsprechung; Verf.] an den amerikanischen Militärgerichtshöfen in Nürnberg, o. O. 1949; zugleich: Erlangen Univ., Diss., 1949. 147 S. maschinenschriftlich.

DERS.: Zur Frage einer Revision der Kriegsverbrecher-Prozesse, Nürnberg 1949 (Selbstverlag).

AUERBACH, HELLMUTH: Art. Völkische Bewegung, in: BENZ, WOLFGANG u. a. (Hrsg.): Enzyklopädie des Nationalsozialismus (^{5}2007), S. 853f.

B

BAIER, HELMUT: Die Deutschen Christen Bayerns im Rahmen des bayrischen Kirchenkampfes (Einzelarbeiten aus der Kirchengeschichte Bayerns; 46), Nürnberg 1968; zugleich: Berlin, Univ., Diss., 1966.

BAJOHR, FRANK: Neuere Täterforschung, Version 1.0 in: Docupedia-Zeitgeschichte,18.6.2013, http://docupedia.de/zg/NeuereTäterforschung?oldid86938; 29.4.2014.

BAJOHR, FRANK/ WILDT, MICHAEL (Hrsg.): Volksgemeinschaft. Neuere Forschungen zur Gesellschaft des Nationalsozialismus (Die Zeit des Nationalsozialismus), Frankfurt/M. 2009.

BÄRSCH, CLAUS-EKKEHARD: Die politische Religion des Nationalsozialismus. Die religiösen Dimensionen der NS-Ideologie in den Schriften von Dietrich Eckart, Joseph Goebbels, Alfred Rosenberg und Adolf Hitler, 2., vollst. überarb. Aufl., München 2002.

BARTELS, RUDOLF: Rasse und Volkstum. Gesammelte Aufsätze zur nationalen Weltanschauung, Weimar, 2. verm. Auflage 1920 (zuerst unter dem Titel *Rasse* erschienen).

BARTSCH, HEINZ: Die Wirklichkeitsmacht der Allgemeinen Deutschen Glaubensbewegung der Gegenwart, Breslau 1938; zugleich: Leipzig, Univ., Diss., 1938.

BAUER, FRITZ: Genocidum, in: DERS: Die Humanität der Rechtsordnung. Ausgewählte Schriften, hrsg. von Joachim Perels und Irmtrud Wojak, (Wissenschaftliche Reihe des Fritz-Bauer-Instituts; 5), Frankfurt/M./ New York 1998, S. 61-76.

DERS.: Nach den Wurzeln des Bösen fragen. Aus dem Wortlaut eines Vortrages von Generalstaatsanwalt Dr. Fritz Bauer, in: Forschungsjournal Soziale Bewegungen. Pressetexte zu Heft 4/2015, S. 1-5.

BAUER, KURT: Nationalsozialismus. Ursprünge, Anfänge, Aufstieg und Fall, Wien u. a. 2008.

BAUMANN, JOHANNES: 150 Jahre Gymnasium Wilhelmsdorf, in: Gymnasium Wilhelmsdorf (Hrsg.): Aus der Festschrift 150 Jahre Gymnasium Wilhelmsdorf, 2007.

BAUTZ, FRIEDRICH WILHELM: Art. Hauer, Jakob Wilhelm, in: Biographisch-Bibliographisches Kirchenlexikon (BBKL), Bd. 2 (1990), Spalte 593f.

BAYLE, FRANÇOIS: Croix Gammée contre caducée. Les expériences humaines en Allemagne pendant la deuxième guerre mondiale, Neustadt 1950.

DERS.: Psychologie et ethique du National-Socialisme. Étude anthropologique des dirigeants S.S., Paris 1953; zugleich: Paris, Diss., 1952.

BECKER, CLAUDIA: Das karäische Wunder, in: Die Zeit Online, Ausgabe 22 (1995).

BECKER, MARIE-LUISE: Deutsche Arbeitsfront (DAF), in: BENZ, WOLFGANG u. a. (Hrsg.): Enzyklopädie des Nationalsozialismus, 5., aktualisierte und erweiterte Auflage, München 2007, S. 463f.

DIES.: Kraft durch Freude (KdF), in: BENZ, WOLFGANG u. a. (Hrsg.).: Enzyklopädie des Nationalsozialismus, 5., aktualisierte und erweiterte Auflage, München 2007, S. 605f.

BECKMANN, JOACHIM: Artgemäßes Christentum oder schriftgemäßer Christusglaube? (Freie Evangelische Presbyterianer 1933-1934; 3), Essen 1933.

BEER, MATHIAS: Die Entwicklung der Gaswagen beim Mord an den Juden, in: VfZ, Jg. 35 (1987), Heft 3, S. 403-417.

BEHRENDT, BERND: August Julius Langbehn, der „Rembrandt-Deutsche", in: PUSCHNER, UWE u. a. (Hrsg.): Handbuch, S. 94-113.

BENZ, WOLFGANG (Hrsg.): Handbuch des Antisemitismus. Judenfeindschaft in Geschichte und Gegenwart (Im Auftrag des Zentrums für Antisemitismus der Technischen Universität Berlin), Bd. I-VIII, hier Bd. IV: Ereignisse, Dekrete, Kontroversen, München 2011.

BERGMANN, ARMIN: Reichsparteitage, in: BENZ, WOLFGANG u. a., Enzyklopädie des Nationalsozialismus, 5., aktualisierte und erweiterte Auflage, München 2007, S. 750.

BESIER, GERHARD: Die Kirchen und das Dritte Reich. Spaltungen und Abwehrkämpfe 1934-1937, München, 2001.

BESIER, GERHARD/ SAUTER, GERHARD: Wie Christen ihre Schuld bekennen. Die Stuttgarter Erklärung 1945, Göttingen 1985.

BEST, WERNER: Die politische Polizei des Dritten Reiches, in: FRANK, HANS (Hrsg.): Deutsches Verwaltungsrecht, München 1937, S. 417-430.

DERS.: Neubegründung des Polizeirechts, in: Jahrbuch der Akademie für Deutsches Recht, 4 (1973, S. 132-138.

BIELFELDT, JOHANN: Der Kirchenkampf in Schleswig-Holstein 1933-1945 (Arbeiten zur Geschichte des Kirchenkampfes. Erg. R.; 1) Göttingen 1963.

BIRN, RUTH BETTINA: Die Höheren SS- und Polizeiführer. Himmlers Vertreter im Reich und in den besetzten Gebieten, Düsseldorf 1986; zugleich: Stuttgart, Univ., Diss., 1985.

BLASIUS, RAINER A.: Fall 11. Der Wilhelmstraßen-Prozeß gegen das Auswärtige Amt und andere Ministerien, in: UEBERSCHÄR, GERD R. (Hrsg.): Der Nationalsozialismus vor Gericht. Die alliierten Prozesse gegen Kriegsverbrecher und Soldaten 1943–1952, Frankfurt 1999, S. 187-198.

BLOXHAM, DONALD: The final solution: a genocide, Oxford 2009.

BOBERACH, HEINZ: Organe der nationalsozialistischen Kirchenpolitik. Kompetenzverteilung und Karrieren in Reich und Ländern, in: BRACHER, KARL DIETRICH u. a. (Hrsg.): Staat und Parteien. Festschrift für Rudolf Morsey zum 65. Geburtstag, Berlin 1992, S. 305-331.

BOLL, BERND: *Fall 6. Der IG-Farben-Prozeß,* in: UEBERSCHÄR, GERD R. (Hrsg.): Der Nationalsozialismus vor Gericht. Die alliierten Prozesse gegen Kriegsverbrecher und Soldaten 1943–1952, Frankfurt 1999, S. 133-143.

BOYENS, ARMIN/ GRESCHAT, MARTIN/ VON THADDEN, RUDOLF/ POMBENI, PABLO: *Kirchen in der Nachkriegszeit.* Vier zeitgeschichtliche Beiträge (Arbeiten zur kirchlichen Zeitgeschichte; 8), Göttingen 1979.

BRAKELMANN, GÜNTHER: Adolf Stöcker als Antisemit, Waltrop 2004.
Teil I: Leben und Wirken Adolf Stöckers im Kontext seiner Zeit.
Teil II: Texte des Parteipolitikers und Kirchenmannes.

DERS. / GRESCHAT, MARTIN/ JOCHMANN, WERNER: Protestantismus und Politik. Werk und Wirkung Adolf Stöckers (Beiträge zur Sozial- und Zeitgeschichte; 17), Hamburg 1982.

BREITMAN, RICHARD/ ARONSON, SLOMO: Eine unbekannte Himmler-Rede vom Januar 1943, in: VfZ 38 (1990), S. 337-348.

BREUER, STEFAN: Die Völkischen in Deutschland: Kaiserreich und Weimarer Republik, 2., unveränderte Auflage, Darmstadt 2010, hier S. 98-111.

BRINK, CORNELIA: Ikonen der Vernichtung. Öffentlicher Gebrauch von Fotografien aus nationalsozialistischen Konzentrationslagern nach 1945 (Schriftenreihe des Fritz-Bauer-Instituts Frankfurt am Main; 14), Berlin 1998.

BROCHHAGEN, ULRICH: Nach Nürnberg. Vergangenheitsbewältigung und Westintegration in der Ära Adenauer (Schriftenreihe des Hamburger Instituts für Sozialforschung), Berlin 1999; zugleich: München, Universität der Bundeswehr, Diss.,1993.

BROSZAT, MARTIN u. a. (Hrsg.): Bayern in der NS-Zeit, 6 Bd., München 1977-1983.

DERS: Der Staat Hitlers. Grundlegung und Entwicklung seiner inneren Verfassung, München 1969.

DERS.: Nationalsozialistische Konzentrationslager 1933-1945. Schriftliches Sachverständigen-Gutachten für den Auschwitz-Prozeß, vor dem Schwurgericht Frankfurt a. M. am 21. Februar 1964 mündlich vorgetragen, in: BUCHHEIM, HANS/ BROSZAT, MARTIN/ JACOBSEN, HANS-ADOLF/ KRAUSNICK, HELMUT: Anatomie des SS-Staates. Gutachten des Instituts für Zeitgeschichte 1965, München ^{8}2005, 321-445.

DERS.: Soziale Motivation und Führerbindung im Nationalsozialismus, in: Vierteljahreshefte für Zeitgeschichte (VfZ) 18 (1970), S. 392-409.
BROWDER, GEORGE C: Die Anfänge des SD. Dokumente aus der Frühgeschichte des Sicherheitsdienstes des Reichsführers SS, in: VfZ 27 (1979), Heft 2, S. 299-317.
DERS.: Hitler's Enforcers. The Gestapo and the SS Security Service in the Nazi Revolution, New York/ Oxford 1996.
DERS.: The Numerical Strength of the Sicherheitsdienst des RFSS, in: Historical Social Research 28 (1983), S. 30-41.
BROWNING, CHRISTOPHER R.: Ordinary men: reserve police Battalion 101 and the final solution in Poland, New York 1992. Deutsche Ausgabe u. d. T.: *Ganz normale Männer. Das Reserve-Polizeibataillon101 und die „Endlösung" in Polen*, Hamburg 1993.
DERS.: The final solution and the German Foreign Office: a study of referat D III of Abteilung Deutschland 1940-43, New York 1978.
DERS: Zur Genesis der „Endlösung". Eine Antwort an Martin Broszat, in: Vierteljahreshefte für Zeitgeschichte (VfZ) 29 (1981), S. 97-109.
BUCHHEIM, HANS/ BROSZAT, MARTIN/ JACOBSEN HANS-ADOLF/ KRAUSNICK, HELMUT: Anatomie des SS-Staates. Gutachten des Instituts für Zeitgeschichte 1965, München [8]2005.
BUCHHEIM, HANS: Art. Andersen, Friedrich Karl Emil, in: Neue Deutsche Biographie (NDB), Bd. I, Berlin 1953, S. 268.
DERS.: Befehl und Gehorsam. Schriftliches Sachverständigen-Gutachten für den Auschwitz-Prozeß, vor Gericht am 2. Juli 1964 auszugsweise mündlich vorgetragen, in: BUCHHEIM, HANS/ BROSZAT, MARTIN/ JACOBSEN, HANS-ADOLF/ KRAUSNICK, HELMUT: Anatomie des SS-Staates. Gutachten des Instituts für Zeitgeschichte 1965, München [8]2005, S. 213-320.
DERS.: Der Blutorden der NSDAP, 29. Mai 1955, in: Gutachten des Instituts für Zeitgeschichte, Institut für Zeitgeschichte München 1958, S. 322-323.
DERS.: Die Höheren SS- und Polizeiführer, VfZ, Jahrgang 11 (1963), Heft 4, S. 362-391.
DERS.: Die SS – das Herrschaftsinstrument. Schriftliches Sachverständigen-Gutachten für den Auschwitz-Prozeß, vor Gericht am 7. Februar 1964 auszugsweise mündlich vorgetragen, in: BUCHHEIM, HANS/ BROSZAT, MARTIN/ JACOBSEN, HANS-ADOLF/ KRAUSNICK, HELMUT: Anatomie des SS-Staates. Gutachten des Instituts für Zeitgeschichte 1965, München [8]2005, S. 13-212.
DERS.: Die SS in der Verfassung des Dritten Reiches, in: Vierteljahreshefte für Zeitgeschichte (VfZ), Jahrgang 3 (1955), Heft 2, S. 127-157.
DERS.: Die staatsrechtliche Bedeutung des Eides auf Hitler als Führer der nationalsozialistischen Bewegung nach 1933, in: Gutachten des Instituts für Zeitgeschichte, Bd. I, München 1958, S. 328-330.
DERS.: Glaubenskrise im Dritten Reich. Drei Kapitel nationalsozialistischer Religionspolitik (Veröffentlichungen des Instituts für Zeitgeschichte), Stuttgart 1953.
BURKHARDT, ANIKA: Das NS-Euthanasie-Unrecht vor den Schranken der Justiz. Eine strafrechtliche Analyse 8.-15. Oktober 1945 (Beiträge zur Rechtsgeschichte des 20. Jahrhunderts; 85), zugleich: Tübingen, Univ., Diss., 2013, Tübingen 2015.

BUSCHER, FRANK M.: Bestrafen und erziehen. „Nürnberg" und das Kriegsverbrecherprogramm der USA. Aus dem Englischen übersetzt von Annette Weinke, in: NORBERT FREI (Hrsg.): Transnationale Vergangenheitspolitik. Der Umgang mit deutschen Kriegsverbrechern in Europa nach dem Zweiten Weltkrieg, Göttingen 2006, S. 94-139.

C

CÜPPERS, MARTIN: Wegbereiter der Shoa: Die Waffen-SS, der Kommandostab Reichsführer-SS und die Judenvernichtung 1933-1945 (Veröffentlichungen der Forschungsstelle Ludwigsburg; 4), zugleich: Stuttgart, Univ., Diss., 2004, Frankfurt/M., ²2011.

CONZE, ECKART/ FREI, NORBERT/ HAYES, PETER/ ZIMMERMANN, MOSHE: Das Amt und die Vergangenheit. Deutsche Diplomaten im Dritten Reich und in der Bundesrepublik. München 2010.

D

DAHM, KARL-WILHELM: Pfarrer und Politik. Soziale Position und politische Mentalität des deutschen evangelischen Pfarrerstandes zwischen 1918 und 1933 (Dortmunder Schriften zur Sozialforschung; 29) Köln u. a. 1965; zugleich: Münster, Univ., Diss., 1965.

Das KZ „*Risiera di San Sabba*", in: http://www.deathcamps.org/sabba/indexd.html; 20.08.2015.

Demjanjuks Verurteilung ohne Nachweis von Einzeltat möglich? in: DIE WELT vom 3.2.2010.

Der unaufdringliche Pfarrer. Vergasung angenehmer, in: DER SPIEGEL, 50/1947.

DIBELIUS, OTTO: Ein Christ ist immer im Dienst. Erlebnisse und Erfahrungen in einer Zeitenwende, Stuttgart 1961.

DERS.: Obrigkeit, Stuttgart 1963.

DIERKER, WOLFGANG: Himmlers Glaubenskrieger. Der Sicherheitsdienst der SS und seine Religionspolitik 1933-1941 (Veröffentlichungen der Kommission für Zeitgeschichte, Reihe B: Forschungen; 92), Paderborn u. a. 2002; zugleich: Bonn, Univ. Diss., 2000 u. d. T: Dierker, Wolfgang: *Die Religionspolitik des SD*.

DÖRNER, BERNWARD: Die Deutschen und der Holocaust. Was niemand wissen wollte, aber jeder wissen konnte, Berlin 2007.

E

EARL, HILARY: The Nuremberg SS-Einsatzgruppen Trial 1945 – 1958: atrocity, law, and history, Cambridge 2009; teilw. zugleich: Toronto, Univ., Diss.,1994.

ECHTERNKAMP, JÖRG: Die 101 wichtigsten Fragen. Der Zweite Weltkrieg, München 2010.

ECKERT, ASTRID M.: Kampf um die Akten. Die Westalliierten und die Rückgabe von deutschem Archivgut nach dem Zweiten Weltkrieg (Transatlantische historische Studien; 20), Stuttgart 2004; zugleich: Berlin, Freie Univ., Diss., 2003.

F

FALTER, JÜRGEN W. u. a.: Wahlen und Abstimmungen in der Weimarer Republik. Materialien zum Wahlverhalten 1919-1933 (Statistische Arbeitsbücher zur neueren deutschen Geschichte), München 1986.

FALTER, JÜRGEN W.: Hitlers Wähler, Darmstadt 1991.

DERS.: Zur Soziographie des Nationalsozialismus. Studien zu den Wählern und Mitgliedern der NSDAP (Historical Social Research, Supplement 25), GESIS, Leibnitz Institute for Social Sciences, Center for Historical Research, Köln 2013.

FRAENKEL, ERNST: The dual state. A contribution to the theory of dictatorship New York 1941. Die deutsche Übersetzung erschien 1984 unter dem Titel:

FRAENKEL, ERNST: Der Doppelstaat. Recht u. Justiz im „Dritten Reich". Aus d. Amerikan. rückübers. von Manuela Schöps in Zusammenarbeit mit d. Autor, Frankfurt 1984.

FREI, NORBERT: Vergangenheitspolitik. Die Anfänge der Bundesrepublik und die NS-Vergangenheit, München ²2003; zugleich: Bielefeld, Univ., Habil.-Schr., 1995.

FREUDIGER, KERSTIN: Die juristische Aufarbeitung von NS-Verbrechen (Beiträge zur Rechtsgeschichte des 20. Jahrhunderts; 33), Tübingen 2002; zugleich: Hannover, Univ., Diss., 1999.

FRIEDLÄNDER, SAUL: Das Dritte Reich und die Juden. Bd. 1. Die Jahre der Verfolgung 1933–1939, München ²1998.

FROMMER, HARTMUT: Von Nürnberg geht eine neue Epoche der Weltgeschichte aus ... Rechtsgeschichtlicher Beitrag zum völkerrechtlichen Hintergrund des Nürnberger Kriegsverbrecherprozesses, in: Nürnberg heute, Sonderheft 1995, S. 66-70.

G

GAILUS, MANFRED: Diskurse, Bewegung, Praxis. Völkisches Denken und Handeln bei den „Deutschen Christen", in: PUSCHNER, UWE/ VOLLNHALS, CLEMENS (Hrsg.): Die völkisch-religiöse Bewegung im Nationalsozialismus. Eine Beziehungs- und Konfliktgeschichte (Hannah-Arendt-Institut für Totalitarismusforschung; 47), Göttingen 2012, S. 233-248.

DERS.: „Hier werden täglich drei, vier Fälle einer nichtarischen Abstammung aufgedeckt." Pfarrer Karl Themel und die Kirchenbuchstelle Alt-Berlin, in: DERS. (Hrsg.): Kirchliche Amtshilfe. Die Kirche und die Judenverfolgung im „Dritten Reich", Göttingen 2008, S. 82-100.

DERS.: Kirchenbücher, Ariernachweise und kirchliche Beihilfen zur Judenverfolgung. Zur Einführung, in: DERS. (Hrsg.): Kirchliche Amtshilfe. Die Kirche und die Judenverfolgung im „Dritten Reich", Göttingen 2008, S. 7-26.

DERS.: Protestantismus und Nationalsozialismus. Studien zur nationalsozialistischen Durchdringung des protestantischen Sozialmilieus in Berlin (Industrielle Welt: Schriftenreihe des Arbeitskreises für moderne Sozialgeschichte; 61), Köln u. a. 2001; zugleich: Berlin, techn. Univ., Habil.-Schr., 1999.

GELLERMANN, GÜNTHER W.: ... und lauschten für Hitler". Geheime Reichssache. Die Abhörzentralen des Dritten Reiches, Bonn 1991.

GERLACH, CHRISTIAN: Die Einsatzgruppe B, in: Die Einsatzgruppen in der besetzten Sowjetunion 1941/42. Die Tätigkeits- und Lageberichte des Chefs der Sicherheitspolizei und des SD. Herausgegeben und eingeleitet von Peter Klein. Mit Beiträgen und Kommentaren von Andrej Angrick, Christian Gerlach, Dieter Pohl und Wolfgang Scheffler (Publikationen der Gedenk- und Bildungsstätte Haus der Wannsee-Konferenz; 6), Berlin 1997, S. 52-70.

DERS.: Kalkulierte Morde. Die deutsche Wirtschafts- und Vernichtungspolitik in Weißrußland 1941 bis 1944, Hamburg 2000; zugleich: Berlin, Techn. Univ., Diss. 1998.

GERWARTH, ROBERT: Reinhard Heydrich. Biographie. Aus dem Englischen übersetzt von Udo Rennert, München 2011; zugleich: New Haven, Yale Univ., Diss., 2011.

GIPPERT, WOLFGANG: Neue Tendenzen in der NS-Täterforschung. Artikel vom 27.09.2006, in: www.zukunft-braucht-erinnerung.de; 22.08.2016.

Geschichte des „Russenlagers" Stalag VIII, in: www.lamsdorf.com/history.html#; 15.08.2018.

GOLCZEWSKI, FRANK: Organisation Ukrainischer Nationalisten (Orhanizacija Ukraïnśkych Nacionalistiv, Ukraine), in: BENZ, WOLFGANG: (Hrsg. im Auftrag des Zentrums für Antisemitismusforschung der Technischen Universität Berlin): Handbuch des Antisemitismus. Judenfeindschaft in Geschichte und Gegenwart, Bd. 5: Organisationen, Institutionen, Bewegungen, München 2012, S. 468-471.

GOLDHAGEN, DANIEL JONAH: Hitler's willing executioners: ordinary Germans and the Holocaust, New York, 1996. Deutsche Ausgabe u. d. T.: *Hitlers willige Vollstrecker. Ganz gewöhnliche Deutsche und der Holocaust*, Berlin 1996.

GRABNER-HAIDER, ANTON/ STRASSER, PETER: Hitlers mythische Religion. Theologische Denklinien und NS-Ideologie, Wien u. a. 2007.

GROSS, ALEXANDER: Gehorsame Kirche – ungehorsame Christen im Nationalsozialismus, Mainz ²2000.

GROSSE, HEINRICH/ OTTE, HANS/ PERELS, JOACHIM (Hrsg): Neubeginn nach der NS-Herrschaft? Die hannoversche Landeskirche nach 1945, Hannover 2002.

GRÜNDEL, ERNST GÜNTHER: Die Sendung der jungen Generation. Versuch einer umfassenden revolutionären Sinndeutung der Krise, München 1932.

GUTMAN, ISRAEL (Hrsg.): Enzyklopädie des Holocaust. Die Verfolgung und Ermordung der europäischen Juden, Bd. I-IV, München 1998.

H

HACHMEISTER LUTZ: Der Gegnerforscher. Die Karriere des SS-Führers Alfred Six, München 1998.

HABERKORN, TOBIAS: Kriegsverbrecherverfolgung in der SBZ und frühen DDR 1945-1950. Legenden, Konflikte und Mängel, in: Deutschland Archiv. Zeitschrift für das vereinigte Deutschland, 4/2012.

HAUER, JAKOB WILHELM: Was will die deutsche Glaubensbewegung? (Flugschriften zum geistigen und religiösen Durchbruch der deutschen Revolution; 5), Stuttgart 1934.

HAUGG, WERNER: Das Reichsministerium für die kirchlichen Angelegenheiten (Schriften zum Staatsaufbau; 44), Berlin 1940.

HAYES, CARLTON J. H.: The Historical Evolution of Modern Nationalism, New York 1931.

HEADLAND, RONALD: Messages of Murder. A Study of the Report of the Einsatzgruppen of the Security Police and the Security Service 1941-1943, Rutherford u. a., Fairley Dickinson Univ. Press 1992.

HEIN, BASTIAN: Elite für Volk und Führer? Die allgemeine SS und ihre Mitglieder 1925-1945 (Quellen und Darstellungen zur Zeitgeschichte; 92), München 2012; zugleich: Regensburg, Univ., Habil.-Schr., 2011.

HERBERT, ULRICH: Best. Biographische Studien über Radikalismus, Weltanschauung und Vernunft 1903-1989, Bonn ^{5}2011; teilweise zugleich: Hagen, Fernuniv., Habil.-Schr., 1992.

DERS.: Vernichtungspolitik. Neue Antworten und Fragen und Antworten zur Geschichte des „Holocaust", in: DERS. (Hrsg.): Nationalsozialistische Vernichtungspolitik 1939-1945. Neue Forschungen und Kontroversen, Frankfurt/M. 1988, S. 9-66.

HERTUNG, GÜNTHER: Völkische Ideologie, in: UWE PUSCHNER u. a. (Hrsg.): Handbuch, S. 22-44.

HIERONUMUS, EKKEHARD: Zur Frage nach dem Politischen bei völkisch-religiösen Gruppierungen, in: TAUBES, JACOB (Hrsg.): Religionstheorie und politische Theologie, Bd. I: Der Fürst dieser Welt. Carl Schmitt und die Folgen, Paderborn u. a. 1983, S. 316-321

HILBERG, RAUL: The Destruction of the European Jews, Vol. 1-3, Chicago 1961. Deutsche Übersetzung von Christian Seeger u. d. T. *Die Vernichtung der europäischen Juden. Die Gesamtgeschichte des Holocaust*, Berlin 1982.

HOCH, GERHARD: Zwölf wiedergefundene Jahre. Kaltenkirchen unter dem Hakenkreuz (hrsg. vom Trägerverein KZ-Gedenkstätte Kaltenkirchen in Springhirsch e. V.), 2., leicht korrigierte Aufl., Norderstedt 2006.

HÖHNE, HEINZ: Der Orden unter dem Totenkopf. Die Geschichte der SS, Gütersloh 1967.

I

INSTITUT FÜR ZEITGESCHICHTE MÜNCHEN-BERLIN. Geschichte des Instituts. Gutachten, in: www.ifz-muenchen.de/das-institut/Gutachten; 05.05. 2014.

INSTITUT FÜR ZEITGESCHICHTE MÜNCHEN-BERLIN: Gutachten des Instituts für Zeitgeschichte, 2 Bd., München 1958 u. 1966.

J

JÄCKEL, EBERHARD: Die Entschlußbildung als historisches Problem, in: JÄCKEL, EBERHARD JÄCKEL/ ROHWER, JÜRGEN (Hrsg.): Der Mord an den Juden im Zweiten Weltkrieg. Entschlußbildung und Verwirklichung, Stuttgart 1985, S. 9-17.

JACOBSEN, HANS-ADOLF: Kommissarbefehl und Massenexekutionen sowjetischer Kriegsgefangener. Schriftliches Sachverständigen-Gutachten für den Auschwitz-Prozeß, vor dem Schwurgericht in Frankfurt a. M. am 14. August 1964 mündlich vorgetragen, in: BUCHHEIM, HANS/ BROSZAT, MARTIN/ JACOBSEN HANS-ADOLF/ KRAUSNICK, HELMUT: Anatomie des SS-Staates. Gutachten des Instituts für Zeitgeschichte 1965, München ^{8}2005, S. 447-544.

JÄGER, HERBERT: Verbrechen unter totalitärer Herrschaft. Studien zur nationalsozialistischen Gewaltkriminalität (Texte und Dokumente zur Zeitgeschichte). Mit einem Nachwort zur Neuauflage von Adalbert Rückerl, 1. Auflage/Neuauflage, Frankfurt/M. 1982; zugleich: Hamburg, Univ., Habil.-Schr., 1966.

JAKOB, VOLKER: Die evangelische Landeskirche Schleswig-Holstein in der Weimarer Republik – Sozialer Wandel und politische Kontinuität. Statistische Untersuchungen zur Geschichte der Evangelisch-Lutherischen Landeskirche Schleswig-Holsteins 1918-1933 (Sozial- und Wirtschaftsgeschichte; 2), Münster u. a. 1993; zugleich: Münster, Univ., Diss., 1984 u. d. T.: Sozialer Wandel und politische Kontinuität.

JAKUBOWSKI-TIESSEN, MANFRED: Gemeinschaftsverein und Nationalsozialismus in Schleswig-Holstein, in: KLAUPETER REUMANN (Hrsg.): Kirche und Nationalsozialismus. Beiträge zur Geschichte des Kirchenkampfes in den evangelischen Landeskirchen Schleswig-Holsteins (Schriften des Vereins für Schleswig-Holsteinische Kirchengeschichte, Reihe I, 35), Neumünster 1988.

JANOWITZ, MORRIS: German reactions to nazi atrocities, in: American Journal of Sociology, 1946, Vol. 52 (2), S. 141-146.

JANSEN, HANS: Der Madagaskar-Plan. Die beabsichtigte Deportation der europäischen Juden nach Madagaskar. Aus dem Niederländischen übersetzt von Markus Jung, München 1997.

JASPERS, KARL: *Die Schuldfrage*. Ungekürzte Taschenbuchausgabe, 2. Auflage, München, Berlin, Zürich 2016, S. 33f.

(Die Originalausgabe des Jahres 1946 trägt keinen Untertitel. Erst nach Jaspers Tod im Jahre 1969 wurde die 1987 erschienene ungekürzte Neuausgabe mit dem Untertitel „Von der politischen Haftung Deutschlands" versehen).

JOBST, KERSTIN S.: Geschichte der Ukraine, Stuttgart 2010.

JONCA, KAROL: Die Deportation und Vernichtung der schlesischen Juden, in: GRABITZ, HELGE/ BÄSTLEIN, KLAUS/ TUCHEL, JOHANNES (Hrsg.): Die Normalität des Verbrechens. Bilanz und Perspektiven der Forschung zu den nationalsozialistischen Gewaltverbrechen (Reihe: Deutsche Vergangenheit; 112), Berlin 1994.

JUNG, WALTER: Art. Deutschvölkischer Schutz- und Trutzbund (DVSTB), 1919-1924/35, publiziert am 02.11.2006; in: www.historisches-lexikon-bayerns.de/Lexikon/Deutsch völkischer Schutz- und Trutzbund (DVSTB), 1919-1924/35; 25.07.2018.

JUNGINGER, HORST: Art. Jakob Wilhelm Hauer, in: HAAR, INGO/ FAHLBUSCH, MICHAEL/ BERG, MATTHIAS (Hrsg.): Handbuch der völkischen Wissenschaften. Personen, Institutionen, Forschungsprogramme, Stiftungen, München 2008.

DERS.: Die Deutsche Glaubensbewegung als ideologisches Zentrum der völkisch-religiösen Bewegung, in: PUSCHNER, UWE/ VOLLNHALS, CLEMENS (Hrsg.), völkisch-religiöse Bewegung, S. 65-102.

DERS.: Die Deutsche Glaubensbewegung und der Mythos einer „dritten Konfession", in: GAILUS, MANFRED/ NOLZEN, ARMIN (Hrsg.): Zerstrittene Volksgemeinschaft. Glaube, Konfession und Religion im Nationalsozialismus, Göttingen 2001, S. 180-203.

K

KAPPERLER, ANDREAS: Kleine Geschichte der Ukraine, 4., überarbeitete und aktualisierte Auflage, München 2014.

KERSHAW, IAN: Führer und Hitlerkult, in: BENZ, WOLFGANG/ GRAML, HERMANN/ WEISS, HERMANN (Hrsg.) Enzyklopädie des Nationalsozialismus, 5., aktualisierte und erweiterte Auflage, München 2007, S. 13-26.

KETTENACKER, LOTHAR: Die Behandlung der Kriegsverbrecher als anglo-amerikanisches Rechtsproblem, in: GERD R. UEBERSCHÄR, GERD R. (Hrsg.): Der Nationalsozialismus vor Gericht. Die alliierten Prozesse gegen Kriegsverbrecher und Soldaten 1943-1952, Frankfurt/M. ^{3}2008, S. 17-31.

KIRCHE HAMBURG. SERVICEPORTAL DER EV.-LUTH. KIRCHE: Nachrichten: „Kirchen im Norden deckten Nazi-Karrieren. Patenschaften für Kriegsverbrecher" – Kirchenhistoriker deckt auf. KIRCHE HAMBURG. SERVICEPORTAL DER EV.-LUTH. KIRCHE: Nachrichten: „Kirchen im Norden deckten Nazi-Karrieren. Patenschaften für Kriegsverbrecher" – Kirchenhistoriker deckt auf.

KLEE, ERNST: Das Personenlexikon zum Dritten Reich. Wer war was vor und nach 1945, Frankfurt/M. ^{3}2011.

DERS.: Persilscheine und falsche Pässe. Wie die Kirchen den Nazis halfen, Frankfurt/M. ^{6}2001.

KOCH, BURKHARD: Rechtsbegriff und Widerstandsrecht. Notwehr gegen rechtswidrige Ausübung von Staatsgewalt im Rechtsstaat und unter dem Nationalsozialismus (Schriften zum öffentlichen Recht; 478), Berlin 1985; zugleich: Bielefeld, Univ., Diss., 1983.

KOGON, EUGEN: Der SS-Staat. Das System der deutschen Konzentrationslager, Ausgabe 211.-234. Tausend, Frankfurt/M. 1965.

KRAUSE, REINHOLD: Der „Fall Krause" und seine Folgen. Von den Deutschen Christen zur Deutschen Volkskirche, Berlin 1932.

KRAUSNICK, HELMUT: Judenverfolgung. Schriftliches Sachverständigen-Gutachten für den Auschwitz-Prozess, vor dem Schwurgericht Frankfurt a. M. am 17. Februar 1964 auszugsweise mündlich vorgetragen, in: BUCHHEIM, HANS/ BROSZAT, MARTIN/ JACOBSEN, HANS-ADOLF/ KRAUSNICK, HELMUT: Anatomie des SS-Staates. Gutachten des Instituts für Zeitgeschichte 1965, München ^{8}2005, S. 547-678.

DERS.: Hitler und die Befehle an die Einsatzgruppen im Sommer 1941, in: JÄCKEL, EBERHARD/ ROHWER, JÜRGEN (Hrsg.): Der Mord an den Juden im Zweiten Weltkrieg. Entschlußbildung und Verwirklichung, Stuttgart 1985, S. 88-106.

DERS.: Hitlers Einsatzgruppen. Die Truppe des Weltanschauungskrieges 1938-1942, durchges. Ausgabe, 11.-12. Tausend, Frankfurt/M. 1998.

KRAUSNICK, HELMUT/ WILHELM, HANS-HEINRICH: Die Truppe des Weltanschauungskrieges. Die Einsatzgruppen der Sicherheitspolizei und des SD 1938-1942 (Quellen und Darstellungen zur Zeitgeschichte; 22), Stuttgart 1981.

Teil I: KRAUSNICK, HELMUT: Die Einsatzgruppen vom Anschluss Österreichs bis zum Feldzug gegen die Sowjetunion. Entwicklung und Verhältnis zur Wehrmacht.

Teil II: WILHELM, HANS-HEINRICH: Die Einsatzgruppe A der Sicherheitspolizei und des SD 1941/42. Eine exemplarische Studie.

KREUTZER, HEIKE: Das Reichskirchenministerium im Gefüge der nationalsozialistischen Herrschaft (Schriften des Bundesarchivs; 56), Düsseldorf 2000; zugleich: Tübingen, Univ., Diss., 1999.

KUTSCHKER, CONSTANZE/ LANDAU, DEBORA: Ein Gründungsdilemma der deutschen Erinnerungskultur: Das Massaker von Gardelegen am 13. April 1945 und seine Folgen, in: Forum Ritualdynamik. Diskussionsbeitrage des SFB 619 „Ritualdynamik" der Ruprecht-Karls-Universität Heidelberg, hrsg. von Dietrich Hardt und Axel Michaels, Nr. 10 (2005), S. 1-40.

L

LÄCHELE, RAINER: Vom Reichssicherheitshauptamt in ein evangelisches Gymnasium. Die Geschichte des Eugen Steimle, in: DERS. / JÖRG THIERFELDER (Hrsg): Evangelisches Württemberg zwischen Weltkrieg und Wiederaufbau. Calwer Verlag, Stuttgart 1995, S. 260-288.

LAGARDE, PAUL DE: Die Religion der Zukunft (1878), in DERS.: Deutsche Schriften, Göttingen 1892, S. 217-247.

DERS.: Über das Verhältnis des deutschen Staates zu Theologie, Kirche und Religion. Ein Versuch, Nicht-Theologen zu orientieren (1873), in: DERS.: Deutsche Schriften, Göttingen 1892, S. 37-76.

DERS.: Schriften für das deutsche Volk, Bd. I: Deutsche Schriften, hrsg. von Karl August Fischer, Bd. II: Ausgewählte Schriften. Als Ergänzung zu Lagardes Deutsche Schriften, zusammengestellt von Paul Fischer, München, 2., verm. Auflage 1934.

LAUTERPACHT, HERSCHEL: Das Gesetz der Nationen und die Bestrafung der Kriegsverbrechen, in: Britisches Jahrbuch des Völkerrechts (1944), S. 76ff.

LEVI, PRIMO: Die Untergegangenen und die Geretteten, München 1993.

LILIENTHAL, GEORG: Der „Lebensborn e. V", Frankfurt/M., erweiterte Neuausgabe 2003.

LINCK, STEPHAN: Der Ordnung verpflichtet. Deutsche Polizei 1933-1945: Der Fall Flensburg, Paderborn 2000; zugleich: Kiel, Univ., Diss, 1998.

DERS.: ,Festung Nord' und ,Alpenfestung'. Das Ende des NS-Sicherheitsapparates, in: PAUL, GERHARD / MALLMANN, KLAUS-MICHAEL (Hrsg.): Die Gestapo im Zweiten Weltkrieg. ,Heimatfront' und besetztes Europa, Darmstadt 2000, S. 569-595.

DERS.: „… restlose Ausscheidung dieses Fremdkörpers". Das schleswig-holsteinische Kirchenbuchwesen und die „Judenfrage", in: MANFRED GAILUS (Hrsg.): Kirchliche Amtshilfe. Die Kirche und die Judenverfolgung im „Dritten Reich", Göttingen 2008, S. 27-47.

LONGERICH, PETER: Der ungeschriebene Befehl. Hitler und der Weg zur „Endlösung", München 2001.

DERS.: Heinrich Himmler: Biographie, München 2010.

DERS.: Hitlers Stellvertreter. Führung der Partei und Kontrolle des Staatsapparates durch den Stab Heß und die Parteikanzlei Bormann, München u. a. 1992.

DERS.: Politik der Vernichtung. Eine Gesamtdarstellung der nationalsozialistischen Judenverfolgung, München 1998.

LOOHS, ALEXA: Orden und Ehrenzeichen, in: BENZ WOLFGANG u. a. (Hrsg.): Enzyklopädie des Nationalsozialismus, 5. Aktualisierte und erweiterte Auflage, München 2007, S. 686.

M

MALLMANN, KLAUS-MICHAEL: „Aufgeräumt und abgebrannt". Sicherheitspolizei und ‚Bandenkampf' in der Sowjetunion, in: PAUL, GERHARD/MALLMANN, KLAUS-MICHAEL (Hrsg.): Die Gestapo im Zweiten Weltkrieg. ‚Heimatfront' und besetztes Europa, Darmstadt 2000, S. 503-520.

DERS.: Der quantitative Sprung. Das Massaker von Kamenez-Podolsk Ende August 1941, in: Jahrbuch für Antisemitismusforschung, Bd. X (2001), S. 239-264.

DERS.: Die unübersichtliche Konfrontation. Die geheime Staatspolizei, Sicherheitsdienst und Kirchen, in: BESIER, GERHARD (Hrsg.): Zwischen „nationaler Revolution" und militärischer Aggression. Transformationen in Kirche und Gesellschaft 1934-1939 (Schriften des Historischen Kollegs; Kolloquien 48), München 2001.

MANOSCHEK, WALTER: „Serbien ist judenfrei". Militärische Besatzungspolitik und Judenvernichtung in Serbien 1941/42 (Beiträge zur Militärgeschichte; 38), München ²1995; zugleich: Wien, Univ., Diss., o. D.

MASUR, NORBERT: Ein Jude spricht mit Himmler. Aus dem Schwedischen übersetzt von Hauke Siemen, in: GÜNTHER, NIKLAS/ ZANKEL, SÖNKE (Hrsg.): Abrahams Enkel. Juden, Christen, Muslime und die Schoa, Stuttgart 2006, S. 133-144. (Originaltitel: En Jude Talar Med Himmler, Stockholm 1945).

MATTHÄUS, JÜRGEN: Art. Sicherheitsdienst (SD), in: BENZ, WOLFGANG u. a., Enzyklopädie, S. 793f, hier S. 793.

MEIER, CHRISTIAN: Die Gnade der späten Verurteilung. Eine kurze Geschichte der Gnadenentscheidungen zu den zwölf Nürnberger Nachfolgeprozessen, in: *1999*. Zeitschrift für Sozialgeschichte des 20. und 21. Jahrhunderts (1996), Heft 4, S. 73-85.

MEIER, KURT: Die Deutschen Christen. Das Bild einer Bewegung im Kirchenkampf des Dritten Reiches (Arbeiten zur Geschichte des Kirchenkampfes. Erg.-R.; 3), Göttingen ³1967.

DERS.: Der „Bund für deutsche Kirche" und seine völkisch-antijudaistische Theologie, in: NOWAK, KURT/ RAULET, GERARD: Protestantismus und Antisemitismus in der Weimarer Republik, Frankfurt/M./ New York 1994, S. 177-198.

MERTA, KLAUS-PETER/ ASMUSS, BURKHARD: Der *Stahlhelm. Bund der Frontsoldaten*, in: http://www.hdm.de/lemo/html/weimar/gewalt/stahlhelm; 28.02.2014.

MOMMSEN, HANS: Der Nationalsozialismus als säkulare Religion, in: BESIER, GERHARD (Hrsg.): Zwischen „nationaler Revolution" und militärischer Aggression. Transformation in Kirche und Gesellschaft 1934-1939 (Schriften des Historischen Kollegs; Kolloquien 48), München 2001, S. 43-53.

DERS.: Die Realisierung des Utopischen. Die „Endlösung der Judenfrage" im Dritten Reich, in: Geschichte und Gesellschaft. Zeitschrift für Sozialwissenschaft (1983), S. 381-420.

DERS.: Forschungskontroversen zum Nationalsozialismus, in: Aus Politik und Zeitgeschichte 14/15 (2007).

MORÉ, ANGELA: Die psychologische Bedeutung der Schuldabwehr von NS-Tätern und ihre implizite Botschaft an die nachfolgende Generation, in: POHL, ROLF/ PERELS, JOACHIM (Hrsg.): Normalität der NS-Täter? Eine kritische Auseinandersetzung (Schriftenreihe des Fritz Bauer Institutes, Frankfurt am Main. Studien- und Dokumentationszentrum zur Geschichte und Wirkung des Holocaust; 27), Hannover 2011, S. 105-121.

MORSEY, RUDOLF: Die Bundesrepublik Deutschland. Entstehung und Entwicklung bis 1969 (Oldenbourg Grundriss der Geschichte; 19), 4., überarbeitete und erweiterte Auflage, München 2000.

MÜLLER, ALFRED: Die neugermanischen Religionsbildungen der Gegenwart. Ihr Werden und ihr Wesen (Untersuchungen zur allgemeinen Religionsgeschichte; 6), Bonn 1934; zugleich: Bonn, Univ., Diss., 1933.

N

Nationale Gedenkstätte Lamsdorf/ Centralne Muzeum Jeńców Wojennych.

NATIONALRAT DER NATIONALEN FRONT DES DEMOKRATISCHEN DEUTSCHLAND. DOKUMENTATIONSZENTRUM DER STAATLICHEN ARCHIVVERWALTUNG DER DDR (Hrsg.): *Braunbuch*. Kriegs- und Nazi-Verbrecher in der Bundesrepublik. Staat, Wirtschaft, Verwaltung, Armee, Justiz, Wissenschaft, Berlin 1965.

NEITZEL, SÖHNKE/ WELZER, HARALD: Soldaten. Protokolle vom Kämpfen, Töten und Sterben, Frankfurt/M. 2011.

NEUMANN, FRANZ: Behemoth. The structure and practice of national socialism, London 1942. Die deutsche Ausgabe 1988 erschien unter dem Titel:

NEUMANN, FRANZ: Behemoth. Struktur und Praxis des Nationalsozialismus 1933-1944. Mit einem Nachw. von Gert Schäfer, Frankfurt 1988.

NIEMÖLLER, WILHELM: Der Pfarrernotbund. Geschichte einer kämpfenden Bruderschaft, Hamburg 1973.

DERS.: Kampf und Zeugnis der Bekennenden Kirche, Bielefeld 1948

NIMMERGUT, JÖRG/ FEDER, KLAUS H./ VON DER HEYDE, HEIKO: Deutsche Orden und Ehrenzeichen. 6. Auflage. 2006, S. 70 f.

NIPPERDEY, THOMAS: Deutsche Geschichte 1866-1918.
Bd. I: Arbeitswelt und Bürgergeist, München 1994.
Bd. II: Machtstaat vor der Demokratie, 3., durchgesehene Auflage, München, 1995.

Nürnberger Menschenrechtszentrum (Hrsg.): Von Nürnberg nach den Haag. Der lange Weg zum Internationalen Strafgerichtshof. Ein Projekt des Nürnberger Menschenrechtszentrums – From Nuremberg to The Hague: the long road to the International Criminal Court, Nürnberg 2011.

O

OGORRECK, RALPH: Die Einsatzgruppen und die Genesis der „Endlösung" (Reihe: Dokumente, Texte, Materialien/ Zentrum für Antisemitismus-Forschung der Technischen Universität Berlin; 12), Berlin 1996; zugleich: Berlin, Freie Univ., Diss., 1994.

OGORRECK, RALPH/ RIESS, VOLKER: Fall 9. Der Einsatzgruppenprozeß (gegen Ohlendorf und andere), in: UEBERSCHÄR, GERD R. (Hrsg.): Nationalsozialismus vor Gericht. Die alliierten Prozesse gegen Kriegsverbrecher und Soldaten 1943-1952, Frankfurt/M. ^{3}2008, S. 164-175.

OHNEZEIT, MAIK: Zwischen „schärfster Opposition" und dem „Willen zur Macht." Die Deutsch-nationale Volkspartei (DNVP) in der Weimarer Republik 1918-1928 (Beiträge zur Geschichte des Parlamentarismus und der politischen Parteien; 158), Düsseldorf 2011; zugleich: Hamburg, Univ., Diss., 2006.

OMLAND, FRANK: „Unser aller ‚Ja' dem Führer!" Zur Geschichte der ersten nationalsozialistischen Reichstagswahl und Volksabstimmung vom 12. November 1933, in: Informationen zur Schleswig-Holsteinischen Zeitgeschichte, Heft 39 (2001), S. 3-48.

OVERMANS, RÜDIGER: Deutsche militärische Verluste im Zweiten Weltkrieg (Beiträge zur Militärgeschichte, 46), München ³2004; zugleich: Freiburg/Br., Univ., Diss., 1996.

P

PAUL, GERHARD: Inferno und Befreiung. Der letzte Spuk, in: www.zeit, Nr. 19 vom 4. März 2005; 15.08.2016.

DERS.: „Kämpfende Verwaltung". Das Amt IV des Reichssicherheitshauptamtes als Führungsinstanz der Gestapo, in: DERS. / MICHAEL MALLMANN (Hrsg.): Die Gestapo im Zweiten Weltkrieg. ‚Heimatfront' und besetztes Europa, Darmstadt 2000.

DERS.: Von Psychopathen, Technokraten des Terrors und „ganz gewöhnlichen" Deutschen. Die Täter der Shoah im Spiegel der Forschung, in: DERS. (Hrsg.): Die Täter der Shoah. Fanatische Nationalsozialisten oder ganz normale Deutsche? (Dachauer Symposien zur Zeitgeschichte; 2), Göttingen 2002, S. 13-90.

PAUL, GERHARD/ MALLMANN, KLAUS-MICHAEL: Die Gestapo im Zweiten Weltkrieg. ‚Heimatfront' und besetztes Europa, Darmstadt 2000.

PAUL, INA ULRIKE: Paul Anton de Lagarde, in: UWE PUSCHNER u. a. (Hrsg.): Handbuch zur „Völkischen Bewegung" 1871-1918, München 1999, S. 45-93.

PERELS, JOACHIM: Der Teufel weint nicht. Zur Entwirklichung von NS-Tätern, in: POHL, ROLF/ PERELS, JOACHIM (Hrsg.): Normalität der NS-Täter? Eine kritische Auseinandersetzung (Schriftenreihe des Fritz-Bauer-Institutes, Frankfurt am Main. Studien- und Dokumentationszentrum zur Geschichte und Wirkung des Holocaust; 27), Hannover 2011, S. 47-62.

PETERS, MICHAEL: Art. Reventlow, Ernst Christian Einar Ludwig Detlev, in: Neue Deutsche Biographie (NDB) 21 (2003), S. 476f.

POHL, DIETER: Die Herrschaft der Wehrmacht. Deutsche Militärbesatzung und einheimische Bevölkerung in der Sowjetunion 1941-1944, (Quellen und Darstellungen zur Zeitgeschichte; 71), München 2007; zugleich: München, Univ., Habil.-Schr., 2007.

DERS.: Die Einsatzgruppe C, in: Die Einsatzgruppen in der besetzten Sowjetunion 1941/42. Die Tätigkeits- und Lageberichte des Chefs der Sicherheitspolizei und des SD. Herausgegeben und eingeleitet von Peter Klein. Mit Beiträgen und Kommentaren von Andrej Angrick, Christian Gerlach, Dieter Pohl und Wolfgang Scheffler (Publikationen der Gedenk- und Bildungsstätte Haus der Wannsee-Konferenz; 6), Berlin 1997, S. 71-87.

DERS.: Schauplatz Ukraine, in: HARTMANN, CHRISTIAN/ HÜRTER, JOHANNES/ LIEB, PETER/ POHL, DIETER: Der deutsche Krieg im Osten 1941-1944. Facetten einer Grenzüberschreitung (Quellen und Darstellungen zur Zeitgeschichte; 76), München 2009, S. 155-196.

DERS.: Ukrainische Hilfskräfte beim Mord an den Juden, in: PAUL, GERHARD (Hrsg.): Die Täter der Shoah. Fanatische Nationalsozialisten oder ganz normale Deutsche? (Dachauer Symposien zur Zeitgeschichte; 2), Göttingen 2002, S. 205-234.

POHL, ROLF: „Normal" oder „pathologisch"? Eine Kritik an der neueren NS-Täterforschung, in: POHL, ROLF/ PERELS, JOACHIM (Hrsg.): Normalität der NS-Täter? Eine kritische Auseinandersetzung (Schriftenreihe des Fritz-Bauer-Institutes, Frankfurt am Main. Studien- und Dokumentationszentrum zur Geschichte und Wirkung des Holocaust; 27), Hannover 2011, S. 9-46.

POLIAKOV, LÉON: Breviaire de la Haine. Le IIIe Reich et les Juifs, Paris 1951.

POLIAKOV, LÉON/ WULF, JOSEPH (Hrsg.): Das Dritte Reich und die Juden, Frankfurt/M./Berlin 1983.

PÖHLMANN, MATTHIAS: „Illegale Fortbildungsstätte!" – Vor 70 Jahren wurde die „Apologetische Centrale" geschlossen, in: Materialdienst. Zeitschrift der Evangelischen Zentralstelle für Weltanschauungsfragen, Ausgabe 12/07, S. 444f.

PUSCHNER, UWE: Ein Volk, ein Reich, ein Gott. Völkische Weltanschauung und Bewegung, in: SÖSEMANN, BERND (Hrsg.): Der Nationalsozialismus und die deutsche Gesellschaft. Einführung und Überblick, München 2002.

DERS.: Die völkische Bewegung im wilhelminischen Kaiserreich. Sprache · Rasse · Religion, Darmstadt 2001, hier S. 145-173.

DERS. u. a. (Hrsg.): Handbuch zur „Völkischen Bewegung" 1871-1918, München u. a. 1996.

R

RASCHHOFER, HERMANN: Der Fall Oberländer. Eine vergleichende Rechtsanalyse in Pankow und Bonn, Tübingen 1962.

REEKEN, DIETMAR VON/ THIESSEN, MALTE (Hrsg.): „Volksgemeinschaft" als soziale Praxis. Neue Forschungen zur NS-Gesellschaft vor Ort (Nationalsozialistische Volksgemeinschaft; 4), Paderborn u. a. 2013.

REITLINGER, GERALD: The final Solution. The Attempt to exterminate the Jews of Europe 1939-1945, London 1953. Deutsche Übersetzung von J. W. Brügel u. d. T. *Die Endlösung. Hitlers Versuch der Ausrottung der Juden Europas 1939-1945*, Berlin 1956.

REUMANN, KLAUSPETER: Halfmanns Schrift „Die Kirche und der Jude" von 1936, in: GÖHRES, ANNETTE (Hrsg.): Als Jesus „arisch" wurde. Kirche, Christen, Juden in Nordelbien 1933 – 1945. Die Ausstellung in Kiel, Bremen 2004, S. 147-161.

DERS.: Der Kirchenkampf in Schleswig-Holstein 1933-1945, in: VEREIN FÜR SCHLESWIG-HOLSTEINISCHE KIRCHENGESCHICHTE (Hrsg.): Kirche zwischen Selbstbehauptung und Fremdbestimmung/ unter Mitarbeit von KLAUS BLASCHKE u. a. (Schriften des Vereins für Schleswig-Holsteinische Kirchengeschichte; Reihe I, Bd. 31), Neumünster 1998.

REVENTLOW, GRAF ERNST ZU: Gleichberechtigung für deutsche Nichtchristen! in: Reichswart. Wochenschrift für nationale Unabhängigkeit und deutschen Sozialismus, Jg. 14 vom 11. Juni 1933.

DERS.: Staat und Religion, in: Reichswart. Wochenschrift für nationale Unabhängigkeit und deutschen Sozialismus, Jg. 14 vom 19. März 1933.

RHODES, RICHARD: Die deutschen Mörder. Die SS-Gruppen und der deutsche Holocaust. Aus dem Englischen übersetzt und überarbeitet von Jürgen Peter Krause, Bergisch-Gladbach 2004.

RIETZLER, RUDOLF: „Kampf in der Nordmark". Das Aufkommen des Nationalsozialismus in Schleswig-Holstein 1919-1928 (Studien zur Wirtschafts- und Sozialgeschichte; 4), Neumünster 1982; zugleich: Hamburg, Univ., Diss., 1979.

DERS.: Von der „politischen Neutralität" zur „Braunen Synode", in: Zeitschrift der Gesellschaft für Schleswig-Holsteinische Geschichte 107 (1982), S. 139-153.

RÖMER, FELIX: Der Kommissarbefehl. Wehrmacht und NS-Verbrechen an der Ostfront 19941/ 42, Paderborn u. a. 2008; zugleich: Kiel, Univ., Diss., 2007.

ROSENBERG, ALFRED: Der Mythos des 20. Jahrhunderts. Eine Wertung der seelisch-geistlichen Gestaltungskämpfe unserer Zeit, München 1939.

ROTH, KARL-HEINZ: Der Geheimdienst der „Deutschen Arbeitsfront" und die Zerstörung der Arbeiterbewegung 1933-1938, Bremen 2000.

RÜCKERL, ADALBERT: NS-Verbrechen vor Gericht. Versuch einer Vergangenheitsbewältigung (Recht – Justiz – Zeitgeschehen [RJZ]; 36), Heidelberg 1982.

S

SAFRIAN, HANS: Die Eichmann-Männer, Wien 1993; zugleich: Wien, Univ., Diss., 1993 u. d. T.: Safrian, Hans: Die Gehilfen Eichmanns. Zur Beteiligung von Österreichern an der nationalsozialistischen Vertreibungs- und Genozidpolitik.

SALLECK, BENEDIKT: Strafverteidigung in den Nürnberger Prozesse, Prozessabläufe und Verteidigungsstrategien dargestellt am Wirken des Verteidigers Dr. Friedrich Bergold (Beiträge zum Internationalen und Europäischen Strafrecht/Studies in International and Criminal Law and Procedure; 25), Berlin 2016; zugleich: Marburg, Univ., Diss., 2015.

SCHEFFLER, WOLFGANG: Die Einsatzgruppe A, in: Die Einsatzgruppen in der besetzten Sowjetunion 1941/42. Die Tätigkeits- und Lageberichte des Chefs der Sicherheitspolizei und des SD. Herausgegeben und eingeleitet von Peter Klein. Mit Beiträgen und Kommentaren von Andrej Angrick, Christian Gerlach, Dieter Pohl und Wolfgang Scheffler (Publikationen der Gedenk- und Bildungsstätte Haus der Wannsee-Konferenz; 6), Berlin 1997, S. 29—51.

SCHEULEN, ANDREAS: Ausgrenzung der Opfer – Eingrenzung der Täter. Die finanzielle Versorgung der Funktionäre und Opfer des Dritten Reiches durch die Bundesrepublik Deutschland unter besonderer Berücksichtigung der Opfer der deutschen Militärgerichtsbarkeit (Berliner juristische Universitätsschriften; Reihe: Grundlagen des Rechts; 24), Berlin 2002, zugleich: Berlin, Humboldt-Universität, Diss., 2002.

SCHMIECHEN-ACKERMANN, DETLEF: Die wissenschaftliche Aufarbeitung der NS- und SED-Diktatur in Sachsen-Anhalt seit 1989, in: www.fes.de/magdeburg/pdf/d_27_10_5_2.pdf; 10.05.2014.

DERS. (Hrsg.): „Volksgemeinschaft". Mythos, wirkungsmächtige soziale Verheißung oder soziale Realität im „Dritten Reich"? Zwischenbilanz einer kontroversen Debatte (Nationalsozialistische Volksgemeinschaft; 1), Paderborn u. a. 2012.

SCHNURBEIN, STEFANIE VON: Die Suche nach einer „arteigenen" Religion in ‚germanisch-, und deutsch-gläubigen' Gruppen, in: PUSCHNER, UWE u. a. (Hrsg.): Handbuch zur „Völkischen Bewegung" 1871-1918, München u. a. 1996., S. 172-185.

SCHOEPS, JULIUS: Erlösungswahn und Vernichtungswille. Der Nationalsozialismus als Politische Religion, in: BESIER, GERHARD (Hrsg.): Zwischen „nationaler Revolution" und militärischer Aggression. Transformation in Kirche und Gesellschaft 1934-1939 (Schriften des Historischen Kollegs; Kolloquien 48), München 2001.

SCHOLDER, KLAUS: Die Kirchen und das Dritte Reich, Bd. I: Vorgeschichte und Zeit der Illusionen 1918-1934, Frankfurt/M. 1977.

SCHREIBER, CARSTEN: Elite im Verborgenen. Ideologie und Herrschaftspraxis des Sicherheitsdienstes der SS und seines Netzwerkes am Beispiel Sachsens (Studien zur Zeitgeschichte; 77), München 2008; zugleich: Kurzfassung von: Leipzig, Univ., Diss., 2005.

SCHRIMM, KURT/ RIEDEL, JOACHIM: 50 Jahre Zentrale Stelle in Ludwigsburg. Ein Erfahrungsbericht über die letzten zweieinhalb Jahrzehnte, in: Vierteljahreshefte für Zeitgeschichte (VfZ), 4 (2008), S. 525-555.

SCHRÖDER, MATTHIAS: Die deutschbaltische und nationalsozialistische „Bewegung" in Lettland unter Erhard Kroeger, in: GARLEFF, MICHAEL (Hrsg.): Deutschbalten, Weimarer Republik und Drittes Reich, Bd. II, Köln u. a. 2008, S. 121–149.

SCHRÖM, OLIVER/ RÖPKE, ANDREA: Stille Hilfe für braune Kameraden: Das geheime Netzwerk der Alt- und Neonazis. Ein Inside-Report, Berlin 2001.

SCHULTE, JAN ERIK/ VOLLNHALS, CLEMENS: Einleitung: NS-Täterforschung. Karrieren zwischen Diktatur und Demokratie, in: Totalitarismus und Demokratie 7 (2010), S. 179-181.

SCHWARZ, HANS-PETER: Vom Reich zur Bundesrepublik. Deutschland im Widerstreit der außenpolitischen Konzeptionen in den Jahren der Besatzungsherrschaft 1945 – 1949 (Politica; 38), Neuwied u. a. 1966; zugleich: Tübingen, Univ., Habil.-Schr., 1966.

SCHWARTZ, THOMAS ALAN: Die Begnadigung deutscher Kriegsverbrecher. John J. McCloy und die Häftlinge von Landsberg, in: Vierteljahreshefte für Zeitgeschichte (VfZ) 38 (1990) S. 375-414.

SIEG, ULRICH: Deutschlands Prophet. Lagarde und die Ursprünge des modernen Antisemitismus, München 2007.

SNYDER, TIMOTHY: Bloodlands. Europa zwischen Hitler und Stalin. Aus dem Englischen von Martin Richter, München ^{2}2014.

SONTHEIMER, KURT: Antidemokratisches Denken in der Weimarer Republik. Die politischen Ideen des deutschen Nationalismus zwischen 1918 und 1933, München 1960; zugleich: Freiburg i. Br., Univ., Habil.- Schr., 1960. Studienausgabe von 1968, München 1978.

STEINBACH, PETER: Der Nürnberger Prozeß gegen die Hauptkriegsverbrecher, in: UEBERSCHÄR, GERD R. (Hrsg.): Der Nationalsozialismus vor Gericht. Die alliierten Prozesse gegen Kriegsverbrecher und Soldaten 1943-1952, Frankfurt/M. ^{3}2008, S. 32-44.

STEINBACHER, SYBILLE: „Musterstadt" Auschwitz. Germanisierungspolitik und Judenmord in Oberschlesien (Darstellungen und Quellen zur Geschichte von Auschwitz /hrsg.

vom Institut für Zeitgeschichte; 2), München 2000; zugleich: Bochum, Univ., Diss., 1998.

STEINER, JOHN M.: Über das Glaubensbekenntnis der SS, in: BRACHER, KARL-DIETRICH/ FUNKE, MANFRED/ JACOBSEN, HANS-ADOLF (Hrsg.): Nationalsozialistische Diktatur 1933-1945. Eine Bilanz (Schriftenreihe der Bundeszentrale für politische Bildung; 192), Sonderauflage Bonn 1983, S. 206-223.

STERN, FRITZ: Kulturpessimismus als politische Gefahr. Eine Analyse nationaler Ideologie in Deutschland. Einzig berechtigte Übersetzung aus dem Amerikanischen von Alfred P. Zeller. Mit einem Vorwort von Norbert Frei, Stuttgart 2005. Die Originalausgabe *The Politics of Cultural Despair* erschien 1961 bei der University California Press, Berkeley.

STERN, KLAUS: Das Staatsrecht der Bundesrepublik Deutschland, Bd. I: Grundbegriffe und Grundlagen des Staatsrechts, Strukturprinzipien der Verfassung, 2., völlig neubearb. Aufl., München 1984.

STIFTUNG DENKMAL FÜR DIE ERMORDETEN JUDEN EUROPAS: Gedenkstättenportal zu Orten der Erinnerung in Europa. Triest: Gedenkstätte Risiera di San Sabba.

STIEPANI, UTE: Die Dachauer Prozesse und ihre Bedeutung im Rahmen der alliierten Strafverfolgung von NS-Verbrechen, in: GERD R. UEBERSCHÄR (Hrsg.): Der Nationalsozialismus vor Gericht. Die alliierten Prozesse gegen Kriegsverbrecher und Soldaten 1943-1952, Frankfurt/M. ^{3}2008, S. 227-249.

STOKES, LAWRENCE D.: Heinz Seetzen – Chef des Sonderkommandos 10a, in: Klaus-Michael Mallmann/ Gerhard Paul (Hrsg.): Karrieren der gewalt. Nationalsozialistische Täterbiographien (Veröffentlichungen der Forschungsstelle Ludwigsburg der Universität Stuttgart; Bd. 2), Darmstadt 2003, S. 196.206.

STREIM, ALFRED: Zur Eröffnung des allgemeinen Judenvernichtungsbefehls gegenüber den Einsatzgruppen, in: JÄCKEL, EBERHARD/ ROHWER, JÜRGEN (Hrsg.): Der Mord an den Juden im Zweiten Weltkrieg. Entschlußbildung und Verwirklichung, Frankfurt/M. 1987, S. 107-119.

STREIT, CHRISTIAN: Die Behandlung der sowjetischen Kriegsgefangenen und völkerrechtliche Probleme, in: UEBERSCHÄR, GERD/ WETTE, WOLFRAM (Hrsg.): Der deutsche Überfall auf die Sowjetunion. „Unternehmen Barbarossa" 1941, Frankfurt/M. ^{2}2011, S. 159-183.

DERS.: Keine Kameraden. Die Wehrmacht und die sowjetischen Kriegsgefangenen 1941-1945 (Studien zur Zeitgeschichte;13), Stuttgart 1978, zugleich: Heidelberg, Univ. Diss., 1977 u. d. T: Streit, Christian: Die sowjetischen Kriegsgefangenen als Opfer des nationalsozialistischen Vernichtungskrieges 1941-1945, hier S. 224-227.

STRIPPEL, ANDREAS: NS-Volkstumspolitik und die Neuordnung Europas. Rassenpolitische Selektion der Einwanderungszentrale des Chefs der Sicherheitspolizei und des SD 1939-1945 (Sammlung Schöningh zur Geschichte und Gegenwart), Paderborn u. a. 2011; zugleich: Hamburg, Univ., Diss., 2009.

U

ULRICH, HORST u. a.: Berlin Document Center, in: Berlin Handbuch. Das Lexikon der Bundeshauptstadt, Berlin 1992.

V

Vengeance is not our goal. A Conversation with Nuremberg Prosecutor Benjamin Ferencz by Mark Hull, former prosecutor and professor at the Army Command and General Staff College who teaches courses on war crimes, in: www.warontherocks.com/2014/08/vengeance-is-not-our-goal-a-conversation-with-nuremberg-prosecutor-benjamin-ferencz; 2.11.2015.

VOGEL, JOHANNA: Kirche und Wiederbewaffnung. Die Haltung der Evangelischen Kirche in Deutschland in der Auseinandersetzung um die Wiederbewaffnung der Bundesrepublik 1949-1956, Göttingen 1978; zugleich: Berlin, Freie Univ., Diss., 1975/76.

VOLKOV, SHULAMIT: Antisemitismus als kultureller Code, in: DIES.: Jüdisches Leben und Antisemitismus im 19. und 20. Jahrhundert, München 1990, S. 13-16.

DIES.: Antisemitismus als kultureller Code. Zehn Essays, München 2000.

VOLLNHALS, CLEMENS: Die Hypothek des Nationalprotestantismus. Entnazifizierung und Strafverfolgung von NS-Verbrechen nach 1945, in: Geschichte und Gesellschaft. Zeitschrift für Historische Sozialwissenschaft (GeGe), 18 (1992), S. 51-69.

DERS.: Evangelische Kirche und Entnazifizierung 1945-1949. Die Last der nationalsozialistischen Vergangenheit (Studien zur Zeitgeschichte; 36), München 1989; zugleich: München, Univ., Diss., 1986.

W

WAGNER, JENS CHRISTIAN: „Juden raus!" Landsberg am Lech, Januar 1951: Eine Demonstration zugunsten von NS-Verbrechern gerät zu einer antisemitischen Kundgebung, 27. Januar 1951, in: http://www.zeit.de/2011/05/Landsberg-Antisemitismus; 10.04.2018.

WATTENBERG, HAUKE: Friedrich Andersen. Ein deutscher Prediger des Antisemitismus. Mit einem Epilog von Stephan Linck (Kleine Reihe der Gesellschaft für Flensburger Stadtgeschichte; 34), Flensburg 2004.

WEBER, WOLFGANG: Völkische Tendenzen in der Geschichtswissenschaft, in: PUSCHNER, UWE u. a. (Hrsg.): Handbuch zur Völkischen Bewegung 1871-1919, München u. a. 1996, S. 834-858.

WEBER, MAX: Wirtschaft und Gesellschaft. Grundriß der verstehenden Soziologie. Studienausgabe, 5., rev. Aufl. Besorgt von Johannes Winckelmann, Tübingen 1980.

WEGNER, BERND: Hitlers politische Soldaten. Die Waffen-SS 1933-1945: Studien zu Leitbild und Funktion einer nationalsozialistischen Elite, Paderborn 1982; zugleich: Hamburg, Univ., Diss., 1980 u. d. T.: Wegner, Bernd: *Das Führungskorps der bewaffneten SS 1933-1945*.

WEHLER, HANS-ULRICH: Intentionalisten, Strukturalisten und das Theoriedefizit der Zeitgeschichte, in: FREI, NORBERT (Hrsg.): Martin Broszat, der „Staat Hitlers" und die Historisierung des Nationalsozialismus (Vorträge und Kolloquien/ Jena Center Geschichte des 20. Jahrhunderts; 1), Göttingen 2007, S. 71-75.

WELZER, HARALD: Täter. Wie aus ganz normalen Menschen Massenmörder werden, Frankfurt/M. 2005.

WENSCHKEWITZ, LEONORE: Zur Geschichte des Reichskirchenministeriums und seines Ministers, in: Kirche und Nationalsozialismus: Zur Geschichte des Kirchenkampfes.

Mit Beiträgen von Helmut Baier u. a. (Tutzinger Texte; Sonderband. I), München 1964, S. 185-206.

WETTE, WOLFRAM: Der Krieg gegen die Sowjetunion – ein rassenideologisch begründeter Vernichtungskrieg, in: KAISER, WOLFGANG (Hrsg.): Täter im Vernichtungskrieg. Der Überfall auf die Sowjetunion und der Völkermord an den Juden (in Zusammenarbeit mit der Gedenk- und Bildungsstätte Haus der Wannsee-Konferenz), Berlin/München 2002, S. 15-38.

DERS.: Fall 12. Der OKW-Prozeß (gegen Wilhelm Ritter von Leeb und andere), in: UEBERSCHÄR, GERD R. (Hrsg.): Der Nationalsozialismus vor Gericht. Die alliierten Prozesse gegen Kriegsverbrecher und Soldaten 1943–1952, Frankfurt 1999, S. 199-212.

WILDT, MICHAEL: Die Epochenzäsur 1989/1990 und die NS-Historiographie, in: Zeithistorische Forschungen/ Studies in Contemporary History, 5 (2008), H. 3.

DERS.: Generation des Unbedingten. Das Führungskorps des Reichssicherheitshauptamtes, Hamburg ²2008 (durchgesehene und aktualisierte Neuausgabe der Ausgabe von 2002); zugleich: Hannover, Univ., Habil.-Schr. 2001.

DERS.: Geschichte des Nationalsozialismus, Göttingen 2008.

DERS. (Hrsg.): Nachrichtendienst, politische Elite und Mordeinheit. Der Nachrichtendienst des Reichsführers SS, Hamburg, 2003.

DERS. Volksgemeinschaft als Selbstermächtigung. Gewalt gegen Juden in der deutschen Provinz 1919 bis 1939, Hamburg 2007.

WISTRICH, ROBERT: Wer war wer im Dritten Reich. Anhänger, Mitläufer, Gegner aus Politik, Wirtschaft, Militär, Kunst und Wissenschaft. Aus dem Engl. übersetzt von Joachim Rehork. Überarb., erw. und illustr. dt. Ausgabe. Überarb. und erw. von Hermann Weiss, München 1983.

WOJAK, IRMTRUD: Fritz Bauer: Im Kampf um des Menschen Rechte, in: Forschungsjournal Soziale Bewegungen. Analysen zu Demokratie und Zivilgesellschaft, Bd. 28, Nr. 4 (2015), S. 125-135.

WRIGHT, JONATHAN R. C.: „Über den Parteien". Die politische Haltung der evangelischen Kirchenführer 1918-1933. Deutsche Fassung von Hannelore Braun und Birger Maiwald (Arbeiten zur kirchlichen Zeit-geschichte, Reihe B: Darstellungen; 2), Göttingen 1977.

WUNDERLICH, AXEL: Hanns Lilje und der Umgang mit den NS-Verbrechern, in: GROSSE, HEINRICH/ OTTE, HANS/ PERELS, JOACHIM (Hrsg): Neubeginn nach der NS-Herrschaft? Die hannoversche Landeskirche nach 1945, Hannover 2002, S. 187-199.

Z

ZENTNER, CHRISTIAN/ BEDÜRFTIG, FRIEDEMANN: Das Große Lexikon des Dritten Reiches (1985).

ZIMMERMANN, MICHAEL: Die nationalsozialistische „Lösung der Judenfrage", in: HERBERT, ULRICH (Hrsg.): Nationalsozialistische Vernichtungspolitik 1939-1945. Neue Forschungen und Kontroversen, Frankfurt/M. 1988, S. 235-262.

Personenregister

(Die in den Fußnoten verzeichneten Namen sind kursiv gedruckt).

A

Achenbach, Ernst 752-753, 819
Acheson, Dean 759, 786
Adenauer, Konrad 44, *370*, 612, 675, 719, 731, 747, 752, 767, 769-770, *773*, 780, 782-787
Adorno, Theodor W. 709
Ahasverus (bibl. Person) 267
Al-Baschir, Umar Hasan Ahmad 841
Alberts (ev. Theologe) 164
Albrecht, Adolf Erich 549, 590, 626, 857
Albrecht, Richard 203, 207-208
Altman, Natan Issajewitsch *341*
Amen, John Arlan 504, 512-513, 581
Andersen, Friedrich Karl Emil 52, 114, 123, 125
Angrick, Andrej 383
Antonescu, Ion Victor 397
Appel, Irma 275
Arnold, Karl 745, 751
Aschenauer, Rudolf 546, 572, 634, 649-650, 753-743, 745
Aselmann, Hans 106-107
Ausländer, Rose 255, 331, *341*
Avidar-Tchernovitz, Yamina *342*

B

Bach (Bach-Zelewski), Erich von dem 669-670
Bahazij, Wołodymyr (Wołodymyr Bagasi) 39
Bajohr, Frank 19, 24, 33, 599, 663
Baldwin, Raymond 753
Bandera Stepan (OUN) 304, *319*, *412*, 416, 419, 421
Barner, Friedrich 143, 196
Bärsch, Klaus-Ekkehard 24, *25*, *557*
Bartels, Adolf 72, 75
Bartels, Gottlieb 697
Barth, Karl (Theologe) 694-695, 726
Barth, Robert *381*
Bauer, Fritz 10, 614-615, 833, 835, 843
Baumann, Johannes 816
Bayle, François 11-12, 605-606, 609-613, 636, 663
Becker, August *560*
Becker, Hellmut 741, 743, 745-746, 751
Behrends, Hermann 152
Bender, Hugo (Propst) 113
Bender, Julius 701, 709
Bensouda, Fatou 841
Bergold, Friedrich 232, *426*, 499, 501-502, 505-507, 509, 516, 518, 523, 541, 544-552, 572, 586-587, 589-601, 606, 650, 737, 759, 805-806, 808, 837
Berlin, Isaiah *341*
Bernfeld, Siegfried *341*
Bers, Lipman *342*
Bertram, Adolf Johannes Kardinal 491, 726-727
Best, Werner 25, 42, 55, 191, 199, 217-221, 243, 257, 443, 553-554, 623-624, 653, 727, 819, 836
Biberstein, Anna (geb. Dahmlos) 50, 176, 736, 826
Bierkamp, Walther 300, 376
Blankenhorn, Herbert 787
Blobel, Paul 3, 305, *322*, 336-339, 341-345, 347, *348*, 350, 414, *430*, 490, 492-495, 509, 536, 559, 561, 563, *572*, 574-576, 602, 607, 615, 625, 666, 721, 724, 736-737, 763-764, 774, 778-779
Blume, Walter 64, 230, 298, 305, 311, 320-321, 327-329, *333*, 358, 490, 492-493, *494*, 495, 509,

572, 576, 602, 607, 616, 621,
636-637, 641, 644-649,
651-652, 661, 666-667, 721,
736-737, 763-764, 774, 778,
788, 817-818
Bodelschwingh, Friedrich Wilhelm von *62*
Böhme, Franz 562
Böhme, Horst 299-300
Böker, Alexander 786
Böll, Heinrich 709
Bonhoeffer, Dietrich 101, 120
Bormann, Martin 141, 181-182, 187, 195, 202, 212
Bowie, Robert R. 758
Brauchitsch, Walther von 315, 429
Bracht, Fritz 248
Braune, Werner 305, 365, 465, 490, 492, *494*, 495, *497*, 508-509, 564, 572, 574, 576, 597, 602, 608, 615, 619, 625, 628-631, 652, 666, 670-671, 736-737, 763-764, 774, 778-779, 833, 836
Braunsteiner-Ryan, Hermine 844
Brinkmann, Otto 812
Browder, George Clark 150
Buchheim, Hans 10, *11*, 552-553, 564, 618, 624-625, 629-630, 634, 638, 640, 642-643, 672, 833
Büchner, Hans 196, 207
Burin, Frederic S. 426, 463, 502, 507, 522
Bursche, Julius 260
Buscher, Frank M. 750
Buttmann, Rudolf 132, 183

C

Case, Francis 714
Celan, Paul *341*
Chagall, Marc *342*
Christiansen, Nicolaus 111
Christmann, Kurt 381, 383, *409*
Clay, Lucius D. 585, 592, 594, 602-603, 699, 701, 705-716, *717*,
721-722, 724-725, 736, 749-750, 753, 757, 839
Conant, James Bryant 778, 785-786, 817
Conrad, Walter 132
Custodis, Bernhard 731

D

Dahmlos, Anna s. Biberstein, Anna 50, 176, 736, 826
Daluege, Kurt 227, 299, 304
Dannecker, Theodor 240
Dante, Alighieri 35
Darwin, Charles 555
Debevoise, Eli W. 783
Demjanjuk, John 9, *425*, *467*, 842, 845-846
Detten, Hermann von 140-141, *182*, 183
Deumling, Joachim 246, *260*, 276
Dewey, Thomas E. 710
Dibelius, Otto 60, 164, 201, 690, 700, 726, 728, 731
Diels, Rudolf 222-223
Dierker, Wolfgang 22, 537-539
Dixon, Richard D. 474-475, 574
Dönitz, Karl 569-570, 621
Donnelly, Walter Josef 778, 785, 819
Draper, William Henry jr. 786
Dreger, Reinhold (Gefängnispfarrer) 803-804
Dudzus, Willi 141, 179-181, 188, 195, 197, 204-206, 208, 210, 212
Dührkop, Gustav 113
Dulles, John Foster 710, 785-786
Durchholz, Ernst 661

E

Eagan, James M. 719
Earl, Hilary 574
Eberhard, Kurt 342-343, 349
Eckardt, August 718, 741
Eckardt, Felix von 786
Eden, Robert Anthony 470, 786
Ehard, Hans 744
Ehlers, Adolf 818

Ehrenburg, Ilja 383
Ehrlinger, Erich 199-200, 300, *449*
Eichmann, Adolf 8, 9, 21, 237-238, 240, 267-268, 270, 275-277, 316, *628*, 843
Eisenhower, Dwight D. 787
Eisenstein, Sergei *341*
Englisch, Prof. Dr. 742
Epha, Oskar 792, 794-796, 803, 805, 807-812, 815, 819, 821-822
Epstein, Jehudo *342*

F

Fahrenkrog, Ludwig 78
Faulhaber, Michael von 690, 720
Fechner, Erich 742
Feder, Johannes 596
Feller, Friedrich 808
Fendler, Lothar 490-492, 495, 5129, 573, 596, 602, 609-610, 736, 763-764, 774, 778
Ferencz, Benjamin B. 232, 338, *343*, 375, 473-474, 476-481, 483, 487-490, 496-497, 500, 504, 508, 511, 518, 522, 526-535, 539-543, 546, 559, 562-563, 567, 577, 625, *626*, 652, 654, 672, 737, 841
Fezer, Karl T. 721
Ficht, Oskar 375, 501, 506-508
Filbert, Alfred 316
Fischer-Schweder, Bernhard 842
Fleischer, Wade M. 743
Flick (Konzern) 2, 522, 692
Flitner, Fritz 742
Foltis, Richard 328, 576, 647
Fraenkel, Ernst 18, 431, 444, 525, 553, 620, 630
Franco, Francisco 620
François-Poncet, André 769
Frank, Walter 78
Frei, Norbert 25, 690

Frick, Wilhelm 103-104, 125, 131, 134-135, 183-184, 186, 190, 193, 196, *204, 224*, 241, 251, *457*
Fried, Edrita 612
Frieß, Martin 817
Frings, Josef 690, 711, 713, 715-716, 742, 745
Fritsche, Edmund 260
Frommer, Hartmut *840*
Fumy, Rudolf 390

G

Gabčik, Jozef 233, 356
Gahrmann, Theo 156-157, 163
Gailey, Charles K. 713
Galen, Clemens August Graf von 730
Gauck, Joachim 2
Gawlik, Hans 741
Geiler, Karl 742, 744, 754
Gerlach, Christian 353, 355, *408*
Gerstein, Kurt 730-731
Gippert, Wolfgang 619
Glancy, John E. *232*, 474, 476, 478, 504, 511
Glick, Hirsch *342*
Globocnik, Odilo 276
Glücks, Richard 569
Goebbels, Joseph *32*, 169, 193, 195-196, 237, 391, 556, 614, 618, 621, 627, 648, 652, 662, 664-666, *667*, 668-669
Göring, Hermann 134, 147, 204, 221-222-223, *224*, 225, *271*, 314, 316, 371, *569*, 621
Gräfe, Heinz 600
Grabner-Haider, Anton 25
Graf, Mathias 490, 492, 494-495, 558, 573-574, 504, 596, 602, 609-610, 763
Grauheding, Erich 821-822
Groffmann, Heinrich 844
Gröning, Oskar 9, 846

Gross, Alois 258-259
Grossman, Wassili 341
Grünbaum, Kurt 144
Gründel, Ernst Günther *491*, 492-493
Grundmann, Walter *411*
Guderian, Heinz *448*
Günther, Hans Friedrich Karl 171
Gürtner, Franz 729
Gutman, Israel 306

H

Häfner (Häffner), August 343
Haensch, Walter 465, 490, 492, *494*, 495, *497*, 508-509, 561, 572, 577, 597, 602, 606, 724, 736-737, 763-764, 774, 778, 788, 791, 818,
Halder, Franz 244, 427
Halfmann, Wilhelm *794*, 795, 806-807, 809
Hallstein, Walter Peter 786
Handy, Thomas Troy 749, 757
Hanning, Reinhold 9, 846
Hansen, Gottfried 768
Harbaugh, J. L. jr. 720
Harkort, Günther 786
Harris, Michael S. 786
Hartenstein, Karl 690, 692, 744, 746, 755
Hartl, Albert 8, *152*, 156, 158-159, 163, 166, 172, 180, 188, 197, 201, 208, 210, 234, 237, 239, 242, 435, 493, 532-539, 543, 644
Haselbacher, Karl 194, *197*
Hauer, Jakob Wilhelm 36, 78-80, 84, 121, 157,
Haugg, Werner 145-146
Haussmann, Emil 489, 494, 573, 606, 763
Hayes, Carlton J. H. (Historiker) 52
Hays, George Price (General) 716
Heath, James E. *232*, 632-633
Heidelberger (stellv. Kommandeur des EK6) 364, 368, 433-434, 436, 442-443, 523
Heifetz, Jascha *342*

Hein, Bastian 23, 170, 638
Heinemann, Gustav 733
Heintze, Traugott Freiherr von 111
Hennicke, Paul 386, 388, 392-393, 439
Herrmann, Günther 519
Herwarth, Hans Heinrich von 786
Hess, Rudolf 83
Hesse (ev. Theologe) 164
Heusinger, Bruno 742, 744
Heuss, Theodor 784
Heydrich, Reinhard 25, 29, *32*, 33, 41-42, 47, 55, 77, 141,147, 149, 153-155, 164, 168, 174, 181-182, 191, 193, 195, 198, 200-202, 223, 227-228, 233, 235, 240-245, 247, 251, 255, 260-264, 266, *271*, 277, 280, 283-284, 286-287, 289-290, 292-293, *294-295*, 296, 298, 308-309, 313-314, 316-320, 322, 327-329, *354*, 356-359, 362, 367, 370, 374-375, 389, 398, 400, 415, 426, 430, 441, 480, 505, 520-521, 524, 530, *535*, 537-539, 555, 567, 595, 617, 623, 631, 652-654, 658-659, 666, *667*, 793, 797, 799, 802, 830, 834. 836
Hilberg, Raul 13, 355, 539
Himmler, Heinrich 1, 18, 21, 25, 32, 38, 48, 77, 84, 129, 131, 147, 151, 155, 160, 168, 170, 172, 174-179, 181-182, 187, 191, 193, *194*, 195, 202, 217-218, 221, 223, 225, 227, 233, 236, 239, 242, 248, 252, 262, 264-266, 276, 278, 292, 294, 298, 301, 304, 307, 309, 313, 316, 320-321, *322*, 329-330, *333*, 350-351, 353-354, *355-356*, 367, 381, 389, 391, 393, 396, 402-405, 409, 411-412, 428, 431, 433, 435, 445, 457, *459*, 467, 504,

513-514, 518, 521, 535-536, 550, 552, 567, 569-570, 581, 596, 613, 616-619, 621-624, 638-644, 652-653, 655-656, 658-662, 664, *667*, 669, 799, 830, 833
Hiob (bibl. Person) 51
Hitler, Adolf 8, 10, 13, 20-21, 24-25, 40, 42-43, 51, 53, 56, 58, *59*, 63, *64*, 65, 69-71, 77, 79, 82-87, 93-97, 102, *105-106*, 114, 118, 120, 124, 125, 129, 131, 133-134, 137-139, *140*, 147, 149, 177-179, 181-183, 186, 189-197, 201-202, 215, 217-219, 221, 225, 227, 234, 236, 239-240, 243-245, 257, 309, 313, *319*, 350, 353, *354*, 355-356, 369-372, 387, 389, 391, 396, 401, 406, 408-410, 413, 420, 429, 431-433, 444, *457*, 467, 469-470, 513-514, 518 520, 548, 550, 552, 554-555, 561-563, 565-566, 569, 589, 614-615, 617-621, 623-625, 628-630, 633-634, 636, 639, 640, 643-645, 647-649, 651-652, 654, 662, 664, 666, *667*, 669, 671, 677, 695, 698, 728-730, 761, 828-829, 831-833
Hodenberg, Hodo Freiherr von 442, 444-446
Hofmeyer, Hans 537-538
Höhn, Reinhard *64*, 153
Höppner, Rolf-Heinz *296*
Höß, Rudolf 569
Horlik-Hochwald, Arnost *232*, 474, 476, 487, 511, 523, 525, 541-542, 577
Horn, Johannes, Theodor *697*
Horthy, Miklós 177
Hosemann, Johannes 793

Hossenfelder, Joachim Gustav *85*, 88-90, 98, 101, 104, 107, *111*, 115
Huber, Ernst Rudolf 215, 621, *741*
Hugenberg, Alfred 56, 61
Hull, Cordell 470
Hull, Mark 478, 481
Humphrey, George 786

I

IG-Farben (Konzern) 2, 692, 707, 741
Immer, Karl Immanuel (Theologe) 164
Isenburg, Helene Elisabeth Prinzessin von 740

J

Jäckel, Eberhard 13, 599
Jackson (lieutenant colonel) 692
Jackson, Robert H. 477
Jacobi, Gerhard (Theologe) 101
Jaeschke, Walter (Theologe) 259
Jäger, Herbert (Rechtswissenschaftler) 556
Jäger, Karl (SS) *307*, 324-327, 391
Jäger, Richard (SA) 772
Jansons, Marriss *342*
Jaspers, Karl 681-683
Jeckeln, Friedrich 322, 330-334, 342, *348*, 373, 576, 578, 596-597, 625, 643, 655-659, 669
Jessen (Oberlandeskirchenrat) 819, 823
Jesus von Nazareth (Christus, Messias) 74-75, 77, 101, 124, 126, 728
Jewtuschenko, Jewgenij Alexandrowitsch 344
Jodl, Alfred 410, 563, 567-568
Jonas, Karl 576
Jonca, Karol 274
Jost, Heinz 49, 64, 243-244, 295, 300, 316, *322*, 334, 465, 490, 492-495, 497, 559, 560-561, 573, 577, 602-603, 606, 610, 615, 644, 653-657, 762, 764, 774, 778, 817

K

Kaltenbrunner, Ernst 55, 367, 457, 459, *535*, *745*
Kanner, Juri 385
Kant, Immanuel 18
Keitel, Wilhelm 313, 410, 561, 566-568
Kempner, Robert 706
Kern, Eduard (Jurist) 745
Kerrl, Hanns 28-29, 37, *76*, 77, 130, 132-142, 144, 146, 152, 156, 160-161, 163-164, 168, 179-182, 186-207, 209-212, 251, 294, 536, 829
Kershaw, Ian 620-621
Kersten, Felix 265
Kinder, Christian (Konsistorialrat) 111
Kipper, Paul 167
Kirkpatrick, Ivone 782
Klingelhöfer, Woldemar 490, 492, 494-495, *497*, 508, 572, 575, 609, 737, 763-764, 774, 778, 788, 791, 818
Klinnert, Gerhard 635
Knobloch, Günther 389-390
Knott, Heribert 742, 745-747
Kobold, Karl Heinrich 113, 119-120
Koch, Erich (SS) 372
Koch, Justus (Rechtsanwalt) 743-746
Kogon, Eugen 16, 559
Kollender, Mortimer jr. 758
Kolrep, Walter 156
König, Fritz 596
Kordt, Theo 751
Körner, Paul 134, 212
Korsemann, Gerret 335-334
Krane, Friedrich Freiherr von 248
Kranzbühler, Otto 745
Kränzlein, Kurt 145
Krause, Reinhold (DC) 37, 73, 98-102, 124, 126
Krause, Waldemar (SS) 373
Krekeler, Heinz Ludwig Hermann 786

Kroeger, Erhard 333, 337, 358-359, 378, 596, 598, 884-885
Krosigk, Johann Ludwig (Lutz) Graf Schwerin von 135, 140, 182
Krupp (Konzern) 2, 692, 707
Kube, Wilhelm *85*, 86-88, 104, 108, 532
Kubiš, Jan 233, 356
Künneth, Walter 162
Kutschker, Constanze 677

L

Lächle, Hildegard 844
LaFollette, Charles M. 706-707
Lagarde, Paul de 36, *50*, 53, 73-77, 81, 9, 100, 114, 124, *185*, 240
Lammers, Hans Heinrich 137-139, 142, 160, 182, 184, *185*, 198, 208
Landau, Deborah 677
Langbehn, Julius *51*, 53
Langbein, Hermann 844
Lauterpacht, Herschel 562
Lawrence, Charles jun. 718
Leeb, Wilhelm *395*
Leibowitz, Jeschajahu *341*
Lersch, Emil 787
Leske, Carl Wilhelm 819
Liebsch, Johann 167
Lilje, Hanns 724-725, 750-751
Linck, Stephan 570
Lindemeyer, Helmut 708
Linder, Harold F. 786
Lohse, Hinrich 55, 70, 108, 113, 115, 125-127, 532
Longerich, Peter 21, 25, 297
Lubanga, Thomas 841
Lummert, Günther 230, 637, 641
Luther, Martin *76*

M

MacArthur, Douglas 786
Maier, Reinhold 722
Mallmann, Klaus-Michael 6, 23, *50*, 322, 331, 353, 404

Personenregister

Maltzan, Helmuth von 786
Malz, Heinrich 745-746
Mann, Thomas *73*
Marahrens, August *697*, 728
Marcus, Robert S. 765
Martens, Wilhelm 742
Masur, Norbert 265
Matthews, H. Freeman 786
McCardle, Carl W. 786
McCloy, John Jay 3, 5, 43, *295*, *316*, *321*, *323*, 676, 719, *744*, 747, 749-750, 754, *755*, 777, 779, 782-783, 791, 812, *816*, 817, 839
McClure, Robert A. 677
McHaney, James 474-475
Meier, August 336, *337*, *373*, 4216-417, 657, *658*
Meiser, Hans 690, 697, 700-701, 708-709
Melnik (Melnyk), Andrij Atanassowytsch 304, 343, 346, 419
Merritt, Anna 749
Merritt, Richard L. 749, *750*
Messiaen, Oliver (Komponist) *278*
Meuschel, Hans 787
Meyer, Otto 596
Milch, Erhard 606
Mohr, Robert (RSHA) 26-27, 237, *311*, 333, 337, 359-360, 362, 364, 368-369, 376, 379, 381, 385, 425, 436, 444, 498, 503, 515, 523, 540, 577, *578*, 598, 814, 835
Molotow, Wjatscheslaw Michailowitch 470
Mommsen, Hans 14, *557*
Moran, Frederick A. 759-760
Mordhorst, Adolf *111*
Morgenschweis, Karl 714
Morgenthau, Henry 754
Mose (biblische Gestalt) 18
Muhs, Hermann 146, 161, 193-195, 198-199, 201, 203-204, 206
Mulka, Robert Karl Ludwig 536, 844

Müller, Bernhard (Lechler Werke) 818
Müller, Eberhard (Lechler Werke) 818
Müller, Heinrich („Gestapo-Müller,,) 6, 261, 292, 316, 390, 480, *536*, 537-538, 595,
Müller, Ludwig Reichsbischof) 83, 94, 97, 101, 167, 182-183
Müller, Rolf W. (Rechtsanwalt) 745
Muller, Joseph (Major General) 787
Murawski, Friedrich 156, 200, *201*
Murphy, Robert D. 693, 721, 753, 757
Musmanno, Michael A. 30, 35, 100, 173, 231, 241, 265-266, 293, 361, *424*, 474-475, 487, 501, 506, 511-512, 515, 519, 521-524, 533, 573-574, 578-580, 604, 623, 628-629, 632-634, 636, 644, 648-649, 656, 804, 838-839
Mussolini, Benito 620

N

Nadel, Arno *342*
Nadel, Frederik 341
Nash, Frank C. 786
Naumann, Erich 297, 300, 365, 490, 492, *494*, 495, 497, 559, 564, 572, 574, 602, 606, 615, 619, 625, 630-632, 652, 666, 668, 737, 741, 762, 764, 774, 778-779
Nebe, Arthur 295, *297*, 298, 300, 311, 318, 320-322, 327-328, 358, *365*, 399, 575, 615, 631, *636*, 645-648
Nehring, Joachim 426-427, 434-437, 442-443, 523, 835
Nestler, Cornelius *467*, 843
Neuhäusler, Johannes (Weihbischof) 710, 713-720, 739-740, 742, 745, 750, 768
Neuheuser (Diözese Rottenburg) 722
Neumann, Erich Peter (Journalist) 749
Neumann, Franz L. (Politologe) 18, 684

Niemöller, Martin 101, 120-121, 164, *165*, 690, 694, 701, 709, 726, 731, 746, 755
Niemöller, Wilhelm 101
Nikišenko, Iona T. 700
Noelle, Elisabeth 749
Nosske, Gustav 305, 376, 378, 465, 490, 492, 494-495, 561, 572-573, 602, 608, 610, 650, 763-764, 774, 778

O

Oberländer, Theodor 415
Ocampo, Luis Moreno 841
Ohlendorf, Otto 20, *35*, 38, 148, 165, 242, 298, 300, 305, 307, 310-311, 316, 318, 339, 365, *370*, 375-376, 378, 394, *395*, 397-398, 400, 427, 429, *433*, 439, 465, 471, 490-491, 492-493, *494*, 495, 497, 509, 512-514, 516-517, 546, 564, 567-575, 580-582, 584, 586, 592-598, 602-603, 608-609, 611-612, 615, 619, 623, 625-628, 633-636, 649-652, 666, 670, 724, 736-737, 762, 764, 774, 779, 801, 814, 833, 836
Ollenhauer, Erich 784
Oppenheimer, Alfred 275
Ott, Adolf 490, 492, 495, 564, 572, 602, 609, 737, 763-764, 774, 779, 788, 791, 812, 818
Otter, Göran Frederic Baron von 731
Otto, Gerhard 156

P

Paul, Gerhard 23, 569, 616
Paulsen, Adalbert 111, *112*, 122-125, 807
Paulus (Apostel) 74, 76, 100, 116, 124
Paulus, Friedrich 308, 397, *413*, 414, *430*, 446, 730
Peck, David A. 759-760
Peperkorn, Johannes 105-108, 113
Perels, Joachim 17-18, 614, 616, 673
Petersen, Alfred Otto Konsistorialrat) 809-810
Plitt, Edwin A. 787
Pohl, Dieter 303
Pohl, Oswald 572, 774-775
Pohl, Rolf 17-18, 616, 673
Poliakov, Léon 12-13
Pokrowsky, J. W. (Pokrovsky, Y. V.) 581-582
Pradel, Friedrich 582
Proničeva, Dina Mironovna 346-347, 468, 532
Prützmann, Hans-Adolf 334, 354, 373, 456
Puttkammer, Alfred von 339

R

Raabe, Christian 538
Radbruch, Gustav 741-742
Rademacher, Franz 240
Radetzky, Waldemar von 490, 492, 495, *497*, 508, 573, 602, 609-610, 763-764, 774, 778
Rainer, Friedrich 459-460
Ranke, Hansjürg 742, 745-746, 755
Rasch, Otto Emil 30, 300, 311, 318, *321*, *336*, 343, 358-359, 399, 414-415, 489-493, *494*, 495, 573, 597, 600, 606, 615, 657-659, 669, 762-763
Rauff, Walter *560*, 582-583
Raymond, John M. 757-758, 766
Reichard, Hans (Otto-Wolff-Konzern) 388
Reichenau, Walter von 3, 303, 343, 348, 399, 413-414, *430*, 468, 624
Reinecke, Hermann (General) 278, 280
Reitlinger, Gerald 13, *349*
Reuß, Richard Heinrich von 406

Personenregister

Reventlow, Graf Ernst Christian Einar Ludwig Detlef zu 78-79, 84
Ribbentrop, Rosenberg, Alfred 164
Rhodes, Richard *297*
Robel, Gert *306*
Roden van, LeRoy Edward 718
Rorschach, Hermann 612
Rosenberg, Alfred 21, 82, 97, 100-101, 114, 123, 164, 181-182, 187, 193, 212, *243*, 372
Rospatt, Heinrich von 745
Rössing, Gustav 107
Roth, Joseph (Priester) 141, 146, *159*, 179-180, 188-190, 196-197, 203, 208-210, 212
Rothkirch und Trach, Edwin Graf von 397, 402, 427
Royall, Kenneth 710, 715-716, 718, 753
Rühl, Felix 490, 492, *494*, 495, 509, 558, 763-764, 774, 778
Ruppel, Erich 104, 196, 203
Ruprecht (DRK) 795-796
Rusam, Adolf 724, 739
Rust, Bernhard 134-135, *184*

S

Sandberger, Martin 64, 242, 305, *322-323*, *333*, 357-358, 490-493, *494*, 495, 561, 563-564, 572, 576, 599-600, 602, 607, 615, 619, 625, 627, 630, 652, 661, 666, 721-722, 737, 756, 762, 764-765, 774, 779, 788, 791, 812, 818, 933, 836
Schäfer, Emanuel *259*
Schellenberg, Walter 316, 657
Schlüter, Horst 267
Schlüter, Johannes 144
Schmelt, Albrecht 248,
Schmid, Carlo 722, 744, 768
Schmidt, Eberhard 742
Schmidt, Joseph (Opernsänger) *341*
Schmitt, Carl 64, 621
Schneider, Paul 123
Schoeps, Julius *557*
Schostakowitsch, Dimitri 344
Schreiber, Carsten 22, 166-167, 638
Schubert, Franz (Komponist) 31
Schubert, Heinz Hermann 490-492, 494-495, 509, 558, 572, 602, 609-610, 737, 763-764, 774, 778
Schucht (Regierungsrat) 132
Schulz, Erwin 227, 304, 358, *370*, *416*, 448, 465, 490, 492-493, *494*, 495, 497, 535, 568, 573, 595-596, 598, 602, 607, 610, 616, 624-625, 657-662, 669, 763-764, 774, 778, 788, 791, 818
Schuman, Robert (franz. Staatsmann) 780, 786
Schwartz, Thomas Alan 754, 767
Seetzen, Heinrich (Heinz) 300, *307*, *374*, 375-376, 378, 380, *381*, 517, 652
Seibert, Willy *307*, 490, 492, *494*, 495, 572, 597, 602, 607, 635-636, 724-725, 737, 763-764, 774, 778, 788, 791, 818
Seldte, Franz von *59*, *115*
Sellin, Ernst *50*, 51, 68
Sellos, Gebhard 772
Sens, Otto 260
Seydlitz (Seidlitz und Gohlau), Hans-Heinrich Frhr. v. 349
Shattuck, Henry Lee 787
Shawcross, Hartley 562
Siegele-Wenschkewitz, Leonore *140*
Simpson, Gordon 717-720, 741, 753, 757
Six, Franz Alfred 25, 30, 152, 166, 295, 490, 492-493, *494*, 495 573, 575, 602, 607, 662, 667, 724, 763-764, 774, 778, 819
Smirnow, L. N. *296*
Snow, Conrad 759

Speight, John J. 30-31, 474-475, 566, 574, 672
Sperber, Alfred *431*
Stahlecker, Franz Walter 244, 295, 298, 300, 311, *316*, 318, 322-323, 326-327, 329, 358, 391, *449*, 491, 559, 576, 615, 627, 653, 656, 721, 723, 842
Stahn, Julius 144, 146, 189, 196, 198, 203, 208-209
Stalin, Josef 375, *387*, 414, 420, 620
Stalmann, J. W. 728
Stark, Hans 844
Stassen, Harold Edward 786
Stećko, Jaroslaw Semenowytsch *412*
Steffen, Richard Karl 793-798, 801-815
Steimle, Eugen 305, 490, 492, *494*, 495, *497*, 508, 561, 572, 602, 607, 721, 737, 763-764, 774, 778, 788, 791, 816-817
Stiehr, Werner *112*, 113
Stimson, Henry L. 754
Stöcker, Adolf 53, 729,
Strasser, Gregor 70, 86-87, 89-90
Strasser, Peter 25
Strauch, Eduard 490, 492, 495, 572-573, 602, 606, 725, 737, 762, *763*
Strawinoga, Karl 259
Streckenbach, Bruno 20, 227, 308, 316, 356, 359-360, 370, 427, 435, 513, 535, 567-569, 571, 572-573, 593-596, 650, 659-660, 666, 768
Streim, Alfred 20, 599
Streit, Christian *549*
Stüber, Josef 363
Stuckart, Wilhelm 184-187, 190, 193, 198-199
Suhr, Friedrich *361*
Sutzkever, Abraham *342*
Szymanowski (Scymanowski) = Biberstein, Ernst Emil Heinrich 47, 105, 107, 112-113, 119, 161, 168, 174, 193, 197, 206, 208, 246-247, 796, 801-802, 811, 813, 821
Szymanowski, Ernst sen. 48, 57

T

Taylor, Telford 474-475, 477, 479-480, 626, 775
Theegarten, Felix 144
Thomas, Max 40, 300, 363-369, 372-373, 377, 405, 4117, 422, 426-428, 434-438, 443, 448-454, 456-458, 515, 523, 534-538, 552, 657-658, 834-835
Trautmann, Franz 361, 363, 366-367 354,
Trübe (SS-Hauptsturmführer) 560
Truman, Harry S. 716

U

Urlacher, Helmut 143, 208, 210

V

Viktor Emanuel III. 620
Vogel, Heinrich (Theologe) 734
Vogt, Debora (Schriftstellerin) *341*
Vogt, Josef (SS) 283, 389
Völkel, Eduard 111
Volkov, Shulamit *730*
Vries, de (US-amerikanischer Zivilermittler) 504-505

W

Wadel, Hans (SS) 160
Wagner, Eduard 309, 513
Wagoner van, Murray Delos 708
Wahl, Eduard 741-742, 744-746
Walther, Thomas (Chef-Ermittler) 845
Walton, Peter W. *232*, 394, 474, 487, 504, 510-511, 632
Wartenberg, Rolf 48, 369, 282, 423, *424*, *426*, 440

Weber, Max *621*
Weeber, Rudolf 719, 741-742, 745-746, *755*
Wegner, Bernd 22
Weizsäcker, Ernst von 741
Wemmer, Ernst Ludwig 196
Wentritt, Harry 582
Werner, Friedrich (Oberkirchenrat) 726-727
Widmann, Albert 298
Wienstein, Richard Albert 139
Wildt, Michael 22-24, 28-31, 229, 231, 234, 236, 244, 613, 796, 799, 828
Wilhelm I. 635
Wilhelm, Hans-Heinrich *15*, 19, *306*
Wilson, Gerald 717
Wininger, Salomon *341*
Winokurow (Angehöriger SK 10a) 380
Winter, Dr. (Syndikus des kath. Bischofs von Berlin) 731
Wischnitzer, Rachel *342*
Wolchkov, Alexander F. 700
Woyrsch, Udo von 297
Wunderlich, Axel 726
Wurm, Hans 698
Wurm, Theophil 60, 690, 692-694, 697-701, 706-710, 717-719, 721-722, 729-730, 740-741, 746, 750, 755
Wüstemann, Adolf 701, 709
Wyrwol, Georg 259

Z

Zapp, Paul *156*, 158

ORTSREGISTER

(Die in den Fußnoten genannten Orte sind kursiv gedruckt).

A

Aachen 284, *494*
Adriatisches Küstenland/ Operationszone
    Adriatisches Küstenland 40,
    459-461
Aleksandrovka 425
Allegheny/Pennsylvania 474
Allensbach *749*
Aluschta 400
Aschaffenburg 657
Asites 326
Asowsches Meer 378, 386, *394*, 450, 452
Auendorf (Groß-Strehlitz) 258
Auschwitz (Auschwitz-Prozess)1, 2, 9-10,
    20, 40, 256, 258, 265, 273, 276,
    278, 280, 282, 291, *342*, 536,
    538, 543, 552, 593, 614, *622*,
    642, 672, 771, 843-844, 846
Auschwitz-Birkenau 1, 273-276, 290

B

Babyń Jar 1-3, 39, 322, *337-339*, 341-348,
    385, *430*, 468, 515, 532, 563,
    575-576, 710
Bad Düben 308, 356, 370, 596
Bad Homburg v. d. H. 755
Bad Schmiedeberg 308, 356, 370
Bad Segeberg s. Segeberg 51, 112-113,
    118-119, 366, 794
Baku 381, 388
Basel 164
Bełżec *264*, 276, 771
Berchtesgaden s. Obersalzberg 139
Berdjansk 378, 379, 394, 450, 452-454,
Berdytschiw 341
Bergen-Belsen (KZ) 265, 471, 678, 682
Berlin 4, *8*, 25, *32*, 43, 48, 51, 54, *55*, 85,
    95, 97-99, 102, 104, 134-137,
    149-150, *152*, 162, 173-174,
    177, *195*, 200, 219, 222-223,
    227, 237-239, 341, 246,
    249-250, 252, 254-255, 257,
    267, 268, *295*, *316*, 318, 322,
    340, 357-359, 363, 366-367,
    375, 390, 448, 450, 477-479,
    493, *494*, 537, 553, 646-647,
    659, 665, 690, 699-700, 713,
    726, 728, 731, 738, *752*, *793*,
    816, 824, 834
Berlin-Lichterfelde 4-7, 253, *354*
Berlin-Plötzensee 322
Berlin-Spandau 159, 162
Berlin-Weißensee 733-734
Berlin-Wilmersdorf 37, 822-823, 826
Bernau bei Berlin *32*, 173
Bessarabien 311
Bethel *62*
Beuthen 268
Białystok 354
Bonn *11*, 719, 741, *755*, 771, 792, 797
Braunschweig *70*, 742, 808
Bremen 227, *494*, 744, 818
Breslau (poln. Wrocław) 249-250, 268-270,
    274, 275-276, 278-280, 285,
    290, *793*
Brünn 296
Brüssel 573
Buchenwald (KZ) *99*, 265, 677, 680
Bukowina 311, *341*

C

Czernowitz *341*, 376
Charkow (ukr. Charkiv) 302, 339, 396, *416*,
    417, 420,
Chemnitz 163, 274-275
Cherson 376
Columbia (District Columbia) 485, 737-738

D

Dachau (KZ)/Dachauer Prozesse 260, 472-473, 478, 678-700, 710-711, 716-719, 728, 735-736, 739-740, 742, 744-746, 749, 753, 756-757, 783, 812
Danzig 259, 278
Darmstadt *243*, *343*, 362, 503, *532*, 819,
Den Haag 284, 405, 432-433, 465, 521, 547-550, 562-563, 588, 590, 626, 732, 801, 833, 840
Detmold *9*, 846
Deutsch-Zernitz (Kreis Trost-Gleiwitz) 259
Dnepropetrowsk (ukr. Dnipropetrowsk) 333, 377-378, 387, 394, 416, 498
Dońezk (ukr. Donezik) 374-375, 378, 387, *394*, *417*, 453,454
Dortmund 5, 291-292, *494*
Dresden 24, 163, 167, 278, 703
Durben 326
Düsseldorf *9*, *494*, 817, 844

E

Eisenach *111*, 123, 201
Ellrich-Juliushütte (KZ-Außenlager) 812
Erla (Ortsteil v. Schwarzenberg) 678
Eselheide (Internierungslager) 253, 305, 423, *424*, 426, 463-464, 502-503, 507-508, 531
Essen 819
Eupen 66

F

Feodosia 400
Flensburg 52, 569
Flossenbürg (KZ) 679
Frankfurt a. Main 343, 490, *494*, 614, 745-755, 765, 844
Frankfurt a. d. Oder 259, *274*, *494*

Freiburg 7
Friedrichshafen 819
Fulda 200, 711, 713, 720, 732, 742

G

Gardelegen 678
Gardsen 323
Genf/Genfer Konvention 158, 164, 284, 465, 566, 626, 671, 799, 801
Gießen 243
Gleiwitz (poln. Gliwice) 259, 274-275
Gorlowka (ukr. Horliwka) 417
Göttingen 53
Grosny 381, 388
Groß-Rosen 290
Grüssau (poln. Krzeszów) 270
Gumpertsdorf (Crompachtschütz) 259

H

Hadersleben 53
Hagen 200-201
Halle *494*
Hamburg *70-71*, 278, *370*, 572, 593, 650, 660, 703, 745, 808, 814, 819
Hamburg-Lohbrügge 807
Hanau 9
Hannover 69, *78*, 278, 582, 616, 690, *697*, 724-725, 728, 750
Hartzwalde (KZ) 265
Heidelberg 34, 43, 681, 740-747, 742-743, 751-752, 754-755, 784-785
Hilchenbach 47
Hiroshima 703
Hollenburg/Niederdonau 458

I

Igrin bei Dnepropetrowsk 27, *360*, 381, *436*, 578, 844
Itzehoe 116, 123-125, 127

J

Jambol 376
Jauer 290
Jerusalem 8-9, *268*, *341-342*, 843
Jewpatoria 400

K

Kaltenkirchen 51, *112*,
Kamjanez-Podilskyï / Kamenez-Podolsk 322, 330-332
Karasubasar 400
Karlsruhe 687, 742, 744, 785,
Kating 50
Kattowitz (poln. Katowice) 246, 249, 259, 275, 277
Katyń 703
Kertsch 400
Kiel 5, 49-51, 55, 68, 107, 112, 116, 121, 206, 792, 808, 823
Kiew 1-3, 322, *330*, 333-334-337, 341-346, 348-351, 354, 363-364, 367-369, 372-373, 377-378, 405, 408, *412*, 414, 416, *417*, 418-419, 434, 447-448, *449*, 450, 453-454, 457-458, 468, 519, 526, *532*, 537, 563, 575-576, 655, 657-658, 801
Klagenfurt 459, 461
Koblenz *494*
Köln 388, *467*, *494*, 690, 716, 742, 745, 843
Königsberg *152*, 278, *295*, 372, 493, *494*
Kónskie *260*
Konstanz 99
Krasnodar 381
Kreisau (poln. Krzyżowa) *274*,
Kremenez (poln. Krzemieniec) 450, 457
Krems 458
Krim 35, 312, 376, 379, 400, 652, 670, 724
Kriwoj Rog (ukr. Krywyj Rih) 378
Kronstadt 268
Krottingen 322-323

L

Lamsdorf (poln. Łambinowice) 5, 40, 278-282, 284-285, 290-291, 293, 530
Landsberg a. Lech 43-44, *212*, *323*, 574, 585, 603, 704, 713-714, 716-718, 739-740, 746, 749, 752-753, 755, 757, 760, 768-774, 777-778, 783, 788, 791, 794, 796, 803, 805, 808, 811, 814-816, 818
Landsberg a. d. Warthe *99*
Leipzig 163
Lemberg *319*, 332, *341*, *412*, 458, 659
Leningrad 312
Leobschütz (poln. Głubczyce) 274-275
Liegnitz 249
Linz *494*
Łódź *260*
London *233*, *357*, 464-465, 470-471, 482-484, 576, 585, 591-592, 704-705, 711, 719, 747, 754, 780, 782, 788, 838-839
Lübeck 113, 115, 336, 808,
Lublin-Majdanek (KZ) s. Majdanek 9, *264*, 276, 771, 844, *845*
Ludwigsburg 6, 20, *297*, 390, 599
Lüneburg *9*, 846
Luzk 336, *337*

M

Madagaskar 53, 74, 77, 237-238, 240, 266
Majdanek (KZ) s. Lublin-Majdanek 9, *264*, 276, 771, 844, *845*
Malmedy 66, 718,757
Mannheim 744, *9*
Mariupol 378-379, 387, 452, 652
Mauthausen (KZ) 678
Melitopol 376, 378, *379*,
Mesopotamien 516
Mittelbau-Dora (KZ) 771, 812
Minsk 327, *342*, 532

Mogilev / Mogiljow) 354 376
Moskau 6, 26, *152*, *295*, 302, 311, *316*, 385, 465, 468, 492, 573, 575, 593, 607, 662, 665, 667, 669,763, 819
Mülheim a. d. Ruhr 49
Müncheberg/Mark 458
München 5, 9, 10, 14, 23, 25, 69, 106, 134, 149, 177, 239, *243*, 267, *302*, *425*, *467*, 599, 639, 642, 676, *704*, 708, 713,716, 718, 739-740, 750, 759, 760, 787, 842, 845
Münster 278
Mykolajiw s. Nikolajew 376, 378, 416, 514

N

Nagasaki 703
Natzweiler (KZ) 817
Neubrandenburg *9*
Neubulach 817
Neuengamme (KZ) 471
Neuhammer (Truppenübungsplatz) 5, 280, 290, 292, 415
Neumünster 5, 49, 50, 57, 70, 112, 461, 795-796, 801, 809-813, 815-816, 826
Neunburg (KZ-Opfer-Grabanlage) 679, 681
Nikolajew s. Mykolajiw 376, 378, 416, 514
Nordhausen 678, 771
Nordmark-Region *50*, 53, 67-68, 71, *106*, 118
Nowotscherkassk 378, *379*, 381-382, 387, 401, 405, 425, 427, 433, 442-443
Nürnberg 2-4, 8, 20, 30, 35, 41, 48, 51, 56-57, 61,63, 75, 82, 100, *101*, 104, 112, 114, 126, 148, 160, 165,169,173, 215, 220, 230-234, 237, 240-243, 249-251, 255-256, 258, 262, 265-266, 268-269, 273, 277, 291-294, *296-297*, 298-299, 301, 305, *316*, *320*, 321, 328, 339, 341, 357-358, *361*, 363-366, 368-369, 374-376, *381*, 387, 389, 392-394, 397-398, 405-406, 409, 421-422, *423*, 424, 426, 428, 431-435, 437-440, 443-448, 450, 455, 459, 463-464, 467, 472-479, 484, 496, 499, 501, 503, 507, 511-514, 519, 535, 541-542, 544-545, 562, 568, 571, 573-575, 581, 613, 622-623, 646, 648, 650, 663, 670, 676, 700-704, 708-710, 717, 725, 735-736, 739-740, 742-743, 745, 754, 756, 762, 765, 801, 805, 830, 833, 843

O

Obersalzberg s. Berchtesgaden 139
Oberursel i. Taunus 510
Odessa 376
Ohrdruf 678
Oppeln (poln. Opole) 4, 6, 26, 33, 37, 40, 48, 55, 152, 177, 217, 224-225, 231-233, 240-242, 245-250, 252-253, 255-256, 258- 259, *260*, 262-263, 265-266, 268-270, 273- 278, 280-281, 285, 291-294, 308, 357, 362-363, 367, 455, 457, 459, 463, 464-485, 487, *494*, 503-505, 508, 530, 533, 555, 660, 793, 797, 801, 828, 834
Oxford 158, 160, 164, *819*

P

Paris 729, *752*, *779*
Perwomaisk 372
Petruschina-Schlucht *307*
Podolsk s. Kamenez-Podolsk 322, 331-334, 376
Polangen 322-323

Poltawa 652
Posen 66, *296*, 641
Prag 296, *494*
Prekoln 326
Pretzsch a. d. Elbe 20, 308, 356, 359, 370, 427, 512, 514, 519, 568-569, 571, 584, 592, 594- 596, 599-600, 650, *659*, 666

R

Radom 260
Radomsko *260*
Rastatt 472
Rastenburg i. Ostpreußen 652
Ratibor (poln. Racibórz) 274-275
Ravensbrück (KZ) 265, 471
Rendsburg 51, 108, *111*, 112, 118, 121, 808
Riebig (poln. Rybna) 270
Riga *319*, 322, *330*, 334, *341*, 354, 363, *559*, 653-655
Risiera di San Sabba (KZ) 460
Robin 326
Rokischken (poln. Rokiškis) 326
Rom 54, 163
Rostow am Don (russ. Rostov-na-Donu) 302, 307-308, 311, 313, *333*, 363-365, 367-368, 371, 375-388, 391-393, *394*, 401, 404-405, 407, 415, *417*, 419, 421-423, 425, 427, 429, 433-438, *441*, 442, 446-448, 450, 455, 484, 498, 503, 508, 516, 518, 523, 526, 531, 533, 539-540, 548, 652, 794, 806, 834
Rouen 233, 242,
Riwne (russ. Rowno) 336-337, 372, 416, 451- 453, 458
Rutenau 259

S

Sachsenhausen (KZ) 260,

Šachty (Schachty) 381-382, 386-387, 401, 405, 425, 427, 433, 442-443
Scharzfeld i. Harz 80
Schazk 523
Schepetówka 657
Schweidnitz 290
Salzburg
Santiago de Chile
Segeberg s. Bad Segeberg 51, 112-113, 118-119, 366, 794
Simferopol 400, 576-577
Skuodas 326
Sluzk *342*
Smijowskaja Balka (Schlangen-Schlucht) 1-2, 380, 383-385, 710
Smolensk 703
Sobibór (KZ) 9, *264*, 266, 276, 771, 845
Soest 704, 812, 818
Stalingrad s. Wolgograd 305-309, 345, 370, 386, 388, 391-394, *396*, 397, 405, *408*, *417*, 421, 446, 447-448, 450, 468, 518, 730, 834
Stalino s. Donezk 374-375, 378, 387, *394*, *417*, 453, 454
Stettin 278
Stuttgart 9, 81, 692, 706, 729, 732-733, 741- 742, 818
Suitland/Maryland *675*
Šytomyr (Shitomir) 337, 341, 399, 416

T

Taganrog 307, 375-379, 381-382, 386-387, 394, 401, 431, 433-434,437, 443, 448, 450, 452- 454, 518, 539-540, 652
Theresienstadt (Ghetto) 264-266, 268-272, 276, 530
Tilsit 322-323, 842
Topola (Serbien) 562
Torgau 48, *57*
Tormersdorf (poln. Zoar) 270
Trawniki b. Lublin *424-425*, 467, 845

Ortsregister 905

Treblinka (KZ) *264*, 265, 271-272, 276, 771
Treysa 696
Triest 459-461, 798, 801
Troppau 259
Tscherkassy 372
Tübingen *337*, 742, 745, 816, 844-845

U

Ulm 9, 20, 322, 593, 842-843

V

Vaihingen (KZ) 678
Villingen 818
Vilnius s. Wilna *321*, 327-328, 341, *342*, 647

W

Waldeck 78, 701
Wallonien 573, 725, 763
Warschau 260, *264*, 274, 731
Wartburg 80
Washington 4, *467*, *675*, *691*, 702, 717, 743, 760, 787
Werl (Krs. Soest) 704, 752, 757, 770, 783, 787, 812
Wesermünde *494*
Wien 295, *412*
Wiesbaden 183
Wilhelmsdorf/Baden-Württemberg 816
Wilna s. Vilnius *321*, 327-328, 341, *342*, 647
Winnyzja / Winniza 319, 337, 341, 378, 416
Witebsk *342*, 645-646
Wittenberg 97, 120
Wittlich (Eifel) 704, 752, 757, 783, 788
Wolgograd s. Stalingrad 305-309, 345, 370, 386, 388, 391-394, *396*, 397, 405, *408*, *417*, 421, 446, 447-448, 450, 468, 518, 730, 834
Wolkowysk *321*

Woronesh *393*
Wuppertal 26-27, *360*, 381, *436*, *587*, 844

Y

Yad Vashem 268, 273, *363*, 379, 385, 425

Z

Zwickau 163